Ring

Reform des Personengesellschaftsrechts

Rechtsanwaltskanzlei
Gerald Munz
Hohenstraße 54
70597 Stuttgart
Tel.: 07 11 / 305 888 - 3
Fax.: 07 11 / 305 888 - 4
E-Mail: info@ra-munz.de
Internet: www.ra-munz.de

Rechtsanwaltskanzlei
Gerald Munz
Hohnerstraße 54
70597 Stuttgart
Tel.: 0711 / 305 888 - 3
Fax: 0711 / 305 888 - 4
E-Mail: info@ra-munz.de
Internet: www.ra-munz.de

AnwaltsPraxis

Reform des Personengesellschaftsrechts

Von
Prof. Dr. Gerhard Ring,
Bernau bei Berlin

Zitiervorschlag:
Ring, Reform des Personengesellschaftsrechts, § 1 Rn 1

Hinweis
Die Ausführungen in diesem Werk wurden mit Sorgfalt und nach bestem Wissen erstellt. Sie stellen jedoch lediglich Arbeitshilfen und Anregungen für die Lösung typischer Fallgestaltungen dar. Die Eigenverantwortung für die Formulierung von Verträgen, Verfügungen und Schriftsätzen trägt der Benutzer. Herausgeber, Autoren und Verlag übernehmen keinerlei Haftung für die Richtigkeit und Vollständigkeit der in diesem Buch enthaltenen Ausführungen.

Anregungen und Kritik zu diesem Werk senden Sie bitte an
kontakt@anwaltverlag.de
Autoren und Verlag freuen sich auf Ihre Rückmeldung.

Copyright 2023 by Deutscher Anwaltverlag, Bonn
Satz: PMGi – Agentur für intelligente Medien GmbH, Hamm
Druck: Hans Soldan Druck GmbH, Essen
Umschlaggestaltung: gentura, Holger Neumann, Bochum
ISBN 978-3-8240-1697-6

Lizenzausgabe des Deutschen Notarverlags, Bonn
ISBN 978-3-95646-246-7

Das Werk einschließlich aller seiner Teile ist urheberrechtlich geschützt. Jede Verwertung außerhalb der engen Grenzen des Urheberrechtsgesetzes ist ohne Zustimmung des Verlages unzulässig und strafbar. Das gilt insbesondere für Vervielfältigungen, Übersetzungen, Mikroverfilmungen und die Einspeicherung und Verarbeitung in elektronische Systeme.

Bibliografische Information der Deutschen Nationalbibliothek
Die Deutsche Nationalbibliothek verzeichnet diese Publikation in der Deutschen Nationalbibliografie; detaillierte bibliografische Daten sind im Internet über http://dnb.d-nb.de abrufbar.

Vorwort

Das Gesetz zur Modernisierung des Personengesellschaftsrechts (MoPeG) vom 10.8.2021, das in seinen wesentlichen Teilen zum 1.1.2024 in Kraft treten wird, zielt auf eine grundlegende und zugleich systemkonforme Überarbeitung des geltenden Personengesellschaftsrechts ab. Im Mittelpunkt der Reform steht die Gesellschaft bürgerlichen Rechts (GbR) als Grundform aller Personengesellschaften. Leitgedanken der Reform sind die Konsolidierung des GbR-Rechts (d.h. die gesetzliche Anerkennung der Rechtsfähigkeit der GbR und der komplementären persönlichen Haftung ihrer Gesellschafter) sowie eine Modernisierung des Personengesellschaftsrechts insgesamt (einschließlich des Rechts der Offenen Handelsgesellschaft und der Kommanditgesellschaft).

Durch die Einrichtung eines neuen Gesellschaftsregisters soll das Publizitätsdefizit der GbR behoben werden. Die Anmeldung ist zwar grundsätzlich freiwillig und keine Voraussetzung für die Erlangung der Rechtsfähigkeit. Die Eintragung der GbR in ein Objektregister (z.B. ins Grundbuch oder Handelsregister) ist jedoch von einer vorherigen Eintragung im Gesellschaftsregister abhängig (Voreintragungserfordernis).

Die gemeinsame Ausübung eines Freien Berufs soll auch in der Rechtsform einer Personenhandelsgesellschaft (OHG oder KG) erfolgen können, wodurch die Haftungsverhältnisse von Angehörigen Freier Berufe, die sich assoziieren, flexibilisiert werden: Eine Berufsausübung kann außer in einer Partnerschaftsgesellschaft mit beschränkter Berufshaftung oder einer juristischen Person (bspw. in einer Gesellschaft mit beschränkter Haftung) auch in einer GmbH & Co. KG erfolgen. Die Öffnung des Personenhandelsgesellschaftsrechts für Angehörige Freier Berufe zur gemeinsamen Berufsausübung steht jedoch unter dem Berufsrechtsvorbehalt.

Schließlich wird für Personenhandelsgesellschaften zur Steigerung der Rechtssicherheit beim Umgang mit fehlerhaften Gesellschafterbeschlüssen ein am Aktienrecht orientiertes Beschlussmängelrecht im HGB eingeführt – das im Zuge einer opt-in-Lösung durch gesellschaftsvertragliche Vereinbarung auch auf die GbR übertragen werden kann.

Diese große Reform des Personengesellschaftsrechts stellt die Rechtsanwender vor neue Herausforderungen. Die Gesamtdarstellung der Reform verschafft ihnen einen schnellen Überblick über die zentralen Änderungen und die damit einhergehenden Konsequenzen.

Dem Deutschen Notarverlag – insbesondere Frau Feldkirchner – gebührt wieder einmal ein herzliches Dankeschön für die umsichtige und exzellente Betreuung bei der Fertigstellung des Werks.

Prof. Dr. *Gerhard Ring*   Bernau bei Berlin im März 2023

Inhaltsverzeichnis

Vorwort 5
Abkürzungsverzeichnis 25
Literaturverzeichnis 29

§ 1 Einführung 35
A. Historie 35
B. Vorarbeiten zum neuen Personengesellschaftsrecht 35
C. Zielsetzung 36
    I. Konsolidierung des Rechts der GbR 36
    II. Modernisierung des Personengesellschaftsrechts 37
    III. Behebung des Publizitätsdefizits der GbR 38
    IV. Flexibilisierung der Haftungsverhältnisse von Angehörigen Freier Berufe 39
    V. Herstellung von Rechtssicherheit bei Beschlussmängelstreitigkeiten von Personenhandelsgesellschaften 40
D. Umsetzung: Wesentlicher Inhalt des MoPeG 41
    I. Anerkennung der Rechtsfähigkeit der GbR 42
        1. Ausdifferenzierung der GbR in zwei Rechtsformvarianten 42
        2. Rechtsfähigkeit der GbR und komplementäre persönliche Haftung ihrer Gesellschafter 44
        3. Bewahrung der Vielseitigkeit und Flexibilität der GbR 44
        4. Gestaltungs- und Formfreiheit des Gesellschaftsvertrags 45
        5. Trennung zwischen kaufmännischer und nicht kaufmännischer Personengesellschaft 45
    II. Leitbildwandel im Recht der GbR 46
        1. Konsequenzen 46
        2. Aspekte des Leitbildwandels 47
            a) Loslösung der GbR vom römisch-rechtlichen Verständnis als vertragliches Schuldverhältnis hin zum Rechtssubjekt 47
            b) Änderung der Vermögenszuordnung: vom Sondervermögen der Gesellschafter zum Vermögen der GbR 48
            c) Abkehr vom historischen Leitbild der Gelegenheitsgesellschaft zur Dauergesellschaft 49
            d) Abkehr von der Personen- zur Verbandskontinuität bei der Auflösung der Gesellschaft 49
            e) Abkehr vom Vertrag (GbR als reine Anspruchs- und Verpflichtungsbeziehung zwischen den Vertragspartnern) zur rechtlichen Verselbstständigung der GbR als Organisation 50

Inhaltsverzeichnis

	f) Abkehr von der archaischen Hauserbengemeinschaft zur professionellen Erwerbsgesellschaft (Professionalisierung der GbR)	51
III.	Registrierung der GbR	52
	1. Gestaltung des Gesellschaftsregisters	52
	2. Faktischer Registrierungszwang	52
	3. Funktionsweise des Gesellschaftsregisters	55
	4. Einrichtung und Führung des Gesellschaftsregisters	56
IV.	Öffnung der Personenhandelsgesellschaften (OHG und KG) für Angehörige Freier Berufe	59
V.	Beschlussmängelrecht im Personenhandelsgesellschaftsrecht	60
	1. Beschlussfassung	61
	2. Beschlussmängelsystem	61
	3. Beschlussmängelklagen	62
	4. Beschlussmängelstreitigkeiten vor Schiedsgerichten	63
E. Zusammenfassung		64

§ 2 Die Gesellschaft bürgerlichen Rechts (GbR) ... 65

A. Vorbemerkung		65
B. Rechtsnatur und Legaldefinition der GbR (§ 705 BGB)		65
I.	Legaldefinition der GbR	66
II.	Legaldefinitionen der rechtsfähigen und der nicht rechtsfähigen Gesellschaft	68
	1. Die rechtsfähige GbR als Leitbild	68
	2. Differenzierung zwischen rechtsfähiger und nicht rechtsfähiger GbR	68
C. Die rechtsfähige GbR		71
I.	Sitz und Registrierung der Gesellschaft im Gesellschaftsregister	72
	1. Legaldefinition von Verwaltungs- und Vertragssitz	73
	2. Trennung des Verwaltungssitzes vom Vertragssitz	73
	3. Entsprechende Anwendung des Regelungsgehalts auf die OHG, KG und PartG	74
	a) Bisherige Rechtslage	74
	b) Freie Sitzwahl	75
II.	Anmeldung zum Gesellschaftsregister	76
	1. Recht zur Registeranmeldung	77
	2. Anreiz und Zwang zur Registrierung	77
	3. Grundbuchverfahren	79
	4. Gesellschafterliste einer GmbH	80
	a) Neuaufnahme einer GbR in die Gesellschafterliste	81
	b) Austragung einer Gesellschaft aus der Gesellschafterliste (Veränderung an der Eintragung der Gesellschaft)	81

	5. Veränderungen bei Personenhandelsgesellschaften (GbR als OHG- bzw. KG-Gesellschafterin)	82
III.	Verfahren der Registrierung	83
	1. Inhalt der Erstanmeldung	83
	a) Pflichtangaben zur Gesellschaft	84
	b) Angaben zu den Gesellschaftern	86
	c) Angaben zur Vertretungsbefugnis	87
	d) Versicherung, dass keine anderweitige Registrierung besteht	87
	e) Änderungen im Gesellschaftsverhältnis (Anmeldung von Veränderungen)	88
	2. Anforderungen an eine Anmeldung (Form)	88
	3. Inhalt und Wirkungen der Eintragung im Gesellschaftsregister	90
	a) Der Inhalt der Eintragung	90
	aa) Notwendige Angaben der Eintragung	90
	bb) GbR als Gesellschafterin	91
	b) Namenszusatz	92
	aa) Verpflichtender Namenszusatz	92
	bb) Erweiterter Namenszusatz	93
	c) Wirkung der Eintragung	93
	d) Löschung einer eingetragenen GbR	94
	4. Entsprechend anwendbare Vorschriften des HGB	96
	a) Auswahl und Schutz des Namens der eingetragenen GbR	97
	b) Registerrechtliche Behandlung der eingetragenen GbR	98
	c) Zweigniederlassungen einer eingetragenen GbR	100
	5. Statuswechsel	100
	a) Zuständiges Register	102
	b) Ablauf des registerrechtlichen Verfahrens in Fällen des Statuswechsels	103
	c) Eintragungsvoraussetzungen für eine bislang im Handels- oder Partnerschaftsregister eingetragene Gesellschaft	105
	d) Eintragung der Gesellschaft	106
	e) Statuswechsel einer GbR in eine KG	108
	6. Verordnungsermächtigung	108
	a) Ermächtigungsgrundlage für Landesrechtsverordnungen	109
	b) Einbindung des Gesellschaftsregisters in das gemeinsame Registerportal der Länder	109
IV.	Rechtsverhältnis der Gesellschafter untereinander und der Gesellschafter zur Gesellschaft	110
	1. Gestaltungsfreiheit	111
	2. Beiträge, Stimmkraft, Anteil an Gewinn und Verlust	114
	a) Beitrag	115
	b) Umfang und Art der Beitragspflicht	116

Inhaltsverzeichnis

    c) Ausmaß der Beteiligung des Gesellschafters an der Gesellschaft 117
3. Mehrbelastungsverbot (Fehlen einer Nachschusspflicht, § 710 BGB) 119
4. Übertragung und Übergang von Gesellschaftsanteilen (§ 711 BGB) 120
    a) Übertragung des Gesellschaftsanteils unter Lebenden 122
        aa) Zustimmungserfordernis 122
        bb) Verbot des Eigenanteilerwerbs 123
        cc) Weitererstreckung 123
    b) Übergang des Gesellschaftsanteils von Todes wegen (Abs. 2) – Erbrechtliche Nachfolgeklausel 123
5. Eingeschränkte Übertragbarkeit von Gesellschafterrechten (§ 711a BGB) 125
    a) Grundsatz der Unübertragbarkeit der mitgliedschaftsgebundenen Rechte (Satz 1) 126
    b) Ausnahmen der Übertragbarkeit zugunsten bestimmter Vermögensrechte der Gesellschafter (Satz 2) 126
6. Ausscheiden eines Gesellschafters und Eintritt eines neuen Gesellschafters (§ 712 BGB) 126
    a) Anwachsung als Folge eines Gesellschafterausscheidens (Abs. 1) 127
    b) Gesellschaftereintritt: Abwachsung der Gesellschaftsanteile (Abs. 2) 127
7. Ausscheiden des vorletzten Gesellschafters (§ 712a BGB) 128
    a) Erlöschen der Gesellschaft 129
    b) Rechte und Pflichten des vorletzten und des verbleibenden Gesellschafters 131
8. Gesellschaftsvermögen (§ 713 BGB) 132
9. Beschlussfassung (§ 714 BGB) 134
10. Geschäftsführungsbefugnis (§ 715 BGB) 136
    a) Geschäftsführung 137
    b) Recht und Pflicht zur Geschäftsführung 138
    c) Umfang der Geschäftsführungsbefugnis 139
    d) Grundsatz der Gesamtgeschäftsführungsbefugnis (gesetzlicher Regelfall) 140
    e) Widerspruchsrecht bei Einzelgeschäftsführungsbefugnis 141
    f) Entzug der Geschäftsführungsbefugnis 141
    g) Kündigung der Geschäftsführung 142
11. Notgeschäftsführungsbefugnis (§ 715a BGB) 143
12. Gesellschafterklage (§ 715b BGB) 145
    a) Ratio legis 146

        b) Voraussetzungen einer Gesellschafterklage 147
            aa) Anspruch der Gesellschaft gegen einen anderen Gesellschafter 147
            bb) Drittanspruch 148
        c) Verbot eines Ausschlusses oder einer Beschränkung des Klagerechts 149
        d) Unterrichtungspflicht 149
        e) Wirkung der Rechtskraft eines Urteils 150
    13. Ersatz von Aufwendungen und Verlusten; Vorschusspflicht; Herausgabepflicht; Verzinsungspflicht (§ 716 BGB) 150
        a) Aufwendungs- und Verlustersatz 151
            aa) Ersatz von Aufwendungen 151
            bb) Ersatz von Verlusten 152
        b) Anspruch auf Vorschuss 152
        c) Herausgabe des durch die Geschäftsführung Erlangten 152
        d) Verzinsung des Herausgabeanspruchs und des Anspruchs auf ersatzfähige Aufwendungen und Verluste 152
    14. Informationsrechte und -pflichten (§ 717 BGB) 153
        a) Das individuelle (mitgliedschaftliche) Informationsrecht 154
        b) Das „kollektive Informationsrecht" 155
    15. Rechnungsabschluss und Gewinnverteilung (§ 718 BGB) 156
D. Das Rechtsverhältnis der Gesellschaft zu Dritten 157
  I. Entstehung der Gesellschaft im Verhältnis zu Dritten (§ 719 BGB) .. 157
    1. Entstehung der GbR als rechtsfähige Gesellschaft i.S.v. § 705 Abs. 2 Hs. 1 BGB 157
    2. Unwirksamkeit einer entgegenstehenden Vereinbarung 158
  II. Vertretung der Gesellschaft (§ 720 BGB) 158
    1. Gesamtvertretungsbefugnis 159
    2. Gesamtvertreterermächtigung 160
    3. Umfang der Vertretungsmacht 160
    4. Entziehung der organschaftlichen Vertretungsbefugnis 161
    5. Passive Einzelvertretungsbefugnis 162
  III. Persönliche Haftung der Gesellschafter (§ 721 BGB) 162
  IV. Haftung des eintretenden Gesellschafters (§ 721a BGB) 165
  V. Einwendungen und Einreden des Gesellschafters (§ 721b BGB) 166
    1. Einwendungen und Einreden, die die GbR geltend machen könnte 166
    2. Leistungsverweigerungsrecht des in Anspruch genommenen Gesellschafters 167
  VI. Zwangsvollstreckung gegen die Gesellschaft oder gegen ihre Gesellschafter (§ 722 BGB) 167

Inhaltsverzeichnis

  1. Voraussetzung für die Zwangsvollstreckung in das Gesellschaftsvermögen 168
  2. Voraussetzungen einer Zwangsvollstreckung in das Vermögen des Gesellschafters 168
E. Ausscheiden eines Gesellschafters 168
 I. Gründe für das Ausscheiden eines Gesellschafters und Zeitpunkt des Ausscheidens (§ 723 BGB) 170
  1. Katalog der gesetzlichen Ausscheidensgründe 170
  2. Weitere gesellschaftsvertragliche Ausscheidensgründe 172
  3. Der Zeitpunkt (Wirksamwerden) des Ausscheidens 172
 II. Fortsetzung mit dem Erben und Ausscheiden des Erben (§ 724 BGB) 172
  1. Wahlrecht des Gesellschafter-Erben 175
  2. Kündigung der Mitgliedschaft 176
  3. Frist zur Ausübung des Wahlrechts bzw. zur Ausübung des Austrittsrecht 176
  4. Wegfall der unbeschränkbaren Eigenhaftung des Gesellschafter-Erben 177
 III. Kündigung der Mitgliedschaft durch den Gesellschafter (§ 725 BGB) 177
  1. Ordentliche Kündigung der Mitgliedschaft ohne Vorliegen eines Kündigungsgrundes 178
  2. Außerordentliche Kündigung 179
  3. Kündigung des volljährig gewordenen Gesellschafters 180
  4. Schadensbewehrtes Verbot der Kündigung zur Unzeit 181
  5. Verbot von Kündigungsbeschränkungen 181
 IV. Kündigung der Mitgliedschaft durch einen Privatgläubiger des Gesellschafters (§ 726 BGB) 182
 V. Ausschließung aus wichtigem Grund (§ 727 BGB) 183
  1. Voraussetzungen eines Gesellschafterausschlusses 183
  2. Vorliegen eines wichtigen Grundes 184
  3. Einstimmiger Beschluss 184
  4. Vereinigung aller Gesellschaftsanteile in einer Hand nach Ausschließung des vorletzten Gesellschafters 184
 VI. Ansprüche des ausgeschiedenen Gesellschafters gegen die Gesellschaft (§ 728 BGB) 185
  1. Abfindungs- und Befreiungsanspruch des ausgeschiedenen Gesellschafters gegen die GbR 185
  2. Schätzung des Werts des Gesellschaftsanteils 187
 VII. Haftung des ausgeschiedenen Gesellschafters für Fehlbetrag (§ 728a BGB) 188
 VIII. Nachhaftung des ausgeschiedenen Gesellschafters (§ 728b BGB) ... 189

1. Voraussetzungen für die Nachhaftungsbegrenzung 190
2. Schriftliches Anerkenntnis des ausgeschiedenen Gesellschafters . 191
F. Auflösung der Gesellschaft 191
   I. Auflösungsgründe (§ 729 BGB) 191
      1. Auflösungsgründe 192
      2. Erreichen oder Unmöglichwerden der Erreichung des Zwecks, zu der die Gesellschaft errichtet wurde 193
      3. Weitere Auflösungsgründe bei einer Gesellschaft, bei der kein persönlich haftender Gesellschafter eine natürliche Person ist 193
      4. Weitere Auflösungsgründe 194
   II. Auflösung bei Tod oder Insolvenz eines Gesellschafters (§ 730 BGB) 194
      1. Besondere Pflichten des Erben in der Liquidationsgesellschaft . . . 195
      2. Pflichtrecht zur Notgeschäftsführung bei Auflösung der Gesellschaft im Fall der Eröffnung des Insolvenzverfahrens über das Vermögen eines Gesellschafters 196
   III. Kündigung der Gesellschaft durch einen Gesellschafter (§ 731 BGB – Auflösungskündigung) 196
      1. Kündigungsvoraussetzungen 196
      2. Ausschlussverbot 198
   IV. Auflösungsbeschluss (§ 732 BGB) 198
   V. Anmeldung der Auflösung zur Eintragung in das Gesellschaftsregister (§ 733 BGB) 199
      1. Grundsatz: Anmeldung durch alle Gesellschafter 199
      2. Ausnahme 199
      3. Sonderfall: Vermögenslosigkeit 200
      4. Erleichterung der Eintragung der Auflösung 200
   VI. Fortsetzung der aufgelösten Gesellschaft (§ 734 BGB) 200
      1. Voraussetzungen einer Fortsetzung 201
         a) Beseitigung des Auflösungsgrundes 201
         b) Beschluss der Gesellschafter 201
      2. Spezifische Mehrheitserfordernisse für einen Fortsetzungsbeschluss der Gesellschafter 201
      3. Pflicht sämtlicher Gesellschafter zur Eintragung der Fortsetzung der Gesellschaft ins Gesellschaftsregister 202
G. Liquidation der Gesellschaft (§§ 735 bis 739 BGB) 202
   I. Notwendigkeit der Liquidation und anwendbare Vorschriften (§ 735 BGB) 203
      1. Grundsatz: Aufgelöste Gesellschaft ist durch Liquidation abzuwickeln 203
      2. Vereinbarung einer anderen Art der Abwicklung anstelle der Liquidation 204

Inhaltsverzeichnis

      3. Rangfolge bei der Rechtsanwendung während der Abwicklung .. 205
  II. Liquidatoren (§ 736 BGB) 206
      1. Durchführung der Liquidation durch alle Gesellschafter 206
      2. Sonderfall: Insolvenzverfahren 207
      3. Mehrere Erben eines verstorbenen Gesellschafters müssen einen gemeinsamen Vertreter bestellen 207
      4. Übertragung der Liquidation auf einzelne Gesellschafter oder andere Personen 208
      5. Berufung und Abberufung von Liquidatoren durch Gesellschafterbeschluss 208
  III. Gerichtliche Berufung und Abberufung von Liquidatoren (§ 736a BGB) 209
      1. Gerichtliche Abberufung und Bestellung eines Gesellschafters aus wichtigem Grund 209
      2. Beteiligte, die zur Antragstellung berechtigt sind 210
      3. Anspruch auf Ersatz der erforderlichen Aufwendungen eines nicht zu den Gesellschaftern gehörenden Liquidators (Drittliquidator) 210
  IV. Geschäftsführungs- und Vertretungsbefugnis der Liquidatoren (§ 736b BGB) 211
      1. Geschäftsführung und Vertretung nach Auflösung der Gesellschaft 211
      2. Fiktion des Fortbestehens von Geschäftsführungs- und Vertretungsbefugnis 212
  V. Anmeldung der Liquidatoren (§ 736c BGB) 213
      1. Pflicht zur Anmeldung 213
      2. Eintragung der Berufung und der Abberufung gerichtlich berufener Liquidatoren 214
  VI. Rechtsstellung der Liquidatoren (§ 736d BGB) 214
      1. Beachtung der Weisungen der Beteiligten 215
      2. Beendigung der laufenden Geschäfte durch den Liquidator 215
      3. Zeichnung der Liquidatoren einer eingetragenen GbR 216
      4. Befriedigung der Gesellschaftsgläubiger 217
      5. Beitragsrückerstattung nach Berichtigung der Gesellschaftsverbindlichkeiten 217
      6. Verteilung des verbleibenden Vermögens unter den Gesellschaftern 218
  VII. Haftung der Gesellschafter für Fehlbetrag (§ 737 BGB – Nachschussanspruch der Gesellschaft) 219
  VIII. Anmeldung des Erlöschens (§ 738 BGB) 219
  IX. Verjährung von Ansprüchen aus der Gesellschafterhaftung (§ 739 BGB) 220

Inhaltsverzeichnis

      1. Sonderverjährungsfrist 221
      2. Beginn der Sonderverjährung 222
      3. Unterbrechung der Sonderverjährung 222
H. Die nicht rechtsfähige Gesellschaft – Innengesellschaft (§§ 740 bis 740c BGB) 223
   I. Fehlende Vermögensfähigkeit und anwendbare Vorschriften (§ 740 BGB) 224
      1. Vermögenslosigkeit der nicht rechtsfähigen GbR 224
      2. Auf das Rechtsverhältnis der Gesellschafter untereinander anwendbare Vorschriften 225
   II. Beendigung der Gesellschaft (§ 740a BGB) 227
      1. Gründe, die zur Beendigung der nicht rechtsfähigen Gesellschaft führen 227
      2. Beendigung durch Erreichung oder Unmöglichwerden der Erreichung des Zwecks, zu dem die Gesellschaft gegründet worden ist 228
      3. Auf die Beendigung anwendbare Vorschriften 228
   III. Auseinandersetzung nach Beendigung der nicht rechtsfähigen Gesellschaft (§ 740b BGB) 229
   IV. Ausscheiden eines Gesellschafters (§ 740c BGB) 230
      1. Fortbestand der Gesellschaft 230
      2. Auf das Ausscheiden des Gesellschafters anwendbare Vorschriften 231

§ 3 Die offene Handelsgesellschaft 233

A. Vorbemerkung 233
B. Einleitung 233
C. Errichtung der Gesellschaft 233
   I. Begriff der OHG und Anwendbarkeit des BGB (§ 105 HGB) 233
      1. Rechtsnatur der OHG 234
      2. Rechtsfähigkeit der OHG 234
      3. Anwendbarkeit der Vorschriften über die GbR auf die OHG 234
   II. Anmeldung zum Handelsregister und Statuswechsel in eine Personengesellschaft (§ 106 HGB) 234
      1. Anmeldepflicht 236
      2. Notwendige Angaben der Anmeldung 236
      3. Statuswechsel in eine Personenhandelsgesellschaft 237
      4. Eintragungsvoraussetzungen für eine bislang im Gesellschafts- oder im Partnerschaftsregister eingetragene Gesellschaft 237
      5. Vorgabe, dass die wesentlichen Registerdaten, unter denen die Gesellschaft bislang im Gesellschafts- oder Partnerschaftsregister eingetragen war, bei der Eintragung ins Handelsregister anzugeben sind 238

15

Inhaltsverzeichnis

  6. Anzumeldende Änderungen 239
  7. Anmeldung durch alle Gesellschafter 239
 III. Kleingewerbliche, vermögensverwaltende oder freiberufliche Gesellschaft und Statuswechsel (§ 107 HGB) 239
  1. Kleingewerbliche und vermögensverwaltende OHG 240
  2. Freiberufler-OHG 240
  3. Zulassung der OHG und der KG für verschiedene Freie Berufe .. 243
   a) Steuerberater (§ 49 StBerG) 244
   b) Wirtschaftsprüfer (§ 27 WPO) 244
   c) Rechtsanwälte (§ 59a Abs. 2 Nr. 1 BRAO) 245
   d) § 49 Abs. 2 StBerG, § 27 WPO und § 59b Abs. 2 Nr. 1 BRAO als Ausformungsgesetze zu § 107 Abs. 1 S. 2 HGB 245
  4. Eintragungsverfahren 245
  5. Keine Eintragung des Statuswechsels im Handelsregister, wenn die Gesellschaft ein Handelsgewerbe betreibt 246
D. Rechtsverhältnis der Gesellschafter untereinander und der Gesellschafter zur Gesellschaft 247
 I. Gestaltungsfreiheit von Gesellschaftsverträgen (§ 108 HGB) 247
 II. Beschlussfassung (§ 109 HGB) 248
  1. Regelungsgehalt 248
  2. Beschlussfassung in Versammlungen 249
  3. Modalitäten der Einberufung der Versammlung 250
  4. Gesellschafterbeschlüsse 251
  5. Beschlussfähigkeit der Gesellschafterversammlung 251
 III. Anfechtbarkeit und Nichtigkeit von Gesellschafterbeschlüssen (§ 110 HGB) 252
  1. Vorbemerkung 253
  2. Grundlagen 256
  3. Anfechtbarkeit eines Beschlusses 256
  4. Nichtigkeit eines Beschlusses 258
   a) Verstoß gegen zwingendes Recht 258
   b) Gesellschafterbeschluss ist durch Anfechtungsklage rechtskräftig für nichtig erklärt worden 259
   c) Geltendmachung der Nichtigkeit eines Gesellschafterbeschlusses 260
 IV. Anfechtungsbefugnis und Rechtsschutzbedürfnis (§ 111 HGB) 260
  1. Anfechtungsbefugnis 261
  2. Rechtsschutzbedürfnis bei Verlust der Mitgliedschaft 262
 V. Klagefrist (§ 112 HGB) 262
  1. Dreimonatige Klagefrist 263
  2. Fristbeginn 263
  3. Hemmung der Klagefrist 264

Inhaltsverzeichnis

VI.	Anfechtungsklage (§ 113 HGB) ....f......................	266
	1. Ausschließliche Zuständigkeit für die Entscheidung über die Anfechtungsklage	266
	2. Adressat der Anfechtungsklage	267
	3. Angemessene Beteiligung der anderen Gesellschafter an dem Rechtsstreit als streitgenössische Nebenintervenienten	268
	4. Zeitpunkt der mündlichen Verhandlung und Verbindung mehrerer Anfechtungsprozesse zur gleichzeitigen Verhandlung und Entscheidung	270
	5. Bemessung des Streitwerts	271
	6. Urteilswirkungen	271
VII.	Nichtigkeitsklage (§ 114 HGB)	272
VIII.	Verbindung von Anfechtungs- und Feststellungsklage (§ 115 HGB) .	273
IX.	Geschäftsführungsbefugnis (§ 116 HGB)	276
	1. Recht und Pflicht zur Geschäftsführung	277
	2. Umfang der Geschäftsführungsbefugnis	277
	3. Allein- und Einzelgeschäftsführungsbefugnis	277
	4. Allein- und Gesamtgeschäftsführungsbefugnis	278
	5. Entzug der Geschäftsführungsbefugnis bei Vorliegen eines wichtigen Grundes	278
	6. Kündigung der Geschäftsführung durch einen Gesellschafter	279
X.	Wettbewerbsverbot (§ 117 HGB)	279
	1. Umfang des Wettbewerbsverbots	280
	2. Einwilligung zur Teilnahme an einer anderen Gesellschaft	280
XI.	Verletzung des Wettbewerbsverbots (§ 118 HGB)	280
	1. Schadensersatzanspruch und Eintrittsrecht	281
	2. Gesellschafterbeschluss	281
	3. Verjährung der Ansprüche	281
	4. Ausschluss des betreffenden Gesellschafters bzw. Auflösung der Gesellschaft	281
XII.	Verzinsungspflicht (§ 119 HGB)	282
	1. Schulden der Gesellschaft: Verzinsung von Aufwendungen und Verlusten	282
	2. Schulden des Gesellschafters: Verzinsung	283
XIII.	Ermittlung von Gewinn- und Verlustanteilen (§ 120 HGB)	283
	1. Jahresabschluss und Gewinn- oder Verlustermittlung	284
	2. Zuschreibung auf dem und Abschreibung vom Kapitalanteil des Gesellschafters	284
XIV.	Feststellung des Jahresabschlusses (§ 121 HGB)	285
XV.	Gewinnauszahlung (§ 122 HGB)	286
	1. Anspruch des Gesellschafters gegen die Gesellschaft auf Auszahlung des ihm zustehenden Gewinnanteils	286

Inhaltsverzeichnis

	2. Leistungsverweigerungsrecht der Gesellschaft	287
E.	Rechtsverhältnis der Gesellschaft zu Dritten (§§ 123 bis 129 HGB)	288
I.	Entstehung der Gesellschaft im Verhältnis zu Dritten (§ 123 HGB)	288
	1. Entstehung der OHG aufgrund Eintragung	288
	2. Entstehung der OHG aufgrund Geschäftsaufnahme	288
	3. Unwirksamkeit einer entgegenstehenden Abrede	288
II.	Vertretung der Gesellschaft (§ 124 HGB)	289
	1. Grundsatz der Einzelvertretungsbefugnis eines jeden Gesellschafters	289
	2. Möglichkeit der Gesamtvertretung	289
	3. Unechte bzw. gemischte Gesamtvertretung	290
	4. Umfang der organschaftlichen Vertretungsbefugnis	290
	5. Entziehung der Vertretungsbefugnis	290
	6. Passive Einzelvertretungsbefugnis	291
III.	Angaben auf Geschäftsbriefen (§ 125 HGB)	291
	1. Pflichtangaben auf Geschäftsbriefen	292
	2. Vordrucke und Bestellscheine	292
IV.	Grundsatz der persönlichen Haftung der Gesellschafter (§ 126 HGB)	293
V.	Haftung des eintretenden Gesellschafters (§ 127 HGB)	294
VI.	Einwendungen und Einreden des Gesellschafters (§ 128 HGB)	294
	1. Einwendungen der Gesellschaft	294
	2. Gestaltungsrechte	294
VII.	Zwangsvollstreckung gegen die Gesellschaft oder gegen ihre Gesellschafter (§ 129 HGB)	295
	1. Zwangsvollstreckung gegen die Gesellschaft	295
	2. Zwangsvollstreckung gegen die Gesellschafter	295
F.	Ausscheiden eines Gesellschafters aus der Personenhandelsgesellschaft (§§ 130 bis 137 HGB)	295
I.	Gründe für das Ausscheiden und Zeitpunkt des Ausscheidens (§ 130 HGB)	296
	1. Gründe für das Ausscheiden eines Gesellschafters	296
	2. Möglichkeit der Vereinbarung weitere Ausscheidensgründe im Gesellschaftsvertrag	298
	3. Zeitpunkt des Ausscheidens	298
II.	Fortsetzung mit dem Erben und Ausscheiden des Erben (§ 131 HGB)	298
	1. Wahlrecht des Erben	299
	2. Kündigungsrecht des Erben	299
	3. Frist zur Ausübung des Wahl- bzw. Kündigungsrechts	299
	4. Haftung des Erben	300
	5. Abweichende Vereinbarung	300
	6. Fortbestehende Probleme	300

III. Kündigung der Mitgliedschaft durch den Gesellschafter
(§ 132 HGB) 300
   1. Grundlagen 301
   2. Kündigung eines Gesellschafters 302
   3. Außerordentliche Kündigung eines befristeten Gesellschaftsverhältnisses 302
   4. Außerordentliche Kündigung bei Vorliegen eines „wichtigen
Grundes" 303
   5. Außerordentliche Kündigung des volljährig gewordenen Gesellschafters 303
   6. Schadensersatzbewehrtes Verbot einer Kündigung zur Unzeit.... 304
   7. Außerordentliche Kündigungsrechte sind zwingendes Recht 304
IV. Kündigung der Mitgliedschaft durch einen Privatgläubiger des
Gesellschafters (§ 133 HGB) 304
V. Gerichtliche Entscheidung über Ausschließungsklage (§ 134 HGB) . 305
VI. Ansprüche des ausgeschiedenen Gesellschafters (§ 135 HGB) 305
   1. Anspruch des ausgeschiedenen Gesellschafters gegen die Gesellschaft auf Schuldbefreiung und angemessene Abfindung 306
   2. Abfindungsstichtag 306
   3. Wertermittlung des Gesellschaftsanteils 307
VII. Haftung des ausgeschiedenen Gesellschafters für Fehlbetrag
(§ 136 HGB) 307
VIII. Nachhaftung des ausgeschiedenen Gesellschafters (§ 137 HGB) 307
   1. Enthaftung (Nachhaftung) des ausgeschiedenen Gesellschafters . 308
      a) Voraussetzungen der Enthaftung 308
      b) Besonderheit: Nachhaftung für Schadensersatzverpflichtun-
gen der Gesellschaft 308
      c) Fristbeginn 309
      d) Hemmung und Unterbrechung 309
   2. Anerkenntnis der Verbindlichkeit 309
   3. Wechsel in die Stellung eines Kommanditisten 309
G. Auflösung der Gesellschaft (§§ 138 bis 142 HGB) 309
   I. Gründe für eine Auflösung der Gesellschaft (Auflösungsgründe –
§ 138 HGB) 310
   1. Gesetzliche Auflösungsgründe 310
   2. Weitere Auflösungsgründe einer OHG ohne persönlich haftende
natürliche Personen als Gesellschafter 311
   3. Weitere, gesellschaftsvertraglich vereinbarte Auflösungsgründe . 311
  II. Auflösung der Gesellschaft durch gerichtliche Entscheidung (§ 139
HGB)... 311
   1. Auflösung durch gerichtliche Entscheidung bei Vorliegen eines
wichtigen Grundes 312

Inhaltsverzeichnis

    2. Unzulässigkeit von Vereinbarungen zum Ausschluss oder zur Beschränkung des Rechts zur Auflösung 312
  III. Auflösungsbeschluss (§ 140 HGB) 312
  IV. Anmeldung der Auflösung (§ 141 HGB) 313
    1. Anmeldung der Auflösung der Gesellschaft 313
    2. Erleichterte Anmeldung beim Tod eines Gesellschafters 313
  V. Fortsetzung der Gesellschaft (§ 142 HGB) 313
    1. Grundlagen 314
    2. Voraussetzungen einer Fortsetzung einer aufgelösten Gesellschaft 314
    3. Spezifische Mehrheitserfordernisse für einen Gesellschafterbeschluss über die Fortsetzung der Gesellschaft 314
    4. Pflicht sämtlicher Gesellschafter einer OHG, die Fortsetzung der Gesellschaft zur Eintragung in das Handelsregister anzumelden . 314
H. Liquidation der Gesellschaft (§§ 143 bis 152 HGB) 314
  I. Notwendigkeit der Liquidation und anwendbare Vorschriften (§ 143 HGB) 315
    1. Liquidation nach Auflösung der Gesellschaft 315
    2. Liquidation nach Löschung der Gesellschaft wegen Vermögenslosigkeit 315
    3. Andere Art der Abwicklung 316
    4. Auf die Liquidation anwendbare Vorschriften 316
  II. Liquidatoren (§ 144 HGB) 316
    1. Gesellschafter als Liquidatoren 317
    2. Insolvenzverwalter eines Gesellschafters als Liquidator 317
    3. Gemeinsamer Vertreter mehrerer Erben 317
    4. Bestimmung einzelner Gesellschafter oder Dritter zu Liquidatoren durch die Gesellschafter 317
    5. Voraussetzung für die Berufung und Abberufung von Liquidatoren. 318
  III. Gerichtliche Berufung und Abberufung von Liquidatoren (§ 145 HGB) 318
    1. Voraussetzungen für die gerichtliche Berufung und Abberufung eines Liquidators 318
    2. Antragsberechtigte Beteiligte 319
    3. Anspruch des gerichtlich berufenen Liquidators (ohne Gesellschafterstatus) auf Ersatz der objektiv erforderlichen Aufwendungen und auf Vergütung für seine Tätigkeit 319
  IV. Geschäftsführungs- und Vertretungsbefugnis der Liquidatoren (§ 146 HGB) 320
    1. Geschäftsführungs- und Vertretungsbefugnis der Liquidatoren nach der Auflösung der Gesellschaft 320
    2. Fiktion des Fortbestehens der Geschäftsführungsbefugnis eines Gesellschafters 320

Inhaltsverzeichnis

    V. Anmeldung der Liquidatoren (§ 147 HGB) 321
        1. Anmeldung der Liquidatoren zur Eintragung in das Handelsregister 321
        2. Eintragung von Amts wegen 321
   VI. Rechtsstellung der Liquidatoren (§ 148 HGB) 322
        1. Bindung an Weisungen 322
        2. Aufgaben der Liquidatoren 323
        3. Handeln der durch die Liquidatoren vertretenen Gesellschaft im Rechtsverkehr 323
        4. Liquidationseröffnung- und -abschlussbilanz 323
        5. Befriedigung der Gläubiger der Gesellschaft 324
        6. Zurückerstattung der geleisteten Beiträge nach Berichtigung der Gesellschaftsverbindlichkeiten an die Gesellschafter 324
        7. Vorläufige Verteilung entbehrlichen Geldes 324
        8. Verteilung des Gesellschaftsvermögens 325
   VII. Haftung des Gesellschafters für Fehlbetrag (§ 149 HGB) 325
  VIII. Anmeldung des Erlöschens der Firma (§ 150 HGB) 326
   IX. Verjährung von Ansprüchen aus der Gesellschafterhaftung (§ 151 HGB) 326
        1. Ratio legis 327
        2. Verjährung der Ansprüche gegen einen Gesellschafter bei Erlöschen der Gesellschaft 327
        3. Verjährungsbeginn 327
        4. Neubeginn und Hemmung der Verjährung (Nachhaftung) 328
    X. Aufbewahrung der Geschäftsunterlagen und Einsicht in die Geschäftsunterlagen (§ 152 HGB) 328
        1. Verwahrung der Geschäftsunterlagen 328
        2. Einsichts- und Benutzungsrecht 328

§ 4 Die Kommanditgesellschaft 331

A. Vorbemerkung 331
B. Begriff der KG und Anwendbarkeit der OHG-Vorschriften (§ 161 HGB) 331
     I. Bestimmter Betrag (Haftsumme) 331
    II. „Entsprechende Anwendung" 332
C. Anmeldung zum Handelsregister (§ 162 HGB) 333
     I. Ersetzung von „Einlage" durch „Haftsumme" (§ 162 Abs. 1 S. 1 HGB) 333
    II. Aufhebung von § 162 Abs. 1 S. 2 HGB alt 333
D. Geschäftsführungsbefugnis (§ 164 HGB) 334
E. Wettbewerbsverbot (§ 165 HGB) 335
F. Informationsrecht des Kommanditisten (und stillen Gesellschafters, § 166 HGB) 335
     I. Ratio legis 335

Inhaltsverzeichnis

    II. Informationsansprüche des Kommanditisten 336
    III. Unwirksamkeit einer entgegenstehenden gesellschaftsvertraglichen Vereinbarung 338
G. Verlustbeteiligung (§ 167 HGB) 339
H. Aufhebung von § 168 HGB (Verteilung von Gewinn und Verlust) 340
I. Gewinnrecht des Kommanditisten (§ 169 HGB) 340
J. Vertretung der Kommanditgesellschaft (§ 170 HGB) 341
    I. Regelungsgehalt 341
    II. Organschaftliche Vertretung bei der gesetzestypischen KG 341
    III. Organschaftliche Vertretung bei der atypischen KG in Gestalt der Einheits-Kapitalgesellschaft und Co. KG 342
K. Haftung des Kommanditisten (§ 171 Abs. 1 HGB) 344
L. Umfang der Haftung (§ 172 HGB) 345
    I. § 172 Abs. 1 und 2 HGB – „Haftsumme" statt „Einlage" 346
    II. § 172 Abs. 4 S. 2 HGB – „Haftsumme" statt „geleistete Einlage" ... 346
    III. § 172 Abs. 4 S. 3 HGB – Verweis auf „§§ 253 Abs. 6 S. 2 und 268 Abs. 8" statt bloß auf „§ 268 Abs. 8 HGB" 347
    IV. Aufhebung des Haftungsprivilegs nach § 172 Abs. 5 HGB alt 347
    V. § 172 Abs. 6 HGB alt wird § 172 Abs. 5 HGB neu 348
M. Herabsetzung der Haftsumme (§ 174 HGB) 348
N. Anmeldung der Änderung der Haftsumme (§ 175 HGB) 348
O. Haftung vor Eintragung (§ 176 HGB) 348
    I. Haftung vor der Eintragung 349
    II. Eintrittshaftung 350
P. Angaben auf Geschäftsbriefen (§ 177a HGB) 351
Q. Liquidation der Kommanditgesellschaft (§ 178 HGB) 351
R. Insolvenz der Kommanditgesellschaft 351

§ 5 Stille Gesellschaft 353

A. Vorbemerkung 353
B. Informationsrecht des stillen Gesellschafters (§ 233 HGB) 353
C. Kündigung der Gesellschaft (§ 234 Abs. HGB) 353

§ 6 Partnerschaftsgesellschaft 355

A. Vorbemerkung 355
B. Überschrift des § 1 PartGG 355
C. Anwendbarkeit der Vorschriften über die GbR (§ 1 Abs. 4 PartGG) 355
D. Name der Partnerschaft (§ 2 PartGG) 356
    I. Namenszusatz (§ 2 Abs. 1 PartGG) 356
    II. Auf die Partnerschaftsgesellschaft übertragbare Grundsätze des Firmenrechts (§ 2 Abs. 2 PartGG) 357

Inhaltsverzeichnis

E. Wegfall von § 3 PartGG alt (Partnerschaftsvertrag) 357
F. Anmeldung der Partnerschaft und Statuswechsel (§ 4 PartGG) 358
    I. Überschrift 359
    II. Registeranmeldung 359
    III. Angaben der Anmeldung 359
    IV. Statuswechsel 359
        1. Statuswechsel von der Partnerschaftsgesellschaft in eine GbR ... 360
        2. Statuswechsel von der Partnerschaftsgesellschaft in eine Personenhandelsgesellschaft 361
        3. Statuswechsel von der eingetragenen GbR in eine Partnerschaftsgesellschaft 362
        4. Statuswechsel von der Personenhandelsgesellschaft in eine Partnerschaftsgesellschaft 362
G. Inhalt der Eintragung und anzuwendende Vorschriften (§ 5 PartGG) 363
    I. Inhalt der Eintragung 363
    II. Anschrift in einem Mitgliedstaat der EU 363
H. Rechtsverhältnis der Partner untereinander (§ 6 Abs. 3 PartGG) 364
I. Wirksamkeit im Verhältnis zu Dritten, rechtliche Selbstständigkeit, Vertretung (§ 7 PartGG) 365
    I. Aufhebung von Abs. 2 alt 365
    II. Vertretung 365
    III. Angabe auf Geschäftsbriefen 366
J. Haftung für Verbindlichkeiten der Partnerschaftsgesellschaft (§ 8 PartGG) ... 366
    I. Haftung der Gesellschaft 366
    II. Ausschluss der Haftung der Partner für Verbindlichkeiten der Partnerschaft 367
    III. Namenszusatz 367
K. Ausscheiden eines Partners und Auflösung der Partnerschaft (§ 9 PartGG) ... 367
    I. Ausscheiden eines Partners und Auflösung der Partnerschaft 367
    II. Fortführung der Partnerschaft mit den Erben 368
L. Liquidation der Partnerschaft und Nachhaftung (§ 10 PartGG) 368
M. Aufhebung von § 11 Abs. 3 PartGG alt 368

§ 7 Exkurs: Vereine ohne Rechtspersönlichkeit 369

A. Der Verein ohne Rechtspersönlichkeit 369
B. Grundlagen 369
C. Das auf Idealvereine ohne Rechtspersönlichkeit anwendbare Recht 370
D. Das auf wirtschaftliche Vereine ohne Rechtspersönlichkeit anwendbare Recht . 371
E. Handelndenhaftung 373

Stichwortverzeichnis 375

Abkürzungsverzeichnis

a.a.O.	am angegebenen Ort
Abs.	Absatz
AcP	Archiv für die civilistische Praxis (Zeitschrift)
AEUV	Vertrag über die Arbeitsweise der Europäischen Union
AG	Aktiengesellschaft
AG	Amtsgericht
AktG	Aktiengesetz
AnwBl	Anwaltsblatt (Zeitschrift)
arg.	argumentum
Art.	Artikel
BayObLG	Bayerisches Oberstes Landesgericht
BB	Betriebs-Berater (Zeitschrift)
BBP	Betriebswirtschaft im Blickpunkt (Zeitschrift)
Bd.	Band
Beschl.	Beschluss
BGB	Bürgerliches Gesetzbuch
BGBl	Bundesgesetzblatt
BGH	Bundesgerichtshof
BGHZ	Entscheidungen des Bundesgerichtshofes in Zivilsachen
BiRiLiG	Bilanzrichtliniengesetzes
BMJ	Bundesministerium der Justiz
BMJV	Bundesministerium der Justiz und für Verbraucherschutz
BRAO	Bundesrechtsanwaltsordnung
BR-Drucks	Bundesratsdrucksache
bspw.	beispielsweise
BT-Drucks	Bundestagsdrucksache
BWNotZ	Zeitschrift für das Notariat in Baden-Württemberg (Zeitschrift)
bzw.	beziehungsweise
Co.	Compagnie
d.h.	das heißt
DB	Der Betrieb (Zeitschrift)
DJT	Deutscher Juristentag
DStR	Deutsches Steuerrecht (Zeitschrift)
DZWiR	Deutsche Zeitschrift für Wirtschafts- und Insolvenzrecht (Zeitschrift)

Abkürzungsverzeichnis

EGBGB	Einführungsgesetz zum Bürgerlichen Gesetzbuche
eGbR	eingetragene Gesellschaft bürgerlichen Rechts
EGGmbHG	Einführungsgesetz zum Gesetz betreffend die Gesellschaften mit beschränkter Haftung
EGHGB	Einführungsgesetz zum Handelsgesetzbuch
EHUG	Gesetz über elektronische Handelsregister und Genossenschaftsregister sowie das Unternehmensregister
EU	Europäische Union
EWiV	Europäische wirtschaftliche Interessenvereinigung
EWIV-AG	Gesetz zur Ausführung der EWG-Verordnung über die Europäische wirtschaftliche Interessenvereinigung
EWR	Europäischer Wirtschaftsraum
f./ff.	folgende (Singular, Plural)
FamFG	Gesetz über das Verfahren in Familiensachen und in den Angelegenheiten der freiwilligen Gerichtsbarkeit
FR	FinanzRundschau (Zeitschrift)
GBO	Grundbuchordnung
GbR	Gesellschaft bürgerlichen Rechts
GewStG	Gewerbesteuergesetz
GG	Grundgesetz
ggf.	gegebenenfalls
GmbH	Gesellschaft mit beschränkter Haftung
GmbH & Co. KG	Gesellschaft mit beschränkter Haftung & Compagnie Kommanditgesellschaft
GmbHG	Gesetz betreffend die Gesellschaften mit beschränkter Haftung
GmbHR	GmbH-Rundschau (Zeitschrift)
GoA	Geschäftsführung ohne Auftrag
GStB	Gemeinde- und Städtebund
GuV	Gewinn- und Verlustrechnung
GVG	Gerichtsverfassungsgesetz
GWR	Gesellschafts- und Wirtschaftsrecht (Zeitschrift)
h.A.	herrschende Ansicht
h.M.	herrschende Meinung
HGB	Handelsgesetzbuch
HGB-E	HGB-Entwurf
HRefG	Handelsrechtsreformgesetz
Hs.	Halbsatz
i.d.R.	in der Regel
i.G.	in Gründung

Abkürzungsverzeichnis

i.S.e.	im Sinne eine/s/r
i.S.v.	im Sinne von
i.Ü.	im Übrigen
i.V.m.	in Verbindung mit
InsO	Insolvenzordnung
KG	Kommanditgesellschaft
KGaA	Kommanditgesellschaft auf Aktien
KP	Kanzleiführungs professionell (Zeitschrift)
LG	Landgericht
Lit.	Literatur
MDR	Monatsschrift für Deutsches Recht (Zeitschrift)
MittBayNot	Mitteilungen des Bayerischen Notarvereins, der Notarkasse und der Landesnotarkammer Bayern (Zeitschrift)
MoMiG	Gesetz zur Modernisierung des GmbH-Rechts und zur Bekämpfung von Missbräuchen
MoPeG	Gesetz zur Modernisierung des Personengesellschaftsrechts
MüKo	Münchener Kommentar
NachhBG	Nachhaftungsbegrenzungsgesetz
NJW	Neue Juristische Wochenschrift
NotBZ	Zeitschrift für die notarielle Beratungs- und Beurkundungspraxis (Zeitschrift)
Nr.	Nummer
NZG	Neue Zeitschrift für Gesellschaftsrecht (Zeitschrift)
OHG	Offene Handelsgesellschaft
OLG	Oberlandesgericht
PartGG	Gesetz über Partnerschaftsgesellschaften
PartGG-E	Entwurf eines Partnerschaftsgesellschaftsgesetzes
PartGmbH	Partnerschaftsgesellschaft mit beschränkter Berufshaftung
Rdn	Randnummer (intern)
RegE	Regierungsentwurf
Rn	Randnummer (extern)
Rpfleger	Der Deutsche Rechtspfleger (Zeitschrift)
RPflG	Rechtspflegergesetz
s.	siehe
S.	Seite
SchiedsVZ	Zeitschrift für Schiedsverfahren (Zeitschrift)
SchRegO	Schiffsregisterordnung

Abkürzungsverzeichnis

sog.	sogenannte/er/es
StBerG	Steuerberatungsgesetz
StuB	Unternehmensteuern und Bilanzen (Zeitschrift)
u.U.	unter Umständen
UmwG	Umwandlungsgesetz
Urt.	Urteil
v.	vom
vgl.	vergleiche
VO	Verordnung
WM	Zeitschrift für Wirtschafts- und Bankrecht (Zeitschrift)
WPO	Wirtschaftsprüferordnung
z.B.	zum Beispiel
z.T.	zum Teil
ZEV	Zeitschrift für Erbrecht und Vermögensnachfolge (Zeitschrift)
ZGR	Zeitschrift für Unternehmens- und Gesellschaftsrecht (Zeitschrift)
ZHR	Zeitschrift für das gesamte Handelsrecht und Wirtschaftsrecht (Zeitschrift)
ZIP	Zeitschrift für Wirtschaftsrecht (Zeitschrift)
ZJS	Zeitschrift für das Juristische Studium (Zeitschrift)
ZMGR	Zeitschrift für das gesamte Medizin- und Gesundheitsrecht (Zeitschrift)
ZPO	Zivilprozessordnung
ZRP	Zeitschrift für Rechtspolitik (Zeitschrift)

Literaturverzeichnis

Kommentare, Hand- und Lehrbücher

Baumbach/Hopt, Handelsgesetzbuch, Kommentar, 41. Auflage 2022
Jauernig, Bürgerliches Gesetzbuch: BGB, Kommentar, 18. Auflage 2021
Keidel, Gesetz über das Verfahren in Familiensachen und in Angelegenheiten der freiwilligen Gerichtsbarkeit, Kommentar, 20. Auflage 2020
Kölner Kommentar zum Umwandlungsgesetz, 1. Auflage 2009
Krafka, Registerrecht, 11. Auflage 2019
Lutter, UmwG, Kommentar, 6. Auflage 2019
Michalski/Heidinger/Leible/J. Schmidt, Kommentar zum Gesetz betreffend die Gesellschaften mit beschränkter Haftung (GmbH-Gesetz): GmbHG, Kommentar, 3. Auflage 2017
Münchener Kommentar zum Bürgerlichen Gesetzbuch, 8. Auflage 2020
Münchener Kommentar zum Handelsgesetzbuch, 4. Auflage 2016
Oetker, Handelsgesetzbuch: HGB, Kommentar, 6. Auflage 2019
Sagasser/Bula, Umwandlungen, Kommentar, 5. Auflage 2017
Schäfer (Hrsg.), Das neue Personengesellschaftsrecht, 2022
Staub, Handelsgesetzbuch: HGB, Kommentar, 5. Auflage 2009
Staudinger, BGB, Kommentar, 13. Auflage, 2003
Ulmer/Schäfer, Gesellschaft bürgerlichen Rechts und Partnerschaftsgesellschaft: GbR PartG, 6. Auflage 2013

Ausgewählte Aufsätze

Altmeppen, Mängel und Widersprüche des Regierungsentwurfs zum MoPeG am Beispiel des Ausschlusses eines Gesellschafters und die Entziehung der Geschäftsführungsbefugnis, ZIP 2021, 213
Altmeppen, Untauglichkeit des „aktienrechtlichen Anfechtungsmodells" bei Einziehung von Gesellschafterrechten aus wichtigem Grund in der Personengesellschaft und der GmbH, GmbHR 2021, 345
Armbrüster, Außengesellschaft und Innengesellschaft, ZGR-Sonderheft 23 (2021), 143
Aumann, Das MoPeG: Ein Überblick für die Praxis, Notar 2022, 99
Bachem, Das Ende des Gesamthandsprinzips durch das MoPeG und die Auswirkungen im Steuerrecht, DStR 2022, 725

Literaturverzeichnis

Bachmann, Zum Entwurf eines Gesetzes zur Modernisierung des Personengesellschaftsrechts (MoPeG), NZG 2020, 612

Bachmann, Das Gesetz zur Modernisierung des Personengesellschaftsrechts, NJW 2021, 3073

Bachmann, Die folgenlose Beseitigung der rechtsfähigen Gesamthand durch das MoPeG, FR 2022, 709

Bärwaldt/Richter, Das künftige Recht der GbR und seine Auswirkungen auf die Registerpraxis, DB 2021, 2476

Baumann/Wagner, Schiedsfähigkeit und kein Ende? Zur Wirksamkeit von Schiedsvereinbarungen in Personengesellschaftsverträgen (Schiedsfähigkeit IV), BB 2022, 963

Bayer/Rauch, Beschlussmängel im neuen Recht der Personengesellschaften nach dem MoPeG, DB 2021, 2609

Beyme, Berufsrecht: Firmierung nach Berufsrechtsreform/MoPeG, KP 2022, 16

Bialluch/von Allwörden, Übertragung von Kommanditanteilen – aufschiebend bedingte Abtretung durch MoPeG passé, NZG 2022, 792

Blöse, Die Reform des Personengesellschaftsrechts – der Mauracher-Entwurf liegt jetzt vor, BBP 2020, 145

Bochmann, Gesellschafterwechsel, Ausscheiden und Auflösung im Mauracher Entwurf zur Modernisierung des Personengesellschaftsrechts, ZGR-Sonderheft 23 (2021), 221

Böhringer/Melchior, Ausgewählte Anmeldungen einer Gesellschaft bürgerlichen Rechts zum neuen Gesellschaftsregister, NotBZ 2022, 361

Bolkart, Das Zusammenspiel von Gesellschaftsregister, Grundbuch und Notar nach dem Gesetz zur Modernisierung des Personengesellschaftsrechts (MoPeG), MittBayNot 2021, 319

Borg/Oepen, Einzelklagebefugnisse des Personengesellschafters, ZGR 2001, 515

Brinkmeier, Referentenentwurf für ein modernisiertes Personengesellschaftsrecht, GmbH-StB 2021, 3

Claußen/Pieronczyk, Das Beschlussmängelrecht in der eingetragenen Gesellschaft bürgerlichen Rechts, NZG 2021, 620

Drescher, Beschlussmängelrecht, ZGR-Sonderheft 23 (2021), 115

Fleischer, Ein Rundgang durch den Regierungsentwurf eines Gesetzes zur Modernisierung des Personengesellschaftsrechts, DStR 2021, 430

Fleischer, Ein Rundflug über das OHG-Recht im Regierungsentwurf eines Gesetzes zur Modernisierung des Personengesellschaftsrechts, BB 2021, 386

Fleischer/Pendl, Ein Register für die Gesellschaft bürgerlichen Rechts, WM 2019, 2137

Geibel, Mauracher Entwurf zum Personengesellschaftsrecht, ZRP 2020, 137

George, Gesetzgebung: Das Gesetz zur Modernisierung des Personengesellschaftsrechts (MoPeG), KP 2022, 87

Heckschen, Der so genannte „Mauracher Entwurf" – ein Schritt zur Reform des Personengesellschaftsrechts, NZG 2020, 761

Heckschen, Nächster Schritt zur Reform des Personengesellschaftsrechts genommen – Referentenentwurf zum MoPeG vorgestellt, GWR 2021, 1

Heckschen, MoPeG: Der letzte Stand – vorbereitet sein auf den 1.1.2024, AnwBl 2022, 31

Heckschen/Nolting, Das MoPeG ist verkündet – Verbesserungen am Gesetz noch auf der Zielgeraden, BB 2021, 2946

Heinrich, Präzisierung der BGH-Rechtsprechung zu Schiedsvereinbarungen für Beschlussmängelstreitigkeiten in Personengesellschaften, DB 2022, 446

Heinze, Nachfolgeklauseln: Das MoPeG im Kontext von Nachfolgeregelungen für den Todesfall bei Personengesellschaften, EE 2023, 8

Hell, Grundzüge und Modernisierung des Rechts der Gesellschaft bürgerlichen Rechts (GbR), JA 2021, 12

Hermanns, Gesetz zur Modernisierung des Personengesellschaftsrechts (MoPeG) – Entstehung und Überblick, DNotZ 2022, 3

Herrler, Das neue Gesellschaftsregister, ZGR-Sonderheft 23 (2021), 39

Hippeli, Zur avisierten Reform des Personengesellschaftsrechts, DZWiR 2020, 386

Hüttemann/Meyer, Zur Abfindung ausscheidender Personengesellschafter nach dem MoPeG, ZIP 2022, 935

Jobst, Schiedsgerichtliche Beilegung von Beschlussmängelstreitigkeiten in Personengesellschaften nach dem MoPeG, ZIP 2022, 884

John, Das Gesellschaftsregister gemäß MoPeG, NZG 2022, 243

Kaulbach, Das neue Anfechtungsmodell im Personengesellschaftsrecht: Vorbild für die GmbH?, ZHR 2022, 729

Keller, Die Zulässigkeit der Gesellschafterklage bei der Personengesellschaft, ZJS 2022, 469

Kilinscsoy, Analyse des Personengesellschaftsrechts durch das MoPeG, FR 2021, 248

Kindler, Die rechtsfähige Personengesellschaft, ZHR 185 (2021), 598

Knorr, Die Beschlussfeststellung als Abgrenzungskriterium zwischen Anfechtungsklage und allgemeiner Feststellungsklage, GmbHR 2022, 563

Kögel, Das Gesetz zur Modernisierung des Personengesellschaftsrechts (MoPeG) – ein Überblick, Rpfleger 2022, 56

Kruse, Das Gesetz zur Modernisierung des Personengesellschaftsrechts (MoPeG) und seine Auswirkungen aus Praktikersicht, DStR 2021, 2412

Literaturverzeichnis

Lange/Kretschmann, Die Nachfolge von Todes wegen in einen Personengesellschaftsanteil nach dem MoPeG – ein erster Überblick, ZEV 2021, 545

Leo/John, Endlich Klarheit für die Praxis – § 176 II HGB in der Fassung des MoPeG, NZG 2021, 1195

Liebscher/Günthner, Die Schiedsfähigkeit von im Feststellungsstreit auszutragenden Beschlussmängelstreitigkeiten im Lichte des MoPeG, ZIP 2022, 713

Lieder, Modernisierung des Personengesellschaftsrechts, ZRP 2021, 34

Lieder, Geschäftsführung und Vertretung im modernisierten Personengesellschaftsrecht, ZGR-Sonderheft 23 (2021), 169

Lieder/Hilser, Die Reform des Personengesellschaftsrechts – Implikation für Dogmatik und notarielle Praxis, NotBZ 2021, 401

Löbbe, Das Beschlussmängelrecht der Personengesellschafter nach dem MoPeG-Regierungsentwurf – ein Überblick, FS für Heidel, 2021, 575

Meyer/Schwiete, Totgesagte leben länger – ein Plädoyer für das „Feststellungsmodell" als Gestaltungsoption im Beschlussmängelrecht, NZG 2022, 1035

Nazari-Khanachayi, Anpassungsvorschläge zum Entwurf eines Gesetzes zur Modernisierung des Personengesellschaftsrechts, WM 2020, 2056

Noack, Von Maurach in die Welt – Der Gesetzentwurf der Expertenkommission zur Modernisierung des Personengesellschaftsrechts im Überblick, NZG 2020, 581

Noack, Vom „Mauracher Entwurf" zum RefE eines Gesetzes zur Modernisierung des Personengesellschaftsrechts, DB 2020, 2618

Noack, Mauracher Entwurf für ein Gesetz zur Modernisierung des Personengesellschaftsrechts, MDR 2020, R6

Noack, Der Regierungsentwurf eines Gesetzes zur Modernisierung des Personengesellschaftsrechts (MoPeG), BB 2021, 643

Noack, Mit fünf Zielen zu einem modernisierten Personengesellschaftsrecht, MDR 2021, 1425

Noack/Göbel, Die eingetragene Personengesellschaft zwischen Rechtsformwahl und Rechtsformzwang, GmbHR 2021, 569

Nolting, Die Umwandlung anwaltlicher Berufsausübungsgesellschaften nach MoPeG und BRAO-Reform, BB 2021, 1795

Otte, Auswirkungen des MoPeG auf die anwaltliche Gestaltungs- und Beratungspraxis, ZIP 2021, 2162

Otte-Gräbener, Umfassende Modernisierung des Personengesellschaftsrechts – Entwurf der Expertenkommission, BB 2020, 1295

Pfeffer, Nicht eingetragene Vereine: Haftungsregelung im BGB erfährt gesetzliche Änderung, VB 2021, 018

Pieronczyk, Folgen des Rechtsformwechsels zwischen GbR und oHG für Beschlussmängelklagen nach dem MoPeG, ZIP 2022, 1033

Pranzo, Praktische Auswirkungen des MoPeG auf die Vermögens- und Unternehmensnachfolge, ZErb 2022, 425

Punte/Klemens/Sambulski, Der „Mauracher Entwurf" zur Modernisierung des Personengesellschaftsrechts – was lange währt, wird endlich gut?, ZIP 2020, 1230

Raiser, Der Begriff der juristischen Person. Eine Neubestimmung, AcP 199 (1999), 105

Ratzel, Das Gesetz zur Modernisierung des Personengesellschaftsrechts (MoPeG) und dessen Auswirkungen auf ärztliche Kooperationen, GesR 2022, 137

Rennar/Müller, Übertragungsakte im Blickwinkel des MoPeG: Steuerneutrale Übertragung werthaltiger Einzel-Assets zwischen Schwesterpersonengesellschaften, GStB 2022, 285

Römermann, Kommendes Freiberufler-Gesellschaftsrecht 2021–2023, GmbHR 2020, R 372

Ruppel/Haschke, Reform der Gesellschaft bürgerlichen Rechts und Auswirkungen auf Vertragsgestaltung, ZMGR 2022, 10

Schäfer, Grundzüge des neuen Personengesellschaftsrechts nach dem Mauracher Entwurf, ZIP 2020, 1149

Schäfer, Innengesellschaft – Zündapp unter den Gesellschaften, FS für Windbichler, 2020, S. 981

Schäfer, Beschlussfassung und Beschlussanfechtung in der Personenhandelsgesellschaft nach dem MoPeG, ZIP 2021, 1527

Schall, Eine dogmatische Kritik am „Mauracher Entwurf" zur Modernisierung des Personengesellschaftsrechts, ZIP 2020, 1443

Schirrmacher, Der Haftungsmaßstab in der Personengesellschaft nach dem MoPeG, ZHR 2022, 250

Schlüter, Nichtigkeit von gesellschaftsrechtlichen Schiedsklauseln über Beschlussmängelstreitigkeiten, DZWiR 2022, 605

K. Schmidt, Ein neues Zuhause für das Recht der Personengesellschaften, ZHR 185 (2021), 16

Schollmeyer, Der Mauracher Entwurf, ZGR-Sonderheft 23 (2021), S. 29

Schollmeyer, Neuerungen und Kontinuitäten bei der Gesellschafterhaftung nach dem MoPeG, DNotZ 2021, 889

Schulteis, Das Recht der Gesellschaft bürgerlichen Rechts nach dem Regierungsentwurf zum Personengesellschaftsmodernisierungsgesetz – MoPeG, GWR 2021, 112

Schumm, Die beschlossene Modernisierung des Personengesellschaftsrechts, StuB 2021, 643

Späth-Weinreich, Zur Reform des Personengesellschaftsrechts durch das MoPeG – Im Blickpunkt: Die geplanten Änderungen im Registerrecht, BWNotZ 2021, 90

Literaturverzeichnis

Späth-Weinreich, Update: Das MoPeG wurde verabschiedet – Im Blickpunkt: Die beschlossenen Änderungen im materiellen Personengesellschaftsrecht, BWNotZ 2022, 2

Staake, Organschaftliche Vertretungsbefugnisse für Kommanditisten, NZG 2021, 95

Storz, Der Mauracher Entwurf für ein Gesetz zur Modernisierung des Personengesellschaftsrechts (MoPeG), GWR 2020, 257

Storz, Der Referentenentwurf für ein Gesetz zur Modernisierung des Personengesellschaftsrechts – Ein Überblick über die Änderungen und Ergänzungen zum Mauracher Entwurf, GWR 2021, 5

Tröger/Happ, Unzulängliche Institutionenbildung im Beschlussmängelrecht der Personengesellschaft, NZG 2021, 133

Tröger/Happ, Beschlussmängelrecht nach dem MoPeG: Bestandsaufnahme, Kritik und Fortentwicklung, ZIP 2021, 2059

Uwer, Die Öffnung der Personenhandelsgesellschaft für Freiberufler in berufsrechtlicher Perspektive, ZGR-Sonderheft, 23 (2021), S. 87

Wallimann, Die Abgrenzung einer GbR von einer OHG und deren Bedeutung für gesellschaftsrechtliche Streitigkeiten, NZG 2022, 742

Werner, Schiedsverfahren IV – die Schiedsfähigkeit von Beschlussmängelstreitigkeiten bei Personengesellschaften, jM 2022, 310

Wertenbruch, Die Vertretung der GbR in der Reform des Personengesellschaftsrechts, NZG 2019, 407

Wertenbruch, Vom Schloss Maurach zur Reform des Personengesellschaftsrechts GmbHR 2020, R196

Wertenbruch, Der BMJV-Regierungsentwurf eines MoPeG, GmbHR 2021, 1

Wertenbruch, Vom Schloss Maurach zu Schloss Bellevue, GmbHR 2021, R226

Wertenbruch, Die Einheits-GmbH & Co. KG nach dem MoPeG, GmbHR 2021, 1181

Wertenbruch, Zum Stimmrecht der Komplementärin in GmbH & Co. KG und Einheits-GmbH & Co. KG nach MoPeG, NZG 2022, 939

Wicke, Mehrheitsklauseln und unentziehbare Rechte nach Rechtsprechung und MoPeG, MittbayNot 2021, 103

Wörner/Ebel, Wechselspiel der Beschlussmängelregime in den Personenhandelsgesellschaften und der GmbH, NZG 2021, 963

§ 1 Einführung

A. Historie

- Am 19.11.2020 hat das Bundesministerium der Justiz und für Verbraucherschutz (BMJV) den Referentenentwurf eines Gesetzes zur Modernisierung des Personengesellschaftsrechts (MoPeG) veröffentlicht.
- Am 20.1.2021 hat das Bundeskabinett den Gesetzentwurf (Referentenentwurf) verabschiedet.
- Am 22.1.2021 hat die Bundesregierung den Gesetzentwurf (BR-Drucks 59/21) dem Bundesrat übermittelt.
- Ausschussempfehlung des Bundesrats am 22.2.2021 (BT-Drucks 59/1/21).
- Erste Gesetzesberatung im Bundesrat mit Stellungnahme am 5.3.2021 (BR-Drucks 59/21, Beschluss).
- Zuleitung des Gesetzentwurfs durch die Bundesregierung an den Bundestag am 17.3.2021 (BT-Drucks 19/27635).
- Bericht und Beschlussempfehlung des Bundestagsausschusses für Recht und Verbraucherschutz am 22.6.2021 (BT-Drucks 19/30942).
- Zweite und dritte Lesung des Gesetzentwurfs im Bundestag am 24.6.2021.
- Billigung des Gesetzes im Bundesrat am 25.6.2021 (BT-Drucks 567/21, Beschluss).
- Veröffentlichung des Gesetzes zur Modernisierung des Personengesellschaftsrechts im Bundesgesetzblatt am 17.8.2021 (BGBl I, S. 3436).

1

B. Vorarbeiten zum neuen Personengesellschaftsrecht

Der Regierungsentwurf des MoPeG beruht auf Vorarbeiten – dem sog. Mauracher Entwurf[1] –, den eine vom BMJV am 23.7.2018 eingesetzte Expertenkommission aus Wissenschaft und Praxis am 20.4.2020 in Gestalt eines Abschlussberichts mit einem Gesetzentwurf vorgelegt hat.[2]

2

---

[1] Abrufbar auf der Webseite des BMJV unter *www.bmjv.de*.
[2] Dazu *Blöse*, Die Reform des Personengesellschaftsrechts – der Mauracher-Entwurf liegt jetzt vor, BBP 2020, 145; *Heckschen*, Nächster Schritt zur Reform des Personengesellschaftsrechts genommen – Referentenentwurf zum MoPeG vorgestellt, GWR 2021, 1; *Noack*, Mauracher Entwurf für ein Gesetz zur Modernisierung des Personengesellschaftsrechts, MDR 2020, R6; *Noack*, Der Regierungsentwurf eines Gesetzes zur Modernisierung des Personengesellschaftsrechts (MoPeG), BB 2021, 643; *Storz*, Der Mauracher Entwurf für ein Gesetz zur Modernisierung des Personengesellschaftsrechts (MoPeG), GWR 2020, 257; *Wertenbruch*, Von Schloss Maurach zur Reform des Personengesellschaftsrechts, GmbHR 2020, R196; *Wertenbruch*, Vom Schloss Maurach zu Schloss Bellevue, GmbHR 2021, R226.

§ 1 Einführung

Auf der Grundlage des Mauracher Entwurfs[3] hat das BMJV[4] eine Beteiligung der betroffenen Ressorts, der Länder und der Verbände in die Wege geleitet. Parallel dazu ist eine umfassende Diskussion des Entwurfs in der Fachöffentlichkeit erfolgt.

C. Zielsetzung

3 Die Neuregelung des Personengesellschaftsrechts zielt auf eine *„grundlegende, gleichwohl systemkonforme Überarbeitung des geltenden Rechts"*, wobei im Mittelpunkt der Reform die GbR als Grundform aller Personengesellschaften steht.[5] Das neue Personengesellschaftsrecht folgt fünf Leitgedanken.[6]

I. Konsolidierung des Rechts der GbR

4 Der historische Gesetzgeber hat die GbR – wie sich dies bereits aus dem Regelungsstandort der §§ 705 ff. BGB (Titel 16: Gesellschaft) im Besonderen Teil des Schuldrechts ergibt – als ein durch die Besonderheiten der Gesamthand modifiziertes vertragliches Schuldverhältnis konzipiert,[7] *„dem in unvollständiger Weise das Gesamthandsprinzip, darüber gestülpt' wurde"*.[8] Die Rechtsnatur wurde letztlich jedoch offengelassen.[9]

5 Die Neuregelung des GbR-Rechts vollzieht die vom BGH[10] im Jahre 2001 anerkannte Rechtsfähigkeit der GbR im Gesetz kohärent nach und beseitigt die Diskrepanzen zum bisher kodifizierten Altrecht im Interesse der Rechtssicherheit[11] – durch eine umfassende Konsolidierung des GbR-Rechts.[12]

---

3 Dazu näher *Hippeli*, Zur avisierten Reform des Personengesellschaftsrechts, DZWiR 2020, 386; *Schollmeyer*, Der Mauracher Entwurf, ZGR-Sonderheft 23 (2021), S. 29.
4 Vgl. zum Referentenentwurf *Brinkmeier*, GmbH-StB 2021, 3.
5 RegE, BT-Drucks 19/27635, S. 100.
6 Dazu näher *Noack*, Mit fünf Zielen zu einem modernisierten Personengesellschaftsrecht, MDR 2021, 1425.
7 RegE, BT-Drucks 19/27635, S. 101.
8 RegE, BT-Drucks 19/27635, S. 101 unter Bezugnahme auf *Flume*, BGB AT, Bd. I/1, S. 3 f.
9 Während im ersten BGB-Entwurf die GbR nach römisch-rechtlichem Vorbild als ein ausschließlich vertragliches Schuldverhältnis unter den Gesellschaftern ohne eigenes, von dem ihrer Gesellschafter verschiedenen, Gesellschaftsvermögen ausgestaltet (vgl. Mot., in: Mugdan II 330) wurde, konstituierte die zweite Kommission hingegen ein Gesamthandsvermögen, ohne jedoch die daraus folgenden Konsequenzen im Einzelnen zu regeln (vgl. Prot., in: Mugdan II, S. 990): RegE, BT-Drucks 19/27635, S. 101.
10 BGH, Urt. v. 29.1.2001 – II ZR 331/00, BGHZ 146, 341 – ARGE Weißes Ross.
11 RegE, BT-Drucks 19/27635, S. 101.
12 Näher *Ruppel/Haschke*, Reform der Gesellschaft bürgerlichen Rechts und Auswirkungen auf Vertragsgestaltung, ZMGR 2022, 10; *Schulteis*, Das Recht der Gesellschaft bürgerlichen Rechts nach dem Regierungsentwurf zum Personengesellschaftsmodernisierungsgesetz – MoPeG, GWR 2021, 112.

Der BGH[13] hat in seiner Entscheidung ARGE Weißes Ross dem aus der Entstehungsgeschichte herleitbaren Meinungsstreit, ob es sich bei der GbR
- lediglich um ein vertragliches Schuldverhältnis der Gesellschafter mit einem ihnen gemeinsam zugeordneten Gesamthandsvermögen handelt, oder ob die GbR
- als eigenständiges, von den Gesellschaftern zu unterscheidendes Rechtssubjekt mit einem eigenen Gesellschaftsvermögen anzusehen ist,

abschließend entschieden: Die GbR kann im Rechtverkehr grundsätzlich jede Rechtsposition einnehmen und ist, soweit sie in diesem Rahmen eigene Rechte und Pflichten begründet, rechtsfähig, ohne damit juristische Person zu sein.

Seither war in Bezug auf die Frage nach der Rechtsfähigkeit der GbR eine Differenzierung[14] danach erfolgt, ob

- die Gesellschafter nach den zwischen ihnen getroffenen Vereinbarungen im Rahmen einer „**Außengesellschaft**" am Rechtsverkehr teilnehmen wollen, oder ob
- sie sich im Rahmen einer „**Innengesellschaft**" auf die Ausgestaltung ihres Rechtsverhältnisses untereinander beschränken möchten.

Das mit der Anerkennung der Rechtsfähigkeit einhergehende Problem war jedoch, dass sich das Recht der GbR damit in nicht unbedenklicher Weise vom Wortlaut der §§ 705 ff. BGB (alt) entfernt hatte.[15]

Der Gesetzgeber hat dieses Problem aufgegriffen mit dem Ziel, den durch diese Rechtsentwicklung „*als gesichert anzusehenden Erkenntnisstand*" um die Rechtsnatur der GbR auch im Gesetz ausdrücklich ab-(nach-)zubilden. Zugleich erfolgt eine Konsolidierung des geltenden Rechts innerhalb des bestehenden Systems unter Fortführung der grundlegenden Differenzierung zwischen kaufmännischen und nicht-kaufmännischen Personengesellschaften.[16]

II. Modernisierung des Personengesellschaftsrechts

Die auf Gelegenheitsgesellschaften[17] zugeschnittenen GbR-Altregelungen sind seit dem Inkrafttreten des BGB am 1.1.1900 – mit nur kleineren Anpassungen im Rahmen von Rechtsangleichungen an übergreifende, und dabei auch auf die GbR ausstrahlende Änderungen – unverändert geblieben.[18]

---

13 BGH, Urt. v. 29.1.2001 – II ZR 331/00, BGHZ 146, 341, juris Rn 5.
14 Dazu näher MüKo-BGB/*Schäfer*, Vor § 705 Rn 96.
15 RegE, BT-Drucks 19/27635, S. 101.
16 RegE, BT-Drucks 19/27635, S. 101.
17 „*Bei denen sich die Gesellschafter zur Durchführung einer begrenzten Anzahl von Einzelgeschäften auf gemeinsame Rechnung ohne deutlich ausgeprägte Gesellschaftsorganisation zusammenschlossen*": RegE, BT-Drucks 19/27635, S. 101.
18 RegE, BT-Drucks 19/27635, S. 101.

§ 1 Einführung

9 Insoweit bedarf das GbR-Recht nach Ansicht des Gesetzgebers einer Anpassung an die Realitäten „Dauergesellschaft" und „Erwerbsgesellschaft", die *„zahlreiche gesellschaftsvertragliche Abweichungen vom dispositiven Recht [erfordern]"*.[19]

10 Diesem Defizit hat der Gesetzgeber – nicht durch eine Neufassung einzelner Vorschriften, sondern – durch eine grundlegende Überarbeitung der §§ 705 ff. BGB unter Angleichung des GbR-Rechts an das Recht der anderen Personengesellschaften (OHG, KG und Partnerschaftsgesellschaft) und in Anpassung des gesamten (meist noch aus dem 19. Jahrhundert stammenden) Personengesellschaftsrechts an die Bedürfnisse des modernen Wirtschaftslebens Rechnung getragen.[20]

III. Behebung des Publizitätsdefizits der GbR

11 Der Gesetzgeber hat insbesondere das Fehlen eines eigenen öffentlichen Registers (Registerpublizität)[21] als Ausdruck natürlicher Publizität für die (vom BGH) als rechtsfähig anerkannte (Außen-)GbR (mithin ein Rechtssubjekt) – im Unterschied zu anderen rechtsfähigen Personengesellschaften (OHG, KG, Partnerschaftsgesellschaft) – als Manko (Publizitätsdefizit in Bezug auf Existenz, Identität und ordnungsgemäße Vertretung der GbR) erachtet.[22]

12 Das Publizitätsdefizit war evident im Grundbuchrecht, nachdem im Anschluss an die geänderte Judikatur des BGH[23] dieser auch konstatiert hatte, dass abweichend von der traditionellen Grundbuchpraxis nicht mehr die Gesellschafter in gesamthänderischer Verbundenheit, sondern die Gesellschaft selbst als Berechtigte im Grundbuch einzutragen sei (mit Angabe der GbR-Gesellschafter als Hilfe zur Identifizierung).[24] Aufgrund der strengen grundbuchverfahrensrechtlichen Anforderungen an den Nachweis der Existenz, die Identität und die ordnungsgemäße Vertretung war allerdings eine nur unter ihrem Namen im Grundbuch eingetragene GbR im Grundbuchverkehr nicht handlungsfähig, weswegen der Gesetzgeber 2009 mit

---

19 RegE, BT-Drucks 19/27635, S. 101: „*Dem entspricht es, dass die Rechtsprechung beim Vorhandensein von Vertragslücken der ergänzenden Vertragsauslegung in den hierfür geeigneten Fällen den Vorrang einräumt vor der Heranziehung dispositiven Rechts*".
20 RegE, BT-Drucks 19/27635, S. 101.
21 Näher *Bärwaldt/Richter*, Das künftige Recht der GbR und seine Auswirkungen auf die Registerpraxis, DB 2021, 2476.
22 RegE, BT-Drucks 19/27635, S. 101: „*Dadurch wird die Durchsetzung von Rechten gegen die Gesellschaft und ihren unbeschränkt persönlich haftenden Gesellschaftern erschwert und der Verschleierung von in ihr gebundenem Vermögen zum Beispiel zum Zwecke der Geldwäsche und Terrorismusfinanzierung Vorschub geleistet*".
23 BGH, Urt. v. 29.1.2001 – II ZR 331/00 = BGHZ 146, 341 – ARGE Weißes Ross.
24 BGH, Urt. v. 4.12.2008 – V ZB 74/08, BGHZ 179, 102, juris Rn 20 ff.

der Neuregelung des § 899a BGB alt[25] und § 47 Abs. 2 GBO alt[26] eine Registrierung der GbR im Grundbuch unter Angabe ihrer Gesellschafter gestattete.[27] Dies hatte in der Folge jedoch neue Probleme aufgeworfen (Risiko einer bereicherungsrechtlichen Rückabwicklung des Grundstückserwerbs).[28] Letztlich haben diese Umstände den Gesetzgeber dazu veranlasst, das Publizitätsdefizit der GbR „*zu beheben und damit Transparenz der Gesellschaftsverhältnisse herzustellen*".[29]

IV. Flexibilisierung der Haftungsverhältnisse von Angehörigen Freier Berufe

Nach alter Rechtslage (§ 105 Abs. 1 und § 161 Abs. 1 HGB alt) waren die OHG und die KG als Rechtsform grundsätzlich (Ausnahme: § 105 Abs. 2 HGB alt)[30] nur Gesellschaften eröffnet, deren Zweck auf den „Betrieb eines Handelsgewerbes unter gemeinschaftlicher Firma" (Kaufmannseigenschaft i.S.v. § 1 Abs. 2 HGB) gerichtet war.

13

> *Beachte:*
> Für Wirtschaftsprüfer und Steuerberater – deren Berufsrecht bundesgesetzlich (im StBerG bzw. in der WPO) geregelt ist – hat der BGH[31] den Zugang zur Rechtsform einer Personenhandelsgesellschaft (konkret: eine Kapitalgesellschaft & Co. KG) – bereits dadurch geöffnet, „*dass er auf das sonst geltende Schwerpunkterfordernis bei gemischten Tätigkeiten verzichtete und auch eine nur untergeordnete gewerbliche Tätigkeit für die KG als ausreichend erklärte, sofern das Berufsrecht dies vorsieht*".[32] Damit war auch bisher schon Steuerberatern und Wirtschaftsprüfern – anders als bspw. Rechtsanwälten (denen aber

---

25 „*Ist eine Gesellschaft bürgerlichen Rechts im Grundbuch eingetragen, so wird in Ansehung des eingetragenen Rechts auch vermutet, dass diejenigen Personen Gesellschafter sind, die nach § 47 Absatz 2 Satz 1 der Grundbuchordnung im Grundbuch eingetragen sind, und dass darüber hinaus keine weiteren Gesellschafter vorhanden sind. Die §§ 892 bis 899 gelten bezüglich der Eintragung der Gesellschafter entsprechend.*"
26 „*Soll ein Recht für eine Gesellschaft bürgerlichen Rechts eingetragen werden, so sind auch deren Gesellschafter im Grundbuch einzutragen. Die für den Berechtigten geltenden Vorschriften gelten entsprechend für die Gesellschafter.*"
27 RegE, BT-Drucks 19/27635, S. 102.
28 RegE, BT-Drucks 19/27635, S. 102.
29 RegE, BT-Drucks 19/27635, S. 102.
30 Wonach eine Gesellschaft, deren Gewerbebetrieb nicht schon nach § 1 Abs. 2 HGB Handelsgewerbe ist oder die ein eigenes Vermögen verwaltet, mit einer Eintragung in das Handelsregister OHG (bzw. über die Verweisung des § 161 Abs. 2 HGB) KG werden konnte.
31 Vgl. BGH, Urt. v. 18.7.2011 – AnwZ (Brfg) 18/10, ZIP 2011, 1664, juris Rn 17 ff.; BGH, Beschl. v. 15.7.2014 – II ZB 2/13, ZIP 2014, 2030, juris Rn 18 ff.
32 RegE, BT-Drucks 19/27635, S. 102.

> eine Haftungsbeschränkungsmöglichkeit durch die Wahl der Rechtsformvariante einer Partnerschaftsgesellschaft mit beschränkter Berufshaftung nach § 8 Abs. 4 PartGG eröffnet ist und bleibt, bei der die Möglichkeit der Haftungsbeschränkung jedoch nur Schäden wegen fehlerhafter Berufsausübung erfasst unter dem Vorbehalt, dass die Partnerschaftsgesellschaft eine zu diesem Zweck gesetzlich vorgegebene Berufshaftpflichtversicherung unterhält) – die Kombination der beschränkten Kommanditistenhaftung mit der Mitunternehmerbesteuerung eröffnet.[33]

Vor diesem Hintergrund werden mit dem MoPeG die Haftungsverhältnisse für Angehörige Freier Berufe flexibilisiert und dadurch Unstimmigkeiten in Bezug auf § 8 Abs. 4 PartGG beseitigt.[34]

V. Herstellung von Rechtssicherheit bei Beschlussmängelstreitigkeiten von Personenhandelsgesellschaften

14 Im Unterschied zum Kapitalgesellschaftsrecht – vgl. die entsprechenden Vorgaben in den §§ 241 ff. AktG[35] (unmittelbare Geltung für die AG, analoge Anwendung auf die GmbH) – gab es vor Inkrafttreten des MoPeG für Personengesellschaften keine gesetzlichen Regelungen über Beschlussmängelstreitigkeiten.[36]

15 Der Gesetzgeber hat das Beschlussmängelrecht des Personengesellschaftsrechts – Nichtigkeit, die durch nicht fristgebundene Feststellungsklage gegen die Gesellschafter geltend gemacht werden konnte – als „*nicht praxistauglich*" erachtet[37] (arg.: Rechtsunsicherheit über die Wirksamkeit des Beschlusses mangels Befristung der Feststellungsklage). Als problematisch erwies sich auch (im Falle eines großen und ggf. anonymem Gesellschafterkreis), „*dass der klagende Gesellschafter alle anderen Gesellschafter in den Prozess einbeziehen muss[te]*",[38] weshalb die

---

33 RegE, BT-Drucks 19/27635, S. 102.
34 RegE, BT-Drucks 19/27635, S. 102.
35 Die §§ 241 ff. AktG differenzieren zwischen Mängeln, die schon aus sich heraus zur Nichtigkeit des Beschlusses führen, und solchen mangelbehafteten Beschlüssen, die erst durch eine befristete Anfechtungsklage gegen die AG (respektive – analog – gegen die GmbH) vernichtet werden können.
36 Hier führten Verstöße gegen gesetzliche oder gesellschaftsvertragliche Regelungen zur Nichtigkeit des Beschlusses. Die Nichtigkeit konnte mit der nicht fristgebundenen Feststellungsklage (§ 256 Abs. 1 ZPO) gegen alle anderen Gesellschafter geltend gemacht werden: RegE, BT-Drucks 19/27635, S. 102.
37 RegE, BT-Drucks 19/27635, S. 102.
38 RegE, BT-Drucks 19/27635, S. 102.

Kautelarpraxis sich häufig mit Klauseln über die rechtzeitige Geltendmachung von Beschlussmängeln beholfen hat.[39]

Das jetzt erstmals gesetzlich normierte Beschlussmängelrecht des Personenhandelsgesellschaftsrecht soll nunmehr – orientiert am Vorbild der §§ 241 ff. AktG – Rechtssicherheit schaffen.[40]

D. Umsetzung: Wesentlicher Inhalt des MoPeG

Mit dem Gesetz zur Modernisierung des Personengesellschaftsrechts (Personengesellschaftsrechtsmodernisierungsgesetz – MoPeG) vom 10.8.2021,[41] das nach seinem Art. 137 im Wesentlichen am 1.1.2024 in Kraft treten wird, hat der Gesetzgeber das Recht der GbR innerhalb des bestehenden Systems – mithin unter Anerkennung des grundlegenden Unterschieds zwischen kaufmännischen (OHG und KG) und nicht kaufmännischen Personengesellschaften (GbR) – konsolidiert.[42]

Die GbR ist die Grundform aller rechtsfähigen Personengesellschaften. Das Personengesellschaft erfährt jedoch nach mehr als 100 Jahren eine umfassende Reform und Anpassung *„an die Bedürfnisse eines modernen Wirtschaftslebens"*.[43]

Die Neuregelung hält *„am Leitbild einer auf gewisse Dauer angelegten, mit eigenen Rechten und Pflichten ausgestatteten Personengesellschaft"*[44] fest, in der die Gesellschafter, die die Geschäfte der GbR selbst führen und für deren Verbindlichkeiten unbeschränkt persönlich in die Haftung gehen, auch weiter ihre Rechtsbeziehungen im Gesellschaftsvertrag abweichend von den gesetzlichen Regelungen großzügig dispositiv ausgestalten können.[45]

---

39 RegE, BT-Drucks 19/27635, S. 103 – *„Wo es an solchen Klauseln fehlt, [wurde] im Einzelfall dem Gesellschafter die Befugnis zur Geltendmachung der Nichtigkeit unter Berücksichtigung der gesellschaftsrechtlichen Treuepflicht oder der Grundsätze über die fehlerhafte Gesellschaft versagt"*.
40 RegE, BT-Drucks 19/27635, S. 103.
41 BGBl I, S. 3436. Dazu näher *Aumann*, Das MoPeG: Ein Überblick für die Praxis, Notar 2022, 99; *Bachmann*, Das Gesetz zur Modernisierung des Personengesellschaftsrechts, NJW 2021, 3073; *George*, Gesetzgebung: Das Gesetz zur Modernisierung des Personengesellschaftsrechts (MoPeG), KP 2022, 87; *Heckschen*, MoPeG: Der letzte Stand – vorbereitet sein auf den 1.1.2024, AnwBl 2022, 31; *Heckschen/Nolting*, Das MoPeG ist verkündet – Verbesserungen am Gesetz noch auf der Zielgeraden, BB 2021, 2946; *Kögel*, Das Gesetz zur Modernisierung des Personengesellschaftsrechts (MoPeG) – ein Überblick, Rpfleger 2022, 56; *Kruse*, Das Gesetz zur Modernisierung des Personengesellschaftsrechts (MoPeG) und seine Auswirkungen aus Praktikersicht, DStR 2021, 2412; *Schumm*, Die beschlossene Modernisierung des Personengesellschaftsrechts, StuB 2021, 643; *Späth-Weinreich*, Update: Das MoPeG wurde verabschiedet – Im Blickpunkt: Die beschlossenen Änderungen im materiellen Personengesellschaftsrecht, BWNotZ 2022, 2.
42 RegE, BT-Drucks 19/27635, S. 2.
43 RegE, BT-Drucks 19/27635, S. 2.
44 RegE, BT-Drucks 19/27635, S. 2.
45 RegE, BT-Drucks 19/27635, S. 2.

19 Der Gesetzgeber vollzieht jedoch zugleich auch Änderungen der Rechtsprechung der letzten Jahrzehnte nach und normiert diese jetzt ausdrücklich im Gesetzeswortlaut. So hat der BGH der am Rechtsverkehr teilnehmenden GbR bereits 2001 Rechtsfähigkeit[46] und 2009 Grundbuchfähigkeit[47] zuerkannt. Letzteres führte – zur Sicherung des Grundstücksverkehrs unter Beteiligung von nicht mit Registerpublizität ausgestatteten GbR – zu Regelungen in § 899a BGB alt und § 47 Abs. 2 GBO alt (Möglichkeit der Eintragung einer GbR unter Angabe ihrer Gesellschafter im Grundbuch, wobei der sich aus dem Grundbuch ergebende Gesellschafterbestand öffentlichen Glauben genießt).

20 Die wesentlichen, mit dem MoPeG einhergehenden Änderungen sind die Folgenden.

I. Anerkennung der Rechtsfähigkeit der GbR

21 Die GbR kann in zwei systembildenden Erscheinungsformen (Rechtsformvarianten) auftreten, nämlich als

- **Innengesellschaft** (Gesellschaft, die sich auf die Regelung des Innenverhältnisses ihrer Mitglieder beschränkt) oder als
- **Außengesellschaft** (die selbst nach außen in Erscheinung tritt).

Der Gesetzgeber bildet dies nunmehr im Gesetz ab und erkennt dabei auch die Rechtsfähigkeit der GbR – als eigenes verkehrstaugliches Rechtssubjekt (mit klarer Vermögenszuordnung) – ausdrücklich i.S.e. Konsolidierung des GbR-Rechts an.[48] Dazu gibt er – gestützt auf fünf Erwägungen – *„einen auf die jeweilige Rechtsformvariante abgestimmten Organisationsrahmen und einen dispositiven Regelungsrahmen vor"*.[49]

1. Ausdifferenzierung der GbR in zwei Rechtsformvarianten

22 Es bestehen zwei – sich gegenseitig ausschließende – Rechtsformvarianten der GbR:[50]

- die **rechtsfähige GbR** und
- die **nicht rechtsfähige GbR**.

---

46 BGH, Urt. v. 29.1.2001 – II ZR 331/00 = BGHZ 146, 341.
47 BGH, Urt. v. 4.12.2008 – V ZB 74/08 = BGHZ 179, 102.
48 RegE, BT-Drucks 19/27635, S. 103.
49 RegE, BT-Drucks 19/27635, S. 103.
50 RegE, BT-Drucks 19/27635, S. 103.

D. Umsetzung: Wesentlicher Inhalt des MoPeG § 1

Die eine Rechtsform GbR in zwei Varianten verschafft Gesellschaftern die Möglichkeit

- einer Teilnahme am Rechtsverkehr namens der GbR (rechtsfähige GbR, was den gemeinsamen Willen der Gesellschafter zur Teilnahme am Rechtsverkehr voraussetzt, vgl. § 705 Abs. 2 Hs. 1 BGB) oder (in Abgrenzung hierzu)
- eine bloße Ausgestaltung ihres Rechtsverhältnisses untereinander (nicht rechtsfähige GbR, vgl. § 705 Abs. 2 Hs. 2 BGB).[51]

Rechtsfähiger wie nicht rechtsfähiger GbR ist gemein, dass es sich nach § 705 Abs. 1 BGB um einen Zusammenschluss mehrerer Gesellschafter durch Gesellschaftsvertrag zur Verfolgung eines gemeinsamen Zwecks handelt.[52] **23**

Jede GbR ist – „*jedenfalls auch*" – **vertragliches Schuldverhältnis**[53] und kann von den Gesellschaftern zu jedem erlaubten Zweck gegründet werden, was zugleich der Abgrenzung der rechtsfähigen GbR von der juristischen Person dient.[54] **24**

Die Differenzierung zwischen rechtsfähiger und nicht rechtsfähiger GbR spiegelt sich in der Gliederung des „Titels 16 – Gesellschaft") in drei Untertitel (mit einem Regelungsschwerpunkt bei der rechtsfähigen GbR) wider:[55] **25**

- Untertitel 1 – Allgemeine Bestimmungen (für rechtsfähige wie nicht rechtsfähige GbR)
- Untertitel 2 – Rechtsfähige Gesellschaft
- Untertitel 3 – Nicht rechtsfähige Gesellschaft

Die **rechtsfähige GbR** ist selbst Trägerin des Vermögens (vgl. § 713 BGB – Existenz eines Gesellschaftsvermögens)[56] und nicht mehr – wie vormals – die Gesellschafter in gesamthänderischer Verbundenheit. **26**

Die **nicht rechtsfähige Gesellschaft** hat nach § 740 Abs. 1 BGB kein Vermögen. Dies schließt auch ein gesamthänderisch gebundenes Vermögen der Gesellschafter aus.[57]

---

51 RegE, BT-Drucks 19/27635, S. 103.
52 RegE, BT-Drucks 19/27635, S. 103.
53 Woraus sich der fortbestehende Regelungsstandort der GbR im „Titel 16 – Gesellschaft" im Besonderen Schuldrecht ergibt.
54 RegE, BT-Drucks 19/27635, S. 103.
55 RegE, BT-Drucks 19/27635, S. 103.
56 „*Die Beiträge der Gesellschafter sowie die für oder durch die Gesellschaft erworbenen Rechte und die gegen sie begründeten Verbindlichkeiten sind Vermögen der Gesellschaft*".
57 RegE, BT-Drucks 19/27635, S. 104: „*Das Gesamthandsprinzip mit seiner Aufgabe, das Gesellschaftsvermögen dauerhaft für den vereinbarten Gesellschaftszweck zu sichern und gegen den Zugriff von Privatgläubigern abzuschotten, hat damit jedenfalls auf dem Gebiet des Gesellschaftsrechts ausgedient*".

2. Rechtsfähigkeit der GbR und komplementäre persönliche Haftung ihrer Gesellschafter

27 Mit der Anerkennung der Rechtsfähigkeit der GbR als Trägerin von Pflichten aus vertraglichen wie gesetzlichen Schuldverhältnissen (vgl. § 713 BGB) korrespondiert – mangels gesetzlicher Vorgaben zur Kapitalausstattung und -erhaltung (jedenfalls im gesetzlichen Regelfall) – die unbeschränkte gesamtschuldnerische Haftung der Gesellschafter mit ihrem gesamten Privatvermögen für die Gesellschaftsverbindlichkeiten nach

- § 721 BGB (persönliche Haftung der Gesellschafter),
- § 721a BGB (Haftung des eintretenden Gesellschafters) und
- § 721b BGB (Einwendungen und Einreden des Gesellschafters)

im Interesse aller Beteiligter an einem nachhaltigen Wirtschaften (Schutz der Gesellschaftsgläubiger vor einem Haftungsausfall der GbR, Lenkung der Gesellschafter bei Eingehung von Gesellschaftsrisiken und Erhöhung der Kreditwürdigkeit der GbR)[58] entsprechend dem (auch bisher schon geltenden) Haftungsregime der OHG.

> *Beachte:*
> Da im Ausnahmefall die unbeschränkte persönliche Haftung die Gesellschafter auch zu einer Überforderung führen kann, hat der Gesetzgeber das Haftungsregime nicht als abschließende Regelung konzipiert. Institutionelle Haftungsbeschränkungen, bspw. im Wege
> - der stillschweigenden Vereinbarung,
> - der ergänzenden Vertragsauslegung oder
> - der Analogie zu den §§ 171 ff. HGB bzw. zu § 54 BGB,
>
> sollen grundsätzlich zulässig sein oder bleiben.[59]

3. Bewahrung der Vielseitigkeit und Flexibilität der GbR

28 Die GbR kann weiterhin zu jedem erlaubten Zweck – sofern dieser nicht auf den Betrieb eines Handelsgewerbes i.S.v. § 105 Abs. 1 i.V.m. § 1 Abs. 2 HGB gerichtet ist – gegründet werden, wenn die Zweckverfolgung Gegenstand rechtsverbindlich versprochener Beitragspflichten ist: flexible Einsetzbarkeit (Offenheit und Flexibilität) der Rechtsform,[60] z.B.

- als Grundform aller rechtsfähigen Personengesellschaften,

---

58 RegE, BT-Drucks 19/27635, S. 104.
59 RegE, BT-Drucks 19/27635, S. 104.
60 Was auch „Neuschöpfungen" in der Rechtsform einer GbR ermöglicht, bspw. Crowdfunding oder die Schaffung eines Gestaltungsrahmens für Blockchain-basierte Zahlungsmittel: RegE, BT-Drucks 19/27635, S. 104 unter Bezugnahme auf *Mann*, NZG 2017, 1014; *Omlor*, ZRP 2018, 85.

- als Auffangrechtsform (falls der mit dem Personenzusammenschluss verbundene Zweck einmal verfehlt wird) bzw.
- zur Teilnahme am Rechtsverkehr unterhalb der Schwelle der Kleingewerblichkeit i.S.v. § 107 Abs. 1 S. 1 1. Alt. HGB[61] (§ 105 Abs. 2 HGB alt).

Beachte:
Wenn keine Teilnahme am Rechtsverkehr beabsichtigt ist, können die Gesellschafter eine GbR auch gründen, „*um damit ihr Rechtsverhältnis untereinander zu gestalten*"[62] – Innengesellschaft (nicht rechtsfähige GbR i.S.v. § 705 Abs. 2 Hs. 2 BGB).

Eine weitere Differenzierung (z.B. als unternehmenstragende Gesellschaft) – außer nach der Typologie rechtsfähige/nicht rechtsfähige GbR – bedarf es nach Ansicht des Gesetzgebers nicht.[63]

4. Gestaltungs- und Formfreiheit des Gesellschaftsvertrags

Die Bedeutung der Gestaltungs- und Formfreiheit wird in § 708 BGB[64] ausdrücklich herausgestellt – gleichermaßen jene Rechtsfolgen aus dem Gesellschafterstatus, die nicht dispositiv sind, bspw.

- die persönliche und unbeschränkbare Haftung (§ 721 BGB) bzw.
- die Unbeschränkbarkeit der Vertretungsbefugnis (§ 720 Abs. 3 S. 2 BGB).

29

5. Trennung zwischen kaufmännischer und nicht kaufmännischer Personengesellschaft

Im Grundsatz wird an der traditionellen Differenzierung zwischen

- kaufmännischer (OHG bzw. KG) und
- nicht kaufmännischer Personengesellschaft (GbR)

festgehalten.

30

Beachte:
§ 107 Abs. 1 S. 2 HGB öffnet als Ausnahme jedoch erstmals das Personenhandelsgesellschaftsrecht zum Zwecke der Ausübung Freier Berufe. Der Gesetzgeber will damit eine aus der Judikatur herrührende Ungleichbehandlung ver-

---

61 RegE, BT-Drucks 19/27635, S. 104.
62 RegE, BT-Drucks 19/27635, S. 104.
63 RegE, BT-Drucks 19/27635, S. 104.
64 „*Von den Vorschriften dieses Kapitels kann durch den Gesellschaftsvertrag abgewichen werden, soweit im Gesetz nichts anderes bestimmt ist*".

schiedener Berufsgruppen und gesetzessystematische Unstimmigkeiten in Bezug auf die Haftung bei einer PartGmbH beseitigen.[65]

31 Die Anerkennung der Rechtsfähigkeit der GbR (§ 705 Abs. 2 Hs. 1 BGB – rechtsfähige GbR) hat jedoch nicht den Betrieb eines Unternehmens zur Voraussetzung. D.h., der Gesetzgeber geht nicht den Schritt, an die Stelle der kaufmännischen Personengesellschaften (OHG bzw. KG) eine Unternehmenspersonengesellschaft zu setzen mit der Folge, den klassischen Kaufmannsbegriff zugunsten eines in seinen Konturen unklaren Unternehmerbegriffs aufzugeben.[66]

II. Leitbildwandel im Recht der GbR

32 Das alte Leitbild der GbR – Gelegenheitsgesellschaft – wird mit der Anerkennung ihrer Rechtsfähigkeit „*auf das Leitbild einer auf gewisse Dauer angelegten Personengesellschaft umgestellt, die mit eigenen Rechten und Pflichten ausgestattet ist*"[67] (Modernisierungsziel).

Die GbR steht damit sowohl für die Verfolgung erwerbswirtschaftlicher Zwecke (wie z.b. der Betrieb eines Unternehmens durch Angehörige Freier Berufe, Betriebe der Land- und Forstwirtschaft oder Kleingewerbetreibende) als auch zum Zweck der Vermögensverwaltung (Halten und Verwalten bspw. von Immobilien) zur Verfügung.[68]

1. Konsequenzen

33 Durch den Leitbildwandel kommt es regelungstechnisch zu einer konsequenten Ausgestaltung der GbR als Grundform aller rechtsfähigen Personengesellschaften (Baukastenprinzip). Verweistechnik:
- KG: § 161 Abs. 2 i.V.m. § 105 Abs. 3 HGB: Rückgriff auf das OHG-Recht („*entsprechende Anwendung*"),
- OHG: § 105 Abs. 3 HGB: Rückgriff auf das GbR-Recht („*entsprechende Anwendung*"),

---

65 RegE, BT-Drucks 19/27635, S. 105: „*Der hier verfolgte konzeptionelle Ansatz ermöglicht es, das Recht der Personengesellschaften im bestehenden System zu konsolidieren, und vermeidet die ansonsten zu erwartenden Rechtsunsicherheiten, die mit einem Systemwechsel verbunden wären*".

66 RegE, BT-Drucks 19/27635, S. 105: Die Aufgabe des Kaufmannbegriffs zugunsten des Unternehmerbegriffs hätte zur Folge, handelsrechtliche Vorschriften uneingeschränkt auch für Angehörige Freier Berufe, Land- und Forstwirte sowie Kleingewerbetreibende zur Anwendung gelangen zu lassen, was – nach Ansicht des Gesetzgebers – „*ihrer Stellung insbesondere in Bezug auf die Pflicht zur Registrierung im Handelsregister und der kaufmännische Buchführungspflicht hingegen nicht gerecht würde*".

67 RegE, BT-Drucks 19/27635, S. 105.

68 RegE, BT-Drucks 19/27635, S. 105.

D. Umsetzung: Wesentlicher Inhalt des MoPeG § 1

- Partnerschaftsgesellschaft: § 1 Abs. 4 PartGG: Rückgriff auf das GbR-Recht („*entsprechende Anwendung*").

Diese Verweistechnik auf das GbR-Recht bedingt eine „*möglichst vollständige Regelung im BGB, die – von dem Normkomplex für das neue Gesellschaftsregister abgesehen – ohne Verweisungen auf das HGB auskommt, in dem weiterhin allein das Sonderprivatrecht der Kaufleute enthalten ist*".[69]

Zugleich vollzieht der Gesetzgeber die Angleichung des GbR-Rechts an das OHG-Recht, das die Judikatur in den letzten Jahrzehnten vorgenommen hat, nach. Dies hat die Überführung zahlreicher Regelungen in den §§ 105 ff. HGB in das neue GbR-Recht erforderlich gemacht, was zu einer höheren Regelungsdichte der §§ 705 ff. BGB führt, die aber eine übersichtliche Gliederung (in sechs Kapitel) im Untertitel 2 (Rechtsfähige Gesellschaft) erfahren hat: 34

- Kapitel 1 – Sitz und Registrierung (§§ 706 bis 707d BGB)
- Kapitel 2 – Rechtsverhältnis der Gesellschafter untereinander und der Gesellschafter zur Gesellschaft (§§ 708 bis 718 BGB)
- Kapitel 3 – Rechtsverhältnis der Gesellschaft zu Dritten (§§ 719 bis 722 BGB)
- Kapitel 4 – Ausscheiden eines Gesellschafters (§§ 723 bis 728b BGB)
- Kapitel 5 – Auflösung der Gesellschaft (§§ 729 bis 734 BGB)
- Kapitel 6 – Liquidation der Gesellschaft (§§ 735 bis 739 BGB)

Das OHG-Recht basiert konzeptionell auf einer Ausgestaltung zusammengehörender Normenkomplexe – möglichst im Gleichlauf mit dem GbR-Recht –, um „*dadurch die verbleibenden Strukturunterschiede von kaufmännischer und nicht kaufmännischer Personengesellschaft für den Rechtsanwender deutlich zum Ausdruck zu bringen*".[70] 35

2. Aspekte des Leitbildwandels

a) Loslösung der GbR vom römisch-rechtlichen Verständnis als vertragliches Schuldverhältnis hin zum Rechtssubjekt

Die GbR kann nach § 705 Abs. 2 Hs. 1 BGB jetzt selbst Rechte erwerben und Verbindlichkeiten eingehen (gesetzliche Anerkennung der GbR als Rechtssubjekt mit korrespondierendem Leitbildwandel).[71] 36

In der Rechtsformvariante „rechtsfähige GbR" ist sie wie die OHG, die KG und die Partnerschaftsgesellschaft „rechtsfähige Personengesellschaft" i.S.v. § 14 Abs. 1

---

69 RegE, BT-Drucks 19/27635, S. 105.
70 RegE, BT-Drucks 19/27635, S. 106.
71 RegE, BT-Drucks 19/27635, S. 106 unter Bezugnahme auf *Fleischer*, DB 2020, 1107.

BGB.[72] Die Unterscheidung in § 14 Abs. 1 BGB zwischen „rechtsfähiger Personengesellschaft" und „juristischer Person" besteht fort.

> *Beachte:*
> Zugleich greift der Gesetzgeber neue wissenschaftliche Erkenntnisse auf, nach denen der wesentliche Unterschied zwischen juristischer Person und rechtsfähiger Personengesellschaft nicht mehr in der Rechtsfähigkeit nach außen, sondern im Grad der rechtlichen Verselbstständigung nach innen zu sehen ist[73] – z.B. in § 711 Abs. 1 S. 2 BGB, wonach einer GbR keine eigenen Anteile übertragen werden können, bzw. in § 712a Abs. 1 BGB, wonach beim Ausscheiden des vorletzten Gesellschafters die GbR ohne Abwicklung erlischt und das Gesellschaftsvermögen im Wege der Gesamtrechtsnachfolge auf den verbleibenden Gesellschafter übergehen kann.

b) Änderung der Vermögenszuordnung: vom Sondervermögen der Gesellschafter zum Vermögen der GbR

37 Die für die GbR erworbenen „Rechte" und die gegen sie begründeten Verbindlichkeiten gehören nach § 713 BGB der GbR selbst (Vermögen der Gesellschaft) und nicht mehr den Gesellschaftern zur gesamten Hand (i.S.e. gesamthänderisch gebundenen Vermögens der Gesellschafter): Aufgabe des Gesamthandsprinzips.[74]

In Bezug auf das Beteiligungsverhältnis stellt § 712 Abs. 1 BGB klar, dass der Anteil des ausscheidenden Gesellschafters nicht eingezogen wird, sondern kraft Gesetzes auf die verbleibenden Gesellschafter übergeht (Anwachsung). Dies macht deutlich, dass die rechtsfähige Personengesellschaft der GbR gegenüber ihren Mitgliedern nicht vollständig rechtlich verselbstständigt ist.[75]

> *Beachte:*
> Durch das MoPeG ist es zu keinen Änderungen an den ertragsteuerlichen Grundsätzen bei der Besteuerung von Personengesellschaften gekommen mit der Folge, dass, *„soweit in den Steuergesetzen von Gesamthandsvermögen gesprochen wird, (…) dies bei rechtsfähigen Personengesellschaften dahingehend*

---

72 Vgl. die Legaldefinition einer „rechtsfähigen Personengesellschaft" in § 14 Abs. 2 BGB: *„Personengesellschaft, die mit der Fähigkeit ausgestattet ist, rechte zu erwerben und Verbindlichkeiten einzugehen"*.
73 RegE, BT-Drucks 19/27635, S. 106 unter Bezugnahme auf *Bachmann* in: FS für K. Schmidt, Bd. 1, 2019, S. 49, 58 ff.
74 Dazu näher *Bachmann*, Die folgenlose Beseitigung der rechtsfähigen Gesamthand durch das MoPeG, FR 2022, 709.
75 RegE, BT-Drucks 19/27635, S. 106.

> zu verstehen [ist], dass damit das Vermögen der Gesellschaft in Abgrenzung zum Vermögen der einzelnen Gesellschafter (Sonderbetriebsvermögen) gemeint ist".[76]

c) Abkehr vom historischen Leitbild der Gelegenheitsgesellschaft zur Dauergesellschaft

Das in der GbR gebundene Vermögen wird im Interesse eines nachhaltigen Wirtschaftens[77] vor voreiligen Zugriffen des Gesellschafters oder eines seiner Privatgläubiger geschützt: 38

- Nach § 718 BGB erfolgt der Rechnungsabschluss und die Gewinnverteilung im Zweifel zum Schluss jeden Kalenderjahres.
- Gemäß § 725 Abs. 1 BGB kann ein auf unbestimmte Zeit eingegangenes Gesellschaftsverhältnis nur unter Einhaltung einer bestimmten Kündigungsfrist (von drei Monaten zum Ende des Kalenderjahres) – die es ermöglicht, Nachteilen, die mit einem plötzlichen Ausscheiden eines Gesellschafters verbunden sein können, rechtzeitig entgegenzuwirken[78] – gekündigt werden.
- Diese Kündigungsfrist (von drei Monaten zum Ablauf des Kalenderjahres) gilt nach § 726 BGB gleichermaßen für die Kündigung der Mitgliedschaft durch den Privatgläubiger eines Gesellschafters.

d) Abkehr von der Personen- zur Verbandskontinuität bei der Auflösung der Gesellschaft

Das Prinzip der Verbandskontinuität führt dazu, dass die in der Person eines Gesellschafters liegenden bisherigen Auflösungsgründe (mit der Folge einer Auflösung der Gesellschaft) in Ausscheidensgründe (Ausscheiden des Gesellschafters, in dessen Person sich der Grund realisiert) umgewandelt werden (vgl. die in § 723 Abs. 1 Nr. 1 bis 5 BGB gelisteten Ausscheidensgründe versus die in § 729 Abs. 1 Nr. 1 bis 4 und Abs. 2 sowie Abs. 3 BGB gelisteten fortbestehenden Auflösungsgründe), *"um eine wirtschaftlich unerwünschte Zerschlagung des Unternehmens zu verhindern"*.[79] 39

Ohne dass es einer Fortsetzungsklausel im Gesellschaftsvertrag mehr bedarf, scheidet ein Gesellschafter, der bspw. stirbt oder kündigt, kraft Gesetzes aus der GbR aus. Gleiches gilt für den Ausschluss eines Gesellschafters aus *"wichtigem Grund"*. 40

Wenn aufgrund einer Nachfolgeklausel im Gesellschaftsvertrag der Anteil eines Gesellschafters auf seinen Erben übergeht, kann dieser (vorbehaltlich einer abwei-

---

76 RegE, BT-Drucks 19/27635, S. 107.
77 RegE, BT-Drucks 19/27635, S. 107.
78 RegE, BT-Drucks 19/27635, S. 107.
79 RegE, BT-Drucks 19/27635, S. 107.

chenden gesellschaftsvertraglichen Vereinbarung) nach § 724 BGB auch unter Beschränkung seiner Haftung
- in die Stellung eines Kommanditisten wechseln oder
- sofort aus der GbR ausscheiden.

"Anderenfalls hätte der Erbe nur die Wahl, die persönliche Haftung für die Verbindlichkeiten der Gesellschaft zu übernehmen oder das Erbe insgesamt auszuschlagen (§ 724 BGB)".[80]

41 Im Zusammenhang mit einer Kündigung aus *„wichtigem Grund"* erfolgt jetzt eine Differenzierung danach, ob sich die Kündigung
- auf die Mitgliedschaft (Austrittskündigung, § 725 BGB) oder
- auf das Gesellschaftsverhältnis (Auflösungskündigung, § 731 BGB)

bezieht.

Wird ein Gesellschafter aus *„wichtigem Grund"* ausgeschlossen, wird die Gestaltungsfreiheit bei der Abfindung des ausgeschiedenen Gesellschafters insoweit gestärkt, als – sofern nichts anderes vereinbart ist – nach § 728 Abs. 1 S. 1 BGB eine *„angemessene Abfindung"* geschuldet ist. Diese muss dem *„wahren Wert"* des Gesellschaftsanteils entsprechen.

e) **Abkehr vom Vertrag (GbR als reine Anspruchs- und Verpflichtungsbeziehung zwischen den Vertragspartnern) zur rechtlichen Verselbstständigung der GbR als Organisation**

42 Die Befugnis zur Geschäftsführung und die Kompetenz zur Beschlussfassung werden – weil es sich um jeweils autonome Entscheidungsprozesse unter den Gesellschaftern handelt – voneinander getrennt.[81]

Die Gesellschafter können nach § 708 i.V.m. § 714 BGB (wonach Gesellschafterbeschlüsse grundsätzlich der Zustimmung „aller" stimmberechtigten Gesellschafter bedürfen) durch entsprechende Vereinbarung im Gesellschaftsvertrag Beschlüsse auch mit bloßer Mehrheit fassen, wodurch die GbR handlungsfähiger wird.[82]

„Die Gesellschafter [d.h. auch die GbR-Gesellschafter, können] für das neue Beschlussmängelrecht der Personenhandelsgesellschaften optieren [durch eine entsprechende gesellschaftsvertragliche Vereinbarung] und sich damit bei Bedarf Rechtssicherheit hinsichtlich der Wirksamkeit eines Beschlusses verschaffen".[83]

---

80 RegE, BT-Drucks 19/27635, S. 107.
81 RegE, BT-Drucks 19/27635, S. 107.
82 RegE, BT-Drucks 19/27635, S. 107.
83 RegE, BT-Drucks 19/27635, S. 107.

Rechtssicherheit schaffen auch – die bisher ungeregelten – Rechtsinstitute der 43
- Notgeschäftsführungsbefugnis (§ 715a BGB) und die
- Gesellschafterklage (§ 715b BGB).

Die Vertretungsbefugnis (§ 720 BGB) wird von der Geschäftsführungsbefugnis 44
(§ 715 BGB) entkoppelt,[84] *"ohne [dass dadurch der] bewährte Gleichlauf von rechtlichem Dürfen im Innenverhältnis und rechtlichem Können im Außenverhältnis [aufgegeben wird]"*.[85]

Alle Gesellschafter sind (als allgemeines Prinzip des Gesellschaftsrechts, wie bisher) nach § 715 BGB respektive § 720 BGB – vorbehaltlich einer abweichenden Regelung im Gesellschaftsvertrag – gemeinsam zur Geschäftsführung und zur Vertretung befugt, was *"auch unter Berücksichtigung der Unbeschränkbarkeit der Vertretungsbefugnis dem Schutz der Gesellschafter vor unbeschränkter persönlicher Haftung [dient]"*.[86] 45

f) Abkehr von der archaischen Hauserbengemeinschaft zur professionellen Erwerbsgesellschaft (Professionalisierung der GbR)

Das neue Recht wendet sich im Interesse einer Professionalisierung der GbR von 46
der archaischen Hauserbengemeinschaft ab[87] und dem Leitbild einer modernen Erwerbsgesellschaft zu. Infolgedessen tritt ein kapitalistischer Verteilungsschlüssel (§ 709 Abs. 3 BGB) – wonach primär das vereinbarte Beteiligungsverhältnis und sekundär das Verhältnis des Wertes der Beiträge (meist also die Höhe des beigetragenen Kapitals) maßgeblich ist – an die Stelle von § 708 BGB alt (Haftungsprivilegierung im Innenrechtsverhältnis, die ersatzlos gestrichen wird) bzw. einer Gewinn- und Verlustverteilung nach Kopfteilen. *"Nur wenn das Wertverhältnis der Beiträge nicht vereinbart ist, soll jeder Gesellschafter ohne Rücksicht auf den Wert seines Beitrags einen gleichen Anteil am Gewinn und Verlust haben"*[88] – was gleichermaßen für die Stimmkraft gilt.

---

84 *Lieder*, Geschäftsführung und Vertretung im modernisierten Personengesellschaftsrecht, ZGR-Sonderheft 23 (2021), 169.
85 RegE, BT-Drucks 19/27635, S. 108.
86 RegE, BT-Drucks 19/27635, S. 108.
87 Die Hauserbengemeinschaft des altrömischen Rechts – auf die sich die GbR rechtshistorisch zurückverfolgen lässt – „entstand nach dem Tod des Familienvaters zwischen dessen Kindern und erzeugte wegen der engen persönlichen Verbindung zwischen ihnen besondere Treuebindungen": RegE, BT-Drucks 19/27635, S. 108.
88 RegE, BT-Drucks 19/27635, S. 108.

III. Registrierung der GbR

47 Für die Registrierung der GbR wird ein eigenes Subjektregister eingeführt.[89]

1. Gestaltung des Gesellschaftsregisters

48 Die Registrierung der GbR ist – *„um die Vielseitigkeit und Flexibilität der GbR zu bewahren"*[90] – grundsätzlich freiwillig. Sie ist nicht Voraussetzung für die Erlangung der Rechtsfähigkeit nach § 705 Abs. 2 Hs. 1 BGB.

49 Mit der Einführung eines Gesellschaftsregisters verfolgt der Gesetzgeber – indem er ein normativ begründetes und überwiegendes Interesse des Rechtsverkehrs an Subjektpublizität unterstellt[91] – das Ziel einer
- positiven Anreizwirkung, verbunden mit einem
- teilweise faktischen Zwang zur Registrierung.[92]

Positive Anreizwirkung:

- Eine Registrierung ermöglicht den Gesellschaftern nach § 706 BGB ein Sitzwahlrecht auszuüben.
- Aufgrund der Publizitätswirkung können die Gesellschafter nach § 720 BGB über die grundsätzlich bestehende Gesamtvertretungsbefugnis disponieren (da die Änderung der Vertretungsbefugnis eines Gesellschafters zum Gesellschaftsregister anzumelden ist und damit gemäß § 707a Abs. 2 BGB i.V.m. § 15 HGB entsprechend an der Registerpublizität partizipiert).

50 Im Übrigen äußert der Gesetzgeber die Vermutung, dass sich eine GbR *„durch die gesteigerte Publizität einen größeren Kreis an Geschäftspartnern erschließen und ihre Kreditwürdigkeit verbessern kann"*.[93]

2. Faktischer Registrierungszwang

51 Bestimmte Rechtsvorgänge (wie bspw. der Erwerb oder die Veräußerung eines Grundstücks) werden, so die Erwartung des Gesetzgebers, da sie ein verfahrensrechtliches Voreintragungserfordernis auslösen (welches die materielle Rechtsinhaberschaft der GbR aber grundsätzlich unberührt lässt) einen faktischen Eintragungszwang bewirken.[94]

---

[89] Womit sich der Gesetzgeber (RegE, BT-Drucks 19/27635, S. 108) dagegen entschieden hat, das Publizitätsdefizit der GbR – vor allem im Grundbuchrecht – durch Änderungen in § 899a BGB alt und § 47 Abs. 2 GBO alt zu beheben *„und das geänderte Regelungsmodell in den anderen Objektregistern nachzuahmen"*.

[90] RegE, BT-Drucks 19/27635, S. 108.
[91] RegE, BT-Drucks 19/27635, S. 108.
[92] RegE, BT-Drucks 19/27635, S. 108.
[93] RegE, BT-Drucks 19/27635, S. 108.
[94] RegE, BT-Drucks 19/27635, S. 108.

D. Umsetzung: Wesentlicher Inhalt des MoPeG § 1

Das Voreintragungserfordernis setzt voraus, dass das Gesetz an die Eintragung einer GbR in einem Objektregister die Möglichkeit eines Gutgläubigenerwerbs knüpft:[95] **52**

- Nach § 47 Abs. 2 GBO neu soll für eine GbR ein Recht nur eingetragen werden, wenn sie im Gesellschaftsregister eingetragen ist.
- Gemäß § 51 Abs. 2 SchRegO soll für eine GbR ein Recht (in das Schiffsregister) nur eingetragen und Eintragungen, die ein Recht der GbR betreffen, nur vorgenommen werden, wenn sie im Gesellschaftsregister eingetragen ist.
- Art. 229 § 21 EGBGB (Übergangsvorschriften für die GbR im Grundbuchverfahren und im Schiffsregisterverfahren) bestimmt Folgendes: Eintragungen in das Grundbuch, die ein Recht einer GbR betreffen, sollen nach Art. 229 § 21 Abs. 1 EGBGB nicht erfolgen, solange die Gesellschaft nicht im Gesellschaftsregister eingetragen und daraufhin nach den durch das Gesetz zur Modernisierung des Personengesellschaftsrechts vom 10.8.2021[96] geänderten Vorschriften im Grundbuch eingetragen ist.

Ist die Eintragung eines Gesellschafters gemäß § 47 Abs. 2 S. 1 GBO in der vor dem 1.1.2024 geltenden Fassung oder die Eintragung eines Gesellschafters, die vor dem Zeitpunkt des Inkrafttretens gemäß Art. 5 Abs. 2 des Gesetzes zur Einführung des elektronischen Rechtsverkehrs und der elektronischen Akte im Grundbuchverfahren sowie zur Änderung weiterer grundbuch-, register- und kostenrechtlicher Vorschriften vom 11.8.2009[97] am 18.8.2009 erfolgt ist, unrichtig geworden, findet nach Art. 229 § 21 Abs. 2 EGBGB eine Berichtigung nicht statt. In diesem Fall gilt § 82 GBO hinsichtlich der Eintragung der Gesellschaft nach den durch das MoPeG geänderten Vorschriften im Grundbuch entsprechend. **53**

Für die Eintragung der Gesellschaft in den Fällen des Art. 229 § 21 Abs. 1 EGBGB und gelten nach dessen Abs. 3 die Vorschriften des Zweiten Abschnitts der GBO entsprechend. Es bedarf der Bewilligung der Gesellschafter, die nach § 47 Abs. 2 S. 1 GBO in der vor dem 1.1.2024 geltenden Fassung im Grundbuch eingetragen sind. Die Zustimmung der einzutragenden Gesellschaft in den Fällen des § 22 Abs. 2 GBO bleibt unberührt. Dies gilt auch, wenn die Eintragung vor dem Zeitpunkt des Inkrafttretens gemäß Art. 5 Abs. 2 des Gesetzes zur Einführung des elektronischen Rechtsverkehrs und der elektronischen Akte im Grundbuchverfahren sowie zur Änderung weiterer grundbuch-, register- und kostenrechtlicher Vorschriften vom 11.8.2009[98] am 18.8.2009 erfolgt ist. **54**

§ 899a BGB alt und § 47 Abs. 2 GBO alt in der vor dem 1.1.2024 geltenden Fassung sind nach Art. 229 § 21 Abs. 4 EGBGB auf Eintragungen anzuwenden, wenn vor **55**

---

95 RegE, BT-Drucks 19/27635, S. 108.
96 BGBl I, S. 3436.
97 BGBl I 2009, S. 2713.
98 BGBl I, S. 2713.

diesem Zeitpunkt die Einigung oder Bewilligung erklärt und der Antrag auf Eintragung beim Grundbuchamt gestellt wurde. Wurde vor dem genannten Zeitpunkt eine Vormerkung eingetragen oder die Eintragung einer Vormerkung vor diesem Zeitpunkt bewilligt und beantragt, sind § 899a BGB alt und § 47 Abs. 2 GBO in der vor diesem Zeitpunkt geltenden Fassung auch auf die Eintragung der Rechtsänderung, die Gegenstand des durch die Vormerkung gesicherten Anspruchs ist, anzuwenden.

56 § 51 SchRegO alt in der bis einschließlich 1.1.2024 geltenden Fassung ist nach Art. 229 § 21 Abs. 5 EGBGB auf Eintragungen anzuwenden, wenn vor diesem Zeitpunkt die Einigung oder Bewilligung erklärt wurde und die Anmeldung zur Eintragung beim Schiffsregister erfolgte.

57 Nach § 40 Abs. 1 S. 2 und S. 3 GmbHG neu sind im Kontext mit der Gesellschafterliste, wenn ein Gesellschafter selbst eine juristische Person oder rechtsfähige Personengesellschaft ist, in der Liste deren Firma oder Name, Sitz und, soweit gesetzlich vorgesehen, das zuständige Registergericht und die Registernummer aufzunehmen. Eine GbR kann nur in die Gesellschafterliste eingetragen und Veränderungen an ihrer Eintragung können nur vorgenommen werden, wenn sie in das Gesellschaftsregister eingetragen ist.

58 Das Voreintragungserfordernis setzt weiter voraus, *„dass nach dem Gesetz die Eintragung in dem Objektregister eine vergleichbare Legitimationswirkung hinsichtlich der Rechtsinhaberschaft der Gesellschaft bürgerlichen Rechts entfaltet"* (vgl. § 40 Abs. 1 S. 2 und S. 3 GmbHG neu und § 67 Abs. 1 S. 2 und S. 3 AktG[99] neu).

59 Der Gesetzgeber identifiziert fünf verschiedene Konstellationen, *„die eine auf das jeweilige Objektregister abgestimmte Regelung erfordern"*:[100]

- Ersteintragung der GbR im Subjektregister und – bezogen auf eine bereits existierende und im Objektregister eingetragene Gesellschaft –,
- Folgeeintragungen im Objektregister,
- Änderungen im Gesellschafterbestand,
- „isolierte Umfirmierungen" der GbR durch eine anlasslose Eintragung in das Subjektregister bzw. die
- „isolierte Namensänderung" eines der Gesellschafter.[101]

---

99 Ist ein Aktionär selbst eine juristische Person oder eine rechtsfähige Personengesellschaft, sind gemäß § 67 Abs. 1 S. 2 AktG in das Aktienregister deren Firma oder Name, Sitz und Anschrift einzutragen. Nach § 67 Abs. 1 S. 3 AktG kann eine GbR nur dann ins Aktienregister eingetragen und Veränderungen an ihrer Eintragung können nur dann vorgenommen werden, wenn sie in das Gesellschaftsregister eingetragen ist.
100 RegE, BT-Drucks 19/27635, S. 109.
101 RegE, BT-Drucks 19/27635, S. 109.

Im Übrigen bedarf auch die Beteiligung einer GbR an einer **Umwandlung** oder einem **Statuswechsel** ihre Registrierung: | 60

- § 707c BGB (Statuswechsel bei der GbR),
- §§ 106 Abs. 3 bis 5, 107 Abs. 2 und 3 HGB (Statuswechsel bei der OHG),
- § 3 Abs. 1 Nr. 1 UmwG neu,
- § 191 Abs. 1 Nr. 1 und Abs. 2 Nr. 1 UmwG neu.

Dadurch wird sichergestellt, „*dass eine einmal vorhandene Subjektpublizität des Rechtsträgers alter Rechtsform nicht wieder verloren geht*".[102]

Auch die **Vermeidung von Publizitätsdefiziten bei mehrgliedriger Beteiligung** einer GbR an einer anderen eingetragenen GbR, einer OHG oder einer KG kann eine Registrierung erforderlich machen: | 61

- § 707a Abs. 1 S. 2 BGB (wonach eine Gesellschaft als Gesellschafter nur eingetragen werden soll, wenn sie im Gesellschaftsregister eingetragen ist),
- Art. 89 EGHGB neu (Übergangsvorschrift zum MoPeG).

3. Funktionsweise des Gesellschaftsregisters

Das Gesellschaftsregister ist eng an das Handelsregister angelehnt. | 62

Das Gesellschaftsregister soll zuverlässig, vollständig und lückenlos Auskunft über die Tatsachen und Rechtsverhältnisse der GbR – soweit diese für den Rechtsverkehr von besonderer Bedeutung sind – geben.[103]

Dem Gesellschaftsregister kommt durch einen Verweis auf § 15 HGB ein spezifischer öffentlicher Glaube zu: Nach der Klarstellung des § 707a Abs. 3 S. 1 HGB bewirkt die Eintragung im Gesellschaftsregister, dass § 15 HGB mit der Maßgabe entsprechend anzuwenden ist, dass das Fehlen der Kaufmannseigenschaft nicht an der Publizität des Gesellschaftsregisters teilnimmt.[104] | 63

Das Gesellschaftsregister ermöglicht es Teilnehmern im Rechtsverkehr folgende Aspekte mit Publizitätswirkung im Register abzulesen:

- Existenz,
- Identität und
- ordnungsgemäße Vertretung

der GbR.

---

102 RegE, BT-Drucks 19/27635, S. 109.
103 RegE, BT-Drucks 19/27635, S. 109.
104 RegE, BT-Drucks 19/27635, S. 109.

64 *„Im Übrigen sind die für das Handelsregister geltenden Vorschriften entsprechend anzuwenden":*[105]
- Nach § 707b Nr. 2 BGB i.V.m. § 12 HGB werden bei der Anmeldung zum Zweck der Prüfung der Identität der Anmeldenden und der Eintragungsfähigkeit Notare eingebunden mit der Folge, dass keine Möglichkeit einer Online-Gründung besteht.[106]
- Relevante Änderungen einer eingetragenen GbR müssen – um das Gesellschaftsregister à jour zu halten – zur Eintragung in das Gesellschaftsregister angemeldet werden:
  - § 707 Abs. 3 BGB (Namensänderung, Sitzverlegung, Anschriftenänderung, Änderung der Vertretungsbefugnis eines Gesellschafters, Ausscheiden eines Gesellschafters oder Eintritt eines neuen Gesellschafters),
  - § 734 Abs. 3 BGB (Fortsetzung der Gesellschaft nach ihrer Auflösung),
  - § 736c Abs. 1 BGB (Eintragung der Liquidatoren und ihrer Vertretungsbefugnis),
  - § 738 BGB BGB (Eintragung des Erlöschens der Gesellschaft).

65 Die GbR muss nach § 707a Abs. 2 BGB mit ihrer Eintragung einen kennzeichnenden Namenszusatz tragen („eingetragene Gesellschaft bürgerlichen Rechts" oder „eGbR").

Eine gewillkürte Löschung der GbR ist gemäß § 707a Abs. 4 BGB ausgeschlossen. Dadurch soll verhindert werden, *„dass eine eingetragene GbR als Inhaberin eines registrierten Rechts ihre Subjektpublizität durch Löschungsantrag verliert"*.[107] Zugleich wird dadurch Missbrauchsgefahren begegnet, *„die damit verbunden wären, es den Gesellschaftern einer in Vermögensverfall geratenen Gesellschaft auf ihren Antrag hin zu gestatten, die eingetragene GbR außerhalb des dafür vorgesehenen Insolvenzverfahrens liquidationslos zu löschen"*.[108]

4. Einrichtung und Führung des Gesellschaftsregisters

66 Die Bundesländer sind zuständig für die Einrichtung des besonderen Gesellschaftsregisters für die GbR – das neben die bereits bestehenden Register (Handels-, Genossenschafts-, Partnerschafts- und Vereinsregister) tritt.

67 Um den Bundesländern hinreichend Vorlaufzeit für die Einrichtung entsprechender Register zu verschaffen, tritt das MoPeG nach dessen Art. 137 S. 1 erst am 1.1.2024

---

105 RegE, BT-Drucks 19/27635, S. 109.
106 Weil der Umsetzung der Richtlinie (EU) 2019/1151 des Europäischen Parlaments und des Rates vom 20.7.2019 zur Änderung der Richtlinie (EU) 2017/1132 im Hinblick auf den Einsatz digitaler Werkzeuge und Verfahren im Gesellschaftsrecht (Digitalisierungsrichtlinie – ABl L 186, S. 80) an dieser Stelle durch den Gesetzgeber nicht vorgegriffen werden soll: RegE, BT-Drucks 19/27635, S. 109.
107 RegE, BT-Drucks 19/27635, S. 109.
108 RegE, BT-Drucks 19/27635, S. 109.

D. Umsetzung: Wesentlicher Inhalt des MoPeG § 1

in Kraft. Nach Art. 137 S. 2 Nr. 3 MoPeG ist bereits am Tag nach der Verkündung in Kraft getreten: § 376 Abs. 2 S. 1 FamFG ist neu in Kraft getreten, wonach die Landesregierungen ermächtigt werden, durch Rechtsverordnung die Aufgaben nach § 374 Nr. 1 bis 4 FamFG sowie § 375 Nr. 1, 3 bis 16 und 17 FamFG anderen oder zusätzlichen Amtsgerichten zu übertragen und die Bezirke der Gerichte abweichend von § 376 Abs. 1 FamFG festzulegen, und § 387 FamFG (Ermächtigungen) neu gefasst worden, der jetzt folgenden Wortlaut hat:

(1) Die Landesregierungen werden ermächtigt, durch Rechtsverordnung zu bestimmen, dass die Daten des bei einem Gericht geführten Handels-, Genossenschafts-, **Gesellschafts-**, Partnerschafts- oder Vereinsregisters auch bei anderen Amtsgerichten zur Einsicht und zur Erteilung von Ausdrucken zugänglich sind. Die Landesregierungen können diese Ermächtigung durch Rechtsverordnung auf die Landesjustizverwaltungen übertragen. Mehrere Länder können auch vereinbaren, dass die bei den Gerichten eines Landes geführten Registerdaten auch bei den Amtsgerichten des anderen Landes zur Einsicht und zur Erteilung von Ausdrucken zugänglich sind.

(2) Das Bundesministerium der Justiz und für Verbraucherschutz wird ermächtigt, durch Rechtsverordnung mit Zustimmung des Bundesrates die näheren Bestimmungen über die Einrichtung und Führung des Handels-, Genossenschafts-, **Gesellschafts-** und Partnerschaftsregisters, die Übermittlung der Daten an das Unternehmensregister und die Aktenführung in Beschwerdeverfahren, die Einsicht in das Register, die Einzelheiten der elektronischen Übermittlung nach § 9 des Handelsgesetzbuchs und das Verfahren bei Anmeldungen, Eintragungen und Bekanntmachungen zu treffen. Dabei kann auch vorgeschrieben werden, dass das Geburtsdatum von in das Register einzutragenden Personen zur Eintragung anzumelden sowie die Anschrift der einzutragenden Unternehmen und Zweigniederlassungen bei dem Gericht einzureichen ist; soweit in der Rechtsverordnung solche Angaben vorgeschrieben werden, ist § 14 des Handelsgesetzbuchs entsprechend anzuwenden.

(3) Durch Rechtsverordnung nach Absatz 2 können auch die näheren Bestimmungen über die Mitwirkung der in § 380 bezeichneten Organe im Verfahren vor den Registergerichten getroffen werden. Dabei kann insbesondere auch bestimmt werden, dass diesen Organen laufend oder in regelmäßigen Abständen die zur Erfüllung ihrer gesetzlichen Aufgaben erforderlichen Daten aus dem Handels-, **Gesellschafts-** oder Partnerschaftsregister und den zu diesen Registern eingereichten Dokumenten mitgeteilt werden. Die mitzuteilenden Daten sind in der Rechtsverordnung festzulegen. Die Empfänger dürfen die übermittelten personenbezogenen Daten nur für den Zweck verwenden, zu dessen Erfüllung sie ihnen übermittelt worden sind.

(4) Des Weiteren können durch Rechtsverordnung nach Absatz 2 nähere Bestimmungen über die Einrichtung und Führung des Vereinsregisters, insbesondere über das Verfahren bei Anmeldungen, Eintragungen und Bekanntmachungen sowie über die Einsicht in das Register, und über die Aktenführung im Beschwerdeverfahren erlassen werden.

(5) Die elektronische Datenverarbeitung zur Führung des Handels-, Genossenschafts-, **Gesellschafts-**, Partnerschafts- oder Vereinsregisters kann im Auftrag des zuständigen Gerichts auf den Anlagen einer anderen staatlichen Stelle oder auf den Anlagen eines

§ 1 Einführung

Dritten vorgenommen werden, wenn die ordnungsgemäße Erledigung der Registersachen sichergestellt ist.

(6) Durch Rechtsverordnung nach Absatz 2 können überdies die erforderlichen Bestimmungen getroffen werden über

1. Struktur, Zuordnung und Verwendung der einheitlichen europäischen Kennung nach § 9b Absatz 2 Satz 2 des Handelsgesetzbuchs,
2. den Umfang der Mitteilungspflicht im Rahmen des Informationsaustauschs zwischen den Registern sowie über die Liste der dabei zu übermittelnden Daten,
3. die Einzelheiten des elektronischen Datenverkehrs nach § 9b Absatz 1 und 2 des Handelsgesetzbuchs einschließlich der Vorgaben für Datenformate und Zahlungsmodalitäten.

68 Das Gesellschaftsregister lehnt sich „*technisch-organisatorisch eng an das elektronisch geführte Handelsregister [an]*",[109] hält aber an der traditionellen Unterscheidung von kaufmännischen und nicht kaufmännischen Personengesellschaften fest.

69 Das Gesellschaftsregisters wird von den Registergerichten der Länder geführt mit funktioneller Zuständigkeit des Rechtspflegers.

70 Bedeutsam ist – aufgrund der Möglichkeit der Registrierung einer GbR und der Öffnung der Personenhandelsgesellschaften für die Ausübung Freier Berufe – die gesetzliche Regelung des Wechsels zwischen Handels-, Gesellschafts- und Partnerschaftsregister. Dies ist zur Sicherung der Identität der registerwechselnden Gesellschaft und zur Vermeidung von Doppeleintragungen geboten.[110] Die neue Rechtsfigur des „**Statuswechsels**" umschreibt deshalb den registerrechtlichen Vollzug eines Wechsels der Rechtsform einer eingetragenen Personengesellschaft in eine andere eingetragene Personengesellschaft.

71 § 707c Abs. 1 BGB definiert den Statuswechsel legal als Anmeldung zur Eintragung einer bereits in einem Register eingetragenen Gesellschaft unter einer anderen Rechtsform einer rechtsfähigen Personengesellschaft in ein anderes Register (vgl. auch die korrespondierenden Vorschriften der §§ 106 Abs. 3 bis 5 und 107 Abs. 2 und 3 HGB).

72 Das Gesellschaftsregister wird in das Unternehmensregister und in das Transparenzregister eingebunden, wodurch die unternehmensrelevanten Daten des Gesellschaftsregister – neben jenen des Handels-, Genossenschafts- und Partnerschaftsregisters – über das Unternehmensregister (als zentraler Plattform) eingesehen werden können.[111]

---

109 RegE, BT-Drucks 19/27635, S. 109.
110 RegE, BT-Drucks 19/27635, S. 110.
111 RegE, BT-Drucks 19/27635, S. 110 – wodurch die wirtschaftlich Berechtigten einer GbR feststellbar sind.

IV. Öffnung der Personenhandelsgesellschaften (OHG und KG) für Angehörige Freier Berufe

Der Gesetzgeber will die Haftungsverhältnisse für die Angehörigen Freier Berufe i.S.v. § 1 Abs. 2 PartGG flexibilisieren und Unstimmigkeiten in Bezug auf § 8 Abs. 4 PartGG beseitigen. **73**

§ 8 Abs. 4 PartGG neu hat folgenden Wortlaut:

> „Für Verbindlichkeiten der Partnerschaft aus Schäden wegen fehlerhafter Berufsausübung haftet den Gläubigern nur **die Gesellschaft**,[112] wenn die Partnerschaft eine zu diesem Zweck durch Gesetz vorgegebene Berufshaftpflichtversicherung unterhält. Für die Berufshaftpflichtversicherung gelten § 113 Absatz 3 und die §§ 114 bis 124 des Versicherungsvertragsgesetzes entsprechend. Der Name der Partnerschaft muss den Zusatz „mit beschränkter Berufshaftung" oder die Abkürzung „mbB" oder eine andere allgemein verständliche Abkürzung dieser Bezeichnung enthalten; anstelle der Namenszusätze nach § 2 **Absatz 1**[113] kann der Name der Partnerschaft mit beschränkter Berufshaftung den Zusatz „Part" oder „PartG" enthalten."

Infolgedessen bestimmt § 107 Abs. 1 S. 2 HGB, dass eine Gesellschaft, deren Zweck die gemeinsame Ausübung Freier Berufe durch die Gesellschafter ist, eine OHG ist, wenn die Firma des Unternehmens in das Handelsregister eingetragen ist, *„soweit das anwendbare Berufsrecht die Eintragung zulässt"*. **74**

Die Neuregelung des § 107 Abs. 1 S. 2 HGB eröffnet den Angehörigen Freier Berufe den Zugang zu den Rechtsformen einer Personenhandelsgesellschaft (OHG und KG) – insbesondere auch eine Rechtsformmischung in Gestalt einer Kapitalgesellschaft und Compagnie Kommanditgesellschaft[114] (z.B. einer GmbH & Co. KG). **75**

Die Öffnung der Personenhandelsgesellschaften für Angehörige der Freien Berufe steht allerdings unter einem **allgemeinen Berufsrechtsvorbehalt**. Dieser stellt sicher, dass *„die spezifischen Schutzbelange im Zusammenhang mit der Ausübung der einzelnen Freien Berufe von dem zuständigen Landes- oder Bundesgesetzgeber verfolgt werden können"*.[115] **76**

Dies ermöglicht es dem bundes- (Rechtsanwälte, Steuerberater oder Wirtschaftsprüfer) oder landesgesetzlichen Berufsrecht (Ärzte, Zahn- und Tierärzte, Apotheker bzw. Architekten) zur Sicherung der fachlichen Unabhängigkeit den Zugang von Freiberuflern zu den Personenhandelsgesellschaften[116] bspw. *„zusätzlich durch*

---

112 Vormals: *„das Gesellschaftsvermögen"*.
113 Vormals: *„§ 2 Absatz 1 Satz 1"*.
114 RegE, BT-Drucks 19/27635, S. 110.
115 RegE, BT-Drucks 19/27635, S. 110: Der aus der Vielgestaltigkeit der Freien Berufe folgende Schutzbedarf geht über die bisher im Partnerschaftsgesellschaftsgesetz schon vorgesehene Pflicht, eine Berufshaftpflichtversicherung zu unterhalten, hinaus und kann weitere Vorgaben umfassen.
116 Dazu näher *Uwer*, Die Öffnung der Personenhandelsgesellschaft für Freiberufler in berufsrechtlicher Perspektive, ZGR-Sonderheft, 23 (2021), S. 87.

Vorgaben für die Kapitalbeteiligung von Personen [zu] beschränken, die nicht Berufsträger sind".[117]

> **Beachte:**
> Die Prüfung der berufsrechtlichen Voraussetzungen kann der Berufsaufsicht überantwortet werden. Sie muss *„nicht im Einzelnen von den für die Führung der Handelsregister zuständigen Gerichten geleistet (...) werden"*.[118]

77 § 107 Abs. 1 S. 2 HGB – Öffnung des Zugangs der Personenhandelsgesellschaften für Freiberufler – macht die Partnerschaftsgesellschaft mit beschränkter Berufshaftung (PartGmbB) nicht gegenstandslos, da sich diese Rechtsformvariante (seit ihrer Einführung 2013) im „Rechtsmarkt" etabliert hat und es noch nicht absehbar ist, in welchem Umfang Freiberufler von der Möglichkeit des § 107 Abs. 1 S. 2 HGB Gebrauch machen werden (Konkurrenzverhältnis von PartGmbB, bei der die Haftungsbeschränkung nur in Bezug auf Berufsfehler wirkt, und GmbH & Co. KG).[119]

V. Beschlussmängelrecht im Personenhandelsgesellschaftsrecht

78 Mit § 709 Abs. 3 BGB (kapitalistischer Verteilungsschlüssel) steht zu erwarten, *„dass sich das Mehrheitsprinzip in der Praxis noch stärker durchsetzen wird"*[120] mit der Folge, dass sich der Schutz der Mitgliedschaftsrechte eines Gesellschafters gegen Mehrheitsbeschlüsse auf die Ebene der materiellen Beschlusskontrolle verlagern wird.

Vor diesem Hintergrund soll für Beschlussmängelstreitigkeiten bei den Personenhandelsgesellschaften OHG und KG unter Rückgriff auf das aktienrechtliche Anfechtungsmodell[121] mit Mindestanforderungen an die Formalisierung des Beschlussverfahrens ein geeigneter Regelungsrahmen geschaffen werden – mit der Möglichkeit einer Abbedingung[122] (**opt-out-Möglichkeit**).

---

117 RegE, BT-Drucks 19/27635, S. 110.
118 RegE, BT-Drucks 19/27635, S. 110.
119 RegE, BT-Drucks 19/27635, S. 110: Aufgrund der Rechtsformwahl (dazu näher *Noack/Göbel*, Die eingetragene Personengesellschaft zwischen Rechtsformwahl und Rechtsformzwang, GmbHR 2021, 569) können nämlich weitere Verpflichtungen einhergehen, z.B. Gewerbesteuerpflicht (§ 2 Abs. 1, § 5 Abs. 1 GewStG), Offenlegung des Jahresabschlusses (§ 264 i.V.m. § 325 HGB), Geltung der Regelungen über Handelsgeschäfte und Insolvenzantragspflicht (§ 15a InsO).
120 RegE, BT-Drucks 19/27635, S. 110.
121 Unter Abgehen vom personengesellschaftsrechtlichen Feststellungsmodell: RegE, BT-Drucks 19/27635, S. 111.
122 Ob das neue Anfechtungsmodell im Personengesellschaftsrecht auch ein Vorbild für die GmbH sein kann, diskutiert *Kaulbach*, ZHR 2022, 729.

> Beachte:
> „Umgekehrt können die Gesellschafter einer GbR oder einer Partnerschaftsgesellschaft für das neue Beschlussmängelrecht optieren"[123] (**opt-in-Möglichkeit**).

1. Beschlussfassung

Im Interesse der Schaffung von Rechtssicherheit über die Bestandskraft eines Beschlusses statuiert § 109 HGB bestimmte Mindestanforderungen im Hinblick auf die Anforderungen, die an eine Beschlussfassung in einer Gesellschafterversammlung zu stellen sind.   79

Von der Beschlussfassung ist die Beschlussfeststellung[124] zu unterscheiden, mit der ein gefasster Beschluss durch einen Versammlungsleiter verbindlich dokumentiert wird. Wenngleich die Beschlussfeststellung nicht Voraussetzung für die Wirksamkeit eines Beschlusses ist, kommt ihr insoweit konstitutive Wirkung zu, als *„sie die Rechtsschutzmöglichkeiten in Gestalt der Anfechtungs- oder Nichtigkeitsklage oder der Feststellungsklage vorgibt"*.[125]   80

Sowohl die Modalitäten der Beschlussfeststellung durch den Versammlungsleiter als auch die Vorfrage, unter welchen Voraussetzungen ein Beschluss zustande kommt (was sich nach allgemeiner Rechtsgeschäftslehre bestimmt), *„entziehen sich (…) einer abstrakt-generellen Regelung und müssen deswegen einer Klärung durch die Rechtsprechung vorbehalten bleiben"*.[126]   81

2. Beschlussmängelsystem

Da Beschlussmängel sowohl das Beschlussverfahren als auch den Beschlussinhalt betreffen können, erfolgt in Bezug auf die Fehlerfolgen in § 110 HGB eine Unterscheidung[127] zwischen der Anfechtbarkeit (wobei jeder Beschluss anfechtbar ist, der Rechtsvorschriften i.s.e. jeden Rechtsnorm oder den Gesellschaftsvertrag verletzt) und der Nichtigkeit eines Beschlusses. Nichtig ist ein Beschluss nur dann, wenn durch seinen Inhalt Rechtsvorschriften verletzt werden, auf die die Gesellschafter nicht verzichten können.[128]   82

Verfahrensfehler führen im weitgehend formlos ausgestalteten Beschlussverfahren grundsätzlich nur zur Anfechtbarkeit.[129]   83

---

123 RegE, BT-Drucks 19/27635, S. 111.
124 Vgl. dazu auch *Knorr*, Die Beschlussfeststellung als Abgrenzungskriterium zwischen Anfechtungsklage und allgemeiner Feststellungsklage, GmbHR 2022, 563.
125 RegE, BT-Drucks 19/27635, S. 111.
126 RegE, BT-Drucks 19/27635, S. 111.
127 RegE, BT-Drucks 19/27635, S. 111.
128 RegE, BT-Drucks 19/27635, S. 111.
129 RegE, BT-Drucks 19/27635, S. 111.

§ 1 Einführung

84 **Inhaltsfehlern** basieren maßgeblich auf den durch zwingendes Recht gezogenen Gestaltungsgrenzen beim Beschlussinhalt: Die Gesellschafter dürfen über die Fehlerfolge nur insoweit disponieren, *„als sie auch befugt sind, über die verletzte Rechtsvorschrift zu disponieren"*,[130] wobei diese Gestaltungsgrenzen im Personengesellschaftsrecht weiter gezogen sind als im Aktienrecht.[131]

85 *„Welche Rechtsvorschriften zum zwingenden Recht gehören, entzieht sich einer abstrakt-generellen Regelung"*.[132]

„**Zwingendes Recht**" sind i.d.R. solche Rechte, die zum unverzichtbaren Kernbereich der Mitgliedschaft gehören (d.h. **absolut unentziehbare Rechte** wie bspw. das Klagerecht gegen rechtswidrige Gesellschafterbeschlüsse).[133]

Etwas anderes gilt für Rechte, die zwar ebenfalls zum Kernbereich der Mitgliedschaft gehören, *„in die aber nur mit Zustimmung des betroffenen Gesellschafters eingegriffen werden darf"*[134] (**relativ unentziehbare Rechte** wie bspw. Sonderrechte eines Gesellschafters). Bei fehlender Zustimmung ist der Beschluss weder nichtig noch anfechtbar, sondern unwirksam.[135]

3. Beschlussmängelklagen

86 Nach der Qualifikation der Fehlerfolgen beurteilt sich die Rechtsschutzmöglichkeit: Anfechtungs- oder Nichtigkeitsklage bzw. Feststellungsklage als mögliche Beschlussmängelklagen.[136]

Anfechtungsgründe werden von dem anfechtungsbefugten Gesellschafter durch befristete Anfechtungsklage gegen die Gesellschaft geltend gemacht.

Nichtigkeitsgründe können – außer durch eine Nichtigkeitsklage – auch durch Einrede (d.h. durch Rechtsverteidigung gegen eine auf den nichtigen Beschluss gestützte Klage) geltend gemacht werden.

87 Die Frist für die Erhebung einer Anfechtungsklage beträgt drei Monate ab Bekanntgabe des Beschlusses gegenüber dem anfechtungsbefugten Gesellschafter[137] (vgl. § 112 Abs. 1 S. 1 HGB).

---

130 RegE, BT-Drucks 19/27635, S. 111.
131 RegE, BT-Drucks 19/27635, S. 111.
132 RegE, BT-Drucks 19/27635, S. 111.
133 RegE, BT-Drucks 19/27635, S. 111.
134 RegE, BT-Drucks 19/27635, S. 111 f.
135 RegE, BT-Drucks 19/27635, S. 112.
136 Näher *Pieronczyk*, Folgen des Rechtsformwechsels zwischen GbR und oHG für Beschlussmängelklagen nach dem MoPeG, ZIP 2022, 1033.
137 Wobei mit der Fristenregelung verbundene Härten gemildert werden, da für die Dauer von Vergleichsverhandlungen die Klagefrist nach Maßgabe der §§ 203, 209 BGB gehemmt wird: RegE, BT-Drucks 19/27635, S. 112.

> *Beachte:*
> Ein klagestattgebendes Urteil entfaltet im Interesse der Rechtssicherheit sowohl bei der Anfechtungs- als auch bei der Nichtigkeitsklage materielle Rechtskraftwirkung auch gegen die anderen Gesellschafter.[138]

> *Beachte zudem:*
> Nach Ansicht des Gesetzgebers wird durch die Umstellung vom Feststellungs-[139] auf das Anfechtungsmodell die Feststellungsklage nicht obsolet.[140]

Vgl. auch § 115 HGB als prozessuale Sonderregelung zur Verbindung von Anfechtungs- und Feststellungsklage.

4. Beschlussmängelstreitigkeiten vor Schiedsgerichten

Der Gesetzgeber sah keinen Anlass für eine gesetzliche Regelung schiedsrechtlicher Fragestellungen von Beschlussmängelstreitigkeiten im Personengesellschaftsrecht:[141]

Beschlussmängelstreitigkeiten sind schiedsfähig i.S.v. § 1030 ZPO.[142] Zwischenzeitlich im Schrifttum geäußerte Bedenken, ob die vom BGH zur GmbH entwickelten Mindestanforderungen an eine wirksame Schiedsvereinbarung auch vollumfänglich auf Personengesellschaften anwendbar sind,[143] haben sich dadurch erledigt, dass das Beschlussmängelrecht bei Personenhandelsgesellschaften – entsprechend der Beschlusslage des 71. und 72. DJT – infolge der Reform *„auf das gemeinsame Fundament des Anfechtungsmodells bei Kapitalgesellschaften umge-*

---

138 RegE, BT-Drucks 19/27635, S. 112.
139 Vgl. auch *Meyer/Schwiete*, Totgesagte leben länger – ein Plädoyer für das „Feststellungsmodell" als Gestaltungsoption im Beschlussmängelrecht, NZG 2022, 1035.
140 RegE, BT-Drucks 19/27635, S. 112: *„Die Anfechtungsklage verdrängt die Feststellungsklage nur innerhalb ihres Anwendungsbereichs, das heißt soweit das Rechtsschutzbegehren des klagenden Gesellschafters auf Nichtigerklärung eines Beschlusses gerichtet ist. Besteht hingegen Streit darüber, ob und mit welchem Ergebnis überhaupt ein Beschluss gefasst wurde, oder hätte der Beschluss wegen Eingriffs in ein relativ unentziehbares Recht der Zustimmung des betroffenen Gesellschafters bedurft, kommt nur eine Feststellungsklage in Betracht, für die sich je nach Fallkonstellation eine analoge Anwendung der für die Anfechtungs- oder Nichtigkeitsklage geltenden Vorschriften – insbesondere zu den Prozessparteien, zu dem zuständigen Gericht und gegebenenfalls zu der Klagefrist – anbietet"*.
141 RegE, BT-Drucks 19/27635, S. 112.
142 Der BGH hat insoweit – am Maßstab des § 138 BGB und des Rechtsstaatsprinzips – konkrete Mindestanforderungen an eine wirksame Schiedsvereinbarung aufgestellt: vgl. BGH, Urt. v. 29.3.1996 – II ZR 124/95, BGHZ 132, 278, juris Rn 11 ff. und BGH, Urt. v. 6.4.2009 – II ZR 255/08, BGHZ 180, 221, juris Rn 10: für die GmbH; BGH, Beschl. v. 6.4.2017 – I ZB 32/16, SchiedsVZ 2017, 197, juris Rn 22 f.: für die KG.
143 Vgl. *Borris*, NZG 2017, 761, 763 f.; *Otto*, ZGR 2019, 1082, 1111 und 1121.

stellt wird, für das der BGH in (...) [seinen] Entscheidungen bereits Wirksamkeitsvoraussetzungen formuliert hat".[144]

E. Zusammenfassung

89 Die Reform des Personengesellschaftsrechts führt zu folgenden wesentlichen Neuerungen:

- **Einführung eines Gesellschaftsregisters für die GbR**: In Anlehnung an das Handelsregister soll das Gesellschaftsregister auch der GbR Publizität als „*eine Art öffentlichen Glauben*"[145] in Bezug auf die Haftungs- und Vertretungsverhältnisse verschaffen. Die Anmeldung zum Register ist einerseits zwar grundsätzlich freiwillig und die Eintragung ist auch nicht Voraussetzung für die Erlangung der Rechtsfähigkeit der GbR. Allerdings ist die Eintragung der GbR in Objektregistern (z.B. im Grundbuch oder Handelsregister) von einer Eintragung im Gesellschaftsregister abhängig (Voreintragungserfordernis).

- **Die Rechtsformen der Personenhandelsgesellschaften (OHG/KG) können auch Angehörige Freier Berufe zur gemeinsamen Berufsausübung wählen.** Diese Öffnung des Zugangs Freier Berufe zum Personenhandelsgesellschaftsrecht (von Interesse dürfte dabei insbesondere das Konstrukt einer GmbH & Co KG sein) – das vormals den Betrieb eines Handelsgewerbes (vgl. § 1 Abs. 2 HGB) zur Voraussetzung hatte – steht jedoch unter einem Berufsrechtsvorbehalt (damit die eröffneten weitreichenden Haftungsbeschränkungsmöglichkeiten keine Gefahren für den Rechtsverkehr, „*etwa für Mandanten, Patienten und Verbraucher, die die Dienstleistungen freiberuflich Tätiger in Anspruch nehmen*", zeitigen.[146]

- **Einführung eines am Aktienrecht orientierten Beschlussmängelrechts im HGB (für OHG und KG) zur Steigerung der Rechtssicherheit beim Umgang mit fehlerhaften Gesellschafterbeschlüssen**: Die Mangelhaftigkeit eines Beschlusses, der nicht schon aufgrund eines besonders schwerwiegenden Mangels nichtig ist, muss innerhalb einer Frist von drei Monaten durch Anfechtungsklage gegen die Gesellschaft geltend gemacht werden. Das Beschlussmängelrecht findet auf die GbR und die Partnerschaftsgesellschaft nur Anwendung, „*wenn die Gesellschafter dies im Gesellschaftsvertrag vereinbaren*"[147] (Möglichkeit eines opt-in).

---

144 RegE, BT-Drucks 19/27635, S. 112.
145 RegE, BT-Drucks 19/27635, S. 3.
146 RegE, BT-Drucks 19/27635, S. 3.
147 RegE, BT-Drucks 19/27635, S. 3.

§ 2 Die Gesellschaft bürgerlichen Rechts (GbR)

A. Vorbemerkung

Der Titel 16 (Gesellschaft) des zweiten Buchs, Abschnitt 8 des BGB ist in drei Untertitel gegliedert:
- Untertitel 1 (§ 705 BGB – Allgemeine Bestimmungen)
- Untertitel 2 (§§ 705 bis 739 BGB – Rechtsfähige Gesellschaft)
  - Kapitel 1 (Sitz; Registrierung – §§ 706 bis 707d BGB)
  - Kapitel 2 (Rechtsverhältnis der Gesellschafter untereinander und der Gesellschafter zur Gesellschaft – §§ 708 bis 718 BGB)
  - Kapitel 3 (Rechtsverhältnis der Gesellschaft zu Dritten – §§ 719 bis 722 BGB)
  - Kapitel 4 (Ausscheiden eines Gesellschafters – §§ 723 bis 728b BGB
  - Kapitel 5 (Auflösung der Gesellschaft – §§ 729 bis 734 BGB)
  - Kapitel 6 (Liquidation der Gesellschaft – §§ 735 bis 739 BGB)
- Untertitel 3 (§§ 740 bis 740c BGB – Nicht rechtsfähige Gesellschaft)

B. Rechtsnatur und Legaldefinition der GbR (§ 705 BGB)

Der Untertitel 1 (Allgemeine Bestimmungen) normiert in seinem § 705 BGB allgemeine Bestimmungen über die Gesellschaft bürgerlichen Rechts (GbR).

Die Neuregelung des § 705 BGB (rechte Spalte) unterscheidet sich von der Altregelung (linke Spalte) wie folgt:

Durch den Gesellschaftsvertrag verpflichten sich die Gesellschafter gegenseitig die Erreichung eines gemeinsamen Zweckes in der durch den Vertrag bestimmten Weise zu fördern, insbesondere die vereinbarten Beiträge zu leisten.	(1) Die Gesellschaft wird durch den Abschluss des Gesellschaftsvertrags errichtet, in dem sich die Gesellschafter verpflichten, die Erreichung eines gemeinsamen Zwecks in der durch den Vertrag bestimmten Weise zu fördern.
	(2) Die Gesellschaft kann entweder selbst Rechte erwerben und Verbindlichkeiten eingehen, wenn sie nach dem gemeinsamen Willen der Gesellschafter am Rechtsverkehr teilnehmen soll (rechtsfähige Gesellschaft), oder sie kann den Gesellschaftern zur Ausgestaltung ihres Rechtsverhältnisses untereinander dienen (nicht rechtsfähige Gesellschaft).

§ 2 Die Gesellschaft bürgerlichen Rechts (GbR)

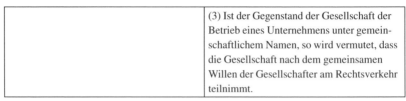

> (3) Ist der Gegenstand der Gesellschaft der Betrieb eines Unternehmens unter gemeinschaftlichem Namen, so wird vermutet, dass die Gesellschaft nach dem gemeinsamen Willen der Gesellschafter am Rechtsverkehr teilnimmt.

Die Neufassung des § 705 BGB trifft in seinem Abs. 1 Aussagen zur Rechtsnatur sowie eine Legaldefinition der GbR und in Abs. 2 eine Legaldefinition der rechtsfähigen und der nicht rechtsfähigen Gesellschaft. Abs. 3 statuiert eine Vermutungsregelung, nach der es sich, wenn der Betrieb eines Unternehmens unter gemeinschaftlichem Namen in Rede steht, die Gesellschaft nach dem gemeinsamen Willen der Gesellschafter am Rechtsverkehr teilnimmt, um eine rechtsfähige Gesellschaft handelt.

I. Legaldefinition der GbR

4   Bei wesentlicher Übernahme von § 705 BGB alt – wonach „*durch den Gesellschaftsvertrag (...) sich die Gesellschafter (verpflichten) die Erreichung eines bestimmten Zwecks in der durch den Vertrag bestimmten Weise zu fördern, insbesondere die vereinbarten Beiträge zu leisten*" (Beitragspflicht) – normiert Abs. 1 eine Legaldefinition der GbR (bei der die Gesellschaft selbst und nicht mehr die Gesellschafter im Mittelpunkt der gesetzlichen Grundkonzeption stehen):[1] „*Die Gesellschaft wird durch den Abschluss des Gesellschaftsvertrags errichtet, in dem sich die Gesellschafter verpflichten, die Erreichung eines gemeinsamen Zwecks in der durch den Vertrag bestimmten Weise zu fördern*" – eine Definition, die „*in ihrer Allgemeinheit über die GbR hinaus auch für andere Personen- und im Grundsatz selbst für Kapitalgesellschaften [passt]*".[2]

5   Diese Legaldefinition gilt sowohl für die rechtsfähige als auch für die nicht rechtsfähige Gesellschaft. Sie grenzt die GbR von der Bruchteilsgemeinschaft i.S.v. § 741 BGB ab. Nach der Legaldefinition des § 741 BGB liegt eine „Gemeinschaft nach Bruchteilen" vor, wenn ein Recht mehreren gemeinsam zusteht. Dann finden – sofern sich nicht aus dem Gesetz ein anderes ergibt – die Vorschriften der §§ 742 bis 758 BGB Anwendung.

6   Nach Abs. 1 wird die GbR durch den Abschluss eines **Gesellschaftsvertrags** errichtet, in dem sich die Gesellschafter verpflichten, die Erreichung eines gemeinsamen Zwecks in der durch den Vertrag bestimmten Weise zu **fördern**. Aus der Legaldefinition folgt dreierlei:
- Jede GbR stellt ein vertragliches Schuldverhältnis dar.

---

1 Schäfer/*Armbrüster*, § 3 Rn 10 unter Bezugnahme auf *Fleischer*, DStR 2021, 430, 432.
2 Schäfer/*Armbrüster*, § 3 Rn 10.

B. Rechtsnatur und Legaldefinition der GbR (§ 705 BGB) § 2

- Sowohl die Errichtung als auch grundsätzlich der Fortbestand der GbR hängen von dem Zusammenschluss mehrerer Personen ab.
- Der Fortbestand des gemeinsamen Zwecks reicht über die bereits durchgeführten Förderungsmaßnahmen hinaus.

Der Wortlaut des Abs. 1 verzichtet gegenüber der Altregelung auf die **Gegenseitigkeit** der Verpflichtung – das Wort „gegenseitig" ist entfallen. Dies liegt darin begründet, dass nach Ansicht des Gesetzgebers das Wort „gegenseitig" für die Unterscheidung zwischen rechtsfähiger und nicht rechtsfähiger Gesellschaft „keine ersichtliche Bedeutung"[3] hat. Bisher ist der Terminus „gegenseitig" im Zusammenhang mit einer Anwendung der §§ 320 ff. BGB bei Störungen im Rahmen der Erbringung der Beitragsleistungen diskutiert worden.[4] Die Terminologie sei allerdings unglücklich gewählt: *„Jedenfalls eine uneingeschränkte Anwendung der §§ 320 ff. BGB kommt nicht in Betracht. Die Streitfrage bleibt einer Klärung durch die Rechtsprechung vorbehalten."*[5] 7

Auch die Wörter – „*insbesondere die vereinbarten Beiträge zu leisten*" – findet sich in der Neuregelung des Abs. 1 nicht mehr. Die Verwendung dieser Phrase wirft die Frage auf, wem gegenüber die **Beitragspflicht** besteht. Hierbei gilt es wie folgt zu differenzieren: 8

1. Die Beitragspflicht begründet eine **Sozialverbindlichkeit** gegenüber der GbR, wenn diese rechtsfähig ist.
2. Sofern die GbR nicht rechtsfähig ist, begründet die Beitragspflicht eine Sozialverbindlichkeit gegenüber den anderen Gesellschaftern.

Der Gesetzgeber erachtet eine terminologische Unterscheidung in Abs. 1 als nicht angezeigt. Er begründet dies wie folgt:[6] 9

- Die Beitragspflicht umschreibt kein charakteristisches Merkmal der GbR. Eine Verpflichtung zur Leistung der Beiträge betont nur noch einmal das obligatorische Element („*durch den Gesellschaftsvertrag*"). Dies unterscheidet die Gesellschaft aber von der Bruchteilsgemeinschaft i.S.v. § 741 BGB.[7]
- Zudem wirft der Begriff „Beitrag" selbst terminologische Probleme auf, die im Rahmen der Legaldefinition des Abs. 1 nicht gelöst werden müssen.[8] *Schäfer*[9] will hingegen Beitragspflicht und Zweckförderungspflicht synonym behandeln.

---

3 RegE, BT-Drucks. 19/27635, S. 126.
4 Vgl. MüKo-BGB/*Schäfer*, § 705 Rn 167 ff.
5 RegE, BT-Drucks. 19/27635, S. 125.
6 RegE, BT-Drucks. 19/27635, S. 125.
7 Vgl. MüKo-BGB/*Schäfer*, § 705 Rn 132.
8 Vgl. dazu die Begründung zu § 709 Abs. 1 BGB-E.
9 Schäfer/*Schäfer*, § 6 Rn 58.

II. Legaldefinitionen der rechtsfähigen und der nicht rechtsfähigen Gesellschaft

1. Die rechtsfähige GbR als Leitbild

10 Die Neuregelung in Abs. 2 führt regelungstechnisch zum ersten Mal eine Legaldefinition der rechtsfähigen und der nicht rechtsfähigen Gesellschaft in das BGB ein, worin sich der Regelungsgehalt der Norm jedoch nicht erschöpft.

Vielmehr statuiert Abs. 1 im ersten Halbsatz i.S.e. **gesetzlichen Leitbildes** (gesetzlicher Regelfall) die GbR in Gestalt einer rechtsfähigen Gesellschaft als eine auf gewisse Dauer angelegte, mit eigenen Rechten und Pflichten ausgestattete Personengesellschaft als Neukonzeption grundlegend neu. Trägerin der dem Gesellschaftsvermögen zugehörigen Rechte und Pflichten ist die Gesellschaft selbst und nicht mehr die Gesellschafter in ihrer gesamthänderischen Verbundenheit.

11 Der Gesetzgeber greift damit eine Empfehlung des 71. Deutschen Juristentages auf, die seit der Grundsatzentscheidung des BGH in der Rechtssache „ARGE Weißes Ross"[10] ergangene Rechtsprechung über die Anerkennung der Rechtsfähigkeit der GbR auch gesetzlich nachzuvollziehen.[11]

2. Differenzierung zwischen rechtsfähiger und nicht rechtsfähiger GbR

12 Die Differenzierung zwischen den beiden Rechtsformvarianten – rechtsfähiger und nicht rechtsfähiger GbR – trägt dem Umstand Rechnung, dass die Praxis beide Spezialausprägungen der GbR kennt: Solche Zusammenschlüsse,

- die sich nur auf das Innenverhältnis beschränken, und andere,
- die nach außen hin in Erscheinung treten.

Rechtsfähigkeit kommt nur der **rechtsfähigen GbR** i.S.v. § 705 Abs. 2 Hs. 1 BGB zu, deren Wesensmerkmal darin besteht, dass „*sie nach dem gemeinsamen Willen der [d.h. aller]*[12] *Gesellschafter am Rechtsverkehr teilnehmen soll*"[13] (in Übernah-

---

10 Vgl. BGH, Urt. v. 29.1.2001 – II ZR 331/00 = BGHZ 146, 341 = NJW 2001, 1056.
11 Vgl. Beschluss 5a des 71. Deutschen Juristentages, in: Verhandlungen des 71. Deutschen Juristentages, Band II/2, 2017, S. O 219.
12 Schäfer/*Armbrüster*, § 3 Rn 23 – vgl. auch § 719 Abs. 1 Hs. 1 BGB (Entstehung einer Außengesellschaft im Verhältnis zu Dritten): Teilnahme am Rechtsverkehr mit Zustimmung „sämtlicher Gesellschafter".
13 Zum maßgeblichen Zeitpunkt einer Teilnahme am Rechtsverkehr Schäfer/*Armbrüster*, § 3 Rn 24.

B. Rechtsnatur und Legaldefinition der GbR (§ 705 BGB) § 2

me der in § 14 Abs. 2 BGB geregelten Definition der rechtsfähigen Personengesellschaft).[14]

Der Wille zur **Teilnahme am Rechtsverkehr** (als innere Tatsache) ist das Abgrenzungskriterium (alleiniger Maßstab – **Einheitslösung**)[15] zwischen Außen- (rechtsfähiger GbR)[16] und Innengesellschaft (nicht rechtsfähiger GbR).[17] **13**

Bei der **nicht rechtsfähigen GbR** fehlt gerade dieser gemeinsame Wille der Gesellschafter, weswegen sie nach § 705 Abs. 2 Hs. 2 BGB nur „*zur Ausgestaltung ihres Rechtsverhältnisses untereinander*" (d.h. zwischen den Gesellschaftern) dient.[18] **14**

Der Gesetzgeber hat in § 705 Abs. 3 BGB eine **gesetzliche Vermutungsregel** für den gemeinsamen Willen i.S.v. § 705 Abs. 2 BGB aufgestellt,[19] wonach (als wichtiger Anwendungsfall),[20] wenn Gegenstand der Gesellschaft der Betrieb eines Unternehmens[21] unter gemeinschaftlichem Namen ist (kumulatives Erfordernis), vermutet wird, dass die Gesellschaft nach dem gemeinsamen Willen der Gesellschafter am Rechtsverkehr teilnimmt. Ansonsten bleibt der Rechtsprechung die Beantwortung der Frage überlassen, ob im konkreten Einzelfall eine Teilnahme am **15**

---

14 Schäfer/*Armbrüster*, § 3 Rn 10.
15 BGH, Urt. v. 29.1.2001 – II ZR 331/00, BGHZ 146, 341 = NJW 2001, 1056; BGH, Beschl. v. 18.2.2002 – II ZR 331/00, NJW 2002, 1207; Schäfer/*Armbrüster*, § 3 Rn 13. Maßgeblich für die Rechtsfähigkeit ist also nicht die GbR unternehmenstragend ist (so noch *K. Schmidt*, Gesellschaftsrecht, § 58 V.) – weil der MoPeG-Gesetzgeber den traditionellen Kaufmannsbegriff nicht zugunsten eines neuen Unternehmerbegriff aufgeben will: Schäfer/*Armbrüster*, a.a.O.
16 Bspw. einer Anwaltssozietät, Bau-ARGEN bzw. nicht im Handelsregister eingetragenen Zusammenschlüssen von Kleingewerbetreibenden: Schäfer/*Armbrüster*, § 3 Rn 29.
17 Z.B. Gelegenheitsgesellschaften des täglichen Lebens (bspw. Urlaubs- und Tippgemeinschaften: RegE, BT-Drucks 19/27635, S. 190) bzw. Gelegenheitsgesellschaften des Handelsrechts (z.B. Emissions- und Kreditvergabekonsortien, Beteiligungs- und Stimmrechtskonsortien, Poolverträge, Kartelle oder Unterbeteiligungen), Kooperationen von Wissenschaftlern (RegE, BT-Drucks 19/27635, S. 126), Innengesellschaften zwischen Ehegatten oder nichtehelich Zusammenlebenden: Schäfer/*Armbrüster*, § 3 Rn 29 – ebenso wie die stille Gesellschaft BGB-Innengesellschaft ist (BGHZ 127, 176, 177 = NJW 1995, 192). Die Spezialnormen der §§ 231 ff. HGB zur stillen Gesellschaft des Handelsrechts sind auf die stille Gesellschaft des bürgerlichen Rechts (d.h. bei der Hauptgesellschafter kein Handelsgewerbe, sondern ein nichtkaufmännisches Unternehmen oder einem Freien Beruf ausübt) entsprechend anzuwenden: RegE, BT-Drucks 19/27635 S. 126, wobei dann in atypischen Fällen (bspw. bei starker Stellung des stillen Gesellschafters) Vertragslücken unter Rückgriff auf das Recht der rechtsfähigen GbR geschlossen werden können: RegE, BT-Drucks 19/27635, S. 100 f.
18 „*So arbeiten beispielsweise häufig Wissenschaftler im Rahmen von „Kooperationen" einrichtungsübergreifend zusammen, ohne damit die Absicht zu verfolgen, dass ihr rechtliches Wirken über den Kreis der Beteiligten hinausgeht*": RegE, BT-Drucks 100 f.
19 Dazu Rechtsausschuss, BT-Drucks 19/30942, S. 12.
20 Rechtsausschuss, BT-Drucks 19/31105, S. 6.
21 Damit zieht der Unternehmerbegriff (gekennzeichnet durch Selbstständigkeit, eine anbietende entgeltliche rechtsgeschäftliche Tätigkeit auf dem Markt, die planmäßig und auf Dauer ausgerichtet ist) ins Personengesellschaftsrecht des BGB ein: so Schäfer/*Armbrüster*, § 3 Rn 17.

69

§ 2 Die Gesellschaft bürgerlichen Rechts (GbR)

Rechtsverkehr von allen Gesellschaftern gemeinsam gewollt ist oder nicht[22] (weitere Tatsachen als Indizien für einen gemeinsamen Willen).[23] Dafür kommt es vorrangig zur Klarstellung[24] auf die diesbezüglich ausdrücklich getroffenen Vereinbarungen im Gesellschaftsvertrag an, wenngleich § 705 Abs. 2 BGB (auch ohne die Notwendigkeit eines Formerfordernisses) keine ausdrückliche (bzw. sogar verbalisierte) Willensbekundung über den gemeinsamen Willen verlangt – die gemeinsame Willensbekundung kann auch stillschweigend (konkludent) erfolgen.[25] Insbesondere gewinnen hier die gesellschaftsvertraglichen Bestimmungen zur Identitätsausstattung (Name und Sitz, Handlungsorganisation, Haftungsverfassung) an Bedeutung.[26] Fehlen hierzu im Gesellschaftsvertrag ausdrückliche Regelungen, kann auch auf den vereinbarten Gesellschaftszweck Bezug genommen werden, wobei nach Ansicht des Gesetzgebers jedoch angesichts des nicht ganz klar konturierten Begriffs „Gesellschaftszweck" Vorsicht geboten sein soll.[27]

Wenn der konkrete Gesellschaftszweck eine Teilnahme am Rechtsverkehr erfordert, mag dies für die Annahme sprechen, dass auch die Gesellschafter die Teilnahme am Rechtsverkehr stillschweigend vereinbart haben.

16 Schließlich kann auch – aber lediglich ergänzend – auch die tatsächliche Art der Teilnahme am Rechtsverkehr Berücksichtigung finden. Für diesen Fall kann indiziell die Ausübung einer gemeinsamen gewerblichen oder selbstständigen beruflichen Tätigkeit durch die Gesellschafter indizielle Bedeutung haben.[28] Wenn die Gesellschafter erst einmal mit der gemeinsamen Ausübung einer solchen Tätigkeit begonnen haben, bleiben sie in einer rechtsfähigen GbR so lange verbunden, „*bis sie ihre gewerbliche oder selbstständige berufliche Tätigkeit durch gemeinsamen Willensakt erkennbar wieder aufgegeben haben.*"[29]

> *Beachte:*
> Die (auch konkludent mögliche) Zustimmung aller Gesellschafter zu einer Geschäftsaufnahme i.S.v. § 719 Abs. 1 Hs. 1 BGB spiegelt einen gemeinsamen Willen wider.[30]

---

22 RegE, BT-Drucks 19/27635, S. 126.
23 *Lieder/Hilser*, NotBZ 2021, 401, 409 f.
24 *Otte*, ZIP 2021, 2162, 2163.
25 Schäfer/*Armbrüster*, § 3 Rn 16.
26 RegE, BT-Drucks 19/27635, S. 126.
27 RegE, BT-Drucks, S. 126 unter Bezugnahme auf MüKo-BGB/*Schäfer*, § 705 Rn 146 ff.
28 RegE, BT-Drucks 19/27635, S. 126.
29 RegE, BT-Drucks. 19/27635, S. 126.
30 Schäfer/*Armbrüster*, § 3 Rn 21.

Beachte zudem:

Durch eine Änderung des gemeinsamen Willens der Gesellschafter (Willensänderung als innerer Tatbestand) im Nachgang zur Gründung der GbR kann es (u.U. mehrmals) zu einem (Status-)Wechsel zwischen Innen- und Außengesellschaft kommen,[31] was Rechtsunsicherheit nach sich ziehen kann.[32] Dabei kann eine Außengesellschaft – im Gläubigerschutzinteresse – jedoch nicht liquidationslos in eine Innengesellschaft umgewandelt werden: Hier haften die Gesellschafter den Gesellschaftsgläubigern nach § 737 BGB für Fehlbeträge.

Exkurs:

Tritt eine GbR als solche im Rechtsverkehr auf, kommt dadurch im Regelfall der gemeinsame Wille aller Gesellschafter zum Ausdruck, am Rechtsverkehr teilzunehmen – was, sofern dies ausnahmsweise nicht der Fall sein sollte, zugunsten redlicher Dritter durch Rechtsscheinregeln aufgefangen werden muss: sog. Außengesellschaft kraft Rechtsschein (Rechtsschein der Rechtsfähigkeit – Schein-Außen-GbR).[33]

17

C. Die rechtsfähige GbR

Der Untertitel 2 (Rechtsfähige Gesellschaft – §§ 706 bis 739 BGB) fasst die für die rechtsfähige GbR geltenden Vorschriften zusammen. Die entsprechenden Regelungen sind – der Übersichtlichkeit halber – in sechs Kapitel untergliedert:

- Kapitel 1: Sitz; Registrierung
- Kapitel 2: Rechtsverhältnis der Gesellschafter untereinander und der Gesellschafter zur Gesellschaft
- Kapitel 3: Rechtsverhältnis der Gesellschaft zu Dritten
- Kapitel 4: Ausscheiden eines Gesellschafters
- Kapitel 5: Auflösung der Gesellschaft
- Kapitel 6: Liquidation der Gesellschaft

Die rechtsfähige GbR-Außengesellschaft, die nicht notwendig unternehmenstragend sein muss (typischerweise also keine Gelegenheitsgesellschaft ist), ist das Leitbild des MoPeG.[34]

18

---

31 Schäfer/*Armbrüster*, § 3 Rn 25.
32 Schäfer/*Armbrüster*, § 3 Rn 26.
33 Schäfer/*Armbrüster*, § 3 Rn 37: Womit keine rechtsfähige GbR als eigenständiger Rechtsträger geschaffen wird, sondern nur die haftungsrechtliche Grundlage gegenüber schutzwürdigen Dritten.
34 Schäfer/*Schäfer*, § 1 Rn 17.

§ 2 Die Gesellschaft bürgerlichen Rechts (GbR)

> *Beachte:*
> Die nicht-rechtsfähige GbR (§ 705 Abs. 2 Hs. 2 BGB) ist im dritten Untertitel (§§ 740 bis 740c BGB) geregelt. Dieser enthält vor allem Verweisungsnormen (§§ 740 Abs. 2, 740a Abs. 3, 740b Abs. 2 und 740c Abs. 2 BGB).

19 Die rechtsfähige Personengesellschaft ist gemäß § 50 ZPO naturgemäß **parteifähig**.

20 Durch Folgeänderung sind nach § 11 Abs. 2 Nr. 1 InsO nunmehr „rechtsfähige Personengesellschaften" – d.h. die GbR-Außengesellschaft, die OHG, die KG, die Partnerschaftsgesellschaft, die Partenreederei und die EWiV[35] – **insolvenzfähig**. Nicht insolvenzfähig sind die GbR in ihrer Gestalt als Innengesellschaft und die stille Gesellschaft (§§ 230 ff. HGB).

21 Örtlich zuständig ist das Insolvenzgericht am Sitz der Gesellschaft (§ 3 InsO i.V.m. § 17 ZPO) – vgl. zum „Sitz" der Personengesellschaft § 706 BGB (ggf. i.V.m. § 105 Abs. 3 HGB für die Personenhandelsgesellschaft bzw. § 1 Abs. 4 PartGG für die Partnerschaftsgesellschaft). Maßgeblich ist grundsätzlich der (tatsächliche) Verwaltungssitz (§ 706 S. 1 BGB) – vgl. auch § 3 Abs. 1 S. 2 InsO: *„Mittelpunkt der wirtschaftlichen Tätigkeit"*.[36]

22 Nach § 15a Abs. 1 S. 2 InsO müssen die Geschäftsführer einer Personengesellschaft ohne persönlich haftende natürliche Person nach Eintritt der Zahlungsunfähigkeit oder Überschuldung binnen drei Wochen einen Insolvenzantrag stellen (Gleichstellung der Kapitalgesellschaft & Co. [z.B. GmbH & Co. KG] mit der Kapitalgesellschaft). § 15b InsO weitet diese Gleichstellung auf das Zahlungsverbot bei Insolvenz (Abs. 1) und die Geschäftsführerhaftung wegen Insolvenzverschleppung bzw. verbotswidriger Zahlungen (Abs. 4) aus. *„§ 15b InsO vereinheitlicht jetzt für sämtliche Kapitalgesellschaften und ihnen gleichgestellte Personengesellschaften die Regelungen zum Zahlungsverbot und zur Geschäftsleiterhaftung wegen verbotswidriger Zahlungen"*.[37]

I. Sitz und Registrierung der Gesellschaft im Gesellschaftsregister

23 Die Neuregelung des § 706 BGB (Sitz der Gesellschaft) – § 706 BGB alt regelte die Beitragspflicht der Gesellschafter – hat folgenden Wortlaut:

---

35 Die in Deutschland als Sonderform der OHG gilt, vgl. § 1 EWIV-AG.
36 „Der sich auch bei GmbH und AG gegen einen ggf. abweichenden Satzungssitz durchsetzt": Schäfer/*Schäfer*, § 8 Rn 14 – *„Hierfür für die Personengesellschaft abzuweichen, besteht kein sachlicher Grund und ohne Änderung des § 3 InsO auch keine hinreichende Rechtsgrundlage"*.
37 Schäfer/*Schäfer*, § 8 Rn 20.

„Sitz der Gesellschaft ist der Ort, an dem deren Geschäfte tatsächlich geführt werden (Verwaltungssitz). Ist die Gesellschaft im Gesellschaftsregister eingetragen und haben die Gesellschafter einen Ort im Inland als Sitz vereinbart (Vertragssitz), so ist abweichend von Satz 1 dieser Ort Sitz der Gesellschaft."

1. Legaldefinition von Verwaltungs- und Vertragssitz

§ 706 BGB definiert zum ersten Mal legal den Verwaltungs- und den Vertragssitz. Verwaltungssitz ist der Ort, an dem die Verwaltung tatsächlich geführt wird. Der Gesetzgeber war der Ansicht, dass der Begriff „Verwaltungssitz" im Übrigen einer weiteren sinnvollen Konkretisierung nicht zugänglich sei.

24

2. Trennung des Verwaltungssitzes vom Vertragssitz

Unter bestimmten Voraussetzungen – nämlich, wenn die Gesellschaft im Gesellschaftsregister eingetragen ist und die Gesellschafter einen Ort im Inland als Sitz vereinbart haben – ist eine Trennung des Verwaltungs- vom Vertragssitz möglich, und zwar unabhängig davon, ob die Gesellschaft ihren Verwaltungssitz in einem anderen EU-Mitgliedstaat oder in einem Drittstaat hat.

25

Damit ermöglicht der Gesetzgeber eine **freie Sitzwahl bei der GbR**.

Die Gesellschafter einer GbR können infolge § 706 BGB einen auch nach außen hin verbindlichen Vertragssitz vereinbaren. Der Vertragssitz kann vom Verwaltungssitz abweichen.

Das Sitzwahlrecht unterliegt **zwei Beschränkungen**:
- Es greift nur dann, wenn die GbR im Gesellschaftsregister eingetragen ist. Dies liegt darin begründet, dass aufgrund der Bedeutung des Sitzes bspw. im Hinblick auf die Zuständigkeit des Registergerichts (vgl. § 707 Abs. 1 BGB), des Prozessgerichts (§ 17 Abs. 1 S. 2 ZPO) bzw. des Insolvenzgerichts (§§ 3, 4 InsO) die Sitzwahl einer „*verlässlichen Grundlage*" bedarf.[38] Insoweit bietet der formlos mögliche Gesellschaftsvertrag einer Personengesellschaft – im Vergleich zur notariell zu beurkundenden Satzung einer GmbH (§ 2 Abs. 1 S. 1 GmbHG) oder AG (§ 23 Abs. 1 S. 1 AktG) – nur dann eine verlässliche Grundlage für die Sitzbestimmung, wenn die Angabe zum Sitz zur Eintragung in das Gesellschaftsregister angemeldet wird. Dann wird nämlich der Sitz – der Gegenstand einer Einigung zwischen den Gesellschaftern ist – nach § 707 Abs. 1 BGB dem Registergericht im Rahmen der Anmeldung mitgeteilt. Da sämtliche Gesellschafter gemäß § 707 Abs. 4 S. 1 BGB die Eintragung bewilligen müssen, wird so sichergestellt, dass die Einigung auf diesen „vereinbarten" Sitz auch dem tatsächlichen Willen aller Gesellschafter entspricht. In Bezug auf die GbR

26

---

38 Zur freien Sitzwahl für Personenhandelsgesellschaften näher *Koch*, ZHR 173 (2009), 101, 106.

hängt das Sitzwahlrecht somit davon ab, ob die – d.h. alle – Gesellschafter von ihrem Eintragungswahlrecht Gebrauch machen.

- Die Gesellschafter müssen zudem einen **Ort im Inland** als Sitz vereinbart haben (Vertragssitz). Der Vertragssitz muss somit – insoweit der Wertung des § 4a GmbHG folgend – zwingend im Inland belegen sein. Die Gesellschaft muss fest in der deutschen Rechtsordnung „verankert" werden, weil ein ausländischer Vertragssitz die Durchsetzung deutschen Gesellschaftsrechts durch deutsche Gerichte und Behörden erschweren oder gar verhindern würde.[39]

3. Entsprechende Anwendung des Regelungsgehalts auf die OHG, KG und PartG

27 § 706 BGB findet über die Verweisvorschriften des
- § 105 Abs. 3 HGB,
- § 161 Abs. 2 HGB und
- § 1 Abs. 4 PartGG

„auch und gerade" auf die OHG, die KG und die Partnerschaftsgesellschaft „entsprechende Anwendung".

Damit ermöglicht der Gesetzgeber jetzt auch bei den Personenhandelsgesellschaften und der Partnerschaftsgesellschaft eine **freie Sitzwahl**. Zugleich greift er eine Empfehlung des 71. DJT nach **freier Sitzwahl für Personen(handels)gesellschaften** auf und setzt diese um.[40]

a) Bisherige Rechtslage

28 Nach bisheriger Rechtslage konnte der Sitz einer Personen(handels)gesellschaft nicht frei gewählt werden. Ungeachtet der Vereinbarung im Gesellschaftsvertrag war der Sitz immer dort zu verorten, wo sich die faktische Geschäftsleitung der Personen(handels)gesellschaft befand.[41] Wenn der dergestalt bestimmte Verwaltungssitz nachträglich verlagert wurde, musste die Veränderung nach § 13h HGB und § 107 HGB alt zur Eintragung in das Handelsregister angemeldet werden. Eine grenzüberschreitende Sitzverlegung führte zur Auflösung und Liquidation der Gesellschaft.[42]

Die noch h.M. in Deutschland folgte damit kollisionsrechtlich der **Sitztheorie**, deren Anwendung jedoch schon in der Vergangenheit in Bezug auf eine rechtssichere

---

39 So Michalski/Heidinger/Leible/J. Schmidt/*J. Schmidt*, GmbHG, 3. Aufl. 2017, § 4a Rn 5.
40 Vgl. den Beschluss 26 des 71. DJT, in: Verhandlungen des 71. Deutschen Juristentages, Bd. II/2, 2017, S. O283.
41 Vgl. OLG Schleswig, Beschl. v. 14.11.2011 – 2 W 48/11, NZG 2012, 775, juris Rn 20 f.; MüKo-HGB/*Langhein*, § 106 Rn 26.
42 Vgl. BGH, Urt. v. 27.5.1957 – II ZR 317/55, WM 1957, 999; *Krafka*, Registerrecht, Rn 607; MüKo-HGB/*Langhein*, § 106 Rn 30.

Strukturierung – z.B. grenzüberschreitender Beteiligungsmodelle – Schwierigkeiten bereitete.[43]

b) Freie Sitzwahl

Der Gesetzgeber hat für ein Sitzwahlrecht für die Personengesellschaften aus mehrerlei Gründen ein praktisches Bedürfnis gesehen: 29
- Die Neuregelung ermöglicht es jetzt deutschen Personengesellschaften ihre gesamte Geschäftstätigkeit auch **außerhalb des deutschen Hoheitsgebietes** zu entfalten (d.h. sie eröffnet die Möglichkeit einer Verlegung des Verwaltungssitzes ins Ausland), ohne dabei auf eine für sie vertraute deutsche Rechtsform verzichten zu müssen.
- Eine eindeutige vertragliche Sitzwahl schafft **Rechtssicherheit** in Fällen, in denen eine dauerhaft zuverlässige Festlegung des Sitzes nicht möglich ist.
- Das Sitzwahlrecht liegt im Übrigen im Interesse der **Rechtsvereinheitlichung**, da entsprechendes – nämlich eine privatautonome Sitzwahl – auch für die GmbH (vgl. § 4a GmbHG) und die AG (vgl. § 5 Abs. 2 AktG) gilt.[44]

Die vormalige Rechtslage konnte in der Vergangenheit für die KG mit einer GmbH als Komplementärin zu Verwerfungen führen.[45]

Nach Ansicht des Gesetzgebers besteht kein sachlicher Grund, „*Personengesellschaften, die in noch stärkerem Maße der Privatautonomie unterliegen, das Sitzwahlrecht abzusprechen*", was im Hinblick auf eine einheitliche Ausgestaltung des Personengesellschaftsrechts auch bereits die bisherige Rechtslage in Bezug auf den „Sitz" einer Partnerschaftsgesellschaft bestätigt, bei der schon bislang der partnerschaftsvertraglich vereinbarte Sitz für die Registrierung der Partnerschaftsgesellschaft maßgeblich ist.[46] Die Möglichkeit einer „Sitzspaltung" bleibt aber in jedem Fall auf die eGbR (respektive aufgrund des Verweises in § 105 Abs. 3 HGB auf das Recht der Personenhandelsgesellschaften) beschränkt[47] – arg.: Bedeutung des Sitzes (als verlässliche Grundlage)[48] für die Zuständigkeit des   30

---

43 Vgl. dazu *Fedke*, ZIP 2019, 799, 800.
44 Infolge der Streichung von § 4a Abs. 2 GmbHG bzw. § 5 Abs. 2 AktG durch das Gesetz zur Modernisierung des GmbH-Rechts und zur Bekämpfung von Missbräuchen (MoMiG) vom 23.10.2008 (BGBl I 2008, S. 2026).
45 Für den Fall, dass sich der Unternehmensgegenstand der GmbH (wie häufig) auf die Übernahme der Geschäftsführung und der persönlichen Haftung in der KG beschränkt und kein weiterer unbeschränkt persönlich haftender Gesellschafter vorhanden ist, war der Verwaltungssitz der KG mit dem der GmbH identisch, sodass die Komplementärin in ihrer durch das MoMiG geschaffenen Mobilität faktisch eingeschränkt wurde (dazu *König/Bormann*, DNotZ 2008, 652, 659; *Oetker/Preuß*, HGB, § 8 Rn 68.
46 Dazu Ulmer/Schäfer/*Schäfer*, Gesellschaft bürgerlichen Rechts/PartG, § 3 PartGG Rn 18; *Stiegler*, ZGR 2017, 312, 324.
47 Schäfer/*Schäfer*, § 8 Rn 13.
48 RegE, BT-Drucks 19/27635, S. 127.

§ 2 Die Gesellschaft bürgerlichen Rechts (GbR)

- Registergerichts (§ 707 Abs. 1 BGB),
- Prozessgerichts (§ 17 Abs. 1 S. 2 ZPO) und des
- Insolvenzgerichts (§§ 3, 4 InsO).

II. Anmeldung zum Gesellschaftsregister

31 Die Neuregelung des § 707 BGB (Anmeldung zum Gesellschaftsregister[49] – Verfahren der Ersteintragung) – § 707 BGB alt regelte die Erhöhung des vereinbarten Beitrags – hat folgenden Wortlaut:

(1) Die Gesellschafter können die Gesellschaft bei dem Gericht, in dessen Bezirk sie ihren Sitz hat, zur Eintragung in das Gesellschaftsregister anmelden.

(2) Die Anmeldung muss enthalten:
1. folgende Angaben zur Gesellschaft:
   a) den Namen,
   b) den Sitz und
   c) die Anschrift, in einem Mitgliedstaat der Europäischen Union;
2. Folgende Angaben zu jedem Gesellschafter:
   a) wenn der Gesellschafter eine natürliche Person ist: dessen Namen, Vornamen, Geburtsdatum und Wohnort;
   b) wenn der Gesellschafter eine juristische Person oder rechtsfähige Personengesellschaft ist: deren Firma oder Namen, Rechtsform, Sitz und, soweit gesetzlich vorgesehen, zuständiges Register und Registernummer;
3. die Angabe der Vertretungsbefugnis der Gesellschafter;
4. die Versicherung, dass die Gesellschaft nicht bereits im Handels- oder im Partnerschaftsregister eingetragen ist.

(3) Wird der Name der im Gesellschaftsregister eingetragenen Gesellschaft geändert, der Sitz an einen anderen Ort verlegt oder die Anschrift geändert oder ändert sich die Vertretungsbefugnis eines Gesellschafters, ist dies zur Eintragung in das Gesellschaftsregister anzumelden. Ist die Gesellschaft im Gesellschaftsregister eingetragen, so sind auch das Ausscheiden eines Gesellschafters und der Eintritt eines neuen Gesellschafters zur Eintragung in das Gesellschaftsregister anzumelden.

(4) Anmeldungen sind vorbehaltlich der Sätze 2 und 3 von sämtlichen Gesellschaftern zu bewirken. Scheidet ein Gesellschafter durch Tod aus, kann die Anmeldung ohne Mitwirkung der Erben erfolgen, sofern einer solchen Mitwirkung besondere Hindernisse entgegenstehen. Ändert sich nur die Anschrift der Gesellschaft, ist die Anmeldung von der Gesellschaft zu bewirken.

---

[49] Näher *Böhringer/Melchior*, Ausgewählte Anmeldungen einer Gesellschaft bürgerlichen Rechts zum neuen Gesellschaftsregister, NotBZ 2022, 361; *Bolkart*, Das Zusammenspiel von Gesellschaftsregister, Grundbuch und Notar nach dem Gesetz zur Modernisierung des Personengesellschaftsrechts (MoPeG), MittBayNot 2021, 319; *John*, Das Gesellschaftsregister gemäß MoPeG, NZG 2022, 243.

C. Die rechtsfähige GbR § 2

1. Recht zur Registeranmeldung

Mit dem Recht der Gesellschafter zur Eintragung der Gesellschaft in ein **Gesellschaftsregister**,[50] das fakultativ ist,[51] setzt der Gesetzgeber eine seit langem erhobene Forderung[52] um: Die Möglichkeit der Registrierung in einem öffentlichen Register verschafft der rechtsfähigen GbR als Rechtssubjekt – die über keine natürliche Publizität verfügt – im Interesse des Rechtsverkehrs **Subjektpublizität** und damit Transparenz und Rechtssicherheit in Bezug auf ihre Existenz, ihre Identität und die Personen, die zur Außenvertretung der Gesellschaft befugt sind.[53] Die Schaffung des Gesellschafts- als Subjektregisters ist die Kehrseite der Anerkennung der Gesellschaft als Rechtssubjekt.[54]

32

Die Eintragungsmöglichkeit ist nur Außengesellschaften eröffnet (vgl. § 740 Abs. 2 BGB, der in Bezug auf die nicht rechtsfähige Gesellschaft nicht auf die §§ 707 bis 707d BGB verweist), wobei das Registergericht jedoch nicht prüft, ob die Voraussetzungen nach § 705 Abs. 2 Hs. 1 BGB für eine Außengesellschaft erfüllt sind.[55]

33

> *Beachte:*
> Praktisch können sich damit (keine Prüfung) auch Innengesellschaften ins Gesellschaftsregister eintragen lassen, womit dann aber widerleglich ein gemeinsamer Wille zur Teilnahme am Rechtsverkehr (vgl. § 705 Abs. 2 Hs. 1 BGB) vermutet wird.[56]

2. Anreiz und Zwang zur Registrierung

Die Registrierung der GbR ist fakultativ (freiwillig) und nicht Voraussetzung für die Erlangung ihrer Rechtsfähigkeit.[57]

34

Die mit einer Registrierung einhergehende Herstellung der Rechtssubjektivität dient vorrangig den Interessen der Gesellschaftsgläubiger und des Rechtsverkehrs. Daher konnte keine völlige Entscheidungsfreiheit der Gesellschafter im Sinne einer rein fakultativen Eintragung erfolgen.[58]

---

50 Obgleich der Begriff „Gesellschaftsregister" im europäischen Kontext bereits als Sammelbegriff für Handels-, Genossenschafts- und Partnerschaftsregister Verwendung findet, präferiert der Gesetzgeber (RegE, BT-Drucks 19/27635, S. 128) diesen Terminus, um sperrige Bezeichnungen (wie bspw. „Register für die Gesellschaft bürgerlichen Rechts") zu vermeiden.
51 Kritisch *Heckschen*, NZG 2020, 761, 762 f.
52 Vgl. bereits das Gutachten zum 71. DJT 2016: *Schäfer*, ZIP 2020, 1149.
53 RegE, BT-Drucks 19/27635, S. 127. Dazu auch *Noack*, NZG 2020, 581, 582.
54 RegE, BT-Drucks 19/27635, S. 128.
55 Schäfer/*Armbrüster*, § 3 Rn 32.
56 Schäfer/*Armbrüster*, § 3 Rn 32.
57 Noack, NZG 2020, 581, 582; Schäfer/*Hermanns*, § 2 Rn 2.
58 RegE, BT-Drucks 19/27635, S. 128.

35 Der Gesetzgeber hat sich infolgedessen der mehrheitlich durch den DJT erhobenen Forderung folgend[59] für ein „*Eintragungswahlrecht in Kombination mit positiven Anreizen (insbesondere beim Grundstückserwerb) und faktischem (mittelbarem) Zwang zur Registrierung*" entschieden.[60]

36 Die Gesellschafter können damit selbst entscheiden, ob sie die Gesellschaft (aufgrund einer intensiven Teilnahme am Rechtsverkehr) ins Gesellschaftsregister eintragen lassen, um in den Genuss der Vorteile der Subjektpublizität (Nachweis der Existenz, der Identität und der ordnungsgemäßen Vertretung) zu gelangen.[61]

37 **Positive Anreize**, vom Eintragungswahlrecht Gebrauch zu machen, setzen etwa
- das Sitzwahlrecht (§ 706 BGB) oder
- das Recht, mit Publizitätswirkung über die Vertretungsbefugnis zu disponieren (§ 720 BGB).

38 Der **mittelbare Zwang zur Registrierung** liegt (indirekter Eintragungszwang – „*registerrechtliche Eintragungsobliegenheit für solche Gesellschaften, die Inhaber von in anderen Registern registrierten Rechten [sog. Objektregister] werden wollen*")[62] darin begründet, dass die Eintragung **verfahrensrechtliche Voraussetzung** für den Erwerb von und die Verfügung über registrierte Rechte (z.B. Grundstücksrechte, vgl. § 47 Abs. 2 GBO, bzw. Anteilen registrierter Gesellschaften [§ 707a Abs. 1 S. 2 BGB]) sowie für die Umwandlungsfähigkeit der Gesellschaft ist.[63]

> *Beachte:*
> Die registerrechtlichen Vorgaben haben keine materiell-rechtliche Relevanz. Das heißt, die GbR kann auch ohne vorherige Eintragung im Gesellschaftsregister materiell-rechtlich voll wirksam ein Recht erwerben oder veräußern. Nur

---

59 Beschluss 5c des 71. DJT, in: Verhandlungen des 71. DJT, Bd. II/2, 2017, S. O220.
60 RegE, BT-Drucks 19/27635, S. 128 unter Bezugnahme auf *Fleischer/Pendl*, WM 2019, 2137 (2139 f.); *Herrler*, ZGR Sonderheft 23 (2020), 39 (43 ff.). Damit hat sich der Gesetzgeber aber zugleich auch gegen eine **Eintragungspflicht** (mit dem Argument, dass eine solche wegen der vielfältigen Erscheinungsformen der GbR [z.B. in Gestalt von Gelegenheitsgesellschaften], der Eintragungskosten und dem Verlust flexibler Handhabbarkeit unverhältnismäßig sei) entschieden, ebenso wie gegen eine **konstitutive Eintragung** (so *Röder*, AcP 215 [2015] 451 [471–475]; *Weber*, in: Verhandlungen des 71. DJT, Bd. II/2, 2017, S. O124 – die zwar den Gleichlauf von Rechtsträgerschaft und Subjektpublizität besonders konsequent umsetzen würde, weil sich für die eingetragene und damit rechtsfähige GbR die Subjektpublizität über das Register ergäbe, in der Folge aber die nicht eingetragene GbR in die Zeit vor die Anerkennung ihrer Rechtsfähigkeit durch den BGH [Urt. v. 29.1.2001 – II ZR 331/06, BGHZ 146, 341 = NJW 2001, 1056 – ARGE Weißes Ross] mit erheblichen Friktionen zurückwerfen würde (Rechtsschutz für Altfälle).
61 RegE, BT-Drucks 19/27635, S. 128.
62 Schäfer/Hermanns, § 2 Rn 2: „*In den die Führung des jeweiligen Objektregisters regulierenden Verfahrensvorschriften ist nämlich nunmehr weithin geregelt, dass die Eintragung einer GbR oder von Veränderungen bezüglich eines Rechts, dessen Inhaber eine GbR ist, nur erfolgen dürfen, wenn die GbR zuvor im Gesellschaftsregister registriert ist*".
63 RegE, BT-Drucks 19/27635, S. 128.

der registerrechtliche Vollzug der materiell-rechtlich wirksamen Änderung setzt die vorherige Registrierung der GbR im Gesellschaftsregister voraus (Änderungsnotwendigkeiten in Objektregistern).[64]

3. Grundbuchverfahren

Nach der Aufhebung von § 899a BGB alt[65] – da Publizität jetzt nicht mehr nur partiell, sondern umfassend durch das Gesellschaftsregister gewährleistet wird[66] – bestimmt § 47a Abs. 2 GBO, dass Neueintragungen im Grundbuch zugunsten einer GbR nur vorgenommen werden sollen, wenn die GbR im Gesellschaftsregister eingetragen ist. Für diesen Fall erfolgt die Eintragung dann gemäß § 15 Abs. 1 der Grundbuchverfügung durch die Eintragung

- des Namens der GbR mit ihrem Sitz und
- der Angabe des registerführenden Gerichts mit Registernummer.

39

Beachte:
Eine Eintragung der GbR-Gesellschafter im Grundbuch erfolgt nicht mehr, da sich dies aus dem Gesellschaftsregister ergibt.

Vgl. auch die Übergangsregelung des Art. 229 § 21 EGBGB für die GbR im Grundbuchverfahren und im Schiffsregisterverfahren. Eintragungen in das Grundbuch, die ein Recht einer GbR betreffen, sollen nach Art. 229 § 21 Abs. 1 EGBGB nicht erfolgen, solange die Gesellschaft nicht im Gesellschaftsregister eingetragen und daraufhin nach den durch das MoPeG geänderten Vorschriften im Grundbuch eingetragen ist. Ist die Eintragung eines Gesellschafters gemäß § 47 Abs. 2 S. 1 GBO alt oder die Eintragung eines Gesellschafters, die vor dem Zeitpunkt des Inkrafttretens gemäß Art. 5 Abs. 2 des Gesetzes zur Einführung des elektronischen Rechtsverkehrs und der elektronischen Akte im Grundbuchverfahren sowie zur Änderung weiterer grundbuch-, register- und kostenrechtlicher Vorschriften vom 11.8.2009[67] am 18.8.2009 erfolgt ist, unrichtig geworden, findet nach Art. 229 § 21 Abs. 2 EGBGB eine **Berichtigung** nicht statt.

40

In diesem Fall gilt § 82 GBO hinsichtlich der Eintragung der Gesellschaft nach den durch das MoPeG geänderten Vorschriften im Grundbuch entsprechend. Für die Eintragung der Gesellschaft in den Fällen des Art. 229 § 21 Abs. 1 und 2 EGBGB

41

---

64 Schäfer/*Hermanns*, § 2 Rn 2.
65 „*Ist eine Gesellschaft bürgerlichen Rechts im Grundbuch eingetragen, so wird in Ansehung des eingetragenen Rechts auch vermutet, dass diejenigen Personen Gesellschafter sind, die nach § 47 Absatz 2 Satz 1 der Grundbuchordnung im Grundbuch eingetragen sind, und dass darüber hinaus keine weiteren Gesellschafter vorhanden sind. Die §§ 892 bis 899 gelten bezüglich der Eintragung der Gesellschafter entsprechend.*"
66 *Balkart*, MittBayNot 2021, 319, 323.
67 BGBl. I S. 2713.

gelten gemäß Art. 229 § 21 Abs. 3 EGBGB die Vorschriften des Zweiten Abschnitts der GBO entsprechend. Es bedarf der Bewilligung der Gesellschafter, die nach § 47 Abs. 2 S. 1 GBO alt im Grundbuch eingetragen sind. Die Zustimmung der einzutragenden Gesellschaft in den Fällen des § 22 Abs. 2 der GBO bleibt unberührt. Dies gilt auch, wenn die Eintragung vor dem Zeitpunkt des Inkrafttretens gemäß Art. 5 Abs. 2 des Gesetzes zur Einführung des elektronischen Rechtsverkehrs und der elektronischen Akte im Grundbuchverfahren sowie zur Änderung weiterer grundbuch-, register- und kostenrechtlicher Vorschriften erfolgt ist.

42 § 899a BGB alt und § 47 Abs. 2 GBO alt sind Art. 229 § 21 Abs. 4 EGBGB auf Eintragungen anzuwenden, wenn vor diesem Zeitpunkt die Einigung oder Bewilligung erklärt und der Antrag auf Eintragung beim Grundbuchamt gestellt wurde. Wurde vor dem genannten Zeitpunkt eine Vormerkung eingetragen oder die Eintragung einer Vormerkung vor diesem Zeitpunkt bewilligt, und beantragt, sind § 899a BGB und § 47 Abs. 2 GBO alt auch auf die Eintragung der Rechtsänderung, die Gegenstand des durch die Vormerkung gesicherten Anspruchs ist, anzuwenden. § 51 SchiffsRegO alt ist nach Art. 229 § 21 Abs. 5 EGBGB auf Eintragungen anzuwenden, wenn vor diesem Zeitpunkt die Einigung oder Bewilligung erklärt wurde und die Anmeldung zur Eintragung beim Schiffsregister erfolgte.

43 § 47a Abs. 2 GBO als grundbuchverfahrensrechtliche Regelung ist vom Grundbuchamt im Rahmen des Eintragungsverfahrens zwar zu beachten, die Regelung entfaltet aber **keine materiell-rechtliche Relevanz**[68] mit der Folge, dass eine GbR auch künftig – ohne im Gesellschaftsregister eingetragen zu sein – Grundstückskaufverträge (§§ 433, 311b BGB) schließen und die Auflassung (§ 925 BGB) erklären kann. Der Eigentumserwerb – der die Eintragung im Grundbuch voraussetzt (§ 873 BGB) – wird jedoch vom Grundbuchamt erst vorgenommen, wenn die Voraussetzungen des § 47a Abs. 2 GBO erfüllt sind.

44 Erwirbt eine GbR ein Grundstück und will sie erstmals ins Grundbuch eingetragen werden, kann dies nach § 47a Abs. 2 GBO nur erfolgen, wenn sie im Gesellschaftsregister eingetragen ist (**Voreintragungsgebot**).[69]

4. Gesellschafterliste einer GmbH

45 Die Gesellschafterliste genießt nach Maßgabe von § 16 Abs. 3 GmbHG öffentlichen Glauben. Vor diesem Hintergrund ist nach § 40 GmbHG künftig – wie beim Grundbuch – die Eintragung einer GbR in die Gesellschafterliste nur möglich, nachdem die Gesellschaft im Gesellschaftsregister registriert worden ist.

---

68 Schäfer/*Hermanns*, § 3 Rn 31 unter Bezugnahme auf *Herrler*, ZGR-Sonderheft 23 (2021), 39, 64.
69 Dazu näher Schäfer/*Hermanns*, § 2 Rn 33 ff.

C. Die rechtsfähige GbR § 2

a) Neuaufnahme einer GbR in die Gesellschafterliste

Gemäß § 40 Abs. 1 S. 2 GmbHG sind bei der Aufnahme einer rechtsfähigen Personengesellschaft (konkret: einer im Gesellschaftsregister eingetragenen GbR) in die Gesellschafterliste deren Name, Sitz und Registerdaten aufzunehmen. **46**

Beachte:
Die Neuregelung hat rein verfahrensrechtliche Relevanz – d.h. der Erwerb eines GmbH-Geschäftsanteils durch eine GbR ist auch ohne vorherige Registrierung im Gesellschaftsregister materiell-rechtlich wirksam. Der Vollzug dieses materiell-rechtlich wirksamen Erwerbs durch Eintragung in die Gesellschafterliste setzt jedoch eine Registrierung der GbR voraus[70] – was gleichermaßen für den Fall gilt, dass eine nach altem Recht unter ihrer Gesellschafterbezeichnung in der Gesellschafterliste vermerkte GbR ihren Geschäftsanteil veräußert.[71]

b) Austragung einer Gesellschaft aus der Gesellschafterliste (Veränderung an der Eintragung der Gesellschaft)

§ 40 Abs. 1 S. 3 GmbHG bestimmt, dass eine GbR nur dann in die Gesellschafterliste aufgenommen und Veränderungen an der entsprechenden Eintragung (im Interesse einer Schaffung von Transparenz für die Beteiligten und die Öffentlichkeit)[72] nur dann vorgenommen werden können (z.b. eine Austragung aus der Gesellschafterliste), wenn die Gesellschaft im Gesellschaftsregister eingetragen ist. **47**

§ 40 Abs. 1 S. 3 GmbHG erfasst auch den Fall, dass bei einer nach altem Recht eingetragenen GbR interne Veränderungen erfolgen.[73] In einem solchen Fall müssen nach § 12 Abs. 1 S. 1 EGGmbHG alle (nach altem Recht) in der Gesellschafterliste eingetragenen Gesellschafter und die neu ins Gesellschaftsregister eingetragene GbR dem die Gesellschafterliste einreichenden Notar versichern, dass die neu eingetragene GbR mit der vormaligen, in der Gesellschafterliste eingetragenen GbR identisch ist (**Identitätsversicherung**).

---

70 Vgl. Schäfer/*Hermanns*, § 2 Rn 48. „*Unmittelbar vor Beurkundung des Anteilskauf- und Abtretungsvertrags [wird die GbR] zur Eintragung in das Gesellschaftsregister angemeldet und der den Anteilskauf- und Abtretungsvertrag beurkundende Notar nimmt in dieser Urkunde auf die zuvor erfolgte Anmeldung der GbR zum Gesellschaftsregister durch genaue Bezeichnung der Anmeldung mit Datum und Urkundennummer Bezug*".
71 Schäfer/*Hermanns*, § 2 Rn 50.
72 *Späth-Weinreich*, BWNotZ 2021, 90, 96; Schäfer/*Hermanns*, § 2 Rn 48.
73 Schäfer/*Hermanns*, § 2 Rn 51.

> *Hinweis:*
> Beachte auch § 67 AktG (Notwendigkeit, dass eine GbR, die über Namensaktien verfügen will, zuvor im Gesellschaftsregister eingetragen ist)[74] in Bezug auf das Aktienregister und die Fiktionswirkung des § 67 Abs. 2 S. 1 AktG[75] (**Transparenzgebot**).[76] Hingegen löst die Veränderung im Gesellschafterbestand einer im Aktienregister eingetragenen Alt-GbR (anders als im Grundbuch bzw. im Gesellschaftsregister) keine Voreintragungsobliegenheit aus.[77]

5. Veränderungen bei Personenhandelsgesellschaften (GbR als OHG- bzw. KG-Gesellschafterin)

48 Materiell-rechtlich kann die GbR – wie bisher – (ohne Gesellschaftsregistereintragung) Gesellschafterin einer Personenhandelsgesellschaft (OHG oder KG) sein. Doch statuiert auch hier § 707a Abs. 1 S. 2 BGB im Interesse einer **Vermeidung von Publizitätsdefiziten** (insbesondere bei einer mehrgliedrigen GbR-Beteiligung)[78] eine **Voreintragungsobliegenheit**[79] – ebenso wie

- § 105 Abs. 3 HGB (OHG),
- § 161 Abs. 2 HGB (KG) bzw.
- § 278 Abs. 2 AktG (KGaA).[80]

> *Beachte:*
> Im Falle der Beteiligung einer Alt-GbR (Bestandsgesellschaft) muss nach Art. 89 Abs. 1 EGHGB im Falle von Gesellschaftsänderungen (Änderungen in der Zusammensetzung der Gesellschafter) die GbR zunächst im Gesellschaftsregister eingetragen sein – woraufhin sie als neue Gesellschafterin der Personenhandelsgesellschaft (d.h. als persönlich haftende OHG-Gesellschafterin bzw. als KG-Kommanditistin oder Komplementärin) von allen bislang im Handelsregister eingetragenen Gesellschaftern und durch die jetzt im Gesellschaftsregister eingetragene GbR (d.h. deren Gesellschafter in vertretungsberechtigter Zahl) zum Handelsregister angemeldet wird[81] (mit komplementärer Identitätsversicherung).

---

74 Im Interesse einer Erhöhung der Rechtssicherheit und der hohen Fungibilität der Aktie: RegE, BT-Drucks 19/27635, S. 269.
75 Näher Schäfer/*Hermanns*, § 2 Rn 52.
76 Dazu RegE, BT-Drucks 19/27635, S. 268.
77 Schäfer/*Hermanns*, § 2 Rn 53. Näher RegE, BT-Drucks 19/27635, S. 270.
78 RegE, BT-Drucks 19/27635, S. 312.
79 Dazu *Herrler*, ZGR-Sonderheft 23 (2021), S. 59, 73.
80 Schäfer/*Hermanns*, § 2 Rn 55.
81 Schäfer/*Hermanns*, § 2 Rn 56.

49 Art. 89 Abs. 1 EGHGB erfasst nicht den Fall, dass eine Bestandsgesellschaft (Alt-GbR) als OHG- bzw. KG-Gesellschafterin über ihre Gesellschaftsbeteiligung verfügt: Hier ist eine Voreintragung der GbR im Gesellschaftsregister nicht erforderlich.[82] Im Fall einer bloß teilweisen Verfügung über die Beteiligung soll hingegen das Voreintragungsgebot gelten (arg: Die Teilbeteiligung nach altem Recht bliebe im Handelsregister).

III. Verfahren der Registrierung

50 Sofern die Entscheidung für eine Registrierung der GbR zur Eintragung (Erstanmeldung) fällt, müssen die Gesellschafter nach § 707 Abs. 1 BGB die Anmeldung bei dem **Gericht, in dessen Bezirk die GbR ihren Sitz hat** (auch am Vertragssitz, obgleich dieser im Außenverhältnis erst durch die erfolgte Eintragung nach § 706 BGB Geltung erlangt),[83] vornehmen. Die örtliche, sachliche und funktionelle Zuständigkeit beurteilt sich nach § 376 Abs. 2 FamFG, § 23a Abs. 1 Nr. 2 GVG und § 3 Nr. 1 Buchst. n RPflG.

1. Inhalt der Erstanmeldung

51 § 707 Abs. 2 BGB regelt – wenn die Gesellschafter von ihrem Eintragungswahlrecht Gebrauch machen – verpflichtend in Anlehnung an § 106 Abs. 2 HGB den Inhalt der Erstanmeldung[84] unter Beschränkung auf die für den Rechtsverkehr erheblichen Umstände,[85] weswegen Angaben zum Gesellschaftszweck bzw. zum Unternehmensgegenstand nicht gemacht werden müssen.[86] Die **notwendigen Angaben** sind „einzutragende Tatsachen" i.S.v. § 707a Abs. 3 S. 1 BGB i.V.m. § 15 Abs. 3 HGB, womit sie an der **Publizitätswirkung** der Registereintragung teilnehmen.[87] Die so verstandene Anmeldepflicht unterliegt nach § 14 HGB i.V.m. §§ 388 ff. FamFG dem **Registerzwang**.[88]

---

82 Schäfer/*Hermanns*, § 2 Rn 57.
83 Durch die Vereinbarung eines Vertragssitzes kann damit eine Registerzuständigkeit für das Eintragungsverfahren bestimmt werden: Schäfer/*Hermanns*, § 2 Rn 4.
84 RegE, BT-Drucks 19/27635, S. 129.
85 Schäfer/*Hermann*, § 2 Rn 3.
86 RegE, BT-Drucks 19/27635, S. 129.
87 RegE, BT-Drucks 19/27635, S. 129.
88 RegE, BT-Drucks 19/27635, S. 129.

52 Der Inhalt des Gesellschaftsregisters ist auf die für den Rechtsverkehr erheblichen Umstände beschränkt, weshalb es keiner Angabe des Gesellschaftszwecks oder des Unternehmensgegenstands bedarf.[89]

a) Pflichtangaben zur Gesellschaft

53 Notwendige Angaben zur Gesellschaft sind nach § 707 Abs. 2 Nr. 1 BGB (entsprechend der Neuregelung des § 106 Abs. 2 Nr. 1 HGB) der Name (Buchst. a), der Sitz (Buchst. b) und die Anschrift der Gesellschaft in einem EU-Mitgliedstaat (Buchst. c).

- **Name der GbR**
  Eine GbR bedarf nicht zwingend eines Namens. Zur Anerkennung als Rechtssubjekt ist zu ihrer Identifizierung (insbesondere bei verschiedenen Gesellschaften mit identischem Gesellschafterbestand) aber eine Namensangabe erforderlich. In ihrer Namenswahl ist die Gesellschaft – unter Berücksichtigung der über § 707b Nr. 1 BGB entsprechend anwendbaren handelsrechtlichen Grundsätze zur Firmenwahrheit und -klarheit (d.h. der §§ 18, 21 bis 24 HGB) – frei.[90]

- **Sitz der GbR**
  Sitz der GbR i.S.v. § 706 S. 2 BGB ist im Falle einer Vereinbarung der gewillkürte Vertragssitz, anderenfalls der Verwaltungssitz (§ 706 S. 1 BGB, d.h. der Ort, an dem die GbR ihre Geschäfte führt – mithin der so bestimmte Ort einer inländischen politischen Gemeinde).[91]

- **Anschrift der GbR**
  Die Anschrift (in einem EU-Mitgliedstaat) besteht – als faktische und zuverlässige Zustellungserleichterung zugunsten von Gesellschaftsgläubigern – grundsätzlich aus Straße, Hausnummer, Ort und Postleitzahl.

> *Beachte jedoch:*
> Nach § 170 ZPO dürfen Zustellungen mit Wirkung für und gegen eine rechtsfähige GbR nur an deren gesetzliche Vertreter erfolgen – mithin nicht durch Zustellung an die Gesellschaft als solche. Gesetzlicher Vertreter ist gemäß § 720 Abs. 5 BGB (Passivvertretung) – vorbehaltlich einer anderweitigen Regelung im Gesellschaftsvertrag – jeder Gesellschafter. Die Anschrift stimmt somit im Regelfall mit dem Geschäftsraum (wo die Zustellung an eine zum Empfang berechtigte Person regelmäßig möglich ist) überein. In diesem kann gemäß der §§ 178 bis 180 ZPO im Inland ersatzweise zugestellt werden. Sofern die Gesell-

---

89 RegE, BT-Drucks 19/27635, S. 129 – arg.: vorbehaltlich des Rechtsformzwangs könne nämlich grundsätzlich jeder erlaubte Zweck Gegenstand einer GbR sein (vgl. MüKo-BGB/*Schäfer*, § 705 Rn 148). Aus der Beschränkung der Geschäftsführungsbefugnis auf die Vornahme gewöhnlicher Geschäfte nach § 715 Abs. 2 BGB ergebe sich schließlich auch keine Beschränkung der Vertretungsbefugnis.
90 RegE, BT-Drucks 19/27635, S. 129.
91 RegE, BT-Drucks 19/27635, S. 129.

C. Die rechtsfähige GbR § 2

schaft keinen Geschäftsraum unterhält, genügt auch die Anschrift der Wohnung eines nach § 720 Abs. 5 BGB empfangsberechtigten Gesellschafters (soweit diese die Voraussetzungen des zustellungsrechtlichen Wohnungsbegriffs erfüllt).[92]

Die Anschrift der GbR muss sich – anders noch als nach § 106 Abs. 2 Nr. 2 HGB alt („inländische Geschäftsanschrift") – **nicht im Inland** befinden: Gegen eine entsprechende Vorgabe bestehen nach Ansicht des Gesetzgebers im Hinblick auf die Niederlassungsfreiheit nach den Art. 49 und 54 AEUV rechtliche Bedenken.[93] Im Übrigen hat das Schutzniveau einer Zustellung innerhalb der EU durch die VO (EG) Nr. 1393/2007[94] zwischenzeitlich ein annähernd gleichwertiges Schutzniveau wie im Inland erreicht.[95] Es kann somit auch eine **Anschrift in der EU** angegeben werden – nicht jedoch eine Anschrift in einem EWR-Vertragsstaat (weil hier die VO nicht gilt).[96]

54

Dies ermöglicht es der eingetragenen GbR ihren Vertragssitz unabhängig vom Ort der tatsächlichen Geschäftstätigkeit der Gesellschaft zu wählen, eine Geschäftstätigkeit aber auch außerhalb der Bundesrepublik Deutschland zu entfalten (ohne auf die Rechtsform „GbR" zu verzichten).[97]

55

Von einer Zustellungserleichterung am Vorbild der § 185 Nr. 2 ZPO, § 15a HGB (öffentliche Zustellung) wurde hingegen aufgrund rechtlicher Bedenken – Recht auf rechtliches Gehör nach Art. 103 Abs. 1 GG und Niederlassungsfreiheit gemäß Art. 49, 54 AEUV – abgesehen (arg.: Risiko, dass ein Rechtsakt gegenüber der GbR Wirkung entfaltet, ohne dass die verantwortlichen Personen hiervon Kenntnis erlangt haben).[98]

56

---

92 RegE, BT-Drucks 19/27635, S. 129.
93 RegE, BT-Drucks 19/27635, S. 129: Es gehe nicht an, es der GbR zu gestatten, ihren Verwaltungssitz im Ausland zu nehmen und es ihr zugleich abzuverlangen, eine Anschrift im Inland vorzuhalten.
94 VO (EG) Nr. 1393/2007 des Europäischen Parlaments und des Rates über die Zustellung gerichtlicher und außergerichtlicher Schriftstücke in Zivil- und Handelssachen in den Mitgliedstaaten (Zustellung von Schriftstücken) und zur Aufhebung der Verordnung (EG) Nr. 1348/2000 des Rates vom 13.12.2007 (EU-Zustellungsverordnung – ABl 2007 L 324, S. 79).
95 EuGH, Urt. v. 19.12.2012 – C 325/11 = NJW 2013, 443, juris Rn 41.
96 RegE, BT-Drucks 19/27635, S. 130.
97 Schäfer/*Hermanns*, § 2 Rn 6.
98 RegE, BT-Drucks 19/27635, S. 130: Die Gründe, die den Gesetzgeber des MoMiG vom 23.10.2008 (BGBl I 2008, S. 2026) zur Einführung der § 185 Nr. 2 ZPO, § 15a HGB für Kapitalgesellschaften veranlasst haben, seien auf Personengesellschaften nicht übertragbar – arg.: Dort stünden die Gesellschaftsgläubiger die unbeschränkt persönlich haftenden Gesellschafter als weitere Schuldner neben der Gesellschaft gegenüber. Im Verhältnis zur GbR seien die Gesellschaftsgläubiger aber nicht zwingend auf eine erleichterte öffentliche Zustellung angewiesen.

b) Angaben zu den Gesellschaftern

57 § 707 Abs. 2 Nr. 2 BGB differenziert im Unterschied zum Regelungsvorbild des § 106 Abs. 2 Nr. 1 HGB alt (aber im Einklang mit § 106 Abs. 2 Nr. 2 HGB neu) zwischen den Gesellschaftern:

- natürliche Person (Buchst. a – Angabe von Namen, Vornamen, Geburtsdatum und Wohnort [nicht jedoch die Wohnanschrift][99]) oder
- juristische Person bzw. rechtsfähige Personengesellschaft (Buchst. b – Angabe von Firma oder Name, Rechtsform, Sitz und, soweit gesetzlich vorgesehen, zuständiges Register und Registernummer).[100]

> *Beachte:*
> Die GbR – als Gesellschafterin einer anderen GbR – ist von der Einschränkung (Angabe des Registers und der Registernummer) nicht betroffen, weil sie als Gesellschafterin gemäß § 707a Abs. 1 S. 2 BGB nur eingetragen werden soll, wenn sie ihrerseits bereits im Gesellschaftsregister eingetragen ist.

58 Betroffen sind inländische juristische Personen, die nicht bereits nach § 33 Abs. 1 HGB im Handelsregister einzutragen sind, weil sie kein Handelsgewerbe (i.S.v. § 1 Abs. 2 HGB) betreiben (bspw. privatrechtliche Stiftungen, öffentlich-rechtliche Anstalten, Körperschaften des öffentlichen Rechts). Insoweit dürften zusätzliche Angaben entbehrlich sein, weil im Regelfall keine relevante Verwechslungsgefahr besteht.[101]

59 Eine inländische Vor-Kapitalgesellschaft kann selbst unter ihrer Firma mit dem Zusatz „i.G." („in Gründung") eingetragen werden.[102]

In Bezug auf ausländische Personenvereinigungen muss vorab geprüft werden,
- ob sie nach deutschem Recht anerkannt sind und
- ob das ausländische Recht eine Beteiligung an einer GbR zulässt.[103]

---

99 Schäfer/*Hermanns*, § 2 Rn 7.
100 Die Angaben zum zuständigen Register und zur Registernummer rühren daher, dass Gesellschafter einer GbR auch Personenvereinigungen sowohl in- als auch ausländischen Rechts sein können, die sich zwar an einer GbR beteiligen können, für die aber kein Subjektregister existiert: RegE, BT-Drucks 19/27635, S. 130, womit das Registergericht gemäß § 26 FamFG zu prüfen hat, ob für die Personenvereinigung eine Eintragung in einem Subjektregister gesetzlich vorgesehen ist, wobei es sich im Regelfall auf eine entsprechende Erklärung bei der Anmeldung verlassen kann. Eine nicht registrierte ausländische Personenvereinigung kann im Gesellschaftsregister ohne Angabe der registerführenden Stelle und einer Registernummer eingetragen werden: Schäfer/*Hermanns*, § 2 Rn 7; kritisch *Herrler*, ZGR-Sonderheft 23 (2021), 53.
101 RegE, BT-Drucks 19/27635, S. 130.
102 BGH, Beschl. v. 12.11.1984 – II ZB 2/84 = ZIP 1985, 280, juris Rn 10; MüKo-HGB/*Langhein*, § 106 Rn 20.
103 BayObLG, Beschl. v. 21.3.1986 – 3 Z 148/15 = ZIP 1986, 840 (841 f.).

Sind beide Voraussetzungen erfüllt, können Publizitätsdefizite durch eine entsprechende Anwendung der §§ 13e ff. HGB vermieden werden: Aufnahme aller Angaben der ausländischen Personenvereinigung, die für die Anmeldung einer inländischen Zweigniederlassung dieser Personenvereinigung verlangt würden.[104]

60

c) Angaben zur Vertretungsbefugnis

§ 707 Abs. 2 Nr. 3 BGB erfasst (entsprechend der Neuregelung des § 106 Abs. 2 Nr. 3 HGB) zwecks Erleichterung der Übersichtlichkeit des Gesellschaftsregisters für den Rechtsverkehr Angaben zur Vertretungsbefugnis – insbesondere auch im Fall, dass die Vertretungsbefugnis vom gesetzlichen Regelfall des § 720 Abs. 1 BGB (Gesamtvertretungsbefugnis) abweicht.[105]

61

> *Beachte:*
> Nicht einzutragen ist hingegen (entsprechend § 125 Abs. 2 S. 1 HGB alt bzw. § 78 Abs. 4 AktG) die **Gesamtvertretungsermächtigung** i.S.v. § 720 Abs. 2 BGB respektive der Neuregelung des § 124 Abs. 2 HGB).[106]

d) Versicherung, dass keine anderweitige Registrierung besteht

§ 707 Abs. 2 Nr. 4 BGB (entsprechend der Neuregelung des § 106 Abs. 2 Nr. 4 HGB) sichert den Statuswechsel nach § 707c BGB, §§ 106, 107 HGB und § 4 Abs. 4 PartGG zwischen einer GbR und einer Personenhandelsgesellschaft oder Partnerschaftsgesellschaft. Die Anmeldung muss die Versicherung enthalten, dass die Gesellschaft nicht bereits im Handels- oder im Partnerschaftsregister eingetragen ist.

62

Im Verfahren des Statuswechsels ist die Anmeldung immer bei dem Register vorzunehmen, in dem eine Gesellschaft schon eingetragen ist.[107] Die Anmeldenden müssen bei jeder Anmeldung versichern, dass eine anderweitige Voreintragung in einem Handels- oder Partnerschaftsregister nicht besteht. Im Falle der Voreintragung ist eine Eintragung nur zulässig, wenn das Verfahren von dem Handels- oder Partnerschaftsregister, bei dem die Gesellschaft bislang eingetragen ist, an das für die Führung des Gesellschaftsregisters zuständige Gericht abgegeben wird (vgl. § 707c Abs. 3 BGB, § 106 Abs. 4 HGB). Damit soll bei Gesellschaften, die ein Wahlrecht haben, in welches Register sie sich eintragen lassen wollen (z.B. eine Personengesellschaft, deren Geschäftszweck oder Schwerpunkt in der Verwaltung

63

---

104 RegE, BT-Drucks 19/27635, S. 131 unter Bezugnahme auf MüKo-BGB/*Langhein*, § 106 Rn 21; *Schäfer*, in: Staub, HGB, § 106 Rn 5.
105 RegE, BT-Drucks 19/27635, S. 131.
106 RegE, BT-Drucks 19/27635, S. 163.
107 RegE, BT-Drucks 19/27635, S. 131: Ist eine Gesellschaft schon im Handels- oder Partnerschaftsregister eingetragen, kann zur Eintragung in das Gesellschaftsregister nur beim anderen Register angemeldet werden.

eigenen Vermögens liegt, und die sich daher nach § 107 Abs. 1 S. 1 HGB als Personenhandelsgesellschaft ins Handelsregister oder als rein vermögensverwaltende Gesellschaft als GbR ins Gesellschaftsregister eintragen lassen kann) eine **Doppeleintragung** im Interesse der Rechtssicherheit vermieden werden.[108]

e) Änderungen im Gesellschaftsverhältnis (Anmeldung von Veränderungen)

64 Nach § 707 Abs. 3 S. 1 BGB sind – entsprechend § 106 Abs. 6 HGB – im Interesse des Rechtsverkehrs an Aktualität des Gesellschaftsregisters bestimmte Änderungen im Gesellschaftsverhältnis, nämlich
- die Änderung des Namens der im Register eingetragenen Gesellschaft,
- die Verlegung des Sitzes an einen anderen Ort,
- die Änderung der Anschrift oder
- die Änderung der Vertretungsbefugnis eines Gesellschafters,

in Anlehnung an § 707 Abs. 1 BGB, weshalb sich Form und Verfahren der **Änderungsanmeldung** nach den für die Erstanmeldung geltenden Vorschriften richten, wenn die Gesellschaft bereits im Gesellschaftsregister eingetragen ist, von den (allen) Gesellschaftern (vgl. § 707 Abs. 4 S. 1 BGB) zur Eintragung ins Register anzumelden.[109]

65 Weitere Anmeldepflichten im Falle einer Veränderung bestimmter Tatsachen finden sich in
- § 733 BGB (Anmeldung der Auflösung) bzw.
- § 736c Abs. 1 BGB (Anmeldung der Liquidatoren).

Ist die GbR bereits im Gesellschaftsregister eingetragen, so sind nach § 707 Abs. 3 S. 2 BGB auch das
- Ausscheiden eines Gesellschafters und der
- Eintritt eines neuen Gesellschafters

von sämtlichen Gesellschaftern (vgl. § 707 Abs. 4 S. 1 BGB) zur Eintragung in das Gesellschaftsregister anzumelden.

2. Anforderungen an eine Anmeldung (Form)

66 Nach § 707 Abs. 4 S. 1 BGB (entsprechend der Neuregelung des § 106 Abs. 7 S. 1 HGB) ist – in Anlehnung an die §§ 108, 143 Abs. 3 HGB alt – die Anmeldung zwecks Gewährleistung der Wahrheitsgemäßheit der angemeldeten Tatsachen[110] **grundsätzlich** von sämtlichen Gesellschaftern zu bewirken. Die regelmäßig notwendige Anmeldung durch sämtliche Gesellschafter zielt auch darauf ab, die etwai-

---

[108] Schäfer/*Hermanns*, § 2 Rn 9.
[109] RegE, BT-Drucks 19/27635, S. 131.
[110] RegE, BT-Drucks 19/27635, S. 131.

ge Unrichtigkeit einer Eintragung im Rahmen von § 15 Abs. 3 HGB (dessen Geltung § 707a Abs. 3 S. 1 BGB für das Gesellschaftsregister statuiert) allen zuzurechnen.[111] Im Übrigen kommt § 707 Abs. 4 S. 1 BGB im Hinblick auf das Eintragungswahlrecht eine Warnfunktion zu.[112]

> *Beachte:*
> Die Vertretung eines Gesellschafters bei einer Ersteintragungsanmeldung durch einen Bevollmächtigten ist statthaft, wobei die Vollmacht jedoch nach § 707b Nr. 2 BGB i.V.m. § 12 HGB der notariellen Beurkundung bedarf.[113]

Der Grundsatz der gemeinsamen Anmeldung in § 707 Abs. 4 S. 1 BGB erfährt **zwei Ausnahmen**: **67**
- Scheidet ein Gesellschafter durch Tod aus, kann die Anmeldung nach § 707 Abs. 4 S. 2 BGB (**Ausscheiden eines Gesellschafters durch Tod**) im Interesse einer baldigen Beschränkung der Nachlasshaftung für die nach dem Tod des Gesellschafters begründeten Gesellschaftsverbindlichkeiten schon dann vorgenommen werden, wenn der von den überlebenden Gesellschaftern gemeldete Tod des Gesellschafters außer Zweifel steht, eine rechtzeitige Mitwirkung sämtlicher Erben aber auf Schwierigkeiten stößt, weil diese noch nicht feststehen (in absehbarer Zeit also nicht ermittelbar sind)[114] oder nicht erreichbar sind.[115] In einem solchen Fall kann das Registergericht aufgrund der besonderen Eilbedürftigkeit der Eintragung nach pflichtgemäßem Ermessen auf eine Mitwirkung einzelner oder aller Erben bei der Anmeldung verzichten[116] (Entfallen der Mitwirkungspflicht jener Erben, in deren Person das besondere Hindernis liegt, wohingegen die übrigen Erben an der Anmeldung mitwirken müssen).[117]
- Ändert sich nur die Anschrift der Gesellschaft, ist die Anmeldung – da es sich um eine bloß einfache Geschäftsführungsmaßnahme handelt, bei der die Notwendigkeit einer Anmeldung durch sämtliche Gesellschafter einen unangemessenen bürokratischen Aufwand bedeuten würde[118] – nach § 707 Abs. 4 S. 3 BGB (Anschriftenänderung der Gesellschaft) von der Gesellschaft zu bewirken. Diese wird durch ihre vertretungsbefugten Gesellschafter in jeweils vertretungs-

---

111 RegE, BT-Drucks 19/27635, S. 131.
112 RegE, BT-Drucks 19/27635, S. 131.
113 Schäfer/*Hermanns*, § 2 Rn 10.
114 Schäfer/*Hermanns*, § 2 Rn 19.
115 RegE, BT-Drucks 19/27635, S. 131 unter Bezugnahme auf MüKo-HGB/*K. Schmidt*, § 143 Rn 15.
116 RegE, BT-Drucks 19/27635, S. 132 – die alternativ in Betracht kommende Einbindung eines Nachlasspflegers in die Anmeldung käme u.U. zu spät. Wird die Gesellschaft hingegen mit allen Erben fortgeführt, greift § 707 Abs. 4 S. 2 BGB nicht, da dann grundsätzlich kein dringendes Interesse an einer baldigen Eintragung des Ausscheidens besteht: so RegE, BT-Drucks 19/27635, S. 132 unter Bezugnahme auf MüKo-HGB/*K. Schmidt*, § 143 Rn 16.
117 Schäfer/*Hermanns*, § 2 Rn 19.
118 RegE, BT-Drucks 19/27635, S. 132.

befugter Zahl vertreten, wodurch eine schnelle und unkomplizierte Anmeldung und Eintragung der Änderung der Anschrift erreicht wird.[119]

Beachte:
Davon zu unterscheiden ist die Anmeldung der Verlegung des Gesellschaftssitzes, der gemäß § 707 Abs. 4 S. 1 BGB von allen Gesellschaftern zu bewirken ist.[120]

Beachte zudem:
Die negative Voreintragungsversicherung gemäß § 707 Abs. 2 Nr. 4 BGB ist – da keine höchstpersönliche Erklärung jedes Gesellschafters – nicht vertretungsfeindlich.[121]

3. Inhalt und Wirkungen der Eintragung im Gesellschaftsregister

68 Die Neuregelung des § 707a BGB (Inhalt und den Wirkungen der Eintragung) hat folgenden Wortlaut:

„(1) Die Eintragung im Gesellschaftsregister hat die in § 707 Absatz 2 Nummer 1 bis 3 genannten Angaben zu enthalten. Eine Gesellschaft soll als Gesellschafter nur eingetragen werden, wenn sie im Gesellschaftsregister eingetragen ist.

(2) Mit der Eintragung ist die Gesellschaft verpflichtet, als Namenszusatz die Bezeichnung „eingetragene Gesellschaft bürgerlichen Rechts" oder „eGbR" zu führen. Wenn in einer eingetragenen Gesellschaft keine natürliche Person als Gesellschafter haftet, muss der Name eine Bezeichnung enthalten, welche die Haftungsbeschränkung kennzeichnet.

(3) Die Eintragung bewirkt, dass § 15 des Handelsgesetzbuchs mit der Maßgabe entsprechend anzuwenden ist, dass das Fehlen der Kaufmannseigenschaft nicht an der Publizität des Gesellschaftsregisters teilnimmt. Die Eintragung lässt die Pflicht, die Gesellschaft zur Eintragung in das Handelsregister anzumelden (§ 106 Absatz 1 des Handelsgesetzbuchs), unberührt.

(4) Nach Eintragung der Gesellschaft findet die Löschung der Gesellschaft nur nach den allgemeinen Vorschriften statt."

a) Der Inhalt der Eintragung
aa) Notwendige Angaben der Eintragung

69 Nach **§ 707a Abs. 1 S. 1 BGB** muss die Eintragung im Gesellschaftsregister klarstellend die in § 707 Abs. 2 Nr. 1 bis 3 BGB in der Anmeldung genannten Angaben, nämlich Angaben

---

119 RegE, BT-Drucks 19/27635, S. 132 unter Bezugnahme auf *Melchior*, GmbHR 2013, 853, 859: Dies wirkt sich mit Blick auf die Erreichbarkeit der Gesellschaft positiv für ihre Gläubiger aus.
120 Schäfer/*Hermanns*, § 2 Rn 20.
121 Schäfer/*Hermanns*, § 2 Rn 10.

- zur Gesellschaft,
- zu jedem Gesellschafter und
- zur Vertretungsbefugnis der Gesellschafter,

aus Transparenzgründen und mit dem Ziel einer höheren Seriositätsgewähr[122] enthalten. Darüberhinausgehende Angaben dürfen grundsätzlich – da das Register eine klare und schnelle Orientierung über die Rechtsverhältnisse ermöglichen soll[123] – nicht eingetragen werden.[124] *„Dies schließt es auch rechtsfortbildend aus, für die Gesellschafter eine bestimmte Haftungsquote oder Haftsumme in das Gesellschaftsregister einzutragen".*[125]

bb) GbR als Gesellschafterin

Eine Gesellschaft soll gemäß § 707a Abs. 1 S. 2 BGB – zwecks Vermeidung von Publizitätsdefiziten aufgrund des Eintragungswahlrechts bei einer mehrgliedrigen Beteiligung einer GbR an einer anderen GbR[126] – als Gesellschafterin nur eingetragen werden, wenn sie im Gesellschaftsregister eingetragen ist.

§ 707a Abs. 1 S. 2 BGB gelangt über § 105 Abs. 3 HGB respektive § 161 Abs. 2 HGB auch auf die Beteiligung einer GbR an einer OHG oder einer KG entsprechend zur Anwendung.[127]

70

Beachte:
Maßgeblicher Zeitpunkt für das Publizitätsinteresse ist jener, ab dem die Gesellschafter ihre Gesellschaft in das Gesellschaftsregister eintragen lassen wollen. Dann hängt die Eintragung der an ihr beteiligten GbR davon ab, dass diese bereits im Gesellschaftsregister eingetragen ist. Wenn die Voreintragung der Gesellschafter-Gesellschaft fehlt, ist sie aber gleichwohl – materiell-rechtlich – Gesellschafterin.[128]

---

122 RegE, BT-Drucks 19/27635, S. 128. Dazu auch *Fleischer/Pendl*, WM 2019, 2137, 2139; *Wertenbruch*, NZG 2019, 407, 408.
123 Als allgemeines Prinzip, vgl. dazu *Krafka*, Registerrecht, Rn 85.
124 RegE, BT-Drucks 19/27635, S. 132.
125 RegE, BT-Drucks 19/27635, S. 132.
126 RegE, BT-Drucks 19/27635, S. 132.
127 Infolgedessen ist § 162 Abs. 1 S. 2 HGB alt (wonach bei der Beteiligung einer GbR an einer KG als Kommanditist die Gesellschafter-Gesellschaft unter Angabe ihrer Gesellschafter im Handelsregister einzutragen ist) entfallen: RegE, BT-Drucks 19/27635, S. 132.
128 RegE, BT-Drucks 19/27635, S. 132.

§ 2 Die Gesellschaft bürgerlichen Rechts (GbR)

71 Für andere Gesellschaftsrechtsformen, die bereits einem Eintragungszwang unterliegen (z.b. eine OHG, KG oder eine GmbH), bedarf es der registerrechtlichen Regelung des § 707a Abs. 1 S. 2 BGB daher nicht.[129]

§ 707 Abs. 1 S. 2 BGB ist als **Soll-Vorschrift**[130] vom Registergericht zwingend einzuhalten.

b) Namenszusatz

aa) Verpflichtender Namenszusatz

72 Mit der Eintragung ist die Gesellschaft aus Gründen des Verkehrsschutzes nach § 707a Abs. 2 S. 1 BGB verpflichtet, als Namenszusatz die Bezeichnung

- „**eingetragene Gesellschaft bürgerlichen Rechts**" oder abgekürzt
- „**eGbR**"

zu führen.[131]

Dadurch wird zugleich die Prüfung der Firmenunterscheidbarkeit nach § 707b Nr. 1 BGB i.V.m. § 30 HGB erleichtert (weil § 707a Abs. 2 BGB auf nicht eingetragene namensgleiche Gesellschaften keine Anwendung findet)[132] und ein Beitrag dazu geleistet, dass sich der Namenszusatz weiterverbreitet.

73 Dieser verpflichtende Namenszusatz weist zwar – im Unterschied zum eingetragenen Verein – nicht auf die Existenz eines Rechtsträgers hin (arg.: Die Eintragung hat nämlich keine konstitutive Wirkung).[133] Die Eintragung gibt – anders als bei OHG und KG – auch nicht Auskunft über die Kaufmannseigenschaft oder über besondere Haftungsverhältnisse.[134] Doch kann nur die eingetragenen GbR mit Publizitätswirkung über die Vertretungsbefugnis der Gesellschafter disponieren (§ 707 Abs. 2 Nr. 3 BGB) – ansonsten gilt der gesetzliche Regelfall der Gesamtvertretungsbefugnis (vgl. § 720 Abs. 1 BGB).[135]

---

129 RegE, BT-Drucks 19/27635, S. 132.
130 Die Ausgestaltung als Soll-Vorschrift bringt entsprechend der registerrechtlich üblichen Terminologie aber nur zum Ausdruck, dass eine Eintragung unter Verstoß gegen die Norm die Wirksamkeit der Eintragung unberührt lässt: RegE, BT-Drucks 19/27635, S. 132.
131 Zur Firmierung nach der Berufsrechtsreform/MoPeG; *Beyme*, KP 2022, 16.
132 RegE, BT-Drucks 19/27635, S. 133 unter Bezugnahme auf MüKo-HGB/*Heidinger*, § 30 Rn 10.
133 RegE, BT-Drucks 19/27635, S. 132 unter Bezugnahme auf MüKo-BGB/*Arnold*, § 65 Rn 1.
134 RegE, BT-Drucks 19/27635, S. 132 unter Bezugnahme auf BT-Drucks 13/8444, S. 54; *Pässler*, Das Gebot zur Führung des Rechtsformzusatzes im Kapitalgesellschaftsrecht, 2017, S. 18 f.
135 Da die „*Freiwilligkeit der Eintragung für den Teilnehmer im Rechtsverkehr grundsätzlich keine Veranlassung gibt, das Gesellschaftsregister auf den Kreis der danach zur Vertretung befugten Gesellschafter einzusehen, muss der Verkehrsschutz auf andere Weise, nämlich durch verpflichtenden Namenszusatz, gewährleistet werden*": RegE, BT-Drucks 19/27635, S. 133.

Beachte:
Eingetragene GbR, die den Namenszusatz führen, können gemäß § 12 BGB gegen eine unberechtigte Verwendung ihres Namens ohne den Zusatz vorgehen (arg.: Das Weglassen des Namenszusatzes reicht nämlich zur Unterscheidbarkeit zwischen eingetragenen und nicht eingetragenen GbR nicht aus).[136]

bb) Erweiterter Namenszusatz

Wenn in einer eingetragenen Gesellschaft (eGbR) keine natürliche Person als Gesellschafter (unbeschränkt persönlich) haftet (Kapitalgesellschaft & Co. GbR), muss der Name nach § 707a Abs. 2 S. 2 BGB – in Anlehnung an § 19 Abs. 2 HGB – eine Bezeichnung enthalten, welche die Haftungsbeschränkung kennzeichnet (erweiterter Namenszusatz). **74**

c) Wirkung der Eintragung

Der Eintragung kommt grundsätzlich keine konstitutive Wirkung zu[137] (arg.: Die Eintragungsmöglichkeit soll allein den Außengesellschaften offenstehen). Kommt es jedoch zur Eintragung einer Innengesellschaft durch alle Gesellschafter (vgl. § 707 Abs. 4 S. 1 BGB), entfaltet deren Eintragung konstitutive Wirkung[138] (worauf § 719 Abs. 1 Hs. 2 BGB [Entstehung der Gesellschaft im Verhältnis zu Dritten] – der vom Verweis in § 740 Abs. 2 BGB nicht erfasst wird – aus Verkehrsschutzgründen analog anwendbar sein soll,[139] womit die Innengesellschaft aufgrund der unwiderleglichen Vermutungswirkung des § 719 Abs. 1 Hs. 2 BGB im Verhältnis zu Dritten Außengesellschaft wird):[140] Tatsächliche Vermutung eines auf die Teilnahme am Rechtsverkehr gerichteten gemeinsamen Gesellschafterwillens.[141] **75**

Die Eintragung in das Gesellschaftsregister und ihre Bekanntmachung hat nach § 707a Abs. 3 S. 1 BGB die materiell-rechtliche Wirkung, dass die Publizitätsvorschriften des § 15 HGB auf das Gesellschaftsregister mit der Maßgabe entsprechend anzuwenden sind, dass das Fehlen der Kaufmannseigenschaft nicht an der Publizität des Handelsregisters teilnimmt, womit klargestellt wird, *„dass eine zu Unrecht (noch) im Gesellschaftsregister eingetragene Gesellschaft, deren Gegenstand nunmehr ein Handelsgewerbe i.s.v. § 107 Abs. 1 HGB ist, trotz der Eintra-* **76**

---

136 RegE, BT-Drucks 19/27635, S. 133 unter Bezugnahme auf MüKo-BGB/*Leuschner*, § 65 Rn 3.
137 RegE, BT-Drucks 19/27635, S. 128.
138 Zum Problem der Eintragung einer Innengesellschaft „auf Vorrat" Schäfer/*Armbrüster*, § 3 Rn 35.
139 *Bachmann*, NZG 2020, 612, 614.
140 Schäfer/*Armbrüster*, § 3 Rn 33.
141 RegE, BT-Drucks 19/27635, S. 162.

gung im Gesellschaftsregister Handelsgesellschaft ist":[142] Die Eintragungen genießen Gutglaubensschutz nach § 15 HGB.[143]

> Beachte:
> Die Eintragung als GbR lässt jedoch nicht den Schluss zu, dass die Gesellschaft in dieser Rechtsform auch (fort-)besteht (arg.: Eine GbR wandelt sich kraft Rechtsformzwangs unabhängig vom Gesellschafterwillen und außerhalb des UmwG identitätswährend in eine OHG mit der Folge um, dass sie als Kaufmann zu behandeln ist [vgl. § 6 Abs. 1 HGB], sobald ihr Zweck darauf gerichtet ist, ein Handelsgewerbe i.S.v. § 1 Abs. 2 HGB zu betreiben).[144]

77 Ob und inwieweit eine ein Handelsgewerbe betreibende Gesellschaft einem Dritten nach § 15 Abs. 1 HGB entgegenhalten kann, sie habe als OHG Kaufmannseigenschaft (vgl. § 6 Abs. 1 HGB), während sie im Gesellschaftsregister noch als GbR ausgewiesen ist, bereitet Zweifel mit Blick auf § 15 Abs. 2 HGB,[145] wonach, wenn eine Tatsache eingetragen und bekanntgemacht worden ist, ein Dritter sie grundsätzlich gegen sich gelten lassen muss. Hierzu stellt § 707a Abs. 3 S. 1 BGB klar, dass bei fehlender Kaufmannseigenschaft die als GbR eingetragene Gesellschaft nicht an der Publizitätswirkung des Gesellschaftsregisters teilnimmt.

78 Die Eintragung lässt nach der Klarstellung in § 707a Abs. 3 S. 2 BGB die Pflicht, die Gesellschaft als OHG zur Eintragung in das Handelsregister anzumelden (§ 106 Abs. 1 HGB – als fortbestehende Verpflichtung), unberührt.

Ob die Ersteintragung nach § 15 Abs. 3 HGB abstrakten Vertrauensschutz begründet, ist umstritten.[146]

d) Löschung einer eingetragenen GbR

79 Nach Eintragung der Gesellschaft findet die Löschung der Gesellschaft gemäß § 707a Abs. 4 BGB in Anlehnung an § 3 Abs. 2 HGB im **Verkehrsschutzinteresse**[147] nur noch nach den allgemeinen Vorschriften – d.h. im Regelfall nach Beendigung der Liquidation (§ 738 BGB), falls nicht ausnahmsweise Auflösung und Vollbeendigung zusammenfallen[148] – statt.

---

142 Schäfer/*Hermanns*, § 3 Rn 13.
143 Schäfer/*Hermanns*, § 2 Rn 12.
144 RegE, BT-Drucks 19/27635, S. 133 unter Bezugnahme auf *Schäfer* in: Habersack/Schäfer, HGB, § 105 Rn 15 und 27.
145 RegE, BT-Drucks 19/27635, S. 133.
146 Bejahend Schäfer/*Hermanns*, § 2 Rn 13: Wird von der Eintragungsoption (Freiwilligkeit) Gebrauch gemacht, handele es sich um eine „eintragungspflichtige Tatsache" (arg.: § 707 Abs. 2 Nr. 1 bis 3 HGB – „hat"); a.A. *Geibel*, ZRP 2020, 137, 139: Eintragung einer GbR sei eintragungsfähig, aber nicht eintragungspflichtig.
147 RegE, BT-Drucks 19/27635, S. 133 unter Bezugnahme auf BT-Drucks 13/8444, S. 91.
148 RegE, BT-Drucks 19/27635, S. 133 unter Bezugnahme auf *Heinemann* in: Keidel, § 393 Rn 7.

C. Die rechtsfähige GbR §2

Trotz des Eintragungswahlrechts folgt aus der Eintragung in das Gesellschaftsregister eine Bindungswirkung, wodurch die Gesellschafter sich an ihrer Eintragungsentscheidung festhalten lassen müssen.[149] Sie können die GbR nicht mehr gewillkürt wieder löschen. Vgl. insoweit auch die analoge Regelung in § 107 Abs. 2 S. 2 HGB, wonach freiwillig im Handelsregister eingetragene, kleingewerbliche und vermögensverwaltende, Gesellschaften in der Rechtsform einer OHG nur im Wege eines Statuswechsels – mithin eines Wechsels vom Handels- ins Gesellschaftsregister – als GbR fortgesetzt werden können.

80

Aufgrund der Voreintragungsobliegenheit kann nur eine im Gesellschaftsregister eingetragene GbR Inhaberin registrierter Rechte sein. Daher muss sichergestellt werden, dass diese ihre Subjektpublizität nicht durch einen Löschungsantrag mit Wirkung für die Zukunft (ex nunc) verliert. Die **Übergangsregelungen** in Art. 229 § 21 EGBGB zielen darauf ab, für bereits als Rechtsinhaber eingetragene GbR bestehende Publizitätsdefizite schrittweise zu beseitigen:[150] Ist eine GbR nach § 162 Abs. 1 S. 2 HGB alt als Kommanditistin oder in entsprechender Anwendung des § 162 Abs. 1 S. 2 HGB alt als persönlich haftende Gesellschafterin einer KG oder als Gesellschafter einer OHG im Handelsregister eingetragen, findet eine Eintragung von späteren Änderungen nach Art. 229 § 21 Abs. 1 EGBGB in der Zusammensetzung der Gesellschafter nicht statt. In diesem Fall ist die GbR nach den durch das Gesetz zur Modernisierung des Personengesellschaftsrechts geänderten Vorschriften zur Eintragung in das Gesellschaftsregister anzumelden, bevor sie als Kommanditistin oder als Gesellschafterin nach den durch das Gesetz zur Modernisierung des Personengesellschaftsrechts geänderten Vorschriften mit der Maßgabe zur Eintragung in das Handelsregister eingetragen wird, dass die Anmeldung sowohl von sämtlichen bislang im Handelsregister eingetragenen Gesellschaftern als auch von der im Gesellschaftsregister eingetragenen GbR zu bewirken ist. In der Anmeldung zum Handelsregister ist zu versichern, dass die zur Eintragung in das Handelsregister angemeldete GbR dieselbe ist wie die bislang im Handelsregister eingetragene GbR.

81

---

149 Der Gesetzgeber äußert zwar Verständnis dafür, dass für die Gesellschafter einer eingetragenen GbR ein berechtigtes Interesse bestehen kann, wieder in die Form der nicht eingetragenen GbR zurückzukehren – dem stünde jedoch höher zu gewichtende Interessen des Verkehrsschutzes gegenüber: RegE, BT-Drucks 19/27635, S. 134.
150 RegE, BT-Drucks 19/27635, S. 134.

Insoweit wäre es nach Ansicht des Gesetzgebers inkonsequent, eine Löschung – mit korrespondierendem Wiederaufleben des Publizitätsdefizits – auf Antrag zuzulassen.[151]

82 § 707a Abs. 4 BGB will im Übrigen Missbrauchsgefahren (Mangel an Transparenz) im Kontext mit einer sog. **Firmenbestattung**[152] (d.h. dem Fall, dass es Gesellschaftern auf ihren Antrag hin gestattet wäre, die eingetragene GbR außerhalb des dafür vorgesehenen Insolvenzverfahrens liquidationslos zu löschen) begegnen:[153] keine willkürliche Löschung der im Gesellschaftsregister eingetragenen GbR.[154] Problematisch ist bei der Firmenbestattung, dass nur der Formwechsel selbst und nicht auch die Rechtsform, in die umgewandelt wird, eintragungspflichtig ist. Hier schafft § 191 Abs. 1 Nr. 1 UmwG Abhilfe, indem der Formwechsel in eine GbR davon abhängig ist, dass sie zuvor im Gesellschaftsregister eingetragen sein muss. Dieses Konzept soll nicht dadurch konterkariert werden können, dass die eingetragene GbR nach erfolgtem Formwechsel auf Antrag gelöscht werden könnte[155] (wodurch die Haftung der Gesellschafter für Gesellschaftsverbindlichkeiten zwar nach Maßgabe von § 739 BGB alt [Fehlbetragshaftung, § 737 BGB neu] unberührt bliebe, die Transparenz über den Gesellschafterbestand jedoch verloren ginge, *„was die Anspruchsverfolgung faktisch unzumutbar erschweren würde"*).[156]

§ 707a Abs. 4 BGB erhöht schließlich auch für künftige Vertragspartner der GbR die **Verlässlichkeit der einmal durch Eintragung geschaffenen Subjektpublizität** in Bezug auf die Haftungs- und Vertretungsverhältnisse.

4. Entsprechend anwendbare Vorschriften des HGB

83 Die Neuregelung des § 707b BGB (Entsprechend anwendbare Vorschriften des HGB) hat folgenden Wortlaut:

---

151 RegE, BT-Drucks 19/27635, S. 134 unter Bezugnahme auf *Herrler*, ZGR Sonderheft 23 (2020), 39 (51): *„Zwar könnte eine eingetragene Gesellschaft bürgerlichen Rechts als Inhaberin registrierter Rechte von einer Löschung auf gewillkürte Löschung ausgenommen werden. Jedoch müsste eine solche differenzierende Regelung auch durchgesetzt werden können. Eine straßbewehrte Versicherung aller eingetragenen Gesellschafter, dass die zu löschende Gesellschaft bürgerlichen Rechts nicht Inhaberin registrierter Rechte ist, erscheint jedenfalls nicht praktikabel".*
152 Ein Missbrauchstatbestand, der vor allem beim Formwechsel einer GmbH in eine GbR auftritt: dazu *Kleindiek*, ZGR 2007, 276 (278).
153 RegE, BT-Drucks 19/27635, S. 134: Damit *„ginge die mit dem Gesellschaftsregister bezweckte Transparenz über den Bestand der Gesellschafter, die für die Verbindlichkeiten der Gesellschaft unbeschränkt persönlich haften, zum Nachteil des Gesellschaftsgläubigers verloren".*
154 *Herrler*, ZGR-Sonderheft 23 (2021), 59.
155 RegE, BT-Drucks 19/27635, S. 134.
156 RegE, BT-Drucks 19/27635, S. 134 – wobei der Gesetzgeber insoweit auch von einer differenzierten Regelung – eingetragene GbRs für eine bestimmte Übergangszeit nach erfolgtem Formwechsel von einem Recht auf gewillkürte Löschung auszunehmen – aus Praktikabilitätsgründen abgesehen hat.

C. Die rechtsfähige GbR   § 2

„Folgende Vorschriften des Handelsgesetzbuchs sind auf eingetragene Gesellschaften entsprechend anzuwenden:
1. auf die Auswahl und den Schutz des Namens der Gesellschaft: die §§ 18, 21 bis 24, 30 und 37,
2. auf die registerrechtliche Behandlung der Gesellschaft und die Führung des Gesellschaftsregisters: die §§ 8, 8a Abs. 1, § 9 Abs. 1 Satz 1 und Abs. 3 bis 6, die §§ 10 bis 12, 13h, 14, 16 und 32 und
3. auf die registerrechtliche Behandlung der Zweigniederlassung einer Gesellschaft: die §§ 13 und 13d mit der Maßgabe, dass eine Verpflichtung zur Anmeldung der Zweigniederlassung nicht besteht."

Da die Funktion des Gesellschaftsregisters jener des Handelsregisters entspricht, finden nach § 707b BGB die Vorschriften des HGB hinsichtlich **84**
- Auswahl und Schutz des Namens der Gesellschaft (Nr. 1),
- Führung des Gesellschaftsregisters, Recht zur Einsichtnahme, Bekanntmachung der Eintragungen, Form der Anmeldungen, Verlegung des Sitzes der Gesellschaft im Inland und registerrechtliche Folgen, Festsetzung von Zwangsgeld, Bindung des Registergerichts an rechtskräftige oder vollstreckbare Entscheidungen des Prozessgerichts und Eintragungen von Amts wegen (Nr. 2) sowie
- die registerrechtliche Behandlung der Zweigniederlassungen (Nr. 3)

auf die GbR, bei der die Gesellschafter von ihrem Eintragungswahlrecht Gebrauch machen und die im Gesellschaftsregister bereits eingetragen ist (eingetragene GbR) **entsprechende Anwendung.**

a) Auswahl und Schutz des Namens der eingetragenen GbR

§ 707b Nr. 1 BGB erklärt in Anlehnung an die Regelungstechnik des § 2 Abs. 2 **85** PartGG – zur Sicherstellung, dass die für die Firma einer Personenhandelsgesellschaft geltenden Vorschriften und Grundsätze der Firmenwahrheit, der Firmenbeständigkeit und der Firmenausschließlichkeit auch für den Namen der GbR beachtet werden[157] – hinsichtlich der Auswahl und des Schutzes des Namens der eingetragenen GbR die firmenrechtlichen Vorschriften des
- § 18 HGB (Name – Eignung zur Kennzeichnung und Unterscheidungskraft sowie Irreführungsverbot – Grundsatz der Namenswahrheit),
- § 21 HGB (Fortführung bei Namensänderung – Namensbeständigkeit unter Einschränkung des Grundsatzes der Namenswahrheit),
- § 22 HGB (Fortführung bei Erwerb des Geschäfts unter Lebenden – Namensbeständigkeit unter Einschränkung des Grundsatzes der Namenswahrheit),[158]

---

157 RegE, BT-Drucks 19/27635, S. 135.
158 Wobei insoweit – abweichend von § 2 Abs. 2 PartGG – die Regelung des § 22 Abs. 2 HGB über die Firmenfortführung im Falle der vorübergehenden Überlassung des Geschäfts im Wege des Nießbrauchs oder eines Pachtvertrages nicht von der Verweisung ausgenommen wird: RegE, BT-Drucks 19/27635, S. 135, weil es sich bei § 2 Abs. 2 PartGG um eine berufsrechtlich motivierte Einschränkung handelt.

§ 2 Die Gesellschaft bürgerlichen Rechts (GbR)

- § 23 HGB (Veräußerungsverbot – der Name kann nicht ohne das Geschäft, für welches er geführt wird, veräußert werden – Grundsatz der Namenswahrheit),
- § 24 HGB (Fortführung bei Änderungen im Gesellschafterbestand – Namensbeständigkeit unter Einschränkung des Grundsatzes der Namenswahrheit),
- § 30 HGB (Notwendigkeit einer hinreichenden Unterscheidungskraft des Namens der GbR) und
- § 37 HGB (Unzulässiger Firmengebrauch – was den Zugang zu den Rechtsbehelfen gegen einen unbefugten Gebrauch des Namens einer GbR eröffnet)

für **entsprechend anwendbar**. Damit erfolgt ein weitgehender Gleichklang des Namensrechts der nicht kaufmännischen Personengesellschaft (GbR) mit dem Firmenrecht der kaufmännischen Personengesellschaften (OHG und KG).

b) Registerrechtliche Behandlung der eingetragenen GbR

86 Nach § 707b Nr. 2 BGB finden auf die registerrechtliche Behandlung der eingetragenen GbR in Bezug auf

- die Führung des Gesellschaftsregisters,
- das Recht zur Einsichtnahme,
- die Bekanntmachung der Eintragungen,
- die Form der Anmeldungen,
- die Verlegung des Sitzes der Gesellschaft und deren registerrechtliche Folgen,
- die Festsetzung von Zwangsgeld,
- die Bindung des Registergerichts an rechtskräftige oder vollstreckbare Entscheidungen des Prozessgerichts und
- die Eintragungen von Amts wegen

die §§ 8, 8a Abs. 1, § 9 Abs. 1 S. 1 und Abs. 3 bis 6 sowie die §§ 10, 10a, 11, 12, 13h, 14, 16 und 32 HGB wie folgt **entsprechende Anwendung**:

87
- Die Führung des Gesellschaftsregisters obliegt entsprechend § 8 HGB (Handelsregister) den Gerichten.
- Die Eintragung in das Gesellschaftsregister ist nicht bereits mit der Aufnahme in den dortigen Datenspeicher wirksam. Maßgeblich ist unter Publizitätsgesichtspunkten vielmehr, dass die Eintragung entsprechend § 8a Abs. 1 HGB (Eintragungen in das Handelsregister) auf Dauer inhaltlich unverändert in lesbarer Form abgerufen werden kann.

> *Beachte:*
> Kein Verweis ist auf § 8a Abs. 2 HGB erfolgt (Verordnungsermächtigung für die elektronische Führung des Handelsregisters, die elektronische Anmeldung, die elektronische Einreichung von Dokumenten sowie deren Aufbewahrung). Die entsprechende Verordnungsermächtigung findet sich vielmehr – angepasst auf das Gesellschaftsregister – in § 707d Abs. 1 BGB.

C. Die rechtsfähige GbR §2

- Die Einsichtnahme in das Gesellschaftsregister und das Anfordern von Abschriften ist entsprechend § 9 HGB jedermann ohne Nachweis eines rechtlichen Interesses gestattet.

  Beachte:
  Kein Verweis ist erfolgt auf § 9 Abs. 1 S. 2 bis 5 HGB (Verordnungsermächtigung für die Einrichtung des gemeinsamen Registerportals der Länder). Die entsprechende Verordnungsermächtigung findet sich vielmehr – angepasst auf das Gesellschaftsregister – in § 707d Abs. 2 BGB. Gleichermaßen ist kein Verweis auf § 9 Abs. 2 HGB erfolgt (arg.: Die Regelung rührt nur aus der Umstellung des Handelsregisters auf elektronische Führung durch das EHUG[159] her).

- Für die Bekanntmachung der Eintragung und die Auswahl der Eintragungsblätter gelten die §§ 10, 11 HGB entsprechend. Folglich sind die Registereintragungen in vollem Umfang bekanntzumachen.

- Der Verweis auf § 12 HGB gewährleistet die Mitwirkung des Notars bei der Anmeldung zum Gesellschaftsregister: Notwendigkeit einer öffentlich beglaubigten Form (§ 129 BGB) bei elektronischer Einreichung (§ 12 Abs. 1 S. 1 HGB) zwecks Prüfung der Identität der Anmeldenden sowie – zur Entlastung der Registergerichte – der Eintragungsfähigkeit der Anmeldung (vgl. § 378 Abs. 3 S. 2 FamFG) als einem nach Ansicht des Gesetzgebers „bewährten System".[160] Vollmachten bedürfen nach § 12 Abs. 1 S. 2 HGB gleichermaßen der öffentlichen Beglaubigung.

- Die Verlegung des Sitzes der GbR im Inland beurteilt sich entsprechend § 13h HGB.

- § 14 HGB (Festsetzung von Zwangsgeld zur Durchsetzung der gesetzlichen Anmeldepflichten und der Einreichung der vorgeschriebenen Unterlagen) gelangt entsprechend zur Anwendung, wenn die Gesellschafter von ihrem Eintragungswahlrecht Gebrauch gemacht haben, um dem Registergericht die erforderlichen Rechtsbehelfe in die Hand zu geben, die Anmeldepflichtigen zur Erfüllung dieser im öffentlichen Interesse bestehenden Pflichten zu veranlassen.[161]

---

[159] Gesetz über elektronische Handelsregister und Genossenschaftsregister sowie das Unternehmensregister (EHUG) vom 10.11.2006 (BGBl I, S. 2553).

[160] RegE, BT-Drucks 19/27635, S. 135: *„Soweit durch die Richtlinie (EU) 2019/1151 des Europäischen Parlaments und des Rates vom 20.6.2019 zur Änderung der Richtlinie (EU) 2017/1132 im Hinblick auf den Einsatz digitaler Werkzeuge und Verfahren im Gesellschaftsrecht (Digitalisierungsrichtlinie – ABl L 186, S. 80) in Modifikation zu § 12 HGB Überlegungen zu einer Online-Gründung Auftrieb erfahren haben, soll der Richtlinienumsetzung an dieser Stelle nicht vorgegriffen werden"*.

[161] RegE, BT-Drucks 19/27635, S. 135 – wobei der RegE jedoch darauf hinweist, dass bei einer entsprechenden Anwendung des § 14 HGB zu berücksichtigen sei, *„dass die betreffenden Gesellschaften bürgerlichen Rechts unter Umständen einen im Vergleich zu Personenhandelsgesellschaften geringeren Professionalisierungsgrad aufweisen können"*.

- Die bindende Wirkung von Entscheidungen des Prozessgerichts beurteilt sich entsprechend § 16 HGB, womit die Vorlage einer rechtskräftigen oder vollstreckbaren Entscheidung mit einer Feststellung der Verpflichtung des Beklagten zur Mitwirkung bei einer Registeranmeldung dessen Mitwirkung bei der Anmeldung ersetzt. Das Registergericht – ist ohne eigenes Prüfungsrecht – an diese Entscheidung gebunden.[162]
- Die entsprechende Anwendung von § 32 HGB führt zu einem Tätigwerden des Registergerichts in allen wesentlichen, zu eintragungspflichtigen Tatsachen führenden Etappen des Insolvenzverfahrens (mithin bei Verfahrenseröffnung, bei Aufhebung des Eröffnungsbeschlusses bzw. bei Einstellung oder Aufhebung des Verfahrens).[163]

c) Zweigniederlassungen einer eingetragenen GbR

88 Nach § 707b Nr. 3 BGB finden die Vorschriften betreffend Zweigniederlassungen auf die eingetragene GbR entsprechende Anwendung:
- § 13 HGB (Zweigniederlassungen mit Sitz im Inland) und
- § 13d HGB (Sitz oder Hauptniederlassung im Ausland).

Beachte:
Berufsrechtlich sind Zweigniederlassungen – bspw. nach § 27 Abs. 2 BRAO – zulässig. Es werden an den Betrieb einer Zweigniederlassung auch keine höheren Anforderungen gestellt als an den Geschäftsbetrieb der GbR selbst.

Insoweit stellt § 707b Nr. 3 BGB aber klar („*mit der Maßgabe*"), dass – abweichend von § 13 Abs. 1 HGB – eine Verpflichtung der Gesellschafter zur Anmeldung der Zweigniederlassung ins Gesellschaftsregister nicht besteht. Nur für den Fall, dass die Gesellschafter von ihrem Eintragungswahlrecht Gebrauch machen, müssen auch Änderungen in Bezug auf die Zweigniederlassungen nach § 14 HGB entsprechend zur Eintragung angemeldet werden.[164]

5. Statuswechsel

89 Die Neuregelung des § 707c BGB (Statuswechsel) hat folgenden Wortlaut:

„(1) Die Anmeldung zur Eintragung einer bereits in einem Register eingetragenen Gesellschaft unter einer anderen Rechtsform einer rechtsfähigen Personengesellschaft in ein anderes Register (Statuswechsel) kann nur bei dem Gericht erfolgen, das das Register führt, in dem die Gesellschaft eingetragen ist.

(2) Wird ein Statuswechsel angemeldet, trägt das Gericht die Rechtsform ein, in der die Gesellschaft in dem anderen Register fortgesetzt wird (Statuswechselvermerk). Diese

---

162 RegE, BT-Drucks 19/27635, S. 135.
163 RegE, BT-Drucks 19/27635, S. 135.
164 RegE, BT-Drucks 19/27635, S. 135.

Eintragung ist mit dem Vermerk zu versehen, dass die Eintragung erst mit der Eintragung der Gesellschaft in dem anderen Register wirksam wird, sofern die Eintragungen in den beteiligten Registern nicht am selben Tag erfolgen. Sodann gibt das Gericht das Verfahren von Amts wegen an das für die Führung des anderen Registers zuständige Gericht ab. Nach Vollzug des Statuswechsels trägt das Gericht den Tag ein, an dem die Gesellschaft in dem anderen Register eingetragen worden ist. Ist die Eintragung der Gesellschaft in dem anderen Register rechtskräftig abgelehnt worden oder wird die Anmeldung zurückgenommen, wird der Statuswechselvermerk von Amts wegen gelöscht.

(3) Das Gericht soll eine Gesellschaft, die bereits im Handels- oder im Partnerschaftsregister eingetragen ist, in das Gesellschaftsregister nur eintragen, wenn

1. der Statuswechsel zu dem anderen Register angemeldet wurde,
2. der Statuswechselvermerk in das andere Register eingetragen wurde und
3. das für die Führung des anderen Registers zuständige Gericht das Verfahren an das für die Führung des Gesellschaftsregisters zuständige Gericht abgegeben hat.

§ 707 Absatz 2 bleibt unberührt.

(4) Die Eintragung der Gesellschaft hat die Angabe des für die Führung des Handels- oder des Partnerschaftsregisters zuständigen Gerichts, die Firma oder den Namen und die Registernummer, unter der die Gesellschaft bislang eingetragen ist, zu enthalten. Das Gericht teilt dem Gericht, das das Verfahren abgegeben hat, von Amts wegen den Tag der Eintragung der Gesellschaft in das Gesellschaftsregister und die neue Registernummer mit. Die Ablehnung der Eintragung teilt das Gericht ebenfalls von Amts wegen dem Gericht, das das Verfahren abgegeben hat, mit, sobald die Entscheidung rechtskräftig geworden ist.

(5) Wird ein Gesellschafter Kommanditist, ist für die Begrenzung seiner Haftung für die zum Zeitpunkt seiner Eintragung ins Handelsregister begründeten Verbindlichkeiten § 728b entsprechend anzuwenden. Dies gilt auch, wenn er in der Gesellschaft oder einem ihr als Gesellschafter angehörenden Unternehmen geschäftsführend tätig wird. Seine Haftung als Kommanditist bleibt unberührt."

Aus der grundsätzlichen Registerfähigkeit der GbR folgt die Notwendigkeit eines Wechsels zwischen Gesellschaftsregister und Handelsregister:[165]

90

- Eine im Gesellschaftsregister eingetragene GbR kann durch eine Ausweitung ihrer Geschäftstätigkeit nachträglich einen in kaufmännischer Weise eingerichteten Gewerbebetrieb i.S.v. § 1 Abs. 2 HGB erfordern und damit zur OHG i.S.v. § 105 Abs. 1 HGB „mutieren", was nach der fortbestehenden Anmeldepflicht zur Eintragung in das Handelsregister einen Wechsel des Registers nach sich ziehen würde.

- Eine GbR kann aber auch den Status einer Personenhandelsgesellschaft anstreben, um etwa die Beteiligung von Kommanditisten zu ermöglichen.

---

165 Konstellationen nach RegE, BT-Drucks 19/27635, S. 135.

§ 2 Die Gesellschaft bürgerlichen Rechts (GbR)

- Eine kleingewerbliche OHG, die ihren kaufmännischen Status i.S.v. § 107 Abs. 1 S. 1 1. Alt. i.V.m. § 1 Abs. 2 HGB infolge Eintragung ins Handelsregister wieder aufgeben möchte, strebt einen Wechsel ins Gesellschaftsregister an.

Weiterhin ist auch ein Statuswechsel unter Beteiligung einer Partnerschaftsgesellschaft als Ausgangs- oder Zielrechtsform denkbar: Eine Partnerschaftsgesellschaft übt statt einer freiberuflichen Tätigkeit jetzt eine gewerbliche Tätigkeit aus.

Beachte:
Mit der Öffnung der Personenhandelsgesellschaften für die Ausübung Freier Berufe (vgl. § 107 Abs. 1 S. 2 HGB) kann ein Wechsel vom Partnerschafts- ins Handelsregister erfolgen, um den Status einer GmbH oder einer GmbH & Co. KG zu erlangen.

Beachte auch:
Freiberufler-GbR können eine Eintragung ins Partnerschaftsgesellschaftsregister begehren, um den Status einer PartGmbB zu erlangen.

91 Der registerrechtliche Vollzug eines entsprechenden rechtssicheren Statuswechsels[166] (Übergang von einer Form der Personengesellschaft in eine andere) regeln
- § 707c BGB (für die GbR),
- §§ 106, 107 Abs. 3 bis 5 HGB (Personenhandelsgesellschaften OHG bzw. KG, statt Personengesellschaften) und
- § 4 Abs. 4 PartGG (der in Bezug auf eine Partnerschaftsgesellschaft die Regelung des § 107 Abs. 3 HGB für entsprechend anwendbar erklärt).

92 Zentrale Aspekte eines Statuswechsels sind
- die **Sicherung der Rechtsidentität** der registerwechselnden Gesellschaft (was auch dann gilt, wenn im Zuge des Statuswechsels auch Änderungen im Gesellschafterbestand vollzogen und zur Eintragung angemeldet werden sollen)[167] und
- die **Vermeidung von Doppeleintragungen**[168] (in mit öffentlichem Glauben ausgestatteten Registern):[169] Verlass des Rechtsverkehrs auf die Registerlage.[170]

a) Zuständiges Register

93 Die Anmeldung zur Eintragung einer bereits in einem Register eingetragenen Gesellschaft unter einer anderen Rechtsform einer rechtsfähigen Personengesellschaft in ein anderes Register (**Legaldefinition des Statuswechsels**) – als „*Registermigra-*

---

166 Eingehend *Noack*, NZG 2020, 581.
167 *Späth-Weinreich*, BWNotZ 2021, 90, 94.
168 RegE, BT-Drucks 19/27635, S. 135. Näher *Späth-Weinreich*, BWNotZ 2021, 90, 94.
169 Schäfer/*Hermanns*, § 2 Rn 21.
170 *Späth-Weinreich*, BWNotZ 2021, 90, 94.

tion einer eingetragenen Personengesellschaft unter Wahrung ihrer Rechtsidentität in ein anderes Register"[171] – kann nach § 707c Abs. 1 BGB nur bei dem Gericht erfolgen, das das Register führt, in dem die Gesellschaft bereits eingetragen ist (Anmeldung zum Ausgangsregister)[172] – was auch für den Statuswechsel einer im Gesellschaftsregister eingetragenen GbR in eine OHG gilt (arg.: Eintragungspflicht der OHG nach § 106 Abs. 2 HGB).

Beachte:
Die Anmeldung ist durch **alle Gesellschafter** vorzunehmen (vgl. auch § 707 Abs. 4 S. 1 BGB), möglich ist eine Vertretung durch öffentlich beglaubigte Vollmacht (vgl. § 12 HGB).[173]

Die Regelung zielt auf eine Sicherstellung, „*dass die bislang eingetragene und die in dem anderen Register einzutragende Gesellschaft identisch sind und die Abfolge der Eintragungen des Statuswechsels im abgebenden und im aufnehmenden Register eingehalten werden kann*"[174] (**Vermeidung von Doppeleintragungen und Stärkung des Vertrauens des Rechtsverkehrs auf die Registerlage**). 94

Erforderlich ist – anders als bei einem mit einem Registerwechsel einhergehenden **Formwechsel** nach § 198 Abs. 2 S. 2 Hs. 1 i.V.m. S. 3 UmwG – nur die nach § 707c Abs. 1 BGB vorausgesetzte „eine" Anmeldung zum Ausgangsregister (**Beschränkung auf eine Anmeldung beim abgebenden Register**) – und damit keine weitere Anmeldung in das aufnehmende Register (Zielregister). Der Statuswechsel ist somit für die wechselnde Gesellschaft einfacher ausgestaltet[175] als der Formwechsel nach Maßgabe des UmwG (sofern dieser mit einem Registerwechsel einhergeht) bzw. ein Registerwechsel nach altem Recht,[176] was dem Interesse der statuswechselnden Gesellschaft an einem möglichst einfachen Verfahren (nur „eine" Anmeldung) dient und wodurch (wegen der weitreichenden Annäherung der Inhalte, Eintragungsvoraussetzungen und Eintragungswirkungen in den §§ 707 und 707c BGB einerseits und den §§ 106, 107 HGB andererseits) eine unverhältnismäßige Aufwandsmehrung der Registergerichte vermieden wird.[177] 95

b) Ablauf des registerrechtlichen Verfahrens in Fällen des Statuswechsels
Über § 106 Abs. 4 S. 2 HGB und § 1 Abs. 4 PartGG findet § 707c Abs. 2 BGB, der den Ablauf des registerrechtlichen Verfahrens in Fällen des Statuswechsels bei ei- 96

---

171 Schäfer/*Hermanns*, § 2 Rn 21.
172 Schäfer/*Hermanns*, § 2 Rn 22.
173 RegE, BT-Drucks 19/27635, S. 132.
174 RegE, BT-Drucks 19/27635, S. 136.
175 RegE, BT-Drucks 19/27635, S. 136.
176 Vgl. dazu OLG Hamm, Urt. v. 12.7.2018 – 27 W 24/18, juris Rn 6 = ZIP 2019, 661; *Berninger*, GmbHR 2004, 659, 660.
177 RegE, BT-Drucks 19/27635, S. 136.

ner eingetragenen GbR regelt, auf sämtliche Fallkonstellationen eines Statuswechsels entsprechende Anwendung.

97 Wird ein Statuswechsel angemeldet, trägt das Gericht nach § 707c Abs. 2 S. 1 BGB die Rechtsform (in das bisherige Register) ein, in der die Gesellschaft in dem anderen Register fortgesetzt wird (**Statuswechselvermerk** als Kenntlichmachung im bisherigen Register durch Eintragung der Rechtsform, in der die Gesellschaft fortgesetzt wird).[178]

98 Diese Eintragung (Statuswechselvermerk) ist gemäß § 707c Abs. 2 S. 2 BGB (entsprechend § 198 Abs. 2 S. 4 UmwG beim Formwechsel)[179] mit dem Vermerk zu versehen, dass die Eintragung erst mit der Eintragung der Gesellschaft in dem anderen (aufnehmenden) Register (Zielregister) wirksam wird (sog. **Vorläufigkeitsvermerk**), sofern die Eintragungen in den beteiligten Registern nicht am selben Tag erfolgen.

> *Beachte:*
> Das Ausgangsregister prüft allein die ordnungsgemäße Anmeldung des Statuswechsels – nicht entgegen, *„ob die Voraussetzungen für die Eintragung im Zielregister erfüllt sind"*[180] (was Aufgabe des Zielregisters ist).

99 Im Anschluss (an die Eintragung des Statuswechselvermerks) gibt das Gericht nach § 707c Abs. 2 S. 3 BGB das Verfahren von Amts wegen an das für die Führung des anderen Registers (Zielregister) zuständige Gericht ab, das die Eintragungsfähigkeit der statuswechselnden Gesellschaft nach allgemeinen Maßgaben (ggf. auch im Hinblick auf berufsrechtliche Vorbehalte i.S.v. § 107 Abs. 1 S. 2 HGB)[181] zu prüfen hat.[182] Dadurch unterscheidet sich das Verfahren von jenem des Formwechsels nach § 198 UmwG, das eine Anmeldung bei dem aufnehmenden Register durch die Vertretungsorgane der Gesellschaft und keine Abgabe von Amts wegen vorsieht.[183]

100 Wenn die Eintragungsvoraussetzungen des Zielregisters erfüllt sind, wird die Gesellschaft im Zielregister eingetragen. Zugleich wird das Ausgangsregister, das

---

[178] RegE, BT-Drucks 19/27635, S. 136.
[179] Vgl. *Priester*, DNotZ 1995, 442; KK-UmwG/*Petersen*, § 198 Rn 7.
[180] Schäfer/*Hermanns*, § 2 Rn 23.
[181] Im Falle des Statuswechsels einer GbR in eine Partnerschaftsgesellschaft nach § 4 Abs. 4 PartGG i.V.m. § 107 Abs. 3 HGB ist auch zu prüfen, ob nicht der Betrieb eines Handelsgewerbes der Fortsetzung der Gesellschaft als Partnerschaftsgesellschaft entgegensteht: RegE, BT-Drucks 19/27635, S. 138.
[182] RegE, BT-Drucks 19/27635, S. 138.
[183] Was im Schrifttum aber als Redaktionsversehen betrachtet wird: vgl. Lutter/*Hoger*, § 198 UmwG Rn 27.

dann den Tag der Eintragung im Zielregister im Ausgangsregister einträgt, darüber informiert.[184]

Nach Vollzug des Statuswechsels – zu einem späteren Zeitpunkt – trägt das Gericht gemäß § 707 Abs. 2 S. 4 BGB dann den Tag ein, an dem die Gesellschaft in dem anderen Register (**Zielregister**) eingetragen worden ist (Eintrag des Tags des Registervollzugs im aufnehmenden Register). Dadurch kann dann auch dem abgebenden Register (**Abgaberegister**) unzweideutig entnommen werden, dass die Gesellschaft ihre Rechtsform wirksam geändert hat.[185] 101

Ist die Eintragung der Gesellschaft in dem anderen Register (Zielregister) rechtskräftig abgelehnt worden oder wird die Anmeldung zurückgenommen, wodurch der Statuswechselvermerk zwischenzeitlich gegenstandslos geworden ist, wird der Statuswechselvermerk zwecks Bereinigung des Gesellschaftsregisters dieses Schwebezustands[186] nach § 707c Abs. 2 S. 5 BGB im Ausgangsregister von Amts wegen gelöscht. *„Sofern die Eintragungen in den beteiligten Registern am selben Tag erfolgen, entfällt die Notwendigkeit, dem Statuswechselvermerk einen Vorläufigkeitsvermerk beizufügen. In diesen Fällen kann der Tag der Eintragung in dem aufnehmenden Register unmittelbar dem Tag der Eintragung des Statuswechselvermerks entnommen werden und es bedarf keiner zweiten Eintragung zur rechtssicheren Kennzeichnung, dass der Statuswechsel abgeschlossen wurde".*[187] 102

c) Eintragungsvoraussetzungen für eine bislang im Handels- oder Partnerschaftsregister eingetragene Gesellschaft

Das Gericht soll nach § 707c Abs. 3 S. 1 BGB eine Gesellschaft, die bereits im Handels- oder im Partnerschaftsregister eingetragen ist, nur dann in das Gesellschaftsregister eintragen, wenn das in § 707c Abs. 1 und 2 BGB vorgeschriebene Verfahren (Statuswechselverfahren unter Beteiligung des Zielregisters) beachtet worden ist, mithin 103

1. der Statuswechsel zu dem anderen Register angemeldet wurde (Nr. 1),
2. der Statuswechselvermerk in das andere Register eingetragen wurde (Nr. 2) und
3. das für die Führung des anderen Registers zuständige Gericht das Verfahren an das für die Führung des Gesellschaftsregisters zuständige Gericht abgegeben hat (Nr. 3).

Gemäß § 707c Abs. 3 S. 2 BGB bleibt die Regelung des § 707 Abs. 2 BGB mit dem notwendigen Inhalt einer Gesellschaftsregisteranmeldung hiervon unberührt.

---

184 Schäfer/Hermanns, § 2 Rn 23.
185 RegE, BT-Drucks 19/27635, S. 137.
186 RegE, BT-Drucks 19/27635, S. 137.
187 RegE, BT-Drucks 19/27635, S. 137.

> *Beachte:*
> Über § 1 Abs. 4 PartGG findet § 707c Abs. 3 BGB auf den Statuswechsel in eine Partnerschaftsgesellschaft entsprechende Anwendung.

d) Eintragung der Gesellschaft

104 Die Eintragung der Gesellschaft muss nach § 707c Abs. 4 S. 1 BGB die wesentlichen Angaben zu deren Eintragung im Handels- oder im Partnerschaftsregister enthalten, um die Identität der Gesellschaft aus den aufeinanderfolgenden Eintragungen in den beiden beteiligten Registern unzweifelhaft nachvollziehbar zu gestalten[188] – nämlich die Angabe
1. des für die Führung des Handels- oder Partnerschaftsregisters zuständigen Gerichts,
2. die Firma oder den Namen und
3. die Registernummer, unter der die Gesellschaft bislang eingetragen ist.

„Dies ist vor allem dann von Bedeutung, wenn der im Zuge des Statuswechsels angenommene Name sich von der bisherigen Firma der Gesellschaft unterscheidet oder sich die Vertretungsverhältnisse geändert haben".[189]

105 Das Gericht teilt nach § 707c Abs. 4 S. 2 BGB dem Gericht, das das Verfahren abgegeben hat, von Amts wegen den Tag der Eintragung der Gesellschaft in das Gesellschaftsregister und die neue Registernummer mit, damit das abgebende Gericht wiederum die nach § 707c Abs. 2 S. 4 BGB vorgesehene Eintragung vornehmen kann.[190]

106 Die Ablehnung der Eintragung teilt das Gericht gemäß § 707c Abs. 4 S. 3 BGB ebenfalls von Amts wegen dem Gericht, das das Verfahren abgegeben hat, mit, sobald die Entscheidung – d.h. die Eintragung der Gesellschaft als GbR (oder als Partnerschaftsgesellschaft) – rechtskräftig geworden (abgelehnt worden) ist (Ablehnung eines Statuswechsels), *„so dass der Statuswechsel endgültig nicht [mehr] wirksam werden kann, (…) weil der Gesellschaftszweck entgegen der Ansicht der Gesellschafter doch (noch) auf den Betrieb eines Handelsgewerbes gerichtet ist, oder die gemeinsame Ausübung Freier Berufe durch die Gesellschafter in der Rechtsform der GbR berufsrechtlich unzulässig ist, so dass die Erlangung der Eigenschaft einer GbR (oder Partnerschaftsgesellschaft) ausgeschlossen ist"*.[191] In solchen Fällen einer Ablehnung eines Statuswechsels ist der Statuswechselvermerk nämlich nach § 707c Abs. 2 S. 5 BGB – der gemäß § 106 Abs. 4 S. 2 HGB auf die Personenhandelsgesellschaft und nach § 1 Abs. 4 PartGG auf die Partnerschafts-

---

188 RegE, BT-Drucks 19/27635, S. 138.
189 RegE, BT-Drucks 19/27635, S. 138.
190 RegE, BT-Drucks 19/27635, S. 138.
191 RegE, BT-Drucks 19/27635, S. 138.

C. Die rechtsfähige GbR § 2

gesellschaft entsprechende Anwendung findet – in dem abgebenden Register von Amts wegen zu löschen.

Beachte:
§ 707c BGB trifft keine Regelung über die „Wahrung der Identität der Gesellschafter der Personengesellschaft" mit der Folge, dass vorbehaltlich einer freien Vereinbarung der Gesellschafter hierzu (die keinen Restriktionen unterliegt) im Rahmen des Statuswechsels die bis dahin bestehenden Verhältnisse unverändert fortbestehen und der Gesellschafterbestand sich allein durch den Statuswechsel nicht ändert.[192] Die Gesellschafter können – vergleichbar der Rechtslage nach dem UmwG[193] – somit bei Anmeldung des Statuswechsels bei dem Register, in dem die Gesellschaft bisher eingetragen ist, Änderungen im Gesellschafterbestand (bspw. dass bei dem Statuswechsel von einer Partnerschaftsgesellschaft oder einer GbR in eine KG ein weiterer Gesellschafter, insbesondere eine Komplementär-GmbH, als unbeschränkt persönlich haftender Gesellschafter der Gesellschaft beitritt, womit alle bisherigen Gesellschafter zu Kommanditisten der unter neuer Rechtsform eingetragenen Gesellschaft werden können)[194] anmelden. Auf diesen Statuswechsel finden nach § 1 Abs. 4 PartGG die Vorschriften über die GbR (mithin § 707c BGB und ergänzend gemäß § 4 Abs. 4 PartGG die Regelung des § 107 Abs. 3 HGB) entsprechende Anwendung.[195]

---

192 RegE, BT-Drucks 19/27635, S. 138.
193 RegE, BT-Drucks 19/27635, S. 138, das zwar – im Interesse des Gesellschafterschutzes – die Identität der Gesellschafter vor und nach dem Formwechsel anordnet und Ausnahmen nur für Formwechsel unter Beteiligung einer KGaA zulässt (§§ 221, 240 Abs. 2 UmwG). Gleichwohl wird (wegen des praktischen Bedürfnisses und bei Einverständnis aller Gesellschafter) die Möglichkeit der Aufnahme eines neuen unbeschränkt persönlich haftenden Gesellschafters nach h.M. (vgl. auch das obiter dictum in BGH, Urt. v. 9.5.2005 – II ZR 29/03, juris Rn 13 = ZIP 2005, 1318) jedenfalls dann anerkannt, *„wenn sie im Zuge eines Formwechsels einer Kapitalgesellschaft in eine Personenhandelsgesellschaft erfolgt und die hinzutretende Kapitalgesellschaft unbeschränkt persönlich haftende Gesellschafterin wird"* (RegE, BT-Drucks 19/27635, S. 139 unter Bezugnahme auf Habersack/Wicke/*Simons*, § 202 UmwG Rn 41; Lutter/*Hoger*, § 202 UmwG Rn 12; Kallmeyer/Marsch-Barner/*Kallmeyer*, § 1 UmwG Rn 1; Semler/Stengel/*Leonhard*, § 202 UmwG Rn 22), was von besonderer praktischer Bedeutung bei einem Formwechsel einer Kapitalgesellschaft in eine GmbH und Compagnie Kommanditgesellschaft ist, *„bei der alle bisherigen Gesellschafter unmittelbar die Stellung eines Kommanditisten erlangen wollen, wofür die Aufnahme einer GmbH als Komplementärin erforderlich ist. Hier wird es für zulässig erachtet, den Beitritt der GmbH als Komplementärin zu dem Zeitpunkt wirksam werden zu lassen, zu dem auch der Formwechsel durch Eintragung der Gesellschaft in neuer Rechtsform im Handelsregister wirksam wird"*, RegE, a.a.O., unter Bezugnahme auf Sagasser/Bula/Brünger/Sagasser/*Luke*, Umwandlungen, § 26, Rn 161; *K. Schmidt*, GmbHR 1995, 693.
194 RegE, BT-Drucks 19/27635, S. 138.
195 RegE, BT-Drucks 19/27635, S. 138.

§ 2 Die Gesellschaft bürgerlichen Rechts (GbR)

e) Statuswechsel einer GbR in eine KG

107 Wird ein Gesellschafter Kommanditist (d.h. wird eine Gesellschaft [GbR] infolge eines Statuswechsels nach § 707c Abs. 2 BGB, womit eine Haftungsbeschränkung bislang unbeschränkt haftender Gesellschafter auf die im Handelsregister eingetragene Haftsumme eintritt), ist nach § 707c Abs. 5 S. 1 BGB für die Begrenzung seiner Haftung für die zum Zeitpunkt seiner Eintragung im Handelsregister begründeten Verbindlichkeiten die Regelung des § 728b BGB über die Nachhaftung des ausgeschiedenen Gesellschafters entsprechend anzuwenden (Gleichstellung der mit dem Statuswechsel einhergehenden Umwandlung der Mitgliedschaft eines unbeschränkt persönlich haftenden Gesellschafters einer GbR in diejenige eines Kommanditisten mit dem Ausscheiden eines Gesellschafters aus der GbR nach § 728 BGB).[196] *„Die Regelung bezieht sich auf die Haftung für solche Gesellschaftsverbindlichkeiten, die zwischen der Umwandlung der Mitgliedschaft und ihrer Eintragung begründet wurden und für die der Kommanditist abweichend von der Haftungsbeschränkung nach § 171 Abs. 1 HGB auf der Grundlage von § 15 Abs. 1 HGB unbeschränkt persönlich haftet".*[197] Die Regelung zielt darauf ab, dass ein Kommanditist (spätestens) nach Ablauf von fünf Jahren von der Inanspruchnahme für diese Gesellschaftsverbindlichkeiten freigestellt wird.[198]

108 Dies gilt nach § 707c Abs. 5 S. 2 BGB auch, wenn er in der Gesellschaft oder einem ihr als Gesellschafter angehörenden Unternehmen geschäftsführend tätig wird. Seine Haftung als Kommanditist bleibt gemäß § 707c Abs. 5 S. 3 BGB unberührt.

> *Beachte:*
> Im Hinblick auf den Statuswechsel einer Partnerschaftsgesellschaft in eine KG folgt das Gleiche aus der entsprechenden Anwendung des § 707c Abs. 5 i.V.m. § 728b BGB gemäß § 1 Abs. 4 PartGG.[199]

6. Verordnungsermächtigung

109 Die am 18.8.2021 bereits in Kraft getretene Neuregelung des § 707d BGB (Verordnungsermächtigung) hat folgenden Wortlaut:

„(1) Die Landesregierungen werden ermächtigt, durch Rechtsverordnung nähere Bestimmungen über die elektronische Führung des Gesellschaftsregisters, die elektronische Anmeldung, die elektronische Einreichung von Dokumenten sowie deren Aufbewahrung zu treffen, soweit nicht durch das Bundesministerium der Justiz und für Verbraucherschutz nach § 387 Abs. 2 des Gesetzes über das Verfahren in Familiensachen und in den Angelegenheiten der freiwilligen Gerichtsbarkeit entsprechende Vorschriften erlassen werden.

---

196 RegE, BT-Drucks 19/27635, S. 139.
197 RegE, BT-Drucks 19/27635, S. 139 unter Bezugnahme auf MüKo-HGB/*K. Schmidt*, § 160 Rn 43.
198 RegE, BT-Drucks 19/27635, S. 139.
199 RegE, BT-Drucks 19/27635, S. 139.

C. Die rechtsfähige GbR § 2

Dabei können sie auch Einzelheiten der Datenübermittlung regeln sowie die Form zu übermittelnder elektronischer Dokumente festlegen, um die Eignung für die Bearbeitung durch das Gericht sicherzustellen. Die Landesregierungen können die Ermächtigung durch Rechtsverordnung auf die Landesjustizverwaltungen übertragen.

(2) Die Landesjustizverwaltungen bestimmen das elektronische Informations- und Kommunikationssystem, über das die Daten aus den Gesellschaftsregistern abrufbar sind, und sind für die Abwicklung des elektronischen Abrufverfahrens zuständig. Die Landesregierung kann die Zuständigkeit durch Rechtsverordnung abweichend regeln; sie kann diese Ermächtigung durch Rechtsverordnung auf die Landesjustizverwaltung übertragen. Die Länder können ein länderübergreifendes, zentrales elektronisches Informations- und Kommunikationssystem bestimmen. Sie können auch eine Übertragung der Abwicklungsaufgaben auf die zuständige Stelle eines anderen Landes sowie mit dem Betreiber des Unternehmensregisters eine Übertragung der Abwicklungsaufgaben auf das Unternehmensregister vereinbaren."

a) Ermächtigungsgrundlage für Landesrechtsverordnungen

§ 707d BGB enthält neben § 376 Abs. 2 und § 387 FamFG die für das Gesellschaftsregister einschlägigen Verordnungsermächtigungen.[200] Die Ermächtigungsgrundlage des § 707d Abs. 1 BGB für Landesrechtsverordnungen hinsichtlich der elektronischen Führung des Gesellschaftsregisters, der elektronischen Anmeldung und Dokumenteneinreichung, der Dokumentenaufbewahrung sowie der Datenübermittlung und der Datenformate vorbehaltlich einer bundeseinheitlichen Regelung nach § 387 Abs. 2 FamFG entspricht inhaltlich § 8a Abs. 2 HGB.

110

b) Einbindung des Gesellschaftsregisters in das gemeinsame Registerportal der Länder

§ 707d Abs. 2 BGB, der inhaltlich § 9 Abs. 1 S. 2 bis 5 HGB entspricht, schafft die Grundlage, „*um das Gesellschaftsregister in das gemeinsame Registerportal der Länder einzubinden, welches den Zugang zu den automatisierten Abrufen von Daten aus dem Handels-, Genossenschafts-, Partnerschafts- und zukünftig auch Gesellschaftsregister eröffnet*".[201]

111

---

200 RegE, BT-Drucks 19/27635, S. 139.
201 RegE, BT-Drucks 19/27635, S. 139.

§ 2 Die Gesellschaft bürgerlichen Rechts (GbR)

IV. Rechtsverhältnis der Gesellschafter untereinander und der Gesellschafter zur Gesellschaft

112 Das zweite Kapitel (§§ 708 bis 718 BGB) regelt das Rechtsverhältnis der Gesellschafter untereinander und der Gesellschafter zur Gesellschaft unter Zusammenfassung des auf die §§ 706 bis 713 und auf die §§ 716 bis 722 BGB alt verteilten Normenbestands und ordnet ihn inhaltlich neu unter der genannten Bezeichnung,[202] was insoweit neue Relevanz erlangt, als sich infolge der gesetzlichen Anerkennung der Rechtsfähigkeit der GbR (§ 705 Abs. 2 und 3 i.V.m. §§ 706 ff. BGB) die Rechte und Pflichten der Gesellschafter nicht mehr auf deren Rechtsbeziehungen untereinander beschränken, sondern auch im Verhältnis zur Gesellschaft bestehen (**multipolares Rechtsverhältnis**).[203]

> *Beachte:*
> Dem hingegen regelt das dritte Kapitel (§§ 719 bis 722 BGB) das Rechtsverhältnis der GbR zu Dritten (organschaftliche Vertretungsmacht).

> *Hinweis:*
> In Bezug auf die Partnerschaftsgesellschaft ist es hingegen zu bloßen redaktionellen Anpassungen der Verweisungsnorm in § 6 PartGG (Rechtsverhältnis der Partner untereinander) respektive § 7 PartGG (Wirksamkeit im Verhältnis zu Dritten, rechtliche Selbstständigkeit) gekommen.

113 Der Gesetzgeber hat dabei – einer Empfehlung des 71. DJT folgend[204] – von einer Kodifizierung allgemeiner gesellschaftsrechtlicher Grundsätze wie

1. der gesellschaftsrechtlichen Treuepflicht,
2. des Gleichbehandlungsgrundsatzes und des
3. Wettbewerbsverbots (entsprechende Anwendung der §§ 117, 118 HGB)[205]

abgesehen, da *„die Vielfalt an denkbaren Anwendungsfällen (...) hier im Allgemeinen zu einer derart abstrakt-generellen Regelung zwingen würde, dass davon auszugehen ist, dass der Rechtsanwender aus einer Kodifizierung allenfalls einen geringen Nutzen ziehen könnte".*[206]

---

202 RegE, BT-Drucks 19/27635, S. 139.
203 RegE, BT-Drucks 19/27635, S. 139.
204 Beschluss 8 des 71. DJT, Verhandlungen des 71. DJT, Bd. II/2, 2017, S. O220.
205 Vor allem in Bezug auf das Eintrittsrecht nach § 113 Abs. 1 Hs. 2 HGB alt (respektive § 118 Abs. 1 2. Hs. HGB neu) bei der unternehmenstragenden GbR: RegE, BT-Drucks 19/27635, S. 139, was zum Teil schon heute anerkannt ist (vgl. zur Geschäftschancenlehre BGH, Urt. v. 4.12.2012 – II ZR 159/10, juris Rn 20 = ZIP 2013, 361; *Fleischer*, NZG 2013, 361 ff.; MüKo-HGB/*Langhein*, § 112 Rn 4.
206 RegE, BT-Drucks 19/27635, S. 140.

Die Altregelung des § 708 BGB (Haftungsbeschränkung auf Verletzung der in eigenen Sachen üblichen Sorgfalt – *diligentia quam in suis*) konnte entfallen, da der Tatbestand sich auf das Rechtsverhältnis der Gesellschafter untereinander bezog,[207] wohingegen es jetzt um die Haftung gegenüber der rechtsfähigen GbR geht.[208]

1. Gestaltungsfreiheit

Die Neuregelung des § 708 BGB (Gestaltungsfreiheit) – § 708 BGB alt regelte die Haftung der Gesellschafter (*diligentia quam in suis*) – hat folgenden Wortlaut: **114**

> „Von den Vorschriften dieses Kapitels kann durch den Gesellschaftsvertrag abgewichen werden, soweit im Gesetz nichts anderes bestimmt ist."

§ 708 BGB ist – dem § 109 HGB alt (vgl. auch § 108 HGB) nachgebildet – „*gesetzlicher Ausdruck der den Zusammenschluss zu einer Gesellschaft prägenden, neben der Abschlussfreiheit auch die **inhaltliche Gestaltungsfreiheit** gewährleistenden Privatautonomie der Gesellschafter*"[209] und basiert auf der Überlegung, „*dass sich das Rechtsverhältnis der Gesellschafter untereinander und der Gesellschafter zur Gesellschaft vorrangig nach dem Gesellschaftsvertrag richtet*".[210] **115**

Von den Vorschriften dieses Kapitels 2 (Rechtsverhältnis der Gesellschafter untereinander und der Gesellschafter zur Gesellschaft) kann durch den Gesellschaftsvertrag nach § 708 BGB (bzw. dessen nachträgliche Änderung durch Gesellschafterbeschluss, wobei die Beschlussfassung nach § 714 BGB selbst auch dispositiver Natur ist) abgewichen werden, soweit im Gesetz nichts anderes bestimmt ist (weitgehende Gestaltungsfreiheit im Innenverhältnis),[211] wodurch die vertraglichen Regelungen des Gesellschaftsvertrags – denen die außervertraglich getroffenen, ihn **116**

---

207 Dazu näher *Schirrmacher*, Der Haftungsmaßstab in der Personengesellschaft nach dem MoPeG, ZHR 2022, 250.
208 RegE, BT-Drucks 19/27635, S. 140, weshalb der Gesetzgeber der Empfehlung des 71. DJT nicht gefolgt ist, den Maßstab der eigenüblichen Sorgfalt nur für Personenhandelsgesellschaften durch den Maßstab der verkehrsüblichen Sorgfalt zu ersetzen (vgl. Beschluss 17a des 71. DJT, Verhandlungen des 71. DJT, Bd. II/2, 2017, S. O222). Für eine Beibehaltung des besonderen Sorgfaltsmaßstabs stehe auch kein durchgreifendes praktisches Bedürfnis, zumal die von der Rechtsprechung entwickelten zahlreichen Ausnahmen zu § 708 BGB alt (bspw. Publikumsgesellschaft, kapitalistisch strukturierte Gesellschaft, Haftung im Straßenverkehr) belegten, dass die Vorschrift die legitime Verhaltenserwartung der Gesellschafter in weiten Teilen nicht mehr angemessen nachbilde (so *Fleischer/Danninger*, NZG 2016, 481, 489 f.; *ders.*, JZ 2019, 53, 55 f.). Interessengerechte Lösungen ließen sich ohne Weiteres mit der allgemeinen Rechtsgeschäfts- und Schuldrechtslehre besser erreichen (z.B. stillschweigend vereinbarter Haftungsausschluss, verkehrskreisbezogene Bestimmung des allgemeinen Sorgfaltsmaßstabs nach § 276 Abs. 1 S. 1 BGB). Diese Erwägung gelte gleichermaßen für die rechtsfähige wie auch für die nichtrechtsfähige Gesellschaft, weil beide jedenfalls auch ein vertragliches Schuldverhältnis darstellen: RegE, a.a.O.
209 RegE, BT-Drucks 19/27635, S. 140.
210 RegE, BT-Drucks 19/27635, S. 140.
211 Schäfer/*Schäfer*, § 6 Rn 2.

ändernden oder auch nur einmalig durchbrechenden Gesellschafterbeschlüsse[212] gleichstehen[213] – den gesetzlichen Bestimmungen vorgehen, *„soweit ihnen nicht ausdrücklich zwingender Charakter zukommt"*.[214]

117 Zwingende Vorschriften, die die Gestaltungsfreiheit begrenzen, sind
- § 715a S. 2 BGB (Notgeschäftsführungsbefugnis),
- § 715b Abs. 2 BGB (Gesellschafterklage – actio pro socio) und
- § 717 Abs. 1 S. 3 und Abs. 2 S. 2 BGB (Informationsrechte und -pflichten).

Außerhalb dieses gesetzlichen Rahmens ist durch **Auslegung** zu ermitteln, ob die konkret in Rede stehende Vorschrift dispositiver oder zwingender Natur ist (Normzweck) und dann im letzteren Fall einer abweichenden Regelung im Gesellschaftsvertrag entgegensteht.[215]

118 *Schäfer*[216] erachtet auch § 710 BGB (**Mehrbelastungsverbot**) und § 724 BGB (Fortsetzung mit dem Erben und dessen Recht zum Ausscheiden) entgegen der Gesetzesbegründung als „grundsätzlich zwingender Natur" – ebenso wie das neue Recht nichts daran ändern soll, *„dass es grundlegende ungeschriebene Mitgliedschaftsrechte [gibt], die nicht ausgeschossen oder eingeschränkt werden können, also zwingender Natur sind"*[217] (unverzichtbare i.S. absolut unentziehbarer [Mitgliedschafts-]Rechte im Individualschutzinteresse, die zum Kernbereich der Mitgliedschaft zählen),[218] wie z.B.[219]

- das Recht zur **Teilnahme an Gesellschafterversammlungen und Abstimmungen** (wozu auch das Rede- und Antragsrecht zählen) oder
- **Zustimmungsrechte** bei Eingriffen in relativ unentziehbare Rechte (Kernbereichsrechte – *„unverzichtbarer Kernbereich der Mitgliedschaft"*).[220]

---

212 „Das gilt jedenfalls dann, wenn der Gesellschafterbeschluss vergleichbar dem formfrei zulässigen Gesellschaftsvertrag mit der Zustimmung sämtlicher Gesellschafter gefasst wurde. Ob und inwieweit diese Überlegung auch für den mit Mehrheit gefassten Gesellschafterbeschluss Platz greift, wenn der Beschlussgegenstand von einer gesellschaftsvertraglichen Mehrheitsklausel umfasst ist, lässt sich demgegenüber nicht allgemein beurteilen, sondern kann nur von der Rechtsprechung im Einzelfall entschieden werden": RegE, BT-Drucks 19/27635, S. 140.
213 RegE, BT-Drucks 19/27635, S. 140 unter Bezugnahme auf Baumbach/Hopt/*Roth*, § 109 HGB Rn 2; Habersack/*Schäfer*, § 109 HGB Rn 5.
214 RegE, BT-Drucks 19/27635, S. 140.
215 RegE, BT-Drucks 19/27635, S. 141: z.B. die eingeschränkte Übertragbarkeit von Gesellschafterrechten (§ 711a BGB) oder die Pflicht zur Anmeldung des Eintritts und Ausscheidens eines Gesellschafters bei einer eingetragenen GbR (§ 707 Abs. 3 S. 2 BGB).
216 Schäfer/*Schäfer*, § 6 Rn 3.
217 Schäfer/*Schäfer*, § 6 Rn 3.
218 Schäfer/*Schäfer*, § 6 Rn 13.
219 Schäfer/*Schäfer*, § 6 Rn 16.
220 RegE, BT-Drucks 19/27635, S. 170 f.

Kernbereichsrechte (relativ entziehbare, d.h. nur mit Zustimmung der Gesellschafter ganz oder teilweise entziehbare Rechte) sind: **119**
- § 710 BGB – Schutz vor mehrheitlicher Beitragserhöhung,
- Stimmrechte,
- Vermögensrechte (Gewinn- und Abfindungsrechte[221] bzw. Recht auf anteiligen Liquidationserlös),
- Geschäftsführungsrecht (vorbehaltlich einer Entziehung aus „wichtigem Grund", § 715 Abs. 5 BGB).

Beachte:
Aus der Beschränkung des Geltungsvorrangs gegenüber gesetzlichen Bestimmungen des zweiten Kapitels kann nicht der Umkehrschluss gezogen werden, dass die Regelungen der übrigen Kapitel zwingend wären. Vielmehr ist deren zwingender Charakter entweder aus dem **Gesetzestext**, etwa in den Fällen des
- § 719 Abs. 2 BGB – Entstehung der Gesellschaft,
- § 720 Abs. 3 BGB – Umfang der Vertretungsbefugnis,
- § 721 BGB – persönliche Haftung der Gesellschafter,
- § 721a BGB – Haftung des eintretenden Gesellschafters,
- § 724 Abs. 2 BGB – Ausscheiden des Erben,
- § 725 Abs. 6 BGB – Kündigung der Mitgliedschaft,
- § 731 Abs. 2 BGB – Kündigung der Gesellschaft,
- § 736 Abs. 1 BGB – Gesellschafter als Liquidatoren oder
- § 736a Abs. 1 BGB – gerichtliche Berufung und Abberufung von Liquidatoren

oder aus dem jeweiligen **Normzweck**, bspw.
- § 722 BGB – Zahlungsverbot bei Zahlungsunfähigkeit oder Überschuldung; Haftungsfolgen oder
- § 726 BGB – Kündigung der Mitgliedschaft durch einen Privatgläubiger des Gesellschafters

herleitbar.[222]

Beachte:
Allgemeine Schranken folgen bspw. aus § 138 BGB bzw. § 134 BGB (im Fall verbotswidriger Klauseln).[223]

---

221 Dazu näher *Hüttemann/Meyer*, Zur Abfindung ausscheidender Personengesellschafter nach dem MoPeG, ZIP 2022, 935.
222 RegE, BT-Drucks 19/27635, S. 141.
223 Schäfer/*Schäfer*, § 6 Rn 4.

§ 2 Die Gesellschaft bürgerlichen Rechts (GbR)

> *Vorbemerkung:*
> Keine Regelung erfahren haben die gleichwohl beibehaltenen allgemeinen Grundsätze,[224] wie das Recht jedes Gesellschafters an Gesellschafterversammlungen teilzunehmen sowie die Treuepflicht (und daraus ableitbar das allgemeine Wettbewerbsverbot), der Gleichbehandlungsgrundsatz und der Grundsatz der Selbstorganschaft. Ausdrücklich geregelt wurden hingegen die
> - **actio pro socio** (Gesellschafterklage, § 715b Abs. 2 BGB),
> - die Unfähigkeit der Gesellschaft, eigene Anteile zu erwerben (§ 711 Abs. 1 S. 2 BGB) und
> - der Ausschluss von Einpersonengesellschaften (§ 712a Abs. 1 S. 1 BGB – Mehrgliedrigkeit als Strukturmerkmal aller Personengesellschaften).[225]

2. Beiträge, Stimmkraft, Anteil an Gewinn und Verlust

120 Die Neuregelung des § 709 BGB (Beiträge; Stimmkraft; Anteil an Gewinn und Verlust) – § 709 BGB alt regelte die gemeinschaftliche Geschäftsführung – hat folgenden Wortlaut:

„(1) Der Beitrag eines Gesellschafters kann in jeder Förderung des gemeinsamen Zwecks, auch in der Leistung von Diensten, bestehen.

(2) Im Zweifel sind die Gesellschafter zu gleichen Beiträgen verpflichtet.

(3) Die Stimmkraft und der Anteil an Gewinn und Verlust richten sich vorrangig nach den vereinbarten Beteiligungsverhältnissen. Sind keine Beteiligungsverhältnisse vereinbart worden, richten sie sich nach dem Verhältnis der vereinbarten Werte der Beiträge. Sind auch Werte der Beiträge nicht vereinbart worden, hat jeder Gesellschafter ohne Rücksicht auf den Wert seines Beitrags die gleiche Stimmkraft und einen gleichen Anteil am Gewinn und Verlust."

121 Die Neuregelung des § 709 BGB über die Beiträge der Gesellschafter und das Ausmaß ihrer Beteiligung an der Gesellschaft im Hinblick auf die Stimmkraft und den Anteil am Gewinn und Verlust fasst den bisher verteilten Normenbestand in den §§ 706 Abs. 1 und 3, 709 Abs. 2, 722 BGB alt zusammen und ordnet ihn inhaltlich neu.[226]

§ 709 BGB findet über § 105 Abs. 3 HGB, § 161 Abs. 2 HGB und § 1 Abs. 4 PartGG auch auf die OHG, die KG und die Partnerschaftsgesellschaft entsprechende Anwendung.

---

224 Dazu Schäfer/*Schäfer*, § 6 Rn 6 ff. RegE, BT-Drucks 19/27635, S. 140.
225 RegE, BT-Drucks 19/27635, S. 146.
226 RegE, BT-Drucks 19/27635, S. 141.

C. Die rechtsfähige GbR § 2

a) Beitrag

122 Der Beitrag eines Gesellschafters kann nach der neuen **Legaldefinition** in § 709 Abs. 1 BGB als Oberbegriff – in weitgehender Übernahme von § 706 Abs. 3 BGB alt[227] – in jeder Förderung des gemeinsamen Zwecks, auch in einer solchen, die nicht bilanzierungsfähig ist, wie bspw. der Leistung von Diensten (d.h. alle denkbaren Förderungsleistungen),[228] bestehen.

123 Der Gesetzgeber hat die bisherigen Begrifflichkeiten „Beitrag" (als Einlage) und „Einlage" (als der der Gesellschaft geleistete Beitrag)[229] – die bislang (um die terminologische Unstimmigkeit mit dem allgemeinen Beitragsbegriff zu verdecken) auch als Beitrag im engeren Sinne (Einlage) bzw. als Beitrag im weiteren Sinne (jede vom Gesellschafter geschuldete Zweckförderung) bezeichnet wurden – als „sachwidrig" empfunden[230] und auf eine terminologische Unterscheidung verzichtet: „Beitrag" kann in einem weiten Begriffsverständnis *„in jeder Förderung des gemeinsamen Zwecks"* (vgl. den Wortlaut des § 709 Abs. 1 BGB) bestehen und erfasst somit sowohl die noch geschuldeten als auch die bereits geleisteten Beiträge *„unabhängig von ihrem Vermögenswert und auch unabhängig davon, ob sie zu einer Vermehrung der Haftungsmasse beitragen"*.[231]

124 Unter den Begriff des „Beitrags" fallen Sachen und Rechte, aber auch Dienstleistungen.[232] Damit geht der Beitragsbegriff über den in Bezug auf die Kommanditistenhaftung verwendeten Einlagenbegriff (vgl. § 171 Abs. 1 HGB) hinaus,[233] Dienstleistungen sind in der KG nicht einlagefähig (vgl. § 27 Abs. 2 AktG). Die Form, wie die Beiträge in die Gesellschaft eingebracht werden, kann nach der dabei

---

227 *„Der Beitrag eines Gesellschafters kann auch in der Leistung von Diensten bestehen"*.
228 Schäfer/*Hennrichs*, § 11 Rn 2.
229 Vgl. dazu Mot., Mugdan II, S. 333.
230 RegE, BT-Drucks 19/27635, S. 141 unter Bezugnahme auf K. Schmidt, in: Gutachten und Vorschläge zur Überarbeitung des Schuldrechts Bd. 3, 1983, S. 522 – zugleich hat der Gesetzgeber aber auch den alternativ vorgeschlagenen Beitragsbegriff („Einlage" sollen nur solche Beiträge sein, welche die Haftungsmasse vermehren, so K. Schmidt, Gesellschaftsrecht, S. 567) als für die GbR auch nicht uneingeschränkt geeignet erachtet, weil die Einlagepflicht gerade kein Begriffsmerkmal der GbR ist (RegE, a.a.O., unter Bezugnahme auf Staudinger/*Habermeier*, § 706 BGB Rn 2; MüKo-BGB/ *Schäfer*, § 706 BGB Rn 4.
231 RegE, BT-Drucks 19/27635, S. 141.
232 Womit § 709 BGB auch den mitarbeitenden Gesellschafter schützt, „indem sie einem etwa mit der gesellschaftsvertraglichen Beitragsregelung einhergehenden Dienstverhältnis zusätzlichen gesellschaftsrechtlichen Bestandsschutz gibt" (RegE, BT-Drucks 19/27635, S. 141 unter Bezugnahme auf BAG, Urt. v. 11.5.1978 – 3 AZR 21/77, NJW 1979, 999, juris Rn 26). Ebenso erfolgt eine Klarstellung, *„dass nicht schon die Vereinbarung von Dienstleistungen im Gesellschaftsvertrag dazu führen soll, dass der mitarbeitende Gesellschafter nach §§ 611, 612 BGB eine übliche Vergütung zuzusprechen"*, RegE, a.a.O. unter Bezugnahme auf Motive, in: Mugdan II, S. 339; K. Schmidt, Gesellschaftsrecht, S. 523.
233 Schäfer/*Schäfer*, § 6 Rn 59.

erfolgten Güterzuordnung, der Gefahrtragung unter Berücksichtigung des Liquidationsfalls[234] unterschiedlich sein:[235]
- zu Eigentum (*quoad dominium*),
- im Wege der Gebrauchsüberlassung (*quoad usum*) oder
- dem Wert nach (*quoad sortem*),

wobei die Neuregelung des § 709 Abs. 1 BGB von einer Auslegungsregel (vgl. § 706 Abs. 2 BGB alt)[236] – mangels Regelungsbedarfs – absieht.[237]

> *Beachte:*
> *„Die Begriffe Beitrags- und Zweckförderungspflicht sind weitgehend synonym".*[238]

b) Umfang und Art der Beitragspflicht

125 Nach der **Auslegungsregel** des § 709 Abs. 2 BGB sind die Gesellschafter – in weitgehender Übernahme von § 706 Abs. 1 BGB alt[239] – „im Zweifel" (als gesetzlicher Ausdruck des Gleichbehandlungsgrundsatzes)[240] – sofern im Gesellschaftsvertrag keine eindeutige Regelung getroffen worden ist – zu gleichen Beiträgen verpflichtet. Dies verpflichtet im Zweifel nicht nur zu quantitativ gleichwertigen, sondern auch zu qualitativ gleichartigen Beiträgen,[241] wobei die Auslegungsregel jedoch nur Platz greift, *„wenn die vereinbarten Beiträge (z.B. Geld oder geldwerte Leistung) zumindest vergleichbar sind".*[242]

---

234 Dazu näher MüKo-BGB/*Schäfer*, § 706 BGB Rn 11 ff.
235 RegE, BT-Drucks 19/27635, S. 142.
236 *„Sind vertretbare oder verbrauchbare Sachen beizutragen, so ist im Zweifel anzunehmen, dass sie gemeinschaftliches Eigentum der Gesellschafter werden sollen. Das Gleiche gilt von nicht vertretbaren und nicht verbrauchbaren Sachen, wenn sie nach einer Schätzung beizutragen sind, die nicht bloß für die Gewinnverteilung bestimmt ist".*
237 RegE, BT-Drucks 19/27635, S. 142, nachdem eine Auswertung der wenigen Fundstellen in Rechtsprechung und im Schrifttum gezeigt hat, dass ihr die Praxis (entgegen der vom historischen Gesetzgeber angestellten Annahme einer Bedeutung für unvertretbare Sachen) keine besondere Bedeutung beimisst. *„Angesichts ihrer geringen praktischen Bedeutung erscheint eine solch kasuistische Regelung indes nicht geboten"*, RegE, a.a.O.
238 Schäfer/*Hennrichs*, § 11 Rn 2.
239 *„Die Gesellschafter haben in Ermangelung einer anderen Vereinbarung gleiche Beiträge zu leisten".*
240 MüKo-BGB/*Schäfer*, § 706 BGB Rn 15.
241 RegE, BT-Drucks 19/27635, S. 142.
242 RegE, BT-Drucks 19/27635, S. 142 (unter Bezugnahme auf MüKo/*Schäfer*, § 706 BGB Rn 15; BeckOK-BGB/*Schöne*, § 706 Rn 9 f.): *„Denn eine rechnerische Gleichbehandlung unterschiedlicher Beiträge lässt sich nicht mehr auf den Gleichbehandlungsgrundsatz stützen".*

Die Beitragsverpflichtung muss im Gesellschaftsvertrag, ohne dass dies einer gesetzlichen Klarstellung bedarf, selbst vereinbart worden sein – d.h., sie wird durch § 709 Abs. 2 BGB nicht kraft Gesetzes begründet.[243] **126**

c) **Ausmaß der Beteiligung des Gesellschafters an der Gesellschaft**

§ 709 Abs. 3 BGB fast den Regelungsgehalt von § 709 Abs. 2[244] und § 722 BGB[245] **127** alt zusammen *„und führt ihn auf den gemeinsamen Ursprung, nämlich die Gleichbehandlung aller Gesellschafter, zurück"*,[246] womit dem **Gleichbehandlungsgrundsatz als zentralem Ordnungsprinzip für die Ausgestaltung der Mitgliedschaftsrechte und -pflichten** Rechnung getragen werden soll.[247]

Die **Stimmkraft** und der Anteil an Gewinn und Verlust (Verteilungsschlüssel) richten sich nach § 709 Abs. 3 S. 1 BGB vorrangig nach den vereinbarten **Beteiligungsverhältnissen**. Das vereinbarte Beteiligungsverhältnis ist *„eine Rechnungsziffer, die den (Buch-)Wert der wirtschaftlichen Beteiligung des Gesellschafters am Gesellschaftsvermögen zum Ausdruck bringen soll und die von den Gesellschaftern landläufig als Kapitalanteil vereinbart wird (Anteilsquote)"*[248] – d.h., es werden Einlagen mit darauf bezogenen Kapitalanteilen vereinbart.[249] **128**

Sind keine Beteiligungsverhältnisse vereinbart worden, richten sie sich gemäß § 709 Abs. 3 S. 2 BGB nach dem Verhältnis der vereinbarten Werte der Beiträge (**Beitragswerte**), was darin begründet liegt, dass das vereinbarte Beteiligungsverhältnis von dem vereinbarten Wert des Beitrags abweichen kann, weshalb nur hilfsweise auf die Beitragsquote abzustellen ist.[250] *„Die Alternative, auf die tatsächlichen anstelle der vereinbarten Werte der Beiträge abzustellen, wäre wegen der damit verbundenen Bewertungsnotwendigkeit für die Praxis als generelle Regelung hingegen unbrauchbar"*.[251] **129**

---

243 RegE, BT-Drucks 19/27635, S. 142.
244 „Hat nach dem Gesellschaftsvertrag die Mehrheit der Stimmen zu entscheiden, so ist die Mehrheit im Zweifel nach der Zahl der Gesellschafter zu berechnen".
245 „(1) Sind die Anteile der Gesellschafter am Gewinn und Verlust nicht bestimmt, so hat jeder Gesellschafter ohne Rücksicht auf die Art und die Größe seines Beitrags einen gleichen Anteil am Gewinn und Verlust.(2) Ist nur der Anteil am Gewinn oder am Verlust bestimmt, so gilt die Bestimmung im Zweifel für Gewinn und Verlust."
246 RegE, BT-Drucks 19/27635, S. 142 unter Bezugnahme *Staudinger/Habermeier*, § 706 BGB Rn 1 und § 709 BGB Rn 48 sowie § 722 BGB Rn 3 zum Gleichbehandlungsgrundsatz.
247 RegE, BT-Drucks 19/27635, S. 142.
248 RegE, BT-Drucks 19/27635, S. 142 f.
249 Schäfer/*Schäfer*, § 6 Rn 60.
250 RegE, BT-Drucks 19/27635, S. 143.
251 RegE, BT-Drucks 19/27635, S. 143.

130 Sind auch Werte der Beiträge nicht vereinbart worden, hat nach der Auffangregelung des § 709 Abs. 3 S. 3 BGB jeder Gesellschafter ohne Rücksicht auf den Wert seines Beitrags die gleiche Stimmkraft und einen gleichen **Anteil am Gewinn und Verlust (Kopfteil).** Der Gesetzgeber geht davon aus, *„dass sich diese Auffangregelung für eine der Parteien als so ungünstig erweisen wird, dass sie auf die Aushandlung einer abweichenden Vereinbarung drängen wird"*,[252] weshalb die Regelung die Gesellschafter dazu anhalten dürfte, bereits im Stadium der Gesellschaftsgründung eine Vereinbarung über das Beteiligungsverhältnis oder über das Wertverhältnis ihrer Beiträge zwecks Vermeidung künftigen Streits im Hinblick auf die Berechnung von Beschlussmehrheiten oder die Gewinn- und Verlustverteilung zu treffen.[253]

131 Zu beachten ist auch § 718 BGB (periodische Gewinnverteilung nach Rechnungsabschluss) – im Zweifel zum Schluss eines jeden Kalenderjahres.

132 Die Stimmkraft und die Verteilung von Gewinn und Verlust richten sich somit – wohl auch entsprechend der bereits geltenden Praxis[254] – nach folgender Stufenleiter:[255]
1. Vorrangig gilt das vereinbarte Beteiligungsverhältnis;
2. hilfsweise gilt das Verhältnis der vereinbarten Werte der Beiträge;
3. höchsthilfsweise erfolgt eine Bemessung nach Köpfen.

133 Der Gesetzgeber hat davon Abstand genommen, nach den einzelnen denkbaren Fallkonstellationen eine Differenzierung vorzunehmen (z.B. nach der Verhandlungsposition der jeweiligen Gesellschafter oder ob alle Gesellschafter Vermögensbeiträge geleistet bzw. einzelne nur persönliche Dienstleistungen erbracht haben): Dies hätte *„nur zu einer misslichen Kasuistik"* geführt.[256] Sollten sich gleichwohl *„im Einzelfall signifikante Wertunterschiede bei den Beiträgen ergeben, aber ein Wert nicht ausdrücklich vereinbart worden sein, ist anstelle einer Beteiligung nach Kopfteilen eine stillschweigend vereinbarte Beitragsquote in Betracht zu ziehen".*[257]

---

252 RegE, BT-Drucks 19/27635, S. 143 unter Bezugnahme auf *Fleischer/Pendl*, WM 2017, 881, 888; *K. Schmidt*, in: Gutachten und Vorschläge zur Überarbeitung des Schuldrechts Bd. 3, 1983, S. 536.
253 RegE, BT-Drucks 19/27635, S. 143.
254 Aber ohne dass dies nach Ansicht des Gesetzgebers (RegE, BT-Drucks 19/27635, S. 142) in den §§ 709 Abs. 2 und § 722 BGB alt hinreichend deutlich zum Ausdruck gekommen sei.
255 Vgl. auch die entsprechende Empfehlung des 71. DJT (Beschluss 20 des 71. DJT, in: Verhandlungen des 71. DJT, Band II/2, 2017, S. 222): Anstelle von Kopfteilen vorrangig Anteils- oder Beitragsquoten vorzusehen.
256 RegE, BT-Drucks 19/27635, S. 143 unter Bezugnahme auf Motive, in: Mugdan II, S. 345.
257 RegE, BT-Drucks 19/27635, S. 143.

3. Mehrbelastungsverbot (Fehlen einer Nachschusspflicht, § 710 BGB)

Die Neuregelung des Mehrbelastungsverbots in § 710 BGB – § 710 BGB alt regelte die Übertragung der Geschäftsführung – hat in wesentlicher Übernahme von § 707 BGB alt[258] folgenden Wortlaut: 134

> „Zur Erhöhung seines Beitrags kann ein Gesellschafter nicht ohne seine Zustimmung verpflichtet werden. Die §§ 728a und 737 bleiben unberührt."

Nach § 710 S. 1 BGB kann ein Gesellschafter zur Erhöhung seines – im Gesellschaftsvertrag verpflichtend festgelegten – Beitrags (Beitragsleistung zur Förderung des gemeinsamen Zwecks) nicht ohne seine Zustimmung verpflichtet werden.   135

Die Regelung ist zwingend und stellt, was sich bereits aus dem allgemeinen Grundsatz der Privatautonomie herleiten lässt, ausdrücklich die Unzulässigkeit einer Nachschusspflicht klar und verleiht diesem Grundsatz noch einmal besonderes Gewicht (Schutz der Gesellschafter vor unfreiwilliger Vermehrung ihrer Beitragspflichten), „*dass über den vertraglich übernommenen Beitrag hinaus grundsätzlich keine Verpflichtung der Gesellschafter besteht, zusätzliche Beiträge zu leisten*"[259] (**Grundsatz des Mehrbelastungsverbots**).

Der Grundsatz des Mehrbelastungsverbots gilt aber nur während der Gesellschaftsdauer, nicht jedoch während der Liquidation oder im Falle des Ausscheidens eines Gesellschafters, was in § 710 S. 2 BGB ausdrücklich klargestellt wird, sodass die besonderen Haftungsvorschriften (Haftung gegenüber der Gesellschaft)[260] der   136

- § 737 BGB (Haftung des Gesellschafter für Fehlbetrag bei einer Liquidation der Gesellschaft) und
- § 728a BGB (Haftung des ausgeschiedenen Gesellschafters für Fehlbetrag)

unberührt bleiben.

---

258 „*Zur Erhöhung des vereinbarten Beitrags oder zur Ergänzung der durch Verlust verminderten Einlage ist ein Gesellschafter nicht verpflichtet*".
259 RegE, BT-Drucks 19/27635, S. 143.
260 RegE, BT-Drucks 19/27635, S. 188.

> *Beachte:*
>
> *Die **Fehlbetragshaftung** des ausgeschiedenen Gesellschafters nach § 728a BGB (Haftung gegenüber der Gesellschaft) ist von der Nachhaftung des ausgeschiedenen Gesellschafters nach § 728b BGB gegenüber den Gesellschaftsgläubigern zu unterscheiden.*[261]

137 Die Altregelung des § 707 BGB hat nach Ansicht des Gesetzgebers[262] diesen Regelungszusammenhang nicht deutlich genug zum Ausdruck gebracht, vgl. etwa die vormalige Überschrift („Erhöhung der Beiträge"), welche eine grundsätzliche Befugnis zur Beitragserhöhung suggeriert. Deshalb ist jetzt die Klarstellung bereits in der Überschrift: „Mehrbelastungsverbot" erfolgt.

138 Entscheidendes Kriterium für eine (ausnahmsweise) Vermehrung der Beitragspflichten ist die Zustimmung des betroffenen Gesellschafters zur Beitragserhöhung. Diese Zustimmung kann allerdings auch schon antizipiert durch eine Vereinbarung im Gesellschaftsvertrag erklärt werden. Im Gesellschaftsvertrag kann i.Ü. die Beschlussfassung über Beitragserhöhungen auch einem Mehrheitsbeschluss überantwortet werden. *„Die Anforderungen an die Bestimmtheit der Klausel bleiben einer Klärung durch die Rechtsprechung vorbehalten".*[263]

Der Gesetzgeber hat den praktisch seltenen Fall, dass ein Gesellschafter kraft gesellschaftsrechtlicher Treuepflicht zu einer Beitragserhöhung gehalten ist,[264] bewusst keiner Regelung zugeführt.[265]

4. Übertragung und Übergang von Gesellschaftsanteilen (§ 711 BGB)

139 Die Neuregelung des § 711 BGB (Übertragung und Übergang von Gesellschaftsanteilen)[266] – § 711 BGB alt regelte das Widerspruchsrecht – hat folgenden Wortlaut:

„(1) Die Übertragung eines Gesellschaftsanteils bedarf der Zustimmung der anderen Gesellschafter. Die Gesellschaft kann eigene Anteile nicht erwerben.

(2) Ist im Gesellschaftsvertrag vereinbart, dass im Fall des Todes eines Gesellschafters die Gesellschaft mit seinem Erben fortgesetzt werden soll, geht der Anteil auf den Erben

---

261 Schäfer/*Schäfer*, § 6 Rn 62.
262 RegE, BT-Drucks 19/27635, S. 143.
263 RegE, BT-Drucks 19/27635, S. 143.
264 Dazu *Nentwig*, WM 2011, 2168, 2173.
265 RegE, BT-Drucks 19/27635, S. 143.
266 Näher *Rennar/Müller*, Übertragungsakte im Blickwinkel des MoPeG: Steuerneutrale Übertragung werthaltiger Einzel-Assets zwischen Schwesterpersonengesellschaften, GStB 2022, 285.

über. Sind mehrere Erben vorhanden, fällt der Gesellschaftsanteil kraft Gesetzes jedem Erben entsprechend der Erbquote zu. Die Vorschriften über die Erbengemeinschaft finden insoweit keine Anwendung."

Die Neuregelung des § 711 BGB normiert – nachdem im früher geltenden Recht die Anteilsübertragung nicht ausdrücklich gesetzlich geregelt war (vgl. aber § 717, § 719 Abs. 1 1. Alt. bzw. § 738 Abs. 1 S. 1 BGB alt) – *„in Abgrenzung zur eingeschränkten Übertragbarkeit von Rechten aus dem Gesellschaftsanteil (vgl. § 711a BGB) die Übertragbarkeit des Gesellschaftsanteils als solchen"*[267] infolge der Abkehr vom alten Gesamthandskonzept.[268]

140

Anteil ist die gesamte (und nicht in Teile aufspaltbare) Mitgliedschaft eines Gesellschafters,[269] wobei die Übertragung eines Teils des gesamten Gesellschaftsanteils (**Teilübertragung**) statthaft ist.[270]

141

Dabei erfolgt gesetzestechnisch eine Differenzierung zwischen

- der **Übertragung** unter Lebenden in Abs. 1 und
- einem **Übergang** von Todes wegen in Abs. 2.

Grundsätzlich ist der Anteil an einer Personengesellschaft aufgrund des gemeinschaftsrechtlichen Charakters des Zusammenschlusses ihrer Mitglieder im Unterschied zum Kapitalgesellschaftsrecht **aber nicht frei** übertragbar.[271]

Beachte:
Losgelöst von § 711 Abs. 1 BGB (gesetzlich geregelter Fall des Anteilübergangs) kann ein **Gesellschafterwechsel** *aber auch weiterhin „durch einen mit dem bisherigen Gesellschafter vereinbarten Aus- und mit dem neuen Gesellschafter vereinbarten Eintritt erfolgen"*[272] *– bzw. es ist (unter Wahrung der Gesellschafteridentität) eine Auswechslung aller Gesellschafter im Wege der Anteilsübertragung möglich.*[273]

---

267 RegE, BT-Drucks 19/27635, S. 143.
268 Schäfer/*Bergmann*, § 7 Rn 1.
269 Schäfer/*Bergmann*, § 7 Rn 4.
270 Schäfer/*Bergmann*, § 7 Rn 4.
271 RegE, BT-Drucks 19/27635, S. 144.
272 Schäfer/*Bergmann*, § 7 Rn 3 unter Bezugnahme auf *Bachmann*, ZGR-Sonderheft 23 (2021), 221, 225.
273 Schäfer/*Bergmann*, § 7 Rn 3.

§ 2 Die Gesellschaft bürgerlichen Rechts (GbR)

a) Übertragung des Gesellschaftsanteils unter Lebenden
aa) Zustimmungserfordernis

142 Auch bei der GbR ist der **Anteil des Gesellschafters** als „Inbegriff der mitgliedschaftlichen Rechte und Pflichten" zu verstehen.[274]
Die Übertragung eines Gesellschaftsanteils bedarf nach § 711 Abs. 1 S. 1 BGB der Zustimmung der anderen Gesellschafter (**Notwendigkeit einer Zustimmung der übrigen Gesellschafter zum Verfügungsgeschäft zwischen Veräußerer und Erwerber**).
Die erforderliche Zustimmung kann bereits im Gesellschaftsvertrag antizipiert vereinbart – oder ad hoc erklärt – werden,[275] als Einwilligung (§ 185 Abs. 1 BGB) bzw. Genehmigung (§ 185 Abs. 2 BGB). Für die Beschlussfassung (Zustimmung der anderen Gesellschafter) kann im Gesellschaftsvertrag eine (einfache) Mehrheitsklausel vereinbart werden.[276]

143 Die Anteilsübertragung selbst bedarf als Verfügungsgeschäft i.S.v. § 413 BGB (Rechteübertragung) **keiner besonderen Form**. Auch das zugrunde liegende Verpflichtungsgeschäft – i.d.R. ein Rechtskauf (§ 453 BGB) – ist formfrei und zwar grundsätzlich[277] selbst dann, wenn *„zum Gesellschaftsvermögen Gegenstände gehören, bei denen die Übertragung oder die hierauf gerichtete Verpflichtung, wie bei Grundstücken (§ 311b Abs. 1 S. 1, § 925 BGB [oder GmbH-Anteile, vgl. § 15 Abs. 4 GmbHG]), für sich genommen formbedürftig ist".*[278] Dies liegt darin begründet, dass Gegenstand der Übertragung des Gesellschaftsanteils *„nicht eine Beteiligung des veräußernden Gesellschafters an einzelnen Gegenständen des Gesellschaftsvermögens [ist], sondern der Gesellschaftsanteil als solcher".*[279]

144 Durch die Übertragung des Gesellschaftsanteils (mit korrespondierender Gesellschafterstellung des übertragenden Gesellschafters) *„tritt der Erwerber in die Rechtsbeziehungen des Altgesellschafters aus dem Gesellschaftsverhältnis zu der Gesellschaft und zu den übrigen Gesellschaftern ein".*[280]

---

274 Schäfer/*Bergmann*, § 7 Rn 1 unter Bezugnahme auf BGH, Urt. v. 15.9.2020 – II ZR 20/19, NZG 2020, 1304 Rn 9 f.
275 RegE, BT-Drucks 19/27635, S. 144 unter Bezugnahme auf MüKo-BGB/*Schäfer*, § 719 Rn 27.
276 Schäfer/*Bergmann*, § 7 Rn 4.
277 Etwas anderes gilt ausnahmsweise dann, wenn eine „zielgerichtete Umgehung" von Formvorschriften in Rede steht: so RegE, BT-Drucks 19/27635, S. 144 unter Bezugnahme auf MüKo-BGB/*Schäfer*, § 719 Rn 37.
278 RegE, BT-Drucks 19/27635, S. 144.
279 RegE, BT-Drucks 19/27635, S. 144.
280 Schäfer/*Bergmann*, § 7 Rn 5.

C. Die rechtsfähige GbR §2

bb) Verbot des Eigenanteilerwerbs

Die GbR kann nach § 711 Abs. 1 S. 2 BGB – in Bestätigung der h.A. im Personengesellschaftsrecht[281] und zur gesetzgeberischen Klarstellung[282] (aufgrund trotz der gesetzlichen Anerkennung der Rechtsfähigkeit der GbR und der Abkehr vom Gesamthandsprinzip[283] fortbestehender Strukturunterschiede zwischen Personengesellschaften und juristischen Personen in Gestalt der Kapitalgesellschaften)[284] – eigene Anteile nicht erwerben (Verbot der Übertragung eigener Anteile an die Gesellschaft,[285] arg.: *„‚Sozietätskonstruktion der Personengesellschaft'[286] als einer von der Beteiligung ihrer Mitglieder abhängigen Personenvereinigung")*.[287] Das heißt, *„dass weder durch vertragliche Vereinbarung der Gesellschafter eigene Anteile der Gesellschaft geschaffen werden können, noch ein Gesellschafter seinen Anteil auf die Gesellschaft übertragen kann"*.[288] Der Gesetzgeber erachtet das Verbot als *„für die Erhaltung der Zukunfts- und Entwicklungsfähigkeit des Personengesellschaftsrechts erforderlich, klare Grenzen zu ziehen, die geeignet sind, die weitere Rechtsfortbildung leitbildorientiert zu stabilisieren"*.[289]

145

cc) Weitererstreckung

§ 711 Abs. 1 BGB findet entsprechende Anwendung auf die OHG (§ 105 Abs. 3 HGB), die KG (§ 161 Abs. 2 HGB) und die Partnerschaftsgesellschaft (§ 1 Abs. 4 PartGG)

146

b) Übergang des Gesellschaftsanteils von Todes wegen (Abs. 2) – Erbrechtliche Nachfolgeklausel

Grundsätzlich führt der Tod eines Gesellschafters nach § 723 Abs. 1 Nr. 1 BGB zu dessen Ausscheiden aus der Gesellschaft (sofern der Gesellschaftsvertrag für diesen Fall nicht ausnahmsweise die Auflösung der Gesellschaft vorsieht).

147

---

281 BGH, Beschl. v. 6.10.1992 – KVR 24/91, BGHZ 119, 346; Baumbach/Hopt/*Hopt*, § 105 HGB Rn 30; MüKo-BGB/*Schäfer*, § 705 Rn 80; Staub/*Schäfer*, § 105 HGB Rn 97; MüKo-HGB/*K. Schmidt*, § 105 Rn 92; *K. Schmidt*, ZIP 2014, 493 ff.
282 Entgegen in der Literatur (*Priester*, ZIP 2014, 245: Zulässigkeit des Erwerbs und des Haltens eigener Anteile durch Personengesellschaften) geäußerter Zweifel.
283 Dazu *Bachem*, Das Ende des Gesamthandsprinzips durch das MoPeG und die Auswirkungen im Steuerrecht, DStR 2022, 725.
284 RegE, BT-Drucks 19/27635, S. 144.
285 Schäfer/*Bergmann*, § 7 Rn 1.
286 So MüKo-HGB/*K. Schmidt*, § 105 Rn 92; MüKo-BGB/*Schäfer*, § 705 Rn 80.
287 RegE, BT-Drucks 19/27635, S. 144.
288 Schäfer/*Bergmann*, § 7 Rn 7.
289 RegE, BT-Drucks 19/27635, S. 144: Stabilisierung der gesetzlichen Leitbilder.

§ 2 Die Gesellschaft bürgerlichen Rechts (GbR)

Ist im Gesellschaftsvertrag vereinbart, dass im Fall des Todes eines Gesellschafters die Gesellschaft mit den Erben fortgesetzt werden soll (Vererblichstellung des Gesellschaftsanteils[290] – **erbrechtliche Nachfolgeklausel**,[291] die „antizipiert" die Zustimmung der anderen Gesellschafter zum Anteilsübergang i.S.v. § 711 Abs. 1 BGB enthält),[292] geht dessen Anteil an der werbenden Gesellschaft nach § 711 Abs. 2 S. 1 BGB unmittelbar (kraft der erbrechtlichen Nachfolgeklausel) vom verstorbenen Gesellschafter auf den oder die Erben über.

> *Beachte:*
> *Mit dem Übergang verbundene gesellschaftsrechtliche Rechte des Erben – wie bspw. sein Antragsrecht auf Einräumung einer Kommanditistenstellung bzw. das Recht auf Kündigung der Mitgliedschaft – finden eine besondere Regelung in § 724 BGB.*[293]

148 Sind mehrere Erben vorhanden (Erbengemeinschaft, §§ 2032 ff. BGB), fällt der Gesellschaftsanteil kraft Gesetzes gemäß der Klarstellung in § 711 Abs. 2 S. 2 BGB jedem Erben entsprechend der Erbquote persönlich (und nicht der Erbengemeinschaft) zu – d.h., die Gesellschafterstellung geht im Fall einer Erbengemeinschaft (wie nach bisher schon geltender Rechtslage) nicht auf diese, sondern unmittelbar auf die Erben persönlich über, da die Erbengemeinschaft aufgrund „*ihrer Organisations- und Haftungsstruktur nicht Mitglied einer werbend tätigen Personengesellschaft sein kann*"[294] (Durchbrechung des erbrechtlichen Grundsatzes der Gesamtrechtsnachfolge durch die Erbengemeinschaft nach § 2032 BGB): „*Es kommt zur Sondererbfolge der Miterben je persönlich in den ihrer Erbquote entsprechenden Teil der vererbten Gesellschaftsbeteiligung*":[295] Die Vorschriften über die Erbengemeinschaft nach den §§ 2032 ff. BGB finden nach § 711 Abs. 2 S. 3 BGB insoweit nämlich keine Anwendung. Damit kommt es „*zur Sondererbfolge der Miterben je persönlich in den ihrer Erbquote entsprechenden Teil der vererbten Gesellschaftsbeteiligung*".[296]

---

290 Zur Nachfolge von Todes wegen in einen Personengesellschaftsanteil nach dem MoPeG: *Lange/Kretschmann*, ZEV 2021, 545.
291 Näher *Heinze*, Nachfolgeklauseln: Das MoPeG im Kontext von Nachfolgeregelungen für den Todesfall bei Personengesellschaften, EE 2023, 8.
292 Schäfer/*Bergmann*, § 7 Rn 12.
293 Schäfer/*Bergmann*, § 7 Rn 2.
294 RegE, BT-Drucks 19/27635, S. 145.
295 RegE, BT-Drucks 19/27635, S. 145 unter Bezugnahme auf MüKo-BGB/*Schäfer*, § 727 Rn 34.
296 Schäfer/*Bergmann*, § 7 Rn 14 – arg.: Die Erbengemeinschaft kann wegen ihrer Organisations- und Haftungsstruktur nicht Mitglied einer werbend tätigen Personengesellschaft sein.

C. Die rechtsfähige GbR §2

Der Gesetzgeber[297] lässt die Gestaltungsmöglichkeiten durch **qualifizierte Nach-** **149**
folgeklauseln[298] ausdrücklich unberührt, ebenso *„die Frage, ob und unter welchen*
Voraussetzungen die Testamentsvollstreckung an einem Anteil des unbeschränkt
haftenden Gesellschafters (Personengesellschaftsanteil) zulässig ist".[299]

> *Beachte:*
> § 711 und § 711a BGB finden über
> - § 105 Abs. 3 HGB auf die OHG,
> - § 161 Abs. 2 HGB auf die KG und über
> - § 1 Abs. 4 PartGG auf die Partnerschaftsgesellschaft
>
> entsprechende Anwendung (sofern die §§ 105 ff., 161 ff. HGB bzw. das PartGG keine anderen Regelungen treffen – vgl. hier § 131 HGB [in Bezug auf die Folgen des Übergangs], wohingegen sich für die KG in § 176 Abs. 2 und § 177 HGB vorgehende Bestimmungen finden). Dabei handelt es sich um eine i.S.e. **Rechtsanalogie** auf OHG, KG bzw. Partnerschaftsgesellschaft (und nicht mehr als Rechtsgrundverweisung) für subsidiär erklärte Anwendung des GbR-Rechts.[300]

5. Eingeschränkte Übertragbarkeit von Gesellschafterrechten (§ 711a BGB)

Die Regelung des § 711a BGB behandelt in wesentlicher Übernahme von § 717 **150**
BGB alt die eingeschränkte Übertragbarkeit der aus der Mitgliedschaft resultierenden Rechte der Gesellschafter:[301]

> „Die Rechte der Gesellschafter aus dem Gesellschaftsverhältnis sind nicht übertragbar. Hiervon ausgenommen sind Ansprüche, die einem Gesellschafter aus seiner Geschäftsbesorgung für die Gesellschaft zustehen, soweit deren Befriedigung außerhalb der Liquidation verlangt werden kann, sowie Ansprüche eines Gesellschafters auf einen Gewinnanteil oder auf dasjenige, was ihm im Fall der Liquidation zukommt."

---

297 RegE, BT-Drucks 19/27635, S. 145.
298 Dazu näher Staudinger/*Reuter*, § 727 BGB Rn 19 f.; MüKo-HGB/*K. Schmidt*, § 139 Rn 16. Schäfer/*Bergmann* (§ 7 Rn 13) will in diesem Kontext auch die Regelung der Ausgleichsansprüche zwischen den Erben und den Ausgleich unter Miterben bzw. die Zulässigkeit von Vertreterklauseln als erfasst ansehen.
299 RegE, BT-Drucks 19/27635, S. 145 unter Bezugnahme auf MüKo-HGB/*K. Schmidt*, § 139 Rn 44 ff.
300 Schäfer/*Bergmann*, § 7 Rn 15.
301 RegE, BT-Drucks 19/27635, S. 145.

§ 2 Die Gesellschaft bürgerlichen Rechts (GbR)

a) Grundsatz der Unübertragbarkeit der mitgliedschaftsgebundenen Rechte (Satz 1)

151 Die **Rechte der Gesellschafter** aus dem Gesellschaftsverhältnis sind nach § 711a S. 1 BGB nicht übertragbar. *„Die Unübertragbarkeit der mitgliedschaftsgebundenen Rechte bewirkt eine Zweckbindung der Sozialverbindlichkeiten und -ansprüche. Zudem verhindert sie die Aufspaltung der mitgliedschaftsgebundenen Rechte auf verschiedene Personen".*[302] Das **Abspaltungsverbot** ist nicht auf Ansprüche beschränkt, sondern erfasst sämtliche aus der Mitgliedschaft resultierenden Rechte der Gesellschafter.[303]

b) Ausnahmen der Übertragbarkeit zugunsten bestimmter Vermögensrechte der Gesellschafter (Satz 2)

152 Vom Grundsatz der Unübertragbarkeit mitgliedschaftsgebundener Rechte gemäß § 711a S. 1 BGB ausgenommen sind nach § 711a S. 2 BGB (in redaktioneller Anpassung des § 717 S. 2 BG alt) vermögensrechtliche Ansprüche des Gesellschafters,

- die ihm aus seiner Geschäftsbesorgung für die Gesellschaft zustehen, soweit deren Befriedigung außerhalb der Liquidation verlangt werden kann, sowie solche
- auf einen Gewinnanteil oder auf dasjenige, was ihm im Fall der Liquidation (vgl. §§ 735 ff. BGB) zukommt.

Beachte:
S. 2 ist eine „abschließende Regelung der Ausnahmen von S. 1 (...), die nicht im Wege der (entsprechenden) Auslegung erweitert werden kann".[304]

6. Ausscheiden eines Gesellschafters und Eintritt eines neuen Gesellschafters (§ 712 BGB)

153 § 712 BGB normiert die Folgen des Ausscheidens eines Gesellschafters und des Eintritts eines neuen Gesellschafters im Hinblick auf die Beteiligungsverhältnisse an der GbR[305] (wohingegen § 712 BGB alt die Entziehung und Kündigung der Geschäftsführung geregelt hat):

„(1) Scheidet ein Gesellschafter aus der Gesellschaft aus, so wächst sein Anteil an der Gesellschaft den übrigen Gesellschaftern im Zweifel im Verhältnis ihrer Anteile zu.

---

302 RegE, BT-Drucks 19/27635, S. 145.
303 RegE, BT-Drucks 19/27635, S. 145 unter Bezugnahme auf MüKo-BGB/*Schäfer*, § 717 Rn 5.
304 Schäfer/*Bergmann*, § 7 Rn 10.
305 RegE, BT-Drucks 19/27635, S. 146.

C. Die rechtsfähige GbR § 2

(2) Tritt ein neuer Gesellschafter in die Gesellschaft ein, so mindern sich die Anteile der anderen Gesellschafter im Zweifel im Umfang des dem neuen Gesellschafter zuwachsenden Anteils und in dem Verhältnis ihrer bisherigen Anteile."

a) Anwachsung als Folge eines Gesellschafterausscheidens (Abs. 1)

Scheidet ein Gesellschafter aus der GbR aus, so wächst sein Anteil an der Gesellschaft (Gesellschaftsanteil als Inbegriff der mitgliedschaftlichen Rechte und Pflichten)[306] nach der **Auslegungsregel** des § 712 Abs. 1 BGB – auch im Falle des Fehlens einer Gesellschaftervereinbarung i.S.v. § 708 BGB im Interesse der Rechtssicherheit für den Ausscheidenden und den Rechtsverkehr – den übrigen Gesellschaftern im Zweifel (als Auslegungsregel, womit Vereinbarungen der Gesellschafter vorrangig sind, vgl. § 708 BGB)[307] im Verhältnis ihrer Anteile[308] zu (Übergang kraft Gesetzes). *„Damit wird dem mutmaßlichen Willen der Gesellschafter Rechnung getragen, dass bei Ausscheiden eines Gesellschafters die Gesellschaft ohne Änderung des bisherigen Beteiligungsverhältnisses unter den übrigen Gesellschaftern fortgesetzt wird"*.[309]

154

Folge des Ausscheidens eines Gesellschafters ist also nicht die Einziehung seines Anteils,[310] sondern der kraft Gesetzes – mithin ohne die Notwendigkeit einer rechtsgeschäftlichen Verfügung – erfolgende **Übergang** seines Anteils auf die verbleibenden Gesellschafter.

155

Abs. 1 bezieht sich im Unterschied zu § 738 Abs. 1 S. 1 BGB alt nicht auf den Anteil am Gesellschaftsvermögen, sondern i.S.e. wertbezogenen Verständnisses der Anwachsung[311] auf den Gesellschaftsanteil als Inbegriff der mitgliedschaftlichen Rechte und Pflichten (arg.: Die Mitgliedschaft vermittelt nach § 713 BGB keine Gesamthandsberechtigung mehr am Gesellschaftsvermögen).[312]

> *Beachte:*
> In den §§ 728 ff. BGB sind die weiteren haftungsrechtlichen Folgen des Ausscheidens eines Gesellschafters geregelt.

b) Gesellschaftereintritt: Abwachsung der Gesellschaftsanteile (Abs. 2)

Tritt ein neuer Gesellschafter in die Gesellschaft ein, so mindern sich nach der Neuregelung des § 712 Abs. 2 BGB die Anteile der anderen Gesellschafter im Zweifel

156

---

306 Schäfer/*Bergmann*, § 7 Rn 21.
307 Schäfer/*Bergmann*, § 7 Rn 22.
308 Dies ist Ausdruck dafür, dass die Personengesellschaften gegenüber ihren Mitgliedern nicht vollständig rechtlich verselbstständigt sind: RegE, BT-Drucks 19/27635, S. 106.
309 RegE, BT-Drucks 19/27635, S. 146.
310 Schäfer/*Bergmann*, § 7 Rn 21.
311 So *K. Schmidt*, FS für Huber, 2006, 969, 975 ff.
312 RegE, BT-Drucks 19/27635, S. 146.

im Umfang des dem neuen Gesellschafter zuwachsenden Anteils und in dem Verhältnis ihrer bisherigen Anteile.

7. Ausscheiden des vorletzten Gesellschafters (§ 712a BGB)

157 Die Neuregelung des § 712a BGB hat folgenden Wortlaut:

„(1) Verbleibt nur noch ein Gesellschafter, so erlischt die Gesellschaft ohne Liquidation. Das Gesellschaftsvermögen geht zum Zeitpunkt des Ausscheidens des vorletzten Gesellschafters im Wege der Gesamtrechtsnachfolge auf den verbleibenden Gesellschafter über.

(2) In Bezug auf die Rechte und Pflichten des vorletzten Gesellschafters sind anlässlich seines Ausscheidens die §§ 728 bis 728b entsprechend anzuwenden".

158 Mit der Neuregelung des § 712a BGB erfolgt auf Anregung aus der Literatur[313] mit der Intention einer Beseitigung von Rechtsunsicherheit im Hinblick auf die Voraussetzungen und die Rechtsfolgen eines Vermögensübergangs die ausdrückliche Kodifikation der auch bislang schon geltenden Auffassung, *„dass mit dem **Ausscheiden des vorletzten Gesellschafters** die GbR ohne Abwicklung erlischt und das vorhandene Gesellschaftsvermögen im Wege der **Gesamtrechtsnachfolge** auf den verbleibenden Gesellschafter übergeht"*.[314] Dabei handelt es sich wegen des Rechtsträgerwechsels nicht um einen Fall der Anwachsung (§ 712 BGB), was § 712a BGB klarstellt.[315] Praktisch bedeutsam kann dies infolge der Umwandlung der personenbezogenen Auflösungsgründe in Ausscheidensgründe im Fall der Beendigung infolge Ausscheidens des vorletzten Gesellschafters werden.[316]

> *Beachte:*
> § 712a BGB gelangt über § 105 Abs. 3 HGB auf die OHG und über § 1 Abs. 4 PartGG auch auf die Partnerschaftsgesellschaft entsprechend zur Anwendung. Den Fall, dass der einzige Komplementär einer KG ausscheidet, hat der Gesetzgeber wegen der Vielgestaltigkeit denkbarer Fallkonstellationen[317] nicht gesondert geregelt und der Rechtsprechung die Entscheidung überantwortet,[318] *„ob und inwieweit § 712a BGB hier fruchtbar gemacht werden kann".*[319]

---

313 Vgl. *Bachmann*, NZG 2020, 612, 618; *Nazar-Khanachayi*, WM 2020, 2061.
314 RegE, BT-Drucks 19/27635, S. 146 unter Bezugnahme auf MüKo-BGB/*Schäfer*, § 730 Rn 68 ff. Dies entsprach auch schon der bisherigen Rechtsprechung, vgl. BGH, Urt. v. 7.7.2008 – II ZR 37/07, NZG 2008, 704.
315 *Schäfer/Noack*, § 9 Rn 34 unter Bezugnahme auf RegE, BT-Drucks 19/27635, S. 147: „Indirekt wird damit die Mehrgliedrigkeit als Strukturmerkmal von Personengesellschaften bestätigt".
316 RegE, BT-Drucks 19/27635, S. 146.
317 Dazu näher *Jacoby/Bork*, ZGR 2005, 611; MüKo-HGB/*K. Schmidt*, § 131 Rn 46 und 55.
318 Vgl. dazu bereits BGH, Urt. v. 11.5.2004 – II ZR 247/01, NZG 2004, 611, 612.
319 RegE, BT-Drucks 19/27635, S. 146.

C. Die rechtsfähige GbR § 2

a) Erlöschen der Gesellschaft

Verbleibt nur noch ein Gesellschafter, so erlischt die Gesellschaft nach § 712a Abs. 1 S. 1 BGB ohne Liquidation. **159**

Voraussetzung des Erlöschens ist, dass der vorletzte Gesellschafter aus einer noch nicht vollbeendeten Gesellschaft vorausscheidet (ohne dass es auf den Grund ankommt),[320] wobei der Ausscheidensgrund unerheblich ist.[321] Im Falle einer Mehr-Personen-Gesellschaft – aus der alle bis auf den letzten Gesellschafter ausscheiden – können die Ausscheidensgründe verschieden sein.[322]

Das Gesellschaftsvermögen i.S.v. § 713 BGB (mithin das Aktiv- und das Passivvermögen) geht zum Zeitpunkt des Ausscheidens des vorletzten Gesellschafters nach § 712a Abs. 1 S. 2 BGB im Wege der **Gesamtrechtsnachfolge** ipso jure auf den verbleibenden Gesellschafter über. **160**

Das Ausscheiden des vorletzten Gesellschafters zeitigt somit zwei Folgen: **161**
- Die Gesellschaft **erlischt** gemäß § 712a Abs. 1 S. 1 BGB ohne Abwicklung (d.h. ohne Liquidation nach den §§ 735 ff. BGB – arg.: Eine GbR bedarf, wie schon bei ihrer Gründung, grundsätzlich der Beteiligung von mindestens zwei Gesellschaftern),[323] weil Auflösung und Vollbeendigung der Gesellschaft zusammenfallen;[324] und
- das Gesellschaftsvermögen (d.h. das Aktiv- wie das Passivvermögen i.S.v. § 713 BGB) geht nach § 712a Abs. 1 S. 2 BGB im Wege der Gesamtrechtsnachfolge auf den verbleibenden Gesellschafter über. Dabei handelt es sich nicht um eine Anwachsung i.S.v. § 712 Abs. 1 BGB, *„da die Gesellschaft als solche nicht mehr besteht und Träger des in ihr gebundenen Vermögens der verbleibende Gesellschafter wird"*.[325]

§ 712a Abs. 1 BGB stellt den **Zeitpunkt** des Ausscheidens des vorletzten Gesellschafters (Eintritt des diesen betreffenden Ausscheidensgrundes nach § 723 Abs. 3 BGB) klar, d.h., wann der Vermögensübergang bewirkt wird.[326] **162**

Die gesetzliche Anerkennung des Übernahmerechts nach § 712a Abs. 1 S. 2 BGB erfordert – entgegen einer ursprünglich im Regierungsentwurf noch vorgesehenen Regelung – **keine gesonderte Ausübung durch formlose Gestaltungserklärung** **163**

---

320 Es reicht aus, dass aus einer Gesellschaft mit mindestens zwei Gesellschaftern alle bis auf einen ausscheiden: Aschäfer/*Bergmann*, § 7 Rn 27.
321 RegE, BT-Drucks 19/27635, S. 146.
322 RegE, BT-Drucks 19/27635, S. 147.
323 Schäfer/*Bergmann*, § 7 Rn 28.
324 Arg.: Fortbestand wie Gründung der GbR setzen nämlich grundsätzlich die Beteiligung von mindestens zwei Gesellschaftern voraus, so RegE, BT-Drucks 19/27635, S. 147 unter Bezugnahme auf MüKo-BGB/*Schäfer*, § 705 Rn 60–65, womit § 712a Abs. 1 BGB *„indirekt die Mehrgliedrigkeit als Strukturmerkmal der Personengesellschaften"* bestätige.
325 Schäfer/*Bergmann*, § 7 Rn 28.
326 RegE, BT-Drucks 19/27635, S. 147.

bis zum Zeitpunkt des Ausscheidens (Übernahmeerklärung), um den verbleibenden (vorletzten) Gesellschafter (bzw. seinen Erben) vor den Folgen eines sich sonst automatisch vollziehenden Übergangs des Gesellschaftsvermögens (vor allem auch vor der Verpflichtung zur Zahlung einer Abfindung nach § 712a Abs. 2 i.V.m. § 728 Abs. 1 BGB) zu schützen.[327] Der Gesetzgeber hat letztlich von diesem noch in § 712a Abs. 1 letzter Hs. BGB-E vorgesehenen Erfordernis einer Übernahmeerklärung Abstand genommen.[328]

Beachte:

Wenn zum Gesellschaftsvermögen Rechte an einem Grundstück gehören, gilt es die Übergangsregelung des Art. 229 § 21 Abs. 2 EGBGB zu beachten.

Beachte:

Die Vereinigung der Gesellschaftsanteile in einer Hand begründet keinen Auflösungsgrund (vgl. § 723 Abs. 1 BGB). Es kommt aber auch zu keiner Anwachsung i.S.v. § 712 Abs. 1 BGB (arg.: Die GbR als solche besteht nicht mehr, weshalb der verbleibende Gesellschafter Träger des vormals in ihr gebundenen Vermögens wird).[329]

164 § 712a Abs. 1 BGB als Instrument einer Umwandlung außerhalb des UmwG (in einer Konstellation, *„dass Vermögen zunächst in eine Gesellschaft eingebracht wird und sodann im Wege der Gesamtrechtsnachfolge auf eine spätestens zeitgleich gegründete neu eintretende Gesellschaft unter gleichzeitigem Austritt aller übrigen Gesellschafter übertragen wird"*)[330] eröffnet *„so einen kontinuierlichen Übergang des in der Gesellschaft gebundenen Vermögens auf den verbleibenden Gesellschafter. [da] eine Zerschlagung dieses Vermögens (...) aus volkswirtschaftlichen Gründen nicht sinnvoll"* wäre.[331]

165 | **Kenntlichmachung der Gesamtrechtsnachfolge**

Wie die Gesamtrechtsnachfolge kenntlich gemacht werden soll, hat der Gesetzgeber nicht geregelt. Im Falle einer eingetragenen GbR bietet es sich aber etwa an, sowohl das Erlöschen der Gesellschaft als auch das Ausscheiden des vorletzten Gesellschafters zur Eintragung ins Gesellschaftsregister anzumelden.[332]

---

327 RegE, BT-Drucks 19/27635, S. 147 unter Bezugnahme auf OLG Karlsruhe, Urt. v. 25.10.2006 – 7 U 11/06, NZG 2007, 170, juris Rn 16.
328 Beschlussempfehlung des Rechtsausschusses, BT-Drucks 19/31105, S. 7. Dazu Schäfer/*Bergmann*, § 7 Rn 24 und 29.
329 RegE, BT-Drucks 19/27635, S. 147.
330 RegE, BT-Drucks 19/27635, S. 147.
331 RegE, BT-Drucks 19/27635, S. 147.
332 RegE, BT-Drucks 19/27635, S. 147 unter Bezugnahme auf KG, Beschl. v. 3.4.2017 – 1 W 305/06, NZG 2007, 665, juris Rn 16; *Krafka*, Registerrecht, Rn 659.

C. Die rechtsfähige GbR § 2

b) Rechte und Pflichten des vorletzten und des verbleibenden Gesellschafters

In Bezug auf die Rechte und Pflichten des vorletzten Gesellschafters sind anlässlich seines Ausscheidens nach § 712a Abs. 2 BGB – wie schon nach bisheriger Rechtslage[333] – die §§ 728, 728a und 728b BGB entsprechend anzuwenden, was sich aus der Systematik des Gesetzes nicht von selbst ergibt, da die in Bezug genommenen Vorschriften *„an sich für den Fall der Auflösung mit anschließender Liquidation der Gesellschaft konzipiert sind"*.[334]

166

Infolge der **entsprechenden Anwendung** der §§ 728, 728a und 728b BGB kann der ausgeschiedene Gesellschafter nicht von der GbR, sondern von dem verbleibenden Gesellschafter eine **angemessene Abfindung** verlangen[335] (§ 728 Abs. 1 S. 1 und Abs. 2 BGB). Dieser haftet ihm auch für Fehlbeträge (§ 728a BGB) und den Gläubigern der aufgelösten Gesellschaft entsprechend § 728b BGB für die bis zu seinem Ausscheiden begründeten Verbindlichkeiten (**Nachhaftung**).

167

Die Rechtsstellung des letzten Gesellschafters ergibt sich spiegelbildlich aus § 712a Abs. 2 BGB in Bezug auf die Rechte und Pflichten des vorletzten Gesellschafters indem sie dort mitgeregelt sind.[336] Im Hinblick auf seine eigene Haftung für Verbindlichkeiten der aufgelösten Gesellschaft – die nach § 712a Abs. 1 S. 2 BGB im Wege der Gesamtrechtsnachfolge auf ihn übergegangen ist – kann er im Fall seiner Inanspruchnahme durch Gläubiger ggf. Ausgleichsansprüche gegen den vorletzten Gesellschafter aus einem zwischen ihnen bestehenden Gesamtschuldverhältnis (§ 721 S. 1 BGB) geltend machen, wenn Letzterer entsprechend § 728b BGB auch weiter haftet und ein Rückgriff im Innenverhältnis gesellschaftsvertraglich (vgl. § 728 Abs. 1 S. 1 BGB) nicht ausgeschlossen ist.[337]

168

> *Beachte:*
> Aufgrund der Möglichkeit Abfindungsbeschränkungen zu vereinbaren,[338] können die Gesellschafter aber auch durch eine gesellschaftsvertragliche Auflösungsklausel – beschränkt auf die Situation, dass der vorletzte Gesellschafter ausscheidet – den Ausscheidensgrund in einen Auflösungsgrund umzuwandeln mit der Folge, dass dann *„an die Stelle der Vollbeendigung der Gesellschaft die Auflösung mit nachfolgender Liquidation [tritt], so dass der ausscheidende Ge-*

---

333 Dazu MüKo-BGB/*Schäfer*, § 730 Rn 83.
334 RegE, BT-Drucks 19/27635, S. 148.
335 RegE, BT-Drucks 19/27635, S. 147 unter Bezugnahme auf OLG Karlsruhe, Urt. v. 25.10.2006 – 7 U 11/06, ZIP 2007, 1908, 1909.
336 Schäfer/*Bergmann*, § 7 Rn 31.
337 Schäfer/*Bergmann*, § 7 Rn 31.
338 Schäfer/*Bergmann*, § 7 Rn 25.

sellschafter (bzw. seine Erben) an der Gesellschaft in Liquidation beteiligt bleibt und den vollen Anteil am Liquidationserlös erhält".[339]

8. Gesellschaftsvermögen (§ 713 BGB)

169 § 713 BGB – § 718 BGB alt (welcher zusammen mit § 719 und § 738 BGB alt die Grundlage für das historisch überholte Gesamthandsprinzip bildete,[340] wohingegen § 713 BGB alt die Rechte und Pflichten des geschäftsführenden Gesellschafters geregelt hat) – hat folgenden Wortlaut:

„Die Beiträge der Gesellschafter sowie die für oder durch die Gesellschaft erworbenen Rechte und die gegen sie begründeten Verbindlichkeiten sind Vermögen der Gesellschaft".

170 *„Mit [der] Anerkennung der Rechtsfähigkeit der Gesellschaft ist das Gesamthandsprinzip*[341] *unter dem Gesichtspunkt der Vermögenstrennung entbehrlich geworden"*[342] (Verzicht auf das Gesamthandsprinzip).[343] *„Ob man darin – bezogen auf die Vermögensfähigkeit der Gesellschaft – den Abschied von der Lehre von der Gesamthandsgesellschaft oder aber im Gegenteil die Übernahme dieser Lehre ins Gesetz erblicken mag, hängt vom Standpunkt des Betrachters ab"*.[344] Mit § 713 BGB erfolgt die Klarstellung, dass das dem gemeinsamen Zweck gewidmete – ebenso wie später erworbenes – Vermögen nicht (mehr) den Gesellschaftern zur gesamten Hand, sondern der Gesellschaft selbst gehört. Die Außen-GbR ist damit selbst Rechtsträgerin in Gleichstellung mit den Personenhandelsgesellschaften (vgl. § 124 Abs. 1 [i.V.m. § 161 Abs. 2] HGB alt respektive der Neuregelung des § 105 Abs. 2 HGB für die OHG [i.V.m. § 161 Abs. 2 HGB für die KG]). Damit ist das traditionelle Verständnis eines Gesamthandsvermögens für die Außen-GbR obsolet geworden[345] (vgl. auch § 712 Abs. 2 BGB, wonach die Anwachsung sich nicht mehr auf das Gesellschaftsvermögen, sondern auf den Anteil bezieht).

171 Hingegen ist der Gesetzgeber dem Vorschlag in der Literatur[346] nicht gefolgt, die Außen-GbR als juristische Person einzuordnen[347] – sie ist (als dritte Kategorie ne-

---

339 RegE, BT-Drucks 19/27635, S. 148 unter Bezugnahme auf Staub/*Schäfer*, § 130 HGB Rn 10.
340 RegE, BT-Drucks 19/27635, S. 148.
341 Kein Gesamthandsvermögen (mehr): *Bachmann*, NZG 2020, 612, 615.
342 RegE, BT-Drucks 19/27635, S. 148.
343 RegE, BT-Drucks 19/27635, S. 122.
344 *Schäfer/Armbrüster*, § 3 Rn 42 und § 1 Rn 15.
345 So auch *Fleischer*, DStR 2021, 430, 435; *Hermanns*, DNotZ 2022, 3, 5; *Kindler*, ZHR 185 (2021), 598, 604 und 614 f.; *K. Schmidt*, ZHR 185 (2021), 16, 29; a.A. hingegen *Schäfer*, ZIP 2020, 1149, 1150: Es sei noch offen, ob das MoPeG eine Abkehr von der traditionellen Lehre vollzogen habe.
346 *Raiser*, AcP 194 (1994), 495, 499 ff.
347 *Schäfer/Armbrüster*, § 3 Rn 46.

ben nicht rechtsfähiger Gesellschaft und juristischer Person) eine rechtsfähige Personengesellschaft[348] (vgl. § 705 Abs. 2 Hs. 1 BGB).

> *Beachte:*
> § 713 BGB gelangt über § 105 Abs. 3 HGB auf die OHG, über § 161 Abs. 2 HGB auf die KG und über § 1 Abs. 4 PartGG auf die Partnerschaftsgesellschaft **entsprechend** zur Anwendung.

Der von der üblichen Terminologie (vgl. § 311b Abs. 2, § 1365 bzw. § 1666 BGB oder § 242 Abs. 1 HGB) bewusst abweichende weite Vermögensbegriff in § 713 BGB erfasst sowohl das Aktiv- als auch das Passivvermögen, mithin

- Beiträge der Gesellschafter,
- für die Gesellschaft erworbene Rechte und
- gegen sie begründete Verbindlichkeiten,

„um der Bedeutung der Rechtsfähigkeit der Gesellschaft bürgerlichen Rechts als Trägerin sowohl von Rechten als auch Pflichten angemessen Ausdruck zu verleihen".[349]

172

Vom Vermögensbegriff erfasst werden damit auch registrierte Rechte, z.B. solche an einem Grundstück. Diese sind der GbR materiell zugewiesen, doch kann die Gesellschaft nur im Falle ihrer Eintragung im Gesellschaftsregister formell über sie verfügen (sog. **registerrechtliche Immobilisierung**).[350]

„Beiträge der Gesellschafter" setzt nicht die Überführung derselben in das Gesellschaftsvermögen durch Verfügungsgeschäft voraus – vielmehr begründet schon das **Bestehen einer Beitragspflicht** Gesellschaftsvermögen.[351]

173

„Für oder durch die Gesellschaft erworbene Rechte" sind sowohl die rechtsgeschäftlich als auch die kraft Gesetzes erworbenen Rechte (z.B. infolge eines Erbfalls, einer Verbindung, Vermischung oder Verarbeitung bzw. einer Umwandlung nach dem Umwandlungsgesetz).[352]

Da die GbR aktiv und passiv rechtsfähig ist, trifft sie auch selbst durch Rechtsgeschäft oder kraft Gesetzes *„gegen sie begründete Verbindlichkeiten"*.[353]

Die GbR kann im Übrigen auch als **Erbe** eingesetzt werden.[354]

---

348 *Lieder/Hilser*, NotBZ 2021, 401, 402.
349 RegE, BT-Drucks 19/27635, S. 148.
350 RegE, BT-Drucks 19/27635, S. 148.
351 RegE, BT-Drucks 19/27635, S. 148.
352 RegE, BT-Drucks 19/27635, S. 148.
353 RegE, BT-Drucks 19/27635, S. 149.
354 Zum vormaligen Streitstand Staudinger/*Habermeier*, § 718 BGB Rn 11 und 14.

9. Beschlussfassung (§ 714 BGB)

174 Die Neuregelung des § 714 BGB regelt – in Abgrenzung zur Geschäftsführung (vgl. § 715 BGB) – die Grundlagen der gesellschaftsinternen Willensbildung und Entscheidungsfindung durch Beschlussfassung[355] (wohingegen § 714 BGB alt die Vertretungsmacht geregelt hat):

> „Gesellschafterbeschlüsse bedürfen der Zustimmung aller stimmberechtigten Gesellschafter."

175 Die Regelungsbereiche des § 714 BGB (Beschlussfassung) und der §§ 715, 715a und 715b BGB (Geschäftsführungsbefugnis, Notgeschäftsführungsbefugnis und Gesellschafterklage) vollziehen die Verselbstständigung der Geschäftsführung der GbR gegenüber der Willensbildung und Entscheidungsfindung ihrer Gesellschafter, was zu einer Trennung der Beschlusskompetenz der Gesellschafter von der Geschäftsführungskompetenz der Geschäftsführer (ohne inhaltliche Änderung der traditionellen Unterscheidung zwischen Geschäftsführung und Beschlussfassung) führt.[356]

176 **Geschäftsführung** ist jede zur Förderung des Gesellschaftszwecks bestimmte, für die Gesellschaft wahrgenommene Tätigkeit mit Ausnahme solcher Maßnahmen, die die Grundlagen der Gesellschaft betreffen[357] (sog. **Grundlagengeschäfte**).

177 Im Unterschied dazu dient der **Gesellschafterbeschluss** der Gestaltung des Gesellschaftsverhältnisses im Rahmen

- von Grundlagengeschäften und
- außergewöhnlichen Geschäftsführungsmaßnahmen, ebenso wie im Kontext
- gewöhnlicher Geschäftsführungsmaßnahmen, sofern hier
  - eine entsprechende Beschlussfassung gesellschaftsvertraglich vereinbart oder
  - nach Maßgabe von § 714 BGB beschlossen worden ist.[358]

178 Die Beschlussfassung nach der dispositiven Norm des § 714 BGB muss grundsätzlich einstimmig (Zustimmung aller stimmberechtigter Gesellschafter) erfolgen (**Einstimmigkeitsprinzip**). Davon kann durch

- eine **gesellschaftsvertragliche Vereinbarung** (§ 708 BGB, gesellschaftsvertragliche Gestaltungsfreiheit zwecks einer erleichterten und flexibleren Entscheidungsfindung mit korrespondierender Handlungsfähigkeit der Gesellschaft
- **mehrheitliche Beschlussfassung**, wobei sich im Falle einer Mehrheitsklau-

---

[355] RegE, BT-Drucks 19/27635, S. 149.
[356] RegE, BT-Drucks 19/27635, S. 149.
[357] RegE, BT-Drucks 19/27635, S. 149.
[358] RegE, BT-Drucks 19/27635, S. 149.

sel³⁵⁹ die Mehrheit grundsätzlich nach der Gesamtheit der gemäß § 714 BGB stimmberechtigten Gesellschafter bestimmt)³⁶⁰ und
- ggf. auch durch **Stillschweigen** (z.b. durch stetiges Dulden von Mehrheitsbeschlüssen)

abgewichen werden.

Beachte:

Im Falle einer gesellschaftsvertraglichen Mehrheitsklausel kommt, wenn im Gesellschaftsvertrag nichts anderes vereinbart worden ist, der Beschluss mit einfacher Stimmenmehrheit der stimmberechtigten Gesellschafter zustande. Die Stimmkraft beurteilt sich nach § 709 Abs. 3 BGB,³⁶¹ d.h. (sofern nichts anderes vereinbart ist) nach den Beteiligungsverhältnissen (mithin dem vereinbarten Wert der Beiträge [Kapitalbeiträge], ohne dass es auf deren wirklichen Wert ankommt).³⁶²

Grundsätzlich hat jeder Gesellschafter ein Stimmrecht. Etwas anderes gilt im Falle eines Stimmrechtsausschlusses, wenn dem Gesellschafter

- aus besonderen gesetzlichen Gründen (vgl. § 715 Abs. 5 S. 1 [Geschäftsführungsbefugnis], § 720 Abs. 4 [Vertretungsbefugnis] bzw. § 727 BGB [Ausschluss aus der Gesellschaft]) oder
- wegen einer gesellschaftsvertraglichen Vereinbarung

das Stimmrecht entzogen worden ist. Gleichermaßen soll ein allgemeines Prinzip des Stimmrechtsausschlusses in „Fällen vergleichbar schwerwiegender Interessenkollision" (bspw. Befreiung von einer Verbindlichkeit oder Einleitung eines Rechtsstreits gegen den betroffenen Gesellschafter) bestehen:³⁶³ Der Gesellschafter soll nicht „Richter in eigener Sache" sein.³⁶⁴ Dann bleibt seine Stimme bei der Beschlussfassung außer Betracht.

179

---

359 Dazu näher *Wicke*, Mehrheitsklauseln und unentziehbare Rechte nach Rechtsprechung und MoPeG, MittbayNot 2021, 103.
360 Wodurch die infolge des Einstimmigkeitsprinzips bestehende Möglichkeit auftreten kann, dass jeder stimmberechtigte Gesellschafter durch ein bloßes Fernbleiben von der Abstimmung die Beschlussfassung verhindern bzw. *„durch eine ablehnende Stimmabgabe den anderen Gesellschaftern seinen Willen aufzwingen"* kann: RegE, BT-Drucks 19/27635, S. 149 unter Bezugnahme auf MüKo-BGB/*Schäfer*, § 709 Rn 39 und 47.
361 RegE, BT-Drucks 19/27635, S. 150.
362 RegE, BT-Drucks 19/27635, S. 163.
363 RegE, BT-Drucks 19/27635, S. 149.
364 RegE, BT-Drucks 19/27635, S. 149.

180 Der Gesetzgeber hat im Übrigen von einer gesetzlichen Regelung zum **Stimmverbot** abgesehen, *„weil dies nur zu einer misslichen Kasuistik führen würde",*[365] und die Frage einer Klärung durch die Rechtsprechung überlassen, *„ob für einen Beschluss über den Abschluss eines Rechtsgeschäfts mit dem betroffenen Gesellschafter das Stimmverbot nach § 34 BGB, § 47 Absatz 4 GmbHG entsprechend gilt".*[366] Ob aus den Regelungen in § 715 Abs. 5 S. 1 BGB (Entziehung der Geschäftsführungsbefugnis), § 720 Abs. 4 BGB (Entziehung der Vertretungsbefugnis) bzw. § 727 S. 1 BGB (Ausschließung aus der GbR) ein allgemeines Prinzip (Stimmverbot) geschlossen werden kann[367] (vergleichbar schwerwiegender Interessenkonflikt), *„bleibt abzuwarten".*[368]

10. Geschäftsführungsbefugnis (§ 715 BGB)

181 Die Neuregelung des § 715 BGB führt den Normenbestand der §§ 709 bis 712 BGB alt unter der Überschrift „Geschäftsführungsbefugnis"[369] zusammen und soll damit den Unterschied der Geschäftsführung zum Grundlagengeschäft herausstellen, der nach altem Recht durch eine einheitliche Verwendung des Begriffs „Geschäftsführung" (vgl. §§ 709, 710 BGB alt) verdeckt wurde[370] (wohingegen § 715 BGB alt die Entziehung der Vertretungsmacht regelte):

> „(1) Zur Führung der Geschäfte der Gesellschaft sind alle Gesellschafter berechtigt und verpflichtet.
>
> (2) Die Befugnis zur Geschäftsführung erstreckt sich auf alle Geschäfte, die die Teilnahme der Gesellschaft am Rechtsverkehr gewöhnlich mit sich bringt. Zur Vornahme von Geschäften, die darüber hinausgehen, ist ein Beschluss aller Gesellschafter erforderlich.
>
> (3) Die Geschäftsführung steht allen Gesellschaftern in der Art zu, dass sie nur gemeinsam zu handeln berechtigt sind, es sei denn, dass mit dem Aufschub eines Geschäfts Gefahr für die Gesellschaft oder das Gesellschaftsvermögen verbunden ist. Dies gilt im Zweifel entsprechend, wenn nach dem Gesellschaftsvertrag die Geschäftsführung mehreren Gesellschaftern zusteht.

---

365 RegE, BT-Drucks 19/27635, S. 149 f.: *„Insbesondere ist mit Blick auf das neue Beschlussmängelrecht der Personenhandelsgesellschaften abzuwarten, ob nicht der Anfechtbarkeit eines Beschlusses wegen Verletzung der gesellschaftsrechtlichen Treuepflicht der Vorzug vor einer starren gesetzlichen Regelung eines Stimmverbotes zu geben ist".*

366 RegE, BT-Drucks 19/27635, S. 150 unter Bezugnahme auf die umstrittene Rechtsfrage: MüKo-BGB/*Schäfer*, § 709 Rn 70 plädiert für eine Anwendbarkeit des § 47 Abs. 4 GmbHG, MüKo-HGB/*Enzinger*, § 119 Rn 33 dagegen. Der BGH (Urt. v. 7.2.2012 – II ZR 230/09, ZIP 2012, 917, juris Rn 30) hat die Beantwortung der Frage offengelassen.

367 RegE, BT-Drucks 19/27635, S. 171.

368 *Schäfer/Grunewald,* § 5 Rn 27: *„Richter in eigener Sache".*

369 Näher *Lieder,* Geschäftsführung und Vertretung im modernisierten Personengesellschaftsrecht, ZGR-Sonderheft 23 (2021), 169.

370 RegE, BT-Drucks 19/27635, S. 151.

(4) Steht nach dem Gesellschaftsvertrag die Geschäftsführung allen oder mehreren Gesellschaftern in der Art zu, dass jeder allein zu handeln berechtigt ist, kann jeder andere geschäftsführungsbefugte Gesellschafter der Vornahme des Geschäfts widersprechen. Im Fall des Widerspruchs muss das Geschäft unterbleiben.

(5) Die Befugnis zur Geschäftsführung kann einem Gesellschafter durch Beschluss der anderen Gesellschafter ganz oder teilweise entzogen werden, wenn ein wichtiger Grund vorliegt. Ein wichtiger Grund ist insbesondere eine grobe Pflichtverletzung des Gesellschafters oder die Unfähigkeit des Gesellschafters zur ordnungsgemäßen Geschäftsführung.

(6) Der Gesellschafter kann seinerseits die Geschäftsführung ganz oder teilweise kündigen, wenn ein wichtiger Grund vorliegt. § 671 Absatz 2 und 3 ist entsprechend anzuwenden."

a) Geschäftsführung

Das MoPeG bringt eine strikte Trennung von Geschäftsführungsbefugnis (§ 715 BGB) und Vertretung (§ 720 BGB).

182

"Geschäftsführung ist jede zur Förderung des Gesellschaftszwecks ausgeübte Tätigkeit, mit Ausnahme solcher Maßnahmen, die die Grundlagen der Gesellschaft betreffen".[371] *"Das Geschäftsführungsrecht gehört zu den unentziehbaren Rechten eines jeden Gesellschafters (Grundsatz der Selbstorganschaft)".*[372]

Maßnahmen hingegen, die die Grundlage der Gesellschaft betreffen (**Grundlagengeschäfte, die die Zusammensetzung und Organisation der GbR im Grundsätzlichen betreffen**), bedürfen wegen ihrer weitreichenden Bedeutung der Gestaltung durch die Gesamtheit aller Gesellschafter im Rahmen der gesellschaftsvertraglichen Vereinbarung und stehen damit nicht zur Disposition der Geschäftsführer (es sei denn, diesen ist im Gesellschaftsvertrag ausnahmsweise eine entsprechende Ermächtigung eingeräumt worden).[373]

183

Von einer Tätigkeit als Geschäftsführungsmaßnahme ist der sachliche Umfang der Geschäftsführungsbefugnis zu unterscheiden: Liegt die konkret in Rede stehende, *"nicht der Grundlagen-, sondern der Geschäftsführungsebene zugehörende Tätigkeit eines Geschäftsführers noch im Bereich der durch den Gesellschaftsvertrag erteilten Ermächtigung"*?[374]

---

371 RegE, BT-Drucks 19/27635, S. 151.
372 Schäfer/*Schäfer*, § 6 Rn 34.
373 RegE, BT-Drucks 19/27635, S. 151.
374 RegE, BT-Drucks 19/27635, S. 151.

b) Recht und Pflicht zur Geschäftsführung

184 Zur Führung der Geschäfte der Gesellschaft sind nach § 715 Abs. 1 BGB – dem § 114 Abs. 1 HGB alt (respektive der Neuregelung des § 116 Abs. 1 HGB) nachgebildet – (kraft Mitgliedschaft) vorbehaltlich einer anderweitigen gesellschaftsvertraglichen Regelung alle (d.h. jeder) Gesellschafter berechtigt und verpflichtet (Grundsatz der Selbstorganschaft).[375]

> *Beachte:*
> Das Recht zur Geschäftsführung ist gemäß § 708 BGB gesellschaftsvertraglich abdingbar. Nach § 715 Abs. 5 S. 1 BGB kann es gegen den Willen eines Gesellschafters diesem aus „wichtigem Grund" auch entzogen werden.

185 Das Recht auf Geschäftsführung korrespondiert mit einer entsprechenden Pflicht zur Mitwirkung an der Geschäftsführung – d.h. Geschäfte nicht durch Passivität bzw. nicht am Gesellschaftsinteresse orientierten Widerstand zu blockieren – gegenüber der GbR und den Mitgesellschaftern (**Pflichtrecht**).

186 **Insbesondere Vergütungsanspruch**

Das Pflichtrecht hat zur Folge, dass der geschäftsführungsbefugte Gesellschafter für seine Tätigkeit grundsätzlich keinen Vergütungsanspruch nach Dienstvertragsrecht (§§ 611 ff. BGB) hat: Seine Mühewaltung wird schon durch seine Gewinnbeteiligung abgegolten[376] (weshalb immer geprüft werden muss, ob eine Vergütungsvereinbarung oder ein Gewinnvoraus in Rede steht).[377] Soll gleichwohl eine (zusätzliche) Vergütung neben der Gewinnbeteiligung erfolgen, bedarf dies einer entsprechenden (ggf. stillschweigenden) Vereinbarung im Gesellschaftsvertrag oder einen Gesellschafterbeschluss.[378]

> *Beachte:*
> Einem geschäftsführungsbefugten Gesellschafter kann i.Ü. aber auch eine zusätzliche Vergütung (die nicht auf dem Gesellschaftsverhältnis beruht) im Rahmen eines Dienstvertrags gewährt werden mit der Folge, dass dieser dann als Dienstverpflichteter der GbR (insoweit) wie ein Dritter gegenübersteht.[379] Der Gesetzgeber hat jedoch von einer Klarstellung, „*dass der geschäftsführungs-*

---

375 RegE, BR-Drucks 59/21, S. 172 – dessen Ausgestaltung der Rechtsprechung überlassen bleibt.
376 RegE, BT-Drucks 19/27635, S. 150.
377 Dazu *K. Schmidt*, Gesellschaftsrecht, S. 1748.
378 Der Beschluss bedarf (vorbehaltlich einer gesellschaftsvertraglichen Mehrheitsklausel) der Stimmen aller stimmberechtigten Gesellschafter: RegE, BT-Drucks 19/27635, S. 150 unter Bezugnahme auf BGH, Urt. v. 6.7.1967 – II ZR 218/65, WM 1967, 1099.
379 RegE, BT-Drucks 19/27635, S. 150.

C. Die rechtsfähige GbR § 2

befugte Gesellschafter für seine Mühewaltung keine gesonderte Vergütung erhält, abgesehen".[380]
Der Gesetzgeber[381] hat die Beantwortung der Frage offengelassen, welche Schlussfolgerungen daraus für die Geltung des Grundsatzes der Selbstorganschaft zu ziehen sind, und die Klärung der Rechtsprechung überlassen.

c) Umfang der Geschäftsführungsbefugnis

Die Befugnis zur Geschäftsführung (d.h. deren Umfang) erstreckt sich (vor dem Hintergrund ihrer Ausgestaltung als Einzel- oder Gesamtgeschäftsführungsbefugnis) nach der Neuregelung des § 715 Abs. 2 S. 1 BGB – in Anlehnung an die Neuregelung in § 116 Abs. 1 und 2 HGB – auf alle Geschäfte, die die **Teilnahme der Gesellschaft am Rechtsverkehr** gewöhnlich mit sich bringt. Zur Vornahme von Geschäften, die darüber hinausgehen, ist gemäß § 715 Abs. 2 S. 2 BGB ein Beschluss aller Gesellschafter erforderlich. **187**

§ 715 Abs. 2 BGB differenziert demnach im Interesse eines Schutzes jener Gesellschafter, die (abweichend vom gesetzlichen Regelfall) von der Geschäftsführungsbefugnis ausgeschlossen sind,[382] zwischen **gewöhnlichen und außergewöhnlichen Geschäften**. Eine Geschäftsführungsmaßnahme ist dann als „außergewöhnliches Geschäft" zu qualifizieren, wenn sie *„nach ihrem Inhalt und Zweck oder durch ihre Bedeutung und die mit ihr verbundene Gefahr für die Gesellschafter über den Rahmen dessen hinausgeht, was die Teilnahme der Gesellschaft am Rechtsverkehr für gewöhnlich mit sich bringt".*[383] Letzteres bedarf der Zustimmung auch der nicht geschäftsführungsbefugten Gesellschafter (Klarstellung eines Schutzbedürfnisses für den gesetzlichen Ausnahmefall).[384] **188**

Beachte:
§ 715 Abs. 2 BGB, „da (...) [die Regelung] ausschließlich das Innenrechtsverhältnis betrifft, in vollem Umfang dispositiv".[385]

Von dem Begriff der „Geschäftsführung" nicht erfasst werden Maßnahmen, die das Verhältnis der Gesellschafter untereinander (**Grundlagengeschäfte der Gesell- 189**

---

380 RegE, BT-Drucks 19/27635, S. 150.
381 RegE, BT-Drucks 19/27635, S. 150.
382 RegE, BT-Drucks 19/27635, S. 151: Ohne ihr Zutun soll das von der Gesellschaft getragene Unternehmen nicht in seinem Zuschnitt wesentlich verändert werden können (so MüKo-HGB/*Jickeli*, § 116 Rn 2; Habersack/Schäfer/*Schäfer*, § 116 HGB Rn 2).
383 RegE, BT-Drucks 19/27635, S. 151 – bspw. die Neuausrichtung der Geschäftspolitik durch einen Wechsel der Hauptvertragspartner oder die Bestellung einer Generalvollmacht.
384 RegE, BT-Drucks 19/27635, S. 151.
385 RegE, BT-Drucks 19/27635, S. 151.

schaft, z.B. eine Änderung oder Durchbrechung des Gesellschaftsvertrags, die Aufnahme oder der Ausschluss eines Gesellschafters) betreffen.[386]

d) Grundsatz der Gesamtgeschäftsführungsbefugnis (gesetzlicher Regelfall)

190 Die Geschäftsführung steht nach § 715 Abs. 3 S. 1 BGB – in wesentlicher Übernahme der §§ 709 Abs. 1 und 710 S. 2 BGB alt) allen Gesellschaftern in der Art zu, dass sie nur gemeinsam zu handeln berechtigt sind, es sei denn, dass mit dem Aufschub eines Geschäfts Gefahr für die Gesellschaft oder das Gesellschaftsvermögen verbunden ist. Dies gilt im Zweifel gemäß § 715 Abs. 3 S. 2 BGB entsprechend, wenn nach dem Gesellschaftsvertrag die Geschäftsführung mehreren Gesellschaftern zusteht.

> *Beachte:*
> Mit dem gesetzlichen Regelfall der Gesamtgeschäftsführungsbefugnis unterscheidet sich die Rechtslage bei der GbR von jener bei der OHG (vgl. § 116 Abs. 3 HGB: gesetzlicher Regelfall der Einzelgeschäftsführungsbefugnis). Der Gesetzgeber hat dies damit begründet, *„dass sich [bei der GbR] eine gesetzliche Einzelvertretungsbefugnis schwerlich mit der unbeschränkten persönlichen Haftung der Gesellschafter in Einklang bringen lässt."*[387]

191 Sofern im Gesellschaftsvertrag die Geschäftsführungsbefugnis auf mehrere Gesellschafter übertragen wird, soll damit entweder

- eine Beschränkung der Geschäftsführungsbefugnis auf einen bestimmten Kreis von ermächtigten Gesellschaftern oder
- (wohl im Regelfall) eine gegenseitige Kontrolle der ermächtigten Gesellschafter

erfolgen, womit § 715 Abs. 3 S. 2 BGB *„daher eine Auslegungsregel [enthält], dass ‚im Zweifel' von einer Gesamtgeschäftsführungsbefugnis der ermächtigten Gesellschafter auszugehen ist"*.[388]

> *Beachte:*
> Auch die Vertretungsmacht ist grundsätzlich Gesamtvertretungsmacht (§ 720 Abs. 1 BGB) – ihr Umfang kann jedoch nicht beschränkt werden (§ 720 Abs. 3 S. 2 BGB).

---

386 RegE, BT-Drucks 19/27635, S. 151.
387 RegE, BT-Drucks 19/27635, S. 151.
388 RegE, BT-Drucks 19/27635, S. 152.

C. Die rechtsfähige GbR § 2

e) Widerspruchsrecht bei Einzelgeschäftsführungsbefugnis

Steht nach dem Gesellschaftsvertrag die Geschäftsführung allen oder mehreren Gesellschaftern in der Art zu, dass jeder allein zu handeln berechtigt ist (Einzelgeschäftsführungsbefugnis), kann nach § 715 Abs. 4 S. 1 BGB – in Übernahme von § 711 BGB alt – jeder andere geschäftsführungsbefugte Gesellschafter der Vornahme des Geschäfts widersprechen. Im Fall des Widerspruchs muss gemäß § 715 Abs. 4 S. 2 BGB das Geschäft unterbleiben.

192

Ausweislich § 720 Abs. 3 S. 2 BGB kommt dem Widerspruchsrecht nach § 715 Abs. 4 BGB jedoch nur eine Bedeutung im Innenrechtsverhältnis zu.[389]

> *Hinweis:*
> Eine Überschreitung der Geschäftsführungsbefugnis stellt eine Pflichtverletzung dar, die die Gesellschaft zur Geltendmachung eines Schadensersatzanspruchs (§ 280 Abs. 1 BGB) gegen den eigenmächtig handelnden Gesellschafter berechtigt.[390]

f) Entzug der Geschäftsführungsbefugnis

Die Befugnis zur Geschäftsführung kann einem Gesellschafter nach § 715 Abs. 5 S. 1 BGB – in wesentlicher Übernahme von § 712 Abs. 1 BGB alt – durch **Beschluss** der anderen Gesellschafter ganz oder teilweise entzogen werden, wenn ein „wichtiger Grund" vorliegt. Die Entziehung stellt *„eine wichtige, nicht auf andere unentziehbare Rechte übertragbare Einschränkung des Grundsatzes dar, dass unentziehbare Rechte nur mit Zustimmung des Berechtigten entzogen werden können".*[391] Ein „wichtiger Grund" ist gemäß § 715 Abs. 5 S. 2 BGB insbesondere eine **grobe Pflichtverletzung** des Gesellschafters oder die Unfähigkeit des Gesellschafters zur ordnungsgemäßen Geschäftsführung.

193

Der Entzug hängt nicht davon ab, ob dem Gesellschafter die Geschäftsführungsbefugnis durch den Gesellschaftsvertrag übertragen worden ist oder nicht (**Entziehungsbefugnis auch bei gesetzlich eingeräumter Gesamtgeschäftsführungsbefugnis**).[392]

194

Der **teilweise Entzug** der Geschäftsführungsbefugnis stellt eine Beschränkung auf ein „milderes Mittel" dar – mit der Folge, dass *„eine Einzelgeschäftsführungs-*

195

---

389 RegE, BT-Drucks 19/27635, S. 152.
390 Schäfer/*Schäfer*, § 6 Rn 36.
391 Schäfer/*Schäfer*, § 6 Rn 37.
392 RegE, BT-Drucks 19/27635, S. 152.

*befugnis für alle Gesellschaftsangelegenheiten auf (bestimmte) gegenständlich bestimmte Gesellschaftsangelegenheiten (z.b. Einkauf, Vertrieb, Produktion) oder auf eine **Gesamtgeschäftsführungsbefugnis** beschränkt werden"* (kann):[393] **Teilentziehung.** Um unbillige Ergebnisse zu vermeiden, kann eine Korrektur bei der Auslegung des „wichtigen Grundes" erfolgen.[394]

> *Beachte:*
>
> Ein Gesellschafter, dem die Geschäftsführungsbefugnis entzogen worden ist, kann – vor dem Hintergrund seiner fortbestehenden persönlichen Haftung (§ 721 BGB) – gemäß § 725 Abs. 3 BGB seine Mitgliedschaft in der Gesellschaft aus „wichtigem Grund" selbst kündigen.

g) Kündigung der Geschäftsführung

196 Der Gesellschafter kann seinerseits als korrespondierendes Recht zum Entzug der Geschäftsführungsbefugnis (§ 715 Abs. 5 BGB) nach § 715 Abs. 6 S. 1 BGB – in wesentlicher Übernahme von § 712 Abs. 2 BGB alt – die Geschäftsführung (die auch ein Pflichtrecht darstellt) ganz oder teilweise auch selbst kündigen, wenn ein „wichtiger Grund" vorliegt. Dabei ist gemäß § 715 Abs. 6 S. 2 BGB die Regelung des § 671 Abs. 2 und 3 BGB entsprechend anzuwenden. Dies hat zur Folge, dass der Gesellschafter entsprechend § 671 Abs. 2 BGB nur in der Art kündigen darf, dass die Gesellschaft für die Wahrnehmung der Geschäftsführungsaufgaben anderweitig Fürsorge treffen kann – es sei denn, dass ein „wichtiger Grund" für die unzeitige Kündigung vorliegt. Kündigt der Gesellschafter ohne einen solchen Grund zur Unzeit, so hat er der Gesellschaft den daraus entstehenden Schaden zu ersetzen. Liegt ein „wichtiger Grund" vor, so ist der Gesellschafter entsprechend § 671 Abs. 3 BGB zur Kündigung auch berechtigt, wenn er auf das Kündigungsrecht verzichtet hat.

197 Das Recht auf Entziehung der Geschäftsführungsbefugnis durch Gesellschafterbeschluss der anderen Gesellschafter korrespondiert damit mit einem Kündigungsrecht des geschäftsführungsbefugten Gesellschafters.[395]

Aufgrund des Rechts zur Kündigung der Geschäftsführung braucht der geschäftsführungsbefugte Gesellschafter – wenn ihm eine weitere Tätigkeit in der Gesellschaft unzumutbar geworden ist – die GbR nicht selbst zu kündigen (vgl. § 725 BGB, Kündigung der Mitgliedschaft durch den Gesellschafter [§ 723 BGB alt]).

---

393 RegE, BT-Drucks 19/27635, S. 152: Damit wird den anderen Gesellschaftern zwar – der Sache nach – eine einseitige Änderung des Gesellschaftsvertrags gestattet, was jedoch gegenüber einer vollständigen Entziehung der Geschäftsführungsbefugnis *„aus Gründen der Verhältnismäßigkeit hinzunehmen ist"*.
394 RegE, BT-Drucks 19/27635, S. 152.
395 RegE, BT-Drucks 19/27635, S. 152.

Beachte:
Der geschäftsführungsbefugte Gesellschafter hat jedoch kein uneingeschränktes Recht auf Niederlegung der Geschäftsführungsbefugnis – ein Recht auf einseitige Niederlegung der Geschäftsführung besteht aufgrund des Grundsatzes der Selbstorganschaft nämlich nicht. Die Geschäftsführungsbefugnis kann nur
- durch eine einvernehmliche Änderung des Gesellschaftsvertrags aufgehoben oder
- durch Ausübung des Kündigungsrechts nach § 715 Abs. 6 S. 1 BGB beendet werden.[396]

Das Vorliegen eines „wichtigen Grundes" beurteilt sich nach Maßgabe der Rechtslage zu § 712 Abs. 2 BGB.[397]

11. Notgeschäftsführungsbefugnis (§ 715a BGB)

Die Neuregelung des § 715a BGB – die die bislang gesetzlich nicht geregelte, aber (gestützt auf eine Analogie zu § 744 Abs. 2 BGB[398] alt) allgemeine Notgeschäftsführungsbefugnis eines jeden Gesellschafters normiert – hat folgenden Wortlaut:

198

> „Sind alle geschäftsführungsbefugten Gesellschafter verhindert, nach Maßgabe von § 715 Absatz 3 Satz 3 [**Hinweis:** *Hierbei handelt es sich auch in der im BGBl veröffentlichten Fassung wohl um einen Verweisfehler, da im Laufe des Gesetzgebungsverfahrens aus § 715 Abs. 3 S. 3 BGB-E*[399] *ein neu gefasster § 715 Abs. 3 S. 1 BGB*[400] *geworden ist*][401] bei einem Geschäft mitzuwirken, kann jeder Gesellschafter das Geschäft vornehmen, wenn mit dem Aufschub Gefahr für die Gesellschaft oder das Gesellschaftsvermögen verbunden ist. Eine Vereinbarung im Gesellschaftsvertrag, welche dieses Recht ausschließt, ist unwirksam."

Sind alle (d.h. sämtliche) geschäftsführungsbefugten Gesellschafter verhindert, nach Maßgabe von § 715 Abs. 3 S. 1 BGB (vgl. dazu den vorstehenden Hinweis im

199

---

396 RegE, BT-Drucks 19/27635, S. 153.
397 RegE, BT-Drucks 19/27635, S. 153 unter Bezugnahme auf MüKo-BGB/*Schäfer*, § 712 Rn 9 f. Dabei soll der Umstand zu berücksichtigen sein, dass „*die Geschäftsführung aller Gesellschafter gemeinsam typischerweise weniger belastend wirkt als etwa die Geschäftsführung durch einen einzelnen Gesellschafter*".
398 Dazu näher MüKo-BGB/*Schäfer*, § 709 Rn 21.
399 § 715 Abs. 3 S. 3 BGB-E hatte folgenden Wortlaut: „*Für jedes Geschäft ist die Zustimmung aller geschäftsführungsbefugten Gesellschafter erforderlich, es sei denn, dass mit dem Aufschub Gefahr für die Gesellschaft oder das Gesellschaftsvermögen verbunden ist*".
400 § 715 Abs. 3 S. 1 BGB hat folgenden Wortlaut: „*Die Geschäftsführung steht allen Geschäftsführern in der Art zu, dass sie nur gemeinsam zu handeln berechtigt sind, es sei denn, dass mit dem Aufschub eines Geschäfts Gefahr für die Gesellschaft oder das Gesellschaftsvermögen verbunden ist*".
401 Dieser Verweisfehler findet sich auch in der DruckversionBeck-Texte BGB, 89. Aufl. 2022 in Übernahme der unrichtigen Verweisung im BGBl.

§ 2 Die Gesellschaft bürgerlichen Rechts (GbR)

Gesetzestext) bei einem Geschäft mitzuwirken, kann gemäß § 715a S. 1 BGB jeder Gesellschafter das Geschäft vornehmen, wenn mit Aufschub Gefahr für die Gesellschaft oder das Gesellschaftsvermögen verbunden ist. Durch das Erfordernis einer Verhinderung aller (sämtlicher) geschäftsführungsbefugter Gesellschafter soll sichergestellt werden, dass die gesellschaftsrechtlichen Regelungen über die Geschäftsführung nicht unterlaufen werden, womit die Notbefugnis nach § 715 Abs. 3 S. 1 Hs. 2 BGB vorrangig ist.[402] *„Das Notgeschäftsführungsrecht verschafft dem nicht (allein) geschäftsführungsbefugten Gesellschafter die Alleinhandlungsbefugnis".*[403]

Beachte:
§ 715a BGB findet über § 105 Abs. 3 HGB auf die OHG, über § 161 Abs. 2 HGB auf die KG und über § 1 Abs. 4 PartGG auf die Partnerschaftsgesellschaft entsprechende Anwendung.

200 § 715a S. 1 BGB richtet sich an jeden – d.h. auch an den gesamtbefugten oder den von der Geschäftsführungsbefugnis ausgeschlossenen – Gesellschafter, dessen Notgeschäftsführungsbefugnis weder

- der Widerspruch eines anderen Gesellschafters nach § 715 Abs. 4 BGB noch
- (die Verweigerung von dessen Zustimmung gemäß § 715 Abs. 3 S. 3 BGB-E, der so nicht Gesetz geworden ist, vgl. vorstehenden Hinweis)

entgegensteht.[404]

201 Zu beachten ist jedoch § 715 Abs. 3 S. 1 BGB, wonach die Geschäftsführungsbefugnis allen Gesellschaftern in der Art zusteht, dass sie nur gemeinsam zu handeln berechtigt sind (**Gesamtgeschäftsführungsbefugnis**), *„es sei denn, dass mit dem Aufschub des Geschäfts Gefahr für die Gesellschaft oder das Gesellschaftsvermögen verbunden ist"* (Hs. 1) – Einzelbefugnis der Gesamtgeschäftsführer im Notfall bei fehlender Erreichbarkeit der Geschäftsführer als Teilregelung der allgemeinen Notgeschäftsführungsbefugnis.[405] Damit wird *„klargestellt, dass von mehreren Gesellschaftern zuvorderst die mitgeschäftsführungsbefugten Gesellschafter (...) zur Notgeschäftsführung befugt sind".*[406]

202 Mit einem Aufschub ist dann eine Gefahr für die Gesellschaft oder das Gesellschaftsvermögen i.S.d. § 715a S. 1 BGB verbunden, wenn der GbR ohne ein sofortiges und alleiniges Handeln ein Schaden droht (wozu auch ein entgangener Ge-

---

402 Schäfer/*Schäfer*, § 6 Rn 41.
403 Schäfer/*Schäfer*, § 6 Rn 40.
404 RegE, BT-Drucks 19/27635, S. 153.
405 RegE, BT-Drucks 19/27635, S. 151 f.
406 RegE, BT-Drucks 19/27635, S. 153.

C. Die rechtsfähige GbR § 2

winn zählt, so die entsprechende Auffassung zu § 115 Abs. 2 a.E. HGB alt, respektive die Neuregelung des § 116 Abs. 4 HGB).[407]

> *Beachte:*
> *§ 715 Abs. 3 S. 1 und § 715a S. 1 BGB können – anders als § 744 Abs. 2 BGB[408] – „auch nicht-gegenstandsbezogene, gleichwohl eilbedürftige Maßnahmen erfassen. Die Gefahrensituation ist dabei **objektiv ex post** zu beurteilen".[409]*

§ 715 Abs. 3 S. 1 und § 715a S. 1 BGB räumen dem Gesellschafter nur eine Geschäftsführungsbefugnis im Innenverhältnis – jedoch **keine Vertretungsbefugnis** im Außenverhältnis gegenüber Geschäftspartnern – ein.[410]

203

Im Innenverhältnis wird der Gesellschafter, der im Namen der Gesellschaft handelt gleichwohl nicht schutzlos gestellt (Inanspruchnahme als Vertreter ohne Vertretungsmacht gemäß § 179 BGB), da die GbR verpflichtet ist, *„das Geschäft zu genehmigen, wenn sein Handeln im Innenverhältnis gerechtfertigt war, (…) [wobei die GbR] ihm bei verweigerter oder nicht innerhalb der Frist des § 177 Abs. 2 BGB erteilter Genehmigung Schadensersatz [schuldet]".*[411] Dem Gesellschafter werden bei Vorliegen der Voraussetzungen des § 716 Abs. 1 BGB auch seine Aufwendungen ersetzt.

204

Sofern die Voraussetzungen des § 715 Abs. 3 S. 1 bzw. des § 715a S. 1 BGB fehlen (bspw. weil der Gesellschafter die Gefahrensituation subjektiv ex ante falsch eingeschätzt hat), kann gleichwohl ein Aufwendungsersatzanspruch nach Maßgabe einer GoA bestehen, da aufgrund der gesellschaftsrechtlichen Treuepflicht *„sich das Notgeschäftsführungsrecht u.U. zu einer Pflicht zum Tätigwerden verdichten kann".*[412]

Eine Vereinbarung im Gesellschaftsvertrag, welche das Recht auf Notgeschäftsführung gemäß § 715a S. 1 BGB ausschließt, ist nach § 715a S. 2 BGB unwirksam.

12. Gesellschafterklage (§ 715b BGB)

Die Neuregelung des § 715b BGB hat folgenden Wortlaut:

205

> „(1) Jeder Gesellschafter ist befugt, einen auf dem Gesellschaftsverhältnis beruhenden Anspruch der Gesellschaft gegen einen anderen Gesellschafter im eigenen Namen ge-

---

407   RegE, BT-Drucks 19/27635, S. 153.
408   § 744 Abs. 2 BGB regelt die gemeinschaftliche Verwaltung bei der Gemeinschaft nach Bruchteilen: *„Jeder Teilnehmer ist berechtigt, die zur Erhaltung des Gegenstands notwendigen Maßregeln ohne die Zustimmung der anderen Teilnehmer zu treffen; er kann verlangen, dass diese ihre Einwilligung zu einer solchen Maßregel im Voraus erteilen".*
409   RegE, BT-Drucks 19/27635, S. 154.
410   RegE, BT-Drucks 19/27635, S. 154 - arg.: Die Geschäftspartner müssen jeweils Klarheit darüber haben, ob ein geschlossener Vertrag wirksam ist.
411   RegE, BT-Drucks 19/27635, S. 154.
412   RegE, BT-Drucks 19/27635, S. 154.

richtlich geltend zu machen, wenn der dazu berufene geschäftsführungsbefugte Gesellschafter dies pflichtwidrig unterlässt. Die Befugnis nach Satz 1 erstreckt sich auch auf einen Anspruch der Gesellschaft gegen einen Dritten, wenn dieser an dem pflichtwidrigen Unterlassen mitwirkte oder es kannte.

(2) Eine Vereinbarung im Gesellschaftsvertrag, welche das Klagerecht ausschließt oder dieser Vorschrift zuwider beschränkt, ist unwirksam.

(3) Der klagende Gesellschafter hat die Gesellschaft unverzüglich über die Erhebung der Klage und die Lage des Rechtsstreits zu unterrichten. Ferner hat er das Gericht über die erfolgte Unterrichtung in Kenntnis zu setzen. Das Gericht hat auf eine unverzügliche Unterrichtung der Gesellschaft hinzuwirken.

(4) Soweit über den Anspruch durch rechtskräftiges Urteil entschieden worden ist, wirkt die Entscheidung für und gegen die Gesellschaft."

a) Ratio legis

206 § 715b BGB zielt auf eine gesetzliche Verankerung der als solche bereits bisher anerkannten Rechtsfigur der **actio pro socio** (Gesellschafterklage),[413] die dem Individualschutz dient und infolgedessen auch unverzichtbar ist,[414] im Gesetz. Zugleich werden die in ihren Voraussetzungen und Rechtsfolgen (der bislang getrennt eingeordneten) *"Einzelklagerechte des Gesellschafters für die Geltendmachung von Sozial- und Drittansprüchen zu einem einheitlichen Institut"* zusammengefasst.[415]

> Beachte:
> § 715b BGB schließt es nicht aus, *"unter den von der Rechtsprechung näher zu bestimmenden Voraussetzungen analog § 46 Nr. 8 GmbHG oder § 147 Abs. 2 S. 1 AktG einen besonderen Vertreter zu bestellen"*.[416]

207 Die Gesellschafterklage hat eine minderheitenschützende Funktion und ist als Fall der gesetzlichen Prozessstandschaft zu verstehen.[417]

Gesellschafterklage (§ 715b BGB) wie Notgeschäftsführungsbefugnis (§ 715a BGB) statuieren als **subsidiäre Institute** (als sie jeweils die Geschäftsführungs- und Vertretungsbefugnis durchbrechen) im Außenverhältnis zwar keine Vertretungsbefugnis – aber *"im Innenverhältnis die Befugnis, (außer-) gerichtlich gegen Mitgesellschafter oder Dritte vorzugehen und einen Anspruch der Gesellschaft im eigenen Namen geltend zu machen"*.[418] Das Recht zur Notgeschäftsführung und

---

413 Zur Zulässigkeit der Gesellschafterklage bei der Personengesellschaft: *Keller*, ZJS 2022, 469.
414 Schäfer/*Schäfer*, § 7 Rn 43.
415 RegE, BT-Drucks 19/27635, S. 154.
416 RegE, BT-Drucks 19/27635, S. 154 unter Bezugnahme auf BGH, Beschl. v. 7.6.2010 – II ZR 210/09, ZIP 2010, 2345, juris Rn 8.
417 RegE, BT-Drucks 19/27635, S. 154.
418 RegE, BT-Drucks 19/27635, S. 154 f.

das Einzelklagerecht des Gesellschafters (**actio pro socio**) schließen sich – aufgrund unterschiedlicher tatbestandsmäßiger Vorgaben – gegenseitig nicht aus.

b) Voraussetzungen einer Gesellschafterklage

Jeder Gesellschafter ist (während der Dauer seiner Zugehörigkeit zur Gesellschaft, d.h. ein aktueller, nicht ein ausgeschiedener Gesellschafter) nach § 715b Abs. 1 S. 1 BGB befugt, einen auf dem Gesellschaftsverhältnis beruhenden Anspruch der Gesellschaft gegen einen anderen Gesellschafter im eigenen Namen (auf Leistung an die Gesellschaft) gerichtlich geltend zu machen, wenn der dazu berufene geschäftsführungsbefugte Gesellschafter dies pflichtwidrig unterlässt. Diese Befugnis erstreckt sich gemäß § 715b Abs. 1 S. 2 BGB auch auf einen Anspruch der Gesellschaft gegen einen Dritten, wenn dieser an dem pflichtwidrigen Unterlassen mitwirkte oder es kannte.

208

aa) Anspruch der Gesellschaft gegen einen anderen Gesellschafter

§ 715b Abs. 1 BGB differenziert in Bezug auf die Voraussetzungen zwischen der Geltendmachung

209

- von **Sozialansprüchen** (in Abs. 1 S. 1), bspw. einem Anspruch der GbR gegen den Gesellschafter auf Erbringung des Beitrags oder einem Schadensersatzanspruch der Gesellschaft gegen den geschäftsführungsbefugten Gesellschafter wegen Verletzung seiner Geschäftsführungspflichten) und
- **Drittansprüchen** (in Abs. 1 S. 2).

Eine Gesellschafterklage ist **nur subsidiär** – d.h. wenn sie aus besonderen Gründen nicht mit der primären Geschäftsführungs- und Vertretungsordnung kollidiert, weil die eigentlich dafür zuständigen Geschäftsführer pflichtwidrig untätig bleiben – **zulässig**.[419] Im Falle, dass ein pflichtwidriges Unterlassen auf einem Gesellschafterbeschluss beruht, dürfen die besonderen Voraussetzungen einer Beschlussmängelklage (unabhängig davon, ob sie sich wie bei der GbR aus dem Gesellschaftsvertrag [**opt-in-Lösung**] oder wie bei OHG bzw. KG aus dem Gesetz, ergeben, vgl. zum neuen personenhandelsgesellschaftsrechtlichen Beschlussmängelrecht die §§ 109 ff. HGB) nicht unterlaufen werden.[420] Das heißt, es muss zuerst gegen diesen Beschluss vorgegangen werden, wobei aus Gründen der Prozessökonomie eine Verbindung von Beschlussmängel- und Gesellschafterklage möglich

210

---

419 RegE, BT-Drucks 19/27635, S. 155: „*Beruht das pflichtwidrige Unterlassen auf einem Gesellschafterbeschluss, und sei es auch nur, weil der Beschluss indirekt darauf gerichtet ist, einen Anspruch der Gesellschaft nicht geltend zu machen, geht das Recht des Gesellschafters zur Geltendmachung eines Beschlussmangels grundsätzlich vor*".
420 RegE, BT-Drucks 19/27635, S. 155.

ist.[421] Aus Gründen der Prozessökonomie kann aber auch eine Beschlussmängel- und eine Gesellschafterklage miteinander verbunden werden.[422]

bb) Drittanspruch

211 Die Befugnis nach § 715b Abs. 1 S. 1 BGB – wonach jeder Gesellschafter einen auf dem Gesellschaftsverhältnis beruhenden Anspruch der Gesellschaft gegen einen anderen Gesellschafter im eigenen Namen gerichtlich geltend machen kann, wenn der dazu berufene geschäftsführungsbefugte Gesellschafter dies pflichtwidrig unterlässt – erstreckt sich gemäß § 715b Abs. 1 S. 2 BGB auch auf einen Anspruch der Gesellschaft gegen einen Dritten, wenn dieser an dem pflichtwidrigen Unterlassen mitwirkte oder es kannte.

212 Die Geltendmachung eines Drittanspruchs nach § 715b Abs. 1 S. 2 BGB hat somit zweierlei zur Voraussetzung:
- der geschäftsführungs- und vertretungsbefugte Gesellschafter ist **pflichtwidrig** untätig geblieben und
- es liegt eine Situation vor, in der der Dritte sich zu diesem Aspekt aus eigener Anschauung sachgerecht äußern[423] kann, weil er in Anlehnung an die bisherige Judikatur des BGH[424] an dem pflichtwidrigen Unterlassen mitgewirkt oder es (positiv) gekannt haben muss, wobei fahrlässige Unkenntnis nicht genügt.

213 In diesem Fall hat der Gesellschafter eine Prozessführungs- und zugleich eine Einziehungsbefugnis (**Durchsetzungsbefugnis**): Er kann den Anspruch im eigenen Namen gerichtlich geltend machen. Der Gesellschafter erlangt jedoch nicht das materielle Recht, d.h. den Anspruch der Gesellschaft, womit er bspw. nicht durch den Abschluss eines Prozessvergleichs über dieses Recht eigenständig verfügen kann.[425]

214 Die Gesellschafterklage ist **gesetzliche Prozessstandschaft**. Die Tatbestandsvoraussetzungen des § 715b Abs. 1 BGB sind damit vom Gericht von Amts wegen zu prüfende Sachurteilsvoraussetzungen.[426]

---

421 Schäfer/*Schäfer*, § 7 Rn 44.
422 RegE, BT-Drucks 19/27635, S. 155.
423 Der Dritte ist nämlich typischerweise nicht in der Lage, ein vom Gesellschafter behauptetes Versagen des primär zuständigen Geschäftsführers (auch wenn es unzutreffend ist) zu widerlegen: Schäfer/*Schäfer*, § 6 Rn 45 unter Bezugnahme auf *Borg/Oepen*, ZGR 2001, 515, 545 f.
424 BGH, Urt. v. 10.1.1963 – II ZR 95/61, BGHZ 39, 14, juris Rn 13; BGH, Urt. v. 30.10.1987 – V ZR 174/86, ZIP 1988, 12, juris Rn 10; BGH, Urt. v. 19.6.2008 – III ZR 46/06, ZIP 2008, 1582, juris Rn 37: Die Einzelklagebefugnis eines Gesellschafters für die Geltendmachung von Drittansprüchen ist nur zulässig, wenn (1) der klagende Gesellschafter hieran ein berechtigtes Interesse hat, (2) die Klage im Namen der Gesellschaft aus gesellschaftswidrigen Gründen unterblieben ist und (3) der Dritte an dem gesellschaftswidrigen Verhalten der die Gesellschafterklage ablehnenden Gesellschafter beteiligt ist.
425 RegE, BT-Drucks 19/27635, S. 155.
426 RegE, BT-Drucks 19/27635, S. 156.

„*Die actio pro socio verschafft dem Gesellschafter eine Durchsetzungsbefugnis, aber kein Verfügungsrecht über den materiellen Anspruch*".[427]

c) Verbot eines Ausschlusses oder einer Beschränkung des Klagerechts

Eine Vereinbarung im Gesellschaftsvertrag, welche das Klagerecht in Bezug auf eine Gesellschafterklage ausschließt oder der Vorschrift des § 715b Abs. 1 BGB zuwider beschränkt, ist entsprechend der bisherigen Rechtslage[428] nach § 715b Abs. 2 BGB zum Schutz des Gesellschafters unwirksam: Die actio pro socio wird dadurch als unverzichtbares Mitgliedschaftsrecht ausgestaltet.[429]

> *Beachte:*
> Allerdings soll selbst ein Ausschluss der Gesellschafterklage für den Fall möglich sein, dass „*den nicht geschäftsführungs- und vertretungsbefugten Gesellschaftern gleichwertige andere Möglichkeiten eingeräumt werden, auf die Einziehung von Sozial- und Drittansprüchen hinzuwirken wie z.B. durch Abberufungsrechte oder Rechte auf Bestellung von Sondergeschäftsführern*".[430]

d) Unterrichtungspflicht

Der klagende Gesellschafter hat nach § 715b Abs. 3 S. 1 BGB – als Folge der in § 715b Abs. 4 BGB angeordneten materiellen Rechtskraftwirkung (s. nachstehende Rdn 217) – die Gesellschaft unverzüglich (vgl. die Legaldefinition in § 121 Abs. 1 S. 1 BGB) über

- die Erhebung der Klage und
- die Lage des Rechtsstreits

zu unterrichten, um diese in die Lage zu versetzen, geeignete prozessuale Konsequenzen aus der Erhebung der Gesellschafterklage zu ziehen[431] (bspw. als Nebenintervenientin dem Rechtsstreit beitreten – arg.: Rechtskraftwirkung nach § 715b Abs. 4 BGB). Ferner hat er gemäß § 715b Abs. 3 S. 2 BGB das Gericht über die erfolgte Unterrichtung in Kenntnis zu setzen. Das Gericht hat nach § 715b Abs. 3 S. 3 BGB auf eine unverzügliche Unterrichtung der Gesellschaft hinzuwirken.

---

427 Schäfer/*Schäfer*, § 6 Rn 43, daher kann der Gesellschafter bspw. keinen Prozessvergleich abschließen: RegE, BT-Drucks 19/27635, S. 155.
428 Vgl. MüKo-HGB/*Enzinger*, § 119 Rn 68, wonach eine aus wichtigem Grund erhobene Gesellschafterklage analog § 118 Abs. 2 HGB weder beschränkt noch ausgeschlossen werden konnte.
429 Schäfer/*Schäfer*, § 6 Rn 46.
430 RegE, BT-Drucks 19/27635, S. 156.
431 RegE, BT-Drucks 19/27635, S. 156.

e) Wirkung der Rechtskraft eines Urteils

217 Soweit über den Anspruch durch rechtskräftiges Urteil entschieden worden ist, wirkt die Entscheidung (d.h. sowohl ein klagestattgebendes als auch ein klageabweisendes Sachurteil)[432] nach § 715b Abs. 4 BGB – in Anlehnung an § 148 Abs. 5 S. 1 AktG – für und gegen die Gesellschaft" (damit die actio pro socio ihre Schutzfunktion erfüllen kann).[433]

218 Das Verständnis der Gesellschafterklage als gesetzliche Prozessstandschaft – und nicht als gewillkürte Prozessstandschaft – hat eine eigene entsprechende Regelung notwendig gemacht.[434] Hingegen bestand kein Anlass für eine Rechtskrafterstreckung des klageabweisenden (Sach-)Urteils gegen die anderen Gesellschafter, da wenn der GbR ein Sozial- oder Drittanspruch aberkannt wird, damit gleichzeitig feststeht, dass es der geschäftsführungs- und vertretungsbefugte Gesellschafter nicht pflichtwidrig unterlassen hat, einen solchen Anspruch zu verfolgen, womit für eine weitere Gesellschafterklage eines anderen Gesellschafters die besonderen Sachurteilsvoraussetzungen fehlen würden.[435]

13. Ersatz von Aufwendungen und Verlusten; Vorschusspflicht; Herausgabepflicht; Verzinsungspflicht (§ 716 BGB)

219 Die Regelung des § 716 BGB fasst die aus der Führung der Geschäfte der GbR resultierenden wechselseitigen Ansprüche von Gesellschaftern einerseits und GbR andererseits zusammen[436] (wohingegen § 716 BGB alt das Kontrollrecht der Gesellschafter geregelt hatte):

„(1) Macht ein Gesellschafter zum Zwecke der Geschäftsbesorgung für die Gesellschaft Aufwendungen, die er den Umständen nach für erforderlich halten darf, oder erleidet er unmittelbar infolge der Geschäftsbesorgung Verluste, ist ihm die Gesellschaft zum Ersatz verpflichtet.

(2) Für die erforderlichen Aufwendungen hat die Gesellschaft dem Gesellschafter auf dessen Verlangen Vorschuss zu leisten.

(3) Der Gesellschafter ist verpflichtet, der Gesellschaft dasjenige, was er selbst aus der Geschäftsbesorgung erlangt, herauszugeben.

(4) Verwendet der Gesellschafter Geld für sich, das er der Gesellschaft nach Absatz 3 herauszugeben hat, ist er verpflichtet, es von der Zeit der Verwendung an zu verzinsen. Satz 1 gilt entsprechend für die Verzinsung des Anspruchs des Gesellschafters auf ersatzfähige Aufwendungen oder Verluste."

---

432 Kein Prozessurteil: RegE, BT-Drucks 19/27635, S. 156 – hier bleibt eine Klage der Gesellschaft möglich.
433 Schäfer/*Schäfer*, § 6 Rn 47.
434 RegE, BT-Drucks 19/27635, S. 156.
435 RegE, BT-Drucks 19/27635, S. 157.
436 RegE, BT-Drucks 19/27635, S. 157.

C. Die rechtsfähige GbR § 2

a) Aufwendungs- und Verlustersatz

Macht ein Gesellschafter (aufgrund seines Tätigwerdens) zum Zwecke der Geschäftsbesorgung für die Gesellschaft Aufwendungen, die er den Umständen nach für erforderlich halten darf, oder erleidet er unmittelbar infolge der Geschäftsbesorgung Verluste, ist ihm die Gesellschaft nach der Neuregelung des § 716 Abs. 1 BGB – in Nachbildung des § 110 Abs. 1 HGB alt (als einer Regelung eines Teilausschnitts des Auftragsrechts)[437] – zum Ersatz verpflichtet.[438]

220

aa) Ersatz von Aufwendungen

Ein Tätigwerden „zum Zwecke der Geschäftsbesorgung" setzt voraus,[439] dass der Gesellschafter

221

- objektiv im Geschäftskreis der Gesellschaft tätig geworden ist,
- subjektiv für sie gehandelt hat, und
- er die Aufwendungen *„den Umständen nach für erforderlich halten darf"*.

Dieser subjektiv-objektive Maßstab setzt einen sorgfältig prüfenden Gesellschafter voraus, der der Überzeugung sein durfte, dass sein Tätigwerden erforderlich ist.[440] Es spielt für die Ersatzberechtigung keine Rolle, ob der Gesellschafter zur Geschäftsbesorgung befugt war (etwa durch Gesellschafterbeschluss, Übertragung des Geschäfts durch einen geschäftsführungsbefugten Gesellschafter oder kraft Notgeschäftsführungsbefugnis).[441]

222

§ 716 Abs. 1 BGB statuiert eine *„die Risikoverteilung umfassend regelnde Norm, die einen Rückgriff auf die Vorschriften der Geschäftsführung ohne Auftrag entbehrlich macht"*.[442]

> *Beachte:*
> Ein wichtiger Fall des Aufwendungsersatzanspruchs ist die Inanspruchnahme eines Gesellschafters durch einen Gesellschaftsgläubiger (persönliche Haftung nach den §§ 721 f. BGB).[443]

---

437 RegE, BT-Drucks 19/27635, S. 157.
438 Im Unterschied zum früheren Recht, nach dem nur der geschäftsführende Gesellschafter (§ 713 alt i.V.m. § 670 BGB) für freiwillig eingegangene Vermögensopfer anspruchsberechtigt war: Schäfer/*Schäfer*, § 6 Rn 29.
439 RegE, BT-Drucks 19/27635, S. 157 unter Bezugnahme auf Staub/Schäfer, § 110 HGB Rn 13.
440 RegE, BT-Drucks 19/27635, S. 157 unter Bezugnahme auf Staub/Schäfer, § 110 HGB Rn 14.
441 RegE, BT-Drucks 19/27635, S. 157.
442 RegE, BT-Drucks 19/27635, S. 157 f. unter Bezugnahme auf Fleischer, BB 2020, 2114, 2116.
443 Schäfer/*Schäfer*, § 6 Rn 29: *„Bezahlung von Gesellschaftsschulden [ist] (…) ohne Weiteres als eine ‚Geschäftsbesorgung für die Gesellschaft' einzuordnen"*.

bb) Ersatz von Verlusten

223 Ein Ersatz von Verlusten setzt voraus, dass der Gesellschafter diese „unmittelbar infolge der Geschäftsbesorgung" – d.h. in einem objektiv erkennbaren engen Zusammenhang mit seiner Tätigkeit für die Gesellschaft – erlitten hat (**tätigkeits- oder geschäftstypischer Schaden**).[444]

b) Anspruch auf Vorschuss

224 Für die (objektiv) erforderlichen Aufwendungen – nicht jedoch für Verluste – hat die Gesellschaft dem Gesellschafter nach § 716 Abs. 2 BGB in wesentlicher Übernahme von § 713 BGB alt i.V.m. § 669 BGB auf dessen Verlangen auch Vorschuss zu leisten.

c) Herausgabe des durch die Geschäftsführung Erlangten

225 Der Gesellschafter ist nach § 716 Abs. 3 BGB – in wesentlicher Übernahme von § 713 BGB alt i.V.m. § 667 BGB (ohne Entsprechung im OHG-Recht) – verpflichtet, der Gesellschaft dasjenige, was er **selbst** (d.h. nicht für die Gesellschaft, bspw. Sonderprovisionen oder Schmiergelder)[445] aus der Geschäftsbesorgung erlangt hat, herauszugeben.

> *Beachte:*
> § 716 Abs. 1 bis 3 BGB findet über § 105 Abs. 3 HGB auf die OHG, über § 161 Abs. 2 HGB auf die KG und über § 1 Abs. 4 PartGG auf die Partnerschaftsgesellschaft entsprechende Anwendung.

d) Verzinsung des Herausgabeanspruchs und des Anspruchs auf ersatzfähige Aufwendungen und Verluste

226 Verwendet der Gesellschafter Geld für sich, das er der Gesellschaft nach § 716 Abs. 3 BGB herauszugeben hat, ist er gemäß § 716 Abs. 4 S. 1 BGB – in Zusammenfassung des auf § 713 BGB alt i.V.m. § 668 BGB und § 110 Abs. 2 HGB alt (respektive der Neufassung des § 119 HGB) verteilten Normenbestandes – verpflichtet, es von dem Zeitpunkt der Verwendung an zu verzinsen. Durch diese unwiderlegliche Vermutung wird eine zweckfremde Verwendung von Geld durch den Gesellschafter, das der GbR zugewiesen ist, sanktioniert, ohne dass die Gesellschaft darlegen und ggf. nachweisen muss, dass sie im Fall eines Schadensersatz-

---

444 RegE, BT-Drucks 19/27635, S. 158: Der Schaden darf nicht nur „gelegentlich" der Geschäftsbesorgung entstanden sein – unter Bezugnahme auf Staub/*Schäfer*, § 110 HGB Rn 22.

445 RegE, BT-Drucks 19/27635, S. 158 unter Bezugnahme auf Staub/*Schäfer*, § 110 HGB Rn 38; MüKo-BGB/*Schäfer*, § 713 Rn 12; Staudinger/*Habermeier*, § 713 BGB Rn 9.

anspruchs einen Zinsschaden erlitten bzw. der Gesellschafter im Fall eines Herausgabeanspruchs tatsächlich Zinsen gezogen hat.[446]

Die Verzinsungspflicht gilt aus Gründen der Klarstellung nach § 716 Abs. 4 S. 2 BGB entsprechend für die Verzinsung des Anspruchs des Gesellschafters gegen die GbR nach § 716 Abs. 1 BGB auf ersatzfähige Aufwendungen oder Verluste.

227

14. Informationsrechte und -pflichten (§ 717 BGB)

§ 717 BGB hat – in Zusammenfassung des auf § 713 BGB alt i.V.m. § 666 BGB (kollektives Informationsrecht zugunsten der Gesamtheit der Gesellschafter) und § 716 BGB alt (individuelles Informationsrecht des einzelnen Gesellschafters) verteilten Normenbestandes und dessen inhaltlicher Neuordnung – folgenden Wortlaut (wohingegen § 717 BGB alt die Nichtübertragbarkeit der Gesellschafterrechte geregelt hatte):

228

„(1) Jeder Gesellschafter hat gegenüber der Gesellschaft das Recht, die Unterlagen der Gesellschaft einzusehen und sich aus ihnen Auszüge anzufertigen. Ergänzend kann er von der Gesellschaft Auskunft über die Gesellschaftsangelegenheiten verlangen. Eine Vereinbarung im Gesellschaftsvertrag, welche diese Rechte ausschließt oder dieser Vorschrift zuwider beschränkt, steht ihrer Geltendmachung nicht entgegen, soweit dies zur Wahrnehmung eigener Mitgliedschaftsrechte erforderlich ist, insbesondere, wenn Grund zur Annahme unredlicher Geschäftsführung besteht.

(2) Die geschäftsführungsbefugten Gesellschafter haben der Gesellschaft von sich aus die erforderlichen Nachrichten zu geben, auf Verlangen über die Gesellschaftsangelegenheiten Auskunft zu erteilen und nach Beendigung der Geschäftsführertätigkeit Rechenschaft abzulegen. Eine Vereinbarung im Gesellschaftsvertrag, welche diese Verpflichtungen ausschließt, ist unwirksam."

Beachte:

§ 717 BGB regelt nicht die Informationsrechte und -pflichten der Gesellschafter untereinander, die sich – je nach Fallgestaltung –
- kraft Mitgliedschaft aus der gesellschaftsrechtlichen Treuepflicht[447] oder
- kraft Geschäftsführungsbefugnis aus einer entsprechenden Anwendung des § 715 Abs. 1 BGB ergeben.[448]

Beachte zudem:

§ 717 BGB findet über § 105 Abs. 3 HGB auf die OHG (bei Streichung von § 118 HGB alt bzw. auf den Komplementär einer KG, § 161 Abs. 2 HGB) und über § 1 Abs. 4 PartGG auf die Partnerschaftsgesellschaft entsprechende An-

---

446 RegE, BT-Drucks 19/27635, S. 158 unter Bezugnahme auf MüKo-BGB/*Schäfer*, § 668 Rn 1.
447 Dazu BGH, Urt. v. 9.9.2002 – II ZR 198/00, NZG 2003, 73, juris Rn 13.
448 RegE, BT-Drucks 19/27635, S. 159.

wendung. Die Informationsrechte des Kommanditisten sind hingegen in der Neuregelung des § 166 HGB erweitert worden.

Informationsrecht ist der Oberbegriff für das Auskunfts- und Einsichtsrecht.[449]

a) Das individuelle (mitgliedschaftliche) Informationsrecht

229   Jeder (d.h. auch ein von der Geschäftsführung ausgeschlossener) Gesellschafter hat nach § 717 Abs. 1 S. 1 BGB **gegenüber der Gesellschaft** das Recht, die Unterlagen der Gesellschaft einzusehen (Einsichtsrecht, i.s.e. unmittelbaren Zugangs zu Informationsquellen)[450] und sich aus ihnen Auszüge anzufertigen.

230   Das individuelle Informationsrecht zeichnet sich dadurch aus, *„dass es dem Gesellschafter lediglich ermöglicht, von sich aus an Informationen zu gelangen".*[451]

231   Ergänzend (d.h. nur dann, *„wenn der Zweck des individuellen Informationsrechts, dem Gesellschafter die Möglichkeit der persönlichen Unterrichtung über die Angelegenheiten der Gesellschaft zu verschaffen, durch die Einsicht nicht erreicht werden kann"*),[452] kann der Gesellschafter gemäß § 717 Abs. 1 S. 2 BGB von der Gesellschaft Auskunft über die Gesellschaftsangelegenheiten verlangen (**weitergehendes Auskunftsrecht bei einem Vorrang des Einsichts- vor dem Auskunftsrecht**).[453]

232   Eine Vereinbarung im Gesellschaftsvertrag, welche diese Rechte – d.h. das individuelle Informationsrecht (z.B. in Bezug auf einen bestimmten Gegenstand) – ausschließt oder dieser Vorschrift zuwider (wegen bestimmter Anforderungen an die Informationsgewährung) beschränkt, steht nach § 717 Abs. 1 S. 3 BGB i.s.e. besonderen Ausübungskontrolle[454] ihrer Geltendmachung nicht entgegen (womit das Informationsrecht *„in gewissem Umfang zwingend ist"*),[455] soweit dies zur Wahrnehmung eigener Mitgliedschaftsrechte erforderlich ist, insbesondere (Regelbeispiel) wenn Grund zur Annahme unredlicher Geschäftsführung besteht (wobei in Übereinstimmung mit § 716 Abs. 2 BGB alt dafür ein begründeter Verdacht z.B. fehlerhafter Führung der Geschäftsunterlagen oder die grundlose Verweigerung von Informationen angesichts einer ungewöhnlichen Geschäftsentwicklung ausreichen soll, wenngleich die Anforderungen an die Darlegungslast des Gesellschafters insoweit nicht überspannt werden dürfen).[456] In diesem Zusammenhang ist eine Abwä-

---

449   Schäfer/*Schäfer*, § 7 Rn 31.
450   Schäfer/*Schäfer*, § 7 Rn 32.
451   RegE, BT-Drucks 19/27635, S. 159.
452   RegE, BT-Drucks 19/27635, S. 159 unter Bezugnahme auf MüKo-BGB/*Schäfer*, § 716 Rn 12.
453   RegE, BT-Drucks 19/27635, S. 159.
454   RegE, BT-Drucks 19/27635, S. 159.
455   Schäfer/*Schäfer*, § 6 Rn 33.
456   RegE, BT-Drucks 19/27635, S. 160.

gung der gegenseitigen Interessen von Verband und Mitglied nach dem Verhältnismäßigkeitsgrundsatz erforderlich.[457]

b) Das „kollektive Informationsrecht"

Die geschäftsführungsbefugten Gesellschafter haben nach § 717 Abs. 2 S. 1 BGB – der das kollektive Informationsrecht[458] regelt – der Gesellschaft von sich aus **233**

- die erforderlichen Nachrichten zu geben (**Recht auf Benachrichtigung**),
- auf Verlangen über die Gesellschaftsangelegenheiten Auskunft zu erteilen (**Recht auf Erteilung von Auskünften über die Angelegenheiten der Gesellschaft**) und
- nach Beendigung der Geschäftsführertätigkeit Rechenschaft abzulegen (**Recht auf Rechenschaft nach Beendigung der Geschäftsführungstätigkeit**, vgl. zum Inhalt der Rechenschaftspflicht § 259 BGB). Die Pflicht zur Rechnungslegung ergibt sich im Zweifel schon am Schluss jedes Geschäftsjahres und i.Ü. nach § 736d BGB bei Auflösung der GbR, weshalb die Regelung des § 717 Abs. 2 S. 1 BGB vor allem für das vorzeitige Ausscheiden von Gesellschaftern aus der Geschäftsführung Bedeutung hat.[459]

Verpflichtet sind – unbeschadet einer abweichenden internen Geschäftsverteilung – alle geschäftsführungsbefugten Gesellschafter. Berechtigt sind die anderen Gesellschafter – wobei „*im Verhältnis der geschäftsführungsbefugten Gesellschafter untereinander (...) bei einem Informationsgefälle zunächst ein gleichmäßiges Informationsniveau herzustellen*" ist.[460] Anknüpfungsunkt hierfür ist § 715 Abs. 1 BGB. **234**

Das kollektive Informationsrecht verpflichtet zunächst die geschäftsführungsbefugten Gesellschafter zu einer eigenen Informationstätigkeit.[461] **235**

Der Inhalt und der Umfang der Benachrichtigungspflicht beurteilt sich nach dem objektiven Informationsbedürfnis der anderen Gesellschafter, wobei insbesondere darauf abzustellen ist, wie sich die Geschäftsführungsmaßnahme auf den Erfolg der Gesellschaft und auf eine etwaige persönliche Haftung der Gesellschafter (vgl. § 721 BGB) auswirkt.[462] **236**

Dem subjektiven Informationsbedürfnis wird dadurch Rechnung getragen, „*dass die anderen Gesellschafter von dem geschäftsführungsbefugten Gesellschafter Auskunft über die laufenden Gesellschaftsangelegenheiten verlangen können*".[463]

---

457 RegE, BT-Drucks 19/27635, S. 160.
458 RegE, BT-Drucks 19/27635, S. 160 – nach Schäfer/*Schäfer* (§ 7 Rn 31) ein „*missratener Begriff*".
459 RegE, BT-Drucks 19/27635, S. 160.
460 RegE, BT-Drucks 19/27635, S. 160.
461 RegE, BT-Drucks 19/27635, S. 160.
462 RegE, BT-Drucks 19/27635, S. 160.
463 RegE, BT-Drucks 19/27635, S. 160.

§ 2 Die Gesellschaft bürgerlichen Rechts (GbR)

237 Eine **Vereinbarung im Gesellschaftsvertrag**, welche diese Verpflichtungen (vollständig oder auch nur in Bezug auf einen bestimmten Informationsgegenstand) ausschließt, ist nach § 717 Abs. 2 S. 2 BGB im Interesse eines Schutzes der Gesellschafter unwirksam (arg.: Dies vertrage sich schlechthin nicht mit der unbeschränkten persönlichen Haftung der Gesellschafter für die Gesellschaftsverbindlichkeiten nach § 721 BGB).[464] Außerdem sind Beschränkungen (z.b. in Gestalt bestimmter Anforderungen an die Informationsgewährung) grundsätzlich zulässig, *„sofern sich damit keine nach § 138 BGB zu beanstandende Rechtsschutzverkürzung ihrem Inhalt oder ihrer Durchsetzungsmöglichkeit nach verbindet".*[465]

> *Beachte:*
> Ggf. aus der Treuepflicht ableitbare Informationsansprüche gegen Mitgesellschafter bleiben ungeregelt.[466]

15. Rechnungsabschluss und Gewinnverteilung (§ 718 BGB)

238 Der Rechnungsabschluss und die Gewinnverteilung nach § 718 BGB hat – abweichend von § 721 Abs. 1 und 2 BGB alt – folgenden Regelungsgehalt (wohingegen § 718 BGB alt das Gesellschaftsvermögen geregelt hatte):

„Der Rechnungsabschluss und die Gewinnverteilung haben im Zweifel zum Schluss jedes Kalenderjahrs zu erfolgen".

239 Die Auslegungsregel („im Zweifel") – periodische Rechnungslegung mit korrespondierendem Ausschluss einer Rechnungslegung und Gewinnauszahlung nach jedem einzelnen Geschäft – entspricht der fehlenden Nachschusspflicht (vgl. § 710 S. 1 BGB – Mehrbelastungsverbot in der werbenden Gesellschaft, wonach ein Gesellschafter zur Erhöhung seines Beitrags nicht ohne seine Zustimmung verpflichtet werden kann) und stellt sicher, *„dass Privatgläubiger der Gesellschafter nicht unmittelbar auf das Gesellschaftsvermögen zugreifen können".*[467] Privatgläubiger können alternativ nur

- die zur Mitgliedschaft gehörenden Rechte ihres Schuldners in toto pfänden und dessen Mitgliedschaft in der Gesellschaft kündigen, um auf das Abfindungsguthaben zugreifen zu können (vgl. § 726 BGB) oder
- auf die regelmäßigen Gewinnausschüttungen zugreifen.[468]

---

464 RegE, BT-Drucks 19/27635, S. 160.
465 RegE, BT-Drucks 19/27635, S. 160.
466 RegE, BR-Drucks 59/21, S. 183 unter Bezugnahme auf BGH, Urt. v. 9.9.2002 – II ZR 198/00, NZG 2003, 73.
467 RegE, BT-Drucks 19/27635, S. 161.
468 RegE, BT-Drucks 19/27635, S. 161.

§ 718 BGB sieht keine Verlustverteilung i.S.e. Nachschusspflicht vor (vgl. § 710 S. 1 BGB, wonach Beitragserhöhungen während der Gesellschaftsdauer ohne entsprechende Vereinbarung ausgeschlossen sind). Erst im Rahmen der Liquidation können Nachschüsse der Gesellschaft nach § 737 BGB verlangt werden (Haftung der Gesellschafter für Fehlbeträge – **Fehlbetragshaftung**).

„Dagegen schließt § 718 BGB eine Ermittlung des Verlusts und dessen Aufteilung auf die Kapitalkonten der Gesellschafter nach Maßgabe des Verlustverteilungsschlüssels im Rahmen der Bilanzfeststellung nicht aus".[469]

240

D. Das Rechtsverhältnis der Gesellschaft zu Dritten

Das dritte Kapitel (§§ 719 bis 722 BGB) regelt als Folge der Rechtsfähigkeit der GbR (vgl. § 705 Abs. 2 Hs. 1 BGB) das Rechtsverhältnis der Gesellschaft zu Dritten, mithin
- die Entstehung der Gesellschaft im Verhältnis zu Dritten,
- die Vertretung der Gesellschaft und
- die unbeschränkte persönliche Haftung der Gesellschafter.

241

I. Entstehung der Gesellschaft im Verhältnis zu Dritten (§ 719 BGB)

Die Neuregelung des § 719 BGB – dem § 123 HGB alt (respektive der Neuregelung des § 123 HGB) nachgebildet – unterstellt die GbR bei Vorliegen bestimmter Voraussetzungen den §§ 720 bis 722 BGB (wohingegen § 719 BGB alt die gesamthänderische Bindung geregelt hatte):

242

„(1) Im Verhältnis zu Dritten entsteht die Gesellschaft, sobald sie mit Zustimmung sämtlicher Gesellschafter am Rechtsverkehr teilnimmt, spätestens aber mit ihrer Eintragung im Gesellschaftsregister.

(2) Eine Vereinbarung, dass die Gesellschaft erst zu einem späteren Zeitpunkt entstehen soll, ist Dritten gegenüber unwirksam."

1. Entstehung der GbR als rechtsfähige Gesellschaft i.S.v. § 705 Abs. 2 Hs. 1 BGB

Obgleich die GbR als Rechtssubjekt im Verhältnis zu ihren Gesellschaftern (d.h. im Innenverhältnis) bereits mit dem wirksamen Abschluss des Gesellschaftsvertrags entsteht (d.h. wenn sie nach dem gemeinsamen Willen der Gesellschafter am Rechtsverkehr teilnehmen soll), entsteht sie im Verhältnis zu Dritten (mithin im Außenverhältnis) – d.h. in Bezug auf die aus der Rechtsfähigkeit folgenden Konsequenzen einer Vertretung und der Haftung – mit dem Zeitpunkt,

243

---

[469] RegE, BT-Drucks 19/27635, S. 161 unter Bezugnahme auf MüKo-BGB/*Schäfer*, § 721 Rn 12.

- zu dem die GbR mit Zustimmung sämtlicher Gesellschafter am Rechtsverkehr (d.h. am rechtsgeschäftlichen Verkehr mit gesellschaftsfremden Dritten [wobei auch schon vorbereitende Geschäfte erfasst werden], nicht am rechtsgeschäftlichen Verkehr innerhalb des Gesellschafterkreises)[470] teilnimmt (womit es für die Entstehung der Gesellschaft im Verhältnis zu Dritten nicht genügt, dass ein Gesellschafter ohne oder gegen den Willen der anderen Gesellschafter für die Gesellschaft nach außen hin tätig wird – oder dass mehrere, aber nicht sämtliche Gesellschafter über die Teilnahme am Rechtsverkehr einig sind),[471]
- spätestens aber mit ihrer Eintragung (die durch sämtliche Gesellschafter zu bewirken ist) im Gesellschaftsregister (vgl. § 707a BGB, was regelungstechnisch dem gemeinsamen Willen zur Teilnahme am Rechtsverkehr gleichsteht).

2. Unwirksamkeit einer entgegenstehenden Vereinbarung

244 Eine Vereinbarung, dass die Gesellschaft erst zu einem späteren (d.h. nach dem Geschäftsbeginn liegenden) Zeitpunkt entstehen – nach außen entstanden sein – soll, ist Dritten gegenüber nach § 719 Abs. 2 BGB unwirksam, da die Gesellschafter über die Geltung des verkehrsschützenden Außenrechts (d.h. den Gläubigerschutz) nicht disponieren können.[472]

II. Vertretung der Gesellschaft (§ 720 BGB)

245 Die Neuregelung der organschaftlichen Vertretung der GbR in § 720 BGB[473] (in partieller Übereinstimmung mit § 124 HGB für die OHG) – parallel zur Geschäftsführungsbefugnis – hat folgenden Wortlaut (wohingegen § 720 BGB alt den Schutz des gutgläubigen Schuldners geregelt hatte):

> „(1) Zur Vertretung der Gesellschaft sind alle Gesellschafter gemeinsam befugt, es sei denn, der Gesellschaftsvertrag bestimmt etwas anderes.
>
> (2) Die zur Gesamtvertretung nach Absatz 1 befugten Gesellschafter können einzelne von ihnen zur Vornahme bestimmter Geschäfte oder bestimmter Arten von Geschäften ermächtigen.
>
> (3) Die Vertretungsbefugnis der Gesellschafter erstreckt sich auf alle Geschäfte der Gesellschaft. Eine Beschränkung des Umfangs der Vertretungsbefugnis ist Dritten gegen-

---

[470] RegE, BT-Drucks 19/27635, S. 162.

[471] RegE, BT-Drucks 19/27635, S. 162: Ggf. kann dann – nach den Umständen des Einzelfalls – eine Scheingesellschaft entstehen mit korrespondierender Haftung der vermeintlichen Gesellschafter auf der Grundlage allgemeiner Rechtsscheingrundsätze.

[472] RegE, BT-Drucks 19/27635, S. 162 – weshalb die Gesellschafter bspw. keine Vereinbarung treffen können, dass die §§ 720 ff. BGB „*erst dann gelten sollen, wenn die Gesellschaft das erste ‚größere' Geschäft abgeschlossen hat*".

[473] Dazu näher *Lieder*, Geschäftsführung und Vertretung im modernisierten Personengesellschaftsrecht, ZGR-Sonderheft 23 (2021), 169.

über unwirksam. Dies gilt insbesondere für die Beschränkung, dass sich die Vertretung nur auf bestimmte Geschäfte oder Arten von Geschäften erstreckt oder dass sie nur unter gewissen Umständen oder für eine gewisse Zeit oder an einzelnen Orten stattfinden soll.

(4) Die Vertretungsbefugnis kann einem Gesellschafter in entsprechender Anwendung von § 715 Absatz 5 ganz oder teilweise entzogen werden.

(5) Ist der Gesellschaft gegenüber eine Willenserklärung abzugeben, genügt die Abgabe gegenüber einem vertretungsbefugten Gesellschafter."

246 Aufgrund der gesetzlichen Anerkennung der Rechtsfähigkeit (vgl. § 705 Abs. 2 Hs. 1 BGB) erteilt die Gesellschaft selbst und unabhängig vom Gesellschafterbestand die Vollmacht.[474] Es erfolgt keine Unterscheidung zwischen eingetragener und nicht eingetragener GbR.[475]

Vgl. zur Registerpublizität der Angaben zur Vertretungsbefugnis in der Gesellschaft § 707 Abs. 2 Nr. 3 BGB und § 707a Abs. 3 S. 1 BGB jeweils i.V.m. § 15 HGB.

> *Beachte:*
> § 720 BGB regelt nur die organschaftliche Vertretung – nicht die Bevollmächtigung von Gesellschaftern oder Dritten.[476]

1. Gesamtvertretungsbefugnis

247 Zur Vertretung der Gesellschaft sind – so der gesetzliche Regelfall – nach § 720 Abs. 1 BGB bei der GbR (im Unterschied zur OHG – Einzelvertretungsbefugnis gemäß § 124 Abs. 1 HGB) alle Gesellschafter gemeinsam befugt (Gesamtvertretungsbefugnis), es sei denn, der Gesellschaftsvertrag bestimmt etwas anderes (nämlich Einzelvertretung bzw. eine Kombination von Einzel- und Gesamtvertretung).

§ 720 Abs. 1 BGB gilt sowohl für die im Gesellschaftsregister eingetragene als auch für die nicht eingetragene GbR.[477]

> *Beachte:*
> Allerdings genießt nur die im Gesellschaftsregister eingetragene Einzelvertretungsbefugnis Registerpublizität – wohingegen *„die Gesellschafter einer nicht eingetragenen Gesellschaft bürgerlichen Rechts ihre Einzelvertretungsbefugnis weiterhin z.B. durch Vorlage einer Vollmachtsurkunde nachweisen müssen"*.[478]

---

474 RegE, BT-Drucks 19/27635, S. 162.
475 Schäfer/*Habersack*, § 4 Rn 13. Wobei in Bezug auf die nicht eingetragene GbR der Umstand, dass die Gesellschafter ggf. ihre Vertretung nachweisen müssen, Anreiz sein soll, von der Eintragungsoption Gebrauch zu machen: RegE, BT-Drucks 19/27635, S. 162.
476 Schäfer/*Habersack*, § 4 Rn 13.
477 RegE, BT-Drucks 19/27635, S. 162.
478 RegE, BT-Drucks 19/27635, S. 162.

§ 2 Die Gesellschaft bürgerlichen Rechts (GbR)

2. Gesamtvertreterermächtigung

248 Die zur Gesamtvertretung nach § 720 Abs. 1 BGB befugten Gesellschafter können gemäß § 720 Abs. 2 BGB – in Nachbildung des § 125 Abs. 2 S. 2 HGB alt (§ 124 Abs. 2 S. 2 HGB) – im Interesse einer flexibleren Handhabung der Gesamtvertretung einzelne von ihnen zur

- Vornahme bestimmter Geschäfte oder
- bestimmter Arten von Geschäften

ermächtigen (**Ausübungsermächtigung**).

Durch die Ermächtigung kann der ermächtigte Gesamtvertreter für alle Gesamtvertreter handeln und somit die GbR wirksam organschaftlich vertreten.[479]

> *Beachte:*
> Die Ausübungsermächtigung kann (analog dem OHG-Recht) nicht im Gesellschaftsregister eingetragen werden.[480]

249 Als Ausfluss des Mitgliedschaftsrechts kann die organschaftliche Vertretung grundsätzlich nur höchstpersönlich ausgeübt werden, womit § 720 Abs. 2 BGB als „*Auflockerung des Grundsatzes der Höchstpersönlichkeit*" zu qualifizieren ist.[481]

3. Umfang der Vertretungsmacht

250 Die Vertretungsbefugnis der Gesellschafter erstreckt sich nach § 720 Abs. 3 S. 1 BGB auf alle Geschäfte der Gesellschaft.

251 Eine Beschränkung des Umfangs der Vertretungsbefugnis ist (als allgemeines gesellschaftsrechtliches Prinzip,[482] vgl. § 124 Abs. 4 S. 2 HGB, § 82 Abs. 1 AktG, § 37 Abs. 2 GmbHG bzw. § 27 Abs. 2 GenG) zur Sicherung der Handlungsfähigkeit der GbR im Außenverhältnis (Verkehrsschutz) gemäß § 720 Abs. 3 S. 2 BGB Dritten gegenüber unwirksam (unbeschränkte und unbeschränkbare Vertretungsbefugnis im Unterschied zum früheren Recht),[483] was nach § 720 Abs. 3 S. 3 BGB (entsprechend § 124 Abs. 4 S. 3 HGB) insbesondere für die Beschränkung gilt, dass sich die Vertretung nur auf bestimmte Geschäfte oder Arten von Geschäften erstreckt oder dass sie nur unter gewissen Umständen oder für eine gewisse Zeit oder an einzelnen Orten stattfinden soll. Potenzielle Vertragspartner der GbR sollen da-

---

479 RegE, BT-Drucks 19/27635, S. 163.
480 RegE, BT-Drucks 19/27635, S. 167.
481 RegE, BT-Drucks 19/27635, S. 163 unter Bezugnahme auf Staub/*Habersack*, § 125 HGB Rn 46.
482 RegE, BT-Drucks 19/27635, S. 162.
483 Kritisch Schäfer/*Habersack*, § 4 Rn 16 im Hinblick auf eine GbR, die ideelle Zwecke verfolgt (vgl. § 26 Abs. 1 S. 3 BGB) unter Bezugnahme auf die Verhandlungen des 71. DJT 2016, Bd. II/1, Sitzungsberichte 2017, O 103 (Beschluss Nr. 13).

durch „*davor bewahrt werden, vor Abschluss des Vertrags prüfen zu müssen, ob die Vertretungsbefugnis beschränkt ist*".[484]

Die nach alter Rechtslage mögliche Beschränkung der Vertretungsbefugnis mit Außenwirkung – wenn sie für den Vertragspartner erkennbar war und er vor Vertragsschluss darauf hingewiesen wurde[485] (z.B. Versuche durch eine gesellschaftsvertragliche Klausel, in AGBs oder durch Verwendung entsprechender Namenszusätze, bspw. „GbRmbH") – ist damit obsolet geworden (Unbeschränkbarkeit der Vertretungsbefugnis der GbR).[486]

252

4. Entziehung der organschaftlichen Vertretungsbefugnis

Die (dispositiv angeordnete bzw. gesellschaftsvertraglich übertragene) Vertretungsbefugnis kann einem Gesellschafter nach § 720 Abs. 4 BGB in entsprechender Anwendung von § 715 Abs. 5 BGB (mithin parallel zur Entziehung der Geschäftsführungsbefugnis) ganz oder teilweise (z.b. durch Übergang von Einzel- auf Gesamtvertretungsbefugnis)[487] aus „wichtigem Grund" – und damit abweichend von § 124 Abs. 4 und § 116 Abs. 5 HGB (d.h. nicht durch Gestaltungsurteil) – entzogen werden (und zwar unabhängig davon, ob sie ihm durch den Gesellschaftsvertrag übertragen wurde oder nicht),[488] d.h. durch Beschluss der anderen Gesellschafter (Änderung des Gesellschaftsvertrags gegen den Willen des betroffenen Gesellschafters).

253

Nach § 720 Abs. 4 BGB kann – ohne dass darin eine Beschränkung i.S.v. § 720 Abs. 3 S. 2 BGB zu sehen ist – eine Einzelvertretungsbefugnis auf Gesamtvertungsbefugnis beschränkt werden, ebenso wie einem kraft Gesetzes gesamtvertungsbefugten Gesellschafter die Vertretungsbefugnis entzogen werden kann.[489]

254

Beachte:
Die Vertretungsbefugnis muss nicht mehr wie nach altem Recht zwingend gleichzeitig mit der Geschäftsführungsbefugnis entzogen werden.[490]

Hingegen ist eine **Aufkündigung** der organschaftlichen Vertretungsmacht (d.h. eine einseitige Niederlegung) durch den vertretungsbefugten Gesellschafter (entsprechend § 715 Abs. 6 BGB in Bezug auf die Geschäftsführungsbefugnis) nicht

255

---

484 RegE, BT-Drucks 19/27635, S. 163 unter Bezugnahme auf MüKo-HGB/*K. Schmidt*, § 126 Rn 16.
485 BGH, Urt. v. 20.9.1962 – II ZR 209/61, BGHZ 38, 26, juris Rn 26; BGH, Urt. v. 27.9.1999 – II ZR 371/98, BGHZ 142, 315, juris Rn 14 f.
486 RegE, BT-Drucks 19/27635, S. 163.
487 Schäfer/*Habersack*, § 4 Rn 17.
488 RegE, BT-Drucks 19/27635, S. 164.
489 RegE, BT-Drucks 19/27635, S. 164.
490 RegE, BT-Drucks 19/27635, S. 164: Im Einzelfall kann ein Bedürfnis bestehen, einem Gesellschafter die Vertretungsbefugnis zu entziehen, ihm aber die Geschäftsführungsbefugnis zu belassen.

§ 2 Die Gesellschaft bürgerlichen Rechts (GbR)

vorgesehen, da anders als die Geschäftsführungsbefugnis als Pflichtrecht die Vertretungsbefugnis eines Gesellschafters keine Tätigkeitspflicht begründet, deren Fortbestehen für ihn unzumutbar werden könnte.[491]

5. Passive Einzelvertretungsbefugnis

256 Ist der Gesellschaft gegenüber eine Willenserklärung abzugeben, genügt nach § 720 Abs. 5 BGB (in Nachbildung von § 125 Abs. 2 S. 3 HGB alt, entsprechend § 124 Abs. 6 HGB neu) die Abgabe gegenüber einem (jeden) vertretungsbefugten Gesellschafter.

III. Persönliche Haftung der Gesellschafter (§ 721 BGB)

257 Die Neuregelung der persönlichen Gesellschafterhaftung in § 721 BGB hat folgenden Wortlaut (wohingegen § 721 BGB alt die Gewinn- und Verlustverteilung geregelt hatte):

„Die Gesellschafter haften für die Verbindlichkeiten der Gesellschaft den Gläubigern als Gesamtschuldner persönlich. Eine entgegenstehende Vereinbarung ist Dritten gegenüber unwirksam."

258 Die §§ 721 bis 721b BGB statuieren in Nachbildung der §§ 128 bis 130 HGB alt (und entsprechend den Neuregelungen in den §§ 126 bis 128 HGB) die persönliche, unbeschränkte und primär gesamtschuldnerische Außenhaftung aller GbR-Gesellschafter für sämtliche (d.h. auch gesetzliche) Gesellschaftsverbindlichkeiten der GbR. Haftungsbeschränkende Vereinbarungen unter den Gesellschaftern (im **Innenverhältnis**) entfalten gegenüber dem Gesellschaftsgläubiger (im **Außenverhältnis**) keine Wirkung – selbst dann nicht, wenn der Gesellschaftsgläubiger von der Vereinbarung weiß, womit es jedoch nicht ausgeschlossen ist, dass die Gesellschaft oder einzelne Gesellschafter mit dem Gesellschaftsgläubiger eine individuelle Haftungsbeschränkung vereinbaren.

259 § 721 BGB zielt auf eine Sicherung des Kredits der GbR, den Ausgleich der fehlenden Kapitalsicherung und die Sicherstellung eines Gleichlaufs von Herrschaft und Haftung.[492]

Der Regelungskomplex der

- § 721 BGB (persönliche Haftung der GbR-Gesellschafter – entsprechend § 126 HGB neu),
- § 721a BGB (Haftung des eintretenden GbR-Gesellschafters[493] – entsprechend § 127 HGB neu) und

---

491 RegE, BT-Drucks 19/27635, S. 164.
492 RegE, BT-Drucks 19/27635, S. 165.
493 Entsprechend der bisherigen Judikatur, vgl. BGH, Urt. v. 7.4.2003 – II ZR 56/02, BGHZ 154, 370 = NJW 2003, 1803.

- § 721b BGB (Einwendungen und Einreden des Gesellschafters – entsprechend § 128 HGB neu) sowie
- § 722 BGB (vollstreckungsrechtliche Trennung zwischen Gesellschaftsschuld und Gesellschafterhaftung [vgl. auch § 736 ZPO] – entsprechend § 129 Abs. 1 und 2 HGB neu)

kodifiziert die vormalige Rechtsprechung des BGH zur unbeschränkten GbR-Gesellschafterhaftung[494] analog §§ 128 bis 130 HGB alt in vollständiger Angleichung an das Haftungsregime der OHG – und zwar ohne Unterschied, ob eine

- im Gesellschaftsregister eingetragene GbR oder eine
- nicht eingetragene GbR

in Rede steht.[495]

Die **Nachhaftung** (d.h. die fortbestehende Haftung des ausgeschiedenen Gesellschafters) ist in § 728b BGB (entsprechend § 137 Abs. 1 und 2 HGB neu) geregelt.

260

Beachte:
Eine Eintrittshaftung bei Einbringung eines nichtkaufmännischen Unternehmens in eine GbR entsprechend § 28 Abs. 1 S. 1 HGB i.V.m. § 128 HGB alt ist (entsprechend der BGH-Judikatur)[496] durch das MoPeG nicht erfolgt.[497]

Beachte:
*„Die Kodifikation bezweckt [hingegen] keine Abkehr von den von der Rechtsprechung und dem Schrifttum bereits entwickelten **Ausnahmen** etwa für Bauherrengemeinschaften, geschlossene Immobilienfonds, Gelegenheitsgesellschaften und gemeinnützige Gesellschaften"*[498] (Anerkennung privilegierungsbedürftiger Gesellschaften) – weshalb im Fall, dass sich die unbeschränkte Gesellschafterhaftung bei einer umfassenden Abwägung der Interessen von Gesellschaftsgläubigern und Gesellschaftern als unangemessen erweist, *„auf andere adäquate Haftungsmodelle zurückgegriffen werden [kann], etwa auf eine Haftung nach Kopfteilen, eine anteilige Haftung, eine Haftung nur bis zur Höhe des vereinbarten Beitrags analog §§ 171 ff. HGB oder auf eine Haftungsbeschränkung auf das Gesellschaftsvermögen mit daneben bestehender Handelndenhaftung analog § 54 BGB".*[499]

---

494 Dazu näher *Schollmeyer*, Neuerungen und Kontinuitäten bei der Gesellschafterhaftung nach dem MoPeG, DNotZ 2021, 889.
495 RegE, BT-Drucks 19/27635, S. 164.
496 BGH, Urt. v. 22.1.2004 – IX ZR 65/01, BGHZ 157, 361 = NJW 2004, 836.
497 Schäfer/*Habersack*, § 4 Rn 27.
498 RegE, BT-Drucks 19/27635, S. 165 unter Bezugnahme auf BGH, Urt. v. 21.1.2002 – II ZR 2/00, BGHZ 150, 1, juris Rn 14; BGH, Urt. v. 21.7.2003 – II ZR 387/02, BGHZ 156, 46, juris Rn 30.
499 RegE, BT-Drucks 19/27635, S. 165.

§ 2   Die Gesellschaft bürgerlichen Rechts (GbR)

261 Es besteht nach Ansicht des Gesetzgebers allerdings kein Anlass dafür, im Regelfall von der als sachgerecht erachteten Gesellschafterhaftung einzelfallbezogene Ausnahmen im Gesetz zu normieren.[500]

Der Gesetzgeber qualifiziert insoweit seine Konzeption des Normenkomplexes der §§ 721, 721a und 721b BGB als eine „nicht abschließende Regelung", die institutionelle Haftungsbeschränkungen, bspw. im Wege

- der stillschweigenden Vereinbarung,
- der ergänzenden Vertragsauslegung oder
- der Analogie zu den §§ 171 ff. HGB und § 54 BGB

grundsätzlich zulässt.[501]

262 Die Gesellschafterhaftung ist[502]

- im Verhältnis zur Haftung der GbR (die gemäß § 713 BGB über ein eigenständiges Gesellschaftsvermögen verfügt) akzessorisch (Abhängigkeit der Haftung im Hinblick auf Entstehung, Inhalt, Durchsetzung und Fortbestand der Gesellschaftsverbindlichkeit) und
- weder gegenständlich noch summenmäßig begrenzt (Ausnahme: Möglichkeit einer individuellen Vereinbarung einer Haftungsbeschränkung eines oder mehrerer Gesellschafter mit dem Gesellschaftsgläubiger).

263 Die GbR-Gesellschafter haften dem Gesellschaftsgläubiger als Gesamt- (§§ 420 ff. BGB) und nicht etwa als Teilschuldner. Der in Anspruch genommene Gesellschafter kann den Gesellschaftsgläubiger auch nicht zunächst auf das Gesellschaftsvermögen verweisen:[503] **Ausschluss einer Einrede der Vorausklage.**

264 Die Haftung der Gesellschafter mit ihrem Privatvermögen erfasst sowohl

- rechtsgeschäftlich als auch
- gesetzlich begründete Gesellschaftsverbindlichkeiten (z.B. Ansprüche aus einer unerlaubten Handlung,[504] die ein geschäftsführungsbefugter Gesellschafter in Ausführung der ihm zustehenden Verrichtung, d.h. nicht nur bei deren Gelegenheit, begeht, und die der GbR analog § 31 BGB zugerechnet wird).[505]

---

500 RegE, BT-Drucks 19/27635, S. 164.
501 RegE, BT-Drucks 19/27635, S. 165: *„Nur besteht kein Anlass, von der im Regelfall für sachgerecht erachteten unbeschränkten Gesellschafterhaftung einzelfallbezogene Ausnahmen im Gesetz zuzulassen".*
502 RegE, BT-Drucks 19/27635, S. 165.
503 RegE, BT-Drucks 19/27635, S. 166.
504 RegE, BT-Drucks 19/27635, S. 166.
505 BGH, Urt. v. 24.2.2003 – II ZR 385/99, ZIP 2003, 664, juris Rn 20; BGH, Urt. v. 3.5.2007 – IX ZR 218/05, BGHZ 172, 169, juris Rn 8.

IV. Haftung des eintretenden Gesellschafters (§ 721a BGB)

Die Neuregelung des § 721a BGB – die § 130 HGB alt (sowie der Neuregelung des § 127 HGB) nachgebildet ist und in Ergänzung zu § 721 BGB sicherstellt, dass auch der in eine GbR eintretende Gesellschafter für die zu diesem Zeitpunkt bereits begründeten Gesellschaftsverbindlichkeiten unbeschränkt persönlich haftet (Haftung für Altverbindlichkeiten)[506] – hat folgenden Wortlaut:

265

„Wer in eine bestehende Gesellschaft eintritt, haftet gleich den anderen Gesellschaftern nach Maßgabe der §§ 721 und 721b für die vor seinem Eintritt begründeten Verbindlichkeiten der Gesellschaft. Eine entgegenstehende Vereinbarung ist Dritten gegenüber unwirksam."

Beachte:
Der Gesetzgeber hat keine § 128 HGB alt i.V.m. § 28 Abs. 1 S. 1 HGB korrespondierende Regelung zur akzessorischen Haftung des in das Geschäft eines Einzelkaufmanns „eintretenden" Gesellschafters getroffen,[507] da bei der Einbringung eines einzelkaufmännischen Unternehmens in eine GbR zwar auch eine Verkehrserwartung bestehen mag, dass Altgläubiger sich an das Gesellschaftsvermögen halten und Altschuldner mit befreiender Wirkung an die Gesellschaft leisten können. „*Praktisch relevant erscheint dieser Fall aber nicht, weil davon auszugehen ist, dass bei Einbringung eines einzelkaufmännischen Unternehmens in eine Gesellschaft deren Zweck häufig auch auf den Betrieb eines Handelsgewerbes gerichtet sein wird, womit ohnehin der direkte Anwendungsbereich von § 28 HGB eröffnet ist*".[508]

Beachte:
Der BGH[509] hat i.Ü. entschieden, dass für den Fall, dass sich ein Rechtsanwalt mit einem bisher als Einzelanwalt tätigen anderen Rechtsanwalt zur gemeinsamen Berufsausübung in einer Sozietät in der Rechtsform einer GbR zusammenschließt, eine Haftung für die im Betrieb des bisherigen Einzelanwalts begründeten Verbindlichkeiten in entsprechender Anwendung von § 128 HGB alt i.V.m. § 28 Abs. 1 S. 1 HGB jedenfalls wegen der besonderen Ausgestaltung des zwischen einem Einzelanwalt und seinen Mandanten bestehenden Rechtsverhältnisses nicht in Betracht kommt.

---

506 RegE, BT-Drucks 19/27635, S. 166.
507 RegE, BT-Drucks 19/27635, S. 166.
508 RegE, BT-Drucks 19/27635, S. 167.
509 BGH, Urt. v. 22.1.2004 – IX ZR 65/01, BGHZ 157, 361, juris Rn 14 ff.; BGH, Urt. v. 17.11.2011 – IX ZR 161/09, NZG 2012, 65, juris Rn 20.

V. Einwendungen und Einreden des Gesellschafters (§ 721 b BGB)

266 § 721b BGB – der als Konsequenz der Akzessorietät der Gesellschafterhaftung und in Ausformung derselben der Regelung des § 129 Abs. 1 bis 3 HGB alt (respektive der Neuregelung des § 128 HGB) nachgebildet ist[510] – hat folgenden Wortlaut:

„(1) Wird ein Gesellschafter wegen einer Verbindlichkeit der Gesellschaft in Anspruch genommen, kann er Einwendungen und Einreden, die nicht in seiner Person begründet sind, insoweit geltend machen, als sie von der Gesellschaft erhoben werden können.

(2) Der Gesellschafter kann die Befriedigung des Gläubigers verweigern, solange der Gesellschaft in Ansehung der Verbindlichkeit das Recht zur Anfechtung oder Aufrechnung oder ein anderes Gestaltungsrecht, dessen Ausübung die Gesellschaft ihrerseits zur Leistungsverweigerung berechtigen würde, zusteht."

1. Einwendungen und Einreden, die die GbR geltend machen könnte

267 Wird ein Gesellschafter wegen einer Verbindlichkeit der Gesellschaft in Anspruch genommen, kann er als unbeschränkt persönlich haftender Gesellschafter aufgrund der Akzessorietät der Gesellschafterhaftung (§ 721 BGB) nach § 721b Abs. 1 BGB – der § 128 Abs. 1 HGB nachgebildet ist – Einwendungen und Einreden, die nicht in seiner Person begründet sind, insoweit geltend machen, als sie von der Gesellschaft erhoben werden können.

268 Die Regelung stellt sicher, *„dass der Gesellschaftsgläubiger bei der Durchsetzung der Gesellschaftsverbindlichkeit gegenüber dem Gesellschafter nicht besser, aber auch nicht schlechter steht als bei Inspruchnahme der Gesellschaft selbst"*.[511]

Im Unterschied zu § 129 Abs. 1 HGB alt erfasst § 721b Abs. 1 BGB (ebenso wie die Neuregelung des § 128 Abs. 1 HGB) nicht nur alle rechtshindernden und rechtsvernichtenden Einwendungen, sondern auch Einreden der Gesellschaft.

Beachte:

In der Person des Gesellschafters begründete Einwendungen und Einreden kann dieser hingegen ohne Weiteres geltend machen.

---

510 RegE, BT-Drucks 19/27635, S. 168.
511 RegE, BT-Drucks 19/27635, S. 168 unter Bezugnahme auf BGH, Urt. v. 22.3.1988 – X ZR 64/87, BGHZ 104, 76, juris Rn 15.

2. Leistungsverweigerungsrecht des in Anspruch genommenen Gesellschafters

Der wegen einer Gesellschaftsverbindlichkeit gemäß § 721 BGB in Anspruch genommene unbeschränkt persönlich haftende Gesellschafter kann nach § 721b Abs. 2 BGB (respektive der Neuregelung des § 128 Abs. 2 HGB) – der den Normenbestand in § 129 Abs. 2 und 3 HGB alt zusammenfasst, inhaltlich neu ordnet und den mit § 721b Abs. 1 BGB bezweckten Schutz des Gesellschafters vervollständigt[512] – die Befriedigung des Gläubigers verweigern, solange der Gesellschaft in Ansehung der Verbindlichkeit das Recht zur Anfechtung oder Aufrechnung oder (in Ausdehnung auf andere Gestaltungsrechte auch) ein anderes Gestaltungsrecht, dessen Ausübung die Gesellschaft ihrerseits zur Leistungsverweigerung berechtigen würde (z.B. ein von der GbR nicht ausgeübtes Rücktritts- oder Kündigungsrecht),[513] zusteht.

269

VI. Zwangsvollstreckung gegen die Gesellschaft oder gegen ihre Gesellschafter (§ 722 BGB)

Die Neuregelung des § 722 BGB (respektive der Neuregelung des § 129 HGB) zur Zwangsvollstreckung gegen die Gesellschaft bzw. gegen ihre Gesellschafter (wohingegen § 722 BGB alt die Anteile am Gewinn und Verlust geregelt hatte) ersetzt § 736 ZPO alt.[514]

270

„(1) Zur Zwangsvollstreckung in das Vermögen der Gesellschaft ist ein gegen die Gesellschaft gerichteter Vollstreckungstitel erforderlich.

(2) Aus einem gegen die Gesellschaft gerichteten Vollstreckungstitel findet die Zwangsvollstreckung gegen die Gesellschafter nicht statt."

§ 713 BGB ordnet das Gesellschaftsvermögen der rechtsfähigen GbR selbst zu. Der Gesetzgeber erachtet gleichwohl wegen der akzessorischen Haftung der Gesellschafter für die Gesellschaftsverbindlichkeiten (§ 721 BGB) eine Klarstellung dahingehend für erforderlich, „*ob und unter welchen Voraussetzungen ein Titel für eine Zwangsvollstreckung in das Gesellschaftsvermögen oder in das Privatvermögen eines oder mehrerer Gesellschafter taugt*".[515]

271

---

512 RegE, BT-Drucks 19/27635, S. 168.
513 RegE, BT-Drucks 19/27635, S. 168, wodurch der Gesellschaftsgläubiger „*nicht schlechter gestellt [wird] als im Falle der Berufung auf das Aufrechnungs- und Anfechtungsrecht, weil das Rücktritts- und Kündigungsrecht eben nicht unbefristet geltend gemacht werden kann*".
514 § 736 ZPO alt hat folgenden Wortlaut: „*Zur Zwangsvollstreckung in das Gesellschaftsvermögen einer nach § 705 des Bürgerlichen Gesetzbuchs eingegangenen Gesellschaft ist ein gegen alle Gesellschafter ergangenes Urteil erforderlich*".
515 RegE, BT-Drucks 19/27635, S. 168.

§ 2 Die Gesellschaft bürgerlichen Rechts (GbR)

1. Voraussetzung für die Zwangsvollstreckung in das Gesellschaftsvermögen

272 Zur Zwangsvollstreckung in das Vermögen der Gesellschaft ist nach § 722 Abs. 1 BGB – in inhaltlicher Übernahme von § 124 Abs. 2 HGB alt – ein gegen die Gesellschaft gerichteter Vollstreckungstitel erforderlich (d.h. hinreichend und notwendig).

Unzureichend ist ein gegen einen Gesellschafter gerichteter Titel. Aus diesem kann nur in dessen Privatvermögen vollstreckt werden, was selbst dann gilt, wenn der Gläubiger einen Titel gegen sämtliche Gesellschafter erwirkt hat, weil

- im formalisierten Zwangsvollstreckungsverfahren nicht der materielle Schuldgrund des Vollstreckungstitels geprüft werden kann[516] und
- es dem Gläubiger zumutbar sein soll, sich *„auch einen Titel gegen die Gesellschaft zu beschaffen, sofern er sich die Vollstreckung in deren Vermögen offenhalten will"*.[517]

2. Voraussetzungen einer Zwangsvollstreckung in das Vermögen des Gesellschafters

273 Aus einem gegen die Gesellschaft gerichteten Vollstreckungstitel findet wegen deren rechtlicher Verselbstständigung und der damit einhergehenden Unterscheidung zwischen dem Personenverband und seinen Mitgliedern sowie zwischen Gesellschaftsverbindlichkeit und Gesellschafterhaftung für diese Verbindlichkeit[518] nach § 722 Abs. 2 BGB – in inhaltlicher Übernahme der Neuregelung des § 129 Abs. 2 HGB – die Zwangsvollstreckung gegen die Gesellschafter nicht statt.

E. Ausscheiden eines Gesellschafters

274 Die Vorschriften im vierten Kapitel (§§ 723 bis 728b BGB) – die von einzelnen Vorschriften des dritten Kapitels (nämlich § 711, § 711a und § 712 BGB) ergänzt werden – regeln das Ausscheiden eines Gesellschafters (dem § 130 HGB nachgebildet) systematisch neu.[519] Sie sollen mit den Vorschriften des fünften Kapitels über die Auflösung der Gesellschaft den früher im GbR-Recht geltenden Grundsatz „Auflösung der Gesellschaft vor Ausscheiden eines Gesellschafters" im Interesse der Verbandskontinuität (Verhinderung einer wirtschaftlich unerwünschten Zer-

---

516 RegE, BT-Drucks 19/27635, S. 169 unter Bezugnahme auf OLG Schleswig, Urt. v. 20.12.2005 – 2 W 205/05, WM 2006, 583, juris Rn 8.
517 RegE, BT-Drucks 19/27635, S. 169.
518 RegE, BT-Drucks 19/27635, S. 169.
519 Eine analoge Anwendung des § 130a HGB auf die GbR war auch bisher schon anerkannt: Staub/ *Habersack*, § 130a HGB Rn 10.

E. Ausscheiden eines Gesellschafters § 2

schlagung der Gesellschaft und damit des von ihr betriebenen Unternehmens)[520] in den Grundsatz „**Ausscheiden eines Gesellschafters vor Auflösung der Gesellschaft**" umkehren.[521]

Die vormaligen in der Person des Gesellschafters liegenden Auflösungsgründe, nämlich   275

- Kündigung durch einen Gesellschafter (§ 723 BGB alt),
- Kündigung durch einen Pfändungspfandgläubiger eines Gesellschafters (§ 725 BGB alt),
- Erreichung oder Unmöglichwerden der Erreichung des Gesellschaftszwecks (§ 726 BGB alt),
- Tod eines Gesellschafters (§ 727 BGB alt),
- Eröffnung des Insolvenzverfahrens über das Vermögen der Gesellschaft (§ 728 Abs. 1 BGB alt) und
- Eröffnung des Insolvenzverfahrens über das Vermögen eines Gesellschafters (§ 728 Abs. 2 BGB alt)

werden – entsprechend der Empfehlung des 71. DJT[522] und dem seit Inkrafttreten des Gesetzes zur Neuregelung des Kaufmanns- und Firmenrechts und zur Änderung anderer handels- und gesellschaftsrechtlicher Vorschriften (Handelsrechtsreformgesetz – HRefG) vom 22.6.1998[523] für Personenhandelsgesellschaften geltenden Rechtslage – in **Ausscheidensgründe** umgewandelt:[524] Beim Vorliegen eines Ausscheidensgrundes scheidet der entsprechende Gesellschafter aus der Gesellschaft aus und diese wird – ohne die Notwendigkeit einer gesellschaftsvertraglichen Fortsetzungsklausel (wie früher) – von den übrigen Gesellschaftern fortgesetzt.[525]

> *Beachte:*
> Zu einer Auflösung der Gesellschaft kommt es gemäß § 723 Abs. 1 BGB nur noch dann, wenn dies für die entsprechende Konstellation im Gesellschaftsvertrag ausdrücklich vorgesehen ist.

---

520 RegE, BT-Drucks 19/27635, S. 107.
521 RegE, BT-Drucks 19/27635, S. 169.
522 Verhandlungen des 71. DJT, Bd. II/2, 2017, S. O222.
523 BGBl I, S. 1474.
524 RegE, BT-Drucks 19/27635, S. 169.
525 Schäfer/*Bergmann*, § 7 Rn 19.

§ 2 Die Gesellschaft bürgerlichen Rechts (GbR)

I. Gründe für das Ausscheiden eines Gesellschafters und Zeitpunkt des Ausscheidens (§ 723 BGB)

276 Die Neuregelung des § 723 BGB normiert die Gründe für das Ausscheiden eines Gesellschafters und den Zeitpunkt seines Ausscheidens (wohingegen § 723 BGB alt die Kündigung durch einen Gesellschafter geregelt hatte):

„(1) Folgende Gründe führen zum Ausscheiden eines Gesellschafters aus der Gesellschaft, sofern der Gesellschaftsvertrag für diese Fälle nicht die Auflösung der Gesellschaft vorsieht:
1. Tod des Gesellschafters;
2. Kündigung der Mitgliedschaft durch den Gesellschafter;
3. Eröffnung des Insolvenzverfahrens über das Vermögen des Gesellschafters;
4. Kündigung der Mitgliedschaft durch einen Privatgläubiger des Gesellschafters;
5. Ausschließung des Gesellschafters aus wichtigem Grund.

(2) Im Gesellschaftsvertrag können weitere Gründe für das Ausscheiden eines Gesellschafters vereinbart werden.

(3) Der Gesellschafter scheidet mit Eintritt des ihn betreffenden Ausscheidensgrundes aus, im Fall der Kündigung der Mitgliedschaft aber nicht vor Ablauf der Kündigungsfrist und im Fall der Ausschließung aus wichtigem Grund nicht vor Mitteilung des betreffenden Beschlusses an den auszuschließenden Gesellschafter."

1. Katalog der gesetzlichen Ausscheidensgründe

277 Folgende in der Person des Gesellschafters liegende Gründe (Katalogtatbestände) führen nach § 723 Abs. 1 BGB – in Anlehnung an § 131 Abs. 3 HGB alt (respektive der Neuregelung des § 130 Abs. 1 HGB) – zum **Ausscheiden** eines Gesellschafters aus der Gesellschaft (und nicht wie früher – vgl. §§ 723, 725, 727 und § 728 Abs. 2 i.V.m. § 736 Abs. 1 BGB alt [Auflösungsgründe] zur Auflösung der Gesellschaft), sofern der Gesellschaftsvertrag für diese Fälle nicht ausnahmsweise doch die Auflösung der Gesellschaft (beschränkt dispositive Regelung)[526] vorsieht:
- Tod des Gesellschafters (Nr. 1 – § 727 BGB alt);
- Kündigung der Mitgliedschaft durch den Gesellschafter (Nr. 2 – Austrittskündigung, §§ 723, 724 BGB alt);
- Eröffnung des Insolvenzverfahrens über das Vermögen des Gesellschafters (Nr. 3, wobei in diesem Fall eine [gesellschaftsvertragliche] „Verbleibklausel" wegen Verstoßes gegen zwingendes Recht aber grundsätzlich nicht möglich, d.h. unwirksam ist[527] – § 728 Abs. 2 BGB alt);
- Kündigung der Mitgliedschaft durch einen Privatgläubiger des Gesellschafters (Pfändungspfandgläubiger – Nr. 4 – § 725 BGB alt);
- Ausschließung des Gesellschafters aus wichtigem Grund (Nr. 5).

---

526 Schäfer/*Schäfer*, § 8 Rn 23.
527 Schäfer/*Schäfer*, § 8 Rn 23.

E. Ausscheiden eines Gesellschafters § 2

In § 723 Abs. 1 Nr. 1 bis 4 BGB werden bisher in §§ 723, 725, 727, 728 Abs. 2 i.V.m. § 736 Abs. 1 BGB alt geregelten **Auflösungsgründen**, die in der Person des Gesellschafters begründet sind (Tod des Gesellschafters, Kündigung der Mitgliedschaft durch den Gesellschafter, Kündigung durch einen Pfändungspfandgläubiger des Gesellschafters und Eröffnung des Insolvenzverfahrens über das Vermögen des Gesellschafters), zu **Ausscheidensgründen** umgewandelt.[528]   **278**

In Bezug auf eine **Kündigung aus wichtigem Grund** (Nr. 5) wird unterschieden, ob sich diese   **279**
- auf die Mitgliedschaft oder
- auf die Gesellschaft

bezieht.

> *Beachte:*
> Ausscheidensgrund für den betreffenden Gesellschafter (§§ 725 und 726 BGB) ist nur die auf die **Mitgliedschaft bezogene Kündigung**
> - eines Gesellschafters oder
> - seines Pfändungspfandgläubigers.[529]

Hingegen hat die **Kündigung der Gesellschaft** nach § 731 BGB die Auflösung der Gesellschaft zur Folge.[530]   **280**

Die sprachliche Fassung des § 723 Abs. 1 BGB – „*sofern der Gesellschaftsvertrag für diese Fälle nicht die Auflösung der Gesellschaft vorsieht*" – stellt abweichend von der Formulierung in § 131 Abs. 3 S. 1 HGB alt („*mangels abweichender vertraglicher Vereinbarung*") klar, dass die Ausscheidensgründe nach Nr. 1 bis 5 **alternativ zur Auflösung der Gesellschaft** stehen[531] mit der Folge, dass einer gesellschaftsvertraglichen Vereinbarung die Wirksamkeit versagt wird, die vorsieht, dass die GbR bei Eröffnung des Insolvenzverfahrens über das Vermögen eines Gesellschafters oder bei Kündigung durch einen Privatgläubiger eines Gesellschafters mit dem betroffenen Gesellschafter fortbesteht.[532] Der Schutz des Gesellschaftergläubigers macht dies erforderlich, „*um ihm bei Ausscheiden oder Auflösung einen Zugriff auf das Abfindungs- oder das Liquidationsguthaben zu ermöglichen*".[533] Das heißt, dass bei den gesetzlichen Ausscheidensgründen der Nr. 1 bis 5 gesellschaftsvertraglich anstelle des Ausscheidens des in Rede stehenden Gesellschafters als Rechtsfolge nur die Auflösung der Gesellschaft vereinbart werden kann.[534]   **281**

---

528 RegE, BT-Drucks 19/27635, S. 170.
529 RegE, BT-Drucks 19/27635, S. 170.
530 RegE, BT-Drucks 19/27635, S. 170.
531 RegE, BT-Drucks 19/27635, S. 170.
532 RegE, BT-Drucks 19/27635, S. 170.
533 RegE, BT-Drucks 19/27635, S. 170.
534 Schäfer/*Bergmann*, § 7 Rn 35.

§ 2 | Die Gesellschaft bürgerlichen Rechts (GbR)

2. Weitere gesellschaftsvertragliche Ausscheidensgründe

282 Im Gesellschaftsvertrag können nach der Klarstellung in § 723 Abs. 2 BGB weitere (**nicht**: andere) Gründe für das Ausscheiden eines Gesellschafters vereinbart werden.

3. Der Zeitpunkt (Wirksamwerden) des Ausscheidens

283 Der Gesellschafter scheidet nach § 723 Abs. 3 Hs. 1 BGB – im Unterschied zur Rechtslage bei der OHG (vgl. § 134 HGB: Vorliegen eines rechtskräftigen Ausschließungsurteils) – im Regelfall mit **Eintritt des ihn betreffenden Ausscheidensgrundes** (Tod [§ 723 Abs. 1 Nr. 1 BGB] oder Privatinsolvenz des Gesellschafters [§ 723 Abs. 1 Nr. 3 BGB]) aus. Etwas anderes gilt für Ausscheidensgründe, die die Abgabe einer Willenserklärung voraussetzen. Hier ist der Zeitpunkt maßgeblich, in dem die Wirkung der Willenserklärung eintritt:[535]

- Im Fall der ordentlichen Kündigung der Mitgliedschaft
  - Kündigung durch den Gesellschafter (§ 725 BGB),
  - Kündigung des Erben-Gesellschafters (§ 724 Abs. 2 BGB) bzw.
  - Kündigung durch einen Privatgläubiger des Gesellschafters (§ 726 BGB) (Kündigungen, die gegenüber der Gesellschaft zu erklären sind – Zugang beim vertretungsberechtigten Gesellschafter gemäß § 720 Abs. 1 und 5 BGB [„gegenüber der Gesellschaft"]) tritt das Ausscheiden nicht vor Ablauf der Kündigungsfrist (§ 723 Abs. 3 Hs. 2 1. Alt. BGB) ein.
- Im Fall der Ausschließung aus „wichtigem Grund" tritt das Ausscheiden nicht vor Mitteilung des betreffenden Beschlusses (wobei eine förmliche Beschlussfeststellung nicht erforderlich ist)[536] an den auszuschließenden Gesellschafter ein (§ 723 Abs. 3 Hs. 2 2. Alt. BGB).

Beachte:
Nach § 27 Abs. 2 Nr. 3 i.V.m. Abs. 3 InsO wird der Zeitpunkt der Eröffnung des Privatinsolvenzverfahrens über das Vermögen des Gesellschafters (§ 723 Abs. 1 Nr. 3 BGB) durch den Eröffnungsbeschluss des Insolvenzgerichts festgelegt.

II. Fortsetzung mit dem Erben und Ausscheiden des Erben (§ 724 BGB)

284 Die Neuregelung des § 724 BGB hat – in Nachbildung des § 139 HGB alt (respektive der Neuregelung des § 131 HGB) und einer Empfehlung des 71. DJT aufgrei-

---

535 Schäfer/*Bergmann*, § 7 Rn 37.
536 Schäfer/*Bergmann*, § 7 Rn 38.

fend[537] – folgenden Wortlaut (wohingegen § 724 BGB alt die Kündigung einer Gesellschaft auf Lebenszeit oder fortgesetzten Gesellschaft geregelt hatte):

„(1) Geht der Anteil eines verstorbenen Gesellschafters auf seine Erben über und erfüllt die Gesellschaft die Voraussetzungen nach § 107 Absatz 1 des Handelsgesetzbuchs, um in das Handelsregister eingetragen zu werden, so kann jeder Erbe gegenüber den anderen Gesellschaftern antragen, dass ihm die Stellung eines Kommanditisten eingeräumt und der auf ihn entfallende Anteil des Erblassers als seine Kommanditeinlage anerkannt wird.

(2) Nehmen die anderen Gesellschafter einen Antrag nach Absatz 1 nicht an oder ist eine Fortführung der Gesellschaft als Kommanditgesellschaft nicht möglich, ist der Erbe befugt, seine Mitgliedschaft in der Gesellschaft ohne Einhaltung einer Kündigungsfrist zu kündigen.

(3) Die Rechte nach den Absätzen 1 bis 2 können von dem Erben nur innerhalb von drei Monaten nach dem Zeitpunkt, zu dem er von dem Anfall der Erbschaft Kenntnis erlangt hat, geltend gemacht werden. Auf den Lauf der Frist ist § 210 entsprechend anzuwenden. Ist bei Ablauf der drei Monate das Recht zur Ausschlagung der Erbschaft noch nicht verloren, endet die Frist nicht vor dem Ablauf der Ausschlagungsfrist.

(4) Scheidet innerhalb der Frist des Absatzes 3 der Erbe aus der Gesellschaft aus oder wird innerhalb der Frist die Gesellschaft aufgelöst oder dem Erben die Stellung eines Kommanditisten eingeräumt, so haftet er für die bis dahin entstandenen Gesellschaftsverbindlichkeiten nur nach Maßgabe der Vorschriften, welche die Haftung des Erben für die Nachlassverbindlichkeiten betreffen."

285 Wenn der Anteil eines Gesellschafters auf seinen Erben (d.h. den Gesellschafter-Erben) nach Maßgabe von § 711 Abs. 2 BGB übergeht, kann dies für den Gesellschafter-Erben nachteilig sein, da Letzterer (als in die GbR eintretender Gesellschafter) nach § 721a BGB auch für die Altverbindlichkeiten (Vorrang der gesellschaftsvertraglichen vor der erbrechtlichen Haftung)[538] – ebenso wie (ab diesem Zeitpunkt) nach § 721 BGB auch für die neubegründeten Verbindlichkeiten – der GbR persönlich und unbeschränkt (als Gesamtschuldner) haftet. In der Folge würden die Vorteile der zivilrechtlichen Erbenhaftung nach §§ 1975 ff. BGB (mit der Möglichkeit einer Haftungsbeschränkung) zugunsten des Gesellschafter-Erben entwertet.[539]

286 Vor diesem Hintergrund eröffnet § 724 BGB (vgl. auch § 131 HGB) dem Gesellschafter-Erben ein **Wahlrecht verbunden mit einem Haftungsprivileg**:[540]

■ Der Gesellschafter-Erbe kann sein Verbleiben in der GbR davon abhängig machen, dass ihm im Hinblick auf Altverbindlichkeiten ein Kommanditistenstatus eingeräumt wird (Abs. 1 – Haftungsprivileg für Altverbindlichkeiten).

---

537 Verhandlungen des 71. DJT, Bd. II/2, 2017, S. O222.
538 Schäfer/*Bergmann*, § 7 Rn 39.
539 RegE, BT-Drucks 19/27635, S. 171.
540 RegE, BT-Drucks 19/27635, S. 171.

- Er hat ein Recht zur Kündigung seiner Mitgliedschaft in der GbR ohne Einhaltung einer Kündigungsfrist (Abs. 2), wenn
  - die anderen Gesellschafter sein Verlangen auf Einräumung eines Kommanditistenstatus ablehnen bzw. wenn
  - eine Umwandlung der GbR in eine KG nach Maßgabe von § 161 Abs. 2 i.V.m. § 107 Abs. 1 HGB rechtlich nicht möglich.

Alternativ dazu kann der Erbe auch

- Gesellschafter der GbR bleiben (mit korrespondierender persönlicher und gesamtschuldnerischer Haftung für die Alt- [§ 721a BGB] und Neuverbindlichkeiten der Gesellschaft [§ 721 BGB]) bzw.
- die Erbschaft insgesamt ausschlagen (§§ 1942 ff. BGB).

287 Aufgrund dieses Wahlrechts – fristgemäße Umwandlung der Mitgliedschaft in einen Kommanditistenstatus bzw. fristgemäßer Austritt aus der GbR – kann der Erbe seine gesellschaftsrechtliche Haftung beschränken und im privilegierten Erbenstatus der §§ 1975 ff. BGB verbleiben.

288 § 724 BGB ist (anders als § 131 Abs. 5 S. 1 HGB: *„Der Gesellschaftsvertrag kann die Anwendung der Vorschriften ... nicht ausschließen"*) **dispositiver Natur** mit der Folge, dass u.U. auch eine **stillschweigende Abbedingung** möglich ist, *„wenn das Wahlrecht des Erben einmal keinen angemessenen Ausgleich der gegenläufigen Interessen gewährleistet"*.[541] Nach Bergmann[542] ist eine generelle teleologische Reduktion von § 724 BGB in *„Konstellationen, in denen keine greifbare Haftungsrisiken für den Erben-Gesellschafter bestehen, wohl versperrt"*.

Beachte:
§ 724 BGB gelangt nur zur Anwendung auf eine GbR (arg.: Wortlaut des § 724 Abs. 1 BGB – „erfüllt die Gesellschaft die Voraussetzungen nach § 107 Abs. 1 HGB, um ins Handelsregister eingetragen zu werden"), die
- *ein Kleingewerbe betreibt (§ 107 Abs. 1 S. 1 1. Alt. HGB) bzw.*
- *nur eigenes Vermögen verwaltet (§ 107 Abs. 1 S. 1 2. Alt. HGB) bzw. eine*

---

541 RegE, BT-Drucks 19/27635, S. 171. *„Dabei ist zu berücksichtigen, dass die Umwandlung der Gesellschaft bürgerlichen Rechts in eine Kommanditgesellschaft die anderen Gesellschafter aufgrund der damit verbundenen Buchführungs- und Bilanzierungspflicht, der Pflicht zur Erstellung des Jahresabschlusses, der Änderung der dispositiven Geschäfts- und Vertretungsregelungen und der Pflicht zur Eintragung im Handelsregister gleichermaßen belasten kann, wie der Abfluss von Gesellschaftskapital durch Abfindung nach kündigungsbedingtem Ausscheiden des Gesellschafter-Erben. Demgegenüber kann es Konstellationen geben, in denen dem Gesellschafter-Erben keine unkalkulierbaren Haftungsrisiken drohen, etwa, weil der Zweck der Gesellschaft bürgerlichen Rechts auf bloße Vermögensverwaltung gerichtet ist. Dann liegt es nahe, den Ausschluss des Wahlrechts des Gesellschafter-Erben durch Vereinbarung im Gesellschaftsvertrag notfalls abzubedingen und an dem Erblasser-Gesellschafter zu entscheiden, was er seinen Erben gesellschaftsrechtlich zuzumuten bereit ist, ohne eine Ausschlagung der Erbschaft zu provozieren"*.
542 Schäfer/*Bergmann*, § 7 Rn 42; a.A. Bachmann, ZGR-Sonderheft 23 (2020), 221, 233.

- Freiberuflergesellschaft (§ 107 Abs. 1 S. 2 HGB – bei der die Umwandlung in eine KG nach § 161 Abs. 2 i.V.m. § 107 Abs. 1 S. 2 HGB aber unter dem Vorbehalt einer berufsrechtlichen Zulässigkeit steht).

1. Wahlrecht des Gesellschafter-Erben

Geht der Anteil eines verstorbenen Gesellschafters auf seine Erben über (Erbfolge nach § 1922 BGB – was aufgrund § 723 Abs. 1 Nr. 1 BGB [Tod des Gesellschafters als Ausscheidensgrund] eine einfache oder qualifizierte erbrechtliche Nachfolgeklausel im Gesellschaftsvertrag voraussetzt)[543] und erfüllt die Gesellschaft die Voraussetzungen nach § 107 Abs. 1 HGB, um in das Handelsregister eingetragen zu werden, so kann gemäß § 724 Abs. 1 BGB jeder Erbe (d.h. bei einer Erbenmehrheit jeder einzelne Erbe)[544] gegenüber den anderen Gesellschaftern (formlos) beantragen, dass

- ihm die Stellung eines Kommanditisten eingeräumt und
- der auf ihn entfallende Anteil des Erblassers als seine Kommanditeinlage anerkannt wird.

289

Beachte:
§ 161 Abs. 2 i.V.m. § 107 Abs. 1 S. 2 HGB erstreckt die Umwandlungsmöglichkeit in eine KG jetzt – vorbehaltlich einer berufsrechtlichen Zulässigkeit – auch auf eine freiberuflich tätige GbR.

§ 724 Abs. 1 BGB verschafft dem Gesellschafter-Erben ein **Wahlrecht**:
- Will er mit voller Haftung (als Gesellschafter) in der GbR verbleiben?
- Oder will er sein Verbleiben in der Gesellschaft von der Einräumung der Stellung als Kommanditist durch die anderen Gesellschafter abhängig machen?

290

Die Umwandlung der Mitgliedschaft in den Kommanditistenstatus wird durch einen **Vertrag** des Gesellschafter-Erben mit allen anderen Gesellschaftern vollzogen.[545] Die Ausübung des Wahlrechts durch den Gesellschafter-Erben erfolgt durch einen formlosen Antrag gegenüber den anderen Gesellschaftern, *„ihn unter Änderung des Gesellschaftsvertrags zum Kommanditisten zu machen"*[546] (Kommanditistenstellung nach dem Anteil des Erblassers als Kommanditeinlage).[547]

291

---

543 Schäfer/*Schäfer*, § 6 Rn 54.
544 Die Erben werden also nicht gemeinschaftliche Gesellschafter – vielmehr wird im Wege der Individualsukzession schon im Zeitpunkt des Todes des Erblassers der Erbanteil ipso jure nach Maßgabe der Vorgaben im Gesellschaftsvertrag (hilfsweise in Höhe der Erbquote) auf die einzelnen Miterben aufgeteilt: Schäfer/*Schäfer*, § 6 Rn 54.
545 RegE, BT-Drucks 19/27635, S. 171.
546 RegE, BT-Drucks 19/27635, S. 171.
547 Schäfer/*Bergmann*, § 7 Rn 43.

§ 2 Die Gesellschaft bürgerlichen Rechts (GbR)

Wenn die anderen Gesellschafter den Antrag auf Umwandlung der Mitgliedschaft nicht annehmen, hat der Gesellschafter-Erbe nach § 724 Abs. 2 BGB das Recht zur Kündigung seiner Mitgliedschaft in der Gesellschaft ohne Einhaltung einer Kündigungsfrist, wobei er jedoch die in § 724 Abs. 3 BGB normierte Frist für die Ausübung des Wahlrechts nach § 724 Abs. 1 BGB bzw. des Austrittsrechts nach § 724 Abs. 2 BGB von **drei Monaten nach Kenntniserlangung** vom Anfall der Erbschaft zu beachten hat.[548]

2. Kündigung der Mitgliedschaft

292 Nehmen die anderen Gesellschafter einen Antrag des Gesellschafter-Erben nach § 724 Abs. 1 BGB nicht an oder ist eine Fortführung der Gesellschaft als KG nicht möglich (weil die Voraussetzungen des § 107 Abs. 1 HGB nicht vorliegen), ist der Erbe gemäß § 724 Abs. 2 BGB befugt, seine Mitgliedschaft in der Gesellschaft ohne Einhaltung einer Kündigungsfrist zu kündigen. Damit scheidet er nach § 723 Abs. 1 Nr. 2 BGB aus der Gesellschaft aus.

> *Beachte:*
> Das bedingte Austrittsrecht nach § 724 Abs. 2 BGB ist – auch wenn gesetzlich nicht ausdrücklich angeordnet – aufgrund des Normzwecks nach allerdings umstrittener Auffassung unverzichtbar.[549]

3. Frist zur Ausübung des Wahlrechts bzw. zur Ausübung des Austrittsrecht

293 Die Rechte des Gesellschafter-Erben zur
- Ausübung des Wahlrechts auf Einräumung eines Kommanditistenstatus nach Abs. 1) bzw. zur
- Ausübung des Austrittsrechts (Abs. 2)

können von diesem nach § 724 Abs. 3 S. 1 BGB nur innerhalb von drei Monaten nach dem Zeitpunkt, zu dem er von dem Anfall der Erbschaft Kenntnis erlangt hat, geltend gemacht werden (vgl. die Parallelregelung des § 131 Abs. 3 S. 1 HGB). Auf den Lauf der Frist ist gemäß § 724 Abs. 3 S. 2 BGB die Regelung des § 210 BGB (Ablaufhemmung bei nicht voll Geschäftsfähigen) entsprechend anzuwenden. Ist bei Ablauf der drei Monate das Recht zur Ausschlagung der Erbschaft noch nicht verloren, endet die Frist nach § 724 Abs. 3 S. 3 BGB nicht vor dem Ablauf der Ausschlagungsfrist.

---

548 Schäfer/*Bergmann*, § 7 Rn 43.
549 So Schäfer/*Schäfer*, § 6 Rn 56; a.A. hingegen der RegE, BT-Drucks 19/27635, S. 171: dispositive Geltung des § 724 BGB.

4. Wegfall der unbeschränkbaren Eigenhaftung des Gesellschafter-Erben

Scheidet innerhalb der Frist des § 724 Abs. 3 BGB der Erbe aus der Gesellschaft aus oder wird innerhalb der Frist die Gesellschaft aufgelöst bzw. dem Erben die Stellung eines Kommanditisten eingeräumt, so haftet er nach § 724 Abs. 4 BGB (vgl. die Parallelregelung des § 131 Abs. 4 HGB) für die bis dahin entstandenen Gesellschaftsverbindlichkeiten nur nach Maßgabe der Vorschriften, welche die Haftung des Erben für die Nachlassverbindlichkeiten betreffen. Das heißt, die sich aus den §§ 721 und 721a BGB ergebende unbeschränkbare Eigenhaftung des Erben als Gesellschafter für die

- bis zur Auflösung,
- bis zum Ausscheiden oder
- bis zur Umwandlung der Mitgliedschaft

entstandenen Gesellschaftsverbindlichkeiten entfällt.[550]

III. Kündigung der Mitgliedschaft durch den Gesellschafter (§ 725 BGB)

Die Kündigung der Mitgliedschaft durch den Gesellschafter nach § 725 BGB hat – in wesentlicher Übernahme von § 723 BGB alt – folgenden Wortlaut (wohingegen § 725 BGB alt die Kündigung durch den Pfändungspfandgläubiger geregelt hatte):

„(1) Ist das Gesellschaftsverhältnis auf unbestimmte Zeit eingegangen, kann ein Gesellschafter seine Mitgliedschaft unter Einhaltung einer Frist von drei Monaten zum Ablauf des Kalenderjahres gegenüber der Gesellschaft kündigen, es sei denn, aus dem Gesellschaftsvertrag oder aus dem Zweck der Gesellschaft ergibt sich etwas anderes.

(2) Ist für das Gesellschaftsverhältnis eine Zeitdauer vereinbart, ist die Kündigung der Mitgliedschaft durch einen Gesellschafter vor dem Ablauf dieser Zeit zulässig, wenn ein wichtiger Grund vorliegt. Ein wichtiger Grund liegt insbesondere vor, wenn ein anderer Gesellschafter eine ihm nach dem Gesellschaftsvertrag obliegende wesentliche Verpflichtung vorsätzlich oder grob fahrlässig verletzt hat oder wenn die Erfüllung einer solchen Verpflichtung unmöglich wird.

(3) Liegt ein wichtiger Grund im Sinne von Absatz 2 Satz 2 vor, so ist eine Kündigung der Mitgliedschaft durch einen Gesellschafter stets ohne Einhaltung einer Kündigungsfrist zulässig.

(4) Ein Gesellschafter kann seine Mitgliedschaft auch kündigen, wenn er volljährig geworden ist. Das Kündigungsrecht besteht nicht, wenn der Gesellschafter bezüglich des Gegenstands der Gesellschaft zum selbstständigen Betrieb eines Erwerbsgeschäfts gemäß § 112 ermächtigt war oder der Zweck der Gesellschaft allein der Befriedigung seiner persönlichen Bedürfnisse diente. Der volljährig Gewordene kann die Kündigung nur binnen

---

550 RegE, BT-Drucks 19/27635, S. 172.

drei Monaten von dem Zeitpunkt an erklären, in welchem er von seiner Gesellschafterstellung Kenntnis hatte oder haben musste.

(5) Die Kündigung darf nicht zur Unzeit geschehen, es sei denn, dass ein wichtiger Grund für die unzeitige Kündigung vorliegt. Kündigt ein Gesellschafter seine Mitgliedschaft ohne solchen Grund zur Unzeit, hat er der Gesellschaft den daraus entstehenden Schaden zu ersetzen.

(6) Eine Vereinbarung im Gesellschaftsvertrag, welche das Kündigungsrecht nach den Absätzen 2 und 4 ausschließt oder diesen Vorschriften zuwider beschränkt, ist unwirksam."

296 § 725 BGB regelt die Kündigung durch einen Gesellschafter gegenüber der Gesellschaft in Bezug auf seine Mitgliedschaft (nicht mehr die Kündigung der Gesellschaft nach § 723 BGB alt). Folge der Kündigung ist das Ausscheiden des kündigenden Gesellschafters (vgl. § 723 Abs. 1 Nr. 2 und § 729 Abs. 1 BGB, wonach nur die „Kündigung der Gesellschaft" deren Auflösung zur Folge hat) und nicht die Auflösung der Gesellschaft. § 725 BGB differenziert zwischen dem

- ordentlichen Kündigungsrecht (Abs. 1), das durch eine Befristung abbedungen werden kann, und dem
- (unverzichtbaren) außerordentlichen Kündigungsrecht (Abs. 2 und 3).
- Zudem wird dem volljährig gewordenen Gesellschafter ein außerordentliches Kündigungsrecht eingeräumt (Abs. 4).

1. Ordentliche Kündigung der Mitgliedschaft ohne Vorliegen eines Kündigungsgrundes

297 Ist das Gesellschaftsverhältnis auf unbestimmte Zeit eingegangen (**Fall einer unbefristeten Gesellschaft**), kann ein Gesellschafter nach § 725 Abs. 1 BGB seine Mitgliedschaft unter Einhaltung einer **Frist von drei Monaten** (Einführung einer Kündigungsfrist) **zum Ablauf des Kalenderjahres** gegenüber der Gesellschaft ordentlich kündigen (Austrittskündigung), es sei denn, aus dem Gesellschaftsvertrag oder aus dem Zweck der Gesellschaft ergibt sich etwas anderes.

298 Der Gesetzgeber hat die Einführung einer Drei-Monats-Frist (als Symbol der Aufgabe des Leitbildes der GbR als Gelegenheitsgesellschaft) zum Ende des Kalenderjahres für ausreichend, aber auch erforderlich erachtet (*„um den Nachteilen, die mit einer plötzlichen Veränderung der Gesellschafterstruktur verbunden sein können, rechtzeitig entgegenzuwirken"*)[551] – eine fristlose Kündigung ist hingegen ausgeschlossen, da eine solche *„die übrigen Gesellschafter überfordern würde, die Gesellschaft ohne den kündigenden Gesellschafter fortzusetzen"*.[552]

---

551 RegE, BT-Drucks 19/27635, S. 172.
552 RegE, BT-Drucks 19/27635, S. 172.

> *Beachte:*
> Das Recht zur ordentlichen Kündigung ist – im Unterschied zum Recht zur außerordentlichen Kündigung (nach § 725 Abs. 6 i.V.m. Abs. 2 und 4 BGB) – abdingbar (bspw. auch durch die Vereinbarung einer kürzeren Kündigungsfrist). Infolgedessen kann auch die Kündigungsfrist, u.U. sogar stillschweigend, **abbedungen** werden. Dies ist vom kündigenden Gesellschafter zu beweisen. *„Lässt sich eine entsprechende Vereinbarung – wie häufig bei Gelegenheitsgesellschaften ohne schriftlichen Gesellschaftsvertrag – nicht feststellen, kann gleichermaßen aus dem Gesellschaftszweck auf die Zulässigkeit einer fristlosen Kündigung geschlossen werden".*[553]

2. Außerordentliche Kündigung

Ist für das Gesellschaftsverhältnis eine Zeitdauer vereinbart (**Fall einer befristeten Gesellschaft**), ist die Kündigung der Mitgliedschaft durch einen Gesellschafter nach der allgemeinen Regelung in § 725 Abs. 2 S. 1 BGB vor dem Ablauf dieser Zeit zulässig, wenn ein „wichtiger Grund" vorliegt. 299

Ein **wichtiger Grund** liegt gemäß § 725 Abs. 2 S. 2 BGB insbesondere (d.h. beispielhaft) vor, wenn 300

- ein anderer Gesellschafter eine ihm nach dem Gesellschaftsvertrag obliegende wesentliche Verpflichtung vorsätzlich oder grob fahrlässig verletzt hat oder
- wenn die Erfüllung einer solchen Verpflichtung unmöglich wird.

Ein **wichtiger Grund** liegt nach der Gesetzesbegründung verallgemeinernd auch dann vor, *„wenn dem kündigenden Gesellschafter unter Berücksichtigung aller Umstände des Einzelfalls und unter Abwägung der beiderseitigen Interessen eine Fortsetzung des Gesellschaftsverhältnisses mit den übrigen Gesellschaftern bis zur vereinbarten Beendigung oder bis zum Ablauf einer Kündigungsfrist nicht zugemutet werden kann, weil die Förderung des gemeinsamen Zwecks wegen wirtschaftlichen oder in der Person eines anderen Gesellschafters liegenden Umständen dauerhaft schwer beeinträchtigt ist".*[554] 301

> *Beachte:*
> Bei der vorzunehmenden Interessenabwägung ist aber zu berücksichtigen, *„dass die Kündigung nicht mehr zur Auflösung der Gesellschaft, sondern **nur zum Ausscheiden** des kündigenden Gesellschafters führt".*[555]

Liegt ein „wichtiger Grund" i.S.v. § 725 Abs. 2 S. 2 BGB vor (s. vorstehende Rdn 301), so ist eine Kündigung der Mitgliedschaft durch einen Gesellschafter 302

---

553 RegE, BT-Drucks 19/27635, S. 172 f.
554 RegE, BT-Drucks 19/27635, S. 173.
555 RegE, BT-Drucks 19/27635, S. 173.

nach § 725 Abs. 3 BGB (in Übernahme von § 723 Abs. 1 S. 6 BGB alt) stets ohne Einhaltung einer Kündigungsfrist zulässig: sofortiges Wirksamwerden der Kündigung.

> *Beachte:*
> *„Dies erfasst (...) nicht (...) nur die im Gesellschaftsvertrag vereinbarte Kündigungsfrist (§ 725 Abs. 2 BGB), sondern auch die gesetzliche Kündigungsfrist (§ 725 Abs. 1 BGB)".*[556]

3. Kündigung des volljährig gewordenen Gesellschafters

303 Ein Gesellschafter kann seine Mitgliedschaft nach § 725 Abs. 4 S. 1 BGB (in wortgleicher Übernahme von § 723 Abs. 1 S. 3 Nr. 2 BGB alt) auch kündigen, wenn er volljährig geworden (vgl. § 2 BGB) ist und so mit sofortiger Wirkung aus der Gesellschaft ausscheiden, womit er im Kontext mit § 1629a BGB[557] seine Haftungsrisiken „*aus im Rahmen der Gesellschaft eingegangenen Rechtsgeschäften (...) beschränken [kann]*".[558] Das Kündigungsrecht besteht gemäß § 725 Abs. 4 S. 2 BGB (entsprechend § 723 Abs. 1 S. 5 BGB alt) nicht, wenn

- der Gesellschafter bezüglich des Gegenstands der Gesellschaft zum selbstständigen Betrieb eines Erwerbsgeschäfts gemäß § 112 BGB ermächtigt war oder
- der Zweck der Gesellschaft allein der Befriedigung seiner persönlichen Bedürfnisse diente.

304 Der volljährig Gewordene kann nach § 725 Abs. 4 S. 3 BGB (entsprechend § 723 Abs. 1 S. 3 BGB alt) die Kündigung nur binnen drei Monaten von dem Zeitpunkt an erklären, in welchem er von seiner Gesellschafterstellung Kenntnis hatte oder haben musste.

§ 725 Abs. 4 BGB mit der Fiktion eines „wichtigen Grundes" zur außerordentlichen Kündigung als „qualitativ anderer Kündigungsanlass"[559] verschafft *„dem volljährig gewordenen Gesellschafter die Möglichkeit, mit sofortiger Wirkung aus der Ge-*

---

556 RegE, BT-Drucks 19/27635, S. 173.
557 Wonach die Haftung des Minderjährigen (für Verbindlichkeiten, die die Eltern im Rahmen ihrer gesetzlichen Vertretung mit Wirkung für das Kind begründet haben), sich nach § 1629a Abs. 1 S. 1 BGB auf den Bestand des bei Eintritt in die Volljährigkeit vorhandenen Vermögens des Kindes beschränkt. Beruft sich der volljährig Gewordene auf die Beschränkung der Haftung, so finden gemäß § 1629a Abs. 1 S. 2 BGB die für die Haftung des Erben geltenden Vorschriften der §§ 1990, 1991 BGB entsprechende Anwendung. § 1629a BGB gilt jedoch gemäß § 1629a Abs. 2 BGB nicht für Verbindlichkeiten, die aus dem selbstständigen Betrieb eines Erwerbsgeschäfts, soweit der Minderjährige hierzu nach § 112 BGB ermächtigt war.
558 Schäfer/*Bergmann*, § 7 Rn 50.
559 RegE, BT-Drucks 19/27635, S. 173.

sellschaft auszuscheiden und im Zusammenhang mit § 1629a BGB die Haftungsrisiken aus im Rahmen der Gesellschaft eingegangenen Rechtsgeschäften zu beschränken".[560]

4. Schadensbewehrtes Verbot der Kündigung zur Unzeit

Die Kündigung darf nach § 725 Abs. 5 S. 1 BGB – in wesentlicher Übernahme von § 723 Abs. 2 BGB alt – nicht „zur Unzeit" geschehen (Kündigungsschranke für alle Kündigungstatbestände),[561] es sei denn, dass ein „wichtiger Grund" für die unzeitige Kündigung vorliegt (Kündigungsschranke für alle Kündigungstatbestände – *„insbesondere aber für die Kündigung aus wichtigem Grund"*).[562] § 725 Abs. 5 S. 1 BGB statuiert einen besonders typischen Verstoß gegen die gesellschaftsrechtliche Treuepflicht,[563] wodurch der allgemeine Missbrauchseinwand aber nicht abschließend ausgeschlossen wird.[564]

305

Kündigt ein Gesellschafter seine Mitgliedschaft ohne einen solchen Grund („wichtiger Grund" für eine unzeitige Kündigung) zur Unzeit, was die Kündigung nicht unwirksam, aber rechtswidrig macht,[565] hat er gemäß § 725 Abs. 5 S. 2 BGB der Gesellschaft – nicht den Gesellschaftern (so § 723 Abs. 2 BGB alt) – den daraus entstehenden Schaden zu ersetzen.

306

5. Verbot von Kündigungsbeschränkungen

Eine Vereinbarung im Gesellschaftsvertrag, welche das Kündigungsrecht aus „wichtigem Grund" (d.h. eine außerordentliche Kündigung) nach § 725 Abs. 2 und 4 BGB ausschließt oder diesen Vorschriften zuwider beschränkt, ist gemäß § 725 Abs. 6 BGB (in wesentlicher Übernahme von § 723 Abs. 3 BGB alt) unwirksam.

307

> *Beachte:*
> § 725 Abs. 6 BGB erstreckt das Verbot von Kündigungsbeschränkungen nur auf die außerordentliche Kündigung nach § 725 Abs. 2 und 4 BGB – nicht jedoch auf die ordentliche Kündigung. *„Das außerordentliche Kündigungsrecht ist unabdingbar, das ordentliche Kündigungsrecht ist es nicht"*.[566] Daher sind Vereinbarungen, die das Recht zur ordentlichen Kündigung nach § 725 Abs. 1 BGB ausschließen oder beschränken, *„nicht an der starren Schranke des § 725 Abs. 6 BGB [zu] messen (…), sondern an der beweglichen Schranke des § 138 BGB,*

---

560 RegE, BT-Drucks 19/27635, S. 173.
561 Schäfer/*Bergmann*, § 7 Rn 52.
562 RegE, BT-Drucks 19/27635, S. 173.
563 RegE, BT-Drucks 19/27635, S. 173.
564 RegE, BT-Drucks 19/27635, S. 173.
565 RegE, BT-Drucks 19/27635, S. 173.
566 RegE, BT-Drucks 19/27635, S. 174.

> *wobei die Wertung des § 725 Abs. 6 BGB Eingang in die Sittenwidrigkeitsprüfung findet*".[567]

IV. Kündigung der Mitgliedschaft durch einen Privatgläubiger des Gesellschafters (§ 726 BGB)

308 Die Kündigung der Mitgliedschaft durch einen Privatgläubiger des Gesellschafters nach § 726 BGB hat – in wesentlicher Übernahme von § 725 BGB alt – folgenden Wortlaut (wohingegen § 726 BGB alt die Auflösung der Gesellschaft wegen Erreichens oder Unmöglichwerdens des Zweckes geregelt hatte):

> „Hat ein Privatgläubiger eines Gesellschafters, nachdem innerhalb der letzten sechs Monate eine Zwangsvollstreckung in das bewegliche Vermögen des Gesellschafters ohne Erfolg versucht wurde, aufgrund eines nicht bloß vorläufig vollstreckbaren Schuldtitels die Pfändung des Anteils des Gesellschafters an der Gesellschaft erwirkt, kann er dessen Mitgliedschaft gegenüber der Gesellschaft unter Einhaltung einer Frist von drei Monaten zum Ablauf des Kalenderjahrs kündigen."

309 Über § 726 BGB können Privatgläubiger einzelner Gesellschafter – denen selbst keine Forderung gegen die Gesellschaft selbst zusteht und die damit mangels erlangbaren Titels auch keine Zwangsvollstreckung in das Gesellschaftsvermögen betreiben können – über den „Umweg" einer Kündigung der Mitgliedschaft des Gesellschafter-Schuldners indirekt auf das in dessen Mitgliedschaft gebundene Vermögen (vor allem auf dessen Abfindungsguthaben) Zugriff nehmen.[568]

310 Der Privatgläubiger hat ein Kündigungsrecht gegenüber der Gesellschaft, womit *„klargestellt [wird], dass dessen Anspruch auf einer individuellen Rechtsbeziehung zum Gesellschafter-Schuldner beruhen muss, nicht aber aus einem – über § 721 BGB gegen den Gesellschafter geltend zu machenden – Rechtsverhältnis zur Gesellschaft herrühren darf"*[569] (arg.: § 721c Abs. 1 BGB [Einwendungen und Einreden des Gesellschafters] hindert den Privatgläubiger wegen eines eigenen Anspruchs gegen den Gesellschafter die Vollstreckung unmittelbar in das Gesellschaftsvermögen zu betreiben).

311 Die Geltendmachung des Kündigungsrechts hat **drei Voraussetzungen**:[570]
- Der Privatgläubiger hat den Anteil des Gesellschafters wirksam gepfändet.

---

[567] RegE, BT-Drucks 19/27635, S. 174.
[568] Schäfer/*Bergmann*, § 7 Rn 53.
[569] RegE, BT-Drucks 19/27635, S. 174 unter Bezugnahme auf MüKo-BGB/*Schäfer*, § 725 Rn 16.
[570] RegE, BT-Drucks 19/27635, S. 174.

- Der Pfändung muss ein nicht bloß vorläufig vollstreckbarer Schuldtitel zugrunde liegen. „Nicht bloß vorläufig vollstreckbar" sind alle Schuldtitel, die mit ordentlichen Rechtsmitteln nicht mehr angegriffen werden können.[571]
- Im Zeitpunkt der Kündigung hat der Kündigende einen nicht befriedigten Anspruch gegen den Gesellschafter – was voraussetzt, dass der Privatgläubiger oder ein Dritter (entsprechend § 135 HGB alt) innerhalb der letzten sechs Monate eine Zwangsvollstreckung wegen einer Geldforderung in das sonstige bewegliche Vermögen des Gesellschafters ohne Erfolg versucht haben (erfolgloser Vollstreckungsversuch). Damit soll die Gesellschaft vor der Belastung einer Abfindungszahlung bewahrt werden, *„wenn sich der Privatgläubiger auch anderweitig durch Vollstreckung in das sonstige bewegliche Vermögen des Gesellschafters [noch] befriedigen kann".*[572]

Die Mitgliedschaft kann mit dem Ziel eines Schutzes der Gesellschaft – parallel zur ordentlichen Kündigung der Mitgliedschaft durch den Gesellschafter nach § 725 Abs. 1 BGB (s. vorstehende Rdn 297 f.) – nur mit einer **Frist von drei Monaten zum Ablauf des Kalenderjahres** gekündigt werden kann. Dies erscheint dem Gesetzgeber *„ausreichend, aber auch erforderlich, um den Nachteilen, die mit einer plötzlichen Veränderung der Gesellschafterstruktur verbunden sein können, rechtzeitig entgegenzuwirken".*[573]

312

V. Ausschließung aus wichtigem Grund (§ 727 BGB)

Die Ausschließung eines Gesellschafters aus „wichtigem Grund" nach § 727 BGB hat folgenden Wortlaut (wohingegen § 727 BGB alt die Auflösung der Gesellschaft durch den Tod eines Gesellschafters geregelt hatte):

313

„Tritt in der Person eines Gesellschafters ein wichtiger Grund ein, kann er durch Beschluss der anderen Gesellschafter aus der Gesellschaft ausgeschlossen werden. Ein wichtiger Grund liegt insbesondere vor, wenn der Gesellschafter eine ihm nach dem Gesellschaftsvertrag obliegende wesentliche Verpflichtung vorsätzlich oder grob fahrlässig verletzt hat oder wenn ihm die Erfüllung einer solchen Verpflichtung unmöglich wird. Dem Beschluss steht nicht entgegen, dass nach der Ausschließung nur ein Gesellschafter verbleibt."

1. Voraussetzungen eines Gesellschafterausschlusses

Tritt in der Person eines Gesellschafters ein „wichtiger Grund" ein, kann er nach § 727 S. 1 BGB – in wesentlicher Übernahme von § 737 S. 1 und 2 BGB alt – durch Beschluss der anderen Gesellschafter aus der Gesellschaft ausgeschlossen werden.

314

---

571 Z.B. auch notarielle Urkunden mit Zwangsvollstreckungsunterwerfung (§ 794 Abs. 1 Nr. 5 ZPO), die *„schon nicht in Rechtskraft erwachsen können"*: Schäfer/Bergmann, § 7 Rn 54.
572 RegE, BT-Drucks 19/27635, S. 174.
573 RegE, BT-Drucks 19/27635, S. 174.

§ 2 Die Gesellschaft bürgerlichen Rechts (GbR)

315　Der Ausschluss bedarf keiner gesellschaftsvertraglichen Grundlage mehr (Fortsetzungsklausel für den Kündigungsfall im Gesellschaftsvertrag) – was Folge der Umkehrung des Grundsatzes „Auflösung der Gesellschaft vor Ausscheiden des Gesellschafters" ist[574] (womit als gesetzlicher Regelfall ein Bestandsinteresse besteht):[575] Vgl. § 723 Abs. 1 Nr. 5 BGB.

2. Vorliegen eines wichtigen Grundes

316　In Bezug auf die Notwendigkeit des Vorliegens eines „wichtigen Grundes" (entsprechend § 725 Abs. 2 S. 2 BGB) ist unter Zugrundelegung eines Perspektivwechsels auf die Unzumutbarkeit der Fortsetzung der Gesellschaft aus der Sicht der anderen Gesellschafter abzustellen.[576] Ein „wichtiger Grund" liegt gemäß § 727 S. 2 BGB insbesondere vor, wenn der Gesellschafter eine ihm nach dem Gesellschaftsvertrag obliegende wesentliche Verpflichtung vorsätzlich oder grob fahrlässig verletzt hat oder wenn ihm die Erfüllung einer solchen Verpflichtung unmöglich wird.

317　Die Unzumutbarkeit der Fortsetzung bei der Ausschließung eines Gesellschafters beurteilt sich aus der Sicht der anderen Gesellschafter – *„auch wenn ein etwaiges Fehlverhalten der den Ausschluss betreibenden Gesellschafter zu berücksichtigen ist"*.[577]

3. Einstimmiger Beschluss

318　Das Ausschlussrecht bedarf nach § 726 S. 1 BGB eines einstimmigen Beschlusses aller stimmberechtigten Gesellschafter (vgl. § 714 BGB, Einstimmigkeit – vorbehaltlich einer zulässigen Mehrheitsklausel) ohne den Auszuschließenden, dem nach allgemeinen Grundsätzen kein Stimmrecht zusteht.[578]

4. Vereinigung aller Gesellschaftsanteile in einer Hand nach Ausschließung des vorletzten Gesellschafters

319　Dem Beschluss steht nach der Präzisierung in § 727 S. 3 BGB (um Missverständnisse aufgrund der Verwendung des Plurals auszuschließen)[579] – in Nachbildung von § 140 Abs. 1 S. 2 HGB alt – nicht entgegen, dass nach der Ausschließung nur noch ein Gesellschafter verbleibt. Damit erfolgt eine Klarstellung, dass die Ausschließung in einer Zweipersonengesellschaft auch vom letztverbleibenden Gesell-

---

574　RegE, BT-Drucks 19/27635, S. 174: *„Nunmehr ist davon auszugehen, dass ein (…) Bestandsinteresse im gesetzlichen Regelfall besteht"*.
575　Schäfer/*Bergmann*, § 7 Rn 56.
576　RegE, BT-Drucks 19/27635, S. 174.
577　Schäfer/*Bergmann*, § 7 Rn 57 unter Bezugnahme auf BGH, Urt. v. 1.3.2011 – II ZR 83/09, NZG 2011, 544 Rn 30; BGH, Urt. v. 31.3.2003 – II ZR 8/01, NZG 2003, 625.
578　RegE, BT-Drucks 19/27635, S. 174.
579　Schäfer/*Bergmann*, § 7 Rn 57.

schafter beschlossen werden kann, nachdem § 712a BGB dem verbleibenden Gesellschafter ein durch einseitiges Recht auszuübendes Recht auf Übernahme des Gesellschaftsvermögens zubilligt (Übernahmerecht in allen anderen Fällen eines Ausscheidens des vorletzten Gesellschafters).[580] *Bergmann*[581] weist darauf hin, dass auch *„in einer Mehrpersonengesellschaft ein Gesellschafter alle anderen aus wichtigem Grund [ausschließen kann]"*.

VI. Ansprüche des ausgeschiedenen Gesellschafters gegen die Gesellschaft (§ 728 BGB)

Die Regelung der Ansprüche des ausgeschiedenen Gesellschafters gegen die Gesellschaft nach § 728 BGB hat – in wesentlicher Übernahme von § 738 BGB alt – folgenden Wortlaut (wohingegen § 728 BGB alt die Auflösung durch Insolvenz der Gesellschaft oder eines Gesellschafters geregelt hatte): 320

„(1) Sofern im Gesellschaftsvertrag nichts anderes vereinbart ist, ist die Gesellschaft verpflichtet, den ausgeschiedenen Gesellschafter von der Haftung für die Verbindlichkeiten der Gesellschaft zu befreien und ihm eine dem Wert seines Anteils angemessene Abfindung zu zahlen. Sind Verbindlichkeiten der Gesellschaft noch nicht fällig, kann die Gesellschaft dem Ausgeschiedenen Sicherheit leisten, statt ihn von der Haftung nach § 721 zu befreien.

(2) Der Wert des Gesellschaftsanteils ist, soweit erforderlich, im Wege der Schätzung zu ermitteln."

Der Abfindungsanspruch nach § 728 BGB erfährt eine Ergänzung durch § 728a BGB (Haftung des ausgeschiedenen Gesellschafters für einen Fehlbetrag gegenüber der Gesellschaft).

1. Abfindungs- und Befreiungsanspruch des ausgeschiedenen Gesellschafters gegen die GbR

Sofern im Gesellschaftsvertrag nichts anderes vereinbart ist, ist die Gesellschaft (als Schuldnerin) nach § 728 Abs. 1 S. 1 BGB verpflichtet, den ausgeschiedenen Gesellschafter 321
- von der Haftung für die Verbindlichkeiten der Gesellschaft zu befreien (1. Alt. – **Befreiungsanspruch** als Anspruch auf Befreiung von der persönlichen Haftung für fällige Gesellschaftsverbindlichkeiten nach § 721 BGB) und ihm
- eine dem Wert seines Anteils angemessene Abfindung zu zahlen (2. Alt. – **Abfindungsanspruch**).

Der Abfindungsanspruch muss im Interesse eines Schutzes des ausgeschiedenen Gesellschafters **„angemessen"** sein, d.h. ein vollwertiges Äquivalent für den durch 322

---
580 RegE, BT-Drucks 19/27635, S. 175.
581 Schäfer/*Bergmann*, § 7 Rn 57.

das Ausscheiden aus der GbR bedingten Verlust der Mitgliedschaft.[582] Dies bemisst sich (in Abweichung zu § 738 Abs. 2 BGB alt)[583] nach dem „wahren" (bzw. „wirklichen") Wert des Gesellschaftsanteils,[584] *„der sich im Regelfall indirekt aus dem Unternehmenswert ableitet"*.[585] Infolgedessen ist i.d.R. zunächst der Wert des Gesellschaftsvermögens in toto und alsdann der Wert des Anteils des ausgeschiedenen Gesellschafters *„anhand seiner Beteiligung im Verhältnis zu derjenigen der verbleibenden Gesellschafter [zu ermitteln]"*[586] – quotaler Anteil des Unternehmerwerts.[587] Bestimmte Bewertungsmethoden werden nicht vorgegeben (**Prinzip der Methodenoffenheit** – Freiraum der Gesellschafter).[588]

323 Für den Abfindungsanspruch nach § 728 Abs. 1 S. 1 2. Alt. BGB haften gemäß § 721 BGB auch die übrigen Gesellschafter unbeschränkt persönlich.[589]

Sind Verbindlichkeiten der Gesellschaft noch nicht fällig, kann die Gesellschaft gemäß § 728 Abs. 1 S. 2 BGB dem Ausgeschiedenen Sicherheit leisten, statt ihn von der Haftung nach § 721 BGB zu befreien (**Sicherheitsleistung**).

Beachte:
Ein Rückgabeanspruch der vom ausgeschiedenen Gesellschafter der Gesellschaft zur Nutzung überlassenen Gegenstände (vgl. § 738 Abs. 1 BGB alt) wird nicht mehr ausdrücklich geregelt, *„weil sich dies [d.h. die entsprechende Verpflichtung] nach der zugrundeliegenden Vereinbarung [die der Überlassung der Gegenstände zugrunde liegt] von selbst versteht"*,[590] ebenso wenig wie die vormalige Klarstellung in § 732 S. 2 BGB alt (wonach mangels Verschuldens beim Untergang oder bei einer Verschlechterung des überlassenen Gegenstands ein Schadensersatzanspruch ausscheidet).

324 Der Abfindungs- wie auch der Befreiungsanspruch entstehen im **Zeitpunkt des Ausscheidens** des Gesellschafters (arg.: Wortlaut *„den ausgeschiedenen Gesellschafter"*).[591]

---

582 RegE, BT-Drucks 19/27635, S. 176.
583 Aber in Übereinstimmung mit der bisherigen Judikatur, vgl. etwa BGH, Urt. v. 24.5.1993 – II ZR 36/92, NJW 1993, 2101.
584 Dazu Schäfer/*Bergmann*, § 7 Rn 63.
585 RegE, BT-Drucks 19/27635, S. 176.
586 Schäfer/*Bergmann*, § 7 Rn 64.
587 Schäfer/*Schäfer*, § 6 Rn 25 unter Bezugnahme auch *Bachmann*, ZGR-Sonderheft 23 (2020), 221, 245 f.
588 Schäfer/*Bergmann*, § 7 Rn 60.
589 RegE, BT-Drucks 19/27635, S. 175 unter Bezugnahme auf MüKo-BGB/*Schäfer*, § 738 Rn 17. Ebenso schon BGH, Urt. v. 12.7.2016 – II ZR 74/14, NZG 2016, 1025 Rn 9; BGH, Urt. v. 17.5.2011 – II ZR 285/09, NZG 2011, 858 Rn 11 f.
590 RegE, BT-Drucks 19/27635, S. 175.
591 RegE, BT-Drucks 19/27635, S. 175.

Die Ansprüche sind – wie bisher auch[592] – grundsätzlich **dispositiver Natur**. Entsprechende gesellschaftsvertragliche Abfindungsvereinbarungen oder -klauseln (bspw. über die Modalitäten oder die Höhe des Abfindungsanspruchs) sind bis zur Grenze des § 138 BGB[593] möglich (Wirksamkeitskontrolle), ein Abfindungsausschluss soll hingegen nur im Ausnahmefall zulässig sein.[594]

325

Der Gesetzgeber hat damit nicht den vom 71. DJT empfohlenen Vorrang einer Ausübungs- vor einer Wirksamkeitskontrolle entsprochen.[595]

> *Beachte:*
> Der BGH[596] legt bei der Wirksamkeitskontrolle von Abfindungsklauseln (Verstoß gegen § 138 BGB im Zeitpunkt des Vertragsschlusses) ein zweistufiges Prüfprogramm zugrunde: Damit ist Sittenwidrigkeit dann anzunehmen, wenn der Abfindungsbetrag vollkommen außer Verhältnis zur Beschränkung steht, die erforderlich ist, um im Interesse der verbleibenden Gesellschafter den Fortbestand und die Fortführung des Unternehmens zu sichern.

2. Schätzung des Werts des Gesellschaftsanteils

Der Wert des Gesellschaftsanteils ist nach § 728 Abs. 2 BGB (in wesentlicher Übernahme von § 738 Abs. 2 BGB alt) – soweit erforderlich – im Wege der Schätzung (des gesamten Gesellschaftsvermögens)[597] zu ermitteln.

326

§ 728 Abs. 2 BGB soll gegenüber dem richterlichen Schätzungsermessen nach § 287 Abs. 2 ZPO ein eigener Regelungsgehalt zukommen, insoweit ihm „*zusammen mit § 287 Abs. 2 ZPO und § 260 Abs. 2 S. 3 AktG als allgemeiner Rechtsgedanke zu entnehmen ist, dass eine Anteils- oder Unternehmensbewertung über die bloßen Schwierigkeiten einer vollständigen Sachverhaltsaufklärung im Zivilprozess hinausgeht, da jeder Bewertung unabhängig von dem Bewertungsanlass und von der Art des Verfahrens, in dem die bewertungsrelevanten Fragen geklärt werden, eine spezifische Schätzunsicherheit immanent ist*".[598]

327

---

592 Vgl. BGH, Urt. v. 2.6.1997 – II ZR 81/96, BGHZ 135, 387, juris Rn 9.
593 Eine Grenze sei einheitlich bei etwa 50 % des Verkehrswerts anzusetzen: Schäfer/*Schäfer*, § 6 Rn 27.
594 Schäfer/*Bergmann*, § 7 Rn 65.
595 Verhandlungen des 71. DJT, Bd. II/2, 2017, S. O220.
596 BGH, Urt. v. 16.12.1991 – II ZR 58/91, BGHZ 116, 359, juris Rn 39 = NJW 1992, 892; BGH, Urt. v. 27.9.2011 – II ZR 279/09, ZIP 2011, 2357, juris Rn 12 ff. – beide Entscheidungen jedoch zur GmbH.
597 Schäfer/*Schäfer*, § 6 Rn 26.
598 RegE, BT-Drucks 19/27635, S. 176.

VII. Haftung des ausgeschiedenen Gesellschafters für Fehlbetrag (§ 728a BGB)

328 § 728a BGB hat in wesentlicher Übernahme von § 739 BGB alt folgenden Wortlaut:

„Reicht der Wert des Gesellschaftsvermögens zur Deckung der Verbindlichkeiten der Gesellschaft nicht aus, hat der ausgeschiedene Gesellschafter der Gesellschaft für den Fehlbetrag nach dem Verhältnis seines Anteils am Gewinn und Verlust aufzukommen."

> *Beachte:*
> Die vermögensmäßige Auseinandersetzung des ausgeschiedenen Gesellschafters mit der Gesellschaft führt auf der Grundlage einer Bewertung des Gesellschaftsvermögens entweder zu
> - einem Überschuss zugunsten des Gesellschafters (**Abfindungsanspruch** nach § 728 Abs. 1 S. 1 2. Alt. BGB) oder zu
> - einem Fehlbetrag zu seinen Lasten, für den er nach § 728a BGB einzustehen hat[599] (**Fehlbetragshaftung**).

329 Die gesetzlichen Abfindungs- (§ 728 Abs. 1 S. 1 2. Alt. BGB) und Fehlbetragsregeln (§ 728a BGB) sind grundsätzlich **dispositiver Natur**[600] und damit gesellschaftsvertraglich abänderbar.

330 Nach § 728a BGB haftet der ausgeschiedene Gesellschafter der Gesellschaft – wenn sich nach Ermittlung der angemessenen Abfindung ein Fehlbetrag ergibt (*„weil der Wert des Gesellschaftsvermögens nicht zur Deckung der Verbindlichkeiten der Gesellschaft ausreicht, was die Forderung des ausgeschiedenen Gesellschafters gegen die Gesellschaft auf angemessene Abfindung miteinschließt"*)[601] – für den Fehlbetrag (d.h. das Defizit) entsprechend seiner Verlustanteilsquote (**Nachschusspflicht**). Der Gesellschaft steht eine entsprechende Forderung gegen den ausgeschiedenen Gesellschafter zu.

331 Die Nachschusspflicht nach § 728a BGB entspricht der Nachschusspflicht gemäß § 737 BGB (Haftung des Gesellschafters für Fehlbetrag) bei der Liquidation der aufgelösten Gesellschaft.[602]

„Die Fehlbetragshaftung trifft grundsätzlich auch den aus einer zweigliedrigen Gesellschaft ausscheidenden Gesellschafter"[603] (§ 712a Abs. 2 und § 728a BGB).

---

599 Näher Schäfer/*Bergmann*, § 7 Rn 66.
600 Schäfer/*Bergmann*, § 7 Rn 66.
601 RegE, BT-Drucks 19/27635, S. 176.
602 RegE, BT-Drucks 19/27635, S. 176.
603 Schäfer/*Bergmann*, § 7 Rn 64.

VIII. Nachhaftung des ausgeschiedenen Gesellschafters (§ 728b BGB)

§ 728b BGB hat in wesentlicher Übernahme von § 736 Abs. 2 BGB alt i.V.m. dem Nachhaftungskonzept des § 160 HGB alt (respektive der Neuregelung des § 137 HGB) folgenden Wortlaut:

332

„(1) Scheidet ein Gesellschafter aus der Gesellschaft aus, so haftet er für deren bis dahin begründete Verbindlichkeiten, wenn sie vor Ablauf von fünf Jahren nach seinem Ausscheiden fällig sind und

1. daraus Ansprüche gegen ihn in einer in § 197 Absatz 1 Nummer 3 bis 5 bezeichneten Art festgestellt sind oder
2. eine gerichtliche oder behördliche Vollstreckungshandlung vorgenommen oder beantragt wird; bei öffentlich-rechtlichen Verbindlichkeiten genügt der Erlass eines Verwaltungsakts.

Ist die Verbindlichkeit auf Schadensersatz gerichtet, haftet der ausgeschiedene Gesellschafter nach Satz 1 nur, wenn auch die zum Schadensersatz führende Verletzung vertraglicher oder gesetzlicher Pflichten vor dem Ausscheiden des Gesellschafters eingetreten ist. Die Frist beginnt, sobald der Gläubiger von dem Ausscheiden des Gesellschafters Kenntnis erlangt hat oder das Ausscheiden des Gesellschafters im Gesellschaftsregister eingetragen worden ist. Die §§ 204, 206, 210, 211 und 212 Absatz 2 und 3 sind entsprechend anzuwenden.

(2) Einer Feststellung in einer in § 197 Absatz 1 Nummer 3 bis 5 bezeichneten Art bedarf es nicht, soweit der Gesellschafter den Anspruch schriftlich anerkannt hat."

§ 728b BGB zielt als Einwendung auf eine Freistellung des ausgeschiedenen Gesellschafters einer GbR nach Ablauf von fünf Jahren gegenüber dem Gesellschaftsgläubiger von der Inanspruchnahme für solche Gesellschaftsverbindlichkeiten, die bis zum Zeitpunkt seines Ausscheidens begründet wurden.

333

Der BGH[604] hat in Bezug auf die Voraussetzungen, *„unter denen eine Gesellschaftsverbindlichkeit als zum Zeitpunkt des Ausscheidens des Gesellschafters begründet anzusehen ist, (…) zwischen verschiedenen Anspruchsgruppen (vertragliche Primärverbindlichkeiten, vertragliche Sekundärverbindlichkeiten, Bereicherungsansprüche oder deliktische Ansprüche) unterschieden"* und dafür *„Kriterien entwickelt, an denen sich für die Auslegung von § 728b BGB anknüpfen lässt"*.[605]

334

---

604 BGH, Urt. v. 17.1.2012 – II ZR 197/10, ZIP 2012, 369, juris Rn 12 ff.
605 RegE, BT-Drucks 19/27635, S. 177. Vgl. etwa BGH, Urt. v. 15.12.2020 – II ZR 108/19, BGHZ 228, 28 Rn 43 = NJW 2021, 928; BGH, Urt. v. 17.1.2012 – II ZR 197/10, NZG 2012, 221, Rn 12 ff.

§ 2 Die Gesellschaft bürgerlichen Rechts (GbR)

1. Voraussetzungen für die Nachhaftungsbegrenzung

335 Scheidet ein Gesellschafter aus der Gesellschaft aus, so haftet er nach § 728b Abs. 1 S. 1 Hs. 1 BGB für deren bis dahin begründeten Verbindlichkeiten, wenn sie (**doppelte Nachhaftungsbegrenzung**) vor Ablauf von fünf Jahren nach seinem Ausscheiden fällig sind (**Ausschlussfrist**) **und** (kumulativ)
- daraus Ansprüche gegen ihn in einer in § 197 Abs. 1 Nr. 3 bis 5 BGB bezeichneten Art festgestellt sind (Nr. 1) oder
- eine gerichtliche oder behördliche Vollstreckungshandlung vorgenommen oder beantragt wird (Nr. 2).

336 In Bezug auf die Nachhaftung für Schadensersatzverpflichtungen der Gesellschaft gilt nach § 728b Abs. 1 S. 2 BGB, dass wenn die Verbindlichkeit auf Schadensersatz gerichtet ist, der ausgeschiedene Gesellschafter nur haftet, wenn auch die zum Schadensersatz führende Verletzung vertraglicher oder gesetzlicher Pflichten vor dem Ausscheiden des Gesellschafters eingetreten ist.

337 Bei öffentlich-rechtlichen Verbindlichkeiten genügt nach § 728b Abs. 1 S. 1 Nr. 2 Hs. 2 BGB der Erlass eines Verwaltungsakts.

338 Die Frist beginnt nach § 728b Abs. 1 S. 3 BGB (**Fristbeginn**), sobald der Gläubiger von dem Ausscheiden des Gesellschafters (positive) Kenntnis erlangt hat (bei der nicht im Gesellschaftsregister eingetragenen GbR) oder das Ausscheiden des Gesellschafters im Gesellschaftsregister eingetragen worden ist (bei einer eingetragenen GbR, es sei denn, der jeweilige Gläubiger hat schon zuvor Kenntnis erlangt).

339 Für den Fristbeginn ist somit bei der **nicht eingetragenen GbR** nach § 728b Abs. 1 S. 3 BGB stets auf den Zeitpunkt abzustellen, zu dem der Gläubiger von dem Ausscheiden des Gesellschafters Kenntnis erlangt hat (bspw. durch ein entsprechendes Rundschreiben der Gesellschaft).[606] In Bezug auf die **eingetragene GbR** ist grundsätzlich auf den Tag abzustellen, an dem das Ausscheiden des Gesellschafters in das Gesellschaftsregister eingetragen worden ist. Etwas anderes gilt für die eingetragene GbR dann, wenn der in Rede stehende Gläubiger schon vorher Kenntnis vom Ausscheiden des Gesellschafters erlangt hat, womit positive Kenntnis des Gläubigers immer (d.h. sowohl bei der nicht eingetragenen als auch bei der eigetragenen GbR) beachtlich ist.[607]

340 Aus der Eintragung des Erlöschens der Mitgliedschaft folgt damit dasselbe wie aus einer Anwendung von § 707a Abs. 3 S. 1 BGB i.V.m. § 15 Abs. 1 HGB.[608]

§ 204 BGB (Hemmung der Verjährung durch Rechtsverfolgung), § 206 BGB (Hemmung der Verjährung bei höherer Gewalt), § 210 BGB (Ablaufhemmung bei nicht voll Geschäftsfähigen), § 211 BGB (Ablaufhemmung in Nachlassfällen) und § 212

---

[606] RegE, BT-Drucks 19/27635, S. 177.
[607] RegE, BT-Drucks 19/27635, S. 177.
[608] RegE, BT-Drucks 19/27635, S. 177.

Abs. 2 und 3 BGB (Nichteintritt des Neubeginns der Verjährung infolge Vollstreckungshandlung bzw. durch den Antrag auf Vornahme einer Vollstreckungshandlung) in Bezug auf Maßnahmen der Rechtsverfolgung und andere Umstände, die den Fristablauf hemmen, sind gemäß § 728b Abs. 1 S. 4 BGB entsprechend anzuwenden.

2. Schriftliches Anerkenntnis des ausgeschiedenen Gesellschafters

Einer Feststellung in einer in § 197 Abs. 1 Nr. 3 bis 5 BGB bezeichneten Art bedarf es nach § 728b Abs. 2 BGB nicht, soweit der (ausgeschiedene) Gesellschafter den Anspruch (im Interesse der Rechtsicherheit) schriftlich anerkannt hat. **341**

F. Auflösung der Gesellschaft

Das fünfte Kapitel (§§ 729 bis 734 BGB) normiert im Gleichlauf zum vierten Kapitel Vorschriften über die Auflösung der Gesellschaft.[609] **342**

I. Auflösungsgründe (§ 729 BGB)

Die Neuregelung des § 729 BGB „als Eingangs- und zugleich Katalogvorschrift"[610] normiert – nicht abschließend – Auflösungsgründe, die zur anschließenden Liquidation der Gesellschaft führen. § 729 BGB hat folgenden Wortlaut (wohingegen § 729 BGB alt die Fortdauer der Geschäftsführungsbefugnis im Fall der Auflösung der Gesellschaft geregelt hatte): **343**

„(1) Die Gesellschaft wird aufgelöst durch:
1. Ablauf der Zeit, für welche sie eingegangen wurde;
2. Eröffnung des Insolvenzverfahrens über das Vermögen der Gesellschaft;
3. Kündigung der Gesellschaft;
4. Auflösungsbeschluss.

(2) Die Gesellschaft wird ferner aufgelöst, wenn der Zweck, zu dem sie errichtet wurde, erreicht oder seine Erreichung unmöglich geworden ist.

(3) Eine Gesellschaft, bei der kein persönlich haftender Gesellschafter eine natürliche Person ist, wird ferner aufgelöst:
1. mit der Rechtskraft des Beschlusses, durch den die Eröffnung des Insolvenzverfahrens mangels Masse abgelehnt worden ist;
2. durch die Löschung wegen Vermögenslosigkeit nach § 394 des Gesetzes über das Verfahren in Familiensachen und in den Angelegenheiten der freiwilligen Gerichtsbarkeit.

---

609 RegE, BT-Drucks 19/27635, S. 178.
610 Schäfer/*Noack*, § 9 Rn 3.

§ 2 Die Gesellschaft bürgerlichen Rechts (GbR)

Dies gilt nicht, wenn zu den persönlich haftenden Gesellschaftern eine andere rechtsfähige Personengesellschaft gehört, bei der mindestens ein persönlich haftender Gesellschafter eine natürliche Person ist.

(4) Im Gesellschaftsvertrag können weitere Auflösungsgründe vereinbart werden."

1. Auflösungsgründe

344 Die Gesellschaft wird nach § 729 Abs. 1 BGB (respektive der Parallelregelung des § 138 Abs. 1 HGB) – in Zusammenfassung der §§ 723, 726, 728 Abs. 1 BGB alt und in Erweiterung um die Auflösungsgründe des § 131 Abs. 2 Nr. 1 und 2 HGB alt – aufgelöst aufgrund folgender enumerativ gelisteter Gründe:

- **Ablauf der Zeit** (Befristung i.S.v. § 163 BGB, der eine Bedingung nach § 158 BGB gleichzustellen ist),[611] für welche sie eingegangen wurde (Höchstdauer – Nr. 1, wovon die Vereinbarung einer Mindestdauer zu unterscheiden ist, in der das Recht zur ordentlichen Kündigung nach § 725 Abs. 2 BGB ausgeschlossen ist [zulässig ist nur eine Kündigung aus „wichtigem Grund", d.h. eine außerordentliche Kündigung]);[612]
- **Eröffnung des Insolvenzverfahrens** über das Vermögen der Gesellschaft (Nr. 2 – entsprechend § 728 Abs. 1 BGB alt);
- **Kündigung der Gesellschaft** durch den Gesellschafter (Nr. 3 [vgl. § 731 Abs. 1 BGB], wovon das Ausscheiden eines Gesellschafters durch Kündigung seiner Mitgliedschaft nach § 725 Abs. 2 BGB zu unterscheiden ist);
- **Auflösungsbeschluss** (Nr. 4 [vgl. § 732 BGB] – entsprechend § 131 Abs. 2 Nr. 2 HGB alt).

345 Vgl. zudem den weiteren Auflösungsgrund in § 729 Abs. 2 BGB: Erreichen oder Unmöglichkeit der Erreichung des Zwecks, zu dem die Gesellschaft errichtet wurde.

Nr. 1 (Zeitablauf) ergibt sich bereits aus der Privatautonomie. Hier erfolgt eine Klarstellung entsprechend § 131 Abs. 2 Nr. 1 HGB alt.[613]

In Bezug auf Nr. 3 (Kündigung der Gesellschaft – § 723 BGB alt) ist jetzt zwischen der Kündigung der Gesellschaft (die deren Auflösung bewirkt) und der Kündigung der Mitgliedschaft (die nur zum Ausscheiden des kündigenden Gesellschafters führt) zu unterscheiden.[614]

> *Beachte:*
> Die vormaligen weiteren, in der Person des Gesellschafters liegenden Auflösungsgründe – Tod bzw. Insolvenz des Gesellschafters und Kündigung der

---

611 Schäfer/*Noack*, § 9 Rn 4.
612 Schäfer/*Noack*, § 9 Rn 4.
613 RegE, BT-Drucks 19/27635, S. 178.
614 RegE, BT-Drucks 19/27635, S. 178.

F. Auflösung der Gesellschaft § 2

Gesellschaft – hat der Gesetzgeber in Ausscheidensgründe umgewandelt,[615] wobei diese Gründe nach § 729 Abs. 4 BGB durch eine entsprechende gesellschaftsvertragliche Vereinbarung auch wieder in Auflösungsgründe rückumgewandelt werden können (**weitere**, durch Gesellschaftsvertrag **vereinbarte Auflösungsgründe**).

2. Erreichen oder Unmöglichwerden der Erreichung des Zwecks, zu der die Gesellschaft errichtet wurde

Die Gesellschaft wird ferner nach § 729 Abs. 2 BGB (entsprechend § 726 BGB alt) aufgelöst, wenn der Zweck, zu dem sie errichtet (Zweckerreichung) wurde, erreicht oder seine Erreichung (nachträglich)[616] unmöglich geworden ist. Zweckerreichung (§ 729 Abs. 2 1. Alt. BGB) und Zeitablauf (§ 729 Abs. 1 Nr. 1 BGB) können sich überlagern, was – so *Noack*[617] – für eine enge Auslegung der Zweckerreichung sprechen soll (die eher bei Gelegenheits- denn bei unternehmenstragenden Gesellschaften in Frage kommen wird).

346

3. Weitere Auflösungsgründe bei einer Gesellschaft, bei der kein persönlich haftender Gesellschafter eine natürliche Person ist

Eine Gesellschaft, bei der kein persönlich haftender Gesellschafter eine natürliche Person ist (**atypische GbR**),[618] wird nach § 729 Abs. 3 S. 1 BGB (in Nachbildung von § 131 Abs. 2 HGB alt) ferner – im Interesse eines Schutzes der Gläubiger vor masselosen und vermögenslosen Gesellschaften, für deren Verbindlichkeiten keine natürliche Person nach den §§ 721 ff. BGB haftet[619] – aufgelöst (**Auflösung bei Masselosigkeit**):

347

- mit der Rechtskraft des Beschlusses, durch den die Eröffnung des Insolvenzverfahrens mangels Masse über das Vermögen der Gesellschaft abgelehnt worden ist (Nr. 1);
- durch die Löschung (der einmal eingetragenen Gesellschaft) aus dem Gesellschaftsregister wegen Vermögenslosigkeit nach § 394 FamFG (Nr. 2).

---

615 Schäfer/*Noack*, § 9 Rn 3.
616 Eine anfängliche Unmöglichkeit führt allenfalls zur Entstehung einer fehlerhaften Gesellschaft; Schäfer/*Noack*, § 9 Rn 8.
617 Schäfer/*Noack*, § 9 Rn 8.
618 RegE, BT-Drucks 19/27635, S. 178: „*Wenn die unbeschränkt persönlich haftenden Gesellschafter keine natürlichen Personen sind und als rechtsfähige Personengesellschaften ihrerseits keine natürlichen Personen als unbeschränkt persönlich haftenden Gesellschafter haben*".
619 RegE, BT-Drucks 19/27635, S. 178.

> *Beachte:*
> *Im Fall der Vermögenslosigkeit nach § 729 Abs. 3 S. 1 Nr. 2 BGB muss die Ausgangs-Gesellschaft ebenso wie die Gesellschafter-Gesellschaft (sei es im Gesellschafts- oder im Handelsregister) eingetragen sein, da sich gemäß § 707a Abs. 1 S. 2 BGB an einer eingetragenen Gesellschaft eine rechtsfähige Personengesellschaft nur beteiligen kann, wenn sie ihrerseits eingetragen ist (entweder im Gesellschaftsregister oder im Handelsregister).*[620]

348 Die Auflösungsgründe nach § 729 Abs. 3 S. 1 BGB gelangen nach dessen S. 2 nicht zur Anwendung, wenn zu den persönlich haftenden Gesellschaftern eine andere rechtsfähige Personengesellschaft gehört, bei der mindestens ein persönlich haftender Gesellschafter eine natürliche Person ist.

4. Weitere Auflösungsgründe

349 Im Gesellschaftsvertrag können nach der Klarstellung in § 729 Abs. 4 BGB weitere Auflösungsgründe vereinbart werden, *„die zur Auflösung und anschließenden Liquidation führen"*.[621]

II. Auflösung bei Tod oder Insolvenz eines Gesellschafters (§ 730 BGB)

350 § 730 BGB normiert – in Zusammenfassung des Normenbestandes von § 727 Abs. 2 S. 1 und 2 und § 728 Abs. 2 S. 2 BGB alt – Vorgaben, die im Falle einer Auflösung der GbR durch den Tod eines Gesellschafters oder durch die Eröffnung des Insolvenzverfahrens über das Vermögen eines Gesellschafters einen *„geordneten Übergang von der werbenden zur abzuwickelnden Gesellschaft gewährleisten sollen"*[622] (wohingegen § 730 BGB alt die Auseinandersetzung und Geschäftsführung geregelt hatte).

„(1) Ist im Gesellschaftsvertrag vereinbart, dass die Gesellschaft durch den Tod eines Gesellschafters aufgelöst wird, hat der Erbe des verstorbenen Gesellschafters den anderen Gesellschaftern dessen Tod unverzüglich anzuzeigen. Wenn mit dem Aufschub Gefahr für die Gesellschaft oder das Gesellschaftsvermögen verbunden ist, hat der Erbe außerdem die laufenden Geschäfte fortzuführen, bis die anderen Gesellschafter in Gemeinschaft mit ihm anderweitig Fürsorge treffen können. Abweichend von § 736b Absatz 1 gilt für die einstweilige Fortführung der laufenden Geschäfte die dem Erblasser durch den Gesellschaftsvertrag übertragene Geschäftsführungs- und Vertretungsbefugnis als fortbestehend. Die anderen Gesellschafter sind in gleicher Weise zur einstweiligen Fortführung der laufenden Geschäfte berechtigt und verpflichtet.

---

620 RegE, BT-Drucks 19/27635, S. 178.
621 RegE, BT-Drucks 19/27635, S. 178.
622 RegE, BT-Drucks 19/27635, S. 178.

F. Auflösung der Gesellschaft §2

(2) Absatz 1 Satz 4 gilt entsprechend, wenn im Gesellschaftsvertrag vereinbart ist, dass die Gesellschaft durch die Eröffnung des Insolvenzverfahrens über das Vermögen eines Gesellschafters aufgelöst wird."

1. Besondere Pflichten des Erben in der Liquidationsgesellschaft

Ist im Gesellschaftsvertrag vereinbart, dass die Gesellschaft durch den Tod eines Gesellschafters aufgelöst wird (womit an die Stelle des verstorbenen Gesellschafters der einzelne Erbe oder bei einer Mehrheit von Erben die Erbengemeinschaft als Mitglieder der abzuwickelnden Gesellschaft treten), trifft den Erben des verstorbenen Gesellschafters kraft Mitgliedschaft nach § 730 Abs. 1 S. 1 BGB die Pflicht den anderen Gesellschaftern dessen Tod unverzüglich anzuzeigen und nach § 730 Abs. 1 S. 2 BGB ein Pflichtrecht zur Notgeschäftsführung.[623]

351

Abweichend von der in § 736b Abs. 1 BGB angeordneten Befugnis aller Gesellschafter zur gemeinsamen Geschäftsführung und Vertretung in der Liquidationsphase besteht für eine Übergangszeit – bis zur Umstellung der Gesellschaft auf die Liquidation – in einem durch den Zweck der Gefahrenabwehr begrenzten Umfang eine fortbestehende Geschäftsführungsbefugnis: Wenn mit dem Aufschub Gefahr für die Gesellschaft oder das Gesellschaftsvermögen verbunden ist, hat der Erbe nach § 730 Abs. 1 S. 2 BGB die laufenden Geschäfte fortzuführen, bis die anderen Gesellschafter in Gemeinschaft mit ihm anderweitig Fürsorge treffen können.

352

Abweichend von § 736b Abs. 1 BGB gilt nach § 730 Abs. 1 S. 3 BGB für die einstweilige Fortführung der laufenden Geschäfte die dem Erblasser durch den Gesellschaftsvertrag übertragene Geschäftsführungs- und Vertretungsbefugnis als fortbestehend. Die Notgeschäftsführung nach § 730 Abs. 1 S. 2 BGB bezieht sich also sowohl auf die Geschäftsführungs- als auch auf die Vertretungsbefugnis, was im Vergleich zur Notgeschäftsführungsbefugnis nach § 715a BGB *„deswegen gerechtfertigt [ist], weil der Erbe kraft Gesetzes in die Stellung als Mitglied der Gesellschaft einrückt. Es wäre daher unbillig, für den Fall, dass er für die Notgeschäftsführungsmaßnahme Ausgleich bei der Gesellschaft sucht, ihm das Insolvenzrisiko der Gesellschaft zuzuweisen".*[624]

353

Die anderen Gesellschafter sind nach § 730 Abs. 1 S. 4 BGB in gleicher Weise zur einstweiligen Fortführung der laufenden Geschäfte berechtigt und verpflichtet.

---

623 RegE, BT-Drucks 19/27635, S. 178.
624 RegE, BT-Drucks 19/27635, S. 179.

§ 2 Die Gesellschaft bürgerlichen Rechts (GbR)

2. Pflichtrecht zur Notgeschäftsführung bei Auflösung der Gesellschaft im Fall der Eröffnung des Insolvenzverfahrens über das Vermögen eines Gesellschafters

354 Die anderen Gesellschafter sind nach § 730 Abs. 2 BGB – als gegenüber § 736b Abs. 2 BGB vorrangigem Pflichtrecht – zur einstweiligen Fortführung der laufenden Geschäfte berechtigt und verpflichtet (Pflichtrecht zur Notgeschäftsführung), wenn – entgegen § 723 Abs. 1 Nr. 2 BGB (Eröffnung des Insolvenzverfahrens über das Vermögen eines Gesellschafters ist grundsätzlich Ausscheidensgrund) – im Gesellschaftsvertrag vereinbart ist, dass die Gesellschaft durch die Eröffnung des Insolvenzverfahrens über das Vermögen eines Gesellschafters aufgelöst wird.

355 Infolgedessen sind die anderen Gesellschafter – auch soweit ihnen nach dem Gesellschaftsvertrag die Geschäftsführungs- und Vertretungsbefugnis nicht übertragen ist –, *„für eine Übergangszeit bei Gefahr für das Gesellschaftsvermögen zur Fortführung der Geschäfte berechtigt und verpflichtet".*[625] Dem Insolvenzverwalter steht die Geschäftsführungs- und Vertretungsbefugnis auch dann nicht zu, *„wenn dem Gesellschafter-Schuldner nach dem Gesellschaftsvertrag die Geschäftsführungs- und Vertretungsbefugnis übertragen war"*[626] (**Prinzip der Selbstorganschaft**).

III. Kündigung der Gesellschaft durch einen Gesellschafter (§ 731 BGB – Auflösungskündigung)

356 Die Neuregelung des § 731 BGB über die Kündigung der Gesellschaft durch einen Gesellschafter (wohingegen § 731 BGB alt das Verfahren bei der Auseinandersetzung geregelt hatte) hat folgenden Wortlaut:

„(1) Ein Gesellschafter kann die Gesellschaft jederzeit aus wichtigem Grund ohne Einhaltung einer Kündigungsfrist kündigen, wenn ihm die Fortsetzung der Gesellschaft nicht zuzumuten ist. Ein wichtiger Grund liegt insbesondere vor, wenn ein anderer Gesellschafter eine ihm nach dem Gesellschaftsvertrag obliegende wesentliche Verpflichtung vorsätzlich oder grob fahrlässig verletzt hat oder wenn die Erfüllung einer solchen Verpflichtung unmöglich wird.

(2) Eine Vereinbarung im Gesellschaftsvertrag, welche das Kündigungsrecht ausschließt oder dieser Vorschrift zuwider beschränkt, ist unwirksam."

1. Kündigungsvoraussetzungen

357 Ein Gesellschafter kann die Gesellschaft nach § 731 Abs. 1 S. 1 BGB jederzeit aus „wichtigem Grund" ohne Einhaltung einer Kündigungsfrist (mit auflösender Wirkung) kündigen (jederzeitige Auflösbarkeit einer Dauerrechtsbeziehung aus wichti-

---

625 RegE, BT-Drucks 19/27635, S. 179.
626 RegE, BT-Drucks 19/27635, S. 179.

F. Auflösung der Gesellschaft § 2

gem Grund als allgemeines Prinzip),[627] wenn ihm (als Ausfluss des Verhältnismäßigkeitsprinzips)[628] die Fortsetzung der Gesellschaft **nicht zuzumuten** ist. Die Auflösungskündigung unterscheidet sich damit vom OHG-Recht, das ein Auflösungsurteil (§ 139 Abs. 1 HGB – Auflösung durch gerichtliche Entscheidung) zur Voraussetzung hat.

Aus Gründen der Verhältnismäßigkeit vorrangig vor einer Kündigung der Gesellschaft sind bspw.[629] den Umständen des Einzelfalls entsprechend

- die Kündigung der Mitgliedschaft (§ 725 BGB),
- die Ausschließung des störenden Gesellschafters aus „wichtigem Grund" durch Beschluss der übrigen Gesellschafter (§ 727 BGB),
- die Entziehung der Geschäftsführungs- (§ 715 Abs. 5 BGB) und Vertretungsbefugnis (§ 720 Abs. 4 i.V.m. § 715 Abs. 5 BGB) oder
- eine Anpassung des Gesellschaftsvertrags.

Ein „wichtiger Grund" liegt grundsätzlich dann vor, wenn *„dem kündigenden Gesellschafter unter Berücksichtigung aller Umstände des Einzelfalls und unter Abwägung der beiderseitigen Interessen eine Fortsetzung des Gesellschaftsverhältnisses bis zu einer vereinbarten Beendigung der Gesellschaft oder bis zum Ablauf einer vereinbarten Kündigungsfrist nicht zugemutet werden kann, weil die Förderung des gemeinsamen Zwecks wegen wirtschaftlicher oder in der Person eines anderen Gesellschafters liegender Umstände dauerhaft schwer beeinträchtigt ist".*[630] Die **Auflösungskündigung** steht unter einem besonderen Verhältnismäßigkeitsvorbehalt, da *„sie im Unterschied zur Austrittskündigung [§ 725 Abs. 2 BGB] eine Beendigung des Gesellschaftsverhältnisses auch für die anderen Gesellschafter zur Folge hat"*.[631]

358

Ein „wichtiger Grund" liegt nach § 731 Abs. 1 S. 2 BGB – wie nach § 725 Abs. 2 S. 2 BGB – insbesondere (d.h. beispielhaft) dann vor, wenn

359

- ein anderer Gesellschafter eine ihm nach dem Gesellschaftsvertrag obliegende wesentliche Verpflichtung vorsätzlich oder grob fahrlässig verletzt hat oder wenn
- die Erfüllung einer solchen Verpflichtung unmöglich wird.

Insoweit sind die Voraussetzungen der Auflösungskündigung zwar dieselben wie bei einer außerordentlichen Kündigung der Mitgliedschaft aus wichtigem Grund nach § 725 Abs. 2 S. 2 BGB, doch *„verlangt hier [d.h. im Zusammenhang mit § 731 Abs. 1 S. 2 BGB] die Interessenabwägung eine besonders sorgfältige Prüfung, ob*

360

---

627 RegE, BT-Drucks 19/27635, S. 179.
628 RegE, BT-Drucks 19/27635, S. 179.
629 RegE, BT-Drucks 19/27635, S. 179.
630 RegE, BT-Drucks 19/27635, S. 179.
631 Schäfer/*Noack*, § 9 Rn 6 unter Bezugnahme auf RegE, BT-Drucks 19/27635, S. 179.

der Grund derart gewichtig ist, dass er als letztes Mittel gerade eine Auflösung der Gesellschaft rechtfertigt".[632]

361 Die Kündigungserklärung erfolgt – wie bei Kündigung der Mitgliedschaft – nicht gegenüber den anderen Gesellschaftern, sondern gegenüber der Gesellschaft.[633]

362 Die Beweislast für die die Auflösung rechtfertigenden Umstände trägt der Kläger, bei sekundärer Darlegungslast der Beklagten hinsichtlich eines zur Verfügung stehenden milderen Mittels.[634]

2. Ausschlussverbot

363 Eine Vereinbarung im Gesellschaftsvertrag, welche das Kündigungsrecht des § 731 Abs. 1 BGB ausschließt oder dieser Vorschrift zuwider beschränkt, ist nach § 731 Abs. 2 BGB – entsprechend § 725 Abs. 6 BGB (bei der Austrittskündigung) – unwirksam.

IV. Auflösungsbeschluss (§ 732 BGB)

364 Die Neuregelung des § 732 BGB über den Auflösungsbeschluss (wohingegen § 732 BGB alt die Rückgabe von Gegenständen geregelt hatte) hat folgenden Wortlaut:

„Hat nach dem Gesellschaftsvertrag die Mehrheit der Stimmen zu entscheiden, muss ein Beschluss, der die Auflösung der Gesellschaft zum Gegenstand hat, mit einer Mehrheit von mindestens drei Viertel der abgegebenen Stimmen gefasst werden."

365 § 732 BGB normiert die spezifischen Mehrheitserfordernisse für einen Beschluss der Gesellschafter über die Auflösung der Gesellschaft. Da der Auflösungsbeschluss eine Änderung des Gesellschaftszwecks von der werbenden zur abzuwickelnden Gesellschaft bewirkt und somit eine Vertragsänderung darstellt, gilt grundsätzlich das **Einstimmigkeitserfordernis** (vgl. § 714 BGB [Zustimmung aller stimmberechtigten Gesellschafter], respektive § 33 Abs. 1 S. 2 BGB).[635]

366 Ausnahmsweise – im Fall einer hiervon abweichenden Regelung im Gesellschaftsvertrag (wenn dieser also Mehrheitsbeschlüsse zulässt) – fordert § 732 BGB als lex specialis zum grundsätzlichen Einstimmigkeitserfordernis[636] eine qualifizierte Mehrheit von mindestens **drei Viertel der abgegebenen Stimmen**, *„weil die Bedeutung des Vorgangs einen stärker ausgeprägten Schutz der Gesellschafter erfordert".*[637]

---

632 RegE, BT-Drucks 19/27635, S. 179.
633 RegE, BT-Drucks 19/27635, S. 180.
634 RegE, BT-Drucks 19/27635, S. 180.
635 RegE, BT-Drucks 19/27635, S. 180.
636 Schäfer/*Noack*, § 9 Rn 7.
637 RegE, BT-Drucks 19/27635, S. 180.

F. Auflösung der Gesellschaft § 2

§ 732 BGB stellt als Spezialregelung klar, *„dass für den Auflösungsbeschluss auch* **367** *eine allgemeine Mehrheitsklausel taugt, aber statt der vertraglich vereinbarten einfachen Mehrheit in diesem Fall eine qualifizierte Mehrheit von mindestens drei Viertel der abgegebenen Stimmen erforderlich ist"*.[638]

V. Anmeldung der Auflösung zur Eintragung in das Gesellschaftsregister (§ 733 BGB)

Die Neuregelung des § 733 BGB über die Anmeldung der Auflösung zur Eintragung in das Gesellschaftsregister (wogegen § 733 BGB alt die Berichtigung der Gesellschaftsschulden und die Erstattung der Einlagen geregelt hatte) hat folgenden Wortlaut: **368**

> „(1) Ist die Gesellschaft im Gesellschaftsregister eingetragen, ist ihre Auflösung von sämtlichen Gesellschaftern zur Eintragung in das Gesellschaftsregister anzumelden. Dies gilt nicht in den Fällen der Eröffnung oder der Ablehnung der Eröffnung des Insolvenzverfahrens über das Vermögen der Gesellschaft (§ 729 Absatz 1 Nummer 2 und Absatz 3 Satz 1 Nummer 1); dann hat das Gericht die Auflösung und ihren Grund von Amts wegen einzutragen. Im Fall der Löschung der Gesellschaft (§ 729 Absatz 3 Satz 1 Nummer 2) entfällt die Eintragung der Auflösung.
>
> (2) Ist aufgrund einer Vereinbarung im Gesellschaftsvertrag die Gesellschaft durch den Tod eines Gesellschafters aufgelöst, kann die Anmeldung der Auflösung der Gesellschaft ohne Mitwirkung der Erben erfolgen, sofern einer solchen Mitwirkung besondere Hindernisse entgegenstehen."

1. Grundsatz: Anmeldung durch alle Gesellschafter

Ist die Gesellschaft im Gesellschaftsregister eingetragen (eingetragene GbR), ist **369** ihre Auflösung nach § 733 Abs. 1 S. 1 BGB zur Information des Rechtsverkehrs über die Zweckänderung der Gesellschaft und über den Übergang der Geschäftsführungs- und Vertretungsbefugnisse auf die Liquidatoren (vgl. § 736 BGB), was gleichermaßen im Interesse der Gesellschafter liegt,[639] grundsätzlich von sämtlichen Gesellschaftern zur Eintragung in das Gesellschaftsregister anzumelden.

2. Ausnahme

Die Notwendigkeit einer Anmeldung durch alle Gesellschafter gilt nach § 733 **370** Abs. 1 S. 2 BGB nicht in den Fällen der Eröffnung oder der Ablehnung der Eröffnung des Insolvenzverfahrens über das Vermögen der Gesellschaft (§ 729 Abs. 1 Nr. 2 und Abs. 3 S. 1 Nr. 1 BGB). In diesem Fall hat das Registergericht – neben der Eröffnung oder Ablehnung der Eröffnung des Insolvenzverfahrens nach § 707b

---

[638] RegE, BT-Drucks 19/27635, S. 180.
[639] RegE, BT-Drucks 19/27635, S. 180.

Nr. 2 BGB i.V.m. § 32 HGB – auch die Auflösung und ihren Grund von Amts wegen einzutragen.

3. Sonderfall: Vermögenslosigkeit

371 Im Fall der Löschung der Gesellschaft wegen Vermögenslosigkeit (§ 729 Abs. 3 S. 1 Nr. 2 BGB) entfällt die Eintragung der Auflösung nach der Klarstellung des § 733 Abs. 1 S. 3 BGB. Dies liegt darin begründet, dass bei einer Löschung der GbR infolge Vermögenslosigkeit (§ 729 Abs. 2 S. 1 Nr. 2 BGB) sich nicht nur die Anmeldepflicht, sondern auch die Auflösungseintragung insgesamt erübrigt, da die Gesellschaft hier nach § 394 FamFG erlischt, womit eine Eintragung der Auflösung entbehrlich ist.

4. Erleichterung der Eintragung der Auflösung

372 Ist aufgrund einer Vereinbarung im Gesellschaftsvertrag die Gesellschaft durch den Tod eines Gesellschafters aufgelöst (gesellschaftsvertragliche Auflösungsklausel für den Fall des Todes eines Gesellschafters), kann die Anmeldung der Auflösung der Gesellschaft nach § 733 Abs. 2 BGB – in inhaltlicher Entsprechung mit § 707 Abs. 4 S. 2 BGB (s. vorstehende Rdn 64) – ohne Mitwirkung der Erben erfolgen, sofern einer solchen Mitwirkung besondere Hindernisse entgegenstehen.

VI. Fortsetzung der aufgelösten Gesellschaft (§ 734 BGB)

373 Die Neuregelung des § 734 BGB über die Fortsetzung der aufgelösten Gesellschaft (wohingegen § 734 BGB alt die Verteilung des Überschusses geregelt hatte) hat folgenden Wortlaut:

„(1) Die Gesellschafter können nach Auflösung der Gesellschaft deren Fortsetzung beschließen, sobald der Auflösungsgrund beseitigt ist.

(2) Hat nach dem Gesellschaftsvertrag die Mehrheit der Stimmen zu entscheiden, muss der Beschluss über die Fortsetzung der Gesellschaft mit einer Mehrheit von mindestens drei Viertel der abgegebenen Stimmen gefasst werden.

(3) War die Gesellschaft vor ihrer Auflösung im Gesellschaftsregister eingetragen, ist die Fortsetzung von sämtlichen Gesellschaftern zur Eintragung in das Gesellschaftsregister anzumelden."

374 Die nicht abschließende Regelung des § 734 BGB trifft Vorgaben über die Fortsetzung einer (nach § 729 BGB) aufgelösten Gesellschaft. An der Fortsetzung einer aufgelösten Gesellschaft kann ein Interesse bestehen, *„um die in der Gesellschaft gebundenen Vermögenswerte zu erhalten"*.[640] Die Fortsetzung einer aufgelösten Gesellschaft hat Folgendes zur Voraussetzung:

---

640 RegE, BT-Drucks 19/27635, S. 181.

F. Auflösung der Gesellschaft § 2

- fortsetzungsfähige GbR (als Selbstverständlichkeit ohne explizite Regelung im Gesetz),[641]
- Beseitigung des Auflösungsgrundes und
- Fortsetzungsbeschluss der Gesellschafter.

1. Voraussetzungen einer Fortsetzung

Die Gesellschafter können gemäß § 734 Abs. 1 BGB nach einer Auflösung der Gesellschaft – wenn noch keine Vollbeendigung erfolgt ist – deren Fortsetzung beschließen, sobald der Auflösungsgrund beseitigt ist. 375

a) Beseitigung des Auflösungsgrundes

Die Beseitigung des Auflösungsgrundes gewinnt Bedeutung, wenn ein bloßer Fortsetzungswille der Gesellschafter – der etwa im Fall einer Auflösung durch Zeitablauf (§ 729 Abs. 1 Nr. 1 BGB) oder Auflösungsbeschluss (§ 729 Abs. 1 Nr. 4 BGB) genügt – den Auflösungsgrund nicht behebt,[642] etwa in den Fällen, dass der Gesellschaftszweck erreicht oder unmöglich wird (§ 729 Abs. 2 BGB). Hier bedarf es dann der Vereinbarung eines neuen Zwecks. Im Fall, dass das Insolvenzverfahren über das Vermögen der Gesellschaft eröffnet worden ist (§ 729 Abs. 1 Nr. 2 BGB), muss bspw. das Insolvenzverfahren eingestellt (§ 213 InsO) oder aufgehoben (§§ 217 ff. InsO) werden.[643] Für den Fall, dass die Gesellschaft aus „wichtigem Grund" gekündigt wird (§ 729 Abs. 1 Nr. 3 BGB), *„muss der Grund, der eine Fortsetzung der Gesellschaft unzumutbar macht, behoben sein"*.[644] 376

b) Beschluss der Gesellschafter

Der Beschluss der Gesellschafter über die Fortsetzung der Gesellschaft *„kann auch stillschweigend durch einvernehmliche Geschäftsfortführung gefasst sein"*,[645] was durch Auslegung zu ermitteln ist. 377

2. Spezifische Mehrheitserfordernisse für einen Fortsetzungsbeschluss der Gesellschafter

Hat nach dem Gesellschaftsvertrag die Mehrheit der Stimmen zu entscheiden (d.h. lässt der Gesellschaftsvertrag Mehrheitsbeschlüsse zu), muss der Beschluss über die Fortsetzung der Gesellschaft – der eine Rückumwandlung des Gesellschaftszwecks von der abzuwickelnden zur werbenden Gesellschaft darstellt (und damit 378

---

641 Schäfer/*Noack*, § 9 Rn 9.
642 RegE, BT-Drucks 19/27635, S. 181.
643 RegE, BT-Drucks 19/27635, S. 181: Dann bewirken die insolvenzrechtlichen Vorschriften, *„dass die Fortsetzung der Gesellschaft nicht den Interessen Dritter entgegensteht"*.
644 RegE, BT-Drucks 19/27635, S. 181.
645 RegE, BT-Drucks 19/27635, S. 181.

wie ein Auflösungsbeschluss eine Vertragsänderung begründet)[646] nach § 734 Abs. 2 BGB als besondere Vorkehrung zum Schutz der Gesellschafter[647] (da die Fortsetzung der Gesellschaft den schon entstandenen Anspruch auf das anteilige Liquidationsguthaben nachträglich wieder entfallen lässt)[648] – mit einer Mehrheit von mindestens drei Viertel der abgegebenen Stimmen gefasst werden. Nach *Noack*[649] soll ein ad hoc-Beschluss auf der Grundlage einer allgemeinen Mehrheitsklausel mit Dreiviertelmehrheit ausreichen.

Beachte:
Wenn sich im Einzelfall die Fortsetzung der Gesellschaft für einen Gesellschafter als unzumutbar erweist, kommt bereits eine Kündigung der Mitgliedschaft nach § 725 Abs. 2 BGB in Betracht.[650]

3. Pflicht sämtlicher Gesellschafter zur Eintragung der Fortsetzung der Gesellschaft ins Gesellschaftsregister

379 War die Gesellschaft vor ihrer Auflösung im Gesellschaftsregister eingetragen (eingetragene GbR), ist die Fortsetzung nach § 734 Abs. 3 BGB von sämtlichen Gesellschaftern zur Eintragung in das Gesellschaftsregister anzumelden (**Anmeldepflicht**). Diese Verpflichtung zielt darauf ab, *„die Rückumwandlung in eine werbende Gesellschaft unter Löschung des Auflösungsvermerks offenkundig zu machen".*[651] Die Eintragung hat nur **deklaratorische Wirkung**, womit sie *„für den Fortsetzungszeitpunkt (...) ohne Belang [ist]".*[652]

G. Liquidation der Gesellschaft (§§ 735 bis 739 BGB)

380 Das sechste Kapitel (§§ 735 bis 739 BGB) fasst den Normenbestand der §§ 730 bis 735 BGB alt (in Anlehnung an die §§ 145 bis 159 HGB alt) zusammen und ordnet ihn vor dem Hintergrund der rechtlichen Verselbstständigung der GbR unter der Bezeichnung „Liquidation der Gesellschaft" in Angleichung an das Recht der Personenhandelsgesellschaften. Dabei werden die Rechtsfolgen der Auflösung der Gesellschaft im Zuge ihrer Liquidation inhaltlich neu geregelt.[653] Von einer Kodifizie-

---

646 RegE, BT-Drucks 19/27635, S. 181.
647 § 734 Abs. 2 BGB als Kompromisslösung zwischen nicht gewollter einfacher Mehrheitsentscheidung und gleichermaßen nicht gewollter Notwendigkeit, dass jeder Gesellschafter zustimmen muss: *Schäfer*, ZIP 2021, 1527, 1528.
648 RegE, BT-Drucks 19/27635, S. 181.
649 Schäfer/*Noack*, § 9 Rn 9.
650 RegE, BT-Drucks 19/27635, S. 181.
651 RegE, BT-Drucks 19/27635, S. 182.
652 RegE, BT-Drucks 19/27635, S. 182.
653 RegE, BT-Drucks 19/27635, S. 182.

G. Liquidation der Gesellschaft (§§ 735 bis 739 BGB) § 2

rung der gesellschaftsrechtlichen Durchsetzungssperre (mit dem Ziel, Hin- und Herzahlungen während der Liquidation zu unterbinden) hat der Gesetzgeber jedoch bewusst Abstand genommen.[654]

I. Notwendigkeit der Liquidation und anwendbare Vorschriften (§ 735 BGB)

Die Neuregelung des § 735 BGB über die Notwendigkeit einer Liquidation und die dabei anwendbaren Vorschriften (wohingegen § 735 BGB alt die Nachschusspflicht bei Verlust geregelt hatte) hat folgenden Wortlaut:

381

„(1) Nach Auflösung der Gesellschaft findet die Liquidation statt, sofern nicht über das Vermögen der Gesellschaft das Insolvenzverfahren eröffnet ist. Ist die Gesellschaft durch Löschung wegen Vermögenslosigkeit aufgelöst, findet eine Liquidation nur statt, wenn sich nach der Löschung herausstellt, dass noch Vermögen vorhanden ist, das der Verteilung unterliegt.

(2) Die Gesellschafter können anstelle der Liquidation eine andere Art der Abwicklung vereinbaren. Ist aufgrund einer Vereinbarung im Gesellschaftsvertrag die Gesellschaft durch die Kündigung eines Privatgläubigers eines Gesellschafters oder durch die Eröffnung des Insolvenzverfahrens über das Vermögen eines Gesellschafters aufgelöst, bedarf eine Vereinbarung über eine andere Art der Abwicklung der Zustimmung des Privatgläubigers oder des Insolvenzverwalters. Ist im Insolvenzverfahren Eigenverwaltung angeordnet, tritt an die Stelle der Zustimmung des Insolvenzverwalters die Zustimmung des Schuldners.

(3) Die Liquidation erfolgt nach den folgenden Vorschriften dieses Kapitels, sofern sich nicht aus dem Gesellschaftsvertrag etwas anderes ergibt."

1. Grundsatz: Aufgelöste Gesellschaft ist durch Liquidation abzuwickeln

Nach Auflösung der Gesellschaft als Rechtssubjekt (vgl. § 729 BGB) findet gemäß § 735 Abs. 1 S. 1 BGB – entsprechend § 730 Abs. 1 BGB alt – die Liquidation nach Maßgabe der §§ 735 bis 739 BGB statt, sofern nicht über das Vermögen der Gesellschaft das Insolvenzverfahren eröffnet ist. Ist über das Vermögen der Gesellschaft das Insolvenzverfahren eröffnet, ist es hingegen Aufgabe des Insolvenzverwalters, das Gesellschaftsvermögen nach Maßgabe der InsO zu verwerten.[655]

382

Ist die Gesellschaft durch Löschung wegen Vermögenslosigkeit aufgelöst (§ 729 Abs. 3 S. 1 Nr. 2 BGB), findet nach § 735 Abs. 1 S. 2 BGB – in Nachbildung von

383

---

654 RegE, BT-Drucks 19/27635, S. 188.
655 RegE, BT-Drucks 19/27635, S. 182.

§ 145 Abs. 3 HGB alt – eine Liquidation nur statt, wenn sich nach der Löschung herausstellt, dass noch (Aktiv-)Vermögen vorhanden ist, das der Verteilung unterliegt. Dies liegt darin begründet, dass eine Gesellschaft, bei der keine natürliche Person unbeschränkt haftet, wegen Vermögenslosigkeit im Gesellschaftsregister gelöscht werden muss (Auflösungstatbestand – vgl. § 729 Abs. 3 S. 1 Nr. 2 BGB i.V.m. § 394 FamFG). In einem solchen Fall ist eine entsprechende Gesellschaft i.d.R. nicht bloß aufgelöst, sondern vollbeendet, weswegen ein Liquidationsbedarf nur dann besteht, wenn noch verteilungsfähiges Vermögen vorhanden ist.[656]

2. Vereinbarung einer anderen Art der Abwicklung anstelle der Liquidation

384 Die Gesellschafter können von vornherein im Gesellschaftsvertrag oder auch noch im Nachgang während der Liquidation (was dann als Änderung des Gesellschaftsvertrags zu qualifizieren ist) anstelle der Liquidation nach der Klarstellung in § 735 Abs. 2 S. 1 BGB – in Nachbildung von § 145 Abs. 1 und 2 HGB alt – „eine andere Art der Abwicklung" (d.h. eine andere Art der Liquidation der aufgelösten, aber noch fortbestehenden Gesellschaft, sog. **atypisches Liquidationsverfahren**)[657] vereinbaren – was sich nicht von selbst versteht, *„da eine solche Vereinbarung im Außenverhältnis durchaus Gläubigerschutzvorschriften wie zum Beispiel das Recht auf vorrangige Gläubigerbefriedigung nach § 736d Abs. 4 BGB tangieren kann"*.[658]

385 Die vereinbarte „andere Art der Abwicklung" bedarf grundsätzlich nicht der Zustimmung Dritter (**alleinige Dispositionsbefugnis der Gesellschafter**), wovon zwei Ausnahmen zu machen sind (vgl. § 735 Abs. 2 S. 2 BGB):[659] Wenn nämlich aufgrund einer Vereinbarung im Gesellschaftsvertrag (vgl. § 729 Abs. 4 BGB) über die gesetzlichen Auflösungsgründe des § 729 Abs. 1 BGB hinaus und entgegen § 723 Abs. 1 Nr. 3 und Nr. 4 BGB (die für diese Konstellation nur das Ausscheiden des betroffenen Gesellschafters vorsehen)

- infolge Kündigung eines Privatgläubigers eines Gesellschafters oder

---

656 RegE, BT-Drucks 19/27635, S. 182.
657 Ein atypisches Liquidationsverfahren ist dadurch gekennzeichnet, *„dass das von der Gesellschaft betriebene Unternehmen nicht zerschlagen wird (z.B. die Übernahme des ganzen Unternehmens in Einzelrechtsnachfolge durch einen Gesellschafter, die reale Aufteilung des Unternehmens auf die bisherigen Gesellschafter, die Übertragung des Unternehmens in Einzelrechtsnachfolge auf einen Dritten oder die Einbringung des Unternehmens im Wege der Einzelrechtsnachfolge in eine andere, schon bestehende oder neu gegründete, Gesellschaft)"*: RegE, BT-Drucks 19/27635, S. 182. Davon ist die liquidationslose Vollbeendigung der Gesellschaft zu unterscheiden, bspw. beim Ausscheiden des vorletzten Gesellschafters (vgl. § 712a BGB).
658 RegE, BT-Drucks 19/27635, S. 182.
659 RegE, BT-Drucks 19/27635, S. 182.

G. Liquidation der Gesellschaft (§§ 735 bis 739 BGB) § 2

- infolge Eröffnung des Insolvenzverfahrens über das Vermögen eines Gesellschafters (Gesellschafterinsolvenz)

die Auflösung der Gesellschaft erfolgt.

Ist aufgrund einer Vereinbarung im Gesellschaftsvertrag die Gesellschaft durch die Kündigung eines Privatgläubigers eines Gesellschafters oder durch die Eröffnung des Insolvenzverfahrens über das Vermögen eines Gesellschafters aufgelöst, bedarf es nach § 735 Abs. 2 S. 2 BGB einer Vereinbarung über eine andere Art der Abwicklung der **Zustimmung des Privatgläubigers oder des Insolvenzverwalters** (**Zustimmungsvorbehalte**). 386

Ist im Insolvenzverfahren Eigenverwaltung i.S.v. § 270 InsO angeordnet (mit der Folge, dass der Gesellschafter-Schuldner unter Aufsicht des Sachwalters berechtigt ist die Insolvenzmasse zu verwalten und über sie zu verfügen),[660] tritt gemäß § 735 Abs. 2 S. 3 BGB an die Stelle der Zustimmung des Insolvenzverwalters die Zustimmung des Schuldners. 387

§ 735 Abs. 2 S. 2 und S. 3 BGB „*[schützen] den pfändenden Gläubiger und die Gesamtheit der Gläubiger davor, dass möglicherweise durch Vereinbarung einer anderen Art der Abwicklung die Entstehung des Anspruchs auf das Liquidationsguthaben verhindert werden könnte, den sie im Wege der Pfändung nach § 726 BGB oder als Teil der Insolvenzmasse erwerben könnten*".[661] 388

3. Rangfolge bei der Rechtsanwendung während der Abwicklung

Die Liquidation erfolgt gemäß § 735 Abs. 3 BGB – in wesentlicher Übernahme von § 731 S. 1 BGB alt – (nachrangig) nach den Vorschriften des sechsten Kapitels (mithin der §§ 736 bis 739 BGB), sofern sich nicht (vorrangig) aus dem Gesellschaftsvertrag etwas anderes ergibt (dispositiver Regelungsrahmen).[662] Damit „*kommt der gesetzgeberische Wille zum Ausdruck, dass die Liquidation in erster Linie den Interessen der Gesellschafter zu dienen bestimmt ist*".[663] 389

Vorrangig gelten damit die (abweichenden) gesellschaftsvertraglichen Abwicklungsvereinbarungen (z.B. im Innenverhältnis hinsichtlich der Auswahl der Liquidatoren einschließlich ihrer Geschäftsführungs- und Vertretungsbefugnis, vgl. § 736d und 737 BGB), nachrangig die dispositiven Vorschriften des sechsten Kapitels.[664] 390

---

660 RegE, BT-Drucks 19/27635, S. 183.
661 RegE, BT-Drucks 19/27635, S. 183.
662 Schäfer/*Noack*, § 9 Rn 15.
663 Schäfer/*Noack*, § 9 Rn 15: Das der Gesellschaft zugewiesene Vermögen soll aus seiner Vermögenszuordnung gelöst und nach Befriedigung der Gesellschaftsgläubiger zur Verfügung der Gesellschafter stehen.
664 RegE, BT-Drucks 19/27635, S. 183.

II. Liquidatoren (§ 736 BGB)

391 Die Neuregelung des § 736 BGB statuiert die primäre Zuständigkeit der Gesellschafter für die Durchführung der Liquidation[665] als „geborene Liquidatoren"[666] (wohingegen § 736 BGB alt das Ausscheiden eines Gesellschafters und dessen Nachhaftung geregelt hatte).

„(1) Zur Liquidation sind alle Gesellschafter berufen.

(2) Ist über das Vermögen eines Gesellschafters das Insolvenzverfahren eröffnet und ein Insolvenzverwalter bestellt worden, tritt dieser an die Stelle des Gesellschafters.

(3) Mehrere Erben eines Gesellschafters haben einen gemeinsamen Vertreter zu bestellen.

(4) Durch Vereinbarung im Gesellschaftsvertrag oder durch Beschluss der Gesellschafter können auch einzelne Gesellschafter oder andere Personen zu Liquidatoren berufen werden. Das Recht, einen solchen Liquidator nach § 736a Absatz 1 Satz 1 zu berufen, bleibt unberührt.

(5) Hat nach dem Gesellschaftsvertrag die Mehrheit der Stimmen zu entscheiden, gilt dies im Zweifel nicht für die Berufung und Abberufung eines Liquidators."

392 In § 736 Abs. 1 und 4 sowie in § 736b BGB finden sich für die Vertretung der Liquidationsgesellschaft Parallelregelungen zu § 144 Abs. 1 und 4 sowie § 146 Abs. 1 S. 2 HGB alt.[667]

1. Durchführung der Liquidation durch alle Gesellschafter

393 Zur Liquidation sind nach § 736 Abs. 1 BGB als mitgliedschaftliches Pflichtrecht[668] „alle" Gesellschafter als sog. geborene Liquidatoren berufen. In der korrespondierenden Verpflichtung zur Mitwirkung an der Liquidation konkretisiert sich die gesellschaftsrechtliche Treuepflicht.[669]

Infolgedessen sind auch die bislang von der Geschäftsführung und Vertretung ausgeschlossenen Gesellschafter Liquidatoren, was „im Regelfall sachgerecht" ist:[670] Aufgrund der Auflösung entfällt die Gemeinsamkeit der Interessen, weswegen „der Wille der Gesellschafter für das Liquidationsstadium im Zweifel dahin [geht], die Liquidation gemeinsam vorzunehmen und sich dabei gegenseitig zu kontrollieren".[671]

---

665 RegE, BT-Drucks 19/27635, S. 183.
666 Schäfer/*Noack*, § 9 Rn 19.
667 Schäfer/*Habersack*, § 4 Rn 19.
668 RegE, BT-Drucks 19/27635, S. 183.
669 Schäfer/*Noack*, § 9 Rn 20.
670 RegE, BT-Drucks 19/27635, S. 183.
671 RegE, BT-Drucks 19/27635, S. 183.

G. Liquidation der Gesellschaft (§§ 735 bis 739 BGB) § 2

Beachte:
Gleichwohl besteht die Möglichkeit, die Liquidation im Vorfeld einzelnen Gesellschaftern oder anderen Personen durch gesellschaftsvertragliche Vereinbarung zu übertragen bzw. auch nachträglich durch Gesellschafterbeschluss einzelne Gesellschafter oder andere Personen zu Liquidatoren zu berufen (vgl. § 735 Abs. 3 bzw. § 736 Abs. 4 S. 1 BGB[672] – sog. gekorene Liquidatoren).

2. Sonderfall: Insolvenzverfahren

Ist über das Vermögen eines Gesellschafters das Insolvenzverfahren eröffnet und ein Insolvenzverwalter bestellt worden, tritt dieser gemäß § 736 Abs. 2 BGB – der § 146 Abs. 3 HGB alt nachgebildet ist – an die Stelle des Gesellschafters. Damit erfolgt eine Klarstellung, *„dass der Insolvenzverwalter in der Liquidation die Befugnisse des Gesellschafter-Schuldners als Liquidator ausübt, aber nicht selbst Liquidator wird"*.[673]

394

Die Regelung greift nicht nur dann, wenn die Gesellschaft *„durch Insolvenz über das Vermögen des Gesellschafters aufgelöst worden ist, sondern auch dann, wenn die Gesellschaft bereits aufgelöst war, bevor das Insolvenzverfahren eröffnet wurde"*.[674]

395

3. Mehrere Erben eines verstorbenen Gesellschafters müssen einen gemeinsamen Vertreter bestellen

Mehrere Erben eines Gesellschafters (d.h. die Erbengemeinschaft, vgl. §§ 2032 ff. BGB) haben nach § 736 Abs. 3 BGB – der § 146 Abs. 1 S. 2 HGB alt nachgebildet ist – im Interesse der Rechtssicherheit[675] einen gemeinsamen Vertreter zu bestellen, weil *„der Anteil eines verstorbenen und von mehreren Erben beerbten Gesellschafters – anders als bei Fortsetzung der Gesellschaft mit den Erben des verstorbenen Gesellschafters – ungeteilt auf die Miterben übergeht, sofern die Gesellschaft aufgrund gesellschaftsvertraglicher Vereinbarung durch Tod eines Gesellschafters aufgelöst wird oder ein Gesellschafter nach Auflösung verstirbt"*.[676]

396

---

672 RegE, BT-Drucks 19/27635, S. 183.
673 RegE, BT-Drucks 19/27635, S. 183.
674 RegE, BT-Drucks 19/27635, S. 183.
675 Schäfer/Noack, § 9 Rn 20.
676 RegE, BT-Drucks 19/27635, S. 184: „Nach § 2038 Abs. 1 S. 1 BGB stünde in diesem Fall die Ausübung des mitgliedschaftlichen Pflichtrechts zur Liquidation allen Miterben gemeinsam zu. Dies wäre mit dem Interesse der anderen Gesellschafter an alsbaldiger Abwicklung nicht zu vereinbaren".

4. Übertragung der Liquidation auf einzelne Gesellschafter oder andere Personen

397 Durch Vereinbarung (bereits) im Gesellschaftsvertrag oder nachträglich durch einen (ad hoc-)Beschluss der Gesellschafter können (vor oder nach Auflösung der Gesellschaft) nach § 736 Abs. 4 S. 1 BGB – in Anlehnung an § 146 Abs. 1 S. 1 Hs. 1 HGB alt – auch einzelne Gesellschafter oder andere Personen zu (gekorenen) Liquidatoren berufen werden (neutrale Drittliquidatoren),[677] was sich an sich bereits aus § 735 Abs. 3 BGB ergibt (Liquidationsvorschriften stehen grundsätzlich zur Disposition der Gesellschafter).[678]

398 Das Recht, einen solchen Liquidator nach § 736a Abs. 1 S. 1 BGB (Recht zur gerichtlichen Berufung von Liquidatoren bei Vorliegen eines „wichtigen Grundes", sofern die GbR im Gesellschaftsregister eingetragen ist, eingetragene GbR) zu berufen, bleibt gemäß § 736 Abs. 4 S. 2 BGB unberührt.

5. Berufung und Abberufung von Liquidatoren durch Gesellschafterbeschluss

399 Hat nach dem Gesellschaftsvertrag die Mehrheit der Stimmen zu entscheiden (Mehrheitsklausel), gilt dies nach der Auslegungsregel des § 736 Abs. 5 BGB – in Nachbildung von § 147 Hs. 1 HGB alt und in Ergänzung zu § 736 Abs. 4 BGB – (entsprechend dem mutmaßlichen Interesse der Gesellschafter, *„die alsbaldige Durchführung der Liquidation nicht durch einen Mehrheiten-Minderheiten-Konflikt zu belasten"*)[679] **im Zweifel nicht** für die Berufung und Abberufung eines Liquidators.

400 Hintergrund der Regelung ist, dass der Berufungs- bzw. Abberufungsbeschluss – vorbehaltlich einer treuwidrigen Rechtsausübung – jederzeit und ohne Vorliegen eines wichtigen Grundes gefasst werden kann.[680]

Vgl. auch § 736a Abs. 1 BGB, wonach die Möglichkeit, Liquidatoren auf Antrag eines Liquidationsbeteiligten (vgl. § 736a Abs. 2 BGB) im Verfahren der freiwilligen Gerichtsbarkeit zu berufen oder abzuberufen, auf die eingetragene GbR beschränkt ist (wobei eine analoge Anwendung des § 736a BGB auf die nicht eingetragene GbR gleichwohl nicht ausgeschlossen sein soll).[681]

---

677 Schäfer/*Noack*, § 9 Rn 21.
678 RegE, BT-Drucks 19/27635, S. 184: Eine Klarstellung schien dem Gesetzgeber gleichwohl wegen der nach § 736 Abs. 5 BGB grundsätzlich bestehenden Möglichkeit einer Berufung durch Mehrheitsbeschluss geboten.
679 RegE, BT-Drucks 19/27635, S. 184.
680 RegE, BT-Drucks 19/27635, S. 184.
681 RegE, BT-Drucks 19/27635, S. 184.

G. Liquidation der Gesellschaft (§§ 735 bis 739 BGB) § 2

III. Gerichtliche Berufung und Abberufung von Liquidatoren (§ 736a BGB)

Die Neuregelung des § 736a BGB über die gerichtliche Berufung und Abberufung von Liquidatoren hat folgenden Wortlaut:

401

„(1) Ist die Gesellschaft im Gesellschaftsregister eingetragen, kann auf Antrag eines Beteiligten ein Liquidator aus wichtigem Grund durch das Gericht, in dessen Bezirk die Gesellschaft ihren Sitz hat, berufen und abberufen werden. Eine Vereinbarung im Gesellschaftsvertrag, welche dieses Recht ausschließt, ist unwirksam.

(2) Beteiligte sind:
1. jeder Gesellschafter (§ 736 Absatz 1),
2. der Insolvenzverwalter über das Vermögen des Gesellschafters (§ 736 Absatz 2),
3. der gemeinsame Vertreter (§ 736 Absatz 3) und
4. der Privatgläubiger des Gesellschafters, durch den die zur Auflösung der Gesellschaft führende Kündigung erfolgt ist (§ 735 Absatz 2 Satz 2).

(3) Gehört der Liquidator nicht zu den Gesellschaftern, hat er Anspruch auf Ersatz der erforderlichen Aufwendungen und auf Vergütung für seine Tätigkeit. Einigen sich der Liquidator und die Gesellschaft hierüber nicht, setzt das Gericht die Aufwendungen und die Vergütung fest. Gegen die Entscheidung ist die Beschwerde zulässig; die Rechtsbeschwerde ist ausgeschlossen. Aus der rechtskräftigen Entscheidung findet die Zwangsvollstreckung nach der Zivilprozessordnung statt."

§ 736a BGB will im Fall einer eingetragenen GbR[682] sicherstellen, dass eine „*Liquidation auch dann erfolgen kann, wenn eine gedeihliche Durchführung durch die Gesellschafter oder durch die von den Gesellschaftern berufenen Liquidatoren nicht zu erwarten ist*".[683]

402

1. Gerichtliche Abberufung und Bestellung eines Gesellschafters aus wichtigem Grund

Ist die Gesellschaft im Gesellschaftsregister eingetragen (eingetragene GbR), kann auf **Antrag** eines Beteiligten nach § 736a Abs. 1 S. 1 BGB – der §§ 146 Abs. 2 S. 1 Hs. 1, 147 Hs. 2 HGB alt nachgebildet ist – ein Liquidator aus „**wichtigem Grund**" durch das Gericht, in dessen Bezirk die Gesellschaft ihren Sitz hat,
- berufen und
- abberufen

403

---

[682] Was es aber nicht ausschließen soll, § 736a BGB „*im Einzelfall vergleichbarer Interessenlage auch auf die nicht eingetragene Gesellschaft bürgerlichen Rechts entsprechend anzuwenden*": RegE, BT-Drucks 19/27635, S. 184 unter Bezugnahme auf die bisherige Rechtslage für die unternehmenstragende GbR, vgl. BGH, Urt. v. 5.7.2011 – II ZR 199/10, ZIP 2011, 1865, juris Rn 19.
[683] RegE, BT-Drucks 19/27635, S. 184.

werden. Nach Sinn und Zweck soll die Regelung auch die **Erweiterung oder Beschränkung der Geschäftsführungs- und Vertretungsbefugnisse der Liquidatoren** erfassen, „*was keiner gesetzlichen Klarstellung bedarf*".[684]

404 Ein „wichtiger Grund" liegt vor, „*wenn nach den Gesamtumständen des Falls eine gedeihliche Durchführung durch die Gesellschafter oder durch die von den Gesellschaftern berufenen Liquidatoren nicht zu erwarten ist und erhebliche Nachteile für die Gesellschaft oder die Beteiligten zu befürchten sind*".[685]

Eine Vereinbarung im Gesellschaftsvertrag, welche dieses Recht zur gerichtlichen Berufung und Abberufung ausschließt, ist nach § 736a Abs. 1 S. 2 BGB zum Schutz der Beteiligten unwirksam.

2. Beteiligte, die zur Antragstellung berechtigt sind

405 Beteiligte – die berechtigt sind, einen Antrag auf Berufung oder Abberufung eines Liquidators zu stellen – sind nach § 736a Abs. 2 BGB (in Nachbildung von § 146 Abs. 2 S. 2 und Abs. 3 HGB alt und insoweit deckungsgleich mit § 736d Abs. 1 S. 1 BGB)[686]

- jeder Gesellschafter (i.S.v. § 736 Abs. 1 BGB – Nr. 1, auch und gerade dann, wenn er nicht zu den Liquidatoren gehört),
- der Insolvenzverwalter über das Vermögen des Gesellschafters (i.S.v. § 736 Abs. 2 BGB – Nr. 2, „*unabhängig davon, ob die Gesellschaft durch Insolvenz über das Vermögen des Gesellschafters erst aufgelöst worden ist, oder die Gesellschaft bereits aufgelöst war, bevor das Insolvenzverfahren eröffnet wurde*"),[687]
- der gemeinsame Vertreter der Erben eines verstorbenen Gesellschafters (i.S.v. § 736 Abs. 3 BGB – Nr. 3) und
- der Privatgläubiger des Gesellschafters, durch den die zur Auflösung der Gesellschaft führende Kündigung erfolgt ist (i.S.v. § 735 Abs. 2 BGB, wenn im Gesellschaftsvertrag vereinbart ist, dass die Kündigung durch einen Privatgläubiger eines Gesellschafters zur Auflösung der Gesellschaft führt – Nr. 4).

3. Anspruch auf Ersatz der erforderlichen Aufwendungen eines nicht zu den Gesellschaftern gehörenden Liquidators (Drittliquidator)

406 Gehört der gerichtlich berufene Liquidator nicht zu den Gesellschaftern, hat er nach § 736a Abs. 3 S. 1 BGB – in Anlehnung an § 265 Abs. 4 AktG – Anspruch
- auf Ersatz der erforderlichen Aufwendungen und

---

684 RegE, BT-Drucks 19/27635, S. 185.
685 RegE, BT-Drucks 19/27635, S. 184.
686 RegE, BT-Drucks 19/27635, S. 185.
687 RegE, BT-Drucks 19/27635, S. 185.

- auf Vergütung für seine Tätigkeit,

da „*durch die gerichtliche Berufung zum Liquidator selbst kein Dienstvertrag zwischen ihm und der Gesellschaft zustande kommt*".[688]

Einigen sich der Liquidator und die Gesellschaft über den Ersatz der erforderlichen Aufwendungen bzw. auf die Vergütung für die Liquidationstätigkeit nicht, setzt das Gericht nach § 736a Abs. 3 S. 2 BGB die Aufwendungen und die Vergütung fest.

Gegen die Entscheidung ist nach § 736a Abs. 3 S. 3 Hs. 1 BGB die Beschwerde zulässig. Die Rechtsbeschwerde ist gemäß § 736a Abs. 3 S. 3 Hs. 2 BGB ausgeschlossen. Aus der rechtskräftigen Entscheidung findet nach § 736a Abs. 3 S. 4 BGB die Zwangsvollstreckung nach der ZPO statt.

407

Beachte:
Wenn ein Gesellschafter zum Liquidator berufen wird, „*stellt sich dieses Problem nicht, da er ausweislich § 715 Abs. 1 BGB ohnehin keine Vergütung verlangen kann*".[689]

IV. Geschäftsführungs- und Vertretungsbefugnis der Liquidatoren (§ 736b BGB)

Die Regelung der Geschäftsführungs- und Vertretungsbefugnis der Liquidatoren nach § 736b BGB hat unter Zusammenfassung des Normenbestands der §§ 729 S. 1, 730 Abs. 2 S. 1 BGB alt folgenden Wortlaut erfahren:

408

„(1) Mit der Auflösung der Gesellschaft erlischt die einem Gesellschafter im Gesellschaftsvertrag übertragene Befugnis zur Geschäftsführung und Vertretung. Diese Befugnis steht von der Auflösung an allen Liquidatoren gemeinsam zu.

(2) Die bisherige Befugnis eines Gesellschafters zur Geschäftsführung und, sofern die Gesellschaft nicht im Gesellschaftsregister eingetragen ist, zur Vertretung gilt gleichwohl zu seinen Gunsten als fortbestehend, bis er von der Auflösung der Gesellschaft Kenntnis erlangt hat oder die Auflösung kennen muss."

1. Geschäftsführung und Vertretung nach Auflösung der Gesellschaft

Mit der Auflösung der Gesellschaft erlischt nach § 736b Abs. 1 S. 1 BGB – in wesentlicher Übernahme von § 730 Abs. 2 S. 1 BGB alt – die einem Gesellschafter im Gesellschaftsvertrag übertragene Befugnis zur Geschäftsführung (§ 715 BGB) und Vertretung (§ 720 BGB).

409

---

688 RegE, BT-Drucks 19/27635, S. 185 unter Bezugnahme MüKo-HGB/*K. Schmidt*, § 146 Rn 43.
689 RegE, BT-Drucks 19/27635, S. 185.

| § 2 | Die Gesellschaft bürgerlichen Rechts (GbR) |

410 Die Befugnis zur Geschäftsführung und Vertretung steht von der Auflösung an nach § 736b Abs. 1 S. 2 BGB **allen Liquidatoren gemeinsam** zu, *„weil davon auszugehen ist, dass mit der Auflösung und der Liquidation die Interessen der Gesellschafter stärker auseinanderdriften"*,[690] was *„für den gesetzlichen Regelfall, dass es sich bei den Liquidatoren um die Gesellschafter handelt, (...) auch schon der Rechtslage vor Auflösung der Gesellschaft [entspricht]"*[691] (vgl. § 735 Abs. 1 S. 1 BGB). Dabei spricht nach *Noack*[692] viel für eine Unbeschränkbarkeit der Vertretungsbefugnis der Liquidatoren entsprechend § 720 Abs. 3 S. 2 BGB.

2. Fiktion des Fortbestehens von Geschäftsführungs- und Vertretungsbefugnis

411 Die bisherige Befugnis eines Gesellschafters zur Geschäftsführung und, sofern die Gesellschaft nicht im Gesellschaftsregister eingetragen ist, zur Vertretung gilt in diesem Fall nach § 736b Abs. 2 BGB – in wesentlicher Übernahme von § 729 S. 1 BGB alt – gleichwohl zu seinen Gunsten als fortbestehend, bis er von der Auflösung der Gesellschaft Kenntnis erlangt hat oder die Auflösung kennen muss.

412 § 736b Abs. 2 BGB soll die Gesellschafter, *„die vor der Auflösung zur Geschäftsführung und Vertretung berufen sind, vor den Risiken des durch Auflösung der Gesellschaft eintretenden Erlöschens dieser Befugnis schützen"*,[693] wenn sie die Auflösung weder kennen noch kennen müssen. Für diesen Fall wird zu ihren Gunsten der Fortbestand der Geschäftsführungsbefugnis fingiert.[694]

> *Beachte:*
> In Bezug auf die Vertretungsbefugnis gilt die gesetzliche Fiktion des Fortbestands aber nur, wenn die Gesellschaft nicht im Gesellschaftsregister eingetragen ist (eingetragene GbR). Bei der eingetragenen GbR geht nach § 707a Abs. 3 S. 1 BGB i.V.m. § 15 Abs. 2 HGB der Registereintrag vor. Insoweit gewährleistet § 736b Abs. 2 BGB, *„dass die betroffenen Gesellschafter weder im Innenverhältnis als Geschäftsführer ohne Auftrag, noch im Außenverhältnis als Vertreter ohne Vertretungsmacht haftbar gemacht werden können"*.[695]

---

690 Schäfer/*Noack*, § 9 Rn 19.
691 RegE, BT-Drucks 19/27635, S. 185.
692 Schäfer/*Noack*, § 9 Rn 19.
693 RegE, BT-Drucks 19/27635, S. 185.
694 RegE, BT-Drucks 19/27635, S. 185.
695 RegE, BT-Drucks 19/27635, S. 185.

V. Anmeldung der Liquidatoren (§ 736c BGB)

Die Neuregelung des § 736c BGB „*regelt die Anmeldung und Eintragung der Liquidatoren und ihrer Vertretungsbefugnis sowie diesbezüglicher Änderungen*".[696]   **413**

„(1) Ist die Gesellschaft im Gesellschaftsregister eingetragen, sind die Liquidatoren und ihre Vertretungsbefugnis von sämtlichen Gesellschaftern zur Eintragung in das Gesellschaftsregister anzumelden. Das Gleiche gilt für jede Änderung in der Person des Liquidators oder seiner Vertretungsbefugnis. Wenn im Fall des Todes eines Gesellschafters anzunehmen ist, dass die Anmeldung den Tatsachen entspricht, kann die Eintragung erfolgen, auch ohne dass die Erben bei der Anmeldung mitwirken, sofern einer solchen Mitwirkung besondere Hindernisse entgegenstehen.

(2) Die Eintragung gerichtlich berufener Liquidatoren sowie die Eintragung der gerichtlichen Abberufung von Liquidatoren geschieht von Amts wegen."

1. Pflicht zur Anmeldung

Ist die Gesellschaft im Gesellschaftsregister eingetragen, sind die Liquidatoren und ihre Vertretungsbefugnis nach § 736c Abs. 1 S. 1 BGB von sämtlichen Gesellschaftern zur Eintragung in das Gesellschaftsregister anzumelden.   **414**

> *Beachte:*
> *„Die Anmeldung hat auch zu erfolgen, wenn die bislang vertretungsbefugten Gesellschafter Liquidatoren werden oder wenn sämtliche Gesellschafter Liquidatoren werden"*.[697]

Die Anmeldepflicht ist zum Schutz des Rechtsverkehrs erforderlich[698] (arg: Die Rechtsfolgen der Auflösung der Gesellschaft, insbesondere die Ersetzung der bisherigen organschaftlichen Befugnisse der Gesellschafter durch die Befugnisse der Liquidatoren, treten unabhängig von der nur deklaratorisch wirkenden Eintragung nach den §§ 733, 736c BGB ein).[699]   **415**

Die Eintragungspflicht gilt nach § 736c Abs. 1 S. 2 BGB auch für jede Änderung in der Person des Liquidators oder seiner Vertretungsbefugnis.   **416**

Wenn im Fall des Todes eines Gesellschafters anzunehmen ist, dass die Anmeldung den Tatsachen entspricht, kann die Eintragung nach § 736c Abs. 1 S. 3 BGB (wie bei § 733 Abs. 2 BGB) erfolgen, auch ohne, dass die Erben bei der Anmeldung mitwirken, sofern einer solchen Mitwirkung besondere Hindernisse entgegenstehen.

---

696 RegE, BT-Drucks 19/27635, S. 186.
697 RegE, BT-Drucks 19/27635, S. 186.
698 RegE, BT-Drucks 19/27635, S. 186.
699 RegE, BT-Drucks 19/27635, S. 186.

§ 2 Die Gesellschaft bürgerlichen Rechts (GbR)

2. Eintragung der Berufung und der Abberufung gerichtlich berufener Liquidatoren

417 Die Eintragung gerichtlich berufener Liquidatoren sowie die Eintragung der gerichtlichen Abberufung von Liquidatoren nach § 736c Abs. 2 BGB geschieht von Amts wegen und „*zwar auf Ersuchen des Gerichts, das darüber entschieden hat*".[700]

> *Beachte:*
> § 736c Abs. 2 BGB ist auf die gerichtlich angeordnete Änderung der Vertretungsbefugnis der Liquidatoren entsprechend anzuwenden.[701]

VI. Rechtsstellung der Liquidatoren (§ 736d BGB)

418 Die Neuregelung des § 736d BGB über die Rechtsstellung der Liquidatoren hat in Zusammenfassung und Neuordnung des Normbestandes der §§ 733, 734 BGB alt und der §§ 149, 152, 153 HGB alt folgenden Wortlaut erfahren:

„(1) Die Liquidatoren haben, auch wenn sie vom Gericht berufen sind, den Weisungen Folge zu leisten, welche die Beteiligten in Bezug auf die Geschäftsführung beschließen. Hat nach dem Gesellschaftsvertrag die Mehrheit der Stimmen zu entscheiden, bedarf der Beschluss der Zustimmung der Beteiligten nach § 736a Absatz 2 Nummer 2 und 4.

(2) Die Liquidatoren haben die laufenden Geschäfte zu beendigen, die Forderungen der Gesellschaft einzuziehen und das übrige Vermögen in Geld umzusetzen. Zur Beendigung der laufenden Geschäfte können die Liquidatoren auch neue Geschäfte eingehen.

(3) Ist die Gesellschaft im Gesellschaftsregister eingetragen, haben die Liquidatoren bei Abgabe ihrer Unterschrift dem Namen der Gesellschaft einen Liquidationszusatz beizufügen.

(4) Aus dem Vermögen der Gesellschaft sind zunächst die Gläubiger der Gesellschaft zu befriedigen. Ist eine Verbindlichkeit noch nicht fällig oder ist sie streitig, ist das zur Berichtigung der Verbindlichkeit Erforderliche zurückzubehalten.

(5) Aus dem nach der Berichtigung der Verbindlichkeiten verbleibenden Gesellschaftsvermögen sind die geleisteten Beiträge zurückzuerstatten. Für Beiträge, die nicht in Geld bestanden haben, ist der Wert zu ersetzen, den sie zur Zeit der Einbringung gehabt haben. Für Beiträge, die in der Leistung von Diensten oder in der Überlassung der Benutzung eines Gegenstands bestanden haben, kann im Zweifel kein Ersatz verlangt werden.

(6) Das nach Berichtigung der Verbindlichkeiten und Rückerstattung der Beiträge verbleibende Vermögen der Gesellschaft ist unter den Gesellschaftern nach dem Verhältnis ihrer Anteile am Gewinn und Verlust zu verteilen."

---

700 RegE, BT-Drucks 19/27635, S. 186.
701 RegE, BT-Drucks 19/27635, S. 186.

G. Liquidation der Gesellschaft (§§ 735 bis 739 BGB) § 2

Die Rechte und Pflichten der Liquidatoren, die sich aus ihrer Befugnis zur Geschäftsführung und Vertretung (wobei die Pflichten aus dem geänderten, d.h. nunmehr auf Abwicklung und Vollbeendigung gerichteten Gesellschaftszweck folgen) ergeben, werden in § 736d BGB besonders ausgeformt.[702]

419

1. Beachtung der Weisungen der Beteiligten

Die Liquidatoren haben, auch wenn sie vom Gericht berufen sind, nach § 736d Abs. 1 S. 1 BGB – in Nachbildung des § 152 HGB alt – den Weisungen Folge zu leisten, welche die Beteiligten (d.h. die Gesellschafter [§ 736a Abs. 2 Nr. 1 i.V.m. § 736 Abs. 1 BGB] und die ihnen gleichgestellten Liquidationsbeteiligten [§ 736a Abs. 2 Nr. 2 bis 4 BGB]) in Bezug auf die Geschäftsführung beschließen.

420

Die Weisungspflicht stellt sicher, *„dass die Gesellschafter und die ihnen nach § 736a Abs. 2 Nr. 2, 3 und 4 BGB gleichgestellten weiteren Beteiligten die ‚Herren des Liquidationsverfahrens' bleiben, selbst wenn die Liquidation von Personen durchgeführt wird, die nicht zum Kreis der Gesellschafter gehören"*.[703]

Die Ausübung des Weisungsrechts erfolgt durch einen Beschluss der Beteiligten – der nach § 714 BGB grundsätzlich Einstimmigkeit verlangt. Hat nach dem Gesellschaftsvertrag ausnahmsweise die Mehrheit der Stimmen zu entscheiden (d.h. im Fall eines gesellschaftsvertraglich vereinbarten Mehrheitsbeschlusses), bedarf der Beschluss zum Schutz der weiteren Beteiligten gemäß § 736d Abs. 1 S. 2 BGB gleichwohl deren Zustimmung nach § 736a Abs. 2 Nr. 2 und Nr. 4 BGB (**Zustimmungserfordernis**).

2. Beendigung der laufenden Geschäfte durch den Liquidator

Die Liquidatoren haben, nachdem sie zunächst, ohne dass dies noch eine ausdrückliche Regelung (wie in § 732 BGB alt) erfahren hat, das gesellschaftsfremde Vermögen ausgesondert haben (Herausgabe von Gegenständen, die entweder im Eigentum eines Dritten stehen oder von einem Gesellschafter im Rahmen seiner Beitragspflicht der Gesellschaft zum Gebrauch überlassen worden waren)[704] nach § 736d Abs. 2 S. 1 BGB – in Nachbildung von § 149 S. 1 HGB alt (entsprechend der Neuregelungen des § 148 Abs. 2 bzw. § 146 Abs. 1 HGB) – folgende Aufgaben:

421

- **Beendigung der laufenden Geschäfte.** „Geschäft" ist in einem untechnischen Sinne als jede unternehmerische Tätigkeit zu verstehen.[705]
- **Einziehung der Forderungen** der Gesellschaft aus einem Rechtsverhältnis zu Dritten oder zu Gesellschaftern, soweit die Einziehung der Forderungen nach dem geänderten Gesellschaftszweck geboten ist (und damit korrespondierenden

---

702 RegE, BT-Drucks 19/27635, S. 186.
703 RegE, BT-Drucks 19/27635, S. 186.
704 Dazu näher Schäfer/*Noack*, § 9 Rn 24.
705 RegE, BT-Drucks 19/27635, S. 187.

Umwandlung der Forderungen in verteilungsfähiges Vermögen).[706] „Einziehen" ist untechnisch auch die anderweitige Verwertung einer Forderung (z.b. durch Aufrechnung).[707]

- **Umsetzung des übrigen Vermögens** in Geld, wodurch die Gesellschaft die nötigen Mittel zur Befriedigung der Gesellschaftsgläubiger und ggf. zur Verteilung des Überschusses unter die Gesellschafter erlangen soll.[708] „*Das Gesellschaftsvermögen [ist] vollständig in Geld umzusetzen und nicht mehr nur insoweit, als es für die Berichtigung der Verbindlichkeiten und für die Rückerstattung der geleisteten Beiträge erforderlich ist*".[709]

422 Damit erfolgt eine „*vollständige Versilberung des Gesellschaftsvermögens*"[710] in Geld („*und nicht mehr nur insoweit, als dies für die Beseitigung der Gesellschaftsverbindlichkeiten und für die Rückerstattung der Beiträge erforderlich ist*").[711] Aufgabe der Liquidatoren ist es auch, den Ausgleich unter den Gesellschaftern durchzuführen, wobei § 736d Abs. 2 S. 1 BGB insoweit eine Gesellschafterklage aber nicht ausschließt.[712]

423 Zur Beendigung der laufenden Geschäfte (d.h., soweit es der auf Abwicklung und Vollbeendigung gerichtete Gesellschaftszweck erfordert) können die Liquidatoren nach § 736d Abs. 2 S. 2 BGB auch **neue Geschäfte** eingehen.

3. Zeichnung der Liquidatoren einer eingetragenen GbR

424 Ist die Gesellschaft im Gesellschaftsregister eingetragen, haben die Liquidatoren nach § 735d Abs. 3 BGB – der § 153 HGB alt (respektive der Neuregelung des § 148 Abs. 3 HGB) nachgebildet ist – bei Abgabe ihrer Unterschrift (d.h. bei schriftlichem Handeln nach außen) dem Namen der Gesellschaft einen **Liquidationszusatz** beizufügen.

Die Regelung zielt darauf ab, die mit einer Liquidationsgesellschaft kontrahierende Person auf den Umstand der Liquidation und damit einhergehende rechtliche und wirtschaftliche Risiken hinzuweisen.[713]

Der Liquidationshinweis ist bedeutsam im Hinblick auf die negative Publizität des Gesellschaftsregisters, „*auch wenn die Auflösung der Gesellschaft und deren Liqui-*

---

706 RegE, BT-Drucks 19/27635, S. 187.
707 RegE, BT-Drucks 19/27635, S. 187.
708 RegE, BT-Drucks 19/27635, S. 187.
709 RegE, BT-Drucks 19/27635, S. 187.
710 Schäfer/*Noack*, § 9 Rn 14.
711 Schäfer/*Noack*, § 9 Rn 25.
712 RegE, BT-Drucks 19/27635, S. 187.
713 RegE, BT-Drucks 19/27635, S. 187.

datoren nicht in das Gesellschaftsregister eingetragen sind, beseitigt der Liquidationszusatz die Gutgläubigkeit im Sinne des § 15 Abs. 1 HGB".[714]

4. Befriedigung der Gesellschaftsgläubiger

Aus dem Vermögen der Gesellschaft sind nach § 736d Abs. 4 S. 1 BGB – in wesentlicher Übernahme von § 733 Abs. 1 BGB alt – **zunächst** die Gläubiger (wobei Gesellschaftsgläubiger, Dritte aber auch die Gesellschafter selbst [im Rahmen eines Drittgeschäfts oder aufgrund des Gesellschaftsvertrags] sein können)[715] der Gesellschaft zu befriedigen.

425

Ist eine Verbindlichkeit noch nicht fällig oder ist sie streitig, ist nach § 736d Abs. 4 S. 2 BGB das zur Berichtigung der Verbindlichkeit Erforderliche zurückzubehalten (Bildung einer Rückstellung) *"und das zurückbehaltene Geld nach § 372 BGB zu hinterlegen"*.[716]

5. Beitragsrückerstattung nach Berichtigung der Gesellschaftsverbindlichkeiten

Aus dem nach der Berichtigung der Verbindlichkeiten verbleibenden Gesellschaftsvermögen sind nach § 736d Abs. 5 S. 1 BGB – in redaktioneller Anpassung des § 733 Abs. 2 BGB alt – die in das Gesellschaftsvermögen geleisteten „Beiträge"[717] ihrem Wert nach an die Gesellschafter zurückzuerstatten.

426

Für Beiträge, die nicht in Geld bestanden haben, ist nach § 736d Abs. 5 S. 2 BGB der Wert zu ersetzen, den sie zur Zeit der Einbringung gehabt haben.

Für Beiträge, die in der Leistung von Diensten oder in der Überlassung der Benutzung eines Gegenstands bestanden haben, kann nach § 736d Abs. 5 S. 3 BGB „im Zweifel" (Auslegungsregel, womit abweichende Vereinbarungen im Gesellschaftsvertrag möglich sind)[718] kein Ersatz verlangt werden, *"weil ihre Einbeziehung in die Rückerstattung zu erheblichen Bewertungsschwierigkeiten führen würde und davon auszugehen ist, dass sie ohnehin durch die Beteiligung am Gewinn der Gesellschaft abgegolten werden"*.[719]

427

---

714 RegE, BT-Drucks 19/27635, S. 187 unter Bezugnahme auf Staub/*Habersack*, § 153 HGB Rn 1.
715 Womit *"der anspruchsberechtigte Gesellschafter mit der Befriedigung seiner Forderung grundsätzlich Vorrang genießt, bevor mit der Rückerstattung der geleisteten Beiträge nach § 736d Abs. 5 BGB begonnen wird"*: RegE, BT-Drucks 19/27635, S. 187.
716 RegE, BT-Drucks 19/27635, S. 188.
717 Beiträge i.e.S., die das Gesellschaftsvermögen erhöhen und bilanzierungsfähig sind: Schäfer/Noack, § 9 Rn 27.
718 Z.B. in Gestalt einer Gutschrift eines Kapitalwerts der versprochenen Dienstleistung oder als Gebrauchsüberlassung bei der Gründung der Gesellschaft (wozu § 709 Abs. 3 BGB die Gesellschafter durch Vereinbarung eines Beteiligungsverhältnisses anhält): RegE, BT-Drucks 19/27635, S. 188.
719 RegE, BT-Drucks 19/27635, S. 188 unter Bezugnahme auf MüKo-BGB/*Schäfer*, § 733 Rn 17.

§ 736d Abs. 5 BGB begründet einen eigenen Anspruch des Gesellschafters gegen die Gesellschaft.[720]

6. Verteilung des verbleibenden Vermögens unter den Gesellschaftern

428 Die Liquidation endet mit der Schlussabrechnung als Liquidationsüberschuss oder -verlust. § 736d Abs. 6 BGB regelt die Überschussverteilung – § 737 BGB (Haftung der Gesellschafter für einen **Fehlbetrag**) die Einziehung von Nachschüssen „*zwecks Vornahme des Saldenausgleichs*".[721]

429 Das nach Berichtigung der Verbindlichkeiten und Rückerstattung der Beiträge verbleibende Vermögen der Gesellschaft ist nach § 736d Abs. 6 BGB – in redaktioneller Anpassung des § 734 BGB alt – durch den Liquidator (als letzte Stufe der Tilgungsreihenfolge) unter den Gesellschaftern nach dem Verhältnis ihrer Anteile am Gewinn und Verlust zu verteilen (Saldenausgleich über die Gesellschaft als Gläubigerin bzw. Schuldnerin von Forderungen aus dem Gesellschaftsverhältnis).[722]

430 Ein **Überschuss** ist anzunehmen, „*wenn und soweit das Aktivvermögen, das der Gesellschaft nach Berichtigung der Gesellschaftsverbindlichkeiten gegenüber Dritten und Hinterlegung der auf betagte oder streitige Forderungen entfallenden Beträge verbleibt, die noch offenen Forderungen der Gesellschafter einschließlich der Ansprüche auf Rückerstattung des Wertes ihrer geleisteten Beiträge übersteigt*".[723]

431 Der auf dem Gesellschaftsverhältnis beruhende Saldenausgleich kann – bei Untätigbleiben der Liquidatoren – im Wege der actio pro socio geltend gemacht werden,[724] die zwar grundsätzlich auf Leistung an die Gesellschaft gerichtet ist, im Liquidationsstadium aber auch auf Leistung unmittelbar an die klagenden Gesellschafter gerichtet sein kann, „*wenn feststeht, dass der von einem Gesellschafter zu leistende Nachschuss von der Gesellschaft ohnehin an den klagenden Gesellschafter weiterzuleiten ist*".[725]

> *Beachte:*
> Bei der GbR hat der Gesetzgeber – anders als bei der OHG (§ 148 Abs. 7 HGB) – von der Möglichkeit einer vorläufigen Verteilung abgesehen. *Noack*[726] erwägt allerdings eine analoge Anwendung des § 148 Abs. 7 HGB auf die GbR, insbesondere für grundbesitzhaltende Gesellschaften.

---

720 RegE, BT-Drucks 19/27635, S. 188.
721 Schäfer/*Noack*, § 9 Rn 28.
722 Schäfer/*Noack*, § 9 Rn 12.
723 RegE, BT-Drucks 19/27635, S. 188.
724 RegE, BT-Drucks 19/27635, S. 187.
725 Schäfer/*Noack*, § 9 Rn 29: „abgekürzter Zahlungsweg", dem § 715b BGB nicht entgegenstehen soll.
726 Schäfer/*Noack*, § 9 Rn 31.

G. Liquidation der Gesellschaft (§§ 735 bis 739 BGB) § 2

Sobald kein Aktivvermögen der Gesellschaft mehr vorhanden ist, tritt die Vollbeendigung ein mit der Folge, dass die GbR rechtlich nicht mehr existent ist (mit korrespondierendem Verlust ihrer Parteifähigkeit).[727]

432

VII. Haftung der Gesellschafter für Fehlbetrag (§ 737 BGB – Nachschussanspruch der Gesellschaft)

Die Regelung des § 737 BGB über die Haftung der Gesellschafter für einen Fehlbetrag (wohingegen § 737 BGB alt den Ausschluss eines Gesellschafters geregelt hatte) hat folgenden Wortlaut:

433

> „Reicht das Gesellschaftsvermögen zur Berichtigung der Verbindlichkeiten und zur Rückerstattung der Beiträge nicht aus, haben die Gesellschafter der Gesellschaft für den Fehlbetrag nach dem Verhältnis ihrer Anteile am Gewinn und Verlust aufzukommen. Kann von einem Gesellschafter der auf ihn entfallende Betrag nicht erlangt werden, haben die anderen Gesellschafter den Ausfall nach dem gleichen Verhältnis zu tragen."

In wesentlicher Übernahme der §§ 735, 733 Abs. 2 S. 3 BGB alt statuiert § 737 BGB eine Haftung der Gesellschafter gegenüber der Gesellschaft, wenn sich im Zuge der Schlussabrechnung ein Fehlbetrag aufzeigt.

434

Während § 736d Abs. 6 BGB die Überschussverteilung regelt, normiert § 737 BGB spiegelbildlich die Fehlbetragshaftung: Wenn das Gesellschaftsvermögen zur Berichtigung der Verbindlichkeiten und zur Rückerstattung der Beiträge nicht ausreicht, haben die Gesellschafter gemäß § 737 S. 1 BGB der Gesellschaft für den Fehlbetrag nach dem Verhältnis ihrer Anteile am Gewinn und Verlust aufzukommen (**eigener Haftungsanspruch der GbR gegen die Gesellschafter für den Fehlbetrag**).[728] Wenn von einem Gesellschafter der auf ihn entfallende Betrag nicht erlangt werden kann, haben die anderen Gesellschafter nach § 737 S. 2 BGB den Ausfall nach dem gleichen Verhältnis zu tragen.

435

VIII. Anmeldung des Erlöschens (§ 738 BGB)

Die Neuregelung des § 738 BGB normiert die Verpflichtung sämtlicher Gesellschafter einer eingetragenen GbR (eGbR) nach Beendigung der Liquidation das „Erlöschen der Gesellschaft" zur Eintragung ins Gesellschaftsregister anzumelden, um im Interesse des Rechtsverkehrs sicherzustellen, „*dass die durch die Beendigung der Liquidation erfolgte Vollbeendigung der Gesellschaft als Rechtsträger publik gemacht wird*"[729] (wohingegen § 738 BGB alt die Auseinandersetzung beim Ausscheiden geregelt hatte):

436

---

727 Schäfer/*Noack*, § 9 Rn 32.
728 RegE, BT-Drucks 19/27635, S. 188 unter Bezugnahme auf BGH, Urt. v. 15.11.2011 – II ZR 266/09, ZIP 2012, 515, juris Rn 33 ff.
729 RegE, BT-Drucks 19/27635, S. 188.

> „Ist die Gesellschaft im Gesellschaftsregister eingetragen, ist das Erlöschen der Gesellschaft von sämtlichen Liquidatoren zur Eintragung in das Gesellschaftsregister anzumelden, sobald die Liquidation beendigt ist".

437 Der Eintragung kommt nur deklaratorische Wirkung zu mit der Folge, dass „*die Löschung (...) also einerseits nicht Voraussetzung für die Vollbeendigung [ist] und (...) andererseits einen Fortbestand als Liquidationsgesellschaft wegen eines noch vorhandenen Aktivvermögens nicht aus[schließt]*".[730]

> *Beachte:*
> Die Löschung im Gesellschaftsregister ist jedoch für den Verjährungsbeginn der fünfjährigen Sonderverjährung aus der Gesellschafterhaftung bedeutsam (vgl. § 739 BGB).[731]

IX. Verjährung von Ansprüchen aus der Gesellschafterhaftung (§ 739 BGB)

438 Die Neuregelung des § 739 BGB über die Verjährung von Ansprüchen aus der Gesellschafterhaftung (wohingegen § 739 BGB alt die Fehlbetragshaftung geregelt hatte) hat folgenden Wortlaut:

„(1) Ist die Gesellschaft durch Liquidation oder auf andere Weise erloschen, verjähren Ansprüche gegen einen Gesellschafter aus Verbindlichkeiten der Gesellschaft in fünf Jahren, sofern nicht der Anspruch gegen die Gesellschaft einer kürzeren Verjährung unterliegt.

(2) Die Verjährung beginnt abweichend von § 199 Absatz 1, sobald der Gläubiger von dem Erlöschen der Gesellschaft Kenntnis erlangt hat oder das Erlöschen der Gesellschaft im Gesellschaftsregister eingetragen worden ist.

(3) Beginnt die Verjährung des Anspruchs gegen die Gesellschaft neu oder wird die Verjährung des Anspruchs gegenüber der Gesellschaft nach den §§ 203, 204, 205 oder 206 gehemmt, wirkt dies auch gegenüber den Gesellschaftern, die der Gesellschaft zur Zeit des Erlöschens angehört haben."

439 § 739 BGB zielt in Übernahme des § 159 HGB alt (entsprechend § 151 HGB neu) – dessen Ansatz auf das Gesetz zur zeitlichen Begrenzung der Nachhaftung von Gesellschaften (Nachhaftungsbegrenzungsgesetz – NachhBG)[732] zurückzuführen ist und unter Berücksichtigung der durch die Schuldrechtsreform[733] erfolgten Änderungen des allgemeinen Verjährungsrechts – darauf ab, „*die trotz Auflösung der Ge-*

---

730 Schäfer/*Noack*, § 9 Rn 33.
731 Vgl. RegE, BT-Drucks 19/27635, S. 189, wonach die Anknüpfung des Fristbeginns an das Erlöschen (statt an die Auflösung) deshalb relevant ist, weil auch noch während der Liquidation neue Verbindlichkeiten entstehen können.
732 Vom 18.3.1994 – BGBl I, S. 560.
733 Gesetz zur Modernisierung des Schuldrechts vom 1.1.2002 – BGBl I, S. 3138.

sellschaft bis zu ihrem Erlöschen fortbestehende Gesellschafterhaftung nach den §§ 721, 721a und 721b BGB durch eine Sonderverjährung zeitlich zu begrenzen".[734] Dabei statuiert

- § 739 Abs. 1 BGB die Frist für die Sonderverjährung,
- § 739 Abs. 2 BGB den Beginn der Sonderverjährung und
- § 739 Abs. 3 BGB die Fälle einer Unterbrechung der Sonderverjährung.

1. Sonderverjährungsfrist

Ist die Gesellschaft durch Liquidation oder auf andere Weise erloschen, verjähren Ansprüche gegen einen Gesellschafter aus Verbindlichkeiten der Gesellschaft nach § 739 Abs. 1 BGB (Sonderverjährung der Gesellschafterhaftung) in **fünf Jahren**, sofern nicht der Anspruch gegen die Gesellschaft einer kürzeren Verjährung unterliegt.

440

Der Gesetzgeber[735] hat eine Verjährungsfrist von fünf Jahren für erforderlich, aber auch ausreichend erachtet, *„um [es] dem Gesellschaftsgläubiger zu ermöglichen, eine im Zuge der Abwicklung nicht befriedigte Forderung durch Inanspruchnahme der Gesellschafter durchzusetzen".*[736]

441

Letztlich wird mit § 739 Abs. 1 BGB nur ein **Ausnahmefall**[737] geregelt:

442

- Eine Liquidation nach Maßgabe der §§ 735, 736, 736a, 736b, 736c, 736d und 737 BGB führt nämlich regelmäßig zur vollständigen Begleichung sämtlicher Verbindlichkeiten (d.h. zur Befriedigung der Gläubiger).[738]
- Im Fall einer Restrukturierung der Gesellschaft im Rahmen eines Insolvenzplanverfahrens kommt es i.d.R. nach § 227 Abs. 2 InsO zum Erlöschen der Gesellschafterhaftung (die im Fall der Masselosigkeit der Gesellschaft zwar besteht, aber häufig wertlos ist).[739]

Beachte:
Der Gesellschafter kann sich i.Ü. dem Gläubiger gegenüber stets insoweit auf die Verjährung berufen, als der Gesellschaft selbst die Einrede der Verjährung zusteht[740] (vgl. § 721b Abs. 1 BGB).

§ 739 Abs. 1 BGB erlangt daher – vorbehaltlich § 739 Abs. 3 BGB (s. nachstehende Rdn 446) – nur dann an Relevanz, *„wenn der Anspruch gegen die Gesellschaft aus-*

443

---

734 RegE, BT-Drucks 19/27635, S. 189.
735 RegE, BT-Drucks 19/27635, S. 189.
736 RegE, BT-Drucks 19/27635, S. 189.
737 RegE, BT-Drucks 19/27635, S. 189.
738 RegE, BT-Drucks 19/27635, S. 189.
739 RegE, BT-Drucks 19/27635, S. 189.
740 RegE, BT-Drucks 19/27635, S. 189.

nahmsweise erst später verjährt".[741] Dies ist in folgenden Konstellationen der Fall:
- Titulierung gemäß § 197 Abs. 1 Nr. 3 bis 5 BGB,
- grundstücksbezogenen Ansprüchen gemäß § 196 BGB bzw.
- Vorliegen einer Verjährungsabrede gemäß § 202 Abs. 2 BGB.

Wenn im Zeitpunkt des Beginns der Sonderverjährung nach § 739 Abs. 2 BGB hingegen schon ein Titel gegen den Gesellschafter vorliegt, gelangt nicht § 739 BGB, sondern § 197 Abs. 1 Nr. 3 BGB zur Anwendung.[742]

2. Beginn der Sonderverjährung

444 Die Verjährung beginnt nach § 739 Abs. 2 BGB abweichend von § 199 Abs. 1 BGB,[743] (und abweichend von § 159 Abs. 2 HGB alt (respektive der Neuregelung des § 151 Abs. 2 HGB), womit nicht auf die Auflösung, sondern auf das Erlöschen der Gesellschaft bzw. die Eintragung des Erlöschens im Gesellschaftsregister abgestellt wird),[744]

- sobald der Gläubiger von dem Erlöschen der Gesellschaft Kenntnis erlangt hat (im Fall einer nicht eingetragenen GbR) oder
- das Erlöschen der Gesellschaft im Gesellschaftsregister eingetragen worden ist (im Fall einer eingetragenen GbR).

445 Für die eingetragene GbR ist *„also grundsätzlich auf den Tag abzustellen, an dem das Erlöschen der Gesellschaft in das Gesellschaftsregister eingetragen worden ist, es sei denn, der jeweilige Gläubiger hat schon davor Kenntnis vom Erlöschen der Gesellschaft erlangt"*,[745] womit die positive Kenntnis des Gläubigers immer beachtlich ist. Bei der nicht eingetragenen GbR ist stets auf die Kenntnis des Gesellschaftsgläubigers abzustellen.

3. Unterbrechung der Sonderverjährung

446 Beginnt die Verjährung des Anspruchs gegen die Gesellschaft neu oder wird die Verjährung des Anspruchs gegenüber der Gesellschaft nach § 203 BGB (Ver-

---

741 RegE, BT-Drucks 19/27635, S. 189.
742 RegE, BT-Drucks 19/27635, S. 189 unter Bezugnahme auf BGH, Urt. v. 27.4.1981 – II ZR 177/80, ZIP 1981, 861, juris Rn 3 ff.; vgl. auch BGH, Urt. v. 27.4.1981 – II ZR 177/80, juris Rn 3 ff. = ZIP 1981, 861 zu § 218 BGB i.d.F. v. 1.1.1964.
743 Wonach die regelmäßige Verjährungsfrist des § 195 BGB (von drei Jahren) – sofern nicht ein anderer Verjährungsbeginn bestimmt ist – mit dem Schluss des Jahres beginnt, in dem der Anspruch entstanden ist und der Gläubiger von den den Anspruch begründenden Umständen und der Person des Schuldners Kenntnis erlangt oder ohne grobe Fahrlässigkeit erlangen müsste.
744 RegE, BT-Drucks 19/27635, S. 189: Was darin begründet liegt, *„dass die Auflösung allein noch keine Auswirkungen auf die rechtliche Existenz der Gesellschaft hat. Deswegen können die Liquidatoren im Rahmen des Liquidationszwecks auch noch nach der Auflösung Verbindlichkeiten namens der Gesellschaft eingehen, für die die Gesellschafter unbeschränkt persönlich haften"*.
745 RegE, BT-Drucks 19/27635, S. 189.

jährungshemmung bei Verhandlungen), § 204 BGB (Verjährungshemmung der Rechtsverfolgung), § 205 BGB (Verjährungshemmung bei Leistungsverweigerungsrecht) oder § 206 BGB (Hemmung der Verjährung bei höherer Gewalt) gehemmt, wirkt dies gemäß § 739 Abs. 3 BGB – der § 159 Abs. 4 HGB alt (respektive der Neuregelung des § 151 Abs. 3 HGB) nachgebildet ist – auch gegenüber den Gesellschaftern, die der Gesellschaft zur Zeit des Erlöschens angehört haben (**Fälle des Neubeginns und der Hemmung der Verjährung des Anspruchs gegen die Gesellschaft in ihren Auswirkungen auf die Nachhaftung der Gesellschafter**).

H. Die nicht rechtsfähige Gesellschaft – Innengesellschaft (§§ 740 bis 740c BGB)

447 In einem eigenen dritten Untertitel 3 – „Nicht rechtsfähige Gesellschaft" (§§ 740 bis 740c BGB) – sind die auf eine nicht rechtsfähige GbR (Innengesellschaft als reines Schuldverhältnis) zur Anwendung gelangenden und weniger eigenständigen Regelungen (Beendigungstatbestände, Auseinandersetzung und Ausscheiden eines Gesellschafters) in Abgrenzung und zur besseren Unterscheidbarkeit von der rechtsfähigen GbR als Außengesellschaft (systembildende Unterscheidung)[746] zusammengefasst worden.[747] Damit erfolgt erstmals (infolge des MoPeG) im BGB eine Unterscheidung zwischen Innen- und Außengesellschaft, ohne dass die Begrifflichkeiten allerdings ausdrücklich verwendet werden.[748] *Armbrüster*[749] konstatiert gleichwohl, dass „*die Begriffspaare rechtsfähige Gesellschaft/Außengesellschaft und nicht rechtsfähige Gesellschaft/Innengesellschaft auf Grundlage des neuen Rechts jeweils Synonyme sind*", wenngleich die Begrifflichkeit „Innengesellschaft" insoweit nicht hinreichend dem Umstand gerecht wird, dass auch eine solche nach außen erkennbar auftreten (allerdings nicht im Rechtsverkehr handeln) kann.[750]

448 Die nicht rechtsfähige GbR erscheint in vielerlei Ausgestaltungsformen (z.B.[751] als Beteiligungs- und Stimmrechtskonsortium, Ehegatteninnengesellschaft oder Tippgemeinschaft).

Eine nicht rechtsfähige GbR ist „gesetzliche Auffanglösung", wenn keine vertragliche Ausgestaltung des Rechtsverhältnisses erfolgt, wobei die dann gesetzlich benannten Vorschriften „*nicht als eine abschließende Regelung konzipiert*" sind,[752]

---

746 Vgl. Beschluss 5a des 71. DJT, in: Verhandlungen des 71. DJT, Bd. II/2, 2017, S. O219.
747 RegE, BT-Drucks 19/27635, S. 190.
748 Vgl. aber *K. Schmidt*, ZHR 185 (2021), 16, 20: Der Regierungsentwurf ist „*zur Gänze durch die Dichotomie von Außengesellschaften und Innengesellschaften geprägt*".
749 Schäfer/*Armbrüster*, § 3 Rn 1.
750 Dazu *Bachmann*, NZG 2020, 612, 614.
751 Beispiele nach RegE, BT-Drucks 19/27635, S. 190.
752 RegE, BT-Drucks 19/27635, S. 190.

womit bei vergleichbarer Interessenlage im Einzelfall eine entsprechende Anwendung der §§ 231 ff. HGB auf die stille Gesellschaft bürgerlichen Rechts möglich ist.[753]

449 Abgrenzungskriterium zur Außengesellschaft, die nach dem gemeinsamen Willen ihrer Gesellschafter am Rechtsverkehr teilnehmen soll (§ 705 Abs. 2 Hs. 1 BGB), ist bei der Innengesellschaft das Kriterium, dass die Gesellschafter ihr Rechtsverhältnis untereinander ausgestalten wollen (§ 705 Abs. 2 Hs. 2 BGB).[754]

I. Fehlende Vermögensfähigkeit und anwendbare Vorschriften (§ 740 BGB)

450 Die Neuregelung des § 740 BGB über die fehlende Vermögensfähigkeit der nicht rechtsfähigen Gesellschaft und die hierauf anwendbaren Vorschriften (wohingegen § 740 BGB alt die Beteiligung am Ergebnis schwebender Geschäfte geregelt hatte) hat folgenden Wortlaut:

„(1) Eine nicht rechtsfähige Gesellschaft hat kein Vermögen.

(2) Auf das Rechtsverhältnis der Gesellschafter untereinander sind die §§ 708, 709, 710, 711, 711a, 712, die §§ 714, 715, 715a, 716, 717 Absatz 1 sowie § 718 entsprechend anzuwenden."

1. Vermögenslosigkeit der nicht rechtsfähigen GbR

451 Eine nicht rechtsfähige Gesellschaft (Innengesellschaft) – die e contrario § 705 Abs. 2 Hs. 1 BGB nach dem übereinstimmenden Willen ihrer Gesellschafter nicht am Rechtsverkehr teilnehmen will – hat nach der ausdrücklichen Klarstellung in § 740 Abs. 1 BGB kein Vermögen. Aufgrund dieser unzweideutigen Vorgabe des Gesetzgebers ist im Falle der Innengesellschaft weder die Möglichkeit der Anerkennung eines Gesamthandsvermögens noch eines gesamthänderisch gebundenen Vermögens aller Gesellschafter möglich.[755]

> *Beachte:*
> Aus der Vermögenslosigkeit der Innengesellschaft folgt zum einen, dass sie nach ihrer Beendigung **liquidationslos erlischt**, und zum anderen ihre **fehlende Insolvenzfähigkeit**,[756] was gleichermaßen auch für die stille Gesellschaft (§§ 230 ff. HGB) als Sonderform der BGB-Innengesellschaft gilt.[757]

---

753 RegE, BT-Drucks 19/27635, S. 190.
754 Schäfer/*Armbrüster*, § 2 Rn 5.
755 Schäfer/*Armbrüster*, § 3 Rn 57.
756 Schäfer/*Schäfer*, § 8 Rn 4.
757 Schäfer/*Schäfer*, § 8 Rn 4.

H. Die nicht rechtsfähige Gesellschaft – Innengesellschaft (§§ 740 bis 740c BGB) § 2

Dies liegt darin begründet, dass eine solche Gesellschaft – mangels Rechtsfähigkeit – nicht selbst Trägerin eines Vermögens (von Vermögensrechten) sein kann. Es gibt kein gesamthänderisch gebundenes Vermögen der Gesellschafter.[758] Es ist aus der Perspektive der Gesellschafter nicht nötig, ein gesamthänderisch gebundenes Vermögen zu bilden, da *„der Gesellschaftszweck (...) ohne Weiteres mit Bruchteilsrechten verfolgt werden [kann], die im Hinblick auf diesen Zweck schuldrechtlich gebunden sind"* – oder *„alternativ kann ein Gesellschafter die Vermögensgegenstände zugleich treuhänderisch für die anderen Gesellschafter halten und verwalten"*.[759]

452

Schutzwürdige Belange der Privatgläubiger eines Gesellschafters sprechen hingegen entscheidend dagegen, bei einer nicht rechtsfähigen Gesellschaft die Bildung von Gesamthandsvermögen zuzulassen:[760] *„Brächte ein Gesellschafter einzelne Vermögensgegenstände in ein Gesamthandvermögen aller Gesellschafter ein, so könnte ein Privatgläubiger nur unter erschwerten Bedingungen in dieses Vermögen vollstrecken, weil er gemäß § 740a Abs. 2 i.V.m. § 726 BGB zur Pfändung des Gesellschaftsanteils und Kündigung der Mitgliedschaft angehalten wäre"*.[761]

453

2. Auf das Rechtsverhältnis der Gesellschafter untereinander anwendbare Vorschriften

Auf das Rechtsverhältnis der Gesellschafter einer nicht rechtsfähigen Gesellschaft (Innengesellschaft) untereinander sind nach § 740 Abs. 2 BGB „entsprechend" (d.h. ohne, dass die gelisteten Vorschriften eine Rechtsfähigkeit der Gesellschaft voraussetzen)[762] – ggf. aber nach einer entsprechenden Anpassung – anwendbar:

454

- § 708 BGB (Gestaltungsfreiheit): Damit steht es den Gesellschaftern (bzw. Gelegenheitsgesellschaftern des Handelsrechts)[763] frei, ihr Rechtsverhältnis abweichend von den gesetzlichen Vorschriften durch den Gesellschaftsvertrag zu regeln[764] (Dispositivität der gesetzlichen Vorschriften auch in der Innengesellschaft),
- § 709 BGB (Beiträge; Stimmgewicht; Anteil am Gewinn und Verlust),
- § 710 BGB (Mehrbelastungsverbot),
- § 711 BGB (Übertragbarkeit des Gesellschaftsanteils),

---

758 RegE, BT-Drucks 19/27635, S. 190.
759 RegE, BT-Drucks 19/27635, S. 190.
760 So auch *Schäfer*, FS für Windbichler, 2020, 981, 989; *K. Schmidt*, ZHR 185 (2021), 16, 22: Die Gebundenheit eines Gesellschaftsvermögens könne allenfalls schuldrechtlich substituiert bzw. treuhänderisch simuliert werden.
761 RegE, BT-Drucks 19/27635, S. 190: beschwerlicher Weg.
762 RegE, BT-Drucks 19/27635, S. 191.
763 *Schäfer/Armbrüster*, § 3 Rn 63.
764 RegE, BT-Drucks 19/27635, S. 191.

- § 711a BGB (eingeschränkte Übertragbarkeit von Rechten aus dem Gesellschaftsverhältnis),
- § 712 BGB (Eintritt eines neuen Gesellschafters; Ausscheiden eines Gesellschafters),
- § 714 BGB (Beschlussfassung),
- § 715 BGB (Geschäftsführungsbefugnis),
- § 715a BGB (Notgeschäftsführungsbefugnis),
- § 716 BGB (Ersatz von Aufwendungen und Verlusten; Vorschusspflicht; Herausgabepflicht; Verzinsungspflicht): Hier tritt anstelle eines Vermögensausgleichs zwischen der Gesellschaft und dem Gesellschafter ein Vermögensausgleich der Gesellschafter untereinander,[765]
- § 717 Abs. 1 BGB (Informationsrecht): Hier richtet sich das individuelle Informationsrecht nicht gegen die Gesellschaft, sondern gegen denjenigen Gesellschafter, der über die Information verfügt,[766]
- § 718 BGB (Rechnungsabschluss und Verteilung von Gewinn und Verlust): Hier tritt anstelle eines Vermögensausgleichs zwischen der Gesellschaft und dem Gesellschafter ein Vermögensausgleich der Gesellschafter untereinander.[767]

455 Es handelt sich bei den §§ 740 ff. BGB nur um Regelungen, die das Verhältnis der Gesellschafter untereinander regeln, nicht hingegen um den Außenauftritt und auch nicht das Gesellschaftsvermögen bestimmende Vorschriften.[768]

Den Gesellschaftern steht es aber frei, ihr Rechtsverhältnis abweichend von den gesetzlichen Vorschriften durch den Gesellschaftsvertrag zu regeln (vgl. insoweit auch § 740 Abs. 2 i.V.m. § 708 BGB entsprechend), was *„gleichermaßen für die hier aufgeführten Vorschriften des Kapitels 2, auf die § 740 BGB verweist, als auch insbesondere für den § 740a BGB [gilt]. Denn in der Sache handelt es sich bei allen Vorschriften des Untertitels 3 um solche, die das Rechtsverhältnis der Gesellschafter untereinander regeln"*.[769]

> *Beachte:*
> Obgleich in § 740 Abs. 2 BGB kein Verweis auf § 706 BGB (Sitz) erfolgt, können die Gesellschafter einer Innengesellschaft eine Abrede über ihren „Sitz" treffen, der allerdings nur die Bedeutung hat, *„die Geschäftsführung der Innengesellschaft zu lokalisieren"*[770] (arg.: Das Sitzwahlrecht soll Anreiz für die Au-

---

765 RegE, BT-Drucks 19/27635, S. 191.
766 RegE, BT-Drucks 19/27635, S. 191.
767 RegE, BT-Drucks 19/27635, S. 191.
768 Schäfer/*Schäfer*, § 8 Rn 4.
769 RegE, BT-Drucks 19/27635, S. 191.
770 Schäfer/*Armbrüster*, § 3 Rn 64.

H. Die nicht rechtsfähige Gesellschaft – Innengesellschaft (§§ 740 bis 740c BGB) § 2

ßengesellschafen sein, von ihrem Eintragungswahlrecht Gebrauch zu machen).[771]

II. Beendigung der Gesellschaft (§ 740a BGB)

Die Neuregelung des § 740a BGB normiert anstelle der Liquidation die Beendigung der nicht rechtsfähigen Gesellschaft, *„da diese mangels eigenen Vermögens liquidationslos erlischt"*:[772] 456

„(1) Die nicht rechtsfähige Gesellschaft endet durch:
1. Ablauf der Zeit, für welche sie eingegangen wurde;
2. Auflösungsbeschluss;
3. Tod eines Gesellschafters;
4. Kündigung der Gesellschaft durch einen Gesellschafter;
5. Eröffnung des Insolvenzverfahrens über das Vermögen eines Gesellschafters;
6. Kündigung der Gesellschaft durch einen Privatgläubiger eines Gesellschafters.

(2) Die Gesellschaft endet ferner, wenn der vereinbarte Zweck erreicht oder seine Erreichung unmöglich geworden ist.

(3) Auf die Beendigung der Gesellschaft sind die §§ 725, 726, 730, 732 und 734 Absatz 1 und 2 entsprechend anzuwenden."

1. Gründe, die zur Beendigung der nicht rechtsfähigen Gesellschaft führen

Bei der Innengesellschaft erfolgt keine Unterscheidung zwischen Auflösung und Beendigung. Die nicht rechtsfähige Gesellschaft **endet** nach § 740a Abs. 1 BGB (in Nachbildung der **Beendigungsgründe** der §§ 723 bis 728 BGB alt) – da aufgrund *„des gesetzlichen Leitbilds der nicht rechtsfähigen Gesellschaft als Gelegenheitsgesellschaft [weswegen] ohne besondere vertragliche Vorsorge (...) die für die rechtsfähige Gesellschaft geltenden Auflösungsgründe nicht ohne Weiteres auf die nicht rechtsfähige Gesellschaft übertragen werden [können]"*[773] (Beendigung statt Auflösung – arg.: Die Innengesellschaft ist nicht rechtsfähig) – durch (teils entsprechend mit § 729 Abs. 1 BGB, d.h. der Listung der Auflösungsgründe, bei der Außengesellschaft): 457

- Ablauf der Zeit, für welche sie eingegangen wurde (Nr. 1);
- Auflösungsbeschluss (Nr. 2);
- Tod eines Gesellschafters (Nr. 3 – entsprechend § 723 Abs. 1 Nr. 1 BGB: bloßer Ausscheidensgrund bei der Außengesellschaft);
- Kündigung der Gesellschaft durch einen Gesellschafter (Nr. 4);

---

771 RegE, BT-Drucks 19/27635, S. 128.
772 RegE, BT-Drucks 19/27635, S. 191.
773 RegE, BT-Drucks 19/27635, S. 191.

- Eröffnung des Insolvenzverfahrens über das Vermögen eines Gesellschafters (Nr. 5 – nicht der Gesellschaft [vgl. § 729 Abs. 1 Nr. 1 BGB], da die Innengesellschaft nicht insolvenzfähig ist);
- Kündigung der Gesellschaft durch einen Privatgläubiger eines Gesellschafters (Nr. 6): Die Regelung greift nur, *„wenn nach Beendigung [ein] verteilungsfähiges Vermögen zum Beispiel in Gestalt schuldrechtlich gebundener Bruchteilsrechte an einzelnen Vermögensgegenständen oder in Gestalt einzelner treuhänderisch verwalteter Vermögensgegenstände existiert".*[774]

Beachte:
Bei der Außengesellschaft führt die Kündigung der Gesellschaft hingegen nach § 729 Abs. 1 Nr. 3 BGB – ohne Rücksicht darauf, wer sie erklärt – zur Auflösung.

Die Beendigungsgründe des § 740a Abs. 1 Nr. 3 bis 6 BGB sind nach § 740c Abs. 1 BGB dispositiv.

2. Beendigung durch Erreichung oder Unmöglichwerden der Erreichung des Zwecks, zu dem die Gesellschaft gegründet worden ist

458 Die Innengesellschaft endet nach § 740a Abs. 2 BGB – entsprechend § 726 BGB alt und nahezu wortgleich mit § 729 Abs. 2 BGB neu – ferner, wenn der vereinbarte Zweck erreicht oder seine Erreichung unmöglich geworden ist.

3. Auf die Beendigung anwendbare Vorschriften

459 Auf die Beendigung der nichtrechtsfähigen Gesellschaft sind nach § 740a Abs. 3 BGB entsprechend anwendbar (Verweisungen, wobei bei der Innengesellschaft an die Stelle des Ausscheidens die Beendigung tritt):[775]
- § 725 BGB (Kündigung der Mitgliedschaft durch einen Gesellschafter aus „wichtigem Grund");
- § 726 BGB (Beendigung wegen Kündigung der Gesellschaft durch einen Privatgläubiger eines Gesellschafters): Die Pfändung i.S.v. § 726 BGB bezieht sich *„nicht auf den Anteil des Gesellschafters an der Gesellschaft (da diese über kein Vermögen verfügt), sondern auf den Auseinandersetzungsanspruch als dem nach § 857 Abs. 1 ZPO pfändbaren Vermögensrecht";*[776]
- § 730 BGB (Auflösung bei Tod oder Insolvenz eines Gesellschafters);
- § 732 BGB (Auflösungsbeschluss);
- § 734 Abs. 1 und 2 BGB (Fortsetzung der Gesellschaft).

---

774 RegE, BT-Drucks 19/27635, S. 192.
775 RegE, BT-Drucks 19/27635, S. 192.
776 RegE, BT-Drucks 19/27635, S. 192.

H. Die nicht rechtsfähige Gesellschaft – Innengesellschaft (§§ 740 bis 740c BGB) § 2

Bei den in § 740a Abs. 3 BGB gelisteten entsprechend anwendbaren Regelungen handelt es sich um auf die rechtrechtsfähige (Innen-) Gesellschaft passende Vorschriften der Kapitel 5 und 6,[777] d.h. es erfolgt kein Verweis auf Regelungen, die eine Registereintragung voraussetzen (wie bspw. die §§ 733, 734 Abs. 3 BGB), da eine Innengesellschaft mit ihrer Eintragung ins Gesellschaftsregister zur Außengesellschaft wird. 460

Entsprechende Anwendung *„bedeutet, dass anstelle des Ausscheidens eines Gesellschafters oder der Auflösung der Gesellschaft deren Beendigung tritt".*[778]

III. Auseinandersetzung nach Beendigung der nicht rechtsfähigen Gesellschaft (§ 740b BGB)

§ 740b BGB über die Auseinandersetzung nach Beendigung der nicht rechtsfähigen Gesellschaft hat folgenden Wortlaut: 461

„(1) Nach der Beendigung der nicht rechtsfähigen Gesellschaft findet die Auseinandersetzung unter den Gesellschaftern statt.

(2) Auf die Auseinandersetzung sind § 736d Absatz 2, 4, 5 und 6 und § 737 entsprechend anzuwenden."

Aufgrund des Fehlens eines Gesellschaftsvermögens erlischt die Innengesellschaft **ohne Liquidation**[779] (i.S.d. §§ 735 ff. BGB). 462

§ 740b Abs. 1 BGB stellt klar, dass nach der Beendigung die Gesellschafter nur untereinander die Auseinandersetzung schulden:[780] Nach der Beendigung der nicht rechtsfähigen Gesellschaft findet die Auseinandersetzung unter den Gesellschaftern statt.

Auf die Auseinandersetzung nach Beendigung der nicht rechtsfähigen Gesellschaft sind nach § 740b Abs. 2 BGB entsprechend (um *„der Rechtsprechung den nötigen Spielraum, auf die jeweiligen Vermögensverhältnisse der nicht rechtsfähigen Gesellschaft angemessen [eingehen zu können]"*)[781] einige der für die Außengesellschaft geltenden Liquidationsregelungen anzuwenden, nämlich: 463

- § 736d Abs. 2, 4, 5 und 6 BGB (Vorschriften über die Rechtsstellung der Liquidatoren) und
- § 737 BGB (Haftung der Gesellschafter für einen Fehlbetrag).

---

777 RegE, BT-Drucks 19/27635, S. 192.
778 RegE, BT-Drucks 19/27635, S. 192.
779 RegE, BT-Drucks 19/27635, S. 191.
780 RegE, BT-Drucks 19/27635, S. 192.
781 RegE, BT-Drucks 19/27635, S. 192.

Dies liegt darin begründet, dass die Innengesellschaft – auch wenn sie nach § 740 Abs. 1 BGB kein eigenes Vermögen hat – ein „*wirtschaftlich ihr zuzuordnendes Vermögen (gemeinsames Vermögen mit schuldrechtlicher Wirkung, das rechtlich ein Gesellschafter innehat) haben kann*".[782]

464 Die sog. **Durchsetzungssperre** führt auch bei der Auseinandersetzung einer Innengesellschaft grundsätzlich zur Unselbstständigkeit von gegeneinander bestehenden Einzelansprüchen.[783]

IV. Ausscheiden eines Gesellschafters (§ 740c BGB)

465 Die Neuregelung des § 740c BGB regelt im Gleichlauf zu § 740a BGB das Ausscheiden eines Gesellschafters:[784]

„(1) Ist im Gesellschaftsvertrag vereinbart, dass abweichend von den in § 740a Absatz 1 Nummer 3 bis 6 genannten Beendigungsgründen die Gesellschaft fortbestehen soll, so tritt mangels abweichender Vereinbarung an die Stelle der Beendigung der Gesellschaft das Ausscheiden des Gesellschafters, in dessen Person der Ausscheidensgrund eintritt.

(2) Auf das Ausscheiden eines Gesellschafters sind die §§ 727, 728 und 728a entsprechend anzuwenden."

1. Fortbestand der Gesellschaft

466 § 740c Abs. 1 BGB stellt klar, dass alle oder einzelne der Beendigungstatbestände des § 740a Abs. 1 Nr. 3 bis 6 BGB gesellschaftsvertraglich (durch entsprechende Abrede) abdingbar sind.[785] Ist im Gesellschaftsvertrag vereinbart, dass abweichend von den in § 740a Abs. 1 Nr. 3 bis 6 BGB genannten Beendigungsgründen – mithin
- Nr. 3 (Tod eines Gesellschafters),
- Nr. 4 (Kündigung der Gesellschaft durch einen Gesellschafter),
- Nr. 5 (Eröffnung des Insolvenzverfahrens über das Vermögen eines Gesellschafters) bzw.
- Nr. 6 (Kündigung der Gesellschaft durch einen Privatgläubiger des Gesellschafters) –

(d.h. anstelle der Beendigung der Gesellschaft bei Eintritt der genannten Beendigungsgründe) die nicht rechtsfähige Gesellschaft (Innengesellschaft) unter den übrigen Gesellschaftern fortbestehen soll (**Fortsetzung** statt Beendigung), so tritt nach § 740c Abs. 1 BGB – entsprechend § 736 BGB alt – mangels abweichender

---

[782] Schäfer/*Armbrüster*, § 3 Rn 70: Weil ein Gesellschafter Vermögensgegenstände treuhänderisch für alle Gesellschafter hält bzw. schuldrechtlich gebundene Bruchteilsrechte aller Gesellschafter an einzelnen Vermögensgegenständen bestehen, so RegE, BT-Drucks 19/27635, S. 192, was nach § 740a Abs. 1 Nr. 6 BGB (Kündigung durch den Privatgläubiger eines Gesellschafters) relevant sein kann.
[783] RegE, BT-Drucks 19/27635, S. 192.
[784] RegE, BT-Drucks 19/27635, S. 192.
[785] Schäfer/*Armbrüster*, § 3 Rn 71.

H. Die nicht rechtsfähige Gesellschaft – Innengesellschaft (§§ 740 bis 740c BGB) § 2

Vereinbarung (womit klargestellt wird, dass bei entsprechender Interessenlage ein Fortbestand der Gesellschaft mit dem Gesellschafter möglich ist)[786] an die Stelle der Beendigung der Gesellschaft das **Ausscheiden des Gesellschafters**, in dessen Person der Ausscheidensgrund eintritt. Einer Fortsetzungsklausel bedarf es dabei in diesen gesetzlich normierten Fällen (vergleichbar § 736 BGB alt) nicht. Die Innengesellschaft wird ohne den ausgeschiedenen Gesellschafter fortgesetzt.

> *Beachte:*
> Auch eine abweichende Vereinbarung – dass der betreffende Gesellschafter in der (Innen-)Gesellschaft verbleibt – ist nach § 740c Abs. 1 BGB möglich (arg.: „*mangels abweichender Vereinbarung*").[787]

2. Auf das Ausscheiden des Gesellschafters anwendbare Vorschriften

Auf das Ausscheiden eines Gesellschafters sind gemäß § 740c Abs. 2 BGB entsprechend anzuwenden:

- § 727 BGB (Ausschließung eines Gesellschafters aus „wichtigem Grund"): „*Es entspricht auch bei der nicht rechtsfähigen Gesellschaft dem mutmaßlichen Interesse der Beteiligten, die Gesellschaft dann ohne den betreffenden Gesellschafter fortsetzen zu können*".[788] Durch den Verweis auf § 727 BGB in § 740c Abs. 2 BGB – d.h., dass § 727 BGB nicht als weiterer Beendigungsgrund in § 740a Abs. 1 BGB gelistet wurde – bedarf es in diesem Fall auch bei der nicht rechtsfähigen Gesellschaft keiner Fortsetzungsklausel.[789]
- § 728 BGB (Ansprüche des ausgeschiedenen Gesellschafters).
- § 728a BGB (Haftung des ausgeschiedenen Gesellschafters für einen Fehlbetrag).

467

---

[786] RegE, BT-Drucks 19/27635, S. 193 unter Bezugnahme auf *Armbrüster*, ZGR-Sonderheft 23 (2020), 143, 160 f.; *Bachmann*, ZGR-Sonderheft 23 (2020), 221, 231 ff.
[787] Schäfer/*Armbrüster*, § 3 Rn 72 – bspw. im Fall der Insolvenz eines Freiberuflers in einer Bürogemeinschaft, wenn der Insolvenzverwalter nach § 35 Abs. 2 InsO die Fortführung der selbstständigen Tätigkeit freigibt: Rechtsausschuss, BT-Drucks 19/31105, S. 7. Im Fall des § 740 Abs. 1 Nr. 3 BGB „*tritt nach Maßgabe der Vereinbarung ein Nachfolger an die Stelle des verstorbenen Gesellschafters*": Schäfer/*Armbrüster*, a.a.O.
[788] RegE, BT-Drucks 19/27635, S. 193.
[789] RegE, BT-Drucks 19/27635, S. 193.

§ 3 Die offene Handelsgesellschaft

A. Vorbemerkung

Die infolge des MoPeG im OHG- und KG-Recht erfolgten Änderungen sind in der der Bearbeitung vorangestellten Gesetzesparagrafen in **Fettdruck** *hervorgehoben.*

B. Einleitung

Das Recht der Offenen Handelsgesellschaft (OHG) – Erster Abschnitt des Zweiten Buchs des HGB (§§ 105 bis 160 HGB) – wird „*aus regelungstechnischen Gründen neu gefasst und im Gleichlauf zu ‚Titel 16 Gesellschaft'*"[1] des BGB in sechs Titel gegliedert:

- Errichtung der Gesellschaft (erster Titel – §§ 105 bis 107 HGB)
- Rechtsverhältnisse der Gesellschafter untereinander und der Gesellschafter zur Gesellschaft (zweiter Titel – §§ 108 bis 122 HGB)
- Rechtsverhältnis der Gesellschaft zu Dritten (dritter Titel – §§ 123 bis 129 HGB)
- Ausscheiden eines Gesellschafters (vierter Titel – §§ 130 bis 137 HGB)
- Auflösung der Gesellschaft (fünfter Titel – §§ 138 bis 142 HGB)
- Liquidation der Gesellschaft (sechster Titel – §§ 143 bis 160 HGB)

C. Errichtung der Gesellschaft

I. Begriff der OHG und Anwendbarkeit des BGB (§ 105 HGB)

§ 105 HGB definiert den Begriff der Offenen Handelsgesellschaft und statuiert die subsidiäre Anwendbarkeit der Vorschriften des neuen GbR-Rechts (§§ 705 ff. BGB) auf die OHG:[2]

> „(1) Eine Gesellschaft, deren Zweck auf den Betrieb eines Handelsgewerbes unter gemeinschaftlicher Firma gerichtet ist, ist eine offene Handelsgesellschaft, wenn bei keinem der Gesellschafter die Haftung gegenüber den Gesellschaftsgläubigern beschränkt ist.
>
> **(2) Die offene Handelsgesellschaft kann Rechte erwerben und Verbindlichkeiten eingehen**.
>
> (3) Auf die offene Handelsgesellschaft finden, soweit in diesem Abschnitt nichts anderes vorgeschrieben ist, die Vorschriften des Bürgerlichen Gesetzbuchs über die Gesellschaft **entsprechende** Anwendung".

---

1 RegE, BT-Druck 19/27635, S. 221.
2 Zur Abgrenzung einer GbR von einer OHG und deren Bedeutung für gesellschaftsrechtliche Streitigkeiten: *Wallmann*, NZG 2022, 742.

§ 3 Die offene Handelsgesellschaft

1. Rechtsnatur der OHG

4   Eine Gesellschaft, deren Zweck auf den Betrieb eines Handelsgewerbes i.S.v. § 1 Abs. 2 HGB unter gemeinschaftlicher Firma gerichtet ist, ist nach § 105 Abs. 1 HGB – in wortgleicher Übernahme von § 105 Abs. 1 HGB alt – eine OHG, wenn bei keinem der Gesellschafter die Haftung gegenüber den Gesellschaftsgläubigern beschränkt ist.

2. Rechtsfähigkeit der OHG

5   Die OHG kann nach § 105 Abs. 2 HGB[3] (entsprechend § 124 Abs. 1 HGB alt und in inhaltlicher Konkordanz mit § 705 Abs. 2 1. Alt. BGB mit dem klarstellenden Klammerzusatz „rechtsfähige Personengesellschaft") Rechte erwerben und Verbindlichkeiten eingehen. Die redaktionelle Ergänzung des § 105 HGB stellt klar, dass die OHG und somit über § 161 Abs. 2 HGB auch die KG rechtsfähig sind.[4] OHG und KG sind auf eine Teilnahme am Rechtsverkehr ausgerichtet.[5]

> *Beachte:*
> Die Parteifähigkeit der OHG folgt nach § 50 ZPO neu aus der Rechtsfähigkeit.

3. Anwendbarkeit der Vorschriften über die GbR auf die OHG

6   Auf die OHG finden nach § 105 Abs. 3 HGB, soweit in den §§ 106 bis 152 HGB nichts anderes vorgeschrieben ist, die Vorschriften des BGB über die GbR (§§ 705 bis 739 BGB) **entsprechende Anwendung.**

§ 105 Abs. 3 HGB übernimmt die vormalige Rechtsgrundverweisung in § 105 Abs. 3 HGB alt in modifizierter Form, wobei die Neuregelung jetzt aber die BGB-Vorschriften über die GbR auf die OHG „*im Sinne einer Rechtsanalogie für subsidiär anwendbar erklärt*", um den „*verbleibenden Strukturunterschieden beider Gesellschaftsrechtsformen (…) hinreichend gerecht [zu werden]*".[6]

II. Anmeldung zum Handelsregister und Statuswechsel in eine Personengesellschaft (§ 106 HGB)

7   Die Regelung des § 106 HGB über die Abmeldung zum Handelsregister – und neu zum Statuswechsel in eine Personengesellschaft – hat folgenden Wortlaut:

---

3   Der im Gesetzentwurf der Bundesregierung zunächst nicht enthalten war und aufgrund einer Empfehlung des Rechtsausschusses in das Gesetz aufgenommen worden ist: BT-Drucks 19/31105, S. 8.
4   Rechtsausschuss, BT-Drucks 19/31105, S. 8.
5   Schäfer/*Schäfer*, § 8 Rn 3.
6   RegE, BT-Drucks 19/27635, S. 222.

„(1) Die Gesellschaft ist bei dem Gericht, in dessen Bezirk sie ihren Sitz hat, zur Eintragung in das Handelsregister anzumelden.

(2) Die Anmeldung **muss** enthalten:
1. folgende Angaben zur Gesellschaft:
   a) die Firma,
   b) den Sitz und
   c) die Geschäftsanschrift in einem Mitgliedstaat der Europäischen Union;
2. folgende Angaben zu jedem Gesellschafter:
   a) wenn der Gesellschafter eine natürliche Person ist: dessen Namen, Vornamen, Geburtsdatum und Wohnort;
   b) wenn der Gesellschafter eine juristische Person oder rechtsfähige Personengesellschaft ist: deren Firma oder Namen, Rechtsform, Sitz und, soweit gesetzlich vorgesehen, zuständiges Register und Registernummer;
3. die Angabe der Vertretungsbefugnis der Gesellschafter;
4. die Versicherung, dass die Gesellschaft nicht bereits im Gesellschafts- oder im Partnerschaftsregister eingetragen ist.

(3) Ist die Gesellschaft bereits im Gesellschafts- oder im Partnerschaftsregister eingetragen, hat die Anmeldung im Wege eines Statuswechsels dort zu erfolgen.

(4) Das Gericht soll eine Gesellschaft, die bereits im Gesellschafts- oder im Partnerschaftsregister eingetragen ist, in das Handelsregister nur eintragen, wenn
1. der Statuswechsel zu dem anderen Register nach Absatz 3 angemeldet wurde,
2. der Statuswechselvermerk in das andere Register eingetragen wurde und
3. das für die Führung des anderen Registers zuständige Gericht das Verfahren an das für die Führung des Handelsregisters zuständige Gericht abgegeben hat.

§ 707c Absatz 2 des Bürgerlichen Gesetzbuchs ist entsprechend anzuwenden. Absatz 2 bleibt im Übrigen unberührt.

(5) Die Eintragung der Gesellschaft hat im Fall des Absatzes 4 die Angabe des für die Führung des Gesellschafts- oder des Partnerschaftsregisters zuständigen Gerichts, den Namen und die Registernummer, unter der die Gesellschaft bislang eingetragen ist, zu enthalten. Das Gericht teilt dem Gericht, das das Verfahren abgegeben hat, von Amts wegen den Tag der Eintragung der Gesellschaft in das Handelsregister und die neue Registernummer mit. Die Ablehnung der Eintragung teilt das Gericht von Amts wegen dem Gericht, das das Verfahren abgegeben hat, mit, sobald die Entscheidung rechtskräftig geworden ist.

(6) Wird die Firma der Gesellschaft geändert, der Sitz der Gesellschaft an einen anderen Ort verlegt, die Geschäftsanschrift geändert, scheidet ein Gesellschafter aus oder tritt ein neuer Gesellschafter ein oder ändert sich die Vertretungsbefugnis eines Gesellschafters, ist dies ebenfalls zur Eintragung in das Handelsregister anzumelden.

(7) Anmeldungen sind vorbehaltlich der Sätze 2 und 3 von sämtlichen Gesellschaftern zu bewirken. Scheidet ein Gesellschafter durch Tod aus, kann die Anmeldung ohne Mitwirkung der Erben erfolgen, sofern einer solchen Mitwirkung besondere

Hindernisse entgegenstehen. Ändert sich nur die Geschäftsanschrift der Gesellschaft, ist die Anmeldung von der Gesellschaft zu bewirken."

1. Anmeldepflicht

8 Die Gesellschaft ist nach § 106 Abs. 1 HGB – in wortgleicher Übernahme von § 106 Abs. 1 HGB alt – bei dem Gericht, in dessen Bezirk sie ihren Sitz hat, zur Eintragung in das Handelsregister anzumelden.

2. Notwendige Angaben der Anmeldung

9 Die Anmeldung muss nach § 106 Abs. 2 HGB (in Entsprechung mit § 707 Abs. 2 BGB), wobei in Ergänzung zu § 106 Abs. 2 HGB alt jetzt auch Angaben zu Gesellschaftern zu machen sind, *„bei denen es sich um eine juristische Person oder eine rechtsfähige Personengesellschaft handelt"* (vgl. Nr. 2 Buchst. b)[7] – enthalten:

- folgende Angaben zur Gesellschaft (Nr. 1):
  - die Firma (Buchst. a),
  - den Sitz (Buchst. b) und
  - die Geschäftsanschrift in einem EU-Mitgliedstaat[8] (Buchst. c);
- folgende Angaben zu jedem Gesellschafter (Nr. 2):
  - wenn der Gesellschafter eine natürliche Person ist: dessen Namen, Vornamen, Geburtsdatum und Wohnort (Buchst. a);
  - wenn der Gesellschafter eine juristische Person oder rechtsfähige Personengesellschaft ist: Deren Firma (vgl. §§ 17 und 18 sowie § 19 Abs. 1 Nr. 2 und 3 sowie Abs. 2 HGB) oder Namen, Rechtsform, Sitz (wobei nicht näher spezifiziert wird, *„um welchen Sitz es sich dabei zu handeln hat, weil dies von der genauen Form des Gesellschafters abhängt"*)[9] und, soweit gesetzlich vorgesehen, zuständiges Register und Registernummer (Buchst. b);
- die Angabe der Vertretungsbefugnis der Gesellschafter (Nr. 3);
- die Versicherung, dass die Gesellschaft nicht bereits im Gesellschafts- oder im Partnerschaftsregister eingetragen ist (Nr. 4). *„Diese Versicherung trägt dazu bei, dass bei einer bereits eingetragenen Gesellschaft das Verfahren für den Statuswechsel eingehalten wird, das die Identität der Gesellschaft und ihre Nachvollziehbarkeit für den Rechtsverkehr sicherstellt"*.[10]

---

7 RegE, BT-Drucks 19/27635, S. 222.
8 Im Unterschied zu § 106 Abs. 2 Nr. 2 HGB alt muss sich die anzugebende Gesellschaftsanschrift nicht mehr im Inland befinden: RegE, BT-Drucks 19/27635, S. 222.
9 RegE, BT-Drucks 19/27635, S. 222.
10 RegE, BT-Drucks 19/27635, S. 222.

3. Statuswechsel in eine Personenhandelsgesellschaft

Ist die Gesellschaft bereits im Gesellschafts- (GbR) oder im Partnerschaftsregister (Partnerschaftsgesellschaft) eingetragen, hat die Anmeldung zur Eintragung in das Handelsregister nach § 106 Abs. 3 BGB – der dem Regelungsmodell des § 707c BGB folgt – im Wege eines Statuswechsels dort zu erfolgen.

10

> *Beachte:*
> § 106 Abs. 3 HGB gilt sowohl für die verpflichtende Anmeldung zur Eintragung in das Handelsregister als auch für die Anmeldung von Gesellschaften nach § 107 Abs. 1 HGB (mithin für Gesellschaften, die erst durch die Eintragung in das Handelsregister den Status einer OHG erlangen).[11]

Mit § 106 Abs. 3 HGB schien dem Gesetzgeber – trotz der entsprechenden Anwendbarkeit der Vorschriften über die GbR nach § 105 Abs. 3 HGB (s. vorstehende Rdn 5) – geboten, da ansonsten § 106 Abs. 1 HGB als Spezialregelung verstanden werden könnte, die den nach § 105 Abs. 3 HGB entsprechend anwendbaren § 707c Abs. 1 BGB verdrängt.[12]

4. Eintragungsvoraussetzungen für eine bislang im Gesellschafts- oder im Partnerschaftsregister eingetragene Gesellschaft

Das Gericht soll nach § 106 Abs. 4 S. 1 HGB eine Gesellschaft, die bereits im Gesellschafts- (rechtsfähige GbR) oder im Partnerschaftsregister (Partnerschaftsgesellschaft) eingetragen ist, in das Handelsregister (als OHG) nur eintragen, wenn

11

- der Statuswechsel zu dem anderen Register nach § 106 Abs. 3 HGB angemeldet wurde (Nr. 1),
- der Statuswechselvermerk in das andere Register eingetragen wurde (Nr. 2) und
- das für die Führung des anderen Registers zuständige Gericht das Verfahren an das für die Führung des Handelsregisters zuständige Gericht abgegeben hat (Nr. 3).

§ 707c Abs. 2 BGB ist nach § 106 Abs. 4 S. 2 BGB im Hinblick auf die weiteren Einzelheiten des Eintragungsverfahrens (insbesondere den Vermerk, in dem die Abhängigkeit des Wirksamwerdens der Eintragung des Statuswechsels von der Eintragung der Gesellschaft im aufnehmenden Register, d.h. dem Handelsregister, festgehalten ist, wenn die Eintragungen nicht am selben Tag erfolgen)[13] entsprechend anzuwenden. § 106 Abs. 2 HGB mit der Listung der notwendigen Angaben der Anmeldung bleibt im Übrigen gemäß § 106 Abs. 4 S. 3 HGB unberührt.

12

---

11 RegE, BT-Drucks 19/27635, S. 222.
12 RegE, BT-Drucks 19/27635, S. 222.
13 RegE, BT-Drucks 19/27635, S. 223.

§3	Die offene Handelsgesellschaft

13   Die Gesellschaft (rechtsfähige GbR oder Partnerschaftsgesellschaft) soll somit als OHG nur dann ins Handelsregister eingetragen werden, wenn[14]
- wenn der Statuswechsel zum Gesellschaftsregister angemeldet wurde,
- der Statuswechselvermerk gemäß § 707c Abs. 2 S. 1 BGB, der gemäß § 1 Abs. 4 PartGG auf die Partnerschaftsgesellschaft entsprechende Anwendung findet, eingetragen wurde, und
- das Verfahren von dem für die Führung des Gesellschafts- oder Partnerschaftsregisters zuständigen Gericht an das Handelsregister abgegeben wurde.

5. Vorgabe, dass die wesentlichen Registerdaten, unter denen die Gesellschaft bislang im Gesellschafts- oder Partnerschaftsregister eingetragen war, bei der Eintragung ins Handelsregister anzugeben sind

14   Die Eintragung der Gesellschaft hat im Fall des § 106 Abs. 4 HGB nach § 106 Abs. 5 S. 1 HGB die Angabe
- des für die Führung des Gesellschafts- oder des Partnerschaftsregisters zuständigen Gerichts und
- den Namen und die Registernummer, unter der die Gesellschaft bislang eingetragen ist,

zu enthalten.

15   Das Gericht, das die Eintragung ins Handelsregister vorgenommen hat, teilt dem (das Gesellschafts- oder Partnerschaftsregister führenden) Registergericht, das das Verfahren abgegeben hat, nach § 106 Abs. 5 S. 2 HGB von Amts wegen
- den Tag der Eintragung der Gesellschaft in das Handelsregister und
- die neue Registernummer

mit, „*damit die dortige Eintragung gemäß § 707c Abs. 2 S. 4 BGB, der gemäß § 1 Abs. 4 PartGG auch auf die statuswechselnde Partnerschaftsgesellschaft entsprechende Anwendung findet, vervollständigt und die Wirksamkeit des eingetragenen Statuswechselvermerks auch dort nachvollzogen werden kann*".[15]

16   Die (rechtskräftige) Ablehnung der Eintragung als OHG (oder KG – i.V.m. § 161 Abs. 2 HGB) – womit der Statuswechsel endgültig nicht wirksam werden kann (weil bspw. „*der Gesellschaftszweck weder im Betrieb eines Handelsgewerbes noch in der Verwaltung eigenen Vermögens noch in der berufsrechtlich zulässigen gemeinsamen Ausübung Freier Berufe durch die Gesellschafter besteht, so dass die Erlangung der Eigenschaft einer Personenhandelsgesellschaft ausgeschlossen ist*")[16] – teilt das Gericht nach § 106 Abs. 5 S. 3 HGB von Amts wegen dem Ge-

---

14   RegE, BT-Drucks 19/27635, S. 223.
15   RegE, BT-Drucks 19/27635, S. 223.
16   RegE, BT-Drucks 19/27635, S. 223.

richt, das das Verfahren abgegeben hat, mit, sobald die Entscheidung rechtskräftig geworden ist. Für diesen Fall ist im abgebenden Register dann der Statuswechselvermerk gemäß § 707c Abs. 2 S. 5 BGB von Amts wegen zu löschen (vgl. für Partnerschaftsgesellschaft die entsprechende Anwendung des § 707c Abs. 2 S. 5 BGB gemäß § 1 Abs. 4 PartGG).[17]

§ 106 Abs. 5 HGB soll sicherstellen, dass die Identität der Gesellschaft über den Statuswechsel hinaus vom Rechtsverkehr nachvollzogen werden kann.[18]

6. Anzumeldende Änderungen

Wird die Firma der Gesellschaft geändert, der Sitz der Gesellschaft an einen anderen Ort verlegt, die Geschäftsanschrift geändert, scheidet ein Gesellschafter aus oder tritt ein neuer Gesellschafter ein oder ändert sich die Vertretungsbefugnis eines Gesellschafters, ist dies nach § 106 Abs. 6 HGB (in Übernahme von § 107 HGB alt und § 143 Abs. 2 HGB alt [Ausscheiden eines Gesellschafters] sowie im Gleichklang mit § 707 Abs. 3 S. 1 BGB) ebenfalls zur Eintragung in das Handelsregister anzumelden. 17

7. Anmeldung durch alle Gesellschafter

Anmeldungen sind nach § 106 Abs. 7 S. 1 HGB – entsprechend § 108 HGB alt und § 143 Abs. 3 HGB alt sowie § 707 Abs. 4 S. 1 BGB – grundsätzlich von sämtlichen Gesellschaftern zu bewirken. 18

Etwas anderes gilt nur in folgenden Fällen:

- Scheidet ein Gesellschafter durch Tod aus, kann die Anmeldung nach § 106 Abs. 7 S. 2 HGB (entsprechend § 707 Abs. 4 S. 2 BGB) ohne Mitwirkung der Erben erfolgen, sofern einer solchen Mitwirkung besondere Hindernisse entgegenstehen.
- Ändert sich nur die Geschäftsanschrift der Gesellschaft, ist die Anmeldung mach § 106 Abs. 7 S. 3 HGB (entsprechend § 707 Abs. 4 S. 3 BGB) von der Gesellschaft zu bewirken.

III. Kleingewerbliche, vermögensverwaltende oder freiberufliche Gesellschaft und Statuswechsel (§ 107 HGB)

§ 107 BGB regelt die kleingewerbliche, vermögensverwaltende oder freiberufliche Gesellschaft und den Statuswechsel (wohingegen § 107 HGB alt die anzumeldenden Änderungen geregelt hat): 19

---

17 RegE, BT-Drucks 19/27635, S. 223.
18 RegE, BT-Drucks 19/27635, S. 223.

§ 3 Die offene Handelsgesellschaft

„(1) Eine Gesellschaft, deren Gewerbebetrieb nicht schon nach § 1 Absatz 2 Handelsgewerbe ist oder die nur eigenes Vermögen verwaltet, ist offene Handelsgesellschaft, wenn die Firma des Unternehmens in das Handelsregister eingetragen ist. Dies gilt auch für eine Gesellschaft, deren Zweck die gemeinsame Ausübung Freier Berufe durch ihre Gesellschafter ist, soweit das anwendbare Berufsrecht die Eintragung zulässt.

(2) Die Gesellschaft ist berechtigt, aber nicht verpflichtet, die Eintragung nach den für die Eintragung einer offenen Handelsgesellschaft geltenden Vorschriften herbeizuführen. Ist die Eintragung erfolgt, ist eine Fortsetzung als Gesellschaft bürgerlichen Rechts nur im Wege eines Statuswechsels zulässig.

(3) Wird eine offene Handelsgesellschaft zur Eintragung in das Gesellschaftsregister angemeldet, trägt das Gericht ihre Fortsetzung als Gesellschaft bürgerlichen Rechts ein, sofern nicht die Voraussetzung des § 1 Absatz 2 eingetreten ist. Im Übrigen findet § 707c Absatz 2 Satz 2 bis 5 des Bürgerlichen Gesetzbuchs entsprechende Anwendung."

1. Kleingewerbliche und vermögensverwaltende OHG

20 Eine Gesellschaft, deren Gewerbebetrieb nicht schon nach § 1 Abs. 2 HGB Handelsgewerbe ist (d.h. ein Unternehmen, das nach Art oder Umfang keinen in kaufmännischer Weise eingerichteten Gewerbebetrieb erfordert, d.h. **minderkaufmännischen Zuschnitts** ist – **1. Alt.**) oder die nur eigenes Vermögen verwaltet (**reine Vermögensverwaltungsgesellschaften – 2. Alt.**), ist nach § 107 Abs. 1 S. 1 HGB – in Übernahme des Regelungsgehalts des § 105 Abs. 2 HGB alt – OHG (Eröffnung eines Zugangs zur Rechtsform der OHG), wenn die Firma des Unternehmens (mit konstitutiver Wirkung, wodurch das Rechtssubjekt OHG erst zur Entstehung gelangt) in das Handelsregister eingetragen ist (Eintragungsoption).

2. Freiberufler-OHG

21 Auch eine Gesellschaft, deren Zweck die **gemeinsame Ausübung Freier Berufe durch ihre Gesellschafter** ist, ist nach § 107 Abs. 1 S. 2 HGB – in Anknüpfung an die Eintragungsoption des § 107 Abs. 1 S. 1 HGB[19] – OHG,[20]

- wenn die Firma des Unternehmens (mit konstitutiver Wirkung, wodurch das Rechtssubjekt OHG erst zur Entstehung gelangt) in das Handelsregister eingetragen ist und
- soweit das anwendbare Berufsrecht die Eintragung zulässt (**Berufsrechtsvorbehalt** – berufsrechtlicher Eintragungsvorbehalt zwecks „*Garantie der fachlichen Qualifikation und der Unabhängigkeit gegenüber den aktuellen und poten-*

---

[19] Schäfer/*Wertenbruch*, § 10 Rn 5.
[20] Dazu näher *Uwer*, Die Öffnung der Personenhandelsgesellschaft für Freiberufler in berufsrechtlicher Perspektive, ZGR-Sonderheft, 23 (2021), S. 87.

tiellen Vertragspartnern der Berufsausübungsgesellschaft als Empfänger der freiberuflichen Dienstleistungen").[21]

Damit hat der Gesetzgeber die Rechtsformen von OHG und KG – einschließlich der GmbH & Co. KG – grundsätzlich für Angehörige der Freien Berufe durch eine **konstitutive Handelsregistereintragung**[22] geöffnet[23] – allerdings nur in Bezug auf die gesellschaftsrechtliche Grundvoraussetzung (und damit unter Vorbehalt des Berufsrechts).[24]

Ziel der Öffnung ist die Flexibilisierung der Haftungsverhältnisse bei Zusammenschlüssen zum Zweck der gemeinschaftlichen Berufsausübung und damit die Beseitigung von Unstimmigkeiten in Bezug auf § 8 Abs. 4 PartGG.[25] Der durch den Berufsrechtsvorbehalt intendierte Verkehrsschutz wird – wie bei der PartGmbH (s. nachstehende Rdn 24) – durch die verpflichtende Unterhaltung einer Berufshaftpflichtversicherung sicherzustellen sein *"und kann weitere berufsrechtliche Vorgaben umfassen"*[26] (wie bspw. Regelungen, die *"an reine Kapitalbeteiligungen mit Blick auf ihren möglichen Einfluss auf die Unabhängigkeit der Berufsausübung spezifische Anforderungen (…) stellen. Damit kann auch die Prüfung der berufsrechtlichen Voraussetzungen den für die* **Berufsaufsicht zuständigen Stellen** *vorbehalten bleiben und braucht nicht im Einzelnen von den für die Führung der Handelsregister zuständigen Gerichten geleistet zu werden"*).[27] Das heißt, das Registergericht wird nicht ausdrücklich damit betraut, den berufsrechtlichen Eintragungsvorbehalt selbst zu prüfen,[28] vielmehr kann diese Frage ggf. auch von der zuständigen Berufskammer geprüft werden (**Konformitätsbestätigung**), wobei das MoPeG den bundes- bzw. landesrechtlichen Berufsrechtsgesetzgebern einen Gestaltungsspielraum einräumt.

§ 107 Abs. 1 S. 2 HGB greift eine Empfehlung des 71. DJT[29] auf, wonach auch die Gründung einer OHG ermöglicht werden soll, wenn sich ihre Gesellschafter zum Zweck der Ausübung Freier Berufe zusammenschließen.

In Bezug auf den **Begriff des Freien Berufs** kann auf die Legaldefinition in § 1 Abs. 2 PartGG zurückgegriffen werden,[30] wonach die Freien Berufe im Allgemei-

---

21 Schäfer/*Wertenbruch*, § 10 Rn 6.
22 Womit die Öffnung für Angehörige Freier Berufe in gesellschaftsrechtlicher wie gesetzessystematischer Sicht weder eine Besonderheit noch ein Fremdkörper darstellen soll: RegE, BT-Drucks 19/27635, S. 224.
23 Zur Auswirkung des MoPeG auf ärztliche Kooperationen: *Ratzel*, GesR 2022, 137.
24 Schäfer/*Wertenbruch*, § 10 Rn 5.
25 RegE, BT-Drucks 19/27635, S. 110.
26 RegE, BT-Drucks 19/27635, S. 224.
27 RegE, BT-Drucks 19/27635, S. 224.
28 Schäfer/*Wertenbruch*, § 10 Rn 11.
29 Beschluss 30 des 71. DJT, Verhandlungen des 71. DJT, Bd. II/2, 2017, O 224.
30 RegE, BT-Drucks 19/27635, S. 224.

nen auf der Grundlage besonderer beruflicher Qualifikation oder schöpferischer Begabung die persönliche, eigenverantwortliche und fachlich unabhängige Erbringung von Dienstleistungen höherer Art im Interesse der Auftraggeber und der Allgemeinheit tätig werden.

25 Die Neuregelung des § 107 Abs. 1 S. 2 HGB gilt aufgrund der Verweisung in § 161 Abs. 2 HGB auch für eine KG – womit, sofern keine berufsrechtlichen Bedenken bestehen (Berufsrechtsvorbehalt), auch die grundsätzliche Möglichkeit einer Berufsausübung durch Freiberufler in der Rechtsform einer GmbH & Co. KG eröffnet wird. Dadurch kann *„die Haftung der Gesellschafter für Verbindlichkeiten der Gesellschaft weiter beschränkt werden, als dies bislang in der Rechtsform der Partnerschaftsgesellschaft mit beschränkter Berufshaftung der Fall ist"*.[31] Für Verbindlichkeiten der Partnerschaft aus Schäden wegen fehlerhafter Berufsausübung haftet den Gläubigern nach § 8 Abs. 4 S. 1 PartGG nur das Gesellschaftsvermögen, wenn die Partnerschaft eine zu diesem Zweck durch Gesetz vorgegebene Berufshaftpflichtversicherung vorhält. Für diesen Fall muss der Name der Partnerschaft gemäß § 8 Abs. 4 S. 3 PartGG den Zusatz „mit beschränkter Berufshaftung" oder die Abkürzung „mbB" oder eine andere allgemein verständliche Abkürzung dieser Bezeichnung enthalten.

Die Rechtsform der PartGmbB, die sich auf dem „Rechtsmarkt" etabliert hat,[32] besteht fort, wodurch ein „Wettbewerbsverhältnis" zur freiberuflichen OHG bzw. KG (insbesondere der GmbH & Co. KG bzw. der Einheits-GmbH & Co. KG)[33] einerseits und der PartGmbbB andererseits eröffnet wird.[34] Letztere ermöglicht eine Haftungsbeschränkung (bloß partielle Freistellung von einer persönlichen Gesellschafterhaftung) nur beim Vorliegen zweier Voraussetzungen nach § 8 Abs. 4 PartGG,[35] was allgemein als nachteilig erachtet wird:

- **Verbindlichkeit** der Partnerschaftsgesellschaft aus Schäden wegen fehlerhafter Berufsausübung (persönliche Haftung hingegen für Verbindlichkeiten aus Miet- oder Arbeitsverhältnissen);
- Unterhalten einer zu diesem Zweck gesetzlich (im Berufsrecht)[36] vorgegebenen **Berufshaftpflichtversicherung** zum Schutz der Patienten, Mandanten, Kunden und sonstigen Auftraggeber der Partnerschaftsgesellschaft.

---

31 RegE, BT-Drucks 19/27635, S. 224.
32 RegE, BT-Drucks 19/27635, S. 110.
33 Zu den Vor- und Nachteilen einer Personenhandelsgesellschaft im Vergleich zur PartGmbB näher Schäfer/Wertenbruch, § 10 Rn 13 ff.
34 Schäfer/Wertenbruch, § 10 Rn 12.
35 RegE, BT-Drucks 19/27635, S. 224.
36 Geregelt in Bundesgesetzen (Rechtsanwälte, Patentanwälte, Notare, Steuerberater und Wirtschaftsprüfer) bzw. im Landesrecht (Heilberufe, Architekten oder Ingenieure).

C. Errichtung der Gesellschaft § 3

Unterschiede zwischen PartGmbB und den jetzt grundsätzlich als Rechtsform wählbaren Personenhandelsgesellschaften OHG bzw. KG ergeben sich etwa in folgenden Bereichen: **26**

- Insolvenzantragspflicht (§ 15a Abs. 1 InsO) und Zahlungsverbot (§ 15b InsO),[37]
- Gewerbesteuerproblematik bei PartGmbB und GmbH & Co. KG,[38]
- kaufmännische Rechnungslegung und Offenlegung der Jahresabschlüsse nach § 264a i.V.m. § 325 HGB.[39]

Beachte:
Der BGH hat bereits vor Inkrafttreten des MoPeG beim Vorliegen bestimmter Voraussetzungen für Wirtschaftsprüfer und Steuerberater eine Berufsausübung in der Rechtsform einer Personenhandelsgesellschaft gebilligt.[40]

§ 107 Abs. 1 S. 2 HGB stellt jetzt klar, dass auch für andere bundesgesetzlich geregelte Freie Berufe die Zulässigkeit einer Personenhandelsgesellschaft für die gemeinsame Berufsausübung berufsrechtlich geregelt werden kann und nicht mehr Gegenstand gesellschaftsrechtlicher Beschränkungen ist.[41] **27**

Beachte:
„Damit ist insbesondere bei der Ausübung verschiedener Freier Berufe in einer Partnerschaftsgesellschaft oder der Ausübung Freier Berufe in Kombination mit gewerblichen Tätigkeiten keine Prüfung des Tätigkeitsschwerpunkts im Rahmen der Prüfung der Anmeldung der Gesellschaft beim Handelsregister mehr erforderlich".[42]

3. Zulassung der OHG und der KG für verschiedene Freie Berufe

Nachstehend sollen für die Freien Berufe der Steuerberater, Wirtschaftsprüfer und Rechtsanwälte die einschlägigen (vorläufigen) berufsrechtlichen Zulassungsregelungen für eine Kooperation in der Rechtsform einer Personenhandelsgesellschaft aufgezeigt werden.[43] **28**

---

37 Schäfer/*Wertenbruch*, § 10 Rn 14.
38 Schäfer/*Wertenbruch*, § 10 Rn 15 ff.
39 Schäfer/*Wertenbruch*, § 10 Rn 19 f.
40 BGH, Urt. v. 18.7.2011 – AnwZ (Brfg) 18/10, ZIP 2011, 1664, juris Rn 17 ff.; BGH, Beschl. v. 15.7.2014 – II ZB 2/13, BGHZ 202, 92, juris Rn 18 ff. = NJW 2015, 61.
41 RegE, BT-Drucks 19/27635, S. 224.
42 RegE, BT-Drucks 19/27635, S. 224.
43 Zur Umwandlung anwaltlicher Berufsausübungsgesellschaften nach MoPeG und BRAO-Reform: *Nolting*, BB 2021, 1795.

a) Steuerberater (§ 49 StBerG)

29 Seit dem 1.8.2022 müssen sich Steuerberatungsgesellschaften nicht mehr (vgl. § 49 Abs. 2 StBerG alt) zum Zweck der Eintragung ins Handelsregister als OHG bzw. KG auf eine Treuhandtätigkeit berufen.

Gemäß der Neuregelung des § 49 Abs. 2 Nr. 1 StBerG können Berufsausübungsgesellschaften zur gemeinsamen Ausübung der Steuerberatung in Deutschland seither als Rechtsform alle „Gesellschaften nach deutschem Recht einschließlich der Handelsgesellschaften" wählen, womit der Gesetzgeber von der Öffnungsoption des § 107 Abs. 1 S. 2 HGB Gebrauch gemacht hat.[44]

> *Beachte:*
> Vom 1.8.2022 bis 31.12.2023 ist § 49 Abs. 2 StBerG lex specialis zu § 107 Abs. 1 S. 2 HGB.[45]

b) Wirtschaftsprüfer (§ 27 WPO)

30 Seit dem 1.8.2022 – an dem § 27 Abs. 2 WPO alt (Erfordernis einer Treuhandtätigkeit) entfallen ist – können gemäß der Neuregelung des § 27 WPO europäische Gesellschaften, Gesellschaften nach deutschem Recht oder in einer nach dem Recht eines EU- bzw. EWR- Mitgliedstaates zulässigen Rechtsform nach Maßgabe der §§ 28 ff. WPO als Wirtschaftsprüfungsgesellschaften anerkannt werden, womit für den Bereich der Wirtschaftsprüfung die berufsrechtliche Zulässigkeit der Handelsgesellschaft erklärt wird.[46]

> *Beachte:*
> Vom 1.8.2022 bis zum 31.12.2023 ist § 27 WPO lex specialis zu § 107 Abs. 1 S. 2 HGB.[47]

---

44 RegE, BT-Drucks 19/27670, S. 275 und S. 176 f.
45 Schäfer/*Wertenbruch*, § 10 Rn 22.
46 RegE, BT-Drucks 19/27670, S. 323.
47 Schäfer/*Wertenbruch*, § 10 Rn 22.

C. Errichtung der Gesellschaft **§ 3**

c) Rechtsanwälte (§ 59a Abs. 2 Nr. 1 BRAO)

Nach § 59b Abs. 2 Nr. 1 BRAO[48] sind für die gemeinschaftliche anwaltliche Berufsausübung sämtliche „Gesellschaften nach deutschem Recht einschließlich der Handelsgesellschaften" zugelassen.[49]   **31**

d) § 49 Abs. 2 StBerG, § 27 WPO und § 59b Abs. 2 Nr. 1 BRAO als Ausformungsgesetze zu § 107 Abs. 1 S. 2 HGB

Der Gesetzgeber hat § 49 Abs. 2 StBerG, § 27 WPO und § 59b Abs. 2 Nr. 1 BRAO allerdings nicht als autonome Öffnungsregelungen statuiert,[50] sondern als Ausformungsgesetze zu § 107 Abs. 1 S. 2 HGB (mit Anknüpfung an den Wortlaut: *„soweit [...]"*).[51] Ansonsten wären – da die Öffnungsregelung des § 107 Abs. 1 S. 2 HGB nach Art. 137 S. 1 MoPeG erst am 1.1.2024 in Kraft tritt – die Rechtsformen OHG und KG (insbesondere auch die GmbH & Co. KG) für Steuerberater, Wirtschaftsprüfer und Rechtsanwälte erst zum 1.1.2024 eröffnet gewesen.[52]   **32**

§ 49 Abs. 2 StBerG, § 27 WPO und § 59b Abs. 2 Nr. 1 BRAO sind damit – da nach Art. 36 des Gesetzes zur Neuregelung des Berufsrechts der anwaltlichen und steuerberatenden Berufsausübungsgesellschaften vom 7.7.2021[53] die genannten Regelungen zum 1.8.2022 in Kraft getreten sind – jeweils **temporäres lex specialis** bis zum Inkrafttreten des MoPeG[54] (d.h. vom 1.8.2022 bis zum 1.1.2024): *„Soweit das Gesetz zur Modernisierung des Personengesellschaftsrechts (...) in Kraft tritt, ist § 59b Abs. 2 BRAO-E Spezialvorschrift zu § 105 Abs. 2 HGB [alt] und geht diesem vor"*.[55]   **33**

4. Eintragungsverfahren

Die Gesellschaft ist im Falle einer kleingewerblichen, vermögensverwaltenden oder freiberuflichen Betätigung nach der Klarstellung in § 107 Abs. 2 S. 2 HGB   **34**

---

48 I.d.F. des Gesetzes zur Neuregelung des Berufsrechts der anwaltlichen und steuerberatenden Berufsausübungsgesellschaften sowie zur Änderung weiterer Vorschriften im Bereich der rechtsberatenden Berufe vom 7.7.2021 (BGBl I, S. 2363).
49 Zu den berufsrechtlichen Voraussetzungen einer anwaltlichen OHG, KG bzw. GmbH & Co. KG nach den §§ 59b, 59c und 59i BRAO: Schäfer/*Wertenbruch*, § 10 Rn 25 ff. Vgl. auch *ders.*, (§ 10 Rn 29 ff.) zur berufsrechtlichen Zulässigkeit einer Einheits-GmbH & Co. KG und *ders.*, (§ 10 Rn 32 ff.) zur berufsrechtlichen Zulässigkeit der OHG, KG sowie der GmbH & Co. KG (einschließlich der Einheits-GmbH & Co. KG) für Steuerberater nach den §§ 49 und 55a StBerG und für Wirtschaftsprüfer nach den §§ 27 und 28 WPO.
50 Schäfer/*Wertenbruch*, § 10 Rn 23.
51 So die Begründung der RegE, BT-Drucks 19/27670, S. 176: Es soll von der Öffnungsmöglichkeit für die anwaltlichen Berufsausübungsgesellschaften Gebrauch gemacht werden.
52 Schäfer/*Wertenbruch*, § 10 Rn 23.
53 BGBl I, S. 2363.
54 Schäfer/*Wertenbruch*, § 10 Rn 24.
55 RegE, BT-Drucks 19/27670, S. 177.

(entsprechend § 2 S. 2 HGB, auf den § 105 Abs. 2 S. 2 HGB alt verwiesen hat) berechtigt, aber nicht verpflichtet, die Eintragung nach den für die Eintragung einer OHG geltenden Vorschriften herbeizuführen. Das heißt, dass auch für Gesellschaften, die nicht schon wegen des Betriebes eines Handelsgewerbes i.S.v. § 1 Abs. 2 HGB (das einen in kaufmännischer Weise eingerichteten Geschäftsbetrieb erfordert) OHG sind, sondern erst kraft – nicht verpflichtender – Eintragung, die Regelungen des § 106 Abs. 2 HGB über die Anmeldung zur Eintragung der Gesellschaft gelten.[56]

35 Ist die Eintragung aber erst einmal erfolgt, ist nach der Klarstellung des § 107 Abs. 2 S. 2 HGB eine Fortsetzung als GbR nur im Wege eines Statuswechsels zulässig – d.h., eine kleingewerbliche, vermögensverwaltende oder freiberufliche OHG *„kann das Handelsregister zwar wieder verlassen, um die Kaufmannseigenschaft abzustreifen"*.[57] Sie muss dazu aber – da sie den Status einer OHG freiwillig angenommen hat – einen Statuswechsel zu einer eingetragenen GbR vornehmen, womit *„sie die mit der Eintragung im Handelsregister erlangte Transparenz nicht ohne Weiteres ablegen kann"*.[58]

5. Keine Eintragung des Statuswechsels im Handelsregister, wenn die Gesellschaft ein Handelsgewerbe betreibt

36 Wird eine OHG zur Eintragung in das Gesellschaftsregister angemeldet, trägt das Gericht ihre Fortsetzung als GbR nach § 107 Abs. 3 S. 1 HGB ein, sofern nicht die Voraussetzung des § 1 Abs. 2 HGB (Vorliegen eines Handelsgewerbes i.S. eines jeden Gewerbes, das nach Art oder Umfang eines in kaufmännischer Weise eingerichteten Geschäftsbetriebs bedarf) eingetreten ist, da für diesen Fall die Gesellschafter nach § 106 Abs. 1 HGB verpflichtet sind, die Gesellschaft zur Eintragung ins Handelsregister anzumelden. *„Das Erfordernis eines kaufmännisch eingerichteten Geschäftsbetriebs [steht] dem Abstreifen der Kaufmannseigenschaft durch einen Wechsel in das Gesellschaftsregister entgegen"*.[59]

Folglich prüft das für die Führung des Handelsregisters zuständige Gericht auf die Anmeldung des Statuswechsels hin, ob die Gesellschaft das Handelsregister durch einen Wechsel in das Gesellschaftsregister verlassen darf. Das Gericht lehnt die Eintragung gemäß § 382 Abs. 3 FamFG ab, wenn die Voraussetzungen des § 1 Abs. 2 HGB vorliegen.[60]

Im Übrigen findet nach § 107 Abs. 3 S. 2 HGB die Regelung des § 707c Abs. 2 S. 2 bis 5 BGB entsprechende Anwendung.

---

56 RegE, BT-Drucks 19/27635, S. 224.
57 RegE, BT-Drucks 19/27635, S. 224.
58 RegE, BT-Drucks 19/27635, S. 225.
59 RegE, BT-Drucks 19/27635, S. 225.
60 RegE, BT-Drucks 19/27635, S. 225.

D. Rechtsverhältnis der Gesellschafter untereinander und zur Gesellschaft | **§ 3**

> *Beachte:*
> Hat eine Gesellschaft den Status einer OHG durch Eintragung ins Handelsregister aufgrund freiwilliger Anmeldung (weil es sich um eine kleingewerbliche, eine Eigenvermögen verwaltende oder eine freiberufliche Gesellschaft handelt) erlangt, kann sie die damit einhergehende Transparenz für den Rechtsverkehr nicht wieder auf bloßen Antrag hin abstreifen, sondern nach § 107 Abs. 3 HGB die Kaufmannseigenschaft der Gesellschaft nur dadurch wieder ablegen, dass sie (auf Anmeldung der Gesellschafter hin) im Wege des Statuswechsels in das Gesellschaftsregister eingetragen wird.[61]

D. Rechtsverhältnis der Gesellschafter untereinander und der Gesellschafter zur Gesellschaft

Der Zweite Titel (§§ 108 bis 122 HGB) „*fasst den auf die §§ 109 bis 122 HGB [alt] verteilten Normenbestand zusammen und ordnet ihn inhaltlich neu*".[62] **37**

I. Gestaltungsfreiheit von Gesellschaftsverträgen (§ 108 HGB)

§ 108 HGB über die Gestaltungsfreiheit von Gesellschaftsverträgen (wohingegen § 108 HGB alt die Anmeldung zum Handelsregister durch alle Gesellschafter geregelt hatte) hat in sachlicher Übernahme von § 109 HGB alt und entsprechend § 708 BGB folgenden Wortlaut: **38**

„**Von den Vorschriften dieses Titels kann durch den Gesellschaftsvertrag abgewichen werden, soweit im Gesetz nichts anderes bestimmt ist**".

Von den Vorgaben des Zweiten Titels – Rechtsverhältnis der Gesellschafter untereinander und der Gesellschafter zur Gesellschaft (§§ 109 bis 122 HGB) – kann nach § 108 HGB durch Gesellschaftsvertrag (bzw. dessen nachträgliche Änderung durch Gesellschafterbeschluss, wobei die Beschlussfassung selbst nach § 109 HGB auch dispositiver Natur ist) abgewichen werden (weitgehende Gestaltungsfreiheit im Innenverhältnis),[63] soweit im Gesetz nichts anderes bestimmt ist, d.h., soweit den §§ 109 bis 122 HGB nicht ausdrücklich zwingender Charakter zukommt. **39**

Dies folgt bereits aus dem Verweis in § 105 Abs. 3 HGB auf § 708 BGB („*entsprechende Anwendung*") – doch schien dem Gesetzgeber eine gesetzliche Klarstellung geboten, „*weil § 708 BGB seinerseits auf die Vorschriften des Kapitels 2 über das Innenrechtsverhältnis der rechtsfähigen Gesellschaft Bezug nimmt, was Zweifel aufkommen lässt, ob daraus geschlossen werden kann, dass grundsätzlich auch sämtliche Vorschriften des Zweiten Titels über das Innenrechtsverhältnis der offe-*

---

61 RegE, BT-Drucks 19/27635, S. 225.
62 RegE, BT-Drucks 19/27635, S. 225.
63 Schäfer/*Schäfer*, § 6 Rn 2.

nen Handelsgesellschaft der Gestaltungsfreiheit unterliegen",[64] d.h., dass auch die §§ 109 bis 115 HGB (Beschlussfassung und Beschlussmängelrecht) der Gestaltungsfreiheit unterliegen, was damit grundsätzlich der Fall ist.

II. Beschlussfassung (§ 109 HGB)

40 Die Neuregelung des § 109 HGB, die *"in Abgrenzung zur Geschäftsführung die Grundlagen der gesellschaftsinternen Willensbildung und Entscheidungsfindung durch Beschlussfassung der Gesellschafter"*[65] regelt (wohingegen § 109 HGB alt den Gesellschaftsvertrag geregelt hatte), hat folgenden Wortlaut:

„**(1) Die Beschlüsse der Gesellschafter werden in Versammlungen gefasst.**

(2) Die Versammlung kann durch jeden Gesellschafter einberufen werden, der die Befugnis zur Geschäftsführung hat. Die Einberufung erfolgt durch formlose Einladung der anderen Gesellschafter unter Ankündigung des Zwecks der Versammlung in angemessener Frist.

(3) Gesellschafterbeschlüsse bedürfen der Zustimmung aller stimmberechtigten Gesellschafter.

(4) Hat nach dem Gesellschaftsvertrag die Mehrheit der Stimmen zu entscheiden, ist die Gesellschafterversammlung beschlussfähig, wenn die anwesenden Gesellschafter oder ihre Vertreter ohne Rücksicht auf ihre Stimmberechtigung die für die Beschlussfassung erforderlichen Stimmen haben".

1. Regelungsgehalt

41 § 109 HGB gestattet im Unterschied zur Parallelregelung des § 714 BGB nicht nur Mehrheitsbeschlüsse. Vielmehr werden auch Teile des Beschlussverfahrens geregelt. Ungeregelt bleibt hingegen das Zustandekommen eines Beschlusses.

Die höhere Regelungsdichte des § 109 HGB im Vergleich zu § 714 BGB folgt aus der Einführung des **neuen Beschlussmängelrechts für Personenhandelsgesellschaften** in den §§ 110 bis 115 HGB. Vorbild dafür ist das aktienrechtliche Anfechtungsmodell. Um Rechtssicherheit über die Bestandskraft eines Beschlusses zu schaffen, bedarf es im Regelfall eines Festhaltens des Beschlusses in einer Weise, *„dass Unsicherheiten über dessen Zustandekommen und Ergebnis möglichst vermieden werden"*,[66] d.h. einer gewissen **Formalisierung des Beschlussverfahrens**.

42 In § 109 HGB werden die Grundlagen des Beschlussverfahrens geregelt, die durch § 112 Abs. 2 HGB (wonach die Klagefrist für eine Anfechtungsklage *„mit dem Tag [beginnt], an dem der Beschluss dem anfechtungsberechtigten Gesellschafter bekanntgegeben worden ist"*) ergänzt werden.

---

64 RegE, BT-Drucks 19/27635, S. 225.
65 RegE, BT-Drucks 19/27635, S. 225.
66 RegE, BT-Drucks 19/27635, S. 225.

D. Rechtsverhältnis der Gesellschafter untereinander und zur Gesellschaft § 3

Über § 161 Abs. 2 HGB gelangt § 109 HGB auch auf die KG entsprechend zur Anwendung.

Im Gesellschaftsvertrag können im Rahmen der durch die Gestaltungsfreiheit nach § 108 HGB vorgegebenen Grenzen abweichende Regelungen getroffen werden.

2. Beschlussfassung in Versammlungen

Die Beschlüsse der Gesellschafter werden nach § 109 Abs. 1 HGB in (Gesellschafter-)Versammlungen gefasst, da *„die Versammlung (…) im Regelfall durch die Möglichkeit zur Rede und direkten Widerrede im Kreis der Versammlungsteilnehmer eine optimale Willensbildung und Entscheidungsfindung bei gleichmäßiger Informationsversorgung [gewährleistet]"*.[67]   **43**

Versammlung setzt ein Zusammenkommen mehrerer Personen zu einem bestimmten Zweck, aber nicht notwendigerweise an einem bestimmten Ort, voraus[68] – weshalb eine Beschlussfassung sowohl in einer Präsenzversammlung (auch ad hoc)[69] als auch in einer virtuellen Versammlung (bspw. im Rahmen einer Telefon- oder Videokonferenz) zulässig ist,[70] nicht jedoch im Umlaufverfahren.[71]   **44**

Die eigentliche Beschlussfassung ist zu unterscheiden von einer **Beschlussfeststellung**.

Beschlussfeststellung ist die verbindliche Dokumentation eines gefassten Beschlusses durch einen Versammlungsleiter,[72] die zwar nicht Voraussetzung für die Wirksamkeit eines Beschlusses ist,[73] aber in einem solchen Sinne konstitutive Wirkung entfaltet, *„dass sie die Rechtsschutzmöglichkeiten in Gestalt der Anfechtungs- oder Nichtigkeitsklage oder der Feststellungsklage vorgibt"*.[74]   **45**

Da sich die Modalitäten einer Beschlussfeststellung durch den Versammlungsleiter nach Ansicht des Gesetzgebers einer abstrakt-generellen Regelung entziehen, sollen sie (wie im Beschlussmängelrecht der GmbH) einer Klärung durch die Rechtsprechung vorbehalten bleiben.[75]

---

[67] RegE, BT-Drucks 19/27635, S. 226.
[68] Ein „Gesellschafterausflug" reicht nicht aus: Schäfer/*Grunewald*, § 5 Rn 28.
[69] Schäfer/*Grunewald*, § 5 Rn 28.
[70] RegE, BT-Drucks 19/27635, S. 226.
[71] Umstritten, so aber *Schäfer*, ZIP 2021, 1527, 1528; a.A. hingegen Schäfer/*Grunewald*, § 5 Rn 29: Umlaufverfahren, an dem alle Gesellschafter (ohne zu widersprechen) teilnehmen.
[72] RegE, BT-Drucks 19/27635, S. 226.
[73] Vgl. BGH, Urt. 11.12.2006 – II ZR 166/05, NJW 2007, 917, juris Rn 19; OLG Celle, Urt. v. 15.5.1996 – 9 U 185/95, GmbHR 1997, 172, juris Rn 20.
[74] RegE, BT-Drucks 19/27635, S. 226.
[75] RegE, BT-Drucks 19/27635, S. 226.

> *Beachte:*
> Die Gesellschafter können auch eine vereinfachte Form der Beschlussfassung (bspw. zum Beispiel im Umlaufverfahren auf schriftlichem Wege) ausdrücklich vereinbaren – ohne dass der Gesetzgeber hierfür Vorgaben getroffen hat.[76]

3. Modalitäten der Einberufung der Versammlung

46 Die Versammlung kann nach § 109 Abs. 2 S. 1 BGB durch jeden Gesellschafter, der die Befugnis zur Geschäftsführung hat (vgl. § 116 HGB), einberufen werden (und nicht, wie ursprünglich im RegE vorgesehen, durch „jeden Geschäftsführer" kraft seiner Mitgliedschaft).[77] Damit bleibt ungeregelt, *„wann ein nicht geschäftsführungsbefugter Gesellschafter die Gesellschafterversammlung ausnahmsweise doch einberufen kann".*[78]

> *Beachte:*
> Wenn der Gesellschaftsvertrag abweichend von § 109 Abs. 2 S. 1 HGB das Einberufungsrecht allein dem geschäftsführungsbefugten Gesellschafter zuweist, soll den anderen Gesellschaftern zumindest bei Vorliegen eines „wichtigen Grundes" ein Selbsthilferecht entsprechend § 50 Abs. 3 GmbHG zustehen.[79]

47 Die Einberufung erfolgt nach § 109 Abs. 2 S. 2 BGB in Bezug auf Inhalt und Frist durch eine **formlose Einladung** der anderen Gesellschafter unter Ankündigung des Zwecks der Gesellschafterversammlung in angemessener Frist. Eine ordnungsgemäße Einladung setzt somit voraus:[80]

- Angabe einer **Tagesordnung** (deren Detaillierungsgrad vom Beschlussgegenstand abhängt) und
- Einhaltung einer für die Vorbereitung auf die Gesellschafterversammlung ausreichenden **Frist** (deren Länge vom Beschlussgegenstand abhängt).

§ 109 Abs. 2 HGB zielt auf einen Schutz der (Mit-)Gesellschafter.[81]

48 Vorgaben zur **Form** (Art und Weise der Übermittlung) der Einladung bestehen nicht, da hierdurch nur der Zugang dokumentiert werden soll – *„der Gesellschafter hier nicht schutzbedürftig [ist]".*[82]

---

76 RegE, BT-Drucks 19/27635, S. 226.
77 Vgl. OLG Stuttgart, Urt. v. 11.3.2009 – 14 U 7/08, ZIP 2010, 474, juris Rn 282.
78 Dazu Schäfer/*Grunewald*, § 5 Rn 30: Aus der Treuepflicht der Gesellschafter untereinander und einer Analogie zu § 50 GmbHG in „Notfällen". Fraglich ist auch, ob Beschlüsse, die auf einer nicht wie vorgeschrieben einberufenen Gesellschafterversammlung getroffen werden, anfechtbar sind: Schäfer/*Grunewald*, § 5 Rn 31.
79 RegE, BT-Drucks 19/27635, S. 226.
80 RegE, BT-Drucks 19/27635, S. 226.
81 RegE, BT-Drucks 19/27635, S. 226.
82 RegE, BT-Drucks 19/27635, S. 226.

D. Rechtsverhältnis der Gesellschafter untereinander und zur Gesellschaft § 3

In Bezug auf den **Ort** und die **Zeit** der Gesellschafterversammlung muss die Einberufung so erfolgen, *„dass sie allen Gesellschaftern die Teilnahme an der Versammlung ermöglicht und Überrumpelungen ausschließt".*[83] **49**

4. Gesellschafterbeschlüsse

Gesellschafterbeschlüsse bedürfen nach § 109 Abs. 3 HGB – als gesetzlichem Regelfall (entsprechend § 714 BGB) – der Zustimmung aller stimmberechtigten Gesellschafter (Einstimmigkeitserfordernis).[84] **50**

5. Beschlussfähigkeit der Gesellschafterversammlung

Beachte: **51**

Für den gesetzlichen Regelfall – Beschlüsse können nur einstimmig gefasst werden – müssen in der Versammlung alle Gesellschafter anwesend (bzw. zumindest vertreten) sein.[85] Ein Beschluss soll auch rechtmäßig sein, wenn ein Gesellschafter auf der Gesellschafterversammlung fehlte, später dem Beschluss aber zustimmt (und alle anderen Gesellschafter mit dieser Vorgehensweise einverstanden sind).[86]

Hat hingegen nach dem Gesellschaftsvertrag (ausnahmsweise) die Mehrheit der Stimmen zu entscheiden, ist die Gesellschafterversammlung gemäß § 109 Abs. 4 HGB – im Einklang mit der bisherigen Rechtslage – beschlussfähig, wenn die anwesenden Gesellschafter oder ihre Vertreter ohne Rücksicht auf ihre Stimmberechtigung die für die Beschlussfassung erforderlichen Stimmen haben. Es müssen also für die Beschlussfähigkeit genügend Gesellschafter anwesend (bzw. vertreten) sein, *„um mit deren Stimmen nach den vertraglichen Mehrheitserfordernissen wirksam einen Beschluss fassen zu können".*[87] **52**

In Bezug auf „anwesende" bzw. „vertretene" Stimmen sind auch die Stimmen jener Gesellschafter mitzuzählen, denen kein Stimmrecht zusteht.[88] Die Beschlussfähigkeit beurteilt sich somit ohne Rücksicht auf die Stimmberechtigung, womit klar- **53**

---

[83] RegE, BT-Drucks 19/27635, S. 226.
[84] Zum Stimmrecht der Komplementärin in einer GmbH & Co. KG und einer Einheits-GmbH & Co. KG nach dem MoPeG: *Wertenbruch*, NZG 2022, 939.
[85] RegE, BT-Drucks 19/27635, S. 226 f.
[86] Umstritten, so Schäfer/*Grunewald*, § 5 Rn 33; a.A. hingegen *Schäfer*, ZIP 2021, 1527, 1529.
[87] RegE, BT-Drucks 19/27635, S. 227.
[88] RegE, BT-Drucks 19/27635, S. 227 - arg.: Nur *„die Teilnahme und Beratung auch der nicht stimmberechtigten Gesellschafter gewährleistet eine angemessene Erörterung und damit eine erhöhte Richtigkeitsgewähr des Beschlusses":* so OLG Hamm, Urt. v. 27.11.1991 – 8 U 51/91, GmbHR 1992, 466; juris Rn 4; OLG Hamm, Urt. v. 30.1.2008 – 8 U 94/07, OLGR Hamm 2008, 453 juris Rn 45.

gestellt wird, dass an einer Gesellschafterversammlung sämtliche, d.h. auch die nicht stimmberechtigten Gesellschafter teilnehmen können.[89]

54 Die Voraussetzungen einer Vertretung werden nicht geregelt: *„Unter welchen Voraussetzungen eine Vertretung bei der Stimmrechtsausübung zulässig ist, entzieht sich ebenso wie die diskutierten Ausnahmen zu dem in § 711a BGB geregelten Abspaltungsverbot (z.B. Überlassung zur Ausübung, Treuhand, Nießbrauch, Testamentsvollstreckung) einer abstrakt-generellen Regelung"*.[90]

55 Die Gesellschafter können jedoch im Gesellschaftsvertrag auch ein bestimmtes **Quorum** (bspw. eine Mehrheitsklausel) vereinbaren, um so *„ein Minimum an gesellschaftsinterner Öffentlichkeit und Legitimation des Beschlusses herzustellen"*.[91]

> *Beachte:*
> Keine Regelung wurde zur **Feststellung des Beschlussergebnisses** getroffen, weshalb – wie bisher – ein Beschluss auch ohne förmliche Feststellung durch den Versammlungsleiter getroffen werden kann.[92]

III. Anfechtbarkeit und Nichtigkeit von Gesellschafterbeschlüssen (§ 110 HGB)

56 Die Neuregelung des § 110 HGB über die Anfechtbarkeit und Nichtigkeit von Gesellschafterbeschlüssen (wohingegen § 110 HGB alt den Ersatz von Aufwendungen und Verlusten geregelt hatte) hat (ohne gesetzliche Entsprechung im GbR-Recht) folgenden Wortlaut:

„(1) Ein Beschluss der Gesellschafter kann wegen Verletzung von Rechtsvorschriften durch Klage auf Nichtigerklärung angefochten werden (Anfechtungsklage).

(2) Ein Gesellschafterbeschluss ist von Anfang an nichtig, wenn er

1. durch seinen Inhalt Rechtsvorschriften verletzt, auf deren Einhaltung die Gesellschafter nicht verzichten können, oder

2. nach einer Anfechtungsklage durch Urteil rechtskräftig für nichtig erklärt worden ist.

Die Nichtigkeit eines Beschlusses der Gesellschafter kann auch auf andere Weise als durch Klage auf Feststellung der Nichtigkeit (Nichtigkeitsklage) geltend gemacht werden".

---

89 RegE, BT-Drucks 19/27635, S. 227.
90 RegE, BT-Drucks 19/27635, S. 227.
91 RegE, BT-Drucks 19/27635, S. 227.
92 Schäfer/*Grunewald*, § 5 Rn 36 unter Bezugnahme auf RegE, BT-Drucks 19/27635, S. 266.

D. Rechtsverhältnis der Gesellschafter untereinander und zur Gesellschaft § 3

1. Vorbemerkung

Das **Beschlussmängelrecht** hat (nur für das Personenhandelsgesellschaftsrecht [mithin OHG und KG, nicht jedoch auch für die GbR bzw. die Partnerschaftsgesellschaft])[93] in den §§ 110 bis 115 HGB eine umfassende Regelung erfahren:[94]

- In § 110 HGB erfolgt eine Unterscheidung zwischen einerseits (bloß) **anfechtbaren** und andererseits **nichtigen Beschlüssen**.
- § 111 HGB regelt die **Anfechtungsbefugnis**.
- Die **Klagefrist** für die Anfechtungsklage findet eine Regelung in § 112 HGB.

§ 113 HGB regelt die **Anfechtungsklage** (gerichtliche Zuständigkeit, Klagegegner, Benachrichtigung der Gesellschafter über die Klageerhebung, Streitwert und Umfang der Rechtskraft eines Urteils) und § 114 HGB die **Nichtigkeitsklage** sowie § 115 HGB die **positive Feststellungsklage**.

Die **gerichtliche Geltendmachung** von Beschlussmängeln bei Personenhandelsgesellschaften ist in Anlehnung an das aktienrechtliche Anfechtungsmodell (vgl. §§ 241 ff. AktG) erfolgt:[95]

- **Anfechtungsklage** (§ 113 HGB) bei nach § 110 Abs. 1 HGB anfechtbaren Beschlüssen.
- **Nichtigkeitsklage** (§ 114 HGB) bei nach § 110 Abs. 2 nichtigen Beschlüssen.
- **Allgemeine Feststellungsklage** (§ 256 Abs. 1 ZPO), die isoliert oder nach § 115 HGB in Kombination mit einer Anfechtungsklage erhoben werden kann.

Hingegen hat der Gesetzgeber davon Abstand genommen, das aktienrechtliche Anfechtungsmodell auf die GbR (ohne strukturierte Beschlusspraxis) zu übertragen: Es eigne sich – trotz seiner grundsätzlich denkbaren Übertragbarkeit – nicht für sämtliche Personengesellschaften,[96] „*die nach einer gebotenen typisierenden Be-*

---

93 RegE, BT-Drucks 19/27635, S. 269. Keine Übertragung der im HGB getroffenen Regelungen auf die GbR: *Schäfer/Grunewald*, § 5 Rn 40: a.A. Träger/*Happ*, ZIP 2021, 2059, 2070; *Claußen/Pieronczyk*, NZG 2021, 620, 628: praktische Argumente sprächen für eine analoge Anwendung.

94 Eine umfassende Bewertung bietet *Schäfer/Grunewald*, § 5 Rn 125 ff. Zustimmung äußern *Bayer*, DB 2021, 2609, 2618; *Fleischer*, BB 2021, 386, 388 f.; *Hell*, JA 2021, 12, 18; *Lübbe*, FS für Heidel, 2021, S. 575, 593 ff.; *Otte-Gräbener*, BB 2020, 1295, 1297; *Noack*, NZG 2020, 581, 583; *Noack*, ZIP 2020, 1382; *Punte/Klemens/Sambulski*, ZIP 2020, 1230, 1234; *Schall*, ZIP 2020, 1443, 1450; *K. Schmidt*, ZHR 2021, 16, 35 ff.; *Storch*, GWR 2021, 5, 7; *Storz*, GWR 2021, 5, 7; *Wertenbruch*, GmbHR 2021, 1. Kritische Einwände äußern *Altmeppen*, ZIP 2021, 213, 214 ff.; *ders.*, GmbHR 2021, 345; *Claußen/Pieronczyk*, NZG 2021, 620, 622 ff. (plädieren für eine Einbeziehung der eingetragenen GbR in das Beschlussmängelrecht des Personenhandelsgesellschaftsrechts); *Drescher*, ZGR-Sonderheft 23 (2021), 115; *Lieder*, ZRP 2021, 34; *Römermann*, GmbHR 2020, R 272, 273 (zur Nichterstreckung auf die Partnerschaftsgesellschaft); *Schäfer*, ZIP 2021, 1527, 1528 f.; *Tröger/Happ*, NZG 2021, 133.

95 *Schäfer/Grunewald*, § 5 Rn 58.

96 RegE, BT-Drucks 19/27635, S. 113 und 228.

trachtung gewisse Mindestanforderungen an die Formalisierung der Beschlussfassung erfüllen und einen erhöhten Professionalisierungsgrad aufweisen".[97]

> *Beachte:*
>
> Mangels planwidriger Regelungslücke kommt damit auch keine analoge Anwendung der §§ 110 bis 115 HGB auf die GbR in Betracht.[98] Gleiches gilt für die Partnerschaftsgesellschaft, weil im PartGG trotz vielfacher Verweise auf das Personenhandelsgesellschaftsrecht keiner auf die §§ 110 bis 115 HGB erfolgt.[99]

> *Beachte:*
>
> Durch gesellschaftsvertragliche Vereinbarung können die §§ 110 bis 115 HGB aber auch auf die GbR und die Partnerschaftsgesellschaft zur Anwendung gelangen (sog. **Opt-In**)[100] – und umgekehrt (aufgrund ihrer dispositiven Natur, vgl. § 108 HGB) ihre Anwendung für OHG und KG auch abbedungen werden (sog. **Opt-Out**).[101]

Der Gesetzgeber vermutet, dass die §§ 110 bis 115 HGB künftig auch auf das Beschlussmängelrecht der GmbH (das bislang vom Aktienrecht bestimmt worden ist) als „allgemeine Institutionenbildung"[102] „ausstrahlen wird".[103]

> *Beachte:*
>
> Das Beschlussrecht ist nach § 708 BGB bzw. § 108 HGB durch Vertragsgestaltungen weitgehend dispositiv[104] mit der Folge, dass GbR und Partnerschaftsgesellschaft ganz oder teilweise (Kombinationsmodell) die Opt-In-Möglichkeit am Maßstab der §§ 110 ff. HGB (Anfechtungsmodell – d.h. weg vom Feststellungsmodell) wählen können und OHG bzw. KG die Opt-Out-Möglichkeit, d.h. die Anwendbarkeit der §§ 110 ff. HGB teilweise oder auch ganz (Kombinationsmodell) abbedingen können,[105] wobei *„eine stillschweigende Abbedingung (…) ohne entsprechende Anhaltspunkte nicht in Betracht [kommt]"*,[106] eine

---

97 Schäfer/*Grunewald*, § 5 Rn 68 – mithin nicht bei Klein- bzw. Gelegenheitsgesellschaften, sondern primär bei kaufmännischen Rechtsformen.
98 Schäfer/*Grunewald*, § 5 Rn 69; a.A. *Claußen/Pieronczyk*, NZG 2021, 620, 628 (analoge Anwendung auf die eingetragene GbR); *Trögerer/Happ*, ZIP 2021, 2059, 2069 f.
99 Schäfer/*Grunewald*, § 5 Rn 69.
100 Schäfer/*Grunewald*, § 5 Rn 71 und Rn 144 ff. Vorbild für die Kautelarpraxis des Personengesellschaftsrechts: RegE, BT-Drucks 19/27635, S. 228.
101 Schäfer/*Grunewald*, § 5 Rn 71.
102 Schäfer/*Grunewald*, § 5 Rn 72.
103 RegE, BT-Drucks 19/27635, S. 228.
104 RegE, BT-Drucks 19/27635, S. 228.
105 Schäfer/*Liebscher*, § 5 Rn 142.
106 Schäfer/*Liebscher*, § 5 Rn 151; *Bayer*, DB 2021, 2609, 2617.

konkludente Abbedingung der §§ 110 ff. HGB ist anhand des objektiven Empfängerhorizonts nach den §§ 133, 157 BGB zu beurteilen.[107]

Problembehaftet ist die Frage einer **Zulässigkeit von Schiedsklauseln**[108] – mithin einer gesellschaftsvertraglichen Vereinbarung, wonach Beschlussmängelstreitigkeiten im Schiedsverfahren beigelegt werden können.[109] *Liebscher*[110] konstatiert, dass § 113 Abs. 6 und § 114 S. 1 HGB – in Anlehnung an die §§ 248 Abs. 1 S. 1, 249 Abs. 1 S. 1 AktG – eine erga-omnes-Wirkung kassatorischer Entscheidungen normieren und damit *„die Grundlage für eine Übertragung der für Kapitalgesellschaften entwickelten Maßstäbe für Schiedsvereinbarungen"* bieten und damit *„künftig für Personenhandelsgesellschaften zu berücksichtigen [sind], die die gesetzlichen Vorschriften nicht abbedingen"*.[111]

60

---

107 Schäfer/*Liebscher*, § 5 Rn 153.
108 Näher *Jobst*, Schiedsgerichtliche Beilegung von Beschlussmängelstreitigkeiten in Personengesellschaften nach dem MoPeG, ZIP 2022, 884; *Liebscher/Günthner*, Die Schiedsfähigkeit von im Feststellungsstreit auszutragenden Beschlussmängelstreitigkeiten im Lichte des MoPeG, ZIP 2022, 713.
109 Näher Schäfer/*Liebscher*, § 5 Rn 159 ff. Dazu für das Kapitalgesellschaftsrecht (GmbH – analoge Anwendbarkeit der §§ 248 Abs. 1 S. 1, 249 Abs. 1 S. 1 AktG): BGHZ 132, 278 = NJW 1996, 1753 – Schiedsfähigkeit I: Beschlussmängelstreitigkeiten in der GmbH sind nicht schiedsfähig (arg.: privatautonome Entscheidungen über die Reichweite staatlicher gerichtlicher Entscheidungen, insbesondere in Bezug auf nicht am Prozess beteiligte Personen, sind unzulässig); BGHZ 180, 221 = NJW 2009, 1962 – Schiedsfähigkeit II: Schiedsfähigkeit besteht unter bestimmten Voraussetzungen, nämlich: (1) Zustimmung aller Gesellschafter (z.B. in Satzungsnorm), (2) alle Gesellschafter werden über die Einleitung des Schiedsverfahrens informiert (Möglichkeit einer Beteiligung), (3) alle Gesellschafter haben das Recht, an der Auswahl und Bestellung der Schiedsrichter teilzunehmen, und (4) Verfahrenskonzentration (Zusammenfassung aller, denselben Streitgegenstand betreffenden Beschlussmängelstreitigkeiten in einem Verfahren zwecks Vermeidung divergierender Entscheidungen. Für das Personengesellschaftsrecht: BGH NZG 2017, 657 – Schiedsfähigkeit III: Übertragung der Kriterien von Schiedsfähigkeit II auf das Personengesellschaftsrecht (arg.: Die Anforderungen sind aus den Wertungen des § 138 BGB und des Rechtsstaatsprinzips entwickelt worden, womit sie grundsätzlich auch für Personengesellschaften gelten); BGH ZIP 2022, 125 – Schiedsfähigkeit IV: Konkretisierung und Einschränkung von Schiedsfähigkeit III – Die Kriterien von Schiedsfähigkeit II gelten nur für solche Personengesellschaften, bei denen sich aus dem Gesellschaftsvertrag die Passivlegitimation der Gesellschaft für Beschlussmängelstreitigkeiten ergibt (BGH ZIP 2022, 125 Rn 14). Vgl. auch *Baumann/Wagner*, Schiedsfähigkeit und kein Ende? Zur Wirksamkeit von Schiedsvereinbarungen in Personengesellschaftsverträgen (Schiedsfähigkeit IV), BB 2022, 963; *Heinrich*, Präzisierung der BGH-Rechtsprechung zu Schiedsvereinbarungen für Beschlussmängelstreitigkeiten in Personengesellschaften, DB 2022, 446; *Schlüter*, Nichtigkeit von gesellschaftsrechtlichen Schiedsklauseln über Beschlussmängelstreitigkeiten, DZWiR 2022, 605; *Werner*, Schiedsverfahren IV – Zur Schiedsfähigkeit von Beschlussmängelstreitigkeiten bei Personengesellschaften, jM 2022, 310.
110 Schäfer/*Liebscher*, § 5 Rn 169.
111 Schäfer/*Liebscher*, § 5 Rn 169.

2. Grundlagen

61 § 110 HGB trifft die grundlegende Unterscheidung zwischen Mängeln von Gesellschafterbeschlüssen,[112]
- die durch eine befristete Anfechtungsklage gegen die Gesellschaft vernichtet werden können (**Anfechtbarkeit – Abs. 1**) und solchen,
- die bereits aus sich heraus zur Nichtigkeit des Gesellschafterbeschlusses führen (**Nichtigkeit – Abs. 2**).

62 Die §§ 110 bis 115 HGB normieren (in Anlehnung an die §§ 241 bis 249 AktG) das **neue Beschlussmängelrecht der Personenhandelsgesellschaften** nach dem Anfechtungsmodell[113] (Schutz der Mitgliedschaftsrechte der Gesellschafter durch eine materielle Beschlusskontrolle).[114] Damit wird im Personenhandelsgesellschaftsrecht entsprechend den Empfehlungen des 71. und 72. DJT[115] ein gesetzlicher Regelungsrahmen für Beschlussmängelstreitigkeiten normiert.

63 Der Anfechtbarkeit gebührt dabei, weil ihr praktisch ein größeres Gewicht zukommt, ein Vorrang vor der Nichtigkeit. Die Anfechtbarkeit lässt sich nur negativ von der Nichtigkeit abgrenzen. Beide Fehlerfolgen schließen sich gegenseitig aus.[116]

> *Beachte:*
> Über § 161 Abs. 2 HGB gelangen die §§ 110 bis 115 HGB auch auf die KG (insbesondere in Gestalt der Publikums-KG) entsprechend zur Anwendung.

3. Anfechtbarkeit eines Beschlusses

64 Ein Beschluss der Gesellschafter kann nach § 110 Abs. 1 HGB wegen Verletzung von Rechtsvorschriften – d.h. jeder Rechtsnorm oder des Gesellschaftsvertrags (abweichend von § 243 Abs. 2 bis 4 AktG ohne Rücksicht darauf, ob der Mangel das Zustandekommen oder den Inhalt des Beschlusses betrifft)[117] – durch Klage auf Nichtigerklärung angefochten werden (Anfechtungsklage). Damit wäre eigentlich jeder fehlerhafte Beschluss, der nicht nichtig ist (§ 110 Abs. 2 HGB), anfechtbar.[118]

---

112 Dazu näher *Ebel/Wörner*, Wechselspiel der Beschlussmängelregime in den Personenhandelsgesellschaften und der GmbH, NZG 2021, 963.
113 RegE, BT-Drucks 19/27635, S. 227.
114 RegE, BT-Drucks 19/27635, S. 227.
115 Vgl. Beschluss 19 des 71. DJT, in: Verhandlungen des 71. DJT, Bd. II/2, 2017, S. O222; Beschluss 14 des 72. DJT, in: Verhandlungen des 72. DJT, Bd. II/1, 2018, S. O28: Empfehlungen, „*das Beschlussmängelrecht rechtsformübergreifend nach aktienrechtlichem Vorbild und unter Beachtung der weitgehenden Gestaltungsfreiheit und der rechtsformspezifischen Besonderheiten der Personengesellschaften gesetzlich zu regeln*" – RegE, BT-Drucks 19/27635, S. 228.
116 RegE, BT-Drucks 19/27635, S. 228.
117 RegE, BT-Drucks 19/27635, S. 228.
118 Schäfer/*Grunewald*, § 5 Rn 48.

D. Rechtsverhältnis der Gesellschafter untereinander und zur Gesellschaft § 3

Erfasst werden insbesondere Verfahrensmängel im Kontext mit der Einberufung oder Durchführung der Versammlung.

Der Gesetzgeber überlässt gleichwohl die Frage, *„inwieweit ein Verfahrensfehler für die Beschlussfassung Bedeutung hat oder kausal oder relevant sein muss, (...) der weiteren Entwicklung durch die Rechtsprechung"*[119] – ebenso wie die Frage, *„ob bei besonders gewichtigen Einberufungsmängeln, die das Teilnahmerecht des Gesellschafters tangieren, anstelle der Anfechtbarkeit die Nichtigkeit oder Unwirksamkeit des Beschlusses in Betracht kommt"*.[120] Insoweit vertritt *Grunewald*[121] die Ansicht, es stehe zu erwarten, *„dass die Judikatur die zum Recht der Kapitalgesellschaften entwickelte Relevanztheorie auf die Personengesellschaften übertragen wird"* – mit der Folge, *„dass Anfechtbarkeit nur gegeben ist, wenn 'bei einer am Schutzzweck der verletzten Norm orientierten Betrachtung' diese Rechtsfolge sachgerecht ist"*.[122]

Die Frist für die Erhebung der Anfechtungsklage ist nach § 112 Abs. 2 HGB an die Bekanntgabe des Beschlusses knüpft, womit *„ein Gesellschafter, der wegen eines Einberufungsmangels an der Versammlung nicht teilgenommen und deswegen keine Kenntnis von der Beschlussfassung erlangt hat, jedenfalls keine Verfristung zu befürchten [hat]"*.[123]

In Bezug auf **Inhaltsmängel** kommt eine Anfechtbarkeit *„nur dann in Betracht kommt, wenn die Gesellschafter generell dazu befugt sind, über die gesetzlichen oder vertraglichen Vorgaben, gegen die der Beschluss verstößt, zu disponieren"*,[124] womit *„die Dispositionsbefugnis, ob gegen den Beschluss Anfechtungsklage erhoben wird oder nicht, (...) mit der Dispositionsbefugnis über das materielle Recht [korrespondiert]"*.[125]

Eine Verletzung der gesellschaftsrechtlichen Treuepflicht oder des Gleichbehandlungsgrundsatzes führt stets nur Anfechtbarkeit.[126]

Die Anfechtbarkeit wird durch die Erhebung der Anfechtungsklage nach Maßgabe der §§ 111, 112 und 113 BGB geltend gemacht.

---

119 RegE, BT-Drucks 19/27635, S. 228.
120 RegE, BT-Drucks 19/27635, S. 229.
121 Schäfer/*Grunewald*, § 5 Rn 49.
122 Schäfer/*Grunewald*, § 5 Rn 49 (z.B. keine Anfechtbarkeit geringfügiger Fehler bei der Erteilung von Informationen, die für die Beschlussfassung relevant sind) unter Bezugnahme auf *Wörner/Ebel*, NZG 2021, 963, 970.
123 RegE, BT-Drucks 19/27635, S. 229.
124 RegE, BT-Drucks 19/27635, S. 229 unter Bezugnahme auf *Koch*, ZHR 182 (2018), 378, 403 ff.
125 RegE, BT-Drucks 19/27635, S. 229.
126 RegE, BT-Drucks 19/27635, S. 229.

4. Nichtigkeit eines Beschlusses

65 Ein Gesellschafterbeschluss ist nach § 110 Abs. 2 S. 1 HGB (zwingend)[127] von Anfang an (mit ex tunc-Wirkung) nichtig, wenn (als abschließende Auflistung) er

- durch seinen Inhalt Rechtsvorschriften (d.h. eine jede Rechtsnorm oder der Gesellschaftsvertrag) verletzt, auf deren Einhaltung die Gesellschafter nicht verzichten können, womit aber nicht gemeint ist, *„dass Verstöße gegen die Regeln, wie ein Beschluss zustande (...), nie zur Nichtigkeit eines Beschlusses führen könn(t)en"*[128] – auch Verstöße gegen Formvorschriften sollen erfasst werden (Nr. 1 – Grenze des zwingenden Rechts[129] [z.B. Recht auf Teilnahme an der Gesellschafterversammlung],[130] die aber im Personenhandelsgesellschaftsrecht wegen der umfassenden Gestaltungsfreiheit [vgl. § 108 HGB] weiter als im Aktienrecht gezogen ist), oder
- nach einer Anfechtungsklage durch Urteil rechtskräftig für nichtig erklärt worden ist (Nr. 2 – entsprechend § 241 Abs. 5 AktG).

§ 110 Abs. 2 HGB *„regelt im Gleichlauf zur Anfechtbarkeit die Nichtigkeit eines Beschlusses und führt den Begriff der Nichtigkeitsklage in das Gesetz ein"*.[131]

a) Verstoß gegen zwingendes Recht

66 Wenn ein Beschluss seinem Inhalt nach gegen die „guten Sitten" nach § 138 BGB verstößt, ist er nichtig. Hierzu bedarf es keiner besonderen klarstellenden Regelung entsprechend § 241 Nr. 4 AktG.[132]

Von Rechtsvorschriften **zwingenden Rechts**, deren entsprechender Charakter im Wege der Auslegung der konkret in Rede stehenden Norm zu ermitteln ist[133] (z.B. ein vollständiger Entzug [nicht bloße Einschränkung] des Kontroll-, Informations- oder Kündigungsrechts bzw. des Rechts auf Teilnahme an der Gesellschafterver-

---

127 *„Etwaigen unverhältnismäßigen Folgen einer rückwirkenden Beschlussaufhebung kann bei der konkreten Rechtsausübung mithilfe der gesellschaftsrechtlichen Treuepflicht Rechnung getragen werden"*: RegE, BT-Drucks 19/27635, S. 229.
128 Schäfer/*Grunewald*, § 5 Rn 42; *Schäfer*, ZIP 2021, 1527, 1531; a.A. *Wörner/Ebel*, NZG 2021, 963, 965.
129 Regelungen des zwingenden Rechts (weil sie schutzwürdige Belange der Gesellschaftsgläubiger oder den unverzichtbaren Kernbereich der Mitgliedschaft jedes Gesellschafters tangieren i.S. absolut unentziehbarer Rechte, wie bspw. das Kontroll-, Informations- und Kündigungsrecht, das Recht zur Teilnahme an Gesellschafterversammlungen einschließlich Rede- und Antragsrecht sowie das Klagerecht gegen fehlerhafte Gesellschafterbeschlüsse) – deren Bestimmung der Gesetzgeber der Rechtsprechung überlässt – ergeben sich entweder ausdrücklich aus der verletzten Rechtsvorschrift selbst oder sind durch Auslegung anhand des Normzwecks zu ermitteln: RegE, BT-Drucks 19/27635, S. 229.
130 *Schäfer*, ZIP 2021, 1527, 1531.
131 RegE, BT-Drucks 19/27635, S. 229.
132 RegE, BT-Drucks 19/27635, S. 229.
133 Schäfer/*Grunewald*, § 5 Rn 43.

D. Rechtsverhältnis der Gesellschafter untereinander und zur Gesellschaft § 3

sammlung einschließlich des Rede- und Antragsrechts nebst Klagerecht gegen fehlerhafte Gesellschafterbeschlüsse[134] führt zur Nichtigkeit entsprechender Beschlüsse),[135] sind *„solche Rechte, die, wie z.B. Sonderrechte der Gesellschafter, zwar ebenfalls zum Kernbereich der Mitgliedschaft gehören, in die aber nur mit Zustimmung des betroffenen Gesellschafters eingegriffen werden darf (**relativ unentziehbare Rechte**)"* abzugrenzen.[136] Eine Zustimmung kann auch antizipiert erklärt werden (bspw. indem ein Gesellschafter sich in Bezug auf eine Mehrbelastung nach § 710 BGB [**Mehrbelastungsverbot**] gesellschaftsvertraglich einer Mehrheitsklausel unterwirft).[137]

Eingriffe in relativ unentziehbare Rechte unterliegen in diesem Fall der **Dispositionsbefugnis der Gesellschaftermehrheit**. Dabei gilt folgender Prüfungsmaßstab:[138]

- Ist der Eingriff im Interesse der Gesellschaft geboten?
- Ist der Eingriff dem betroffenen Gesellschafter unter Berücksichtigung seiner eigenen schutzwürdigen Belange zumutbar?

Das Fehlen einer entsprechenden Zustimmung macht den Beschluss weder nichtig noch anfechtbar, sondern **unwirksam**.[139] Damit ist der Gesellschafter nicht ohne seine Zustimmung an den Beschluss gebunden. Er kann die Zustimmung auch noch ereilen.[140]

b) Gesellschafterbeschluss ist durch Anfechtungsklage rechtskräftig für nichtig erklärt worden

§ 110 Abs. 2 S. 1 Nr. 2 HGB ist § 241 Nr. 5 AktG nachgebildet. *„Das auf die Anfechtungsklage ergehende, der Klage stattgebende Urteil vernichtet den Gesellschafterbeschluss mit Eintritt seiner Rechtskraft rückwirkend mit gestaltender Wirkung für und gegen jedermann"*[141] (ex tunc-Nichtigkeit mit rechtskräftigem Urteil). Bis zu diesem Zeitpunkt ist der Beschluss (vorläufig) wirksam – *„mit Ablauf der Anfechtungsfrist wird er endgültig wirksam (Grundsatz der fehlerunabhängigen Wirksamkeit von Gesellschafterbeschlüssen)"*.[142]

67

---

134 RegE, BT-Drucks 19/27635, S. 271.
135 Schäfer/*Grunewald*, § 5 Rn 43.
136 RegE, BT-Drucks 19/27635, S. 229.
137 RegE, BT-Drucks 19/27635, S. 229.
138 RegE, BT-Drucks 19/27635, S. 229 unter Bezugnahme auf BGH, Urt. v. 21.10.2014 – II ZR 84/13, BGHZ 203, 77, juris Rn 19 = NJW 2015, 859.
139 RegE, BT-Drucks 19/27635, S. 230.
140 RegE, BT-Drucks 19/27635, S. 230.
141 RegE, BT-Drucks 19/27635, S. 230.
142 Schäfer/*Grunewald*, § 5 Rn 53.

Die Vorschrift hat einen eigenen Regelungsgehalt und normiert – im Unterschied zu § 113 Abs. 6 HGB als Regelung der materiellen Rechtskraftwirkung – die materielle Gestaltungswirkung.[143]

c) Geltendmachung der Nichtigkeit eines Gesellschafterbeschlusses

68 Die Nichtigkeit eines Beschlusses der Gesellschafter kann nach der Klarstellung des § 110 Abs. 2 S. 2 HGB – durch jedermann – auch auf andere Weise als durch Klage auf Feststellung der Nichtigkeit (d.h. auch ohne Erhebung eine Nichtigkeitsklage nach § 114 HGB) geltend gemacht werden, bspw. *„durch [eine] Einrede, also durch Rechtsverteidigung gegen eine auf den nichtigen Beschluss gestützten Klage"*.[144]

> *Beachte:*
> Eine Heilung nichtiger Beschlüsse analog § 242 AktG ist im Personenhandelsgesellschaftsrecht **nicht** möglich, der Beschluss kann nur noch einmal neu vorgenommen werden.[145] Auch eine Bestätigung analog § 244 AktG ist mangels eines praktischen Bedürfnisses ausgeschlossen.[146]

IV. Anfechtungsbefugnis und Rechtsschutzbedürfnis (§ 111 HGB)

69 Die Neuregelung des § 111 HGB über die Anfechtungsbefugnis und das Rechtsschutzbedürfnis (wohingegen § 111 HGB alt die Verzinsungspflicht geregelt hatte) hat folgenden Wortlaut:

> „(1) Anfechtungsbefugt ist jeder Gesellschafter, der oder dessen Rechtsvorgänger im Zeitpunkt der Beschlussfassung der Gesellschaft angehört hat.
>
> (2) Ein Verlust der Mitgliedschaft nach dem Zeitpunkt der Beschlussfassung lässt das Rechtsschutzbedürfnis des Rechtsvorgängers unberührt, wenn er ein berechtigtes Interesse an der Führung des Rechtsstreits hat".

Nach § 110 Abs. 1 HGB kann ein Beschluss der Gesellschaft wegen Verletzung von Rechtsvorschriften durch Klage auf Nichtigerklärung angefochten werden (Definition der Anfechtungsklage i.S.v. § 113 HGB) mit der Folge, dass der Beschluss, nachdem er durch Urteil rechtskräftig für nichtig erklärt worden ist, von Anfang an (ex tunc) nichtig ist.

---

143 RegE, BT-Drucks 19/27635, S. 230.
144 RegE, BT-Drucks 19/27635, S. 230.
145 Schäfer/*Grunewald*, § 5 Rn 55.
146 Schäfer/*Grunewald*, § 5 Rn 56.

D. Rechtsverhältnis der Gesellschafter untereinander und zur Gesellschaft § 3

1. Anfechtungsbefugnis

Anfechtungsbefugt (vgl. § 245 AktG) ist nach § 111 Abs. 1 HGB jeder Gesellschafter, **70**

- der (selbst) oder
- dessen Rechtsvorgänger

im Zeitpunkt der Beschlussfassung der Gesellschaft angehört hat.

> *Beachte:*
> Keine Anfechtungsbefugnis hat ein nicht in Rechtsnachfolge der Gesellschaft beigetretener Gesellschafter in Bezug auf vor seinem Beitritt gefasste Beschlüsse,[147] bzw. ein Gesellschafter, der nach erfolgter Beschlussfassung seinen Gesellschaftsanteil an einen anderen übertragen hat (vgl. Wortlaut des § 111 Abs. 1 HGB).[148]

Die Anfechtungsbefugnis als aus der Mitgliedschaft (d.h. der Gesellschafterstellung) folgendes materiell-rechtliches Verwaltungsrecht (Sachbefugnis) ist vom Feststellungsinteresse zu unterscheiden.[149]

Die Anfechtungsbefugnis eines jeden Gesellschafters – und zwar unabhängig von seiner individuellen Betroffenheit und dem Umfang seiner Beteiligung – als aus der Mitgliedschaft folgendes Verwaltungsrecht (zum Schutz der Gesellschaftsminderheit)[150] verschafft jedem Gesellschafter die *„Möglichkeit, auf die Willensbildung der Gesellschaft Einfluss zu nehmen"*.[151]

Im Falle einer Änderung im Gesellschafterbestand nach erfolgter Beschlussfassung gilt für die Anfechtungsbefugnis Folgendes:[152]

- Bei Neueintritt eines Gesellschafters in die Gesellschaft geht die Anfechtungsbefugnis des Rechtsvorgängers auf den neu eintretenden Gesellschafter über.
- Einem Gesellschafter, der der Gesellschaft ohne Rechtsnachfolge beitritt, fehlt hingegen die Anfechtungsbefugnis.

Der Gesellschafter muss – anders als im Aktienrecht – dem Beschluss im Rahmen oder nach der Beschlussfassung nicht widersprochen haben, um anspruchsberech-

---

147 RegE, BT-Drucks 19/27635, S. 230.
148 Schäfer/*Grunewald*, § 5 Rn 78: Hier soll der Rechtsvorgänger, der vor der Übertragung des Gesellschaftsanteils bereits Anfechtungsklage erhoben hat, *„den Rechtsstreit gemäß § 265 ZPO unter der Bedingung fortführen [können], dass er ein rechtliches Interesse an der Fortsetzung hat"*.
149 Schäfer/*Grunewald*, § 5 Rn 76.
150 Schäfer/*Grunewald*, § 5 Rn 80.
151 RegE, BT-Drucks 19/27635, S. 230.
152 RegE, BT-Drucks 19/27635, S. 230.

tigt zu sein. Er braucht noch nicht einmal zu der Abstimmung in der Gesellschafterversammlung erschienen sein.[153]

Dies liegt darin begründet, dass nach Ansicht des Gesetzgebers das Beschlussverfahren im Personenhandelsgesellschaftsrecht *„nicht in gleicher Weise formalisiert zu werden wie im Aktienrecht"*.[154]

2. Rechtsschutzbedürfnis bei Verlust der Mitgliedschaft

71 Ein Verlust (Beendigung) der Mitgliedschaft nach dem Zeitpunkt der Beschlussfassung lässt nach § 111 Abs. 2 HGB das Rechtsschutzbedürfnis des Rechtsvorgängers (Altgesellschafter) unberührt, wenn er (anders als im Aktienrecht)[155] ein berechtigtes Interesse an der Führung des Rechtsstreits hat. Die Anfechtungsbefugnis als aus der Mitgliedschaft folgendes Verwaltungsrecht (s. vorstehende Rdn 68) besteht also auch dann noch fort, wenn der Gesellschafter seine Mitgliedschaft nach der Beschlussfassung verloren hat. Er kann den Rechtsstreit anstelle seines Rechtsnachfolgers selbst (fort-)führen, wenn er hieran ein berechtigtes Interesse hat (kein automatischer Verlust des Rechtsschutzbedürfnisses bei Verlust der Mitgliedschaft).

Ein **„berechtigtes Interesse"** ist bspw. dann anzunehmen, *„wenn ein Gesellschafter den Beschluss über seine Ausschließung angreift oder der Beschluss Auswirkungen auf die Werthaltigkeit seines Anteils beziehungsweise die Höhe seiner Abfindung haben kann"*.[156]

> *Beachte:*
> Aufgrund des Grundsatzes der Selbstorganschaft ist hingegen ein Dritter, d.h. ein außerhalb der Gesellschaft Stehender, nicht anfechtungsbefugt.[157]

V. Klagefrist (§ 112 HGB)

72 Die Neuregelung der § 112 HGB über die Klagefrist (wohingegen § 112 HGB alt das Wettbewerbsverbot geregelt hatte) hat – in Abweichung zum Regelungsgehalt

---

153 RegE, BT-Drucks 19/27635, S. 230. Arg.: geringer Formalisierungsgrad des Beschlussverfahrens im Personenhandelsgesellschaftsrecht.
154 RegE, BT-Drucks 19/27635, S. 230.
155 Im Aktienrecht muss die Mitgliedschaft zum Zeitpunkt der Klageerhebung noch fortbestehen: vgl. BGH, Urt. v. 22.3.2011 – II ZR 229/09, BGHZ 189, 32, juris Rn 6 = NJW-RR 2011, 976. Geht die Mitgliedschaft erst nach dem Zeitpunkt der Klageerhebung verloren, kann der Aktionär den Anfechtungsprozess analog § 265 Abs. 2 ZPO fortführen, wenn er hieran ein berechtigtes Interesse hat: vgl. BGH Urt. v. 9.10.2006 – II ZR 46/05, BGHZ 169, 221, juris Rn 16 = NJW 2007, 300.
156 RegE, BT-Drucks 19/27635, S. 230 unter Bezugnahme auf BGH, Urt. v. 9.10.2006 – II ZR 46/05, BGHZ 169, 221, juris Rn 19 = NJW 2007, 300.
157 Schäfer/*Grunewald*, § 5 Rn 80.

des § 246 Abs. 1 AktG (kurze einmonatige Kündigungsfrist von einem Monat) – folgenden Wortlaut:

> „(1) Die Anfechtungsklage ist innerhalb von drei Monaten zu erheben. Eine Vereinbarung im Gesellschaftsvertrag, welche eine kürzere Frist als einen Monat vorsieht, ist unwirksam.
>
> (2) Die Frist beginnt mit dem Tag, an dem der Beschluss dem anfechtungsbefugten Gesellschafter bekanntgegeben worden ist.
>
> (3) Für die Dauer von Vergleichsverhandlungen über den Gegenstand des Beschlusses oder die ihm zugrundeliegenden Umstände zwischen dem anfechtungsbefugten Gesellschafter und der Gesellschaft wird die Klagefrist gehemmt. Die für die Verjährung geltenden §§ 203 und 209 des Bürgerlichen Gesetzbuchs sind mit der Maßgabe entsprechend anzuwenden, dass die Klagefrist frühestens einen Monat nach dem Scheitern der Vergleichsverhandlungen endet".

§ 112 HGB will Rechtssicherheit über die Wirksamkeit eines Beschlusses herstellen.[158] Die Regelung hat – wie die Anfechtungsbefugnis nach § 111 HGB – materiell-rechtlichen Charakter (materiell-rechtliche Klagefrist, arg.: Regelungsstandort), womit sie nicht nach § 224 Abs. 2 ZPO verlängert[159] (bzw. Wiedereinsetzung in den vorigen Stand gemäß §§ 233 ff. ZPO gefordert)[160] werden kann und damit *„fristüberschreitende Anfechtungsklagen nicht als unzulässig, sondern stets als unbegründet abzuweisen [sind]".*[161]

1. Dreimonatige Klagefrist

Die Anfechtungsklage ist im Interesse einer schnellen Rechtssicherheit über die Wirksamkeit des Beschlusses einerseits und um den Parteien andererseits hinreichend Zeit zur Verfügung zu stellen sich außergerichtlich zu verständigen und ihr Begehren vorzubringen[162] nach § 112 Abs. 1 S. 1 HGB innerhalb von **drei Monaten** zu erheben.

73

Eine Vereinbarung im Gesellschaftsvertrag, welche eine kürzere Frist als **einen Monat** vorsieht, ist nach § 112 Abs. 1 S. 2 HGB unwirksam (Untergrenze bei anderweitiger Vertragsvereinbarung).

2. Fristbeginn

Die Frist für die Erhebung der Anfechtungsklage beginnt nach § 112 Abs. 2 HGB mit dem Tag, an dem der Beschluss dem anfechtungsbefugten Gesellschafter be-

74

---

158 RegE, BT-Drucks 19/27635, S. 230.
159 RegE, BT-Drucks 19/27635, S. 231.
160 Schäfer/*Grunewald*, § 5 Rn 81.
161 Schäfer/*Grunewald*, § 5 Rn 81.
162 RegE, BT-Drucks 19/27635, S. 231.

kanntgegeben worden ist (Zeitpunkt der Bekanntgabe des Beschlusses – anders als nach § 246 Abs. 1 AktG: Beschlussfassung).

Der Zeitpunkt der **Bekanntgabe des Beschlusses an die anfechtungsberechtigten Gesellschafter** (was die Gesellschafter zu einer gewissen Formalisierung des Beschlussverfahrens anhält, „*insoweit die Bekanntgabe eine förmliche Feststellung des gefassten Beschlusses implizit voraussetzt*")[163] erschien dem Gesetzgeber angesichts der verschiedenen Arten, in denen eine Beschlussfassung möglich ist und der damit einhergehenden Ungewissheit, wann ein Beschluss gefasst worden ist, als angebracht.[164] Maßgeblich ist der Zugang gemäß § 130 Abs. 1 BGB.

> *Beachte:*
> Zugangserleichterungen durch entsprechende Vereinbarungen im Gesellschaftsvertrag (vor allem bei Publikumskommanditgesellschaften) sind möglich.[165]

Der Gesetzgeber hat von einer Regelung der **Modalitäten der Beschlussfeststellung durch den Versammlungsleiter** Abstand genommen (da diese sich einer abstrakt-generellen Regelung entziehen) und diese Frage wie im Beschlussmängelrecht der GmbH einer Klärung durch die Rechtsprechung vorbehalten.[166]

Das Bekanntgabeerfordernis soll gleichwohl implizit ein „*Mindesterfordernis an eine Formalisierung der Beschlussfassung*"[167] voraussetzen,[168] „*ohne die Privatautonomie der Gesellschafter über Gebühr einzuschränken*"[169] (vgl. §§ 108, 109 HGB).

3. Hemmung der Klagefrist

75 Für die Dauer von Vergleichsverhandlungen über den Gegenstand des Beschlusses oder die ihm zugrundeliegenden Umstände zwischen dem anfechtungsbefugten Gesellschafter und der Gesellschaft wird die Klagefrist nach § 112 Abs. 3 S. 1 HGB zwecks Abmilderung der mit der Fristenregelung verbundenen Härten[170] gehemmt (wofür „*im Personengesellschaftsrecht angesichts der typischen personalistischen Struktur, dem besonderen Interesse an einer außergerichtlichen Streitvermeidung und -schlichtung sowie der Gefahr der persönlichen Haftung ein besonderes Bedürfnis [besteht]*").[171]

---

163 RegE, BT-Drucks 19/27635, S. 231.
164 RegE, BT-Drucks 19/27635, S. 231.
165 RegE, BT-Drucks 19/27635, S. 231.
166 RegE, BT-Drucks 19/27635, S. 231.
167 Schäfer/*Grunewald*, § 5 Rn 85.
168 *Noack*, DB 2020, 2618, 2622; *Schäfer*, ZIP 2021, 1527, 1531.
169 Schäfer/*Grunewald*, § 5 Rn 85.
170 RegE, BT-Drucks 19/27635, S. 232.
171 Schäfer/*Grunewald*, § 5 Rn 86.

D. Rechtsverhältnis der Gesellschafter untereinander und zur Gesellschaft §3

Dabei lässt jeder Meinungsaustausch zwischen dem anfechtungsbefugten Gesellschafter und der Gesellschaft über den Gegenstand des Beschlusses die Hemmung eintreten,[172] *„sofern nicht sofort und eindeutig einer der Beteiligten das Begehren nach einer Aufhebung oder Abänderung des Beschlusses ablehnt".*[173] Der Eintritt der Hemmung setzt somit Folgendes voraus:[174]

- Die Verhandlungen finden zwischen den künftigen Prozessparteien statt (mit eventueller Zurechnung des Verhandelns Dritter nach allgemeinen Grundsätzen rechtsgeschäftlicher oder organschaftlicher Vertretung).
- Da *„ein Gesellschafter in Vertretung der Gesellschaft in einem Prozess nicht selbst über den Beschluss disponieren [kann] (...), ist eine Reaktion der Gesellschaft auf die Vergleichsbemühungen im Regelfall erst nach Ablauf einer angemessenen Frist zu erwarten, innerhalb derer er die anderen Gesellschafter informieren und gegebenenfalls einen ermächtigenden Gesellschafterbeschluss zur Führung von Vergleichsverhandlungen einholen konnte".*[175]
- Die Verhandlungen werden über den Gegenstand des Beschlusses oder die ihm zugrundeliegenden Umstände geführt, eine Beschränkung auf den Streitgegenstand eines künftigen Prozesses ist nicht notwendig.[176]

Die für die Verjährung geltenden §§ 203 und 209 BGB über die **Ablaufhemmung** bei Verhandlungen und der Wirkung der Hemmung sind nach § 112 Abs. 3 S. 2 HGB – *„um dem Gesellschafter nach Verhandlungsende eine angemessene Überlegungszeit einzuräumen"*[177] – mit der Maßgabe entsprechend anzuwenden, dass die Klagefrist **frühestens einen Monat** nach dem Scheitern der Vergleichsverhandlungen endet.

Damit soll der Gesellschafter vor einem überraschenden Ende der Hemmung bewahrt und ihm nach Ende der Vergleichsverhandlungen eine gewisse, im Verhältnis zur gesetzlichen dreimonatigen Klagefrist angemessene Überlegungsfrist gesichert werden.[178]

Infolgedessen gelangt § 112 Abs. 3 S. 2 HGB nicht zur Anwendung, wenn nach Ende der Hemmung noch eine Frist von mehr als einem Monat verbleibt.[179]

---

172 Bspw. auch, wenn nach einem Ausschließungsbeschluss über das einvernehmliche Ausscheiden des betroffenen Gesellschafters gestritten wird: RegE, BT-Drucks 19/27635, S. 232.
173 RegE, BT-Drucks 19/27635, S. 232.
174 RegE, BT-Drucks 19/27635, S. 232.
175 RegE, BT-Drucks 19/27635, S. 232.
176 RegE, BT-Drucks 19/27635, S. 232.
177 Schäfer/*Grunewald*, § 5 Rn 87.
178 RegE, BT-Drucks 19/27635, S. 232.
179 RegE, BT-Drucks 19/27635, S. 232.

Die gesetzliche Regelung des § 112 Abs. 3 HGB ist geboten, „*weil diese Vorschriften auf die Klagefrist als materiell-rechtliche Ausschlussfrist jedenfalls keine direkte Anwendung finden*".[180]

VI. Anfechtungsklage (§ 113 HGB)

77 Die Neuregelung des § 113 HGB, die die prozessualen Modalitäten der Anfechtungsklage einschließlich des Streitwerts und der Urteilswirkungen regelt[181] (wohingegen § 113 HGB alt die Verletzung des Wettbewerbsverbots geregelt hatte), hat folgenden Wortlaut:

> „(1) Zuständig für die Anfechtungsklage ist ausschließlich das Landgericht, in dessen Bezirk die Gesellschaft ihren Sitz hat.
>
> (2) Die Klage ist gegen die Gesellschaft zu richten. Ist außer dem Kläger kein Gesellschafter zur Vertretung der Gesellschaft befugt, wird die Gesellschaft von den anderen Gesellschaftern gemeinsam vertreten.
>
> (3) Die Gesellschaft hat die Gesellschafter unverzüglich über die Erhebung der Klage und die Lage des Rechtsstreits zu unterrichten. Ferner hat sie das Gericht über die erfolgte Unterrichtung in Kenntnis zu setzen. Das Gericht hat auf eine unverzügliche Unterrichtung der Gesellschafter hinzuwirken.
>
> (4) Die mündliche Verhandlung soll nicht vor Ablauf der Klagefrist stattfinden. Mehrere Anfechtungsprozesse sind zur gleichzeitigen Verhandlung und Entscheidung zu verbinden.
>
> (5) Den Streitwert bestimmt das Gericht unter Berücksichtigung aller Umstände des Einzelfalls, insbesondere der Bedeutung der Sache für die Parteien, nach billigem Ermessen.
>
> (6) Soweit der Gesellschafterbeschluss durch rechtskräftiges Urteil für nichtig erklärt worden ist, wirkt das Urteil für und gegen alle Gesellschafter, auch wenn sie nicht Partei sind".

1. Ausschließliche Zuständigkeit für die Entscheidung über die Anfechtungsklage

78 Örtlich zuständig für die Anfechtungsklage ist nach § 113 Abs. 1 HGB ausschließlich das Landgericht (dort funktionell [aber nicht ausschließlich, sondern auf Antrag der Parteien nach § 96 bzw. § 98 GVG] zuständig: Kammer für Handelssachen), in dessen Bezirk die Gesellschaft ihren Sitz (mithin bei einer Vereinbarung den Vertragssitz, anderenfalls den Verwaltungssitz) hat (§ 105 Abs. 3 HGB i.V.m. § 706 S. 2 BGB).

---

180 RegE, BT-Drucks 19/27635, S. 231.
181 RegE, BT-Drucks 19/27635, S. 232.

D. Rechtsverhältnis der Gesellschafter untereinander und zur Gesellschaft § 3

§ 113 Abs. 1 HGB mit der ausschließlichen Zuständigkeit des Landgerichts am Sitz der Gesellschaft[182] (ohne eine Möglichkeit einzelvertraglicher Vereinbarungen oder rügeloser Einlassungen) führt im Interesse der Prozessökonomie dazu, *„dass mehrere Anfechtungsklagen wegen desselben Streitgegenstands bei einem örtlich und sachlich zuständigen Gericht zur gemeinsamen Entscheidung gebündelt werden"*,[183] wodurch im Hinblick auf die Rechtskraftwirkung des § 113 Abs. 6 HGB (s. nachstehende Rdn 86) divergierende Entscheidungen vermieden werden. Zugleich verhindert die Regelung, *„dass mehrere angerufene Gerichte mit ihrer Entscheidung bis zu einer Entscheidung durch das jeweils andere Gericht zuwarten und auf diese Weise ein Verfahrensstillstand eintritt"*.[184]

Beachte:
Mit der ausschließlichen Zuständigkeit des Landgerichts geht **Anwaltszwang** (§ 78 ZPO) einher.

Beachte:
„Beschlussstreitigkeiten bleiben dem Grunde nach [infolge einer getroffenen Schiedsvereinbarung] schiedsfähig (§ 1030 Abs. 1 ZPO)".[185]

2. Adressat der Anfechtungsklage

Die Klage ist nach § 113 Abs. 2 S. 1 HGB gegen die Gesellschaft (da ihr als selbstständig rechtsfähiges Rechtssubjekt nach § 105 Abs. 2 HGB der Beschluss der Gesellschafterversammlung als eigene Willensbildung zugerechnet wird)[186] und nicht gegen die anderen Gesellschafter zu richten (Passivlegitimation). 79

Infolgedessen hat im Obsiegensfall der klagende Gesellschafter als Konsequenz der Eingehung des Gesellschaftsverhältnisses *„wirtschaftlich die Prozesskosten proportional zu seiner Beteiligung als Teil der betrieblichen Aufwendungen zu tragen"*.[187]

Ist außer dem Kläger kein Gesellschafter zur Vertretung der Gesellschaft befugt, wird die Gesellschaft – die passivlegitimiert bleibt – nach § 113 Abs. 2 S. 2 HGB

---

182 Ansonsten wären – streitwertabhängig – *„sowohl das Land- als auch das Amtsgericht zuständig, und zwar sowohl am Sitz der Gesellschaft (§ 17 Abs. 1 ZPO) als auch u.U. am Ort der Abstimmung (§ 32 ZPO)"*: RegE, BT-Drucks 19/27635, S. 232.
183 RegE, BT-Drucks 19/27635, S. 232.
184 RegE, BT-Drucks 19/27635, S. 232.
185 Schäfer/*Grunewald*, § 5 Rn 103.
186 RegE, BT-Drucks 19/27635, S. 233.
187 RegE, BT-Drucks 19/27635, S. 233: *„Ob und unter welchen Voraussetzungen ein materieller Kostenerstattungsanspruch in Betracht kommt, bleibt der Klärung durch die Rechtsprechung vorbehalten"*. Die Prozesskostentragungspflicht (selbst im Falle eines Obsiegens) ist umstritten: zustimmend *Noack*, ZIP 2020, 1382, 1385; ablehnend Schäfer/*Grunewald*, § 5 Rn 91: „fragwürdig".

von den „anderen Gesellschaftern" gemeinsam vertreten (passive Prozessführungsbefugnis aller anderer Gesellschafter als gemeinsam auszuübendes Pflichtrecht),[188] um „*auch im Falle der Vertretungslosigkeit ein[en] effektiven Rechtsschutz [zu gewährleisten]*".[189]

Dadurch wird ein **effektiver Rechtsschutz im Fall der Vertretungslosigkeit** ermöglicht.[190]

Bei der OHG kommt es im Regelfall nicht zu einer Vertretungslosigkeit (arg.: Einzelvertretungsbefugnis eines jeden Gesellschafters nach § 124 Abs. 1 HGB). Bei der KG hingegen (arg.: § 170 Abs. 1 HGB schließt die Kommanditisten von der Vertretungsbefugnis aus) kann es bei einer Publikums-KG dann zu Problemen kommen, wenn der einzige vertretungsbefugte Komplementär klagt und zahlreiche Kommanditisten als „andere Gesellschafter" i.S.v. von § 113 Abs. 2 S. 2 HGB gemeinsam die Vertretung übernehmen sollen: „*Fehlt es an einer intakten Handlungsorganisation der anderen Gesellschafter, weil sie sich analog § 46 Nr. 8 GmbHG auch nicht auf die Bestellung eines Vertreters verständigen können, kommt deswegen auf Antrag eines der anderen Gesellschafter die gerichtliche Bestellung eines Prozessvertreters analog § 57 Abs. 1 ZPO in Betracht*".[191]

3. Angemessene Beteiligung der anderen Gesellschafter an dem Rechtsstreit als streitgenössische Nebenintervenienten

80 Aufgrund der umfassenden Gestaltungs- und Rechtskraftwirkung eines Urteils im Anfechtungsprozess (vgl. § 113 Abs. 6 HGB) statuiert § 113 Abs. 3 HGB Vorgaben, „*die eine angemessene Beteiligung der anderen Gesellschafter an dem Rechtsstreit als streitgenössische Nebenintervenienten ermöglichen sollen*".[192]

81 Die **Unterrichtungspflicht** zielt darauf ab, „*dass sich der andere Gesellschafter als streitgenössischer Nebenintervenient an dem Rechtsstreit beteiligen kann*",[193] wobei dem Gesetzgeber[194] eine Befristung der Nebenintervention auf Klägerseite (anders als nach § 246 Abs. 4 S. 2 AktG) nicht angezeigt erschien.

---

188 RegE, BT-Drucks 19/27635, S. 233 – die Notlösung (Bestellung eines Prozessvertreters nach § 52 ZPO) dürfte sehr selten vorkommen (bspw., wenn bei einer Publikums-KG die Vertretungsbefugnis des Kommanditisten nach § 170 Abs. 1 HGB ausgeschlossen und auf Klägerseite ein einziger vertretungsberechtigter Komplementär steht – sofern auch die Bestellung eines Vertreters nach § 46 Nr. 8 GmbHG analog scheitert).
189 Schäfer/*Grunewald*, § 5 Rn 92.
190 RegE, BT-Drucks 19/27635, S. 233.
191 RegE, BT-Drucks 19/27635, S. 233.
192 RegE, BT-Drucks 19/27635, S. 233.
193 RegE, BT-Drucks 19/27635, S. 234.
194 RegE, BT-Drucks 19/27635, S. 234.

D. Rechtsverhältnis der Gesellschafter untereinander und zur Gesellschaft § 3

Die Gesellschaft (vertreten durch ihren geschäftsführenden Gesellschafter, bei mehreren in vertretungsberechtigter Zahl)[195] – und nicht der Gesellschafter – hat die Gesellschafter nach § 113 Abs. 3 S. 1 HGB unverzüglich (vgl. § 121 Abs. 1 S. 1 BGB – Zeitpunkt) und kurz über

- die **Erhebung der Klage** und
- die **Lage des Rechtsstreits**

zu unterrichten, da es sich der Sache nach um eine aus dem Gesellschaftsverhältnis erwachsende Pflicht handelt. (**Unterrichtungspflicht der Gesellschaft**, und nicht des Zustellungsadressaten i.S.v. § 170 Abs. 1 S. 1 und Abs. 2 ZPO).[196]

Die Unterrichtung soll den anderen Gesellschaftern *„einen Zugang zum Verfahren eröffnen und ihn in die Lage versetzen soll, eine Entscheidung darüber zu treffen, ob er sich an dem Rechtsstreit beteiligen möchte oder nicht"*,[197] weshalb folgende Angaben zu machen sind[198] und zwar

82

- zum anberaumten Termin,
- dem mit der Sache befassten Gericht,
- zum Aktenzeichen,
- zu den Parteien und
- zum Gegenstand des Verfahrens (angegriffener Beschluss, Klageantrag und -begründung).

Zu den Erfolgsaussichten bedarf es hingegen keiner Angaben.[199]

> *Beachte:*
> § 113 Abs. 3 S. 1 HGB begründet *„keine fortlaufende Unterrichtungspflicht, es sei denn, die Klage wird erweitert"*.[200] In der Folge obliegt es daher jedem Gesellschafter selbst, sich nach einer Initialunterrichtung eigenständig über den Verfahrensablauf kundig zu halten.[201]

Ferner hat das Gericht die Gesellschafter nach § 113 Abs. 3 S. 2 HGB über die erfolgte Unterrichtung in Kenntnis zu setzen.

83

Das Gericht hat gemäß § 113 Abs. 3 S. 3 HGB auf eine unverzügliche Unterrichtung der Gesellschafter hinzuwirken. Im Freibeweis hat das Gericht zu kontrollie-

---

195 RegE, BT-Drucks 19/27635, S. 233.
196 RegE, BT-Drucks 19/27635, S. 233.
197 RegE, BT-Drucks 19/27635, S. 233.
198 RegE, BT-Drucks 19/27635, S. 233.
199 RegE, BT-Drucks 19/27635, S. 233.
200 RegE, BT-Drucks 19/27635, S. 233.
201 RegE, BT-Drucks 19/27635, S. 233.

ren, *„ob die Gesellschaft ihrer Unterrichtungspflicht nachgekommen ist, und (...) im Einzelfall selbst zu unterrichten"*[202] (Kontrollfunktion des Gerichts, *„die im Einzelfall in eine Reservefunktion erwachsen kann"*).[203]

Wenn eine ordnungsgemäße Unterrichtung unterblieben ist, muss diese *„nicht notwendig in derselben Instanz, wohl aber in demselben Verfahren [nachgeholt werden]"* (ggf. durch Wiedereröffnung der mündlichen Verhandlung nach § 156 Abs. 2 Nr. 1 ZPO).[204]

Wenn ein Gesellschafter glaubhaft machen kann, *„dass er keine Kenntnis von der Klage hatte, insbesondere nicht von der Gesellschaft unterrichtet wurde, kann ihm* **Wiedereinsetzung in den vorigen Stand** *gewährt werden"*.[205]

> Beachte:
> Die Verletzung der Unterrichtungspflicht kann auch einen **Schadensersatzanspruch** (§ 280 Abs. 1 BGB i.V.m. § 113 Abs. 3 S. 1 HGB) gegen die Gesellschaft begründen.[206]

4. Zeitpunkt der mündlichen Verhandlung und Verbindung mehrerer Anfechtungsprozesse zur gleichzeitigen Verhandlung und Entscheidung

84 Die mündliche Verhandlung „soll" nach § 113 Abs. 4 S. 1 HGB nicht vor Ablauf der Klagefrist stattfinden, wovon im Ausnahmefall abgewichen werden kann.[207]

Mehrere Anfechtungsprozesse sind gemäß § 113 Abs. 4 S. 2 HGB zwecks Verhinderung *„divergierende(r) Entscheidungen über die Wirksamkeit des Beschlusses wegen der weiteren Gestaltungs- und Rechtskraftwirkung des Urteils im Anfechtungsprozess"*[208] (vgl. § 113 Abs. 6 HGB) zur gleichzeitigen Verhandlung und Entscheidung zu verbinden (Kopplungsgebot – Verfahrenskonzentration).

---

202 RegE, BT-Drucks 19/27635, S. 234: Wobei sich das Gericht im Regelfall auf eine Erklärung der beklagten Gesellschaft verlassen kann, alle anderen Gesellschafter ordnungsgemäß unterrichtet zu haben.
203 Schäfer/*Grunewald*, § 5 Rn 98.
204 RegE, BT-Drucks 19/27635, S. 234.
205 RegE, BT-Drucks 19/27635, S. 234 unter Bezugnahme auf BGH, Beschl. v. 31.8.2008 – II ZB 4/07, NZG 2008, 428, juris Rn 14.
206 RegE, BT-Drucks 19/27635, S. 234.
207 RegE, BT-Drucks 19/27635, S. 234.
208 RegE, BT-Drucks 19/27635, S. 234.

5. Bemessung des Streitwerts

Den Streitwert bestimmt das Gericht nach § 113 Abs. 5 HGB – in Anlehnung an § 247 Abs. 1 S. 1 AktG[209] und abweichend von den allgemeinen Grundsätzen der Streitwertbemessung nach § 48 Abs. 1 S. 1 GKG i.V.m. § 3 ZPO – unter Berücksichtigung aller Umstände des Einzelfalls, insbesondere der Bedeutung der Sache für die Parteien, nach „billigem Ermessen" (d.h. pflichtgemäßem Ermessen), da das Urteil *„infolge der erweiterten materiellen Rechtskraftwirkung nicht nur das Interesse des klagenden Gesellschafters, sondern auch die möglicherweise sehr viel bedeutenderen Interessen der Gesellschaft und der anderen Gesellschafter berührt (vgl. § 113 Abs. 6 und § 114 HGB)"*.[210]

85

Das Interesse des klagenden Gesellschafters an der Vernichtung des Beschlusses hängt vom *„wirtschaftlichen Erfolg ab, den er damit für sich erstrebt"*.[211] Dem steht das Interesse der beklagten Gesellschaft an der Aufrechterhaltung des Beschlusses gegenüber – einschließlich dem Interesse der anderen Gesellschafter an der Verteidigung des Beschlusses (arg.: Sie werden vom rechtskräftigen Urteil gemäß § 113 Abs. 6 und § 114 HGB mit betroffen).

86

Der Gesetzgeber[212] hat für die Gewichtung der Interessen in ihrem Verhältnis zueinander bewusst keine inhaltlichen Vorgaben getroffen. Da nicht angenommen werden kann, dass die Interessen des Klägers und der Beklagten das gleiche Gewicht haben, kann nur – negativ – konstatiert werden, *„dass kein Interesse generell das andere überwiegt"*, was im Einzelfall Kern der Ermessensausübung ist, wozu auf die Rechtsprechung zurückgegriffen werden kann, die allgemein bei gesellschaftsrechtlichen Anfechtungs- und Nichtigkeitsklagen § 247 Abs. 1 S. 1 und 2 AktG entsprechend anwendet.[213]

87

6. Urteilswirkungen

Soweit der Gesellschafterbeschluss durch rechtskräftiges Urteil für nichtig erklärt worden ist, wirkt das Urteil nach § 113 Abs. 6 HGB – entsprechend § 248 Abs. 1 S. 1 AktG – zwecks Gewährleistung von Rechtssicherheit (d.h. der Sicherstellung, *„dass der Beschluss nicht nur für den Kläger und die beklagte Gesellschaft als Prozessparteien, sondern auch für die anderen Gesellschafter nichtig ist, wenn die Anfechtungsklage endgültig Erfolg gehabt hat")*[214] im Interesse der Prozessöko-

88

---

209 Aber ohne Fixierung einer Streitwertobergrenze (vgl. § 247 Abs. 1 S. 2 AktG).
210 RegE, BT-Drucks 19/27635, S. 235.
211 RegE, BT-Drucks 19/27635, S. 235.
212 RegE, BT-Drucks 19/27635, S. 235.
213 RegE, BT-Drucks 19/27635, S. 235 unter Bezugnahme auf BGH, Beschl. v. 5.7.1999 – II ZR 313/97, NZG 1999, 999, juris Rn 3; BGH, Beschl. v. 21.6.2011 – II ZR 22/10 = AG 2011, 823.
214 RegE, BT-Drucks 19/27635, S. 235.

nomie[215] und der Rechtssicherheit **für und gegen alle Gesellschafter** (erga omnes-Wirkung), auch wenn sie nicht Partei geworden sind.

> *Beachte:*
> Von der materiellen Rechtskraftwirkung nach § 113 Abs. 6 HGB ist die materielle Gestaltungswirkung in § 110 Abs. 2 S. 1 Nr. 2 HGB zu unterscheiden, wonach das Urteil die materielle Rechtslage mit Wirkung für und gegen jedermann umgestaltet (arg.: *„Die Gesellschaft [ist] als Beklagte verpflichtet (...), den ihr zurechenbaren rechtswidrigen Zustand, den die Gesellschafter mit dem Beschluss geschaffen haben, umfassend zu beseitigen"*).[216]

§ 113 Abs. 6 HGB gilt **nicht für klageabweisende Urteile**, da der Rechtsstreit zwar endgültig befriedet und die Rechtssicherheit gefördert würde: *„Allerdings begegnete dies mit Blick auf das Recht auf rechtliches Gehör nach Art. 103 Abs. 1 GG durchgreifenden verfassungsrechtlichen Bedenken"*.[217] Hier bleibt es bei einer Rechtskraftwirkung inter partes (vgl. § 325 Abs. 1 ZPO).[218]

§ 113 HGB gibt keine gesonderte Unterrichtungspflicht der anderen Gesellschafter vor, da es diesen nach Ansicht des Gesetzgebers[219] obliegt – einmal über die Klageerhebung sowie die Lage des Rechtsstreits unterrichtet – den Fortgang des Rechtsstreits selbstständig weiterzuverfolgen.

> *Beachte:*
> Die subjektive Rechtskraftwirkung ist von der **materiellen Gestaltungswirkung** einer Entscheidung nach § 110 Abs. 2 Nr. 2 HGB (d.h. der Änderung der materiellen Rechtslage durch Nichtigerklärung des fehlerhaften Beschlusses) zu unterscheiden.[220]

VII. Nichtigkeitsklage (§ 114 HGB)

89 Die Neuregelung des § 114 HGB über die Nichtigkeitsklage (wohingegen § 114 HGB alt die Geschäftsführung geregelt hatte) hat – orientiert am Vorbild des § 249 AktG – folgenden Wortlaut:

> „Erhebt ein Gesellschafter Nichtigkeitsklage gegen die Gesellschaft, sind die § 111 und § 113 entsprechend anzuwenden. Mehrere Nichtigkeits- und Anfechtungsprozesse sind zur gemeinsamen Verhandlung und Entscheidung zu verbinden".

---

215 *Noack*, ZIP 2020, 1382, 1385.
216 RegE, BT-Drucks 19/27635, S. 235.
217 RegE, BT-Drucks 19/27635, S. 235.
218 Schäfer/*Grunewald*, § 5 Rn 94.
219 RegE, BT-Drucks 19/27635, S. 235.
220 RegE, BT-Drucks 19/27635, S. 235.

§ 114 S. 1 HGB unterwirft das Verfahren der Nichtigkeitsklage – mit Ausnahme der Klagefrist (§ 112 HGB)[221] – den Vorschriften über die Anfechtungsklage: Die §§ 111 und 114 HGB finden entsprechende Anwendung.

90

> *Beachte:*
> Die Nichtigkeit kann nach § 110 Abs. 2 S. 2 HGB sowohl im Klagewege als auch einredeweise geltend gemacht werden.[222]

Zur Vermeidung divergierender Entscheidungen sind nach § 114 S. 2 HGB – abweichend von § 249 Abs. 2 S. 2 AktG – mehrere Anfechtungs- und Nichtigkeitsprozesse zu verbinden (Kopplungsgebot – Verfahrenskonzentration), da vielfach von identischen Streitgegenständen auszugehen sein wird.[223]

VIII. Verbindung von Anfechtungs- und Feststellungsklage (§ 115 HGB)

§ 115 HGB, der die Verbindung von Anfechtungs- und Feststellungsklage regelt (wohingegen § 115 HGB alt die Geschäftsführung durch mehrere Gesellschafter geregelt hatte), hat folgenden Wortlaut:

91

> „Wendet sich ein Gesellschafter gegen einen Beschluss, mit dem ein Beschlussvorschlag abgelehnt wurde, kann er seinen Antrag auf Nichtigerklärung des ablehnenden Beschlusses mit dem Antrag verbinden, dass ein Beschluss festgestellt wird, der bei Annahme des Beschlussvorschlags rechtmäßig gefasst worden wäre. Auf die Feststellungsklage finden die für die Anfechtungsklage geltenden Vorschriften entsprechende Anwendung".

Auch nach der Umstellung vom Feststellungs- auf das Anfechtungsmodell ist die Feststellungsklage (§ 256 Abs. 1 ZPO) nicht obsolet, da die Anfechtungsklage die Feststellungsklage nur innerhalb ihres Anwendungsbereichs verdrängt (mithin das Rechtsschutzbegehren des klagenden Gesellschafters auf Nichtigerklärung eines Beschlusses gerichtet ist).[224] Damit verbleibt ein Anwendungsbereich für die allgemeine Feststellungsklage, bspw. wenn streitig ist, ob überhaupt ein Beschluss gefasst wurde bzw. ein solcher nicht rechtssicher festgestellt werden kann (was einer Anfechtungs- oder Nichtigkeitsklage nicht zugänglich ist).[225]

Der klagende Gesellschafter kann ein Interesse daran haben der kassatorischen Wirkung der Anfechtungsklage durch Verbindung mit einer Feststellungsklage

92

---

221 Arg.: Es steht die Verletzung zwingender Rechtsvorschriften in Rede, die oft „dem Schutz von Drittinteressen dienen und keiner faktischen Heilung durch Zeitablauf zugänglich sind": Schäfer/*Grunewald*, § 5 Rn 106 unter Bezugnahme auf *Schäfer*, ZIP 2021, 1527, 1530 f.
222 Schäfer/*Grunewald*, § 5 Rn 107.
223 RegE, BT-Drucks 19/27635, S. 235.
224 RegE, BT-Drucks 19/27635, S. 235.
225 Schäfer/*Grunewald*, § 5 Rn 108.

(sog. **positive Beschlussfeststellungsklage**) eine quasi gestaltende Wirkung zu verschaffen[226] – bspw.[227] wenn ein Beschluss durch einen Versammlungsleiter förmlich festgestellt wird, mit dem ein Beschlussvorschlag etwa wegen eines Zählfehlers oder wegen fehlerhaft angenommener Mehrheitsverhältnisse zu Unrecht abgelehnt wird. In diesem Fall muss vor einer gerichtlichen Feststellung des „wahren" Beschlusses zunächst die vorläufige Bestandskraft des förmlich festgestellten Beschlusses beseitigt werden.[228] Daher kann und muss die Anfechtungsklage i.d.R. mit einer (positiven Beschluss-) Feststellungsklage verbunden werden, *„weil anzunehmen ist, dass dem klagenden Gesellschafter für die isolierte Erhebung einer Anfechtungsklage oder einer Feststellungsklage das Rechtsschutzbedürfnis fehlt"*[229] (**Verbindung zur kombinierten Feststellungsklage**): Wendet sich ein Gesellschafter gegen einen Beschluss, mit dem ein Beschlussvorschlag abgelehnt wurde, kann er nach § 115 S. 1 HGB seinen Antrag auf Nichtigerklärung des ablehnenden Beschlusses mit dem Antrag verbinden, dass ein Beschluss festgestellt wird, der bei Annahme des Beschlussvorschlags rechtmäßig gefasst worden wäre.

> *Beachte:*
> Wenn hingegen Streit darüber besteht, ob und mit welchem Ergebnis überhaupt ein Beschluss gefasst wurde, kommt nur eine Feststellungsklage, die unter den allgemeinen Voraussetzungen (Feststellungsinteresse)[230] von jedermann erhoben werden kann, in Betracht, die sich gegen denjenigen richtet, gegen den ein Feststellungsinteresse i.S.v. § 256 Abs. 1 ZPO besteht.[231]

93 Eine Rechtskrafterstreckung kommt in entsprechender Anwendung von § 113 Abs. 6 HGB in Betracht:[232] *„Anstelle daher alle anderen Gesellschafter in den Prozess einzubeziehen, ist davon auszugehen, dass sich diese isolierte Feststellungskla-*

---

226 RegE, BT-Drucks 19/27635, S. 236.
227 RegE, BT-Drucks 19/27635, S. 236.
228 RegE, BT-Drucks 19/27635, S. 236.
229 RegE, BT-Drucks 19/27635, S. 236 unter Bezugnahme auf BGH, Urt. v. 13.3.1980 – II ZR 54/78, BGHZ 76, 191, juris Rn 27 ff. = NJW 1980, 1465.
230 Das Feststellungsinteresse folgt daraus, *„dass der klagende Gesellschafter davon ausgeht, dass der Beschluss entsprechend seines Beschlussvorschlags wirksam gefasst worden sei, während der andere Gesellschafter meint, der Beschlussvorschlag sei abgelehnt worden"* (RegE, BT-Drucks 19/27635, S. 236 unter Bezugnahme auf BGH, Urt. v. 28.1.1980 – II ZR 84/79, BGHZ 76, 154, juris Rn 16 = NJW 1980, 1526; OLG Hamm, Urt. v. 25.7.2016 – 8 U 160/15, GmbHR 2016, 1154, juris Rn 29) *„oder umgekehrt, dass der klagende Gesellschafter davon ausgeht, ein Beschlussvorschlag sei abgelehnt worden, während der andere Gesellschafter meint, der Beschluss sei entsprechend dieses Beschlussvorschlags wirksam gefasst worden"* (RegE, a.a.O., unter Bezugnahme auf BGH, Urt. v. 9.12.1968 – II ZR 57/67, BGHZ 51, 209, juris Rn 15 = NJW 1969, 841.
231 RegE, BT-Drucks 19/27635, S. 236.
232 RegE, BT-Drucks 19/27635, S. 236 unter Bezugnahme auf OLG München, Urt. v. 27.3.1996 – 7 U 6037/95, GmbHR 1996, 451, juris Rn 2.

D. Rechtsverhältnis der Gesellschafter untereinander und zur Gesellschaft § 3

ge eines Gesellschafters analog § 113 Abs. 2 S. 1 HGB grundsätzlich gegen die Gesellschaft richtet".[233]

Beachte:

Im Fall eines Beschlusses, der wegen Eingriffs in ein relativ unentziehbares Recht eines Gesellschafters dessen Zustimmung bedarf, woran es jedoch fehlt, ist der Beschluss zwar nicht anfechtbar und auch nicht nichtig, aber unwirksam:[234] Unwirksamkeit des Beschlusses, die nach förmlicher Beschlussfeststellung gleichermaßen mit der isolierten Feststellungsklage geltend gemacht werden kann und keiner Befristung unterliegt.[235] Mit der Klageerhebung versagt der Gesellschafter seine Zustimmung zu dem Eingriff in sein Mitgliedschaftsrecht – weshalb, wenn sich somit sein Rechtsschutzbegehren auf die Feststellung der endgültigen Unwirksamkeit des Beschlusses richtet, nach Ansicht des Gesetzgebers eine Analogie zur Nichtigkeitsklage sachgerecht erscheint.[236] Dann soll eine Rechtskrafterstreckung nicht überschießend wirken mit der Folge, *„dass sich die Klage analog § 113 Abs. 2 S. 1 i.V.m. § 114 S. 1 HGB gegen die Gesellschaft richtet und beim Landgericht am Sitz der Gesellschaft zu erheben ist"*.[237]

Auf die Feststellungsklage finden nach § 115 S. 2 HGB die für die Anfechtungsklage geltenden Vorschriften der §§ 111 und 113 HGB (zu Passivlegitimation, Klagefrist und Zuständigkeit) entsprechende Anwendung.

94

Beachte:

Über den ausdrücklich geregelten Fall des § 115 HGB hinaus ist ggf. auch eine **isolierte allgemeine Feststellungsklage** (bspw. bezüglich des Vorliegens eines Scheinbeschlusses [Negativfeststellung eines Scheinbeschlusses] bzw. in Fällen, in denen ein Beschluss weder anfechtbar oder nichtig, sondern unwirksam ist, oder Konstellationen unwirksamer Beschlüsse infolge fehlender behördlicher Genehmigung bzw. solche, bei denen eine notwendige Handelsregistereintragung unterbleibt) statthaft.[238] Das notwendige Feststellungsinteresse (§ 256 Abs. 1 ZPO) ist gegeben, wenn durch einen Beschluss das Mitgliedschaftsrecht eines Gesellschafters beeinträchtigt (z.B. geschmälert) wird.[239] Der Gesetzgeber hat die allgemeine Feststellungsklage mit korrespondierenden Fragestel-

---

233 RegE, BT-Drucks 19/27635, S. 236.
234 RegE, BT-Drucks 19/27635, S. 236.
235 RegE, BT-Drucks 19/27635, S. 237 unter Bezugnahme auf BGH, Urt. v. 21.10.2014 – II ZR 84/13, BGHZ 203, 77, juris Rn 17 = NJW 2015, 859.
236 RegE, BT-Drucks 19/27635, S. 237 unter Bezugnahme auf *Noack*, ZIP 2020, 1382, 1384.
237 RegE, BT-Drucks 19/27635, S. 237.
238 Dazu Schäfer/*Grunewald*, § 5 Rn 110 ff.
239 Schäfer/*Grunewald*, § 5 Rn 112.

lungen (bspw. ob die §§ 111 bis 113 HGB auf sie analoge Anwendung finden können) nicht geregelt und dies einer Klärung durch Rechtsprechung und Literatur überlassen.[240]

Hinweis:
Bei GbR und Partnerschaftsgesellschaft können Beschlussmängelstreitigkeiten (auch weiterhin – vorbehaltlich einer anderen gesellschaftsvertraglichen Regelung, die die Übernahme des Anfechtungsmodells des Personenhandelsgesellschaftsrechts vorsieht) nur durch die (grundsätzlich unbefristet geltend machbare) allgemeine Feststellungsklage (§ 256 Abs. 1 ZPO) gegen alle der Feststellung widersprechenden Gesellschafter geltend gemacht werden,[241] wobei das Feststellungsinteresse i.d.R. bereits aus dem Gesellschafterstatus selbst herleitbar ist und die Gerichtszuständigkeit den allgemeinen Vorgaben (§§ 2 ff. ZPO) folgt. Die Rechtskraftwirkung einer allgemeinen Feststellungsklage ist nach § 325 Abs. 1 ZPO nur inter partes.

IX. Geschäftsführungsbefugnis (§ 116 HGB)

95 § 116 HGB regelt in Zusammenfassung der §§ 114 bis 117 HGB alt die Geschäftsführungsbefugnis (wohingegen § 116 HGB alt den Umfang der Geschäftsführungsbefugnis geregelt hatte):

"(1) Zur Führung der Geschäfte der Gesellschaft sind alle Gesellschafter berechtigt und verpflichtet.

(2) Die Befugnis zur Geschäftsführung erstreckt sich auf alle Geschäfte, die der gewöhnliche Betrieb des Handelsgewerbes der Gesellschaft mit sich bringt; zur Vornahme von Geschäften, die darüber hinausgehen, ist ein Beschluss aller Gesellschafter erforderlich. Zur Bestellung eines Prokuristen bedarf es der Zustimmung aller geschäftsführungsbefugten Gesellschafter, es sei denn, dass mit dem Aufschub Gefahr für die Gesellschaft oder das Gesellschaftsvermögen verbunden ist. Der Widerruf der Prokura kann von jedem der zur Erteilung oder zur Mitwirkung bei der Erteilung befugten Gesellschafter erfolgen.

(3) Die Geschäftsführung steht vorbehaltlich des Absatzes 4 allen Gesellschaftern in der Art zu, dass jeder von ihnen allein zu handeln berechtigt ist. Das gilt im Zweifel entsprechend, wenn nach dem Gesellschaftsvertrag die Geschäftsführung mehreren Gesellschaftern zusteht. Widerspricht ein geschäftsführungsbefugter Gesellschafter der Vornahme des Geschäfts, muss dieses unterbleiben.

(4) Steht nach dem Gesellschaftsvertrag die Geschäftsführung allen oder mehreren Gesellschaftern in der Art zu, dass sie nur gemeinsam zu handeln berechtigt sind,

---

240 RegE, BT-Drucks 19/27635, S. 235 ff. Dazu Schäfer/*Grunewald*, § 5 Rn 114 f. mit Orientierungshinweisen.
241 Dazu Schäfer/*Grunewald*, § 5 Rn 116 ff.

D. Rechtsverhältnis der Gesellschafter untereinander und zur Gesellschaft §3

bedarf es für jedes Geschäft der Zustimmung aller geschäftsführungsbefugten Gesellschafter, es sei denn, dass mit dem Aufschub Gefahr für die Gesellschaft oder das Gesellschaftsvermögen verbunden ist.

(5) Die Befugnis zur Geschäftsführung kann einem Gesellschafter auf Antrag der anderen Gesellschafter ganz oder teilweise durch gerichtliche Entscheidung entzogen werden, wenn ein wichtiger Grund vorliegt. Ein wichtiger Grund ist insbesondere eine grobe Pflichtverletzung des Gesellschafters oder die Unfähigkeit des Gesellschafters zur ordnungsgemäßen Geschäftsführung.

(6) Der Gesellschafter kann seinerseits die Geschäftsführung ganz oder teilweise kündigen, wenn ein wichtiger Grund vorliegt. § 671 Absatz 2 und 3 des Bürgerlichen Gesetzbuchs ist entsprechend anzuwenden."

1. Recht und Pflicht zur Geschäftsführung

Zur Führung der Geschäfte der Gesellschaft sind nach § 116 Abs. 1 HGB – in inhaltlicher Entsprechung mit § 114 Abs. 1 HGB alt – alle OHG-Gesellschafter bzw. (i.V.m. § 161 Abs. 2 HGB) alle Komplementäre berechtigt und verpflichtet.

96

2. Umfang der Geschäftsführungsbefugnis

§ 116 Abs. 2 HGB entspricht inhaltlich § 116 HGB alt, *„dessen drei Absätze nunmehr in einem Absatz zusammengefasst werden"*.[242]

97

Die Befugnis zur Geschäftsführung erstreckt sich nach § 116 Abs. 2 S. 1 Hs. 1 HGB auf alle Geschäfte, die der gewöhnliche Betrieb des Handelsgewerbes der Gesellschaft mit sich bringt. Zur Vornahme von Geschäften, die darüber hinausgehen, ist nach § 116 Abs. 2 S. 1 Hs. 2 HGB ein Beschluss aller Gesellschafter erforderlich.

Zur Bestellung eines Prokuristen bedarf es nach § 116 Abs. 2 S. 2 HGB der Zustimmung aller geschäftsführungsbefugten Gesellschafter, es sei denn, dass mit dem Aufschub Gefahr für die Gesellschaft oder das Gesellschaftsvermögen verbunden ist. Der Widerruf der Prokura kann nach § 116 Abs. 2 S. 3 HGB von jedem der zur Erteilung oder zur Mitwirkung bei der Erteilung befugten Gesellschafter erfolgen.

3. Allein- und Einzelgeschäftsführungsbefugnis

Die Regelung der Alleingeschäftsführung nach § 116 Abs. 3 HGB entspricht inhaltlich § 115 Abs. 1 HGB alt. Mangels Regelungsbedarfs hat der Gesetzgeber von einer Auslegungsregel entsprechend § 114 Abs. 2 HGB alt abgesehen (wonach die anderen Gesellschafter, denen die Geschäftsführungsbefugnis nicht durch den Gesellschaftsvertrag übertragen wurde, von der Geschäftsführungsbefugnis ausgeschlossen waren).[243]

98

---

242 RegE, BT-Drucks 19/27635, S. 237.
243 RegE, BT-Drucks 19/27635, S. 237.

§ 3 Die offene Handelsgesellschaft

Die Geschäftsführung steht nach § 116 Abs. 3 S. 1 HGB – vorbehaltlich § 116 Abs. 4 HGB (s. nachstehende Rdn 99) – allen Gesellschaftern in der Art zu, dass jeder von ihnen allein zu handeln berechtigt ist. Das gilt gemäß § 116 Abs. 3 S. 2 HGB im Zweifel entsprechend, wenn nach dem Gesellschaftsvertrag die Geschäftsführung mehreren Gesellschaftern zusteht. Widerspricht ein geschäftsführungsbefugter Gesellschafter nach § 116 Abs. 3 S. 3 HGB der Vornahme des Geschäfts, muss dieses unterbleiben.

4. Allein- und Gesamtgeschäftsführungsbefugnis

99 Steht nach dem Gesellschaftsvertrag die Geschäftsführung allen oder mehreren Gesellschaftern in der Art zu, dass sie nur gemeinsam zu handeln berechtigt sind, bedarf es nach § 116 Abs. 4 HGB – in inhaltlicher Entsprechung mit § 115 Abs. 2 HGB alt – für jedes Geschäft der Zustimmung aller geschäftsführungsbefugten Gesellschafter, es sei denn, dass mit dem Aufschub Gefahr für die Gesellschaft oder das Gesellschaftsvermögen verbunden ist (**Notgeschäftsführungsbefugnis** bei Gefahr im Verzug). Vgl. auch § 164 HGB (grundsätzlicher Ausschluss der Kommanditisten von der Geschäftsführung – außergewöhnliche Geschäfte bedürfen jedoch der vorherigen Zustimmung der Kommanditisten).

5. Entzug der Geschäftsführungsbefugnis bei Vorliegen eines wichtigen Grundes

100 Die Befugnis zur Geschäftsführung kann einem Gesellschafter nach § 116 Abs. 5 S. 1 HGB – in inhaltlicher Übernahme von § 117 HGB alt (der explizit jedoch keinen teilweisen Entzug der Geschäftsführungsbefugnis vorsah) – auf Antrag der anderen Gesellschafter

- ganz oder
- (auch) teilweise (vgl. insoweit § 715 Abs. 5 BGB)

im Interesse der Rechtssicherheit durch **gerichtliche Entscheidung** entzogen werden, wenn ein „wichtiger Grund" vorliegt.

101 Ein „wichtiger Grund" ist nach § 116 Abs. 5 S. 2 HGB insbesondere
- eine grobe Pflichtverletzung des Gesellschafters oder
- die Unfähigkeit des Gesellschafters zur ordnungsgemäßen Geschäftsführung.

Beachte:
Im Unterschied zum Recht der GbR kann die Geschäftsführungsbefugnis wegen der damit verfolgten gerechten Verteilung der Klagelast[244] (nicht aus Gründen

---

[244] Weil der Gesetzgeber davon ausgeht, *„dass es auch bei einer Entziehung durch Beschluss der anderen Gesellschafter meist zu einer gerichtlichen Auseinandersetzung mit dem von der Entziehung betroffenen, gegen die Wirksamkeit des Beschlusses klagenden Gesellschafter darüber [kommt], ob ein Entziehungsgrund vorlag"*: RegE, BT-Drucks 19/27635, S. 237.

D. Rechtsverhältnis der Gesellschafter untereinander und zur Gesellschaft § 3

des Verkehrsschutzes) nur durch eine gerichtliche Entscheidung[245] (**Gestaltungsklageerfordernis**) – d.h. nicht durch einen Beschluss der anderen Gesellschafter – entzogen werden.[246]

Im Wege einer teleologischen Reduktion findet § 116 Abs. 5 HGB auf Publikumsgesellschaften keine Anwendung (arg.: fehlende Praktikabilität, eine Vielzahl von miteinander nicht persönlich verbundenen Gesellschaftern zu einer Klageerhebung zu veranlassen).[247]

102

Beachte:
Unberührt bleibt das Recht der Gesellschafter das Gestaltungsklageerfordernis gesellschaftsvertraglich abzubedingen (vgl. § 108 HGB),[248] um damit einen Ausschluss im Beschlusswege zu ermöglichen.

6. Kündigung der Geschäftsführung durch einen Gesellschafter

Der Gesellschafter kann nach der ausdrücklichen und Rechtsklarheit schaffenden Regelung des § 116 Abs. 6 S. 1 HGB[249] seinerseits die Geschäftsführung ganz oder teilweise kündigen, wenn ein „wichtiger Grund" vorliegt, da es sich bei der Geschäftsführungsbefugnis um ein Pflichtrecht handelt.[250]

103

§ 671 Abs. 2 und 3 BGB ist dabei nach § 116 Abs. 6 S. 2 HGB entsprechend anzuwenden. Danach darf der Gesellschafter nur in der Art kündigen, dass die Gesellschaft für die Besorgung der Geschäfte anderweitig Fürsorge treffen kann, es sei denn, dass ein „wichtiger Grund" (auch) für die unzeitige Kündigung vorliegt. Kündigt der Gesellschafter ohne einen solchen Grund zur Unzeit, so hat er der Gesellschaft den daraus entstehenden Schaden zu ersetzen. Liegt ein „wichtiger Grund" vor, so ist der Gesellschafter zur Kündigung auch dann berechtigt, wenn er auf das Kündigungsrecht verzichtet hat.

X. Wettbewerbsverbot (§ 117 HGB)

Die Regelung über das Wettbewerbsverbot in § 117 HGB (wohingegen § 117 HGB alt die Entziehung der Geschäftsführungsbefugnis geregelt hatte) hat folgenden Wortlaut:

104

---

245 Vgl. aber RegE, BT-Drucks 19/27635, S. 237: Wie bisher soll bei Publikumsgesellschaften weiterhin auch ein Entzug durch Beschluss möglich sein.
246 RegE, BT-Drucks 19/27635, S. 237.
247 RegE, BT-Drucks 19/27635, S. 237 unter Bezugnahme auf MüKo-HGB/*Jickeli*, § 117 Rn 5.
248 RegE, BT-Drucks 19/27635, S. 237.
249 Nach vormaliger Rechtslage ergab sich dies aus § 105 Abs. 3 HGB alt i.V.m. § 712 Abs. 2 BGB alt.
250 Schäfer/*Schäfer*, § 6 Rn 69.

„(1) Ein Gesellschafter darf ohne Einwilligung der anderen Gesellschafter weder in dem Handelszweig der Gesellschaft Geschäfte machen noch an einer anderen gleichartigen Gesellschaft als persönlich haftender Gesellschafter teilnehmen.

(2) Die Einwilligung zur Teilnahme an einer anderen Gesellschaft gilt als erteilt, wenn den anderen Gesellschaftern bei Eingehung der Gesellschaft bekannt ist, dass der Gesellschafter an einer anderen Gesellschaft als persönlich haftender Gesellschafter teilnimmt, und gleichwohl die Aufgabe dieser Beteiligung nicht ausdrücklich vereinbart wird".

1. Umfang des Wettbewerbsverbots

105 Ein Gesellschafter darf nach § 117 Abs. 1 HGB – in wortlautgleicher Übernahme von § 112 Abs. 1 HGB alt – ohne Einwilligung der anderen Gesellschafter weder in dem Handelszweig der Gesellschaft Geschäfte machen noch an einer anderen gleichartigen Gesellschaft als persönlich haftender Gesellschafter teilnehmen.

2. Einwilligung zur Teilnahme an einer anderen Gesellschaft

106 Die Einwilligung zur Teilnahme an einer anderen Gesellschaft gilt nach der gesetzlichen Fiktion des § 117 Abs. 2 HGB – in wortlautgleicher Übernahme von § 112 Abs. 2 HGB alt – als erteilt, wenn den anderen Gesellschaftern bei Eingehung der Gesellschaft bekannt ist, dass der Gesellschafter an einer anderen Gesellschaft als persönlich haftender Gesellschafter teilnimmt, und gleichwohl die Aufgabe dieser Beteiligung nicht ausdrücklich vereinbart wird.

XI. Verletzung des Wettbewerbsverbots (§ 118 HGB)

107 Die Regelung über die Verletzung des Wettbewerbsverbots in § 118 HGB hat folgenden Wortlaut (wohingegen § 118 HGB alt das Kontrollrecht der Gesellschafter geregelt hatte):

„(1) Verletzt ein Gesellschafter die ihm nach § 117 obliegende Verpflichtung, kann die Gesellschaft Schadensersatz fordern. Sie kann stattdessen von dem Gesellschafter verlangen, dass er die für eigene Rechnung gemachten Geschäfte als für Rechnung der Gesellschaft eingegangen gelten lasse und die aus Geschäften für fremde Rechnung bezogene Vergütung herausgebe oder seinen Anspruch auf die Vergütung abtrete.

(2) Über die Geltendmachung dieser Ansprüche beschließen die anderen Gesellschafter.

(3) Die Ansprüche nach Absatz 1 verjähren in drei Monaten von dem Zeitpunkt an, in welchem die anderen Gesellschafter von dem Abschluss des Geschäfts oder von der Teilnahme des Gesellschafters an der anderen Gesellschaft Kenntnis erlangt haben oder ohne grobe Fahrlässigkeit erlangen mussten. Sie verjähren ohne Rücksicht auf diese Kenntnis oder grob fahrlässige Unkenntnis in fünf Jahren von ihrer Entstehung an.

D. Rechtsverhältnis der Gesellschafter untereinander und zur Gesellschaft § 3

(4) Das Recht der anderen Gesellschafter, den betreffenden Gesellschafter auszuschließen oder die Auflösung der Gesellschaft zu verlangen, wird durch diese Vorschriften nicht berührt."

1. Schadensersatzanspruch und Eintrittsrecht

§ 118 Abs. 1 HGB entspricht inhaltlich § 113 Abs. 1 HGB alt. **108**

Verletzt ein Gesellschafter die ihm nach § 117 HGB (s. vorstehende Rdn 105 ff.) obliegende Verpflichtung, kann die Gesellschaft nach § 118 Abs. 1 S. 1 BGB Schadensersatz fordern. Sie kann stattdessen von dem Gesellschafter nach § 118 Abs. 1 S. 2 HGB auch verlangen, dass er

- die für eigene Rechnung gemachten Geschäfte als für Rechnung der Gesellschaft eingegangen gelten lässt und die aus Geschäften für fremde Rechnung bezogene Vergütung herausgibt oder
- seinen Anspruch auf die Vergütung abtritt.

2. Gesellschafterbeschluss

Über die Geltendmachung der Ansprüche nach § 118 Abs. 1 HGB beschließen gemäß § 118 Abs. 2 HGB – in wortlautgleicher Übernahme von § 113 Abs. 2 HGB alt – die anderen Gesellschafter. **109**

3. Verjährung der Ansprüche

§ 118 Abs. 3 HGB übernimmt wortlautgleich § 113 Abs. 3 HGB alt. **110**

Die Ansprüche nach § 118 Abs. 1 HGB verjähren gemäß § 118 Abs. 3 S. 1 HGB in drei Monaten von dem Zeitpunkt an, in welchem die anderen Gesellschafter von dem Abschluss des Geschäfts oder von der Teilnahme des Gesellschafters an der anderen Gesellschaft Kenntnis erlangt haben oder ohne grobe Fahrlässigkeit erlangen mussten. Sie verjähren ohne Rücksicht auf diese Kenntnis oder grob fahrlässige Unkenntnis nach § 118 Abs. 3 S. 2 HGB in fünf Jahren von ihrer Entstehung an.

4. Ausschluss des betreffenden Gesellschafters bzw. Auflösung der Gesellschaft

Das Recht der anderen Gesellschafter, den betreffenden Gesellschafter auszuschließen oder die Auflösung der Gesellschaft zu verlangen, wird nach § 118 Abs. 4 HGB durch „diese Vorschriften" nicht berührt. **111**

§ 118 Abs. 4 HGB übernimmt damit der Sache nach zwar § 114 Abs. 4 HGB alt – stellt jedoch klar, *„dass gerade auch das Recht der Gesellschafter zur Ausschließung des den Wettbewerbsverstoß begehenden Gesellschafters durch die Vorschrift* *des § 118 HGB unberührt bleibt"*,[251] was zwar der schon früher geltenden Rechtslage entspricht,[252] aber gesetzlich klarzustellen war, *„weil in erster Linie die Möglichkeit bestehen sollte, den pflichtwidrig handelnden Gesellschafter aus der Gesellschaft nach § 134 HGB auszuschließen (Ausschließungsrecht) und die anderen Gesellschafter nicht auf die Auflösung der Gesellschaft nach § 139 HGB zu verweisen"*[253] (**Vorrang der Ausschließung vor der Auflösung**).[254]

XII. Verzinsungspflicht (§ 119 HGB)

112 § 119 HGB zur Verzinsungspflicht hat als Spezialregelung zu § 716 Abs. 4 S. 2 BGB folgenden Wortlaut (wohingegen § 119 HGB alt die Beschlussfassung geregelt hatte):

„(1) Schuldet die Gesellschaft nach Maßgabe von § 716 Absatz 4 Satz 2 des Bürgerlichen Gesetzbuchs dem Gesellschafter die Verzinsung von Aufwendungen und Verlusten, richtet sich deren Höhe nach § 352 Absatz 2.

(2) Ein Gesellschafter, der der Gesellschaft liquide Geldmittel dadurch vorenthält, dass er seinen vereinbarten Beitrag nicht zur rechten Zeit einzahlt oder eingenommenes Geld der Gesellschaft nicht zur rechten Zeit an die Gesellschaftskasse abliefert oder unbefugt Geld aus der Gesellschaftskasse für sich entnimmt, hat der Gesellschaft Zinsen von dem Tag an zu entrichten, an welchem die Zahlung oder die Ablieferung hätte geschehen sollen oder die Herausnahme des Geldes erfolgt ist. Die Geltendmachung eines weiteren Schadens ist nicht ausgeschlossen."

1. Schulden der Gesellschaft: Verzinsung von Aufwendungen und Verlusten

113 Schuldet die Gesellschaft nach Maßgabe von § 716 Abs. 4 S. 2 BGB dem Gesellschafter die Verzinsung von Aufwendungen und Verlusten, richtet sich deren Höhe gemäß § 119 Abs. 1 HGB – in Übernahme von § 110 Abs. 2 HGB alt unter deutlicherer Herausstellung des Regelungsgehalts[255] – nach § 352 Abs. 2 HGB.

Vom Zeitpunkt der Aufwendung an hat die Gesellschaft aufgewendetes Geld zu verzinsen – was eigentlich bereits aus § 256 BGB folgt. § 119 Abs. 1 HGB führt aber zur Anwendbarkeit von § 352 Abs. 2 HGB mit der Folge, dass die gesetzliche Zinshöhe (mit Ausnahme der Verzugszinsen) fünf Prozent beträgt. Damit kommt es

---

[251] RegE, BT-Drucks 19/27635, S. 238.
[252] Vgl. MüKo-HGB/*Langhein*, § 113 Rn 12.
[253] RegE, BT-Drucks 19/27635, S. 238: „Hieran könnte man zukünftig zweifeln, weil die Ausschließung nicht mehr an die Voraussetzungen der Auflösung, sondern der Kündigung der Mitgliedschaft anknüpft".
[254] Schäfer/*Schäfer*, § 6 Rn 89.
[255] RegE, BT-Drucks 19/27635, S. 238.

D. Rechtsverhältnis der Gesellschafter untereinander und zur Gesellschaft § 3

nicht darauf an, ob der Gesellschaftsvertrag für die Beteiligten ein Handelsgeschäft i.S.v. § 352 Abs. 1 HGB ist.[256]

2. Schulden des Gesellschafters: Verzinsung

§ 119 Abs. 2 HGB entspricht § 111 HGB alt, dessen beide Ansprüche zusammengefasst werden.

114

Ein Gesellschafter, der der Gesellschaft liquide Geldmittel dadurch vorenthält, dass er seinen vereinbarten Beitrag nicht zur rechten Zeit einzahlt oder eingenommenes Geld der Gesellschaft nicht zur rechten Zeit an die Gesellschaftskasse abliefert oder unbefugt Geld aus der Gesellschaftskasse für sich entnimmt, hat der Gesellschaft nach § 119 Abs. 2 S. 1 HGB Zinsen von dem Tag an zu entrichten, an welchem die Zahlung oder die Ablieferung hätte geschehen sollen oder die Herausnahme des Geldes erfolgt ist.

Die Geltendmachung eines weiteren Schadens ist gemäß § 119 Abs. 2 S. 2 HGB nicht ausgeschlossen.

XIII. Ermittlung von Gewinn- und Verlustanteilen (§ 120 HGB)

§ 120 HGB regelt die Ermittlung von Gewinn- und Verlustanteilen unter Übernahme und deutlicherer Herausstellung des Regelungsgehalts von § 120 HGB alt (Ergebnisermittlung für jeden Gesellschafter) aus dem zusammengehörigen Normenkomplex der §§ 120 bis 122 HGB alt bei parallelem Wegfall der §§ 121, 122 HGB alt über die Ergebnisverwendung[257] (wohingegen § 120 HGB alt Gewinn und Verlust geregelt hatte).

115

Beachte:
Über § 161 Abs. 2 HGB findet § 120 HGB auch auf die KG entsprechende Anwendung.

§ 120 HGB hat folgenden Wortlaut:

> „(1) Die geschäftsführungsbefugten Gesellschafter sind gegenüber der Gesellschaft zur Aufstellung des Jahresabschlusses (§ 242 Absatz 3) verpflichtet. Sie haben dabei für jeden Gesellschafter nach Maßgabe von § 709 Absatz 3 des Bürgerlichen Gesetzbuchs den Anteil am Gewinn oder Verlust zu ermitteln.
>
> (2) Der einem Gesellschafter zukommende Gewinn wird dem Kapitalanteil des Gesellschafters zugeschrieben; der auf einen Gesellschafter entfallende Verlust wird davon abgeschrieben".

---

256 RegE, BT-Drucks 19/27635, S. 238.
257 RegE, BT-Drucks 19/27635, S. 238.

§ 3 Die offene Handelsgesellschaft

1. Jahresabschluss und Gewinn- oder Verlustermittlung

116 Kaufleute sind seit Inkrafttreten des Bilanzrichtlinigengesetzes (BiRiLiG)[258] nicht mehr nur zur Aufstellung einer Bilanz, sondern zugleich zur Aufstellung einer Gewinn- und Verlustrechnung verpflichtet (vgl. § 242 Abs. 1 und 2 HGB).[259] Bilanz und Gewinn- und Verlustrechnung bilden den **Jahresabschluss** (§ 242 Abs. 3 HGB).

Infolgedessen erstreckt sich auch die gesellschaftsrechtliche Rechnungslegungspflicht nach § 120 Abs. 1 HGB auf den Jahresabschluss.

Die (d.h. sämtliche) geschäftsführungsbefugten Gesellschafter (unbeschadet einer abweichenden internen Geschäftsverteilung)[260] sind im Innenverhältnis gegenüber der Gesellschaft nach der Klarstellung[261] in § 120 Abs. 1 S. 1 HGB – in Abgrenzung zur Zuständigkeit der Gesellschafter für die Feststellung des Jahresabschlusses nach § 121 Abs. 1 S. 1 HGB – zur Aufstellung des Jahresabschlusses (§ 242 Abs. 3 HGB) verpflichtet. Damit wird der öffentlich-rechtlichen Pflicht zur Aufstellung des Jahresabschlusses eine gesellschaftsrechtliche Pflicht an die Seite gestellt.[262]

117 Die geschäftsführenden Gesellschafter haben bei der Aufstellung des Jahresabschlusses – als Verpflichtung gegenüber der Gesellschaft – für jeden Gesellschafter gemäß § 120 Abs. 1 S. 2 HGB nach Maßgabe von § 709 Abs. 3 BGB (womit es auf die Anteilsquote, hilfsweise auf die Beitragsquote und höchsthilfsweise auf die Kopfteile ankommt) den Anteil am Gewinn oder Verlust zu ermitteln (**Gewinn- und Verlustverteilung**).

Damit wird die gesellschaftsrechtliche Pflicht zur Aufstellung des Jahresabschlusses (§ 120 Abs. 1 S. 1 HGB) um eine gleichermaßen gesellschaftsrechtliche Pflicht zur Ergebnisermittlung für jeden Gesellschafter (§ 120 Abs. 1 S. 2 HGB) komplettiert.[263]

2. Zuschreibung auf dem und Abschreibung vom Kapitalanteil des Gesellschafters

118 Der einem Gesellschafter zukommende (anteilige) Gewinn wird weiterhin nach § 120 Abs. 2 Hs. 1 HGB dem Kapitalanteil des Gesellschafters (der beweglich [va-

---

[258] Gesetz zur Durchführung der Vierten, Siebenten und Achten Richtlinie des Rates der Europäischen Gemeinschaften zur Koordinierung des Gesellschaftsrechts vom 19.12.1985 (BGBl I, S. 2355).
[259] RegE, BT-Drucks 19/27635, S. 239.
[260] RegE, BT-Drucks 19/27635, S. 239 unter Bezugnahme auf Habersack/Schäfer/*Schäfer*, § 120 HGB Rn 14.
[261] Was der bisher geltenden Rechtslage entspricht: Habersack/Schäfer/*Schäfer*, § 120 HGB Rn 14.
[262] RegE, BT-Drucks 19/27635, S. 239.
[263] RegE, BT-Drucks 19/27635, S. 239.

riabel] ist)²⁶⁴ zugeschrieben. Der auf einen Gesellschafter entfallende (anteilige) Verlust wird gemäß § 120 Abs. 2 Hs. 2 HGB vom Kapitalanteil abgeschrieben.

Vgl. zur Abschreibung von Verlusten auch § 264c Abs. 2 S. 3 HGB.

Aufgrund der Aufhebung von § 121 Abs. 1 und 2 HGB alt sowie § 122 Abs. 1 HGB alt ist der Kapitalanteil jetzt aber nicht mehr Maßstab für die „Kapitaldividende" bzw. das Kapitalentnahmerecht.²⁶⁵

Der Gesetzgeber weist jedoch darauf hin, dass – entsprechend § 122 HGB (Prinzip der Vollausschüttung) – weiter *„davon auszugehen [ist], dass sich trotz Aufhebung von § 120 Abs. 2 HGB alt an der bislang vorgesehenen automatischen Zuweisung der Gewinn- und Verlustanteile nichts ändert und es deswegen grundsätzlich keines gesonderten Beschlusses über die Ergebnisverwendung bedarf. Bestimmte Vorgaben für die buchtechnische Behandlung des Ergebnisses werden nicht gemacht"*.²⁶⁶

XIV. Feststellung des Jahresabschlusses (§ 121 HGB)

119 Die Neuregelung des § 121 HGB über die Feststellung des Jahresabschlusses (wohingegen § 121 HGB alt die Verteilung von Gewinn und Verlust geregelt hatte) hat folgenden Wortlaut:

„**Über die Feststellung des Jahresabschlusses entscheiden die Gesellschafter durch Beschluss**".

§ 121 HGB stellt – entsprechend der bisherigen Rechtslage²⁶⁷ – die Zuständigkeit der (d.h. sämtlicher) Gesellschafter (auch der Kommanditisten, vgl. § 161 Abs. 2 i.V.m. § 121 HGB) klar, über die Feststellung des Jahresabschlusses durch Beschluss zu entscheiden. Dem hingegen obliegt nach § 120 Abs. 1 HGB (s. vorstehende Rdn 116) die Aufstellung des Jahresabschlusses gegenüber der Gesellschaft den geschäftsführungsbefugten Gesellschaftern.

120 Der Feststellungsbeschluss erklärt den Jahresabschluss zwischen den Gesellschaftern für verbindlich, womit *„nicht nur das Jahresergebnis, sondern auch die dafür maßgeblichen Bilanzansätze sowie deren Bewertung unstreitig [gestellt werden]"*.²⁶⁸

Der Gesetzgeber hat davon abgesehen, eine Frist für die Feststellung des Jahresabschlusses vorzusehen, ebenso wie schon für die Aufstellung des Jahresabschlus-

---

264 Schäfer/*Hennrichs*, § 11 Rn 7.
265 RegE, BT-Drucks 19/27635, S. 239.
266 RegE, BT-Drucks 19/27635, S. 239.
267 Vgl. BGH, Urt. v. 29.3.1996 – II ZR 263/94, BGHZ 132, 263, juris Rn 6 = NJW 1996, 1678; BGH, Urt. v. 15.1.2007 – II ZR 245/05, BGHZ 170, 283, juris Rn 6 = NJW 2007, 1685.
268 RegE, BT-Drucks 19/27635, S. 240 unter Bezugnahme auf Habersack/Schäfer/*Schäfer*, § 120 HGB Rn 17.

ses keine Frist normiert wurde. Doch sollen „*in Anlehnung an § 42a Abs. 2 GmbHG (...) im Regelfall die dort genannte Frist von acht Monaten, bei kleinen Gesellschaften im Sinne des § 267 Abs. 1 HGB elf Monate, sachgerecht [sein]*".[269]
Die **Beschlussmodalitäten** (bspw. ein Quorum) folgen aus dem Gesellschaftsvertrag (§§ 108, 109 ff. HGB).

XV. Gewinnauszahlung (§ 122 HGB)

121 Die Neuregelung des § 122 HGB, die die Voraussetzungen einer Gewinnauszahlung normiert (und die die wenig praxistaugliche Altregelung des § 122 HGB alt [Entnahmeregelung] ersetzt),[270] hat folgenden Wortlaut (wohingegen § 122 HGB alt Entnahmen geregelt hatte):

„**Jeder Gesellschafter hat aufgrund des festgestellten Jahresabschlusses Anspruch auf Auszahlung seines ermittelten Gewinnanteils. Der Anspruch kann nicht geltend gemacht werden, soweit die Auszahlung zum offenbaren Schaden der Gesellschaft gereicht oder der Gesellschafter seinen vereinbarten Beitrag trotz Fälligkeit nicht geleistet hat**".

§ 122 HGB liegt das **Prinzip der Vollausschüttung** (Vollausschüttungshypothese)[271] zugrunde.[272] Infolgedessen bedarf es eines Beschlusses über die Verwendung des Jahresergebnisses nur dann, „*wenn nicht der gesamte Gewinn auf die Gesellschafter aufgeteilt wird, sondern Teile des Gewinns zur Thesaurierung herangezogen werden sollen*".[273] **Gewinnunabhängige Entnahmen** sind – vorbehaltlich einer anderweitigen gesellschaftsvertraglichen Regelung (z.B. Steuerentnahmerecht, d.h. eines Entnahmerechts zur Erbringung steuerlicher Vorauszahlungspflichten) – nicht zulässig.[274]

1. Anspruch des Gesellschafters gegen die Gesellschaft auf Auszahlung des ihm zustehenden Gewinnanteils

122 Jeder Gesellschafter hat nach § 122 S. 1 HGB aufgrund des festgestellten Jahresabschlusses einen Anspruch gegen die Gesellschaft auf Auszahlung seines ermittelten (d.h. des ihm zustehenden) Gewinnanteils (Auszahlungsanspruch),[275] der fällig wird, „*sobald er von dem berechtigten Gesellschafter geltend gemacht wird*".[276]

---

269 RegE, BT-Drucks 19/27635, S. 240 unter Bezugnahme auf *Wertenbruch*, NZG 2018, 1121, 1124.
270 RegE, BT-Drucks 19/27635, S. 240.
271 RegE, BT-Drucks 19/27635, S. 239 f.
272 RegE, BT-Drucks 19/27635, S. 240.
273 RegE, BT-Drucks 19/27635, S. 240.
274 Schäfer/*Schäfer*, § 6 Rn 71.
275 Zu den Auswirkungen auf die Bilanzierung näher Schäfer/*Schäfer*, § 6 Rn 72.
276 RegE, BT-Drucks 19/27635, S. 240.

D. Rechtsverhältnis der Gesellschafter untereinander und zur Gesellschaft § 3

Dieser Anspruch entsteht (wie bisher) bereits mit der Feststellung des Jahresabschlusses durch die Gesellschafter (§ 121 HGB).

> *Beachte:*
> Aufgrund des Wortlauts („Anspruch") ist ein einmal entstandener Gewinnanspruch *„für alle Zeit dem Fremdkapital der Gesellschaft (als Auszahlungsverbindlichkeit) zuzuordnen (…), sofern [er] nicht nachträglich durch Vereinbarung wieder in Eigenkapital umgewandelt [wird], was grundsätzlich nicht gegen den Willen des einzelnen Gesellschafters möglich ist"*.[277]

2. Leistungsverweigerungsrecht der Gesellschaft

Der Anspruch des Gesellschafters gegen die Gesellschaft auf Auszahlung des ihm zustehenden Gewinnanteils kann nach § 122 S. 2 HGB als Gegenrecht aber dann nicht geltend gemacht werden (i.S.e. Leistungs-[Auszahlungs-]verweigerungsrechts der Gesellschaft), soweit (Vorliegen gewichtiger Gründe, die eine Leistungsverweigerung rechtfertigen in Bezug auf die besondere Bedeutung des Gewinnauszahlungsanspruchs für den Gesellschafter)[278]

123

- die Auszahlung zum offenbaren Schaden der Gesellschaft gereicht oder
- der Gesellschafter seinen vereinbarten Beitrag trotz Fälligkeit nicht geleistet hat.

Voraussetzung dieses Gegenrechts sind jedoch (wie bisher) „gewichtige Gründe".[279]

Bei einer noch offenen Einlageschuld bedarf es keiner Zurückbehaltung (bzw. einer Aufrechnung), da § 120 Abs. 2 HGB auch in Bezug auf noch ausstehende Einlageleistungen wirkt.[280]

> *Beachte:*
> *„Übersteigende Gewinne können ausgezahlt werden"*,[281] wodurch der Gesellschafter veranlasst werden soll, seinen Beitragspflichten nachzukommen.

---

277 Schäfer/*Schäfer*, § 6 Rn 73.
278 RegE, BT-Drucks 19/27635, S. 240.
279 RegE, BT-Drucks 19/27635, S. 240.
280 Schäfer/*Schäfer*, § 6 Rn 74.
281 RegE, BT-Drucks 19/27635, S. 240: *„Daraus folgt selbsterklärend das Verbot einseitiger gewinnunabhängiger Entnahmen, weshalb es einer Regelung entsprechend … [§ 122 Abs. 2 HGB alt] nicht mehr bedarf"*.

§ 3 Die offene Handelsgesellschaft

E. Rechtsverhältnis der Gesellschaft zu Dritten (§§ 123 bis 129 HGB)

124 Der dritte Titel regelt in den §§ 123 bis 129 HGB – in Zusammenfassung der §§ 123 bis 130a HGB alt – das Rechtsverhältnis der Gesellschaft zu Dritten.

I. Entstehung der Gesellschaft im Verhältnis zu Dritten (§ 123 HGB)

125 § 123 HGB, der (wie die Vorgängerregelung des § 123 HGB alt) die Entstehung der Gesellschaft im Verhältnis zu Dritten regelt, hat folgenden Wortlaut:

> „(1) Im Verhältnis zu Dritten entsteht die Gesellschaft, sobald sie im Handelsregister eingetragen ist. Dessen ungeachtet entsteht die Gesellschaft schon dann, wenn sie mit Zustimmung sämtlicher Gesellschafter am Rechtsverkehr teilnimmt, soweit sich aus § 107 Absatz 1 nichts anderes ergibt.
>
> (2) Eine Vereinbarung, dass die Gesellschaft erst zu einem späteren Zeitpunkt entstehen soll, ist Dritten gegenüber unwirksam."

1. Entstehung der OHG aufgrund Eintragung

126 Im Verhältnis zu Dritten entsteht die Gesellschaft nach § 123 Abs. 1 S. 1 HGB – in Übernahme von § 123 Abs. 1 HGB alt – sobald sie im Handelsregister eingetragen ist.

2. Entstehung der OHG aufgrund Geschäftsaufnahme

127 Dessen ungeachtet (d.h. ohne eine Eintragung im Handelsregister) entsteht die Gesellschaft nach § 123 Abs. 1 S. 2 HGB auch schon dann, wenn sie mit Zustimmung sämtlicher Gesellschafter am Rechtsverkehr teilnimmt, soweit sich aus § 107 Abs. 1 HGB (kleingewerbliches, Eigenvermögen verwaltendes bzw. freiberufliches Unternehmen) nichts anderes ergibt.

Bei Übernahme der Altregelung des § 123 Abs. 2 HGB alt erfolgt in § 123 Abs. 1 S. 2 HGB die Klarstellung, dass sämtliche Gesellschafter der Teilnahme am Rechtsverkehr zugestimmt haben müssen.

3. Unwirksamkeit einer entgegenstehenden Abrede

128 Eine Vereinbarung, dass die Gesellschaft erst zu einem späteren Zeitpunkt entstehen soll, ist Dritten gegenüber nach § 123 Abs. 2 HGB – in inhaltlicher Übereinstimmung mit § 123 Abs. 3 HGB alt – unwirksam.

II. Vertretung der Gesellschaft (§ 124 HGB)

§ 124 HGB regelt in Zusammenfassung der §§ 125 bis 127 HGB alt (ohne sachliche Änderung) die Vertretung der Gesellschaft (wohingegen § 124 HGB alt die rechtliche Selbstständigkeit und die Zwangsvollstreckung in das Gesellschaftsvermögen geregelt hatte):

„(1) Zur Vertretung der Gesellschaft ist jeder Gesellschafter befugt, wenn er nicht durch den Gesellschaftsvertrag von der Vertretung ausgeschlossen ist.

(2) Im Gesellschaftsvertrag kann vereinbart werden, dass alle oder mehrere Gesellschafter nur gemeinsam zur Vertretung der Gesellschaft befugt sein sollen. Die zur Gesamtvertretung befugten Gesellschafter können einzelne von ihnen zur Vornahme bestimmter Geschäfte oder bestimmter Arten von Geschäften ermächtigen.

(3) Im Gesellschaftsvertrag kann vereinbart werden, dass die Gesellschafter, sofern nicht mehrere zusammen handeln, nur gemeinsam mit einem Prokuristen zur Vertretung der Gesellschaft berechtigt sein sollen. Absatz 2 Satz 2 und Absatz 6 sind in diesem Fall entsprechend anzuwenden.

(4) Die Vertretungsbefugnis der Gesellschafter erstreckt sich auf alle Geschäfte der Gesellschaft einschließlich der Veräußerung und Belastung von Grundstücken sowie der Erteilung und des Widerrufs einer Prokura. Eine Beschränkung des Umfangs der Vertretungsbefugnis ist Dritten gegenüber unwirksam. Dies gilt insbesondere für die Beschränkung, dass sich die Vertretung nur auf bestimmte Geschäfte oder Arten von Geschäften erstreckt oder dass sie nur unter gewissen Umständen oder für eine gewisse Zeit oder an einzelnen Orten stattfinden soll. Hinsichtlich der Beschränkung auf den Betrieb einer von mehreren Niederlassungen der Gesellschaft ist § 50 Absatz 3 entsprechend anzuwenden.

(5) Die Vertretungsbefugnis kann einem Gesellschafter in entsprechender Anwendung von § 116 Absatz 5 ganz oder teilweise entzogen werden, sofern im Gesellschaftsvertrag nichts anderes vereinbart ist.

(6) Ist der Gesellschaft gegenüber eine Willenserklärung abzugeben, genügt die Abgabe gegenüber einem vertretungsbefugten Gesellschafter."

1. Grundsatz der Einzelvertretungsbefugnis eines jeden Gesellschafters

Zur Vertretung der Gesellschaft ist nach § 124 Abs. 1 HGB – in inhaltlicher Entsprechung mit § 125 Abs. 1 HGB alt – jeder Gesellschafter befugt, wenn er nicht durch den Gesellschaftsvertrag von der Vertretung ausgeschlossen ist.

2. Möglichkeit der Gesamtvertretung

§ 124 Abs. 2 HGB entspricht inhaltlich § 125 Abs. 2 S. 2 HGB alt.

Im Gesellschaftsvertrag kann nach § 124 Abs. 2 S. 1 HGB vereinbart werden, dass alle oder mehrere Gesellschafter nur gemeinsam zur Vertretung der Gesellschaft befugt sein sollen. Die zur Gesamtvertretung befugten Gesellschafter können gemäß § 124 Abs. 2 S. 2 HGB einzelne von ihnen zur Vornahme bestimmter Geschäfte oder bestimmter Arten von Geschäften ermächtigen.

3. Unechte bzw. gemischte Gesamtvertretung

132 Im Gesellschaftsvertrag kann nach § 124 Abs. 3 S. 1 HGB – in inhaltlicher Entsprechung mit § 125 Abs. 3 HGB alt – auch vereinbart werden, dass die Gesellschafter, sofern nicht mehrere zusammen handeln, nur gemeinsam mit einem Prokuristen zur Vertretung der Gesellschaft berechtigt sein sollen.

In diesem Fall sind gemäß § 124 Abs. 3 S. 2 HGB die Regelungen des § 124 Abs. 2 S. 2 (vorstehende Rdn 131) und § 124 Abs. 6 HGB (nachstehende Rdn 136) entsprechend anzuwenden.

4. Umfang der organschaftlichen Vertretungsbefugnis

133 § 124 Abs. 4 HGB über den Umfang der Vertretungsmacht entspricht § 126 HGB alt, dessen Abs. 1 bis 3 in einem Absatz zusammengefasst werden.

Die organschaftliche Vertretungsbefugnis der Gesellschafter erstreckt sich nach § 124 Abs. 4 S. 1 HGB auf alle Geschäfte der Gesellschaft einschließlich der Veräußerung und Belastung von Grundstücken sowie der Erteilung und des Widerrufs einer Prokura.

134 Eine **Beschränkung des Umfangs der Vertretungsbefugnis** ist Dritten gegenüber nach § 124 Abs. 4 S. 2 HGB unwirksam. Dies gilt gemäß § 124 Abs. 4 S. 3 HGB insbesondere für die Beschränkung, dass sich die Vertretung nur auf bestimmte Geschäfte oder Arten von Geschäften erstreckt oder dass sie nur unter gewissen Umständen oder für eine gewisse Zeit oder an einzelnen Orten stattfinden soll.

Hinsichtlich der Beschränkung auf den Betrieb einer von mehreren Niederlassungen der Gesellschaft ist nach § 124 Abs. 4 S. 4 HGB die Regelung des § 50 Abs. 3 HGB entsprechend anzuwenden, womit eine Beschränkung der Vertretungsmacht auf den Betrieb einer von mehreren Niederlassungen der Gesellschaft Dritten gegenüber nur wirksam ist, wenn die Niederlassungen unter verschiedenen Firmen betrieben werden. Eine Verschiedenheit der Firmen wird in diesem Fall auch dadurch begründet, dass für eine Zweigniederlassung der Firma ein Zusatz beigefügt wird, der sie als Firma der Zweigniederlassung bezeichnet.

5. Entziehung der Vertretungsbefugnis

135 Die Vertretungsbefugnis kann nach § 124 Abs. 5 HGB – in inhaltlicher Übereinstimmung mit § 127 HGB alt – einem Gesellschafter in entsprechender Anwendung von § 116 Abs. 5 HGB (Entziehung der Geschäftsführungsbefugnis) ganz oder teilweise (durch Gestaltungsurteil) entzogen werden, wenn ein „wichtiger Grund" vorliegt, sofern im Gesellschaftsvertrag nichts anderes vereinbart ist.

Die Vertretungsbefugnis kann – im Unterschied zum Recht der GbR – auch weiterhin nur durch gerichtliche Entscheidung (und nicht durch einen Beschluss der anderen Gesellschafter) entzogen werden (**Gestaltungsklageerfordernis**).

Den Gesellschaftern bleibt es jedoch unbenommen, das Gestaltungsklageerfordernis durch eine Vereinbarung im Gesellschaftsvertrag abzubedingen (und damit die Entziehung der Vertretungsbefugnis durch Gesellschafterbeschluss zu gestatten),[282] was *„sich ungeachtet der Verweisung auf den für das Innenrechtsverhältnis geltenden § 116 Abs. 5 HGB und damit indirekt auch auf § 108 HGB nicht von selbst [versteht] und (…) deswegen gesetzlich klarzustellen [ist]"*.[283]

6. Passive Einzelvertretungsbefugnis

Ist der Gesellschaft gegenüber eine Willenserklärung abzugeben, genügt nach § 124 Abs. 6 HGB – in inhaltlicher Übereinstimmung mit § 125 Abs. 2 S. 3 HGB alt – die Abgabe gegenüber einem vertretungsbefugten Gesellschafter.

136

III. Angaben auf Geschäftsbriefen (§ 125 HGB)

§ 125 HGB über die Angabe auf Geschäftsbriefen (wohingegen § 125 HGB alt die Vertretung der Gesellschaft geregelt hatte) hat folgenden Wortlaut:

137

> „(1) Auf allen Geschäftsbriefen der Gesellschaft, gleichviel welcher Form, die an einen bestimmten Empfänger gerichtet werden, müssen die Firma und der Sitz der Gesellschaft, das Registergericht und die Nummer, unter der die Gesellschaft in das Handelsregister eingetragen ist, angegeben werden. Bei einer Gesellschaft, bei der kein Gesellschafter eine natürliche Person ist, sind auf den Geschäftsbriefen der Gesellschaft ferner die Firmen oder Namen der Gesellschafter anzugeben sowie für die Gesellschafter die nach § 35a des Gesetzes betreffend die Gesellschaften mit beschränkter Haftung oder § 80 des Aktiengesetzes für Geschäftsbriefe vorgeschriebenen Angaben zu machen. Die Angaben nach Satz 2 sind nicht erforderlich, wenn zu den Gesellschaftern der Gesellschaft eine rechtsfähige Personengesellschaft gehört, bei der mindestens ein persönlich haftender Gesellschafter eine natürliche Person ist.
>
> (2) Für Vordrucke und Bestellscheine ist § 37a Absatz 2 und 3 entsprechend anzuwenden. Für Zwangsgelder gegen die zur Vertretung der Gesellschaft befugten Gesellschafter oder deren organschaftliche Vertreter und die Liquidatoren ist § 37a Absatz 4 entsprechend anzuwenden."

---

282 RegE, BT-Drucks 19/27635, S. 241.
283 RegE, BT-Drucks 19/27635, S. 241.

§ 3 Die offene Handelsgesellschaft

1. Pflichtangaben auf Geschäftsbriefen

138 § 125 Abs. 1 HGB übernimmt in der Sache § 125a Abs. 1 HGB „*mit dem Unterschied, dass auf Geschäftsbriefen anstelle der Rechtsform die Firma, und zwar mit Rechtsformzusatz, angegeben werden muss*"[284] (arg.: Ausweislich § 19 Abs. 2 HGB ist der Rechtsformzusatz Bestandteil der Bezeichnung der Firma und zählt somit zu den vorgeschriebenen Angaben).

Auf allen Geschäftsbriefen der Gesellschaft, gleichviel welcher Form, die an einen bestimmten Empfänger gerichtet werden, müssen nach § 125 Abs. 1 S. 1 HGB

- die Firma und
- der Sitz der Gesellschaft,
- das Registergericht und
- die Nummer, unter der die Gesellschaft in das Handelsregister eingetragen ist,

angegeben werden.

139 Tauglicher Gesellschafter einer OHG kann auch eine rechtsfähige Personengesellschaft sein. Insofern bestimmt § 125 Abs. 1 S. 2 HGB – in angepasster Übernahme der Ausnahmetatbestände des § 125a Abs. 1 S. 3 HGB alt –, dass bei einer Gesellschaft, bei der kein Gesellschafter eine natürliche Person ist, auf den Geschäftsbriefen der Gesellschaft ferner

- die Firmen oder Namen der Gesellschafter anzugeben sind sowie
- für die Gesellschafter die nach § 35a GmbHG oder § 80 AktG für Geschäftsbriefe vorgeschriebenen Angaben

zu machen sind. Die Angaben nach § 125 Abs. 1 S. 2 HGB sind gemäß § 125 Abs. 1 S. 3 HGB nicht erforderlich, wenn zu den Gesellschaftern der Gesellschaft eine rechtsfähige Personengesellschaft gehört, bei der mindestens ein persönlich haftender Gesellschafter eine natürliche Person ist.

> *Beachte:*
> § 125 HGB ist wegen des vergleichbaren Informationsbedürfnisses auf eine ausländische Personengesellschaft mit inländischer Zweigniederlassung entsprechend anzuwenden.[285]

2. Vordrucke und Bestellscheine

140 Für Vordrucke und Bestellscheine ist nach § 125 Abs. 2 S. 1 HGB – in wortgleicher Übernahme von § 125a Abs. 2 S. 1 HGB alt – die Regelung des § 37a Abs. 2 und 3 HGB entsprechend anzuwenden. Für Zwangsgelder gegen die zur Vertretung der Gesellschaft befugten Gesellschafter oder deren organschaftliche Vertreter und Li-

---

[284] RegE, BT-Drucks 19/27635, S. 241.
[285] RegE, BT-Drucks 19/27635, S. 241.

quidatoren ist gemäß § 125 Abs. 2 S. 2 HGB die Regelung des § 37a Abs. 4 HGB entsprechend anzuwenden.

IV. Grundsatz der persönlichen Haftung der Gesellschafter (§ 126 HGB)

§ 126 HGB regelt in wortgleicher Übernahme des § 128 HGB alt die persönliche Haftung der Gesellschafter (wohingegen § 126 HGB alt den Umfang der Vertretungsmacht geregelt hatte).

141

„Die Gesellschafter haften für die Verbindlichkeiten der Gesellschaft den Gläubigern als Gesamtschuldner persönlich. Eine entgegenstehende Vereinbarung ist Dritten gegenüber unwirksam".

§ 126 HGB (§ 128 HGB alt) statuiert zusammen mit § 127 HGB (Haftung des eintretenden Gesellschafters) und § 128 HGB (Einwendungen und Einreden des Gesellschafters) das **Haftungsregime der OHG**.

Die §§ 126 bis 128 HGB korrespondieren mit den §§ 721 bis 721b BGB, die über § 105 Abs. 3 HGB ohnehin entsprechend anzuwenden sind.

Der Gesetzgeber erachtet jedoch für das Haftungsregime der OHG eine ausdrückliche Bestätigung im HGB aus Transparenzgründen für notwendig, *„weil von § 105 Abs. 1 HGB und § 161 Abs. 1 HGB implizit vorausgesetzt wird, dass es persönlich haftende Gesellschafter einer offenen Handelsgesellschaft oder Kommanditgesellschaft gibt".*[286]

Ohne eine Regelung wird befürchtet, dass mit Blick auf die für den gesetzlichen Regelfall vorgesehene Vertretungsbefugnis der unzutreffende Umkehrschluss gezogen werden könnte, dass eine Gesellschafterhaftung bei einer OHG ausscheidet:[287] Während bei einer GbR alle Gesellschafter am haftungsbegründenden Geschäft mitgewirkt haben müssen (**Grundsatz der Gesamtvertretungsbefugnis**), genügt bei einer OHG, dass einer der Gesellschafter namens der Gesellschaft das haftungsbegründende Geschäft eingegangen ist (**Grundsatz der Einzelvertretungsbefugnis**) – woraus *„unbesehen auf eine überschießende Wirkung der unbeschränkt persönlichen Haftung geschlossen werden [könnte], die einer entsprechenden Anwendung der §§ 721, 721a und 721b BGB entgegensteht",*[288] eine Annahme, die jedoch unberücksichtigt lässt, dass es auch bei einer OHG darum geht, *„durch die Gesellschafterhaftung den Kredit der Gesellschaft zu sichern, die fehlende Kapitalsicherung auszugleichen und einen Gleichlauf von Herrschaft und Haftung herzustellen".*[289]

142

---

286 RegE, BT-Drucks 19/27635, S. 242.
287 RegE, BT-Drucks 19/27635, S. 242.
288 RegE, BT-Drucks 19/27635, S. 242.
289 RegE, BT-Drucks 19/27635, S. 242.

V. Haftung des eintretenden Gesellschafters (§ 127 HGB)

143 § 127 HGB über die Haftung des eintretenden Gesellschafters hat in sachlicher Übernahme des Regelungsgehalts des § 130 HGB alt folgenden Wortlaut (wohingegen § 127 HGB alt die Entziehung der Vertretungsbefugnis geregelt hatte):

> „Wer in eine bestehende Gesellschaft eintritt, haftet gleich den anderen Gesellschaftern nach Maßgabe der §§ 126 und § 128 für die vor seinem Eintritt begründeten Verbindlichkeiten der Gesellschaft. Eine entgegenstehende Vereinbarung ist Dritten gegenüber unwirksam".

Gegenüber der Altregelung greift nach § 127 HGB die Eintrittshaftung unabhängig davon ein, ob die Firma der Gesellschaft infolge des Eintritts des neuen Gesellschafters eine Änderung erfährt oder nicht.

VI. Einwendungen und Einreden des Gesellschafters (§ 128 HGB)

144 § 128 HGB über Einwendungen und Einreden des Gesellschafters, der die Akzessorietät der Gesellschafterhaftung regelt, hat (im Einklang mit § 129 Abs. 1 bis 3 HGB alt) folgenden Wortlaut (wohingegen § 128 HGB alt die persönliche Haftung der Gesellschafter geregelt hatte):

> „(1) Wird ein Gesellschafter wegen einer Verbindlichkeit der Gesellschaft in Anspruch genommen, kann er Einwendungen und Einreden, die nicht in seiner Person begründet sind, insoweit geltend machen, als sie von der Gesellschaft erhoben werden können.
>
> (2) Der Gesellschafter kann die Befriedigung des Gläubigers verweigern, solange der Gesellschaft in Ansehung der Verbindlichkeit das Recht zur Anfechtung oder Aufrechnung oder ein anderes Gestaltungsrecht, dessen Ausübung die Gesellschaft ihrerseits zur Leistungsverweigerung berechtigen würde, zusteht."

1. Einwendungen der Gesellschaft

145 Wird ein Gesellschafter wegen einer Verbindlichkeit der Gesellschaft in Anspruch genommen, kann er nach § 128 Abs. 1 HGB – in sachlicher Übernahme des Regelungsgehalts des § 129 Abs. 1 HGB alt – Einwendungen und Einreden, die nicht in seiner Person begründet sind, insoweit geltend machen, als sie von der Gesellschaft erhoben werden können.

2. Gestaltungsrechte

146 Der Gesellschafter kann die Befriedigung des Gläubigers nach § 128 Abs. 2 HGB – in sachlicher Übernahme des Regelungsgehalts von § 129 Abs. 2 und 3 HGB alt, allerdings klarer (formulierte Anfechtungs- bzw. Aufrechnungsbefugnis der Gesellschaft) – verweigern, solange der Gesellschaft in Ansehung der Verbindlichkeit das Recht zur
- **Anfechtung** oder

F. Ausscheiden eines Gesellschafters aus der Personenhandelsgesellschaft § 3

- **Aufrechnung** oder
- ein **anderes Gestaltungsrecht** (z.B. ein Rücktrittsrecht), dessen Ausübung die Gesellschaft ihrerseits zur Leistungsverweigerung berechtigen würde,

zusteht.

VII. Zwangsvollstreckung gegen die Gesellschaft oder gegen ihre Gesellschafter (§ 129 HGB)

§ 129 HGB über die Zwangsvollstreckung gegen die Gesellschaft oder gegen ihre Gesellschafter hat folgenden Wortlaut (wohingegen § 129 HGB alt Einwendungen des Gesellschafters geregelt hatte): **147**

„(1) Zur Zwangsvollstreckung in das Vermögen der Gesellschaft ist ein gegen die Gesellschaft gerichteter Vollstreckungstitel erforderlich.

(2) Aus einem gegen die Gesellschaft gerichteten Vollstreckungstitel findet die Zwangsvollstreckung gegen die Gesellschafter nicht statt."

1. Zwangsvollstreckung gegen die Gesellschaft

Zur Zwangsvollstreckung in das Vermögen der Gesellschaft ist nach § 129 Abs. 1 HGB – in sachlicher Übernahme des Regelungsgehalts des § 124 Abs. 2 HGB alt – ein gegen die Gesellschaft gerichteter Vollstreckungstitel erforderlich. **148**

2. Zwangsvollstreckung gegen die Gesellschafter

Aus einem gegen die Gesellschaft gerichteten Vollstreckungstitel findet nach § 129 Abs. 2 HGB – in sachlicher Übernahme des Regelungsgehalts des § 129 Abs. 4 HGB alt – die Zwangsvollstreckung gegen die Gesellschafter nicht statt. **149**

F. Ausscheiden eines Gesellschafters aus der Personenhandelsgesellschaft (§§ 130 bis 137 HGB)

Der neue vierte Titel (Ausscheiden eines Gesellschafters – §§ 130 bis 137 HGB) fasst die in den §§ 133 bis 144 HGB alt enthaltenen Regelungen über das Ausscheiden eines Gesellschafters (die vormals mit den Regelungen über die Auflösung der Gesellschaft in einem gemeinsamen Titel zusammengefasst waren) zusammen.[290] Zugleich werden diese Regelungen von jenen über die Auflösung der Gesellschaft getrennt. Eigentlich hätte wegen der Angleichung von GbR und OHG der Verweis in § 105 Abs. 3 HGB genügt. Gleichwohl hat sich der Gesetzgeber – um etwaigen Auslegungsproblemen zu entgehen und das Normverständnis zu fördern – dazu **150**

---

[290] RegE, BT-Drucks 19/27635, S. 242.

entschieden, die §§ 130 bis 137 HGB (im Gleichlauf mit den §§ 723 bis 728b BGB) eigenständig zu gestalten, und auch verbleibende Unterschiede deutlicher aufzuzeigen.[291]

I. Gründe für das Ausscheiden und Zeitpunkt des Ausscheidens (§ 130 HGB)

151 § 130 HGB, der die Gründe für das Ausscheiden aus der Gesellschaft und den Zeitpunkt des Ausscheidens regelt (wohingegen § 130 HGB alt die Haftung des eintretenden Gesellschafters geregelt hatte) hat folgenden Wortlaut:

„(1) Folgende Gründe führen zum Ausscheiden eines Gesellschafters aus der Gesellschaft, sofern der Gesellschaftsvertrag für diese Fälle nicht die Auflösung der Gesellschaft vorsieht:
1. Tod des Gesellschafters;
2. Kündigung der Mitgliedschaft durch den Gesellschafter;
3. Eröffnung des Insolvenzverfahrens über das Vermögen des Gesellschafters;
4. Kündigung der Mitgliedschaft durch einen Privatgläubiger des Gesellschafters;
5. gerichtliche Entscheidung über Ausschließungsklage.

(2) Im Gesellschaftsvertrag können weitere Gründe für das Ausscheiden eines Gesellschafters vereinbart werden.

(3) Der Gesellschafter scheidet mit Eintritt des ihn betreffenden Ausscheidensgrundes aus, im Fall der Kündigung der Mitgliedschaft aber nicht vor Ablauf der Kündigungsfrist und im Fall der gerichtlichen Entscheidung über die Ausschließungsklage nicht vor Rechtskraft des stattgebenden Urteils."

1. Gründe für das Ausscheiden eines Gesellschafters

152 Die nachstehen Gründe führen nach § 130 Abs. 1 HGB – in weitgehend inhaltlicher Übereinstimmung mit § 131 Abs. 3 HGB alt – zum Ausscheiden eines Gesellschafters aus der Gesellschaft, sofern der Gesellschaftsvertrag für diese Fälle nicht die Auflösung der Gesellschaft vorsieht:
- Tod des Gesellschafters (Nr. 1);
- Kündigung der Mitgliedschaft durch den Gesellschafter (Nr. 2);
- Eröffnung des Insolvenzverfahrens über das Vermögen des Gesellschafters (Nr. 3) – hierzu wurde bisher mit Blick auf den Sonderfall der GmbH & Co. KG die Auffassung vertreten, dass es in Fällen einer sog. Simultaninsolvenz[292] (vgl. dazu § 179 HGB neu, wonach auf diesen Fall § 130 Abs. 1 Nr. 3 HGB keine Anwendung findet – womit ein Ausscheiden der insolventen GmbH bei der GmbH & Co. KG ausgeschlossen wird, wenn sowohl der Komplementär als auch die

---

291 RegE, BT-Drucks 19/27635, S. 220.
292 Dazu näher Schäfer/*Schäfer*, § 1 Rn 40 f.

F. Ausscheiden eines Gesellschafters aus der Personenhandelsgesellschaft § 3

KG insolvent sind,[293] „*was bei Insolvenz der [unternehmenstragenden) KG im Hinblick auf die persönliche Haftung der GmbH aus (...) § 126 HGB nahezu automatisch der Fall ist),*[294] *also des parallelen Insolvenzverfahrens über das Vermögen der GmbH als einziger Komplementärin und der KG, nicht zum Ausscheiden der Komplementärin komme*",[295] was insbesondere für ein Insolvenzverfahren in Eigenverwaltung (vgl. § 270 InsO) Bedeutung erlangen kann.[296] Der Gesetzgeber führt nun aus, dass „*eine solche teleologische Reduktion der Bestimmung, die unabhängig von einer entsprechenden Regelung im Gesellschaftsvertrag greift, (...) durch die Neufassung der Regelung nicht ausgeschlossen werden [soll]*";[297]

- Kündigung der Mitgliedschaft durch einen Privatgläubiger des Gesellschafters (Nr. 4);
- gerichtliche Entscheidung über eine Ausschließungsklage (Nr. 5, vgl. § 134 HGB).

Beachte:
Der Eintritt von weiteren im Gesellschaftsvertrag vorgesehenen Fällen i.S.v. § 131 Abs. 3 Nr. 5 HGB alt – findet sich jetzt in § 130 Abs. 2 HGB (s. nachstehende Rdn 153) – und § 131 Abs. 3 Nr. 6 HGB alt (Beschluss der Gesellschafter) ist wegen der durch sie hervorgerufenen Unsicherheit, ob damit die materiellen und formellen Voraussetzungen, die § 140 HGB alt an die Ausschließung eines Gesellschafters stellt, herabgesetzt werden, entfallen, da dies vom historischen Gesetzgeber jedenfalls nicht gewollt war.[298]

Die Gesellschafter können nach § 130 Abs. 2 HGB **zusätzliche Hinauskündigungsklauseln** im Gesellschaftsvertrag vereinbaren – wobei die von der Rechtsprechung insoweit herausgearbeiteten Kriterien unberührt bleiben.[299]

---

[293] § 179 HGB ermöglicht die einheitliche Abwicklung bzw. Sanierung einer GmbH & Co. KG im typischen Fall einer Simultaninsolvenz: Rechtsausschuss, BT-Drucks 19/31105, S. 10.
[294] Schäfer/*Schäfer*, § 1 Rn 41.
[295] RegE, BT-Drucks 19/27635, S. 243.
[296] RegE, BT-Drucks 19/27635, S. 243 unter Bezugnahme auf MüKo-HGB/*K. Schmidt*, § 131 Rn 76a.
[297] RegE, BT-Drucks 19/27635, S. 243.
[298] RegE, BT-Drucks 19/27635, S. 243.
[299] RegE, BT-Drucks 19/27635, S. 243.

2. Möglichkeit der Vereinbarung weitere Ausscheidensgründe im Gesellschaftsvertrag

153 Im Gesellschaftsvertrag können nach der Klarstellung in § 130 Abs. 2 HGB weitere – und nicht etwa „andere"[300] – Ausscheidensgründe (Gründe für das Ausscheiden eines Gesellschafters) vereinbart werden.

3. Zeitpunkt des Ausscheidens

154 Der Gesellschafter scheidet nach § 130 Abs. 3 HGB mit Eintritt des ihn betreffenden Ausscheidensgrundes aus, im Fall der Kündigung der Mitgliedschaft (§ 130 Abs. 1 Nr. 2 HGB) aber nicht vor Ablauf der Kündigungsfrist und im Fall der gerichtlichen Entscheidung über die Ausschließungsklage (§ 130 Abs. 1 Nr. 5 HGB) nicht vor Rechtskraft des stattgebenden Urteils.

§ 130 Abs. 3 HGB übernimmt damit in der Sache die Regelung des § 131 Abs. 3 S. 2 HGB alt *„mit der Ergänzung, dass der Gesellschafter, gegen den sich eine Ausschließungsklage nach § 134 HGB richtet, erst mit stattgebender rechtskräftiger Entscheidung aus der Gesellschaft ausscheidet. Insoweit unterscheidet sich die Rechtslage von der bei einer Gesellschaft bürgerlichen Rechts, bei der der Gesellschafter bereits mit Mitteilung des Ausschließungsbeschlusses ausscheidet"*.[301]

II. Fortsetzung mit dem Erben und Ausscheiden des Erben (§ 131 HGB)

155 § 131 HGB, der die Voraussetzungen normiert, unter denen die Gesellschaft mit dem Erben eines verstorbenen Gesellschafters fortgesetzt wird, sowie unter denen der Erbe eines verstorbenen Gesellschafters aus der Gesellschaft ausscheidet einschließlich der jeweiligen Haftungsfolgen, (d.h. das **bedingte Austrittsrecht des Gesellschafter-Erben,** vgl. hierzu § 724 BGB für die GbR) hat folgenden Wortlaut (wohingegen § 131 HGB alt die Auflösungsgründe geregelt hatte):

„(1) Geht der Anteil eines verstorbenen Gesellschafters auf dessen Erben über, so kann jeder Erbe gegenüber den anderen Gesellschaftern antragen, dass ihm die Stellung eines Kommanditisten eingeräumt und der auf ihn entfallende Anteil des Erblassers als seine Kommanditeinlage anerkannt wird.

(2) Nehmen die anderen Gesellschafter einen Antrag nach Absatz 1 nicht an, ist der Erbe befugt, seine Mitgliedschaft in der Gesellschaft ohne Einhaltung einer Kündigungsfrist zu kündigen.

(3) Die Rechte nach den Absätzen 1 bis 2 können von dem Erben nur innerhalb von drei Monaten nach dem Zeitpunkt, zu dem er von dem Anfall der Erbschaft Kennt-

---

300 RegE, BT-Drucks 19/27635, S. 243.
301 RegE, BT-Drucks 19/27635, S. 243.

nis erlangt hat, geltend gemacht werden. Auf den Lauf der Frist ist § 210 des Bürgerlichen Gesetzbuchs entsprechend anzuwenden. Ist bei Ablauf der drei Monate das Recht zur Ausschlagung der Erbschaft noch nicht verloren, endet die Frist nicht vor dem Ablauf der Ausschlagungsfrist.

(4) Scheidet innerhalb der Frist des Absatzes 3 der Erbe aus der Gesellschaft aus oder wird innerhalb der Frist die Gesellschaft aufgelöst oder dem Erben die Stellung eines Kommanditisten eingeräumt, so haftet er für die bis dahin entstandenen Gesellschaftsverbindlichkeiten nur nach Maßgabe der Vorschriften des bürgerlichen Rechts, welche die Haftung des Erben für die Nachlassverbindlichkeiten betreffen.

(5) Der Gesellschaftsvertrag kann die Anwendung der Vorschriften der Absätze 1 bis 4 nicht ausschließen. Jedoch kann für den Fall, dass der Erbe sein Verbleiben in der Gesellschaft von der Einräumung der Stellung eines Kommanditisten abhängig macht, sein Gewinnanteil anders als der des Erblassers bestimmt werden."

1. Wahlrecht des Erben

Geht der Anteil eines verstorbenen Gesellschafters auf dessen Erben über, so kann jeder Erbe nach § 131 Abs. 1 HGB – in inhaltlicher Übereinstimmung mit § 139 Abs. 1 HGB alt – gegenüber den anderen Gesellschaftern beantragen (Antragsrecht), dass ihm die Stellung eines Kommanditisten eingeräumt und der auf ihn entfallende Anteil des Erblassers als seine Kommanditeinlage anerkannt wird.

156

2. Kündigungsrecht des Erben

Nehmen die anderen Gesellschafter einen Antrag nach § 131 Abs. 1 HGB nicht an, ist der Erbe nach § 131 Abs. 2 HGB – in inhaltlicher Übereinstimmung mit § 139 Abs. 2 HGB alt – befugt, seine Mitgliedschaft in der Gesellschaft ohne Einhaltung einer Kündigungsfrist zu kündigen.

157

> *Beachte:*
> § 131 HGB findet auf ererbte Kommanditanteile keine Anwendung, da hier keine persönliche Haftung droht.[302]

3. Frist zur Ausübung des Wahl- bzw. Kündigungsrechts

Die Rechte nach § 131 HGB Abs. 1 HGB (Wahlrecht auf Einräumung eines Kommanditistenstatus) und § 131 Abs. 2 HGB (Kündigungsrecht) können vom Erben nach § 131 Abs. 3 S. 1 HGB – in inhaltlicher Übereinstimmung mit § 139 Abs. 3 HGB alt – nur innerhalb von drei Monaten nach dem Zeitpunkt, zu dem er von dem Anfall der Erbschaft Kenntnis erlangt hat, geltend gemacht werden. Auf den Lauf der Frist ist gemäß § 131 Abs. 3 S. 2 HGB die Regelung des § 210 BGB (**Ablauf-**

158

---

302 Schäfer/*Schäfer*, § 6 Rn 77.

hemmung bei nicht voll Geschäftsfähigen) entsprechend anzuwenden. Ist bei Ablauf der drei Monate das Recht zur Ausschlagung der Erbschaft noch nicht verloren, endet die Frist nach § 131 Abs. 3 S. 3 HGB nicht vor dem Ablauf der Ausschlagungsfrist.

4. Haftung des Erben

159 Scheidet innerhalb der Drei-Monats-Frist des § 131 Abs. 3 HGB der Erbe aus der Gesellschaft aus oder wird innerhalb der Frist die Gesellschaft aufgelöst oder dem Erben die Stellung eines Kommanditisten eingeräumt, so haftet er nach § 131 Abs. 4 HGB – in wortlautgleicher Übernahme von § 139 Abs. 4 HGB alt – für die bis dahin entstandenen Gesellschaftsverbindlichkeiten nur nach Maßgabe der Vorschriften des bürgerlichen Rechts, welche die Haftung des Erben für die Nachlassverbindlichkeiten betreffen.

5. Abweichende Vereinbarung

160 Der Gesellschaftsvertrag kann gemäß § 131 Abs. 5 S. 1 HGB – in wortlautgleicher Übernahme von § 139 Abs. 5 HGB alt – die Anwendung der Vorschriften nach § 131 Abs. 1 bis 4 HGB nicht ausschließen (Unverzichtbarkeit des Rechts). Jedoch kann für den Fall, dass der Erbe sein Verbleiben in der Gesellschaft von der Einräumung der Stellung eines Kommanditisten abhängig macht, sein Gewinnanteil nach § 131 Abs. 5 S. 2 HGB anders als der des Erblassers bestimmt werden.

6. Fortbestehende Probleme

161 Probleme bei der Beerbung durch einen Mitgesellschafter[303] löst § 131 HGB nicht. *„Will man bei der KG sicherstellen, dass der Erbe des Komplementärs auch gegen den Willen der übrigen Gesellschafter als Kommanditist in der Gesellschaft verbleiben kann, muss dies folglich durch vertragliche Gestaltung geschehen, z.B. in Form einer kombinierten Nachfolge- und Umwandlungsklausel".*[304]

III. Kündigung der Mitgliedschaft durch den Gesellschafter (§ 132 HGB)

162 § 132 HGB über die Kündigung der Mitgliedschaft durch den Gesellschafter – entsprechend § 132 HGB alt – hat folgenden Wortlaut:

> „(1) Ist das Gesellschaftsverhältnis auf unbestimmte Zeit eingegangen, kann ein Gesellschafter seine Mitgliedschaft unter Einhaltung einer Frist von sechs Monaten zum Ablauf des Geschäftsjahres gegenüber der Gesellschaft kündigen.

---

303 Dazu *Freitag*, ZGR 50 (2021), 542.
304 Schäfer/*Bergmann*, § 7 Rn 76.

F. Ausscheiden eines Gesellschafters aus der Personenhandelsgesellschaft § 3

(2) Ist für das Gesellschaftsverhältnis eine Zeitdauer vereinbart, ist die Kündigung der Mitgliedschaft durch einen Gesellschafter vor dem Ablauf dieser Zeit zulässig, wenn ein wichtiger Grund vorliegt. Ein wichtiger Grund liegt insbesondere vor, wenn ein anderer Gesellschafter eine ihm nach dem Gesellschaftsvertrag obliegende wesentliche Verpflichtung vorsätzlich oder grob fahrlässig verletzt hat oder wenn die Erfüllung einer solchen Verpflichtung unmöglich wird.

(3) Liegt ein wichtiger Grund im Sinne von Absatz 2 Satz 2 vor, so ist eine Kündigung der Mitgliedschaft durch einen Gesellschafter stets ohne Einhaltung einer Kündigungsfrist zulässig.

(4) Ein Gesellschafter kann seine Mitgliedschaft auch kündigen, wenn er volljährig geworden ist. Das Kündigungsrecht besteht nicht, wenn der Gesellschafter bezüglich des Gegenstands der Gesellschaft zum selbstständigen Betrieb eines Erwerbsgeschäfts gemäß § 112 des Bürgerlichen Gesetzbuchs ermächtigt war oder der Zweck der Gesellschaft allein der Befriedigung seiner persönlichen Bedürfnisse diente. Der volljährig Gewordene kann die Kündigung nur binnen drei Monaten von dem Zeitpunkt an erklären, in welchem er von seiner Gesellschafterstellung Kenntnis hatte oder haben musste.

(5) Die Kündigung darf nicht zur Unzeit geschehen, es sei denn, dass ein wichtiger Grund für die unzeitige Kündigung vorliegt. Kündigt ein Gesellschafter seine Mitgliedschaft dennoch ohne einen solchen Grund zur Unzeit, hat er der Gesellschaft den daraus entstehenden Schaden zu ersetzen.

(6) Eine Vereinbarung im Gesellschaftsvertrag, welche das Kündigungsrecht nach den Absätzen 2 und 4 ausschließt oder diesen Vorschriften zuwider beschränkt, ist unwirksam."

1. Grundlagen

Die Neuregelung des § 132 HGB fasst den auf die §§ 132, 134 HGB alt (Recht des Gesellschafters, eine auf unbestimmte Zeit eingegangene Gesellschaft oder eine ihr gleichgestellte auf Lebenszeit eingegangene Gesellschaft unter Einhaltung einer sechsmonatigen Kündigungsfrist mit der Folge seines Ausscheidens zu kündigen) verteilten Normenbestand zur Kündigung einer OHG zusammen und räumt dem Gesellschafter in § 132 Abs. 2 bis 4 HGB ein außerordentliches Kündigungsrecht aus „wichtigem Grund" (mit Ausscheidensfolge, vgl. § 130 Abs. 1 Nr. 2 HGB) ein.[305]

163

Ob und inwieweit einem Gesellschafter darüber hinaus auch ein außerordentliches Kündigungsrecht aus „wichtigem Grund" zusteht, war bislang umstritten.[306] § 132

---

[305] RegE, BT-Drucks 19/27635, S. 244.
[306] BGH, Urt. v. 12.5.1977 – II ZR 89/75, BGHZ 69, 160, juris Rn 15 = NJW 1977, 2160; MüKo-HGB/ K. Schmidt, § 132 Rn 37 bis 50.

HGB räumt – einer Empfehlung des 71. DJT folgend[307] – diesen Streitstand in Abs. 3 aus.[308]

2. Kündigung eines Gesellschafters

164 Ist das Gesellschaftsverhältnis auf unbestimmte Zeit eingegangen (unbefristete Gesellschaft), kann ein Gesellschafter seine Mitgliedschaft nach § 132 Abs. 1 HGB – in inhaltlicher Übereinstimmung mit § 132 HGB alt – unter Einhaltung einer Frist von sechs Monaten zum Ablauf des Geschäftsjahres gegenüber der Gesellschaft kündigen.

Das Recht, die Mitgliedschaft bei Vorliegen eines wichtigen Grundes auch ohne Einhaltung der gesetzlichen Kündigungsfrist zu kündigen, bleibt unberührt (vgl. § 132 Abs. 3 HGB).

3. Außerordentliche Kündigung eines befristeten Gesellschaftsverhältnisses

165 Ist für das Gesellschaftsverhältnis eine Zeitdauer vereinbart, ist die Kündigung der Mitgliedschaft durch einen Gesellschafter vor dem Ablauf dieser Zeit (jederzeitiges Recht zur Kündigung der Mitgliedschaft – selbst vor Ablauf der Frist nach § 132 Abs. 1 HGB) nach § 132 Abs. 2 S. 1 HGB – in Übereinstimmung mit § 725 Abs. 2 BGB – zulässig, wenn ein „wichtiger Grund" vorliegt.

Ein „wichtiger Grund" liegt gemäß § 132 Abs. 2 S. 2 HGB insbesondere dann vor, wenn ein anderer Gesellschafter eine ihm nach dem Gesellschaftsvertrag obliegende wesentliche Verpflichtung vorsätzlich oder grob fahrlässig verletzt hat oder wenn die Erfüllung einer solchen Verpflichtung unmöglich wird.

§ 132 Abs. 2 HGB „*verschafft dem Gesellschafter als milderes Mittel gegenüber einer Klage auf Auflösung der Gesellschaft nach § 139 HGB ein allgemeines Austrittsrecht*".[309]

Zur Wahrnehmung des Rechts genügt eine Kündigungserklärung gegenüber der Gesellschaft, da – anders als bei der Auflösung der Gesellschaft – hier keine Auswirkungen auf Dritte zu befürchten stehen.[310]

---

307 Vgl. Beschl. 23 des 71. DJT, in: Verhandlungen des 71. DJT, Bd. II/2, 2017, S. O222.
308 RegE, BT-Drucks 19/27635, S. 244.
309 RegE, BT-Drucks 19/27635, S. 244.
310 RegE, BT-Drucks 19/27635, S. 244.

4. Außerordentliche Kündigung bei Vorliegen eines „wichtigen Grundes"

Liegt ein „wichtiger Grund" i.S.v. § 132 Abs. 2 S. 2 HGB (s. vorstehende Rn 165) vor, so ist eine Kündigung der Mitgliedschaft durch einen Gesellschafter nach § 132 Abs. 3 HGB stets ohne Einhaltung einer Kündigungsfrist zulässig. **166**

Das Vorliegen eines „wichtigen Grundes" i.S.v. § 132 Abs. 2 S. 2 HGB berechtigt den Gesellschafter also stets zu einer außerordentlichen Kündigung seiner Mitgliedschaft ohne Einhaltung einer Frist – auch dann, wenn die Gesellschaft auf unbestimmte Zeit eingegangen ist.

5. Außerordentliche Kündigung des volljährig gewordenen Gesellschafters

§ 132 Abs. 4 HGB mit der Möglichkeit einer außerordentlichen Kündigung des volljährig gewordenen Gesellschafters entspricht inhaltlich § 725 Abs. 4 BGB (§ 723 Abs. 1 S. 3 Nr. 2 und S. 4 bis 5 BGB alt), der über § 105 Abs. 3 HGB auch auf das Personengesellschaftsrecht zur Anwendung gelangt. **167**

> *Beachte:*
> § 132 Abs. 4 HGB gilt über § 161 Abs. 2 HGB grundsätzlich auch für die KG.[311] In der KG ist § 132 Abs. 4 HGB aber dann teleologisch zu reduzieren, „*wenn beim Kommanditanteil des Minderjährigen die Haftsumme bereits vollständig aufgebracht und nicht zurückgewährt worden ist*".[312]

Die jetzt erfolgte ausdrückliche Regelung in § 132 Abs. 4 HGB erschien dem Gesetzgeber aber aus Gründen der Rechtssicherheit geboten.[313] **168**

Ein Gesellschafter kann seine Mitgliedschaft nach § 132 Abs. 4 S. 1 HGB auch kündigen, wenn er volljährig geworden ist.

Das Kündigungsrecht besteht gemäß § 132 Abs. 4 S. 2 HGB nicht, wenn der Gesellschafter bezüglich des Gegenstands der Gesellschaft zum selbstständigen Betrieb eines Erwerbsgeschäfts gemäß § 112 BGB ermächtigt war oder der Zweck der Gesellschaft allein der Befriedigung seiner persönlichen Bedürfnisse diente.

Der volljährig Gewordene kann die Kündigung nach § 132 Abs. 4 S. 3 HGB nur binnen drei Monaten von dem Zeitpunkt an erklären, in welchem er von seiner Gesellschafterstellung Kenntnis hatte oder haben musste.

---

311 RegE, BT-Drucks 19/27635, S. 244.
312 Schäfer/*Schäfer*, § 6 Rn 78.
313 RegE, BT-Drucks 19/27635, S. 244.

> *Beachte:*
> § 132 Abs. 4 HGB gelangt über § 161 Abs. 2 HGB auch auf die KG entsprechend zur Anwendung, was jedoch hinsichtlich der Kündigung bei Erreichen der Volljährigkeit eine teleologische Reduktion von § 132 Abs. 4 HGB nicht ausschließt, *„wenn der betreffende Gesellschafter eine Kommanditbeteiligung hält, bei der die Haftsumme vollständig aufgebracht und nicht zurückgewährt worden ist"*.[314]

6. Schadensersatzbewehrtes Verbot einer Kündigung zur Unzeit

169 Die Kündigung darf nach § 132 Abs. 5 S. 1 HGB (entsprechend § 725 Abs. 5 BGB) nicht zur Unzeit geschehen, es sei denn, dass ein „wichtiger Grund" für die unzeitige Kündigung vorliegt.

Kündigt ein Gesellschafter seine Mitgliedschaft dennoch ohne einen solchen Grund zur Unzeit, hat er nach § 132 Abs. 5 S. 2 HGB der Gesellschaft den daraus entstehenden Schaden zu ersetzen.

7. Außerordentliche Kündigungsrechte sind zwingendes Recht

170 Eine Vereinbarung im Gesellschaftsvertrag, welche das außerordentliche Kündigungsrecht nach § 132 Abs. 2 und Abs. 4 HGB ausschließt oder diesen Vorschriften zuwider beschränkt, ist gemäß § 132 Abs. 6 HGB unwirksam.

IV. Kündigung der Mitgliedschaft durch einen Privatgläubiger des Gesellschafters (§ 133 HGB)

171 § 133 HGB hat – in inhaltlicher Entsprechung mit § 135 HGB alt und entsprechend § 726 BGB – folgenden Wortlaut (wohingegen § 133 HGB alt die Auflösung der Gesellschaft durch gerichtliche Entscheidung geregelt hatte):

> „Hat ein Privatgläubiger eines Gesellschafters, nachdem innerhalb der letzten sechs Monate eine Zwangsvollstreckung in das bewegliche Vermögen des Gesellschafters ohne Erfolg versucht wurde, aufgrund eines nicht bloß vorläufig vollstreckbaren Schuldtitels die Pfändung des Anteils des Gesellschafters an der Gesellschaft erwirkt, kann er dessen Mitgliedschaft gegenüber der Gesellschaft unter Einhaltung einer Frist von sechs Monaten zum Ablauf des Geschäftsjahrs kündigen."

---

[314] RegE, BT-Drucks 19/27635, S. 244 unter Bezugnahme auf MüKo-HGB/*K. Schmidt*, § 132 Rn 5.

V. Gerichtliche Entscheidung über Ausschließungsklage (§ 134 HGB)

§ 134 HGB, der die Ausschließung eines Gesellschafters aufgrund gerichtlicher Entscheidung normiert und inhaltlich § 140 Abs. 1 HGB alt entspricht (vgl. auch § 727 BGB), hat folgenden Wortlaut (wohingegen § 134 HGB alt die Gesellschaft auf Lebenszeit bzw. die fortgesetzte Gesellschaft geregelt hatte):

172

> „Tritt in der Person eines Gesellschafters ein wichtiger Grund ein, kann auf Antrag der anderen Gesellschafter seine Ausschließung aus der Gesellschaft durch gerichtliche Entscheidung ausgesprochen werden, sofern im Gesellschaftsvertrag nichts anderes vereinbart ist. Ein wichtiger Grund liegt insbesondere vor, wenn der Gesellschafter eine ihm nach dem Gesellschaftsvertrag obliegende wesentliche Verpflichtung vorsätzlich oder grob fahrlässig verletzt hat oder wenn ihm die Erfüllung einer solchen Verpflichtung unmöglich wird. Der Klage steht nicht entgegen, dass nach der Ausschließung nur ein Gesellschafter verbleibt."

Wie nach früherer Rechtslage können die Gesellschafter nach der Klarstellung in § 134 HGB das Gestaltungsklageerfordernis für die Ausschließung eines Gesellschafters abbedingen und den Gesellschafter damit auch durch Beschluss ausschließen.[315]

§ 140 Abs. 2 HGB alt findet sich in § 135 Abs. 2 HGB wieder (s. nachstehende Rdn 173).

VI. Ansprüche des ausgeschiedenen Gesellschafters (§ 135 HGB)

Die Neuregelung des § 135 HGB über die vermögensrechtlichen Rechtsfolgen des Ausscheidens eines Gesellschafters (vgl. auch § 728 BGB) hat folgenden Wortlaut (wohingegen § 135 HGB alt die Kündigung durch den Privatgläubiger geregelt hatte):

173

> „(1) Sofern im Gesellschaftsvertrag nichts anderes vereinbart ist, ist die Gesellschaft verpflichtet, den ausgeschiedenen Gesellschafter von der Haftung für die Verbindlichkeiten der Gesellschaft zu befreien und ihm eine dem Wert seines Anteils angemessene Abfindung zu zahlen. Sind Verbindlichkeiten der Gesellschaft noch nicht fällig, kann die Gesellschaft dem Ausgeschiedenen Sicherheit leisten, statt ihn von der Haftung nach § 126 zu befreien.
>
> (2) Im Fall des § 134 ist für die Ermittlung des Abfindungsanspruchs die Vermögenslage der Gesellschaft in dem Zeitpunkt maßgebend, in welchem die Ausschließungsklage erhoben ist.
>
> (3) Der Wert des Gesellschaftsanteils ist, soweit erforderlich, im Wege der Schätzung zu ermitteln."

---

[315] RegE, BT-Drucks 19/27635, S. 245.

Bei § 135 Abs. 2 HGB handelt es sich um eine spezifische Regelung für Handelsgesellschaften (**Ausschließungsklage** nach § 134 HGB bei Vorliegen eines „wichtigen Grundes" in der Person eines Gesellschafters, der dessen Ausschließung aus der OHG rechtfertigt), weil die Ausschließung in der der GbR nach § 727 BGB im Beschlusswege und nicht im Klagewege erfolgt.[316]

1. Anspruch des ausgeschiedenen Gesellschafters gegen die Gesellschaft auf Schuldbefreiung und angemessene Abfindung

174 Sofern im Gesellschaftsvertrag nichts anderes vereinbart ist, ist die Gesellschaft nach der im Interesse der Rechtsklarheit erfolgten ausdrücklichen gesetzlichen Regelung in § 135 Abs. 1 S. 1 HGB – in inhaltlicher Entsprechung mit § 728 Abs. 1 BGB (§ 738 Abs. 1 S. 2 HGB alt) – verpflichtet, den ausgeschiedenen Gesellschafter

- von der Haftung für die Verbindlichkeiten der Gesellschaft zu befreien (Anspruch auf Schuldbefreiung) und
- ihm eine dem Wert seines Anteils angemessene Abfindung (Anspruch auf angemessene Abfindung)

zu zahlen.

Sind Verbindlichkeiten der Gesellschaft noch nicht fällig, kann die Gesellschaft dem Ausgeschiedenen nach § 135 Abs. 1 S. 2 HGB Sicherheit leisten, statt ihn von der Haftung nach § 126 HGB zu befreien.

2. Abfindungsstichtag

175 Im Fall des § 134 HGB (gerichtliche Entscheidung über die Ausschließungsklage) ist für die Ermittlung des Abfindungsanspruchs nach § 135 Abs. 2 HGB – in sachlicher Übernahme von § 140 Abs. 2 HGB alt und in Präzisierung von dessen Regelungsgehalt – die Vermögenslage der Gesellschaft in dem Zeitpunkt maßgebend, in welchem die Ausschließungsklage erhoben wird.

§ 135 Abs. 2 HGB zielt darauf ab, *„die Berechnung des Abfindungsguthabens im Fall der Ausschließung eines Gesellschafters nach § 134 HGB von dem zufälligen Eintritt der Rechtskraft des Urteils unabhängig zu machen und den Gesellschafter gegen vermögensrechtliche Nachteile einer Prozessverschleppung durch die beklagte Gesellschaft zu schützen"*.[317]

---

316 Schäfer/*Schäfer*, § 6 Rn 80.
317 RegE, BT-Drucks 19/27635, S. 245 unter Bezugnahme auf Habersack/Schäfer/*Schäfer*, § 140 HGB Rn 39.

3. Wertermittlung des Gesellschaftsanteils

Der Wert des Gesellschaftsanteils ist nach der aus Gründen der Rechtsklarheit erfolgten ausdrücklichen Regelung des § 135 Abs. 3 HGB – in inhaltlicher Entsprechung mit § 105 Abs. 3 HGB alt i.V.m. § 738 Abs. 2 BGB alt –, soweit erforderlich, im Wege der Schätzung zu ermitteln.

VII. Haftung des ausgeschiedenen Gesellschafters für Fehlbetrag (§ 136 HGB)

Die Neuregelung des § 136 HGB zur Haftung des ausgeschiedenen Gesellschafters für einen Fehlbetrag – vergleichbar § 105 Abs. 3 HGB alt i.V.m. § 739 HGB alt – hat folgenden Wortlaut:

> „Reicht der Wert des Gesellschaftsvermögens zur Deckung der Verbindlichkeiten der Gesellschaft nicht aus, hat der ausgeschiedene Gesellschafter der Gesellschaft für den Fehlbetrag nach dem Verhältnis seines Anteils am Gewinn und Verlust aufzukommen."

§ 136 HGB regelt – entsprechend § 135 HGB alt (und inhaltsgleich mit § 728a BGB) – aus Gründen der Rechtsklarheit ausdrücklich die vermögensrechtlichen Rechtsfolgen des Ausscheidens: Der ausgeschiedene Gesellschafter haftet für Fehlbeträge (**Fehlbetragshaftung**).

VIII. Nachhaftung des ausgeschiedenen Gesellschafters (§ 137 HGB)

§ 137 HGB über die Nachhaftung des ausgeschiedenen Gesellschafters hat (entsprechend § 728b BGB) folgenden Wortlaut:

> „(1) Scheidet ein Gesellschafter aus der Gesellschaft aus, so haftet er für deren bis dahin begründete Verbindlichkeiten, wenn sie vor Ablauf von fünf Jahren nach seinem Ausscheiden fällig sind und
> 1. daraus Ansprüche gegen ihn in einer in § 197 Absatz 1 Nummer 3 bis 5 des Bürgerlichen Gesetzbuchs bezeichneten Art festgestellt sind oder
> 2. eine gerichtliche oder behördliche Vollstreckungshandlung vorgenommen oder beantragt wird; bei öffentlich-rechtlichen Verbindlichkeiten genügt der Erlass eines Verwaltungsakts.
>
> Ist die Verbindlichkeit auf Schadensersatz gerichtet, haftet der ausgeschiedene Gesellschafter nach Satz 1 nur, wenn auch die zum Schadensersatz führende Verletzung vertraglicher oder gesetzlicher Pflichten vor dem Ausscheiden des Gesellschafters eingetreten ist. Die Frist beginnt, sobald der Gläubiger von dem Ausscheiden des Gesellschafters Kenntnis erlangt hat oder das Ausscheiden des Gesellschafters im Handelsregister eingetragen worden ist. Die §§ 204, 206, 210, 211 und 212 Absatz 2 und 3 des Bürgerlichen Gesetzbuchs sind entsprechend anzuwenden.

§ 3 Die offene Handelsgesellschaft

(2) Einer Feststellung in einer in § 197 Absatz 1 Nummer 3 bis 5 des Bürgerlichen Gesetzbuchs bezeichneten Art bedarf es nicht, soweit der Gesellschafter den Anspruch schriftlich anerkannt hat.

(3) Wird ein Gesellschafter Kommanditist, sind für die Begrenzung seiner Haftung für die im Zeitpunkt der Eintragung der Änderung in das Handelsregister begründeten Verbindlichkeiten die Absätze 1 und 2 entsprechend anzuwenden. Dies gilt auch, wenn er in der Gesellschaft oder einem ihr als Gesellschafter angehörenden Unternehmen geschäftsführend tätig wird. Seine Haftung als Kommanditist bleibt unberührt."

1. Enthaftung (Nachhaftung) des ausgeschiedenen Gesellschafters

179 § 137 Abs. 1 HGB übernimmt in der Sache den Regelungsgehalt des § 160 Abs. 1 HGB alt. Ein Unterschied besteht allerdings darin, dass für den Beginn der Ausschlussfrist eine Gleichstellung

- der **Kenntnis** des Gesellschaftsgläubigers vom Ausscheiden des Gesellschafters mit
- der **Eintragung** des Ausscheidens im Handelsregister

erfolgt.

a) Voraussetzungen der Enthaftung

180 Scheidet ein Gesellschafter aus der Gesellschaft aus, so haftet er nach § 137 Abs. 1 S. 1 HGB für deren bis dahin begründete Verbindlichkeiten, wenn sie vor Ablauf von fünf Jahren nach seinem Ausscheiden fällig sind und

- daraus Ansprüche gegen ihn in einer in § 197 Abs. 1 Nr. 3 bis 5 BGB bezeichneten Art festgestellt sind (Nr. 1) oder
- eine gerichtliche oder behördliche Vollstreckungshandlung vorgenommen oder beantragt wird, wobei bei öffentlich-rechtlichen Verbindlichkeiten der Erlass eines Verwaltungsakts genügt (Nr. 2).

b) Besonderheit: Nachhaftung für Schadensersatzverpflichtungen der Gesellschaft

181 Ist die Verbindlichkeit auf Schadensersatz gerichtet, haftet der ausgeschiedene Gesellschafter nach § 137 Abs. 1 S. 1 HGB nur, wenn auch die zum Schadensersatz führende Verletzung vertraglicher oder gesetzlicher Pflichten **vor** dem Ausscheiden des Gesellschafters eingetreten ist – d.h., wenn er im Zeitpunkt der Pflichtverletzung noch Gesellschafter war (so § 137 Abs. 1 S. 2 HGB als sachliche Neuregelung).

Habersack[318] plädiert für eine unmodifizierte Anwendung des § 137 Abs. 1 S. 1 HGB auf den Fall eines Schadensersatzanspruchs neben dem Primäranspruch – zugleich fordert er jedoch eine teleologische Reduktion der Norm in Fällen des Schadensersatzes statt der Leistung (d.h. dort, wo dieser an die Stelle des Primäranspruchs getreten ist und der ausgeschiedene Gesellschafter für den Primäranspruch forthaftet): In diesem Fall sei eine ungebührliche Privilegierung des ausgeschiedenen Gesellschafters nicht gerechtfertigt.[319]

c) Fristbeginn

Die Frist beginnt nach § 137 Abs. 1 S. 3 HGB, sobald der Gläubiger von dem Ausscheiden des Gesellschafters Kenntnis erlangt hat oder das Ausscheiden des Gesellschafters im Handelsregister eingetragen worden ist.   **182**

d) Hemmung und Unterbrechung

Die §§ 204, 206, 210, 211 und 212 Abs. 2 und 3 BGB über die Ablaufhemmung sind gemäß § 137 Abs. 1 S. 4 HGB entsprechend anzuwenden.   **183**

2. Anerkenntnis der Verbindlichkeit

Einer Feststellung in einer in § 197 Abs. 1 Nr. 3 bis 5 BGB bezeichneten Art bedarf es nach § 137 Abs. 2 HGB – in wortgleicher Übernahme von § 160 Abs. 2 HGB alt – nicht, soweit der Gesellschafter den Anspruch schriftlich anerkannt hat.   **184**

3. Wechsel in die Stellung eines Kommanditisten

Wird ein Gesellschafter (OHG-Gesellschafter oder Komplementär) Kommanditist, sind nach § 137 Abs. 3 S. 1 HGB – in wortgleicher Übernahme von § 160 Abs. 3 HGB alt – für die Begrenzung seiner Haftung für die im Zeitpunkt der Eintragung der Änderung in das Handelsregister begründeten Verbindlichkeiten § 137 Abs. 1 und 2 HGB entsprechend anzuwenden.   **185**

Dies gilt gemäß § 137 Abs. 3 S. 2 HGB auch, wenn er in der Gesellschaft oder einem ihr als Gesellschafter angehörenden Unternehmen geschäftsführend tätig wird. Seine Haftung als Kommanditist bleibt nach § 137 Abs. 3 S. 3 HGB unberührt.

G. Auflösung der Gesellschaft (§§ 138 bis 142 HGB)

Der fünfte Titel (§§ 138 bis 142 HGB) regelt die Auflösung der Gesellschaft in Zusammenfassung der in den §§ 131 bis 144 HGB alt enthaltenen Regelungen neu. Die Vorschriften über die Auflösung der Gesellschaft werden mit den Regelungen   **186**

---

318 Schäfer/*Habersack*, § 4 Rn 25.
319 Schäfer/*Habersack*, § 4 Rn 25.

über das Ausscheiden eines Gesellschafters in einem gemeinsamen fünften Titel zusammengefasst.[320]

I. Gründe für eine Auflösung der Gesellschaft (Auflösungsgründe – § 138 HGB)

187 § 138 HGB über die Auflösung der Gesellschaft hat folgenden Wortlaut:

„(1) Die Gesellschaft wird aufgelöst durch:
1. Ablauf der Zeit, für welche sie eingegangen wurde;
2. Eröffnung des Insolvenzverfahrens über das Vermögen der Gesellschaft;
3. gerichtliche Entscheidung über den Antrag auf Auflösung;
4. Auflösungsbeschluss.

(2) Eine Gesellschaft, bei der kein persönlich haftender Gesellschafter eine natürliche Person ist, wird ferner aufgelöst:
1. mit der Rechtskraft des Beschlusses, durch den die Eröffnung des Insolvenzverfahrens mangels Masse abgelehnt worden ist;
2. durch die Löschung wegen Vermögenslosigkeit nach § 394 des Gesetzes über das Verfahren in Familiensachen und in den Angelegenheiten der freiwilligen Gerichtsbarkeit. Dies gilt nicht, wenn zu den persönlich haftenden Gesellschaftern eine andere rechtsfähige Personengesellschaft gehört, bei der mindestens ein persönlich haftender Gesellschafter eine natürliche Person ist.

(3) Im Gesellschaftsvertrag können weitere Auflösungsgründe vereinbart werden."

1. Gesetzliche Auflösungsgründe

188 Die Gesellschaft wird nach § 138 Abs. 1 HGB – in inhaltlicher Übernahme von § 131 Abs. 1 HGB alt – kraft Gesetzes aufgelöst durch:
- Ablauf der Zeit, für welche sie eingegangen wurde (Nr. 1);
- Eröffnung des Insolvenzverfahrens über das Vermögen der Gesellschaft (Nr. 2);
- gerichtliche Entscheidung über den Antrag auf Auflösung (Nr. 3);
- Auflösungsbeschluss (Nr. 4).

> *Beachte:*
> Entgegen § 729 Abs. 2 BGB führt die **Zweckerreichung oder das Unmöglichwerden des Gesellschaftszwecks** (zu dem die Gesellschaft gegründet wurde) im Personenhandelsgesellschaftsrecht wegen des im Handelsverkehr stärker ausgeprägten Interesses an Rechtssicherheit **nicht** kraft Gesetzes **zur Auflösung der Gesellschaft** (arg.: hierbei *„handelt es sich nicht um fest umrissene, ohne Weiteres in Erscheinung tretende Tatbestände (…), deren Verwirklichung klar und einfach festgestellt werden kann"*).[321] Gleichwohl kann es sich dabei

---

320 RegE, BT-Drucks 19/27635, S. 245.
321 RegE, BT-Drucks 19/27635, S. 246.

G. Auflösung der Gesellschaft (§§ 138 bis 142 HGB) § 3

um einen „wichtigen Grund" für eine Auflösungsklage nach § 139 Abs. 1 HGB handeln.[322]

2. Weitere Auflösungsgründe einer OHG ohne persönlich haftende natürliche Personen als Gesellschafter

Eine Gesellschaft, bei der kein persönlich haftender Gesellschafter eine natürliche Person ist, wird nach § 138 Abs. 2 S. 1 HGB – in wortlautgleicher Übernahme von § 131 Abs. 2 HGB alt – auch aufgelöst: 189

- mit der Rechtskraft des Beschlusses, durch den die Eröffnung des Insolvenzverfahrens mangels Masse abgelehnt worden ist (Nr. 1);
- durch die Löschung wegen Vermögenslosigkeit nach § 394 FamFG (Nr. 2).

Dies gilt nach § 138 Abs. 2 Nr. 2 S. 2 HGB nicht, wenn zu den persönlich haftenden Gesellschaftern eine andere rechtsfähige Personengesellschaft gehört, bei der mindestens ein persönlich haftender Gesellschafter eine natürliche Person ist.

3. Weitere, gesellschaftsvertraglich vereinbarte Auflösungsgründe

Im Gesellschaftsvertrag können nach der Neuregelung des § 138 Abs. 3 HGB weitere Auflösungsgründe vereinbart werden. 190

§ 138 Abs. 3 HGB stellt klar, dass neben den in § 138 Abs. 1 (s. vorstehende Rdn 186) und Abs. 2 HGB (vgl. Rdn 187) genannten Auflösungsgründen weitere Gründe vereinbart werden können, die zu einer Auflösung und anschließenden Liquidation der Gesellschaft führen.[323]

II. Auflösung der Gesellschaft durch gerichtliche Entscheidung (§ 139 HGB)

§ 139 HGB über die Auflösung der Gesellschaft durch gerichtliche Entscheidung hat folgenden Wortlaut (wohingegen § 139 HGB die Fortsetzung der Gesellschaft mit den Erben geregelt hatte): 191

> „(1) Auf Antrag eines Gesellschafters kann aus wichtigem Grund die Auflösung der Gesellschaft durch gerichtliche Entscheidung ausgesprochen werden, wenn ihm die Fortsetzung der Gesellschaft nicht zuzumuten ist. Ein wichtiger Grund liegt insbesondere vor, wenn ein anderer Gesellschafter eine ihm nach dem Gesellschaftsvertrag obliegende wesentliche Verpflichtung vorsätzlich oder grob fahrlässig verletzt hat oder wenn die Erfüllung einer solchen Verpflichtung unmöglich wird.

---

322 RegE, BT-Drucks 19/27635, S. 246.
323 RegE, BT-Drucks 19/27635, S. 246.

(2) Eine Vereinbarung im Gesellschaftsvertrag, welche das Recht des Gesellschafters, die Auflösung der Gesellschaft aus wichtigem Grund zu verlangen, ausschließt oder Absatz 1 zuwider beschränkt, ist unwirksam."

1. Auflösung durch gerichtliche Entscheidung bei Vorliegen eines wichtigen Grundes

192 Auf Antrag eines Gesellschafters kann gemäß § 139 Abs. 1 S. 1 HGB – in sachlicher Übernahme von § 133 Abs. 1 HGB alt *„mit redaktioneller Anpassung an das Austrittsrecht aus wichtigem Grund nach § 132 Abs. 2 HGB"*[324] – aus „wichtigem Grund" die Auflösung der Gesellschaft durch gerichtliche Entscheidung ausgesprochen werden, wenn ihm die Fortsetzung der Gesellschaft nicht zuzumuten ist.

Ein „wichtiger Grund" liegt nach § 139 Abs. 1 S. 2 HGB insbesondere vor, wenn
- ein anderer Gesellschafter eine ihm nach dem Gesellschaftsvertrag obliegende wesentliche Verpflichtung vorsätzlich oder grob fahrlässig verletzt hat oder wenn
- die Erfüllung einer solchen Verpflichtung unmöglich wird.

> *Beachte:*
> Mit § 132 Abs. 2 bis 4 HGB (**Kündigung der Mitgliedschaft**) sind die Gesellschafter nicht mehr ausschließlich auf die Auflösungsklage nach § 139 HGB angewiesen. Letztere steht künftig dann zur Verfügung, *„wenn dem Gesellschafter nicht durch einen Austritt geholfen werden kann"* (was sich in einer entsprechenden Konkretisierung des „wichtigen Grundes" niederschlagen wird).[325]

2. Unzulässigkeit von Vereinbarungen zum Ausschluss oder zur Beschränkung des Rechts zur Auflösung

193 Eine Vereinbarung im Gesellschaftsvertrag, welche das Recht des Gesellschafters, die Auflösung der Gesellschaft aus „wichtigem Grund" zu verlangen, ausschließt oder § 139 Abs. 1 HGB zuwider beschränkt, ist nach § 139 Abs. 2 HGB – in wortlautgleicher Übernahme von § 133 Abs. 3 HGB alt – unwirksam.

III. Auflösungsbeschluss (§ 140 HGB)

194 § 140 HGB – der die spezifischen Mehrheitserfordernisse für einen Beschluss der Gesellschafter über die Auflösung der Gesellschaft regelt – hat folgenden Wortlaut (wohingegen § 140 HGB alt die Ausschließung eines Gesellschafters geregelt hatte):

---

[324] RegE, BT-Drucks 19/27635, S. 246.
[325] Schäfer/*Schäfer*, § 6 Rn 78.

G. Auflösung der Gesellschaft (§§ 138 bis 142 HGB) | § 3

„Hat nach dem Gesellschaftsvertrag die Mehrheit der Stimmen zu entscheiden, muss ein Beschluss, der die Auflösung der Gesellschaft zum Gegenstand hat, mit einer Mehrheit von mindestens drei Viertel der abgegebenen Stimmen gefasst werden."

IV. Anmeldung der Auflösung (§ 141 HGB)

§ 141 HGB über die Anmeldung der Auflösung hat folgenden Wortlaut: **195**

„(1) Die Auflösung der Gesellschaft ist von sämtlichen Gesellschaftern zur Eintragung in das Handelsregister anzumelden. Dies gilt nicht in den Fällen der Eröffnung oder Ablehnung der Eröffnung des Insolvenzverfahrens über das Vermögen der Gesellschaft (§ 138 Absatz 1 Nummer 2 und § 138 Absatz 2 Satz 1 Nummer 1); dann hat das Gericht die Auflösung und ihren Grund von Amts wegen einzutragen. Im Fall der Löschung der Gesellschaft (§ 138 Absatz 2 Satz 1 Nummer 2) entfällt die Eintragung der Auflösung.

(2) Ist aufgrund einer Vereinbarung im Gesellschaftsvertrag die Gesellschaft durch den Tod eines Gesellschafters aufgelöst, kann die Anmeldung der Auflösung der Gesellschaft ohne Mitwirkung der Erben erfolgen, sofern einer solchen Mitwirkung besondere Hindernisse entgegenstehen."

1. Anmeldung der Auflösung der Gesellschaft

Die Auflösung der Gesellschaft ist nach § 141 Abs. 1 S. 1 HGB – in inhaltlicher Übereinstimmung mit § 143 Abs. 1 HGB alt – von sämtlichen Gesellschaftern zur Eintragung in das Handelsregister anzumelden. **196**

Dies gilt gemäß § 141 Abs. 1 S. 2 Hs. 1 HGB nicht in den Fällen der Eröffnung oder Ablehnung der Eröffnung des Insolvenzverfahrens über das Vermögen der Gesellschaft (vgl. § 138 Abs. 1 S. 1 Nr. 2 und § 138 Abs. 2 S. 1 Nr. 1 HGB). In den genannten Fällen hat das Gericht die Auflösung und ihren Grund nach § 141 Abs. 1 S. 2 Hs. 2 HGB von Amts wegen einzutragen.

Im Fall der Löschung der Gesellschaft (vgl. § 138 Abs. 2 S. 1 Nr. 2 HGB) entfällt nach § 141 Abs. 1 S. 3 HGB die Eintragung der Auflösung.

2. Erleichterte Anmeldung beim Tod eines Gesellschafters

Ist aufgrund einer Vereinbarung im Gesellschaftsvertrag die Gesellschaft durch den Tod eines Gesellschafters aufgelöst, kann die Anmeldung der Auflösung der Gesellschaft nach § 141 Abs. 2 HGB – in inhaltlicher Entsprechung mit § 143 Abs. 3 HGB alt – ohne Mitwirkung der Erben erfolgen, sofern einer solchen Mitwirkung besondere Hindernisse entgegenstehen. **197**

V. Fortsetzung der Gesellschaft (§ 142 HGB)

§ 142 HGB über den Fortbestand der Gesellschaft hat folgenden Wortlaut: **198**

„(1) Die Gesellschafter können nach Auflösung der Gesellschaft deren Fortsetzung beschließen, sobald der Auflösungsgrund beseitigt ist.

§ 3 Die offene Handelsgesellschaft

(2) Hat nach dem Gesellschaftsvertrag die Mehrheit der Stimmen zu entscheiden, muss der Beschluss über die Fortsetzung mit einer Mehrheit von mindestens drei Viertel der abgegebenen Stimmen gefasst werden.

(3) Die Fortsetzung ist von sämtlichen Gesellschaftern zur Eintragung in das Handelsregister anzumelden."

1. Grundlagen

199 § 142 HGB regelt die Fortsetzung der aufgelösten – aber noch nicht vollbeendeten – Gesellschaft und ersetzt dabei § 144 HGB alt (Fortsetzung nach Insolvenz der Gesellschaft):[326] Die vormalige Ausnahme (Fortsetzungsfähigkeit aufgelöster Gesellschaften als regelungsbedürftige und in § 144 HGB alt geregelte Ausnahme) wird aufgrund des zwischenzeitlich gewandelten Normverständnis in § 142 HGB zum Regelfall erklärt.[327]

2. Voraussetzungen einer Fortsetzung einer aufgelösten Gesellschaft

200 Die Gesellschafter können nach der Neuregelung des § 142 Abs. 1 HGB nach Auflösung der Gesellschaft deren Fortsetzung beschließen, sobald der Auflösungsgrund beseitigt ist.

3. Spezifische Mehrheitserfordernisse für einen Gesellschafterbeschluss über die Fortsetzung der Gesellschaft

201 Hat nach dem Gesellschaftsvertrag die Mehrheit der Stimmen zu entscheiden, muss der Beschluss über die Fortsetzung nach der Neuregelung des § 142 Abs. 2 HGB mit einer Mehrheit von mindestens drei Viertel der abgegebenen Stimmen gefasst werden.

4. Pflicht sämtlicher Gesellschafter einer OHG, die Fortsetzung der Gesellschaft zur Eintragung in das Handelsregister anzumelden

202 Die Fortsetzung ist nach der Neuregelung des § 142 Abs. 3 HGB von sämtlichen Gesellschaftern zur Eintragung in das Handelsregister anzumelden.

H. Liquidation der Gesellschaft (§§ 143 bis 152 HGB)

203 Der sechste Titel regelt in den §§ 143 bis 152 HGB unter Zusammenfassung des auf die §§ 145 bis 158 HGB alt verteilten Normenbestandes (dem noch die überhol-

---

326 RegE, BT-Drucks 19/27635, S. 247.
327 RegE, BT-Drucks 19/27635, S. 247.

te Vorstellung des historischen Gesetzgebers zugrunde liegt, *„dass die aufgelöste Gesellschaft nicht mehr vorhanden ist und deshalb für den Zweck der Liquidation als fortbestehend fingiert werden muss")*[328] *und dessen Neugliederung (unter Wegfall der §§ 151, 156 und 158 HGB alt) die Liquidation der Gesellschaft – ohne dass damit „wesentliche inhaltliche Änderungen (…) bezweckt [sind]".*[329]

I. Notwendigkeit der Liquidation und anwendbare Vorschriften (§ 143 HGB)

§ 143 HGB über die Notwendigkeit der Liquidation und die anwendbaren Vorschriften hat folgenden Wortlaut (wohingegen § 143 HGB alt die Anmeldung von Auflösung und Ausscheiden geregelt hatte):

204

> „(1) Nach Auflösung der Gesellschaft findet die Liquidation statt, sofern nicht über das Vermögen der Gesellschaft das Insolvenzverfahren eröffnet ist. Ist die Gesellschaft durch Löschung wegen Vermögenslosigkeit aufgelöst, findet eine Liquidation nur statt, wenn sich nach der Löschung herausstellt, dass noch Vermögen vorhanden ist, das der Verteilung unterliegt.
>
> (2) Die Gesellschafter können anstelle der Liquidation eine andere Art der Abwicklung vereinbaren. Ist aufgrund einer Vereinbarung im Gesellschaftsvertrag die Gesellschaft durch die Kündigung eines Privatgläubigers eines Gesellschafters oder durch die Eröffnung des Insolvenzverfahrens über das Vermögen eines Gesellschafters aufgelöst, bedarf eine Vereinbarung über eine andere Art der Abwicklung der Zustimmung des Privatgläubigers oder des Insolvenzverwalters; ist im Insolvenzverfahren Eigenverwaltung angeordnet, tritt an die Stelle der Zustimmung des Insolvenzverwalters die Zustimmung des Schuldners.
>
> (3) Die Liquidation erfolgt nach den folgenden Vorschriften dieses Titels, sofern sich nicht aus dem Gesellschaftsvertrag etwas anderes ergibt."

1. Liquidation nach Auflösung der Gesellschaft

Nach der Auflösung der Gesellschaft (vgl. §§ 138 ff. HGB) findet gemäß § 143 Abs. 1 S. 1 HGB – in inhaltlicher Entsprechung mit § 145 Abs. 1 HGB alt – die Liquidation statt, sofern nicht über das Vermögen der Gesellschaft das Insolvenzverfahren eröffnet ist.

205

2. Liquidation nach Löschung der Gesellschaft wegen Vermögenslosigkeit

Ist die Gesellschaft durch Löschung wegen Vermögenslosigkeit aufgelöst, findet nach § 143 Abs. 1 S. 2 HGB – in inhaltlicher Entsprechung mit § 145 Abs. 3 HGB

206

---

328 RegE, BT-Drucks 19/27635, S. 247.
329 RegE, BT-Drucks 19/27635, S. 247.

alt – eine Liquidation nur statt, wenn sich nach der Löschung herausstellt, dass noch Vermögen vorhanden ist, das der Verteilung unterliegt.

3. Andere Art der Abwicklung

207 Die Gesellschafter können anstelle der Liquidation (§ 143 Abs. 1 S. 1 HGB) nach § 143 Abs. 2 S. 1 HGB – in inhaltlicher Entsprechung mit § 145 Abs. 2 HGB alt – eine andere Art der Abwicklung vereinbaren.

Ist aufgrund einer Vereinbarung im Gesellschaftsvertrag die Gesellschaft durch die Kündigung eines Privatgläubigers eines Gesellschafters oder durch die Eröffnung des Insolvenzverfahrens über das Vermögen eines Gesellschafters aufgelöst, bedarf eine Vereinbarung über eine andere Art der Abwicklung gemäß § 143 Abs. 2 S. 2 Hs. 1 HGB der Zustimmung des Privatgläubigers oder des Insolvenzverwalters. Ist im Insolvenzverfahren Eigenverwaltung angeordnet (vgl. §§ 270 ff. InsO), tritt an die Stelle der Zustimmung des Insolvenzverwalters nach § 143 Abs. 2 S. 2 Hs. 2 HGB die Zustimmung des Schuldners.

4. Auf die Liquidation anwendbare Vorschriften

208 Die Liquidation erfolgt gemäß § 143 Abs. 3 HGB nach den Vorschriften des Titels 7 (§§ 144 bis 152 HGB), d.h. nach
- § 144 HGB (Liquidation),
- § 145 HGB (gerichtliche Berufung und Abberufung der Liquidatoren),
- § 146 HGB (Geschäftsführungs- und Vertretungsbefugnis der Liquidatoren),
- § 147 HGB (Anmeldung der Liquidatoren),
- § 148 HGB (Rechtsstellung der Liquidatoren),
- § 149 HGB (Haftung der Gesellschafter für Fehlbetrag),
- § 150 HGB (Anmeldung des Erlöschens der Firma),
- § 151 HGB (Verjährung von Ansprüchen aus der Gesellschafterhaftung),
- § 152 HGB (Aufbewahrung der Geschäftsunterlagen und Einsicht in die Geschäftsunterlagen),

sofern sich nicht aus dem Gesellschaftsvertrag etwas anderes ergibt.

II. Liquidatoren (§ 144 HGB)

209 Die Regelung des § 144 HGB über die Liquidatoren hat in Zusammenfassung der §§ 146, 147 und 150 HGB alt folgenden Wortlaut (wohingegen § 144 HGB alt die Fortsetzung der Gesellschaft nach deren Insolvenz geregelt hatte):

„(1) Zur Liquidation sind alle Gesellschafter berufen.

(2) Ist über das Vermögen eines Gesellschafters das Insolvenzverfahren eröffnet und ein Insolvenzverwalter bestellt worden, tritt dieser an die Stelle des Gesellschafters.

(3) Mehrere Erben eines Gesellschafters haben einen gemeinsamen Vertreter zu bestellen.

(4) Durch Vereinbarung im Gesellschaftsvertrag oder durch Beschluss der Gesellschafter können auch einzelne Gesellschafter oder andere Personen zu Liquidatoren berufen werden.

(5) Hat nach dem Gesellschaftsvertrag die Mehrheit der Stimmen zu entscheiden, gilt dies im Zweifel nicht für die Berufung und Abberufung eines Liquidators."

1. Gesellschafter als Liquidatoren

Zur Liquidation sind nach § 144 Abs. 1 HGB – in Übernahme von § 146 Abs. 1 HGB alt – (vorbehaltlich § 144 Abs. 4 HGB) alle Gesellschafter (und damit i.V.m. § 161 Abs. 2 HGB auch die Kommanditisten)[330] berufen, womit die Durchführung der Liquidation allen Gesellschaftern als mitgliedschaftliches Pflichtrecht zugewiesen wird.[331]

210

2. Insolvenzverwalter eines Gesellschafters als Liquidator

Ist über das Vermögen eines Gesellschafters das Insolvenzverfahren eröffnet und ein Insolvenzverwalter bestellt worden, tritt dieser nach § 144 Abs. 2 HGB – in inhaltlicher Entsprechung mit § 146 Abs. 3 HGB alt – an die Stelle des Gesellschafters.

211

3. Gemeinsamer Vertreter mehrerer Erben

Mehrere Erben eines Gesellschafters haben nach § 144 Abs. 3 HGB – in wortlautgleicher Übernahme von § 146 Abs. 1 S. 2 HGB alt – einen gemeinsamen Vertreter zu bestellen (Bestellung eines gemeinsamen Vertreters der Erben eines verstorbenen Gesellschafters).

212

4. Bestimmung einzelner Gesellschafter oder Dritter zu Liquidatoren durch die Gesellschafter

Durch Vereinbarung im Gesellschaftsvertrag oder (ad hoc) durch Beschluss der Gesellschafter können nach § 144 Abs. 4 HGB – in sachlicher Übernahme von § 146 Abs. 1 HGB alt – auch
- einzelne Gesellschafter oder
- andere Personen (Dritte)

zu Liquidatoren berufen werden.

213

Beachte:
„Im Unterschied zu § 736a Abs. 1 BGB können diese Liquidatoren auf Antrag der in § 145 Abs. 2 HGB genannten Beteiligten jederzeit bei Vorliegen eines

---

330 Schäfer/*Habersack*, § 4 Rn 11.
331 RegE, BT-Drucks 19/27635, S. 247.

wichtigen Grundes auch durch gerichtliche Entscheidung berufen und abberufen werden".[332]

5. Voraussetzung für die Berufung und Abberufung von Liquidatoren

214 Hat nach dem Gesellschaftsvertrag die Mehrheit der Stimmen zu entscheiden, gilt dies nach der Auslegungsregel des § 144 Abs. 5 HGB – in sachlicher Übernahme von § 147 Hs. 1 HGB alt – im Zweifel nicht für die Berufung und Abberufung eines Liquidators.

III. Gerichtliche Berufung und Abberufung von Liquidatoren (§ 145 HGB)

215 § 145 HGB über die gerichtliche Berufung und Abberufung von Liquidatoren hat folgenden Wortlaut (wohingegen § 145 HGB alt die Notwendigkeit einer Liquidation geregelt hatte):

> „(1) Auf Antrag eines Beteiligten kann aus wichtigem Grund ein Liquidator durch das Gericht, in dessen Bezirk die Gesellschaft ihren Sitz hat, berufen und abberufen werden. Eine Vereinbarung im Gesellschaftsvertrag, welche dieses Recht ausschließt, ist unwirksam.
>
> (2) Beteiligte sind:
> 1. jeder Gesellschafter (§ 144 Absatz 1),
> 2. der Insolvenzverwalter über das Vermögen des Gesellschafters (§ 144 Absatz 2),
> 3. der gemeinsame Vertreter (§ 144 Absatz 3) und
> 4. der Privatgläubiger des Gesellschafters, durch den die zur Auflösung der Gesellschaft führende Kündigung erfolgt ist (§ 143 Absatz 2 Satz 2).
>
> (3) Gehört der Liquidator nicht zu den Gesellschaftern, hat er Anspruch auf Ersatz der erforderlichen Aufwendungen und auf Vergütung für seine Tätigkeit. Einigen sich der Liquidator und die Gesellschaft hierüber nicht, setzt das Gericht die Aufwendungen und die Vergütung fest. Gegen die Entscheidung ist die Beschwerde zulässig; die Rechtsbeschwerde ist ausgeschlossen. Aus der rechtskräftigen Entscheidung findet die Zwangsvollstreckung nach der Zivilprozessordnung statt."

1. Voraussetzungen für die gerichtliche Berufung und Abberufung eines Liquidators

216 Auf Antrag eines Beteiligten kann nach § 145 Abs. 1 S. 1 HGB – in sachlicher Übernahme von § 146 Abs. 2 S. 1 Hs. 1 HGB alt (Bestellung) und § 147 Hs. 2 HGB alt (Abberufung) – aus „wichtigem Grund" ein Liquidator durch das Gericht, in dessen Bezirk die Gesellschaft ihren Sitz hat, berufen und abberufen werden.

---

[332] RegE, BT-Drucks 19/27635, S. 248.

H. Liquidation der Gesellschaft (§§ 143 bis 152 HGB) | § 3

Eine Vereinbarung im Gesellschaftsvertrag, welche dieses Recht ausschließt, ist gemäß § 145 Abs. 1 S. 2 HGB unwirksam.

> *Beachte:*
> Im Unterschied zu § 736a Abs. 1 BGB bezieht sich § 145 Abs. 1 HGB auch auf die Abberufung solcher Liquidatoren, die nicht bereits durch gerichtliche Entscheidung berufen worden sind.[333]

2. Antragsberechtigte Beteiligte

Beteiligte sind nach § 145 Abs. 2 HGB – wie sich dies vormals teilweise aus § 146 Abs. 2 S. 2 HGB alt ergab –

- jeder Gesellschafter (§ 144 Abs. 1 HGB – Nr. 1),
- der Insolvenzverwalter über das Vermögen des Gesellschafters (§ 144 Abs. 2 HGB – Nr. 2),
- der gemeinsame Vertreter (§ 144 Abs. 3 HGB – Nr. 3) und
- der Privatgläubiger des Gesellschafters, durch den die zur Auflösung der Gesellschaft führende Kündigung erfolgt ist (§ 143 Abs. 2 S. 2 HGB – Nr. 4).

217

3. Anspruch des gerichtlich berufenen Liquidators (ohne Gesellschafterstatus) auf Ersatz der objektiv erforderlichen Aufwendungen und auf Vergütung für seine Tätigkeit

Gehört der Liquidator nicht zu den Gesellschaftern, hat er nach der Neuregelung des § 145 Abs. 3 S. 1 HGB – in Anlehnung an § 265 Abs. 4 AktG – einen Anspruch auf Ersatz der erforderlichen Aufwendungen und auf Vergütung für seine Tätigkeit.

Einigen sich der Liquidator und die Gesellschaft nicht über die Höhe des Anspruchs des Liquidators auf Ersatz seiner erforderlichen Aufwendungen und auf eine Vergütung für seine Tätigkeit, setzt das Gericht gemäß § 145 Abs. 3 S. 2 HGB die Aufwendungen und die Vergütung fest.

Gegen die Entscheidung des Gerichts ist nach § 145 Abs. 3 S. 3 Hs. 1 HGB die Beschwerde zulässig. Die Rechtsbeschwerde ist gemäß § 145 Abs. 3 S. 3 Hs. 2 HGB ausgeschlossen.

Aus der rechtskräftigen Entscheidung findet nach § 145 Abs. 3 S. 4 HGB die Zwangsvollstreckung nach der ZPO statt.

218

---

333 RegE, BT-Drucks 19/27635, S. 248.

IV. Geschäftsführungs- und Vertretungsbefugnis der Liquidatoren (§ 146 HGB)

219 Die Neuregelung des § 146 HGB über die Geschäftsführungs- und Vertretungsbefugnis der Liquidatoren hat folgenden Wortlaut (wohingegen § 146 HGB alt die Bestellung der Liquidatoren geregelt hatte):

„(1) Mit der Auflösung erlischt die einem Gesellschafter im Gesellschaftsvertrag übertragene Befugnis zur Geschäftsführung und Vertretung. Diese Befugnis steht von der Auflösung an allen Liquidatoren gemeinsam zu.

(2) Die bisherige Befugnis eines Gesellschafters zur Geschäftsführung gilt gleichwohl zu seinen Gunsten als fortbestehend, bis er von der Auflösung der Gesellschaft Kenntnis erlangt hat oder die Auflösung kennen muss."

1. Geschäftsführungs- und Vertretungsbefugnis der Liquidatoren nach der Auflösung der Gesellschaft

220 Mit der Auflösung (Personenhandelsgesellschaft in Liquidation) erlischt nach § 146 Abs. 1 S. 1 HGB – in sachlicher Übernahme von § 150 Abs. 1 HGB alt, aber in deutlicherer Herausstellung des Regelungsgehalts[334] – die einem Gesellschafter im Gesellschaftsvertrag übertragene Befugnis zur Geschäftsführung (§ 116 HGB) und zur Vertretung der Gesellschaft (§ 124 HGB).

Die Befugnis zur Geschäftsführung und Vertretung der Liquidationsgesellschaft steht von der Auflösung an gemäß § 146 Abs. 1 S. 2 HGB **allen Liquidatoren gemeinsam** zu – was nach Ansicht des Gesetzgebers *„nur folgerichtig [ist], weil nach § 144 Abs. 1 S. 1 HGB auch alle Gesellschafter zur Liquidation berufen sind"*.[335]

2. Fiktion des Fortbestehens der Geschäftsführungsbefugnis eines Gesellschafters

221 Die bisherige Befugnis eines Gesellschafters zur Geschäftsführung (§ 116 HGB) gilt nach der Neuregelung des § 146 Abs. 2 HGB (vgl. auch die Parallelregelung des § 729 S. 1 BGB) als gesetzlicher Fiktion gleichwohl zu seinen Gunsten als fortbestehend, bis er von der Auflösung der Gesellschaft Kenntnis erlangt hat oder die Auflösung kennen muss (Schutz des guten Glaubens des Gesellschafters an den Fortbestand seiner Geschäftsführungsbefugnis).[336]

---

[334] RegE, BT-Drucks 19/27635, S. 248.
[335] RegE, BT-Drucks 19/27635, S. 248.
[336] Schäfer/*Habersack*, § 4 Rn 11.

H. Liquidation der Gesellschaft (§§ 143 bis 152 HGB) § 3

Die ausdrückliche Regelung des § 146 Abs. 2 HGB[337] zielt im Interesse der Rechtsklarheit auf einen Schutz *„derjenigen Gesellschafter, die vor der Auflösung zur Geschäftsführung und Vertretung berufen sind, vor den Risiken des durch Auflösung der Gesellschaft eintretenden Erlöschens dieser Befugnis nach § 146 Abs. 2 HGB".*[338]

V. Anmeldung der Liquidatoren (§ 147 HGB)

§ 147 HGB über die Anmeldung der Liquidatoren hat folgenden Wortlaut (wohingegen § 147 HGB alt die Abberufung der Liquidatoren geregelt hatte): **222**

> „(1) Die Liquidatoren und ihre Vertretungsbefugnis sind von sämtlichen Gesellschaftern zur Eintragung in das Handelsregister anzumelden. Das Gleiche gilt für jede Änderung in der Person des Liquidators oder in seiner Vertretungsbefugnis. Wenn im Fall des Todes eines Gesellschafters anzunehmen ist, dass die Anmeldung den Tatsachen entspricht, kann die Eintragung erfolgen, auch ohne dass die Erben bei der Anmeldung mitwirken, sofern einer solchen Mitwirkung besondere Hindernisse entgegenstehen.
>
> (2) Die Eintragung gerichtlich berufener Liquidatoren sowie die Eintragung der gerichtlichen Abberufung von Liquidatoren geschieht von Amts wegen."

1. Anmeldung der Liquidatoren zur Eintragung in das Handelsregister

Die Liquidatoren und ihre Vertretungsbefugnis sind nach § 147 Abs. 1 S. 1 HGB – in inhaltlicher Übereinstimmung mit § 148 Abs. 1 HGB alt – von sämtlichen Gesellschaftern zur Eintragung in das Handelsregister anzumelden. **223**

Das Gleiche gilt gemäß § 147 Abs. 1 S. 2 HGB für jede Änderung in der Person des Liquidators oder in seiner Vertretungsbefugnis.

Wenn im Fall des Todes eines Gesellschafters anzunehmen ist, dass die Anmeldung den Tatsachen entspricht, kann die Eintragung nach § 147 Abs. 1 S. 3 HGB erfolgen, auch ohne, dass die Erben bei der Anmeldung mitwirken, sofern einer solchen Mitwirkung besondere Hindernisse entgegenstehen.

2. Eintragung von Amts wegen

Die Eintragung gerichtlich berufener Liquidatoren sowie die Eintragung der gerichtlichen Abberufung von Liquidatoren geschieht nach § 147 Abs. 2 HGB – in wortlautgleicher Übernahme von § 148 Abs. 2 HGB alt – von Amts wegen. **224**

---

337 Nach altem Recht fand insoweit § 105 Abs. 3 HGB alt i.V.m. § 729 S. 2 BGB alt Anwendung.
338 RegE, BT-Drucks 19/27635, S. 248.

VI. Rechtsstellung der Liquidatoren (§ 148 HGB)

225 § 148 HGB über die Rechtsstellung der Liquidatoren hat – in Zusammenfassung des auf § 149 und der §§ 152 bis 155 HGB alt verteilten Normenbestandes – folgenden Wortlaut (wohingegen § 148 HGB alt die Anmeldung der Liquidatoren geregelt hatte):

„(1) Die Liquidatoren haben, auch wenn sie vom Gericht berufen sind, den Weisungen Folge zu leisten, welche die Beteiligten in Bezug auf die Geschäftsführung beschließen. Hat nach dem Gesellschaftsvertrag die Mehrheit der Stimmen zu entscheiden, bedarf der Beschluss der Zustimmung der Beteiligten nach § 145 Absatz 2 Nummer 2 und 4.

(2) Die Liquidatoren haben die laufenden Geschäfte zu beendigen, die Forderungen der Gesellschaft einzuziehen und das übrige Vermögen in Geld umzusetzen. Zur Beendigung der laufenden Geschäfte können die Liquidatoren auch neue Geschäfte eingehen.

(3) Die Liquidatoren haben bei Abgabe ihrer Unterschrift der Firma einen Liquidationszusatz beizufügen. Dies gilt entsprechend für die Pflicht nach § 125.

(4) Die Liquidatoren haben gegenüber den nach § 145 Absatz 2 Beteiligten zur Ermittlung des zu verteilenden Gesellschaftsvermögens bei Beginn und Beendigung der Liquidation eine Bilanz aufzustellen. Die Pflichten zur Buchführung (§§ 238 bis 241a) und Jahresrechnungslegung (§§ 242 bis 256a) bleiben unberührt.

(5) Aus dem Vermögen der Gesellschaft sind zunächst die Gläubiger der Gesellschaft zu befriedigen. Ist eine Verbindlichkeit noch nicht fällig oder ist sie streitig, ist das zur Berichtigung der Verbindlichkeit Erforderliche zurückzubehalten.

(6) Aus dem nach der Berichtigung der Verbindlichkeiten verbleibenden Gesellschaftsvermögen sind die geleisteten Beiträge zurückzuerstatten. Für Beiträge, die nicht in Geld bestanden haben, ist der Wert zu ersetzen, den sie zur Zeit der Einbringung gehabt haben. Für Beiträge, die in der Leistung von Diensten oder in der Überlassung der Benutzung eines Gegenstands bestanden haben, kann im Zweifel kein Ersatz verlangt werden.

(7) Das während der Liquidation entbehrliche Geld wird unter Berücksichtigung der den Gesellschaftern bei der Schlussverteilung zukommenden Beträge vorläufig verteilt.

(8) Das nach Berichtigung der Verbindlichkeiten und Rückerstattung der Beiträge verbleibende Vermögen der Gesellschaft ist unter den Gesellschaftern nach dem Verhältnis ihrer Kapitalanteile, wie sie sich aufgrund der Schlussbilanz im Sinne von Absatz 4 ergeben, schließlich zu verteilen."

1. Bindung an Weisungen

226 Die Liquidatoren haben, auch wenn sie vom Gericht berufen sind, nach § 148 Abs. 1 S. 1 HGB – in inhaltlicher Entsprechung mit § 152 HGB alt – den Weisungen Folge zu leisten, welche die Beteiligten (vgl. § 145 Abs. 2 HGB) in Bezug auf die Geschäftsführung beschließen.

Hat nach dem Gesellschaftsvertrag die Mehrheit der Stimmen zu entscheiden, bedarf der Beschluss nach § 148 Abs. 1 S. 2 HGB der Zustimmung der Beteiligten nach § 145 Abs. 2 Nr. 2 (d.h. des Insolvenzverwalters im Fall der Insolvenz über das Vermögen des Gesellschafters, § 144 Abs. 2 HGB) und Nr. 4 HGB (d.h. des Privatgläubigers des Gesellschafters, durch den die zur Auflösung der Gesellschaft führende Kündigung erfolgt ist, § 143 Abs. 2 S. 2 HGB).

2. Aufgaben der Liquidatoren

Die Liquidatoren haben nach § 148 Abs. 2 S. 1 HGB – in inhaltlicher Übereinstimmung mit § 149 S. 1 HGB alt – **227**
- die laufenden Geschäfte zu beendigen,
- die Forderungen der Gesellschaft einzuziehen und
- das übrige Vermögen in Geld umzusetzen.

Zur Beendigung der laufenden Geschäfte können die Liquidatoren gemäß § 148 Abs. 2 S. 2 HGB auch neue Geschäfte eingehen.

3. Handeln der durch die Liquidatoren vertretenen Gesellschaft im Rechtsverkehr

Die Liquidatoren haben bei Abgabe ihrer Unterschrift nach § 148 Abs. 3 S. 1 HGB **228**
– in sachlicher Übernahme von § 153 HGB alt, aber bei deutlicherer Herausstellung des Regelungsgehalts – der Firma einen **Liquidationszusatz** beizufügen („in Liquidation" bzw. „i.L."). Dadurch soll sichergestellt werden, *„dass der Rechtsverkehr von der Tatsache der Auflösung der Gesellschaft erfährt".*[339]

Dies gilt gemäß § 148 Abs. 3 S. 2 HGB entsprechend für die Pflicht nach § 125 HGB (Pflichtangaben).

4. Liquidationseröffnung- und -abschlussbilanz

Die Liquidatoren haben nach § 148 Abs. 4 S. 1 HGB – in sachlicher Übernahme **229**
von § 154 HGB alt, aber bei deutlicherer Herausstellung des Regelungsgehalts – gegenüber den nach § 145 Abs. 2 HGB Beteiligten (s. vorstehende Rdn 217) zur Ermittlung des zu verteilenden Gesellschaftsvermögens bei Beginn und Beendigung der Liquidation eine Bilanz aufzustellen.

Die Pflichten zur Buchführung (§§ 238 bis 241a HGB) und Jahresrechnungslegung (§§ 242 bis 256a HGB) des Kaufmanns bleiben in Bezug auf die aufgelöste, aber noch nicht vollbeendigte OHG nach der auf das Kontinuitätsmodell zurückzuführenden Klarstellung des § 148 Abs. 4 S. 2 HGB unberührt.[340]

---

[339] RegE, BT-Drucks 19/27635, S. 249.
[340] RegE, BT-Drucks 19/27635, S. 249.

5. Befriedigung der Gläubiger der Gesellschaft

230 Aus dem Vermögen der Gesellschaft sind nach der Neuregelung des § 148 Abs. 5 S. 1 HGB – entsprechend § 149 S. 1 Hs. 1 HGB alt – durch den Liquidator zunächst die Gläubiger der Gesellschaft zu befriedigen.[341]

Ist eine Verbindlichkeit noch nicht fällig oder ist sie streitig, ist gemäß § 148 Abs. 5 S. 2 HGB – entsprechend § 155 Abs. 2 S. 2 HGB alt – das zur Berichtigung der Verbindlichkeit Erforderliche zurückzubehalten (Bildung einer Rückstellung und Hinterlegung des zurückbehaltenen Geldes nach § 372 BGB).[342]

6. Zurückerstattung der geleisteten Beiträge nach Berichtigung der Gesellschaftsverbindlichkeiten an die Gesellschafter

231 Aus dem nach der Berichtigung der Verbindlichkeiten verbleibenden Gesellschaftsvermögen sind nach der Neuregelung § 148 Abs. 6 S. 1 HGB durch die Liquidatoren den Gesellschaftern die geleisteten Beiträge (ihrem Wert nach) zurückzuerstatten (was insoweit der früheren Rechtslage entspricht).[343]

Für Beiträge, die nicht in Geld bestanden haben, ist gemäß § 148 Abs. 6 S. 2 HGB der Wert zu ersetzen, den sie zur Zeit der Einbringung gehabt haben.

Für Beiträge, die in der Leistung von Diensten oder in der Überlassung der Benutzung eines Gegenstands bestanden haben, kann nach § 148 Abs. 6 S. 3 HGB im Zweifel kein Ersatz verlangt werden.

7. Vorläufige Verteilung entbehrlichen Geldes

232 Das während der Liquidation entbehrliche Geld wird nach § 148 Abs. 7 HGB – in sachlicher Übernahme von § 155 Abs. 2 S. 1 und 2 HGB alt – unter Berücksichtigung der den Gesellschaftern bei der Schlussverteilung zukommenden Beträge vorläufig verteilt.

„Die Gesellschafter sollen bei der vorläufigen Verteilung nicht mehr erhalten, als sie bei der Schlussverteilung voraussichtlich zu beanspruchen haben", wodurch Rückzahlungspflichten der Empfänger vermieden werden sollen.[344]

---

341 Was insoweit der früher geltenden Rechtslage entspricht, „als nach der Berichtigung der Verbindlichkeiten (§ 733 Abs. 1 BGB [alt], § 149 HGB [alt]) die Beiträge zurückzuerstatten sind (§ 733 Abs. 2 BGB [alt]) und die Gesellschafter die Verteilung des Gesamterlöses verlangen können (§ 734 BGB [alt]) bzw. der Gesellschaft den Ausgleich eines Fehlbetrags schulden, wenn das Reinvermögen nicht für die Berichtigung der gemeinschaftlichen Verbindlichkeiten und für die Rückerstattung der Beiträge ausreicht (§ 735 BGB [alt])": RegE, BT-Drucks 19/27635, S. 249.
342 RegE, BT-Drucks 19/27635, S. 249.
343 RegE, BT-Drucks 19/27635, S. 250.
344 RegE, BT-Drucks 19/27635, S. 250.

Der Gesetzgeber begründet die Beibehaltung der Regelung damit, dass es wirtschaftlich unvernünftig sein kann, entbehrliches Geld bis zur Aufstellung der Schlussbilanz zurückzuhalten,[345] „*zumal dann, wenn sich die Liquidation über einen längeren Zeitraum hinzieht*".[346]

> Beachte:
> Eine Parallelregelung für die GbR besteht nicht, weil bei dieser die Liquidation kürzer dauern wird.[347]

Die Vorabausschüttung darf natürlich auch die Befriedigung der Gläubiger nicht vereiteln (Deckung noch nicht fälliger oder streitiger Verbindlichkeiten sowie Sicherung der den Gesellschaftern bei der Schlussverteilung zukommenden Beträge, vgl. § 148 Abs. 5 S. 2 HGB).

8. Verteilung des Gesellschaftsvermögens

233 Das nach Berichtigung der Verbindlichkeiten und Rückerstattung der Beiträge verbleibende Vermögen der Gesellschaft ist schließlich nach § 148 Abs. 8 HGB – in Übernahme von § 155 Abs. 1 HGB alt mit geringfügigen redaktionellen Änderungen – unter den Gesellschaftern nach dem Verhältnis ihrer Kapitalanteile, wie sie sich aufgrund der Schlussbilanz i.S.v. von § 148 Abs. 4 HGB ergeben („*was impliziert, dass diese bereits aufgestellt sein muss, bevor ein Ausgleich der Kapitalkonten stattfinden kann – Fälligkeit des Ausgleichsanspruchs*"),[348] schließlich zu verteilen.

VII. Haftung des Gesellschafters für Fehlbetrag (§ 149 HGB)

234 § 149 HGB über die Haftung des Gesellschafters für einen Fehlbetrag hat folgenden Wortlaut (wohingegen § 149 HGB alt die Rechte und Pflichten der Liquidatoren geregelt hatte):

> „Reicht das Gesellschaftsvermögen zur Berichtigung der Verbindlichkeiten und zur Rückerstattung der Beiträge nicht aus, haben die Gesellschafter der Gesellschaft für den Fehlbetrag nach dem Verhältnis ihrer Kapitalanteile aufzukommen. Kann von einem Gesellschafter der auf ihn entfallende Betrag nicht erlangt werden, haben die anderen Gesellschafter den Ausfall nach dem gleichen Verhältnis zu tragen."

---

345 RegE, BT-Drucks 19/27635, S. 250 unter Bezugnahme auf MüKo-HGB/*K. Schmidt*, § 11 Rn 4.
346 RegE, BT-Drucks 19/27635, S. 250.
347 RegE, BT-Drucks 19/27635, S. 250: „*Das liegt daran, dass bei einer kaufmännischen Personengesellschaft häufig weniger Liquidationsmasse zu verteilen ist als bei einer nicht kaufmännischen Personengesellschaft, zumal dann, wenn sie kein Unternehmen betreibt*".
348 Schäfer/*Noack*, § 9 Rn 41.

Die Neuregelung des § 149 HGB enthält eine der Überschussverteilung nach § 148 Abs. 8 HGB (vorstehende Rdn 231) entsprechende Regelung.[349] § 149 HGB setzt (inhaltsgleich mit § 737 BGB) im Unterschied zu § 148 Abs. 8 HGB aber einen Fehlbetrag im Zuge der Schlussabrechnung voraus[350] (**Fehlbetragshaftung**).

Der Gesetzgeber erachtete eine ausdrückliche Regelung aus Gründen der Rechtsklarheit als erforderlich.[351]

VIII. Anmeldung des Erlöschens der Firma (§ 150 HGB)

235 § 150 HGB über die Anmeldung des Erlöschens der Firma (wohingegen § 150 HGB alt den Fall mehrerer Liquidatoren geregelt hatte) entspricht wortlautgleich § 157 Abs. 1 HGB alt:

> „Nach der Beendigung der Liquidation ist das Erlöschen der Firma von sämtlichen Liquidatoren zur Eintragung in das Handelsregister anzumelden."

Im Unterschied zu § 739 BGB ist ohne eine damit bezweckte inhaltliche Änderung anstelle des Erlöschens der Gesellschaft das Erlöschen der Firma zur Eintragung anzumelden (in terminologischer Anknüpfung an das Erlöschen der einzelkaufmännischen Firma nach § 31 Abs. 2 HGB – arg.: Die Registrierung der Personenhandelsgesellschaften bauen regelungstechnisch auf den Vorschriften über die Registrierung des Einzelkaufmanns auf).[352]

IX. Verjährung von Ansprüchen aus der Gesellschafterhaftung (§ 151 HGB)

236 § 151 HGB über die Verjährung von Ansprüchen aus der Gesellschafterhaftung (wohingegen § 151 HGB alt die Unbeschränkbarkeit der Befugnisse der Gesellschafter geregelt hatte) hat in inhaltlicher Übernahme von § 159 HGB alt folgenden Wortlaut:

> „(1) Ist die Gesellschaft durch Liquidation oder auf andere Weise erloschen, verjähren Ansprüche gegen einen Gesellschafter aus Verbindlichkeiten der Gesellschaft in fünf Jahren, sofern nicht der Anspruch gegen die Gesellschaft einer kürzeren Verjährung unterliegt.
>
> (2) Die Verjährung beginnt abweichend von § 199 Absatz 1 des Bürgerlichen Gesetzbuchs, sobald der Gläubiger von dem Erlöschen der Firma Kenntnis erlangt hat oder das Erlöschen der Firma im Handelsregister eingetragen worden ist."

---

349 RegE, BT-Drucks 19/27635, S. 250.
350 Nach früherem Recht fand hier § 105 Abs. 3 HGB alt i.V.m. § 739 HGB alt Anwendung.
351 RegE, BT-Drucks 19/27635, S. 250.
352 RegE, BT-Drucks 19/27635, S. 250.

H. Liquidation der Gesellschaft (§§ 143 bis 152 HGB) § 3

(3) Beginnt die Verjährung des Anspruchs gegen die Gesellschaft neu oder wird die Verjährung des Anspruchs gegenüber der Gesellschaft nach den §§ 203, 204, 205 oder 206 des Bürgerlichen Gesetzbuchs gehemmt, wirkt dies auch gegenüber den Gesellschaftern, die der Gesellschaft zur Zeit des Erlöschens angehört haben."

1. Ratio legis

§ 151 HGB bezweckt – in fast wortlautgleicher Entsprechung mit § 739 BGB – die trotz Auflösung der Gesellschaft bis zu ihrem Erlöschen fortbestehende Gesellschafterhaftung der Liquidationsgesellschaft nach Maßgabe der §§ 126 bis 128 HGB durch eine Sonderverjährung zeitlich zu begrenzen.[353]

237

Der Gesetzgeber hat eine eigene gesetzliche Regelung (trotz § 739 BGB) im Personenhandelsgesellschaftsrecht für erforderlich erachtet, *„um nicht den fälschlichen Eindruck zu erwecken, dass die Kenntnis des Gesellschaftsgläubigers vom Erlöschen der Firma als Anknüpfungspunkt für den Beginn der Sonderverjährungsfrist ausschließlich der nicht eingetragenen GbR vorbehalten bleibt"*.[354]

2. Verjährung der Ansprüche gegen einen Gesellschafter bei Erlöschen der Gesellschaft

Ist die Gesellschaft durch Liquidation oder auf andere Weise erloschen, verjähren Ansprüche gegen einen Gesellschafter aus Verbindlichkeiten der Gesellschaft nach § 151 Abs. 1 HGB (Sonderverjährung) – in wortgleicher Übernahme von § 739 Abs. 1 BGB – in fünf Jahren, sofern nicht der Anspruch gegen die Gesellschaft einer kürzeren Verjährung unterliegt.

238

3. Verjährungsbeginn

Die Verjährung beginnt nach § 151 Abs. 2 HGB (Sonderverjährung) – in Übernahme von § 739 Abs. 2 BGB mit einer geringfügigen terminologischen Anpassung – abweichend von § 199 Abs. 1 BGB (wonach die regelmäßige Verjährungsfrist [von drei Jahren nach § 195 BGB] grundsätzlich mit dem Schluss des Jahres beginnt, in dem der Anspruch entstanden ist und der Gläubiger von den Anspruch begründenden Umständen und der Person des Schuldners Kenntnis erlangt oder ohne grobe Fahrlässigkeit erlangen müsste), sobald

239

- der Gläubiger von dem Erlöschen der Firma Kenntnis erlangt hat oder
- das Erlöschen der Firma im Handelsregister eingetragen worden ist.

---

353 RegE, BT-Drucks 19/27635, S. 251.
354 RegE, BT-Drucks 19/27635, S. 251.

§ 3 Die offene Handelsgesellschaft

Es erfolgt dabei eine Anknüpfung an das Erlöschen der Firma und nicht mehr an die Auflösung der Gesellschaft, was der mit § 148 HGB vorgegebenen Systematik folgt.[355]

4. Neubeginn und Hemmung der Verjährung (Nachhaftung)

240 Beginnt die Verjährung des Anspruchs gegen die Gesellschaft neu oder wird die Verjährung des Anspruchs gegenüber der Gesellschaft nach den §§ 203, 204, 205 oder 206 BGB gehemmt, wirkt dies nach § 151 Abs. 3 HGB – in wortlautgleicher Übernahme von § 739 Abs. 3 BGB – auch gegenüber den Gesellschaftern, die der Gesellschaft zur Zeit des Erlöschens angehört haben.

X. Aufbewahrung der Geschäftsunterlagen und Einsicht in die Geschäftsunterlagen (§ 152 HGB)

241 § 152 HGB über die Aufbewahrung der Geschäftsunterlagen und die Einsicht in dieselben (wohingegen § 152 HGB alt die Bindung der Liquidatoren an Weisungen geregelt hatte) hat folgenden Wortlaut:

„(1) Die Geschäftsunterlagen der aufgelösten Gesellschaft werden einem der Gesellschafter oder einem Dritten in Verwahrung gegeben. In Ermangelung einer Verständigung wird der Gesellschafter oder der Dritte durch das Gericht bestimmt, in dessen Bezirk die Gesellschaft ihren Sitz hat.

(2) Die Gesellschafter und deren Erben behalten das Recht auf Einsicht und Benutzung der Geschäftsunterlagen."

1. Verwahrung der Geschäftsunterlagen

242 Die Geschäftsunterlagen der aufgelösten Gesellschaft werden nach § 152 Abs. 1 S. 1 HGB – in inhaltlicher Entsprechung mit § 157 Abs. 2 HGB alt – einem der Gesellschafter oder einem Dritten in Verwahrung gegeben.

In Ermangelung einer Verständigung wird gemäß § 152 Abs. 1 S. 2 HGB der Gesellschafter oder der Dritte durch das Gericht bestimmt, in dessen Bezirk die Gesellschaft ihren Sitz hat.

2. Einsichts- und Benutzungsrecht

243 Die Gesellschafter und deren Erben behalten nach § 152 Abs. 2 HGB – in inhaltlicher Entsprechung mit § 157 Abs. 2 HGB alt – das Recht auf Einsicht und Benutzung der Geschäftsunterlagen.

---

[355] RegE, BT-Drucks 19/27635, S. 251.

H. Liquidation der Gesellschaft (§§ 143 bis 152 HGB) § 3

Exkurs:
Der Gesetzgeber[356] weist darauf hin, dass § 712a BGB (Ausscheiden des vorletzten Gesellschafters) „jedenfalls auch" auf die OHG (i.V.m. § 105 Abs. 3 HGB) und die Partnerschaftsgesellschaft (i.V.m. § 1 Abs. 4 PartGG) entsprechende Anwendung findet. Die Rechtsprechung wird hingegen zu klären haben, was im Falle eines Ausscheidens des einzigen Komplementärs einer KG gilt.[357]

---

356 RegE, BT-Drucks 19/27635, S. 246.
357 Schäfer/*Noack*, § 9 Rn 43.

§ 4 Die Kommanditgesellschaft

A. Vorbemerkung

Die infolge des MoPeG im OHG- und KG-Recht erfolgten Änderungen sind in der der Bearbeitung vorangestellten Gesetzesparagrafen in **Fettdruck** *hervorgehoben.* 1

B. Begriff der KG und Anwendbarkeit der OHG-Vorschriften (§ 161 HGB)

Die Regelung des § 161 HGB über die Begriffsbestimmung der KG und die Anwendbarkeit der OHG-Vorschriften hat nunmehr folgenden Wortlaut: 2

„(1) Eine Gesellschaft, deren Zweck auf den Betrieb eines Handelsgewerbes unter gemeinschaftlicher Firma gerichtet ist, ist eine Kommanditgesellschaft, wenn bei einem oder bei einigen von den Gesellschaftern die Haftung gegenüber den Gesellschaftsgläubigern **auf einen bestimmten Betrag (Haftsumme)**[1] beschränkt ist (Kommanditisten), während bei dem anderen Teil der Gesellschafter eine Beschränkung der Haftung nicht stattfindet (persönlich haftende Gesellschafter).

(2) Soweit nicht in diesem Abschnitt ein anderes vorgeschrieben ist, finden auf die Kommanditgesellschaft die für die offene Handelsgesellschaft geltenden Vorschriften **entsprechende Anwendung.**"

I. Bestimmter Betrag (Haftsumme)

Durch die Ersetzung der Formulierung *„den Betrag einer bestimmten Vermögenseinlage"* durch *„einen bestimmten Betrag (Haftsumme)"* erfolgt eine Klarstellung, dass es sich bei der „Vermögenseinlage" (alt) um die **Haftsumme** handelt.[2] Bei der KG ist nämlich zwischen 3

- der **Pflichteinlage** (Einlagesumme – d.h. die Einlage, zu deren Erbringung sich der Kommanditist im Gesellschaftsvertrag [mithin im Innenverhältnis] verpflichtet (Einlagepflicht – die frei vereinbar ist), *„auch wenn festzustellen ist, dass eine solche Pflicht nicht von selbst besteht"*)[3] und
- der **Haftsumme** (Hafteinlage, d.h. der Betrag, bis zu dessen Höhe der Kommanditist den Gläubigern der Gesellschaft [mithin im Außenverhältnis] nach den §§ 171, 172 HGB haftet)

zu unterscheiden, ohne dass sich diese Differenzierung aus dem Gesetzeswortlaut selbst ergibt. Die Unterscheidung zwischen Pflichteinlage (§ 167 Abs. 2 und 3,

---

1 Vormals: *„den Betrag einer bestimmten Vermögenseinlage"*.
2 RegE, BT-Drucks 19/27635, S. 251.
3 RegE, BT-Drucks 19/27635, S. 251.

§ 169 Abs. 1 S. 2 Hs. 2, § 171 Abs. 1 Hs. 2 HGB alt) und Haftsumme (§ 161 Abs. 1, § 162 Abs. 1 S. 1, § 171 Abs. 1 Hs. 1, § 172 Abs. 1, Abs. 2, Abs. 3, Abs. 4 S. 1 und 2 sowie Abs. 6 S. 1, § 174 Hs. 1, § 175 S. 1 HGB alt) folgt jedoch aus dem Sachzusammenhang der einzelnen Vorschriften.[4]

II. „Entsprechende Anwendung"

4 Aufgrund der Einfügung des Wortes „entsprechende" werden nach § 161 Abs. 2 HGB die OHG-Vorschriften auf die KG i.S.e. **Rechtsanalogie** für **subsidiär anwendbar** erklärt.[5]

Der Gesetzgeber begründet dies damit, dass die frühere Rechtsgrundverweisung den verbleibenden Strukturunterschieden beider Gesellschaftsrechtsformen nicht hinreichend gerecht werde.[6]

Beachte:
Über den Verweis auf § 105 Abs. 3 HGB finden auf die KG auch die Vorschriften des BGB über die GbR entsprechende Anwendung. Voraussetzung dafür ist, dass weder
- die §§ 161 ff. HGB (Regelungen zum Kommanditgesellschaftsrecht) noch
- die §§ 105 ff. HGB (Regelungen zum Recht der OHG)
eine passende Regelung bereithalten.[7]

Beispielsfall:
Nach § 177 HGB (Tod des Kommanditisten) – als lex specialis zu § 711 Abs. 2 S. 1 BGB (Regelung im Gesellschaftsvertrag, dass im Fall des Todes eines Gesellschafters die Gesellschaft mit seinen Erben fortgesetzt werden soll) – wird eine KG beim Tod eines Kommanditisten mangels abweichender vertraglicher Bestimmung mit den Erben fortgesetzt – hingegen bedarf es vice versa beim Tod eines unbeschränkt persönlich haftenden Gesellschafters (Komplementärs) einer erbrechtlichen Nachfolgeklausel.

5 § 711 Abs. 2 S. 2 BGB (wonach, wenn mehrere Erben vorhanden sind, der Gesellschaftsanteil kraft Gesetzes jedem Erben entsprechend der Erbquote zufällt) findet hingegen dann auf die KG (über § 161 Abs. 2 i.V.m. § 105 Abs. 3 HGB) entsprechende Anwendung, wenn – im Einklang mit dem geltenden Recht – *„bestimmt wird, dass bei mehreren Erben die Mitgliedschaft des verstorbenen Kommanditisten*

---

4 RegE, BT-Drucks 19/27635, S. 251.
5 RegE, BT-Drucks 19/27635, S. 251.
6 RegE, BT-Drucks 19/27635, S. 251.
7 RegE, BT-Drucks 19/27635, S. 251.

nicht auf die ungeteilte Erbengemeinschaft, sondern auf die einzelnen Erben entsprechend ihrer Erbquoten übergeht".[8]

> Beachte:
> Der Gesetzgeber lässt Folgefragen – wie bspw. die vom BGH[9] bereits anerkannte Zulässigkeit der Testamentsvollstreckung in einen Kommanditanteil – ungeregelt.

C. Anmeldung zum Handelsregister (§ 162 HGB)

Die Neufassung des § 162 HGB über die Anmeldung der KG zum Handelsregister hat nunmehr folgenden Wortlaut: 6

„(1) Die Anmeldung der Gesellschaft hat außer den in § 106 Abs. 2 vorgesehenen Angaben die Bezeichnung der Kommanditisten und den Betrag der **Haftsumme**[10] eines jeden von ihnen zu enthalten.

(2) Bei der Bekanntmachung der Eintragung der Gesellschaft sind keine Angaben zu den Kommanditisten zu machen; die Vorschriften des § 15 sind insoweit nicht anzuwenden.

(3) Diese Vorschriften finden im Falle des Eintritts eines Kommanditisten in eine bestehende Handelsgesellschaft und im Falle des Ausscheidens eines Kommanditisten aus einer Kommanditgesellschaft entsprechende Anwendung."

I. Ersetzung von „Einlage" durch „Haftsumme" (§ 162 Abs. 1 S. 1 HGB)

Die Änderung stellt klar, dass „Einlage" i.S.v. § 162 Abs. 1 HGB die „Haftsumme" ist.[11]   7

II. Aufhebung von § 162 Abs. 1 S. 2 HGB alt

§ 162 Abs. 1 S. 2 HGB alt hatte folgenden Wortlaut: 8

„Ist eine Gesellschaft bürgerlichen Rechts Kommanditist, so sind auch deren Gesellschafter entsprechend § 106 Abs. 2 und spätere Änderungen in der Zusammensetzung der Gesellschafter zur Eintragung anzumelden."

Die Altregelung des § 162 Abs. 1 S. 2 HGB ist im Interesse des Verkehrsschutzes obsolet geworden, da in entsprechender Anwendung von § 707a Abs. 1 S. 2 BGB eine GbR nur dann als Kommanditist eingetragen werden kann, wenn sie selbst im   9

---

8   RegE, BT-Drucks 19/27635, S. 251 unter Bezugnahme auf MüKo-HGB/*K. Schmidt*, § 177 Rn 17.
9   Vgl. BGH, Beschl. v. 3.7.1989 – II ZB 1/89, BGHZ 108, 187, juris Rn 8 ff. = NJW 1989, 3152.
10 Vormals: „Einlage".
11 RegE, BT-Drucks 19/27635, S. 252.

Gesellschaftsregister unter Angabe ihrer Gesellschafter nach § 707 Abs. 2 Nr. 2 BGB eingetragen ist,[12] wobei diese Anmeldung aufgrund der Rechtsfähigkeit der GbR nicht von sämtlichen, sondern nur von den vertretungsbefugten Gesellschaftern vorzunehmen ist. § 707a Abs. 1 S. 2 und § 707 Abs. 2 Nr. 2 BGB gelangen über die Verweisung des § 161 Abs. 2 HGB auf § 105 Abs. 3 HGB entsprechend zur Anwendung.

D. Geschäftsführungsbefugnis (§ 164 HGB)

10 Die Neufassung des § 164 HGB zum Ausschluss der Kommanditisten von der Geschäftsführung hat folgenden Wortlaut:

> „Die Kommanditisten sind von der **Geschäftsführungsbefugnis** ausgeschlossen; § 116 **Absatz 2 Satz 1** bleibt unberührt."

11 Mit § 164 HGB soll dessen Sinn und Zweck besser verdeutlicht werden: Durch den Ausschluss der Kommanditisten von der „Geschäftsführungsbefugnis" (als nunmehr einheitliche Terminologie, vormals: von der „Führung der Geschäfte der Gesellschaft") soll das gesetzliche Leitbild des nur kapitalmäßig an der KG beteiligten Kommanditisten zum Ausdruck gebracht werden.[13]

12 Trotz des Ausschlusses der Kommanditisten von der Geschäftsführungsbefugnis sind ihnen nach der Klarstellung in § 164 Hs. 2 HGB noch bestimmte Mitwirkungsrechte eingeräumt (vgl. Wortlaut: „*§ 116 Abs. 2 S. 1 HGB bleibt unberührt*"). Die Befugnis zur Geschäftsführung erstreckt sich nach § 116 Abs. 2 S. 1 HGB auf alle Geschäfte, die der gewöhnliche Betrieb des Handelsgewerbes der Gesellschaft mit sich bringt – wohingegen zur Vornahme von Geschäften, die darüber hinausgehen, ein Beschluss aller Gesellschafter erforderlich ist. Infolgedessen bedürfen „außergewöhnliche Geschäfte" nach § 116 Abs. 2 S. 1 Hs. 2 HGB der Zustimmung des Kommanditisten.

> *Beachte:*
> Auch künftig ist es Kommanditisten versagt, an der Bestellung oder dem Widerruf einer Prokura mitzuwirken (vgl. § 116 Abs. 2 S. 2 und 3 HGB). Nach Ansicht des Gesetzgebers soll im Einklang mit der bisher geltenden Rechtslage davon auszugehen sein, *„dass eine Mitwirkung des Kommanditisten an der Bestellung oder dem Widerruf einer Prokura auch dann ausgeschlossen ist, wenn es sich um ein außergewöhnliches Geschäft i.s.v. § 116 Abs. 2 S. 1 HGB handelt"*.[14]

---

12 RegE, BT-Drucks 19/27635, S. 252.
13 RegE, BT-Drucks 19/27635, S. 253.
14 RegE, BT-Drucks 19/27635, S. 253.

E. Wettbewerbsverbot (§ 165 HGB)

Die Regelung des § 165 HGB zur Nichtanwendbarkeit des gesetzlichen Wettbewerbsverbots (§ 117 HGB) sowie die Regelung über die Folgen der Verletzung des Wettbewerbsverbots (§ 118 HGB) auf Kommanditisten hat jetzt folgenden angepassten Wortlaut: 13

„Die §§ 117 und 118[15] finden auf die Kommanditisten keine Anwendung."

F. Informationsrecht des Kommanditisten (und stillen Gesellschafters, § 166 HGB)

Im Hinblick auf das Informationsrecht des Kommanditisten ist § 166 HGB alt („Kontrollrecht" i.S. individueller Informationsrechte des Kommanditisten) durch die Neuregelung des § 166 HGB („Informationsrecht der Kommanditisten") ersetzt worden: 14

„(1) Der Kommanditist kann von der Gesellschaft eine Abschrift des Jahresabschlusses (§ 242 Absatz 3) verlangen und zu dessen Überprüfung Einsicht in die zugehörigen Geschäftsunterlagen nehmen. Daneben kann er von der Gesellschaft Auskunft über die Gesellschaftsangelegenheiten verlangen, soweit dies zur Wahrnehmung seiner Mitgliedschaftsrechte erforderlich ist, insbesondere, wenn Grund zu der Annahme unredlicher Geschäftsführung besteht.

(2) Eine Vereinbarung im Gesellschaftsvertrag, welche diese Rechte ausschließt oder dieser Vorschrift zuwider beschränkt, ist unwirksam."

I. Ratio legis

Während das Informationsrecht des unbeschränkt haftenden Gesellschafters/Komplementärs sich nach § 105 Abs. 3 HGB i.V.m. § 717 BGB beurteilt, besteht ein deutliches Informationsgefälle zum Informationsrecht des (typischerweise bloß Anlagezwecke verfolgenden) Kommanditisten[16] (bzw. stillen Gesellschafters) gemäß § 166 HGB. 15

Nach allgemeiner Ansicht steht Kommanditisten ein **allgemeines Informationsrecht** zu, dessen Grenzen allerdings enger sind als bei § 51a GmbHG: Der Kommanditist kann eine Information nur verlangen, wenn er diese auch zur sachgemäßen Ausübung seiner Mitgliedschaftsrechte benötigt.[17] Das allgemeine Informationsrecht des Kommanditisten wird auf die Mitgliedschaft und die gesell- 16

---

15 Vormals erfolgte der Verweis auf die § 112 und 113 HGB alt.
16 Schäfer/*Schäfer*, § 6 Rn 81.
17 RegE, BT-Drucks 19/27635, S. 253.

schaftsrechtliche Treuepflicht gestützt.[18] Es zielt primär darauf ab zu überprüfen, *„ob Gewinn und Verlust zutreffend ermittelt wurden"*.[19]

Da das Kontrollrecht nach § 166 HGB alt diese Rechtsentwicklung nicht mehr angemessen widerspiegelt, ist – einer Empfehlung des 71. DJT folgend[20] – eine entsprechende Neufassung der Regelung erfolgt.

II. Informationsansprüche des Kommanditisten

17 Der Kommanditist kann von der Gesellschaft nach § 166 Abs. 1 S. 1 HGB vom Ausgangspunkt her (nur) – seiner Stellung als Kapitalgeber Rechnung tragend[21] –

- eine **Abschrift** (Kopie) des (aufgestellten)[22] **Jahresabschlusses** (§ 242 Abs. 3 HGB) verlangen und zu dessen Überprüfung
- **Einsicht** in die zugehörigen Geschäftsunterlagen nehmen

(sog. **ordentliches Informationsrecht**). Dies liegt darin begründet, dass der Kommanditist in der „gesetzestypischen Kommanditgesellschaft" ein geringeres Informationsbedürfnis hat als der (unbeschränkt persönlich haftende) Komplementär (arg.: Der Kommanditist ist nach § 164 HGB von der Geschäftsführungsbefugnis ausgeschlossen und ihn trifft nur eine beschränkte Kommanditistenhaftung).[23]

18 § 166 Abs. 1 S. 1 HGB entspricht inhaltlich § 166 Abs. 1 HGB alt, dessen Regelungsgehalt in zwei Punkten deutlicher herausgestellt wird:[24]

- Auszuhändigen ist der **Jahresabschluss** i.S.v. § 242 Abs. 3 HGB (d.h. die Bilanz und die Gewinn- und Verlustrechnung [**GuV**]).
- Zur Überprüfung können jene **Geschäftsunterlagen** eingesehen werden, die für den Jahresabschluss relevant sind (insbesondere die Prüfungsberichte und das gesamte Rechnungswesen).[25]

> *Beachte:*
>
> Das ordentliche Informationsrecht soll allerdings über die normierten Aspekte hinausgehen. Der Kommanditist soll allgemein solche Auskünfte fordern können, *„die er für eine sachgerechte Wahrnehmung seiner Gesellschafterrechte*

---

18 Vgl. BGH, Urt. v. 23.3.1992 – II ZR 128/91, ZIP 1992, 758, juris Rn 12; BGH, Beschl. v. 14.6.2016 – II ZB 10/15, BGHZ 210, 363, juris Rn 13 ff. = NZG 2016, 1102.
19 Schäfer/*Schäfer*, § 6 Rn 81.
20 Beschl. 24 des 71. DJT, in: Verhandlungen des 71. DJT, Bd. II/2, 2017, S. O223.
21 RegE, BT-Drucks 19/27635, S. 253.
22 Schäfer/*Hennrichs*, § 11 Rn 48.
23 RegE, BT-Drucks 19/27635, S. 253.
24 RegE, BT-Drucks 19/27635, S. 253 f.
25 RegE, BR-Drucks 59/21, S. 301.

F. Informationsrecht des Kommanditisten (und stillen Gesellschafters) § 4

benötigt, insbesondere um sein Stimmrecht in der Gesellschafterversammlung sachgerecht ausüben zu können (Auskunftsrecht)".[26]

Infolgedessen hat der Gesetzgeber die Neuregelung des § 166 Abs. 1 S. 2 HGB geschaffen. Danach kann der Kommanditist von der Gesellschaft Auskunft über die Gesellschaftsangelegenheiten verlangen (**Auskunftsrecht**), soweit dies zur Wahrnehmung seiner Mitgliedschaftsrechte „erforderlich" ist, insbesondere, wenn Grund zu der Annahme unredlicher Geschäftsführung besteht. Hier erfolgt eine Übernahme der Regelung über das außerordentliche Auskunftsrecht in § 717 Abs. 1 BGB: Notwendigkeit einer Abwägung der gegenseitigen Interessen von Verband und Mitglied nach Maßgabe des Verhältnismäßigkeitsgrundsatzes.[27]   19

§ 166 Abs. 1 S. 2 HGB ersetzt den als Verfahrensvorschrift konzipierten § 166 Abs. 3 HGB alt[28] (zivilprozessuale Klärung vor den ordentlichen Gerichten im Wege der Leistungsklage), ohne dass damit *„eine erhebliche Rechtsschutzverkürzung (…) verbunden [sein soll]"*.[29]

Das Bestehen des Auskunftsrechts setzt die **Erforderlichkeit der Erteilung der Auskunft** zur Wahrnehmung der Mitgliedschaftsrechte des Kommanditisten voraus, womit eine Abwägung der gegenseitigen Interessen von Verband und Mitglied nach dem Verhältnismäßigkeitsgrundsatz erforderlich ist.[30]   20

Die **Darlegungslast für die Erforderlichkeit** der Information liegt zwar beim Kommanditisten. Nach Ansicht des Gesetzgebers dürfen die hieran zu stellenden Anforderungen (in Bezug auf den Verdacht unredlicher Geschäftspraktiken) – wie bei § 717 Abs. 1 S. 3 BGB – allerdings nicht überspannt werden.[31]   21

§ 166 Abs. 1 S. 2 HGB benennt als Regelbeispiel für ein vorrangiges Informationsinteresse des Kommanditisten, *„wenn Grund zu der **Annahme unredlicher Geschäftsführung** besteht"*.

Entsprechend des Auskunftsrechts des Komplementärs nach § 161 Abs. 2 i.V.m. § 105 Abs. 3 HGB i.V.m. § 717 Abs. 1 S. 3 BGB reicht hierfür   22

- der **begründete Verdacht** bspw. einer fehlerhaften Führung der Geschäftsunterlagen oder
- die **grundlose Verweigerung** von Informationen angesichts einer ungewöhnlichen Geschäftsentwicklung.[32]

---

26 Schäfer/*Schäfer*, § 6 Rn 82.
27 RegE, BT-Drucks 19/27635, S. 254.
28 *„Auf Antrag eines Kommanditisten kann das Gericht, wenn wichtige Gründe vorliegen, die Mitteilung einer Bilanz und eines Jahresabschlusses oder sonstiger Aufklärungen sowie die Vorlegung der Bücher und Papiere jederzeit anordnen"*.
29 RegE, BT-Drucks 19/27635, S. 254.
30 RegE, BT-Drucks 19/27635, S. 254.
31 RegE, BT-Drucks 19/27635, S. 254.
32 RegE, BT-Drucks 19/27635, S. 254.

Das Auskunftsrecht des Kommanditisten steht gleichrangig neben dessen Einsichtsrecht, ist aber am Maßstab des Verhältnismäßigkeitsgrundsatzes inhaltlich beschränkt.[33]

23 § 166 Abs. 1 S. 2 HGB ist eine im Interesse der Rechtsklarheit auf das **legitime Informationsbedürfnis des Kommanditisten zugeschnittene Spezialregelung**[34] (gegenüber einer entsprechenden Anwendung von § 717 Abs. 1 S. 3 BGB über die §§ 161 Abs. 2 und 105 Abs. 3 HGB)).

Beachte:
Das Informationsrecht ist vor den allgemeinen Gerichten durchzusetzen, der einstweilige Rechtsschutz nach Maßgabe der §§ 935 ff. ZPO.[35]

III. Unwirksamkeit einer entgegenstehenden gesellschaftsvertraglichen Vereinbarung

24 Eine Vereinbarung im Gesellschaftsvertrag, welche die gemäß § 166 Abs. 1 HGB gewährten Einsichts- und Auskunftsrechte (vollständig oder auch nur in Bezug auf einen bestimmten Informationsgegenstand)[36] ausschließt oder dieser Vorschrift zuwider (durch weitergehende Anforderungen an die Gewährung der Information)[37] beschränkt, ist im Interesse eines Schutzes des Kommanditisten, weil sich dies schlechthin nicht mit dessen Stellung als Kapitalgeber verträgt,[38] nach § 166 Abs. 2 HGB entsprechend der bisherigen Rechtslage für die gesetzestypische KG unwirksam (Unverzichtbarkeit des Informationsrechts). Zulässig bleibt hingegen, dass im Gesellschaftsvertrag eine Informationsordnung vereinbart wird bzw. der Begriff der „erforderlichen Information" (in Bezug auf die spezifischen Verhältnisse der Gesellschaft) dort konkretisiert wird.[39] Allerdings dürfen in diesen Fällen keine gesellschaftsvertraglichen Anforderungen an ein wirksames Informationsbegehren gestellt werden, *„die sich schlechthin nicht mehr mit der Stellung des Kommanditisten als Kapitalgeber"* vertragen.[40] Maßstab ist der Zweck des Informationsrechts des Kommanditisten.[41]

---

33 RegE, BT-Drucks 19/27635, S. 254.
34 RegE, BT-Drucks 19/27635, S. 254.
35 Schäfer/*Schäfer*, § 5 Rn 83.
36 RegE, BT-Drucks 19/27635, S. 254.
37 RegE, BT-Drucks 19/27635, S. 254.
38 RegE, BT-Drucks 19/27635, S. 254.
39 Schäfer/*Schäfer*, § 5 Rn 84.
40 RegE, BT-Drucks 19/27635, S. 254.
41 Schäfer/*Schäfer*, § 6 Rn 84.

Exkurs: Informationsrecht des stillen Gesellschafters (§ 233 HGB)

Auf das Informationsrecht des stillen Gesellschafters ist nach § 233 HGB die Regelung des § 166 HGB entsprechend anzuwenden mit der Folge, dass die Rechtsstellung des stillen Gesellschafters mit jener des Kommanditisten gleichgestellt ist.

G. Verlustbeteiligung (§ 167 HGB)

Die Regelung des § 167 HGB alt (Gewinn und Verlust)[42] zur Verlustbeteiligung des Kommanditisten ist durch § 167 HGB neu in wortlautgleicher Übernahme von § 167 Abs. 3 HGB alt mit neuer Überschrift (Verlustbeteiligung) ersetzt worden:

25

„Soweit der Kommanditist die vereinbarte Einlage geleistet hat, sind die §§ 136 und § 149 auf ihn nicht anzuwenden."

Wenn der Kommanditist bei seinem Ausscheiden oder auch bei der Liquidation der Gesellschaft trotz eines negativen Kapitalkontos die vereinbarte Pflichteinlage einmal erbracht hat, muss er keine Nachschüsse leisten.

26

Die § 136 und § 149 HGB über die **Fehlbetragshaftung**

27

■ beim Ausscheiden eines Gesellschafters bzw.

■ bei Auflösung der Gesellschaft

gelten insoweit für den Kommanditisten nicht.

„Die maximale Summe, mit der der Kommanditist einzustehen hat, ist also die im Innenverhältnis vereinbarte und auf dem Kapitalkonto gebuchte Pflichteinlage"[43] *– was § 167 HGB „unmissverständlich klargestellt".*[44]

Beachte:

Davon unberührt bleibt die Verlustverteilung nach § 120 Abs. 2 HGB[45] (wonach der einem Gesellschafter zukommende Gewinn dem Kapitalanteil des Gesellschafters zugeschrieben wird und der auf einen Gesellschafter entfallende Verlust davon abgeschrieben wird), womit es (wie bisher) nicht ausgeschlossen ist, dass der Kapitalanteil eines Kommanditisten negativ werden kann.[46]

---

42 § 167 Abs. 1 und 2 HGB alt ist obsolet geworden, da die Gewinnermittlung nach der Reform gemäß § 709 Abs. 3 BGB erfolgt: RegE, BT-Drucks 19/27635, S. 254.
43 RegE, BT-Drucks 19/27635, S. 255.
44 RegE, BT-Drucks 19/27635, S. 255.
45 Schäfer/*Schäfer*, § 6 Rn 92.
46 Schäfer/*Schäfer*, § 6 Rn 92.

H. Aufhebung von § 168 HGB (Verteilung von Gewinn und Verlust)

28 § 168 HGB alt[47] knüpfte an die aufgehobene Regelung des § 121 HGB alt an und war somit gleichermaßen aufzuheben.[48]

I. Gewinnrecht des Kommanditisten (§ 169 HGB)

29 Die Regelung des § 169 HGB zum Gewinnrecht des Kommanditisten (Gewinnauszahlung) hat – bei einer Neufassung von Abs. 1 – folgenden Wortlaut:

„(1) **Der Kommanditist** kann die Auszahlung des Gewinns nicht fordern, **soweit** sein Kapitalanteil durch **den ihm zugewiesenen** Verlust unter den auf die **vereinbarte** Einlage geleisteten Betrag herabgemindert ist oder durch die Auszahlung **des Gewinns** unter diesen Betrag herabgemindert werden würde.

(2) Der Kommanditist ist nicht verpflichtet, den bezogenen Gewinn wegen späterer Verluste zurückzuzahlen."

30 § 169 Abs. 1 HGB – der die dispositive Kapitalbindung im Innenverhältnis regelt, wobei dem Kommanditisten ein Anspruch auf Auszahlung des auf ihn entfallenden Gewinns versagt wird, soweit sein Kapitalanteil durch den ihm zugewiesenen Verlust unter den auf die vereinbarte Einlage geleisteten Betrag herabgemindert ist oder durch die Auszahlung des Gewinns unter diesen Betrag herabgemindert würde – entspricht inhaltlich § 169 Abs. 1 S. 2 Hs. 2 HGB alt. Danach kann der Kommanditist die Auszahlung des Gewinns nicht fordern (d.h. eine Gewinnausschüttung nach § 122 S. 1 HGB), wenn sein Kapitalanteil durch den ihm zugewiesenen Verlust oder Gewinnauszahlungen unter den auf die vereinbarte Einlage geleisteten Betrag herabgemindert ist oder herabgemindert werden würde.

§ 169 Abs. 1 HGB regelt die dispositive Kapitalbindung nur im Verhältnis zur Gesellschaft.[49]

§ 169 Abs. 1 S. 1 und S. 2 Hs. 1 HGB alt sind aufgrund ihrer Anknüpfung an den hinfällig gewordenen § 122 HGB alt entfallen.

---

47 „(1) Die Anteile der Gesellschafter am Gewinne bestimmen sich, soweit der Gewinn den Betrag von vier vom Hundert der Kapitalanteile nicht übersteigt, nach den Vorschriften des § 121 Abs. 1 und 2.(2) In Ansehung des Gewinns, welcher diesen Betrag übersteigt, sowie in Ansehung des Verlustes gilt, soweit nicht ein anderes vereinbart ist, ein den Umständen nach angemessenes Verhältnis der Anteile als bedungen."

48 RegE, BT-Drucks 19/27635, S. 255.

49 Schäfer/Schäfer, § 6 Rn 86: *„Der Auszahlungsanspruch aus § 122 Abs. 1 HGB neu umfasst somit lediglich den ausschüttungsfähigen Teil des auf den Kommanditisten entfallenden Gewinns und gehört auch nur insofern (als Auszahlungsverbindlichkeit) zum Fremdkapital der Gesellschaft ..., der durch § 169 Abs. 1 HGB neu für die Aussperrung gesperrte Teil ist hingegen seinem Kapitalanteil zuzuschreiben".*

J. Vertretung der Kommanditgesellschaft (§ 170 HGB) § 4

Im Übrigen bleibt § 122 HGB über § 161 Abs. 2 HGB anwendbar.

Beachte:
Im Falle einer **noch offenen Einlageschuld** kann der Kommanditist seinen Anspruch auf Gewinnauszahlung geltend machen. In diesem Fall kann die KG allerdings mit ihrer Einlageforderung unter den Voraussetzungen von §§ 389 f. BGB gegen den Gewinnauszahlungsanspruch des Kommanditisten aufrechnen.[50]
Der Kommanditist ist nach § 169 Abs. 2 HGB nicht verpflichtet den bezogenen Gewinn wegen späterer Verluste zurückzuzahlen.

J. Vertretung der Kommanditgesellschaft (§ 170 HGB)

Die Neufassung des § 170 HGB zur Vertretung der KG hat folgenden Wortlaut: **31**

„(1) Der Kommanditist ist **als solcher nicht befugt, die** Gesellschaft **zu vertreten.**

(2) Sofern der einzig persönlich haftende Gesellschafter der Gesellschaft eine Kapitalgesellschaft ist, an der die Gesellschaft sämtliche Anteile hält, werden vorbehaltlich einer abweichenden Vereinbarung die Rechte in der Gesellschafterversammlung der Kapitalgesellschaft von den Kommanditisten wahrgenommen."

I. Regelungsgehalt

Regelungsgehalt des § 170 HGB ist die organschaftliche Vertretung bei **32**
- der **gesetzestypischen KG** im Allgemeinen (Abs. 1) und bei
- der **atypischen KG** in Gestalt der Einheits-Kapitalgesellschaft und Co. KG im Besonderen (Abs. 2).

II. Organschaftliche Vertretung bei der gesetzestypischen KG

Der Kommanditist ist als solcher nach § 170 Abs. 1 HGB – in sachlicher Übernahme von § 170 HGB alt und Präzisierung des Regelungsgehalts – (wie bisher) nicht befugt, die Gesellschaft organschaftlich zu vertreten. **33**

Beachte:
Damit obliegt die organschaftliche Vertretung der KG nach § 161 Abs. 2 i.V.m. § 124 HGB allein dem/den Komplementär(en).

Der Kommanditist ist von der organschaftlichen Vertretung der KG zwingend ausgeschlossen. Dadurch sollen Komplementäre davor bewahrt werden, „*dass sie für Gesellschaftsverbindlichkeiten unbeschränkt persönlich haften, welche sonst die* **34**

---
50 RegE, BT-Drucks 19/27635, S. 255 unter Bezugnahme auf MüKo-HGB/*Grunewald*, § 169 Rn 6.

341

nur beschränkt haftenden Kommanditisten aufgrund unbeschränkbarer organschaftlicher Vertretungsbefugnis eingehen könnten".[51]

> Beachte:
> § 170 Abs. 1 HGB schließt jedoch die Erteilung bspw. einer Vollmacht nicht aus (vgl. die Formulierung: *„[der Kommanditist ist] als solcher*[52] *[d.h. allein in Bezug auf die organschaftliche Vertretungsbefugnis] nicht befugt, die Gesellschaft zu vertreten".*

III. Organschaftliche Vertretung bei der atypischen KG in Gestalt der Einheits-Kapitalgesellschaft und Co. KG

35 § 170 Abs. 2 HGB statuiert eine Ausnahme vom organschaftlichen Vertretungsverbot des Kommanditisten in § 170 Abs. 1 HGB. Sofern der einzig persönlich haftende Gesellschafter der Gesellschaft (Komplementär) eine Kapitalgesellschaft ist, an der die Gesellschaft (KG) sämtliche Anteile hält (mithin bei einer Einheits-Kapitalgesellschaft & Co. KG – bei der die KG grundsätzlich auch von der Komplementärin, und für diese handelnd ihres/ihrer Geschäftsführer vertreten wird),[53] werden – vorbehaltlich einer abweichenden Vereinbarung (bspw. dahingehend, *„dass es der Gesellschaftsvertrag bei der Vertretung durch die Komplementäre belässt und nur für einzelne Beschlussgegenstände die Bevollmächtigung aller oder einzelner Kommanditisten durch die Komplementärin anordnet"*)[54] – nach § 170 Abs. 2 HGB als **Sonderregelung für die atypische KG in Gestalt der Einheits-Kapitalgesellschaft und Co. KG**[55] die Rechte in der Gesellschafterversammlung der Kapitalgesellschaft von den **Kommanditisten** wahrgenommen.

> Beachte:
> Nicht geregelt ist, ob mehrere Kommanditisten nur gesamtvertretungsbefugt sind oder ob (wie bei OHG-Gesellschaftern bzw. Komplementären) der Grundsatz der Einzelvertretung gilt: *Habersack*[56] plädiert für eine Gesamtvertretungsbefugnis.

36 Die Einheits-Kapitalgesellschaft und Co. KG ist dadurch gekennzeichnet, dass sie zugleich Alleingesellschafterin ihrer eigenen Komplementär-Kapitalgesellschaft ist (personelle Verflechtung zwischen Komplementär-Kapitalgesellschaft und KG),

---

51 RegE, BT-Drucks 19/27635, S. 255.
52 Vgl. dazu auch *Staake*, Organschaftliche Vertretungsbefugnisse für Kommanditisten, NZG 2021, 95.
53 Schäfer/*Habersack*, § 4 Rn 9.
54 Schäfer/*Habersack*, § 4 Rn 9 unter Bezugnahme auf RegE, BT-Drucks 19/27635, S. 256.
55 RegE, BT-Drucks 19/27635, S. 255.
56 Schäfer/*Habersack*, § 4 Rn 9.

womit – bei wirtschaftlicher Betrachtung – die eigentlichen Gesellschafter nur noch die an der KG beteiligten Kommanditisten sind[57] (und der Befangenheit des Geschäftsleiters)[58] mit daraus korrespondierenden Problemen (bspw. im Kontext der Abberufung eines Geschäftsführers in einer Einheits-Kapitalgesellschaft und Co. KG, deren Komplementärin die Rechtsform einer GmbH – mithin einer Einheits-GmbH & Co. KG:[59] Vertretung der KG in der Gesellschafterversammlung der Komplementär-GmbH bei gleichzeitiger Vertretung der KG durch die Komplementär-GmbH).[60]

Nach § 170 Abs. 2 HGB obliegt – in Abkehr von dem von der Rechtsprechung bislang vertretenen Lösungsansatz[61] – die Ausübung der Gesellschafterrechte in der Komplementär-GmbH grundsätzlich den Kommanditisten,[62] wobei im Falle einer Personenidentität zwischen den Kommanditisten und den Geschäftsführern der Komplementär-GmbH nicht ausgeschlossen ist, *„dass hinsichtlich etwaiger Interessenskonflikte der Kommanditisten bei Ausübung der Gesellschafterrechte in der Gesellschafterversammlung der Komplementär-GmbH die für sie geltenden gesetzlichen sowie die von der Rechtsprechung entwickelten Stimmverbote auf die die Gesellschafterrechte ausübenden Kommanditisten entsprechende Anwendung finden"*.[63]

Die Rechte in der Gesellschafterversammlung der Komplementär-GmbH werden daher gemäß § 170 Abs. 2 HGB i.S.e. **organschaftlichen Lösung** von den Kommanditisten und nicht von der KG wahrgenommen (gesetzliche Auffanglösung entsprechend einer Empfehlung des 71. DJT).[64]

Beachte:

Die Gesellschafter können jedoch (*„vorbehaltlich einer abweichenden Regelung"*) für die Einheits-GmbH & Co. KG etwas Abweichendes vereinbaren (arg.: innere Angelegenheit der KG) – bspw. eine **rechtsgeschäftliche Vollmachtlösung**, um gezielt auf eventuelle Interessenkonflikte zu reagieren, nach der

---

57 RegE, BT-Drucks 19/27635, S. 255.
58 Schäfer/*Habersack*, § 4 Rn 9.
59 Dazu näher *Wertenbruch*, Die Einheits-GmbH & Co. KG nach dem MoPeG, GmbHR 2021, 1181.
60 RegE, BT-Drucks 19/27635, S. 256.
61 Vgl. BGH, Urt. v. 16.7.2007 – II ZR 109/06, ZIP 2007, 1658, juris Rn 9; KG, Beschl. v. 21.12.2018 – 22 W 84/18, ZIP 2019, 519, juris Rn 9.
62 Womit der Gesetzgeber einer Empfehlung des 71. DJT 2016 folgt, Bd. II 1, O103 (Beschluss Nr. 25b).
63 RegE, BT-Drucks 19/27635, S. 256.
64 Beschl. 25b des 71. DJT, Bd. II/2, 2017, S. O223.

- die Wahrnehmung der Rechte in der Gesellschafterversammlung der Komplementär-GmbH in die Zuständigkeit der KG gelegt werden und gleichzeitig
- die Kommanditisten durch die KG bevollmächtigt werden, in der Gesellschafterversammlung der Komplementär-GmbH die Rechte der KG punktuell (d.h. in Bezug auf einzelne Beschlussgegenstände) wahrzunehmen.[65]

K. Haftung des Kommanditisten (§ 171 Abs. 1 HGB)

39 Die Neufassung des § 171 Abs. 1 HGB zur Kommanditistenhaftung hat jetzt folgenden Wortlaut:

„Der Kommanditist haftet den Gläubigern der Gesellschaft bis zur Höhe seiner **Haftsumme**[66] unmittelbar; die Haftung ist ausgeschlossen, soweit die **vereinbarte** Einlage[67] geleistet ist".

40 Durch die Abänderung – Ersetzung der Wörter „seiner Einlage" durch die Wörter „seiner Haftsumme" und der Wörter „die Einlage" durch die Wörter „die vereinbarte Einlage" in § 170 Abs. 1 HGB – erfolgt eine Klarstellung, dass es sich bei der „Einlage" i.S.v. Hs. 1 um die Haftsumme und bei der „Einlage" i.S.v. Hs. 2 um die Pflichteinlage handelt.[68]

Beachte:
Dienstleistungen sind zwar beitragsfähig (und ggf. zur Bemessung der Beteiligungsverhältnisse relevant), nach § 27 Abs. 2 AktG analog aber nicht einlagefähig, da sie nicht bilanzierungsfähig sind.[69]

41 Die Haftung des Kommanditisten ist nach § 171 Abs. 1 Hs. 1 HGB auf den im Gesellschaftsvertrag vereinbarten Euro-Betrag der Höhe nach begrenzt. Sobald der Kommanditist die „vereinbarte Einlage" geleistet hat (Erfordernis einer objektiven Wertdeckung),[70] ist die Haftung des Kommanditisten gemäß § 171 Abs. 1 Hs. 2 HGB ausgeschlossen.

42 Haftungsbefreiend nach § 171 Abs. 1 Hs. 1 HGB wirkt nur die Leistung der vereinbarten Einlage – weshalb die Vereinbarung einer Einlageleistung zwingend ist. Allein die Leistung der vereinbarten Einlage verhindert eine Fehlbetragshaftung des Kommanditisten im Innenverhältnis nach § 167 HGB.[71]

---

65 RegE, BT-Drucks 19/27635, S. 256.
66 Vormals: „seiner Einlage".
67 Vormals: „die Einlage".
68 RegE, BT-Drucks 19/27635, S. 256.
69 Schäfer/*Hennrichs*, § 11 Rn 5.
70 Schäfer/*Hennrichs*, § 11 Rn 26.
71 Schäfer/*Schäfer*, § 6 Rn 91.

| | L. Umfang der Haftung (§ 172 HGB) | § 4 |

„Einlagen" sind vermögensmehrende Beiträge des Kommanditisten (bspw. Geld **43** oder unbare Leistungen wie etwa Sachen bzw. Rechte oder Know how, aber auch der Erlass von Schulden), durch die das Vermögen der KG erhöht wird und die auch bilanzierungsfähig sind.[72]

Die „vereinbarte Einlage" des Kommanditisten i.S.v. § 171 Abs. 1 Hs. 2 HGB (bzw. **44** § 172 Abs. 4 S. 1 HGB) – wohingegen Einlagen für persönlich haftende OHG-Gesellschafter oder Komplementäre nicht verpflichtend vorgesehen sind (obgleich für diese eine Beitragsleistungspflicht nach §§ 161 Abs. 2, 105 Abs. 3 HGB i.V.m. § 705 BGB besteht, ohne eine Einlageverpflichtung vorzugeben)[73] – ist strikt von der „Haftsumme" (vgl. § 161 Abs. 1, § 162 Abs. 1 S. 1, § 167, § 169 Abs. 1, § 171 Abs. 1, §§ 172, 174, 175 HGB) abzugrenzen, wobei der Begriff der „Einlage" enger ist als der Begriff des „Beitrags":[74] Die Einlageleistung muss gebucht werden können (weshalb es sich nur um bilanzierungsfähige Beiträge handeln kann),[75] d.h., sie muss vermögensmehrend sein.[76]

L. Umfang der Haftung (§ 172 HGB)

Die Neufassung des § 172 HGB zum Umfang der Kommanditistenhaftung hat jetzt **45** folgenden Wortlaut:

„(1) Im Verhältnis zu den Gläubigern der Gesellschaft wird nach der Eintragung in das Handelsregister die **Haftsumme**[77] eines Kommanditisten durch den in der Eintragung angegebenen Betrag bestimmt.

(2) Auf eine nicht eingetragene Erhöhung der aus dem Handelsregister ersichtlichen **Haftsumme**[78] können sich die Gläubiger nur berufen, wenn die Erhöhung in handelsüblicher Weise kundgemacht oder ihnen in anderer Weise von der Gesellschaft mitgeteilt worden ist.

(3) Eine Vereinbarung der Gesellschafter, durch die einem Kommanditisten die Einlage erlassen oder gestundet wird, ist den Gläubigern gegenüber unwirksam.

(4) Soweit die Einlage eines Kommanditisten zurückbezahlt wird, gilt sie den Gläubigern gegenüber als nicht geleistet. Das gleiche gilt, soweit ein Kommanditist Gewinnanteile entnimmt, während sein Kapitalanteil durch Verlust unter den Betrag der **Haftsumme**[79] herabgemindert ist, oder soweit durch die Entnahme der Kapitalanteil unter den bezeichneten Betrag herabgemindert wird. Bei der Berechnung des Kapitalanteils nach Satz 2

---

72 Schäfer/*Hennrichs*, § 11 Rn 3.
73 Schäfer/*Hennrichs*, § 11 Rn 4.
74 Schäfer/*Schäfer*, § 6 Rn 91.
75 Schäfer/*Schäfer*, § 6 Rn 91.
76 RegE, BT-Drucks 19/27635, S. 255.
77 Vormals: „Einlage".
78 Vormals: „Einlage".
79 Vormals: „geleistete Einlage".

sind Beträge im Sinne **der §§ 253 Absatz 6 Satz 2 und 268 Absatz 8**[80] nicht zu berücksichtigen.

(5)[81] Gegenüber den Gläubigern einer Gesellschaft, bei der kein persönlich haftender Gesellschafter eine natürliche Person ist, gilt die Einlage eines Kommanditisten als nicht geleistet, soweit sie in Anteilen an den persönlich haftenden Gesellschaftern bewirkt ist. Dies gilt nicht, wenn zu den persönlich haftenden Gesellschaftern eine offene Handelsgesellschaft oder Kommanditgesellschaft gehört, bei der ein persönlich haftender Gesellschafter eine natürliche Person ist."

46   Die Änderungen von § 172 HGB vollziehen – bis auf die Aufhebung von Abs. 5 alt – die terminologische Unterscheidung zwischen „Pflichteinlage" und „Haftsumme" nach, wovon Abs. 3 sowie Abs. 4 S. 1 und Abs. 6 S. 1 allerdings ausgenommen werden, *„um den Regelungszusammenhang mit der haftungsbefreienden Wirkung des § 171 Abs. 1 Hs. 2 HGB erkennbar zu lassen"*.[82]

I. § 172 Abs. 1 und 2 HGB – „Haftsumme" statt „Einlage"

47   Die Änderungen stellen klar, *„dass es sich bei der ‚Einlage' im Sinne dieser Vorschrift um die Haftsumme handelt"*.[83]

II. § 172 Abs. 4 S. 2 HGB – „Haftsumme" statt „geleistete Einlage"

48   Eine Rückzahlung der Einlage bewirkt nach § 172 Abs. 4 S. 1 i.V.m. § 171 Abs. 1 HGB das Wiederaufleben der persönlichen Haftung des Kommanditisten. § 172 Abs. 4 S. 2 HGB korrespondiert mit § 169 Abs. 1 HGB – *„regelt aber zwingend die Haftung im Außenverhältnis"*.[84]

Die Änderung stellt klar, dass es sich bei der „geleisteten Einlage" um die „Haftsumme" handelt.

49   § 172 Abs. 4 S. 2 HGB erläutert die Haftungsbestimmung des § 172 Abs. 4 S. 1 HGB,[85] wonach – soweit die Einlage eines Kommanditisten zurückbezahlt wird – sie den Gläubigern gegenüber als nicht geleistet gilt (gesetzliche Fiktion): Für den Fall, dass die Gesellschafter – entgegen § 169 Abs. 1 HGB – Gewinne auskehren, fließen dem Kommanditisten aus dem Vermögen der KG Leistungen zu, die das Gesellschaftsvermögen mindern. Insoweit fingiert § 172 Abs. 4 S. 2 HGB, dass die

---

80   Vormals: „im Sinn des § 268 Abs. 8".
81   Vormals: Absatz 6.
82   RegE, BT-Drucks 19/27635, S. 256.
83   RegE, BT-Drucks 19/27635, S. 257.
84   RegE, BT-Drucks 19/27635, S. 257.
85   RegE, BT-Drucks 19/27635, S. 257.

Einlage den Gesellschaftsgläubigern gegenüber nicht als geleistet gilt (mit korrespondierendem Wiederaufleben der Kommanditistenhaftung nach § 171 Abs. 1 HGB),

- soweit ein Kommanditist Gewinnanteile entnimmt, während sein Kapitalanteil durch Verlust unter den Betrag der Haftsumme herabgemindert ist, oder
- soweit durch die Entnahme der Kapitalanteil unter den bezeichneten Betrag herabgemindert wird.[86]

Infolgedessen sind nur solche Gewinnentnahmen haftungsunschädlich, *„die nicht auf Kosten des zur Deckung der Haftsumme erforderlichen Kapitalkontos gehen"*.[87]

III. § 172 Abs. 4 S. 3 HGB – Verweis auf „§§ 253 Abs. 6 S. 2 und 268 Abs. 8" statt bloß auf „§ 268 Abs. 8 HGB"

§ 172 Abs. 4 S. 3 HGB nimmt nunmehr sowohl

- (wie bisher) die in § 268 Abs. 8 HGB bezeichneten Bilanzposten (weil die dort genannten Aktivposten teilweise einer besonderen bilanzrechtlichen Ausschüttungssperre unterliegen und deshalb nicht den Spielraum für Gewinnentnahmen im Rahmen von § 172 Abs. 4 S. 2 HGB erhöhen dürfen)[88] als auch
- Beträge nach § 253 Abs. 6 S. 2 HGB (die gleichermaßen einer besonderen bilanzrechtlichen Ausschüttungssperre unterliegen)

von der Berechnung der in § 172 Abs. 4 S. 2 HGB angelegten Ausschüttungssperre aus.

50

IV. Aufhebung des Haftungsprivilegs nach § 172 Abs. 5 HGB alt

Das überschießende und nach Ansicht des Gesetzgebers nicht zu rechtfertigende Haftungsprivileg für den Kommanditisten[89] (im guten Glauben errichtete Bilanz und gutgläubiger Bezug des Scheingewinns) nach § 172 Abs. 5 HGB alt[90] (Einschränkung des Wiederauflebens der Außenhaftung) wurde aufgehoben. Das Wiederaufleben der Kommanditistenhaftung bestimmt sich somit künftig allein nach § 172 Abs. 4 HGB.

51

---

86 RegE, BT-Drucks 19/27635, S. 257.
87 RegE, BT-Drucks 19/27635, S. 257.
88 Vgl. MüKo-HGB/*K. Schmidt*, § 172 Rn 81.
89 RegE, BT-Drucks 19/27635, S. 257 f.: Ein überschießendes und im Hinblick auf die unklaren Auswirkungen auf das Innenverhältnis wenig wirksames Haftungsprivileg.
90 *„Was ein Kommanditist aufgrund einer im guten Glauben errichteten Bilanz in gutem Glauben als Gewinn bezieht, ist er in keinem Falle zurückzuzahlen verpflichtet"*.

§ 4 Die Kommanditgesellschaft

V. § 172 Abs. 6 HGB alt wird § 172 Abs. 5 HGB neu

52 Infolge der ersatzlosen Streichung der Altregelung des § 172 Abs. 5 HGB rückt die vormalige Regelung des § 172 Abs. 6 HGB alt unverändert als § 172 Abs. 5 HGB neu auf.

M. Herabsetzung der Haftsumme (§ 174 HGB)

53 Die Neufassung des § 174 HGB zur Herabsetzung der Haftsumme des Kommanditisten hat nunmehr folgenden Wortlaut:

„Eine Herabsetzung der **Haftsumme**[91] eines Kommanditisten ist, solange sie nicht in das Handelsregister des Gerichts, in dessen Bezirke die Gesellschaft ihren Sitz hat, eingetragen ist, den Gläubigern gegenüber unwirksam; Gläubiger, deren Forderungen zur Zeit der Eintragung begründet waren, brauchen die Herabsetzung nicht gegen sich gelten zu lassen."

54 Die Änderung stellt klar, dass die „Einlage" i.S.v. § 174 HGB die „Haftsumme" ist.[92]

N. Anmeldung der Änderung der Haftsumme (§ 175 HGB)

55 Die Neufassung des § 175 HGB zur Anmeldung der Änderung der Haftsumme des Kommanditisten zur Eintragung ins Handelsregister hat jetzt folgenden Wortlaut:

„Die Erhöhung sowie die Herabsetzung einer **Haftsumme** ist durch **sämtliche** Gesellschafter zur Eintragung in das Handelsregister anzumelden."

56 In § 175 HGB erfolgt eine Klarstellung, dass es sich bei der „Einlage" i.S.d. § 175 S. 1 HGB alt um die „Haftsumme" handelt, was auch in der Überschrift zu einer entsprechenden Anpassung geführt hat.

Der Verweis in § 175 S. 2 HGB alt auf § 162 Abs. 2 HGB ist mit dessen Aufhebung obsolet geworden.[93]

O. Haftung vor Eintragung (§ 176 HGB)

57 Die Neufassung des § 176 HGB zur Haftung vor der Eintragung der KG ins Handelsregister hat folgende Neufassung erfahren:

„(1) Hat die Gesellschaft, **deren Zweck auf den Betrieb eines Handelsgewerbes unter gemeinschaftlicher Firma gerichtet ist, am Rechtsverkehr teilgenommen**, bevor sie in das Handelsregister eingetragen ist, haftet jeder Kommanditist, **der der Teilnahme am Rechtsverkehr zugestimmt hat**, für die bis zur Eintragung begründeten Verbindlich-

---

91 Vormals: „Einlage".
92 RegE, BT-Drucks 19/27635, S. 258.
93 RegE, BT-Drucks 19/27635, S. 258.

keiten der Gesellschaft gleich einem persönlich haftenden Gesellschafter, es sei denn, dass seine Beteiligung als Kommanditist dem Gläubiger bekannt war.

(2) Tritt ein **weiterer Gesellschafter als** Kommanditist in eine bestehende Handelsgesellschaft ein, **ist Absatz 1** für die in der Zeit zwischen seinem Eintritt und dessen Eintragung in das Handelsregister begründeten Verbindlichkeiten **entsprechend anzuwenden.**"

Die Neufassung zielt darauf ab, „*Unstimmigkeiten, die sich im Zuge des geänderten Haftungsregimes der GbR entwickelt haben, zu beheben*".[94] 58

I. Haftung vor der Eintragung

§ 176 Abs. 1 HGB ist – entgegen den Überlegungen im Regierungsentwurf – sprachlich neu gefasst, inhaltlich aber unverändert geblieben:[95] Hat die Gesellschaft, deren Zweck auf den Betrieb eines Handelsgewerbes unter gemeinschaftlicher Firma gerichtet ist, am Rechtsverkehr teilgenommen, bevor sie in das Handelsregister eingetragen ist, haftet jeder Kommanditist, der der Teilnahme am Rechtsverkehr zugestimmt hat, für die bis zur Eintragung begründeten Verbindlichkeiten der Gesellschaft gleich einem persönlich haftenden Gesellschafter, es sei denn, dass seine Beteiligung als Kommanditist dem Gläubiger bekannt war (vgl. § 161 Abs. 2 i.V.m. § 126 HGB). 59

Ursprünglich war vorgesehen, dass wenn die Gesellschaft am Rechtsverkehr teilgenommen hat, bevor sie in das Handelsregister eingetragen ist, jeder Kommanditist, der der Teilnahme am Rechtsverkehr zugestimmt hat, für die bis zur Eintragung begründeten Verbindlichkeiten der Gesellschaft nach § 176 Abs. 1 S. 1 HGB gleich einem persönlich haftenden Gesellschafter haften sollte. Um eine Gleichbehandlung mit dem Rechtsgrundsatz der unbeschränkten Gesellschafterhaftung herzustellen und gleichzeitig einen positiven Anreiz für die Eintragung in das Handelsregister zu setzen, sollte aber der haftungsbeschränkende Einwand des § 176 Abs. 1 S. 1 Hs. 2 HGB alt[96] entfallen und der Haftungstatbestand des § 176 Abs. 1 S. 1 Hs. 1 HGB alt auf die „Kann-Kommanditgesellschaft" erstreckt werden: Die unbeschränkte Haftung gleich einem persönlich haftenden Gesellschafter (d.h. nach § 161 Abs. 2 i.V.m. § 126 HGB) für die bis zur Eintragung begründeten Verbindlichkeiten sollte nach § 176 Abs. 1 S. 2 HGB entsprechend für eine KG gelten, die nach § 107 Abs. 1 HGB erst mit Eintragung in das Handelsregister im Verhältnis zu 60

---

94 RegE, BT-Drucks 19/27635, S. 258.
95 Schäfer/*Habersack*, § 4 Rn 32.
96 § 176 Abs. 1 HGB hat folgenden Wortlaut: „*(1) Hat die Gesellschaft ihre Geschäfte begonnen, bevor sie in das Handelsregister des Gerichts, in dessen Bezirke sie ihren Sitz hat, eingetragen ist, so haftet jeder Kommanditist, der dem Geschäftsbeginn zugestimmt hat, für die bis zur Eintragung begründeten Verbindlichkeiten der Gesellschaft gleich einem persönlich haftenden Gesellschafter, es sei denn, daß seine Beteiligung als Kommanditist dem Gläubiger bekannt war. Diese Vorschrift kommt nicht zur Anwendung, soweit sich aus § 2 oder § 105 Abs. 2 ein anderes ergibt*".

Dritten entsteht (d.h. eine kleingewerbliche, eigenes Vermögen verwaltende bzw. freiberuflich tätige KG) – womit eine terminologische Anpassung an § 123 HGB (Entstehung der Gesellschaft im Verhältnis zu Dritten) erfolgt wäre.

61 Nach der jetzt Gesetz gewordenen Fassung kann der Kommanditist – wie bisher – einer Inanspruchnahme die Kenntnis des Gläubigers von seiner Kommanditistenstellung entgegenhalten (einwenden), wenn der Gesellschaftszweck auf den Betrieb eines Handelsgewerbes i.S.v. § 1 Abs. 2 HGB gerichtet ist.

Beachte:
Gesetzlich nicht ausdrücklich geregelt ist die Rechtslage hingegen bei einer kleingewerblichen bzw. vermögensverwaltenden KG[97] oder freiberuflich tätige KG.

II. Eintrittshaftung

62 Die Eintrittshaftung des in eine KG als Kommanditist einrückenden OHG-Gesellschafters oder Kommanditisten wurde abgeschwächt und in Übereinstimmung mit § 160 Abs. 3 HGB alt und entsprechend der Neuregelung des § 137 Abs. 3 HGB geregelt.

Tritt ein weiterer Gesellschafter als Kommanditist in eine bestehende Handelsgesellschaft ein, ist § 177 Abs. 1 HGB für die in der Zeit zwischen seinem Eintritt und dessen Eintragung in das Handelsregister begründeten Verbindlichkeiten gemäß § 177 Abs. 2 HGB entsprechend anzuwenden.

63 Eine unbeschränkte Eintrittshaftung besteht nur, wenn es sich beim Eintretenden um einen „weiteren Kommanditisten"[98] handelt, womit ein derivativer Anteilserwerb (der zu keiner Anteilsvermehrung führt) *„keine unbeschränkte Eintrittshaftung auslöst".*[99]

Diese Klarstellung bewirkt, dass entgegen der bisherigen Judikatur[100] die Übertragung eines Kommanditanteils[101] auf einen anderen (auch neuen) Gesellschafter bei gleichzeitigem Ausscheiden des bisherigen Anteilsinhabers nicht § 176 Abs. 2 HGB und damit auch nicht der Haftung nach § 176 Abs. 1 HGB unterfällt.[102]

---

97 Schäfer/*Habersack*, § 4 Rn 34. Dazu *Bachmann*, NZG 2020, 612, 618.
98 Fraglich ist, ob dies auch dann anzunehmen ist, wenn ein Kommanditist nur einen Teil seines Kommanditanteils bzw. einen Kommanditanteil an zwei oder mehr Erwerber überträgt: Das Kriterium „weitere Gesellschafter" verneint Schäfer/*Bergmann*, § 7 Rn 16. Dazu auch *Leo/John*, NZG 2021, 1195, 1197.
99 Schäfer/*Habersack*, § 4 Rn 35.
100 BGH, Urt. v. 21.3.1983 – II ZR 113/82, NJW 1983, 2258.
101 Zur Frage, ob eine Übertragung von Kommanditanteilen (aufschiebend bedingte Abtretung) nach dem MoPeG ausgeschlossen ist: *Bialluch-von Allwörden*, NZG 2022, 792.
102 So Schäfer/*Bergmann*, § 7 Rn 16; BT-Drucks 19/31105, S. 10.

P. Angaben auf Geschäftsbriefen (§ 177a HGB)

Die Regelung des § 177a HGB zu Angaben auf Geschäftsbriefen hat folgende Anpassung erfahren:

„§ 125[103] gilt auch für die Gesellschaft, bei der ein Kommanditist eine natürliche Person ist. Der in § 125 Absatz 1 Satz 2[104] für die Gesellschafter vorgeschriebenen Angaben bedarf es nur für die persönlich haftenden Gesellschafter der Gesellschaft."

Durch die Änderung von § 177a HGB werden die Verweisungen auf § 125 HGB (§ 125a HGB alt) angepasst.

64

Q. Liquidation der Kommanditgesellschaft (§ 178 HGB)

Die Neuregelung des § 178 HGB zur Liquidation der KG hat jetzt folgenden Wortlaut:

65

„§ 144 Absatz 1 findet auf die Kommanditisten keine Anwendung".

§ 178 HGB trifft entsprechend einer Empfehlung des 71 DJT[105] (und anders als § 161 Abs. 2 HGB i.V.m. § 146 Abs. 1 S. 1 HGB alt, wonach auch sämtliche Kommanditisten zu Liquidatoren berufen waren) die Vorgabe, dass bei der Liquidation einer KG – abweichend von § 144 Abs. 1 HGB – **nur die Komplementäre** als Liquidatoren berufen sind.

66

Dies hat insbesondere für die personengleiche GmbH & Co. KG Bedeutung.[106]

Beachte:
Abweichende Vereinbarungen sind gemäß § 161 Abs. 2 i.V.m. § 143 Abs. 3 HGB zulässig.[107]

R. Insolvenz der Kommanditgesellschaft

Die Neuregelung des § 179 HGB zur Insolvenz der KG hat jetzt folgenden Wortlaut:

67

„§ 130 Absatz 1 Nummer 3 findet keine Anwendung, wenn der Gesellschafter, über dessen Vermögen das Insolvenzverfahren eröffnet worden ist, der einzige persönlich haftende Gesellschafter der Kommanditgesellschaft ist und
1. über das Vermögen der Kommanditgesellschaft das Insolvenzverfahren eröffnet ist oder

---

103 Vormals: „§ 125a".
104 Vormals: „§ 125a Absatz 1 Satz 2".
105 Vgl. Beschl. 25a des 71. DJT, in: Verhandlungen des 71. DJT, Bd. II/2, 2017, S. O223.
106 Schäfer/*Noack*, § 9 Rn 38.
107 RegE, BT-Drucks 19/27635, S. 259.

2. die Voraussetzungen für die Eröffnung des Insolvenzverfahrens über das Vermögen der Kommanditgesellschaft erfüllt sind und ein Antrag auf die Eröffnung des Insolvenzverfahrens gestellt ist.

Wird im Falle des Satzes 1 Nr. 2 der Antrag auf Eröffnung des Insolvenzverfahrens mangels Masse abgewiesen, treten die Wirkungen des § 130 Absatz 1 Nummer 3 mit dem Eintritt der Rechtskraft der Abweisungsentscheidung ein."

68 § 130 Abs. 1 Nr. 3 HGB (wonach die Eröffnung des Insolvenzverfahrens über das Vermögen des Gesellschafters, vorbehaltlich einer gesellschaftsvertraglichen Regelung, die für diesen Fall die Auflösung der Gesellschaft vorsieht, zum Ausscheiden dieses Gesellschafters aus der Gesellschaft führt) findet gemäß § 179 S. 1 HGB keine Anwendung, wenn der Gesellschafter, über dessen Vermögen das Insolvenzverfahrens eröffnet worden ist, der einzige persönlich haftende Gesellschafter der KG ist und (kumulativ)

- über das Vermögen der KG das Insolvenzverfahren eröffnet worden ist (Nr. 1) oder

- die Voraussetzungen für die Eröffnung des Insolvenzverfahrens über das Vermögen der KG erfüllt sind und ein Antrag auf die Eröffnung des Insolvenzverfahrens gestellt ist (Nr. 2).

69 § 179 S. 1 HGB schließt dann das Ausscheiden der insolventen GmbH bei der GmbH & Co. KG aus, wenn sowohl der Komplementär (GmbH) als auch die KG insolvent sind – *„was bei Insolvenz der (unternehmenstragenden) KG im Hinblick auf die persönliche Haftung der GmbH aus (...) § 126 HGB nahezu automatisch der Fall ist"*.[108] Damit ermöglicht die Neuregelung eine einheitliche Abwicklung oder Sanierung einer GmbH & Co. KG im typischen Fall einer Simultaninsolvenz[109] (was nach altem Recht nur im Wege einer teleologischen Reduktion von § 131 Abs. 3 S. 1 Nr. 2 HGB alt möglich war).

70 Wird im Fall von § 179 S. 1 Nr. 2 HGB der Antrag auf Eröffnung des Insolvenzverfahrens mangels Masse abgewiesen, treten nach § 179 S. 2 HGB die Wirkungen des § 130 Abs. 1 Nr. 3 HGB mit dem Eintritt der Rechtskraft der Abweisungsentscheidung ein.

---

108 Schäfer/*Schäfer*, § 8 Rn 25.
109 Bericht des Rechtsausschusses, BT-Drucks 19/31105, S. 10.

§ 5 Stille Gesellschaft

A. Vorbemerkung

Die stille Gesellschaft (§§ 230 ff. HGB) ist eine besondere Erscheinungsform der BGB-Innengesellschaft i.S.v. § 740 BGB.[1]

B. Informationsrecht des stillen Gesellschafters (§ 233 HGB)

Die Neuregelung des Informationsrechts des stillen Gesellschafters in § 233 HGB hat folgenden Wortlaut:

„Auf das Informationsrecht des stillen Gesellschafters ist § 166 entsprechend anzuwenden."

Die Neuregelung des § 233 HGB vollzieht die Änderung des § 166 HGB über das Informationsrecht des Kommanditisten für den stillen Gesellschafter nach.[2]

C. Kündigung der Gesellschaft (§ 234 Abs. HGB)

§ 234 Abs. 1 S. 1 HGB zur Kündigung der stillen Gesellschaft hat nunmehr folgenden Wortlaut:

„Auf die Kündigung der Gesellschaft durch einen der Gesellschafter oder durch einen Gläubiger des stillen Gesellschafters finden die Vorschriften der §§ 132 und 133[3] entsprechende Anwendung".

Obgleich die stille Gesellschaft eine Variante der GbR ist, würde eine Kündigung auf die Kontinuitätsinteressen im Unternehmen zu wenig Rücksicht nehmen.

§ 234 Abs. 1 HGB erklärt nunmehr die „§§ 132 und 133 HGB" für entsprechend anwendbar in dem Sinne, *„dass die Kündigung zur Auflösung bzw. Vollbeendigung der stillen Gesellschaft führt":*

- Für die ordentliche Kündigung einer auf unbestimmte Zeit eingegangenen stillen Gesellschaft gilt § 132 Abs. 1 HGB.
- Für die ordentliche Kündigung einer auf Lebenszeit eingegangen stillen Gesellschaft findet sich nach dem neuen OHG-Recht keine Entsprechung, weswegen die Verweisung auf § 134 HGB alt entfällt.
- Für die Kündigung durch einen Privatgläubiger des stillen Gesellschafters gilt § 133 HGB (§ 135 HGB alt).

---

1 Schäfer/*Armbrüster*, § 3 Rn 58.
2 RegE, BT-Drucks 19/27635, S. 259.
3 Vormals: „*§§ 132, 134 und 135*".

§ 5 Stille Gesellschaft

7 § 234 Abs. 1 S. 2 HGB alt – „Die Vorschriften des § 723 BGB über das Recht, die Gesellschaft aus wichtigen Gründen ohne Einhaltung einer Frist zu kündigen, bleiben unberührt" – wurde aufgehoben, nachdem im neuen OHG-Recht eine Austrittskündigung aus „wichtigem Grund" vorgesehen ist, womit § 234 Abs. 1 S. 2 HGB alt in der Verweisung auf § 132 HGB vollständig aufgeht (wobei klarzustellen ist, dass die Kündigung wiederum zur Auflösung bzw. Vollbeendigung der stillen Gesellschaft führt).[4]

---

[4] RegE BT-Drucks 19/27635, S. 259.

§ 6 Partnerschaftsgesellschaft

A. Vorbemerkung

Im PartGG hat der Gesetzgeber nach der Öffnung der Personenhandelsgesellschaften (OHG und KG) für die Ausübung freiberuflicher Zwecke (vgl. § 107 Abs. 1 S. 2 HGB) keinen grundlegenden Reformbedarf gesehen und deshalb weitgehend nur redaktionelle Anpassungen an das neue OHG-Recht vorgenommen.[1] Inhaltlich wurde nur das jetzt liberalisierte Namensrecht neu gefasst.

1

B. Überschrift des § 1 PartGG

Die bisherige Überschrift „Voraussetzungen der Partnerschaft", die sich nur auf den Regelungsgehalt von § 1 Abs. 1 bis 3 PartGG bezieht, wurde an den geänderten Inhalt in § 1 Abs. 4 PartGG (Anordnung der Anwendung von Vorschriften über die GbR) angepasst in „*Voraussetzungen der Partnerschaft; Anwendbarkeit der Vorschriften über die Gesellschaft bürgerlichen Rechts*". Ziel ist es, „*dem Rechtsanwender den gesamten Regelungsgehalt der Vorschrift [des § 1 PartGG] schon in ihrer Überschrift deutlich [zu] machen*".[2]

2

C. Anwendbarkeit der Vorschriften über die GbR (§ 1 Abs. 4 PartGG)

Die Neufassung des § 1 Abs. 4 PartGG zur Anwendbarkeit der GbR-Vorschriften auf die Partnerschaftsgesellschaft hat folgenden Wortlaut:

3

„Auf die Partnerschaft finden, soweit in diesem Gesetz nichts anderes bestimmt ist, die Vorschriften des Bürgerlichen Gesetzbuchs über die Gesellschaft **entsprechende** Anwendung".

Der Verweis wird damit weiter gefasst. Infolge der Einführung des neuen Instruments des Statuswechsels im BGB (vgl. § 707c BGB) und HGB (§ 106 Abs. 3 bis 5 sowie § 107 Abs. 2 und 3 HGB) – d.h. einem Wechsel (Übergang) zwischen verschiedenen Rechtsformen von Personengesellschaften (von einer eingetragenen GbR in eine Personenhandelsgesellschaft und vice versa) außerhalb des UmwG – enthält § 707c BGB Bestimmungen über die GbR.

4

Diese Vorschriften über die GbR sollen auf einen Statuswechsel unter Beteiligung einer Partnerschaftsgesellschaft angewendet werden können.[3]

5

---

1 RegE BT-Drucks 19/27635, S. 273.
2 RegE BT-Drucks 19/27635, S. 274.
3 RegE BT-Drucks 19/27635, S. 274.

§ 6 Partnerschaftsgesellschaft

Infolgedessen soll „*durch die Neufassung die Verweisung nicht mehr nur auf Bestimmungen des BGB, sondern generell auf Bestimmungen über die GbR erstreckt*" werden.[4]

6 Durch die Einfügung des Wortes „entsprechende" werden die Vorschriften des BGB über die GbR auf die Partnerschaftsgesellschaft i.S.e. **Rechtsanalogie** (statt vormals einer Rechtsgrundverweisung) für subsidiär anwendbar erklärt.[5]

D. Name der Partnerschaft (§ 2 PartGG)

I. Namenszusatz (§ 2 Abs. 1 PartGG)

7 Die Neufassung des § 2 Abs. 1 PartGG zum Namenszusatz der Partnerschaftsgesellschaft folgt einer Forderung des 71. DJT nach einer Liberalisierung des Namensrechts[6] und hat folgenden Wortlaut:

„**Der Name der Partnerschaft muss den Zusatz „und Partner" oder „Partnerschaft" enthalten.**"

8 Nach Ansicht des Gesetzgebers lassen sich die Anforderungen der Altregelung[7] – die z.T. nicht mehr zeitgemäß sind (z.B. der Zwang zur Benennung von mindestens einem Partner)[8] – nach der Liberalisierung des Firmenrechts im Rahmen des Gesetzes zur Neuregelung des Kaufmanns- und Firmenrechts und zur Änderung anderer handels- und gesellschaftsrechtlicher Vorschriften (Handelsrechtsreformgesetz – HRefG)[9] „*so nicht mehr aufrechterhalten*".[10]

9 Daher sind jetzt Sach- oder Phantasiebezeichnungen[11] zulässig.

---

4 RegE BT-Drucks 19/27635, S. 274.
5 RegE BT-Drucks 19/27635, S. 274: „*Die (...) Rechtsgrundverweisung wird den verbleibenden Strukturunterschieden beider Gesellschaftsrechtsformen nicht hinreichend gerecht*".
6 Vgl. Beschl. 32a des 71. DJT, in: Verhandlungen des 71. DJT, Bd. II/2, 2017, S. O224.
7 Die Altfassung hatte folgen Wortlaut: „*Der Name der Partnerschaft muß den Namen mindestens eines Partners, den Zusatz „und Partner" oder „Partnerschaft" sowie die Berufsbezeichnungen aller in der Partnerschaft vertretenen Berufe enthalten. Die Beifügung von Vornamen ist nicht erforderlich. Die Namen anderer Personen als der Partner dürfen nicht in den Namen der Partnerschaft aufgenommen werden*".
8 RegE BT-Drucks 19/27635, S. 274: „*Die grundsätzlich zu schützende Vertrauensbeziehung zwischen Freiberufler und Auftraggeber erfordert es jedenfalls aus gesellschaftsrechtlicher Sicht nicht, dass der Name der Partnerschaftsgesellschaft den Namen mindestens eines Partners enthalten muss, zumal die Identifizierung der Partnerschaftsgesellschaft mit dem Namen der Partner weitgehend an Bedeutung verloren hat*".
9 Vom 22.6.1998 – BGBl I, S. 1474.
10 RegE BT-Drucks 19/27635, S. 274.
11 Die nach alter Rechtslage in den Grenzen der Namenswahrheit nach § 2 Abs. 2 PartGG alt i.V.m. § 18 Abs. 2 HGB nur dem Namen der Partnerschaftsgesellschaft hinzugefügt werden durften – so BGH, Urt. v. 11.3.2004 – I ZR 62/01, WM 2005, 93, juris Rn 14.

§ 2 Abs. 1 PartGG hält hingegen an den Namenszusätzen „und Partner" oder „Partnerschaft" fest, „*weil sie dem Rechtsverkehr die Gesellschafts- und Haftungsverhältnisse transparent machen*".[12] Für eine Zulassung weiterer Namenszusätze mit rechtsformbezeichnender Bedeutung hat der Gesetzgeber kein durchgreifendes praktisches Bedürfnis gesehen.[13]   **10**

Entfallen ist neben dem Namensangabeerfordernis auch der Zwang zur Bezeichnung sämtlicher in der Partnerschaftsgesellschaft vertretenen Berufe,[14] was auch weit über den mit § 2 Abs. 2 PartGG i.V.m. § 18 Abs. 2 HGB verfolgten Schutzzweck hinausgeht.   **11**

II. Auf die Partnerschaftsgesellschaft übertragbare Grundsätze des Firmenrechts (§ 2 Abs. 2 PartGG)

Die Neufassung des § 2 Abs. 2 PartGG in Bezug auf die Partnerschaftsgesellschaft übertragbare Grundsätze des Firmenrechts hat folgenden Wortlaut: **12**

„Die §§ 18,[15] 21, 22 Abs. 1, §§ 23, 24, 30, 31 Abs. 2, §§ 32 und 37 des Handelsgesetzbuchs sind entsprechend anzuwenden; § 24 Abs. 2 des Handelsgesetzbuchs gilt auch bei Umwandlung einer Gesellschaft bürgerlichen Rechts in eine Partnerschaft."

Durch den Wegfall des Zwangs zur Benennung mindestens eines Partners (§ 2 Abs. 1 S. 1 PartGG alt) „*muss sich der Name der Partnerschaftsgesellschaft in Zukunft auch an § 18 Abs. 1 HGB messen lassen*".[16] Auf § 18 Abs. 1 HGB war in der Altregelung noch kein Verweis erfolgt.   **13**

Nach § 2 Abs. 1 PartGG i.V.m. § 18 Abs. 1 HGB muss der Name der Partnerschaftsgesellschaft Eignung zur Kennzeichnung und Unterscheidungskraft besitzen – **Namensfunktion im geschäftlichen Verkehr**.[17]

E. Wegfall von § 3 PartGG alt (Partnerschaftsvertrag)

Der Gesetzgeber hat den Wegfall von § 3 PartGG alt wie folgt begründet: **14**

■ Das Schriftformerfordernis nach § 3 Abs. 1 PartGG alt[18] sei ein Fremdkörper im System des Personengesellschaftsrechts, der sich weder aus Gründen der Beweissicherung, noch aus Gründen der wirksamen behördlichen Aufsicht recht-

---

12 RegE BT-Drucks 19/27635, S. 274.
13 RegE BT-Drucks 19/27635, S. 274.
14 Intention war hier die Information des Publikums über die tatsächliche Bandbreite der in der Partnerschaftsgesellschaft angebotenen freiberuflichen Dienstleistungen: BT-Drucks 12/6152, S. 11.
15 Vormals: § 18 Abs. 2 HGB.
16 RegE BT-Drucks 19/27635, S. 275.
17 RegE BT-Drucks 19/27635, S. 275.
18 „*Der Partnerschaftsvertrag bedarf der Schriftform*".

357

fertigen lasse.[19] „*Es obliegt daher dem Berufsrecht, hier zielgenaue Vorsorge zu treffen*".[20]

- Der Vorgaben nach § 3 Abs. 2 PartGG alt[21] als Beweissicherung für den Inhalt des Partnerschaftsvertrags bedürfe es schon deshalb nicht, „*weil diese Angaben nach §§ 4, 5 Absatz 1 PartGG zugleich den Inhalt der von sämtlichen Gesellschaftern zu bewirkenden Anmeldung und der nachfolgenden Eintragung der Partnerschaftsgesellschaft bilden*",[22] weshalb i.d.R. bereits so die Übereinstimmung der Angaben mit den vom Parteiwillen umfassten rechtlichen Verhältnissen der Partnerschaftsgesellschaft gesichert sei.[23]

15 Die Angaben zum gesetzlichen Mindestinhalt des Partnerschaftsvertrags in § 3 Abs. 2 Nr. 1 bis 3 PartGG seien obsolet, da sie auch jene Angaben mit enthalten, die gemäß § 4 Abs. 1 S. 1 und 2 PartGG zugleich Gegenstand der Anmeldung und Eintragung der **Partnerschaftsgesellschaft** sind.[24]

F. Anmeldung der Partnerschaft und Statuswechsel (§ 4 PartGG)

16 Die Regelung des § 4 PartGG zur Anmeldung der Partnerschaft und zum Statuswechsel lautet in der Neufassung wie folgt:

„(1) Auf die Anmeldung der Partnerschaft in das Partnerschaftsregister sind **§ 106 Abs. 1 und 7 Satz 1 und 2 des Handelsgesetzbuchs**[25] entsprechend anzuwenden. **Die Anmeldung hat die Angaben gemäß § 5 Absatz 1 zu enthalten.**[26] Änderungen dieser Angaben sind gleichfalls zur Eintragung in das Partnerschaftsregister anzumelden.

(2) In der Anmeldung ist die Zugehörigkeit jedes Partners zu dem Freien Beruf, den er in der Partnerschaft ausübt, anzugeben. Das Registergericht legt bei der Eintragung die Angaben der Partner zugrunde, es sei denn, ihm ist deren Unrichtigkeit bekannt.

(3) Der Anmeldung einer Partnerschaft mit beschränkter Berufshaftung nach § 8 Absatz 4 muss eine Versicherungsbescheinigung gemäß § 113 Absatz 2 des Gesetzes über den Versicherungsvertrag beigefügt sein.

---

19 RegE BT-Drucks 19/27635, S. 275.
20 RegE BT-Drucks 19/27635, S. 275.
21 „*Der Partnerschaftsvertrag muß enthalten 1. den Namen und den Sitz der Partnerschaft; 2. den Namen und den Vornamen sowie den in der Partnerschaft ausgeübten Beruf und den Wohnort jedes Partners; 3. den Gegenstand der Partnerschaft*".
22 RegE BT-Drucks 19/27635, S. 275.
23 RegE BT-Drucks 19/27635, S. 275.
24 RegE BT-Drucks 19/27635, S. 275.
25 Vormals: „*§ 106 Abs. 1 und § 108 Satz 1 des Handelsgesetzbuchs*".
26 Vormals: Die Anmeldung hat die in § 3 Abs. 2 vorgeschriebenen Angaben, das Geburtsdatum jedes Partners und die Vertretungsmacht der Partner zu enthalten.

F. Anmeldung der Partnerschaft und Statuswechsel (§ 4 PartGG) § 6

(4) Auf den Statuswechsel unter Beteiligung einer Partnerschaft ist § 107 Absatz 3 des Handelsgesetzbuchs entsprechend anzuwenden."

I. Überschrift

Die alte Überschrift – „Anmeldung der Partnerschaft" – wurde erweitert in „Anmeldung der Partnerschaft und Statuswechsel", da sie den Inhalt des neu angefügten Abs. 4 des § 4 PartGG (Statuswechsel) nicht mehr angemessen wiedergibt.[27]

17

II. Registeranmeldung

In Abs. 1 S. 1 ist in Bezug auf die Registeranmeldung die Verweisung – auf § 106 Abs. 1 und 7 S. 1 und 2 HGB – angepasst worden.

18

Beachte:
Es ist kein Verweis auf § 106 Abs. 7 S. 3 HGB (Erleichterung hinsichtlich der Anmeldung einer Änderung der Geschäftsanschrift) erfolgt, da dies für die Partnerschaftsgesellschaft ohne Belang ist. Gemäß § 5 Abs. 2 PartG zählt nämlich die „Anschrift in einem Mitgliedstaat der Europäischen Union" ohnedies nicht zu den eintragungspflichtigen Tatsachen.[28]

III. Angaben der Anmeldung

Als Folgeänderung zur Aufhebung von § 3 Abs. 2 PartGG alt stellt die Neufassung von § 3 Abs. 2 S. 2 PartGG klar, dass – über die nach § 3 Abs. 2 Nr. 1 PartGG i.V.m. § 106 Abs. 1 und 2 HGB zu machenden Angaben hinaus – auch Angaben zum

19

- in der Partnerschaftsgesellschaft **ausgeübten Beruf** (vgl. § 5 Abs. 1 Nr. 3 PartGG) und
- zum **Gegenstand der Partnerschaftsgesellschaft** (§ 5 Abs. 1 Nr. 4 PartGG)

zu machen sind.

Dies ermöglicht es dem Registergericht den der Partnerschaftsgesellschaft vorbehaltenen Zweck und die Fähigkeit eines Gesellschafters, sich als Partner i.S.v. § 1 Abs. 1 PartGG an einer Partnerschaftsgesellschaft zu beteiligen, zu überprüfen.[29]

20

IV. Statuswechsel

Auf den Statuswechsel unter Beteiligung einer Partnerschaft ist nach § 4 Abs. 4 PartGG die Regelung des § 107 Abs. 3 HGB entsprechend anzuwenden.

21

---

27 RegE BT-Drucks 19/27635, S. 275.
28 RegE BT-Drucks 19/27635, S. 276.
29 RegE BT-Drucks 19/27635, S. 275.

In der Folge muss das Partnerschaftsregistergericht bei einem Statuswechsel von einer Partnerschaftsgesellschaft in eine GbR prüfen, ob nicht die Anmeldung wegen des Vorliegens eines Handelsgewerbes und des Erfordernisses eines in kaufmännischer Weise eingerichteten Geschäftsbetriebs (vgl. § 1 Abs. 2 HGB) nach § 382 Abs. 3 FamFG zurückzuweisen ist.[30]

> *Beachte:*
> Der Statuswechsel einer Partnerschaftsgesellschaft in eine GbR oder in eine Personenhandelsgesellschaft (OHG/KG) folgt i.Ü. aufgrund der generellen Verweisung des § 1 Abs. 4 PartGG den Vorgaben für die GbR und damit insbesondere § 707c BGB:[31]
> - Der Statuswechsel ist nach § 707c Abs. 1 BGB beim Partnerschaftsregister anzumelden.
> - Das Partnerschaftsregister gibt nach Eintragung des Statuswechselvermerks das Verfahren an das Handelsregister oder das Gesellschaftsregister ab.
> - In das Handels- oder Gesellschaftsregister wird die Gesellschaft dann in neuer Rechtsform gemäß
>   - § 707c Abs. 3 und 4 BGB bzw.
>   - § 106 Abs. 4 und 5 HGB
>   eingetragen.
> - Dabei kann ein weiterer Gesellschafter angemeldet werden, bspw., wenn eine GmbH mit Wirksamwerden des Statuswechsels einer KG als unbeschränkt persönlich haftende Gesellschafterin beitreten soll und alle bisherigen Partner in der KG als neuer Rechtsform Kommanditisten sein sollen.[32]

Folgende Möglichkeiten bestehen.

1. Statuswechsel von der Partnerschaftsgesellschaft in eine GbR

22 Der Statuswechsel von einer Partnerschaftsgesellschaft in eine GbR[33] vollzieht sich wie folgt:
- Anmeldung des Statuswechsels nach § 1 Abs. 4 PartGG i.V.m. § 707c Abs. 1 BGB beim Partnerschaftsregister, in dem die Partnerschaftsgesellschaft eingetragen ist.
- Das Partnerschaftsregistergericht prüft gemäß § 4 Abs. 4 PartGG i.V.m. § 107 Abs. 3 HGB, ob ein Gewerbebetrieb i.S.v. § 1 Abs. 2 HGB (Handelsgewerbe) vorliegt.

---

30 RegE BT-Drucks 19/27635, S. 276.
31 RegE BT-Drucks 19/27635, S. 275.
32 RegE BT-Drucks 19/27635, S. 275.
33 RegE BT-Drucks 19/27635, S. 275.

F. Anmeldung der Partnerschaft und Statuswechsel (§ 4 PartGG) | § 6

- Ist dies nicht der Fall, wird nach § 1 Abs. 4 PartGG i.V.m. § 707c Abs. 2 BGB ein Statuswechselvermerk in das Partnerschaftsregister eingetragen.
- Das das Gesellschaftsregister führende Gericht trägt die Gesellschaft (GbR) gemäß § 707c Abs. 3 und 4 BGB in das Gesellschaftsregister ein.
- Das das Gesellschaftsregister führende Gericht teilt den Tag der Eintragung nach § 707c Abs. 4 S. 2 BGB dem das Partnerschaftsregister führenden Gericht mit.
- Der Tag der Eintragung wird gemäß § 1 Abs. 4 PartGG i.V.m. § 707c Abs. 2 S. 4 BGB bei dem im Partnerschaftsregister eingetragenen Statuswechselvermerk eingetragen.[34]

2. Statuswechsel von der Partnerschaftsgesellschaft in eine Personenhandelsgesellschaft

Der Statuswechsel von einer Partnerschaftsgesellschaft in eine Personenhandelsgesellschaft[35] vollzieht sich wie folgt:

23

- Der Statuswechsel ist gemäß § 1 Abs. 4 PartGG i.V.m. § 707c Abs. 1 BGB beim Partnerschaftsregister anzumelden, bei dem die Partnerschaftsgesellschaft eingetragen ist.
- Nach § 1 Abs. 4 PartGG i.V.m. § 707c Abs. 2 BGB wird ein Statuswechselvermerk in das Partnerschaftsregister eingetragen.
- Das das Handelsregister führende Gericht trägt nach Abgabe des Verfahrens die Gesellschaft gemäß § 106 Abs. 4 und 5 HGB als OHG oder als KG ein.
- Bei Anwendung von § 106 Abs. 4 und 5 HGB tritt das abgebende Partnerschaftsregister gemäß § 1 Abs. 4 PartGG i.V.m. § 106 Abs. 3 bis 6 HGB an die Stelle des Gesellschaftsregisters. Bei dieser Eintragung kann ein weiterer Gesellschafter als (unbeschränkt) persönlich haftender Gesellschafter einer KG eingetragen werden, der der Partnerschaftsgesellschaft bislang nicht angehörte, so dass alle bisherigen Gesellschafter als Kommanditisten eingetragen werden können.
- Das das Handelsregister führende Gericht teilt dem Gericht, das das abgebende Partnerschaftsregister führt, gemäß § 106 Abs. 5 S. 2 HGB den Tag der Eintragung mit.
- Der Tag der Eintragung wird nach § 1 Abs. 4 PartGG i.V.m. § 707c Abs. 2 S. 4 BGB bei dem im Partnerschaftsregister eingetragenen Statuswechselvermerk eingetragen.[36]

---

34 RegE BT-Drucks 19/27635, S. 276.
35 RegE BT-Drucks 19/27635, S. 277.
36 RegE BT-Drucks 19/27635, S. 277.

§ 6 Partnerschaftsgesellschaft

3. Statuswechsel von der eingetragenen GbR in eine Partnerschaftsgesellschaft

24 Der Statuswechsel von einer eingetragenen GbR in eine Partnerschaftsgesellschaft[37] vollzieht sich wie folgt:

- Der Statuswechsel ist gemäß § 707c Abs. 1 BGB bei dem Gesellschaftsregister anzumelden, in dem die Gesellschaft eingetragen ist.
- Das Gericht trägt nach § 707c Abs. 2 S. 2 BGB einen Statuswechselvermerk in das Gesellschaftsregister ein und gibt das Verfahren an das das Partnerschaftsregister führende Gericht ab.
- Gemäß § 4 Abs. 1 PartGG i.V.m. § 106 Abs. 3 und 4 HGB trägt das das Partnerschaftsregister führende Gericht die Partnerschaftsgesellschaft ein, wenn die Voraussetzungen gemäß § 1 Abs. 1 bis 3 PartGG i.V.m. § 4 Abs. 2 und 3 PartGG vorliegen.
- Das das Partnerschaftsregister führende Gericht teilt den Tag der Eintragung nach § 4 Abs. 1 PartGG i.V.m. § 106 Abs. 5 S. 2 HGB dem das Gesellschaftsregister führenden Gericht mit.
- Der Tag der Eintragung wird gemäß § 707c Abs. 2 S. 4 BGB bei dem im Gesellschaftsregister eingetragenen Statuswechselvermerk eingetragen.[38]

4. Statuswechsel von der Personenhandelsgesellschaft in eine Partnerschaftsgesellschaft

25 Der Statuswechsel von einer Personenhandelsgesellschaft in eine Partnerschaftsgesellschaft[39] vollzieht sich wie folgt:

- Der Statuswechsel ist gemäß § 1 Abs. 4 PartGG i.V.m. § 707c Abs. 1 BGB bei dem Handelsregister anzumelden, in dem die Gesellschaft eingetragen ist.
- Das Gericht trägt einen Statuswechselvermerk nach § 4 Abs. 4 PartGG i.V.m. § 107 Abs. 3 HGB nur dann in das Handelsregister ein, wenn die Gesellschaft kein Handelsgewerbe i.S.v. § 1 Abs. 2 HGB betreibt, und gibt das Verfahren an das das Partnerschaftsregister führende Gericht ab.
- Gemäß § 4 Abs. 1 PartGG i.V.m. § 106 Abs. 3 und 4 HGB trägt das das Partnerschaftsregister führende Gericht die Partnerschaftsgesellschaft ein, wenn die Voraussetzungen nach § 1 Abs. 1 bis 3 PartGG i.V.m. § 4 Abs. 2 und 3 PartGG vorliegen.
- Das das Partnerschaftsregister führende Gericht teilt gemäß § 4 Abs. 1 PartGG i.V.m. § 106 Abs. 5 S. 2 HGB dem das Handelsregister führenden Gericht den Tag der Eintragung mit.

---

37 RegE BT-Drucks 19/27635, S. 277.
38 RegE BT-Drucks 19/27635, S. 277.
39 RegE BT-Drucks 19/27635, S. 277.

G. Inhalt der Eintragung und anzuwendende Vorschriften (§ 5 PartGG) § 6

■ Der Tag der Eintragung wird nach § 107 Abs. 3 S. 2 HGB i.V.m. § 707c Abs. 2 S. 4 BGB bei dem im Handelsregister eingetragenen Statuswechselvermerk eingetragen.[40]

G. Inhalt der Eintragung und anzuwendende Vorschriften (§ 5 PartGG)

Nach der Neufassung hat § 5 PartGG über den Inhalt der Eintragung zum Partnerschaftsregister und die dabei anwendbaren Vorschriften folgenden Wortlaut: 26

„(1) Die Eintragung hat zu enthalten:
1. den Namen und den Sitz der Partnerschaft;
2. den Namen, den Vornamen, das Geburtsdatum und den Wohnort jedes Partners;
3. den in der Partnerschaft ausgeübten Beruf jedes Partners;
4. den Gegenstand der Partnerschaft;
5. die Angabe der Vertretungsbefugnis der Partner.

(2) Auf das Partnerschaftsregister und die registerrechtliche Behandlung von Zweigniederlassungen sind die §§ 8, 8a, 9, 10 bis 12, 13, 13d, 13h und 14 bis 16 des Handelsgesetzbuchs über das Handelsregister entsprechend anzuwenden; eine Pflicht zur Anmeldung einer **Anschrift in einem Mitgliedstaat der Europäischen Union**[41] besteht nicht."

I. Inhalt der Eintragung

Die Eintragung muss nach der Neuregelung des § 5 Abs. 1 PartGG – als Folgeänderung zur Aufhebung von § 3 Abs. 2 PartGG alt – Folgendes enthalten: 27

■ den Namen und den Sitz der Partnerschaft (Nr. 1);
■ den Namen, den Vornamen, das Geburtsdatum und den Wohnort jedes Partners (Nr. 2);
■ den in der Partnerschaft ausgeübten Beruf jedes Partners (Nr. 3);
■ den Gegenstand der Partnerschaft (Nr. 4);
■ die Angabe der Vertretungsbefugnis der Partner (Nr. 5).

II. Anschrift in einem Mitgliedstaat der EU

Die Pflicht zur Anmeldung einer „Anschrift in einem Mitgliedstaat der EU" ist eine redaktionelle Anpassung an die Änderung von § 106 Abs. 2 Nr. 2 HGB alt (vgl. die Neufassung des § 106 Abs. 2 Nr. 1 Buchst. c HGB: „Geschäftsanschrift in einem Mitgliedstaat der Europäischen Union"). 28

---

40 RegE BT-Drucks 19/27635, S. 277.
41 Vormals: „*inländischen Geschäftsanschrift*".

29 Der Gesetzgeber hält in § 5 Abs. 2 PartGG daran fest, dass die Partnerschaftsgesellschaft von der Pflicht zur Anmeldung einer inländischen Geschäftsanschrift ausgenommen ist.[42] Die Regelung beruht auf dem Gesetz zur Modernisierung des GmbH-Rechts und zur Bekämpfung von Missbräuchen (MoMiG) vom 23.10.2008.[43] Sie ist Folge der Änderung von § 106 Abs. 2 Nr. 2 HGB alt – einer Regelung, *„die ihrerseits auf das Ziel des damaligen Gesetzgebers zurückzuführen war, Zustellungserleichterungen bei der GmbH und der AG zu erreichen"*.[44]

Dem MoPeG-Gesetzgeber hat sich ein vergleichbarer Regelungsbedarf bei der Partnerschaftsgesellschaft nicht aufgedrängt, *„weshalb es sachgerecht erscheint, das Partnerschaftsregister nicht mit zusätzlichen Eintragungen zur Geschäftsanschrift zu überfrachten"*.[45]

H. Rechtsverhältnis der Partner untereinander (§ 6 Abs. 3 PartGG)

30 Die Neufassung des § 6 Abs. 3 PartGG zum Rechtsverhältnis der Partner untereinander hat folgenden Wortlaut:

„(...)

(3) Im Übrigen richtet sich das Rechtsverhältnis der Partner untereinander nach dem Partnerschaftsvertrag. Soweit der Partnerschaftsvertrag keine Bestimmungen enthält, sind **§ 116 Absatz 1, 2 Satz 1 und Absatz 3 bis 6 sowie die §§ 117, 118 und 119 des Handelsgesetzbuchs**[46] entsprechend anzuwenden."

31 Durch die Änderung von § 6 Abs. 3 S. 2 PartGG erfolgt durch die Verweise auf das Innenrecht der OHG eine Anpassung – ohne dass damit eine inhaltliche Änderung bezweckt wird[47] – im Hinblick auf
- die Geschäftsführung (§ 116 Abs. 1 und Abs. 2 S. 1 sowie Abs. 3 bis 6 HGB neu – vormals §§ 114 bis 117 HGB alt),
- das Wettbewerbsverbot (§§ 117 und 118 HGB neu – vormals §§ 112, 113 HGB alt) und
- die Verzinsungspflicht (§ 119 HGB neu – vormals § 110 Abs. 2 und § 111 HGB alt).

32 Von der Verweisung ausgenommen sind die Regelungen über
- **Aufwendungsersatz** (§ 110 HGB alt),

---

42 RegE BT-Drucks 19/27635, S. 277.
43 BGBl I, S. 2026.
44 RegE BT-Drucks 19/27635, S. 277.
45 RegE BT-Drucks 19/27635, S. 277.
46 Vormals: *„die §§ 110 bis 116 Abs. 2, §§ 117 bis 119 des Handelsgesetzbuchs"*.
47 RegE BT-Drucks 19/27635, S. 278.

- **Kontrollrechte** (§ 118 HGB alt) und
- **Gesellschafterbeschlüsse** (§ 109 Abs. 3 HGB neu – vormals § 119 HGB alt), da diese Regelungsmaterien weitgehend bereits von der Generalverweisung des § 1 Abs. 4 PartGG auf das Recht der GbR erfasst sind[48] – nämlich auf § 716 Abs. 1 BGB in Bezug auf den Aufwendungsersatz oder § 717 Abs. 1 BGB auf das Informationsrecht.

I. Wirksamkeit im Verhältnis zu Dritten, rechtliche Selbstständigkeit, Vertretung (§ 7 PartGG)

Nach der Neufassung hat § 7 PartGG zur Wirksamkeit der Partnerschaftsgesellschaft im Verhältnis zu Dritten (Außenverhältnis), ihrer rechtlichen Selbstständigkeit und Vertretung nunmehr folgenden Wortlaut:

„(1) Die Partnerschaft wird im Verhältnis zu Dritten mit ihrer Eintragung in das Partnerschaftsregister wirksam.

(2) Auf die Vertretung der Partnerschaft sind die Vorschriften **des § 124 Absatz 1 und 2 sowie § 124 Absatz 4, 5 und 6 des Handelsgesetzbuchs**[49] entsprechend anzuwenden.

(3) Für die Angabe auf Geschäftsbriefen der Partnerschaft ist **§ 125 Absatz 1 Satz 1 und Absatz 2 des Handelsgesetzbuchs**[50] mit der Maßgabe entsprechend anzuwenden, dass bei einer Partnerschaft mit beschränkter Berufshaftung auch der von dieser gewählte Namenszusatz im Sinne des § 8 Absatz 4 Satz 3 anzugeben ist".

I. Aufhebung von Abs. 2 alt

Das mit § 7 Abs. 2 PartGG alt[51] verfolgte Klarstellungsbedürfnis – Rechtsfähigkeit der Partnerschaftsgesellschaft als Unterfall der GbR[52] – ist mit der gesetzlichen Anerkennung der GbR entfallen, weswegen die Vorschrift aufzuheben war.[53]

II. Vertretung

Hier erfolgt eine Anpassung der Verweisung auf das Vertretungsrecht der OHG – entsprechende Anwendung des § 124 Abs. 1 und 2 sowie Abs. 4 bis 6 HGB. Auf § 124 Abs. 3 HGB erfolgt kein Verweis, *„weil die Partnerschaftsgesellschaft mangels Kaufmannseigenschaft keinen Prokuristen bestellen kann"*.[54]

---

48 RegE BT-Drucks 19/27635, S. 278.
49 Vormals: *„§ 125 Abs. 1 und 2 sowie der §§ 126 und 127 des Handelsgesetzbuchs"*.
50 Vormals *„§ 125a Absatz 1 Satz 1, Absatz 2 des Handelsgesetzbuchs"*.
51 § 7 Abs. 2 PartGG alt hatte folgenden Wortlaut: *„§ 124 des Handelsgesetzbuchs ist entsprechend anzuwenden"*.
52 Vgl. BT-Drucks 12/6152, S. 16.
53 RegE BT-Drucks 19/27635, S. 278.
54 Schäfer/*Habersack*, § 4 Rn 10.

III. Angabe auf Geschäftsbriefen

36 § 7 Abs. 4 PartGG ist Folgeänderung zur Aufhebung von § 7 Abs. 2 PartGG alt in Anpassung der Verweisung auf § 125 Abs. 1 S. 1 und Abs. 2 HGB in Bezug auf die notwendigen Angaben auf Geschäftsbriefen.

„Die Änderung trägt bereits dem Entwurf eines Gesetzes zur Neuregelung des Berufsrechts der anwaltlichen und steuerberatenden Berufsausübungsgesellschaften sowie zur Änderung weiterer Vorschriften im Bereich der rechtsberatenden Berufe Rechnung".[55]

J. Haftung für Verbindlichkeiten der Partnerschaftsgesellschaft (§ 8 PartGG)

37 Die Neufassung des § 8 PartGG zur Haftung für Verbindlichkeiten der Partnerschaftsgesellschaft erfasst dessen Abs. 1 und 4:

„(1) Für Verbindlichkeiten der Partnerschaft haften den Gläubigern neben dem Vermögen der Partnerschaft die Partner als Gesamtschuldner. Die **§§ 721a und 721b des Bürgerlichen Gesetzbuchs**[56] sind entsprechend anzuwenden.

(...)

(4) Für Verbindlichkeiten der Partnerschaft aus Schäden wegen fehlerhafter Berufsausübung haftet den Gläubigern nur **die Gesellschaft**,[57] wenn die Partnerschaft eine zu diesem Zweck durch Gesetz vorgegebene Berufshaftpflichtversicherung unterhält. Für die Berufshaftpflichtversicherung gelten § 113 Absatz 3 und die §§ 114 bis 124 des Versicherungsvertragsgesetzes entsprechend. Der Name der Partnerschaft muss den Zusatz „mit beschränkter Berufshaftung" oder die Abkürzung „mbB" oder eine andere allgemein verständliche Abkürzung dieser Bezeichnung enthalten; anstelle der Namenszusätze nach § 2 Abs. 1[58] kann der Name der Partnerschaft mit beschränkter Berufshaftung den Zusatz „Part" oder „PartG" enthalten".

I. Haftung der Gesellschaft

38 Durch die Klarstellung in § 8 Abs. 1 S. 2 PartGG wird – ohne dass eine inhaltliche Änderung bezweckt ist – die vormalige Verweisung auf das Haftungsregime der OHG (§§ 129 und 130 HGB alt) an das wortlautidentische Haftungsregime der GbR (§§ 721 und 721a BGB) angepasst.[59]

---

55 RegE BT-Drucks 19/27635, S. 278.
56 Vormals: *„§§ 129 und 130 des Handelsgesetzbuchs".*
57 Vormals: *„das Gesellschaftsvermögen".*
58 Vormals: *„§ 2 Absatz 1 Satz 1".*
59 RegE BT-Drucks 19/27635, S. 278.

II. Ausschluss der Haftung der Partner für Verbindlichkeiten der Partnerschaft

§ 8 Abs. 4 S. 1 PartGG stellt klar, dass die Haftung der Partner für Verbindlichkeiten der Partnerschaftsgesellschaft aus Schäden wegen fehlerhafter Berufsausübung ausgeschlossen ist. Voraussetzung dafür ist, dass die Partnerschaftsgesellschaft eine zu diesem Zweck durch Gesetz vorgegebene **Berufshaftpflichtversicherung** unterhält.

39

Während die Altfassung – einem überholten Verständnis geschuldet, dass die Partnerschaftsgesellschaft selbst nicht rechtsfähig ist – noch auf die Haftung des Gesellschaftsvermögens abgestellt hat,[60] stellt die Neufassung klar, dass die „Gesellschaft" selbst haftet.

III. Namenszusatz

§ 8 Abs. 4 S. 3 PartGG ist Folgeänderung zur Neufassung von § 2 Abs. 1 PartGG.[61]

40

K. Ausscheiden eines Partners und Auflösung der Partnerschaft (§ 9 PartGG)

Die Neufassung des § 9 PartGG zum Ausscheiden eines Partners und zur Auflösung der Partnerschaft erfasst dessen Abs. 1 und 4:

41

„(1) Auf das Ausscheiden eines Partners und die Auflösung der Partnerschaft sind, soweit im Folgenden nichts anderes bestimmt ist, die **§§ 130 bis 142 des Handelsgesetzbuchs**[62] entsprechend anzuwenden.

(...)

(4) Die Beteiligung an einer Partnerschaft ist nicht vererblich. Der Partnerschaftsvertrag kann jedoch bestimmen, dass sie an Dritte vererblich ist, die Partner im Sinne des § 1 Abs. 1 und 2 sein können. **§ 131 des Handelsgesetzbuchs**[63] ist nur insoweit anzuwenden, als der Erbe der Beteiligung befugt ist, seinen Austritt aus der Partnerschaft zu erklären."

I. Ausscheiden eines Partners und Auflösung der Partnerschaft

In § 9 Abs. 1 PartGG wird die Verweisung auf das Recht über das Ausscheiden eines Gesellschafters und die Auflösung einer OHG (§§ 130 bis 142 HGB) entsprechend angepasst.[64]

42

---

60 RegE BT-Drucks 19/27635, S. 278.
61 RegE BT-Drucks 19/27635, S. 278.
62 Vormals: „*§§ 131 bis 144 des Handelsgesetzbuchs*".
63 Vormals: „*§ 139 des Handelsgesetzbuchs*".
64 RegE BT-Drucks 19/27635, S. 278.

II. Fortführung der Partnerschaft mit den Erben

43 In § 9 Abs. 4 S. 3 PartGG erfolgt eine Anpassung der Verweisung auf § 131 HGB.

L. Liquidation der Partnerschaft und Nachhaftung (§ 10 PartGG)

44 Die Neufassung des § 10 PartGG zur Liquidation der Partnerschaft und zur Nachhaftung erfasst den Abs. 2:

„(2) Nach der Auflösung der Partnerschaft[65] oder nach dem Ausscheiden des Partners bestimmt sich die Haftung der Partner aus Verbindlichkeiten der Partnerschaft nach den **§§ 137 und 151 des Handelsgesetzbuchs**."[66]

Mit der Änderung von § 10 Abs. 2 PartGG erfolgt eine Anpassung der Verweisung auf die Sonderverjährung nach Auflösung einer OHG und die begrenzte Nachhaftung eines ausscheidenden Gesellschafters (§ 137 [Nachhaftung] und § 151 HGB [Sonderverjährung]).[67]

M. Aufhebung von § 11 Abs. 3 PartGG alt

45 Die Altregelung des § 11 Abs. 3 PartGG[68] – Übergangsregelung für Papiereinreichungen zum Partnerschaftsregister, weil die Register durch das Gesetz über elektronische Handelsregister und Genossenschaftsregister sowie das Unternehmensregister (EHUG) vom 10.11.2006[69] zum 1.1.2007 auf elektronische Führung umgestellt worden sind – ist zum 31.12.2009 durch zeitliche Überholung gegenstandslos geworden und konnte deswegen ersatzlos gestrichen werden.[70]

---

65 „Auflösung" ist Redaktionsversehen, richtig ist „Erlöschen": Schäfer/*Habersack*, § 4 Rn 31.
66 Vormals: „*§§ 159, 160 des Handelsgesetzbuchs*".
67 RegE BT-Drucks 19/27635, S. 279.
68 § 11 Abs. 3 hatte folgenden Wortlaut: „*Die Landesregierungen können durch Rechtsverordnung bestimmen, dass Anmeldungen und alle oder einzelne Dokumente bis zum 31.12.2009 auch in Papierform zum Partnerschaftsregister eingereicht werden können. Soweit eine Rechtsverordnung nach Satz 1 erlassen wird, gelten die Vorschriften über die Anmeldung und die Einreichung von Dokumenten zum Partnerschaftsregister in ihrer zum Inkrafttreten des Gesetzes über elektronische Handelsregister und Genossenschaftsregister sowie das Unternehmensregister vom 10.11.2006 (BGBl I S. 2553) am 1.1.2007 geltenden Fassung. Die Landesregierungen können durch Rechtsverordnung die Ermächtigung nach Satz 1 auf die Landesjustizverwaltungen übertragen*".
69 BGBl I, S. 2553.
70 RegE BT-Drucks 19/27635, S. 279.

§ 7 Exkurs: Vereine ohne Rechtspersönlichkeit

A. Der Verein ohne Rechtspersönlichkeit

§ 54 BGB alt,[1] der seit Inkrafttreten des BGB unverändert geblieben ist, wird im Zuge der Novellierung der Vorschriften über die BGB-Gesellschaft an die zwischenzeitliche Rechtsentwicklung angepasst,[2] wobei die verwirrende Bezeichnung „nichtrechtsfähiger Verein" für Vereine, die heute als rechtsfähig angesehen werden, durch den Begriff „Verein ohne Rechtspersönlichkeit" ersetzt wird.[3] Die Neufassung des § 54 HGB hat folgenden Wortlaut:

1

> „(1) Für Vereine, deren Zweck nicht auf einen wirtschaftlichen Geschäftsbetrieb gerichtet ist und die nicht durch Eintragung in das Vereinsregister Rechtspersönlichkeit erlangt haben, sind die Vorschriften der §§ 24 bis 53 entsprechend anzuwenden. Für Vereine, deren Zweck auf einen wirtschaftlichen Geschäftsbetrieb gerichtet ist und die nicht durch staatliche Verleihung Rechtspersönlichkeit erlangt haben, sind die Vorschriften über die Gesellschaft entsprechend anzuwenden.
>
> (2) Aus einem Rechtsgeschäft, das im Namen eines Vereins ohne Rechtspersönlichkeit einem Dritten gegenüber vorgenommen wird, haftet der Handelnde persönlich; handeln mehrere, haften sie als Gesamtschuldner."

B. Grundlagen

Auf nicht im Vereinsregister eingetragene Vereine – deren Zweck nicht auf einen wirtschaftlichen Geschäftsbetrieb gerichtet ist – ist nach § 54 Abs. 1 S. 1 BGB (womit die Verweisung für diese Vereine an die schon seit langem bestehende Rechtslage angepasst wird)[4] das für Vereine geltende Recht (mithin die §§ 24 bis 53 BGB) entsprechend anwendbar.

2

---

1 „*Auf Vereine, die nicht rechtsfähig sind, finden die Vorschriften über die Gesellschaft Anwendung. Aus einem Rechtsgeschäft, das im Namen eines solchen Vereins einem Dritten gegenüber vorgenommen wird, haftet der Handelnde persönlich; handeln mehrere, so haften sie als Gesamtschuldner*".
2 Näher *Pfeffer*, Nicht eingetragene Vereine: Haftungsregelung im BGB erfährt gesetzliche Änderung, VB 2021, 018.
3 RegE BT-Drucks 19/27635, S. 123.
4 Dies entspricht bereits der Judikatur des Reichsgerichts (vgl. RG, Urt. v. 15.3.1926 – IV 604/24, RGZ 113, 125, 135; RG, Urt. v. 18.1.1934 – IV 369/33, RGZ 143, 212, 215), dass die GbR-Vorschriften bei diesen Vereinen als für stillschweigend abbedungen erachtet ansah. Dem Reichsgericht folgend hat dann der Bundesgerichtshof (vgl. BGH, Urt. v. 11.7.1968 – VII ZR 63/66, BGHZ 50, 325, juris Rn 9 ff.) auf nicht rechtsfähige Vereine (Idealvereine) – beginnend mit den Gewerkschaften – entgegen § 54 S. 1 BGB alt („Auf Vereine, die nicht rechtsfähig sind, finden die Vorschriften über die Gesellschaft Anwendung") Vereinsrecht angewendet. Der BGH hat dies damit begründet, dass die Verweisung auf das Gesellschaftsrecht für nicht eingetragenen Idealvereine nicht mehr sachdienlich sei, vor allem auch die gesellschaftsrechtliche Haftungsverfassung.

§ 7 Exkurs: Vereine ohne Rechtspersönlichkeit

Auf Vereine, deren Zweck auf einen wirtschaftlichen Geschäftsbetrieb gerichtet ist und denen nicht nach § 22 BGB durch staatliche Verleihung Rechtspersönlichkeit verliehen wurde, ist nach § 54 Abs. 1 S. 2 BGB (weiterhin) das Recht der GbR (§§ 705 ff. BGB) anwendbar. Dies hat zur Folge, dass abhängig vom Grad (Art und Umfang) der wirtschaftlichen Betätigung die Vorschriften für die GbR oder die Vorschriften über die OHG anwendbar sind.[5]

> *Beachte:*
> Idealvereine ohne Rechtspersönlichkeit sind von wirtschaftlichen Vereinen ohne Rechtspersönlichkeit nach Maßgabe der anhand der §§ 21 und 22 BGB entwickelten Grundsätze zur Vereinsklassenabgrenzung abzugrenzen.[6]

§ 54 BGB macht deutlich, *„dass der nicht eingetragene Verein zwar ein Verein ohne Rechtspersönlichkeit, aber gleichwohl rechtsfähig ist, und zwar entweder als Idealverein entsprechend §§ 21 ff. BGB oder als Personengesellschaft in entsprechender Anwendung der §§ 705 ff. BGB neu oder der §§ 105 ff. HGB neu".*[7]

Sowohl der nicht eingetragene Idealverein ohne Rechtspersönlichkeit (§ 54 Abs. 1 S. 1 BGB) als auch der nicht eingetragene wirtschaftliche Verein (§ 54 Abs. 1 S. 2 BGB) ist – obwohl es sich nicht um juristische Personen handelt – rechts-[8] und grundbuchfähig.[9]

C. Das auf Idealvereine ohne Rechtspersönlichkeit anwendbare Recht

3   Für Vereine, deren Zweck nicht auf einen wirtschaftlichen Geschäftsbetrieb gerichtet ist und die nicht durch Eintragung in das Vereinsregister Rechtspersönlichkeit erlangt haben (d.h. **den Idealverein ohne Rechtspersönlichkeit**), sind nach der Verweisnorm des § 54 Abs. 1 S. 1 BGB die Vorschriften der §§ 24 bis 53 BGB entsprechend anzuwenden.

Mit dieser Änderung der Verweisungsnorm – statt auf die §§ 705 ff. BGB nun auf die §§ 24 ff. BGB – *„ergibt sich für den Idealverein ohne Rechtspersönlichkeit nun unmittelbar aus dem Gesetz, dass auch die Mitglieder solcher Vereine aufgrund ihrer Mitgliedschaft nicht für Verbindlichkeiten des Vereins haften, da das Vereinsrecht eine solche Haftung der Mitglieder nicht vorsieht".*[10]

---

5   RegE BT-Drucks 19/27635, S. 124.
6   RegE BT-Drucks 19/27635, S. 124. Vgl. zur Abgrenzung BGH NJW-RR 2018, 1376 Rn 15; BGH NJW 2017, 1943 Rn 19; BGH NJW 1983, 569, 570; Jauernig/*Mansel*, § 21 BGB Rn 4.
7   Schäfer/*Wertenbruch*, § 13 Rn 2.
8   Schäfer/*Wertenbruch*, § 13 Rn 19.
9   Schäfer/*Wertenbruch*, § 13 Rn 20.
10 RegE BT-Drucks 19/27635, S. 124.

D. Das auf wirtschaftliche Vereine ohne Rechtspersönlichkeit anwendbare Recht § 7

In Bezug auf § 54 Abs. 1 S. 1 BGB (Geltung der §§ 24 bis 53 BGB) besteht „*auf den ersten Blick kein Unterschied zwischen einem eingetragenen Idealverein und einem Idealverein ohne Rechtspersönlichkeit*"[11] – doch wird das Handeln eines nicht eingetragenen Vereins im Rechtsverkehr dadurch erschwert, „*dass aufgrund der fehlenden Registereintragung insbesondere der Nachweis der Vertretungsmacht des Vorstands schwieriger ist*"[12] und im Namen des nicht eingetragenen Vereins handelnde Personen nach § 54 Abs. 2 BGB persönlich für die Verbindlichkeiten des Vereins haften (Handelndenhaftung).[13]

Aus der rechtlichen Gleichstellung des nicht eingetragenen mit dem eigetragenen Idealverein folgt die **Grundbuchfähigkeit** des nicht eingetragenen Vereins, der unter seinem eigenen Namen (obgleich dieser nicht registriert ist und damit auch keine öffentliche Publizität besteht) im Grundbuch eingetragen werden kann.[14] „*Die Gründe, die in der BGH-Entscheidung vom 21.6.2016*[15] *gegen eine Grundbucheintragung eines nicht eingetragenen Idealvereins ‚allein unter seinem Namen' angeführt werden, sind jedenfalls ab Inkrafttreten des MoPeG allesamt nicht mehr einschlägig*".[16]

> *Beachte:*
> § 47 Abs. 2 GBO neu und die damit im Zusammenhang stehende Eintragungsoption des § 707 BGB auf den nicht eingetragenen Idealverein ohne Rechtspersönlichkeit sind ausgeschlossen: § 54 Abs. 1 S. 2 BGB verweist nämlich nur für den nicht eingetragenen wirtschaftlichen Verein auf das GbR-Recht (und damit auf § 707 BGB bzw. § 47 Abs. 2 GBO neu).[17]

D. Das auf wirtschaftliche Vereine ohne Rechtspersönlichkeit anwendbare Recht

Für Vereine, deren Zweck auf einen wirtschaftlichen Geschäftsbetrieb gerichtet ist und die nicht durch staatliche Verleihung nach § 22 BGB Rechtspersönlichkeit erlangt haben, sind nach § 54 Abs. 1 S. 2 BGB auch weiterhin (d.h. wie bisher) die „Vorschriften über die Gesellschaft" – d.h. entweder die §§ 705 ff. BGB oder die §§ 105 ff. HGB[18] – entsprechend anzuwenden.

---

11 Schäfer/*Wertenbruch*, § 13 Rn 7.
12 Schäfer/*Wertenbruch*, § 13 Rn 7.
13 Schäfer/*Wertenbruch*, § 13 Rn 7.
14 Schäfer/*Wertenbruch*, § 13 Rn 14.
15 BGH NZG 2016, 660.
16 Schäfer/*Wertenbruch*, § 13 Rn 15.
17 Schäfer/*Wertenbruch*, § 13 Rn 15.
18 Schäfer/*Wertenbruch*, § 13 Rn 9.

§ 7 Exkurs: Vereine ohne Rechtspersönlichkeit

7 § 54 Abs. 1 S. 2 BGB stellt klar, dass es auch wirtschaftliche Vereine ohne Rechtspersönlichkeit geben kann.[19] Auf solche Vereinigungen – die z.T. in der Literatur nicht immer als Gesellschaften qualifiziert wurden[20] – gelangen die Vorschriften **entweder** über
- die GbR (§§ 705 ff. BGB – persönliche Haftung nach § 721 BGB) oder jene über
- die OHG (§§ 105 ff. HGB – persönliche Haftung nach § 126 HGB)

zur Anwendung,[21] was nach der Art und dem Umfang der Tätigkeit des Vereins (Vorliegen eines Handelsgewerbes) zu beurteilen ist. In der Folge unterfällt ein wirtschaftlicher Verein ohne Rechtspersönlichkeit, der ein Handelsgewerbe (vgl. § 1 Abs. 2 HGB) betreibt, dem OHG-Recht.[22]

8 Sofern OHG-Recht zur Anwendung gelangt, muss nach § 106 Abs. 2 HGB eine Anmeldung des wirtschaftlichen Vereins ohne Rechtspersönlichkeit zum Handelsregister erfolgen.

9 Wirtschaftliche Vereine ohne Rechtspersönlichkeit, auf die mangels Betreibens eines Handelsgewerbes die §§ 705 ff. BGB zur Anwendung gelangen, sind nicht verpflichtet, eine Eintragung zum Gesellschaftsregister vorzunehmen (arg.: Die Rechtsfähigkeit der Außen-GbR i.S. des § 705 Abs. 1 1. Alt. BGB hängt nicht von einer Eintragung im Gesellschaftsregister ab).[23]

10 Die **Rechtsfähigkeit** des wirtschaftlichen Vereins ohne Rechtsfähigkeit (die anders als eingetragene Vereine nach den §§ 24 ff. BGB keine juristischen Personen sind) stellt bei Anwendung des OHG-Rechts die Regelung des § 105 Abs. 2 HGB klar – respektive bei Anwendung der §§ 705 ff. BGB die Regelung des § 705 Abs. 2 1. Alt. BGB. Ihre **Parteifähigkeit** folgt aus § 50 ZPO.

11 Die Verweisung auf die §§ 705 ff. BGB bzw. auf die §§ 105 ff. HGB (mithin auf das Gesellschaftsrecht) ist für den wirtschaftlichen Verein ohne Rechtspersönlichkeit nach Ansicht des Gesetzgebers[24] – auch mit Blick auf den Sinn und Zweck des § 22 BGB – weiterhin „sachgerecht", weil die Verfolgung eines Zwecks, der auf einen wirtschaftlichen Geschäftsbetrieb gerichtet ist, nur ausnahmsweise haftungsbeschränkt in der Rechtsform des Vereins möglich sein soll – nämlich dann, wenn die Zweckverfolgung in der Rechtsform einer Kapitalgesellschaft (GmbH bzw. AG) oder Genossenschaft nicht zumutbar ist.[25] Das Vereinsrecht ist nämlich – anders als das Kapitalgesellschaftsrecht oder das Genossenschaftsrecht – nicht auf die

---

19 RegE BT-Drucks 19/27635, S. 124.
20 Vgl. zum Streitstand MüKo-BGB/*Leuschner*, § 54 Rn 9 ff.
21 Schäfer/*Wertenbruch*, § 13 Rn 6.
22 RegE BT-Drucks 19/27635, S. 124.
23 Schäfer/*Wertenbruch*, § 13 Rn 9.
24 RegE BT-Drucks 19/27635, S. 124.
25 RegE BT-Drucks 19/27635, S. 124.

Verfolgung wirtschaftlicher Zwecke ausgelegt, was insbesondere im Hinblick auf den Gläubiger- und den Mitgliederschutz gilt.[26]

Der Verweis auf das Recht der GbR bzw. der OHG führen zur Anwendbarkeit der nicht abdingbaren Bestimmungen über die Haftung der Gesellschafter für die Verbindlichkeiten der Gesellschaft (vgl. §§ 721 ff. BGB respektive §§ 126 ff. HGB) bzw. der Regelungen über den Gesellschafterschutz.[27]

Aufgrund der entsprechenden Anwendbarkeit des GbR-Rechts auf den nicht eingetragenen wirtschaftlichen Verein ist dieser **grundbuchfähig**: 12
- Nach den §§ 707 ff. BGB i.V.m. § 47 Abs. 2 GBO neu setzt die Grundbuchfähigkeit jedoch eine Voreintragung im Gesellschaftsregister voraus (wobei der wirtschaftliche Verein dann gemäß § 15 Abs. 1 Buchst. b GBV unter seinem eigenen Namen ins Grundbuch eingetragen werden kann).
- Im Falle, dass der nicht eingetragene wirtschaftliche Verein ein Handelsgewerbe betreibt, muss vor einer Grundbucheintragung nach § 106 HGB eine Anmeldung zur Eintragung ins Handelsregister erfolgen (wobei dann die Eintragung des wirtschaftlichen Vereins gemäß § 15 Abs. 1 Buchst. b GBV unter seinem eigenen Namen im Grundbuch erfolgt).[28]

E. Handelndenhaftung

Aus einem Rechtsgeschäft, das im Namen 13
- eines (Ideal-)Vereins ohne Rechtspersönlichkeit **oder**
- eines wirtschaftlichen Vereins ohne Rechtspersönlichkeit

einem Dritten gegenüber vorgenommen wird, haftet nach § 54 Abs. 2 Hs. 1 BGB der Handelnde persönlich (**Handelndenhaftung**). Handeln mehrere Personen im Namen des Vereins, haften sie gemäß § 54 Abs. 2 Hs. 2 BGB als Gesamtschuldner (§ 421 BGB).

Der Gesetzgeber[29] erachtet eine persönliche Haftung der Handelnden sowohl bei 14
- wirtschaftlichen Vereinen ohne eigene Rechtspersönlichkeit als auch bei
- Idealvereinen ohne Rechtspersönlichkeit

auch weiterhin als erforderlich. Dies liege darin begründet, dass die aktuellen oder potenziellen Geschäftsgegner nicht sicher nachprüfen könnten,
- ob die Vereine bestehen,
- welche Mitglieder sie haben (Unsicherheit über den Mitgliederbestand),
- ob sie wirksam von dem/den Handelnden vertreten werden können (Unsicherheit über die Vertretungsmacht des/der Handelnden) und

---

26 RegE BT-Drucks 19/27635, S. 124.
27 RegE BT-Drucks 19/27635, S. 124.
28 Schäfer/*Wertenbruch*, § 13 Rn 18.
29 RegE BT-Drucks 19/27635, S. 124.

§ 7 Exkurs: Vereine ohne Rechtspersönlichkeit

- inwieweit der Verein über ein ausreichendes Vermögen verfügt (Unsicherheit über die Vermögensverhältnisse des Vereins), um die eingegangenen Verbindlichkeiten zu erfüllen".[30]

15 Die Handelndenhaftung ist – ohne dass eine inhaltliche Änderung gegenüber § 54 S. 2 HGB alt bezweckt ist – in einem eigenen Absatz (Abs. 2) geregelt worden, wodurch verdeutlicht wird, dass die Regelung auch weiterhin alle Vereine ohne eigene Rechtspersönlichkeit erfasst.[31]

16 Die Präzisierung des § 54 Abs. 2 BGB hat zur Folge, dass weder eine einschränkende Auslegung noch eine teleologische Reduktion der Norm zugunsten solcher Personen in Betracht kommt, die im Namen eines nicht eingetragenen Idealvereins handeln – selbst im Fall von Grundstücksgeschäften mit erheblichen Haftungsrisiken nicht.[32]

---

[30] RegE BT-Drucks 19/27635, S. 124.
[31] RegE BT-Drucks 19/27635, S. 125 unter Bezugnahme auf *Habersack*, ZGR 2020, 539, 558 f.
[32] Schäfer/*Wertenbruch*, § 13 Rn 11.

Stichwortverzeichnis

fette Zahlen = Paragrafen, magere Zahlen = Randnummern

Anspruchsverjährung **2** 440
- Beginn **2** 444
Auflösung der Gesellschaft
- Gründe **2** 343
- Kündigung durch Gesellschafter **2** 356
Auflösung einer Gesellschaft
- Beschluss **2** 364
- Erreichen des Zwecks **2** 346
- Fortsetzung **2** 373
- Gesellschaftsregister **2** 368
- Gesellschaftsvertrag **2** 351
- Gründe **2** 344
- Gründe, weitere **2** 347
- Insolvenz eines Gesellschafters **2** 350
- Kündigung durch Gesellschafter, Voraussetzungen **2** 357
- Notgeschäftsführung **2** 354
- Pflichten **2** 351
- Tod eines Gesellschafters **2** 350
- Unmöglichwerden der Zweckerreichung **2** 346
Ausscheiden eines Gesellschafters
 siehe Gesellschafterausschluss,
 siehe Nachhaftung **2** 313
- Abfindungsanspruch **2** 321
- Anspruchsregelung **2** 320
- Ausscheidensgründe **2** 275
- Befreiungsanspruch **2** 321
- Erbe **2** 285
- Erbe, Haftungsprivileg **2** 286
- Erbe, Wahlrecht **2** 286
- Gesellschaftsanteil, Wertschätzung **2** 326
- Gründe **2** 276 f.
- Haftung, Fehlbetrag **2** 328

- Kündigung **2** 295
- Kündigung, außerordentliche **2** 299
- Kündigung, ordentliche **2** 297
- Kündigung, Privatgläubiger **2** 308
- Kündigung, volljährig gewordener Gesellschafter **2** 303
- Nachhaftung **2** 332
- Verbot von Kündigungsbeschränkungen **2** 307
- Wirksamwerden **2** 283
- Zeitpunkt **2** 276, 283

Beschluss
- Wirksamkeit **1** 80
Beschlussfassung
- Einstimmigkeitsprinzip **2** 178
- Geschäftsführung **2** 175
- Gesellschafterbeschluss **2** 177
- Stimmrecht **2** 179
- Stimmverbot **2** 180
Beschlussmängel **1** 78
- Anfechtungsklage **1** 86
- Beschlussinhalt **1** 82
- Beschlussverfahren **1** 82
- Feststellungsklage **1** 86
- Inhaltsfehler **1** 84
- Klagefrist **1** 87
- Nichtigkeitsklage **1** 86
- Schiedsgericht **1** 88
- Verfahrensfehler **1** 83
Beschlussmängelrecht **1** 15
BGB
- GbR **2** 1
Bruchteilsgemeinschaft **2** 5

Stichwortverzeichnis

Fortsetzung
- Beseitigung des Auflösungsgrundes 2 376
- Gesellschafterbeschluss 2 377
- Gesellschafterbeschluss, Mehrheitserfordernisse 2 378
- Gesellschaftsregister 2 379
- Liquidation der Gesellschaft 2 380
- Voraussetzungen 2 375

Freie Berufe 1 13
- Angehörige 1 13
- Begriff 3 24
- Berufsrecht 1 74
- Flexibilisierung 3 23
- Haftung 1 13
- Haftungsverhältnisse 1 73
- OHG 3 21
- Rechtsanwälte 3 31
- Rechtsform 3 26
- Steuerberater 3 29
- Wirtschaftsprüfer 3 30

GbR *siehe* Auflösung der Gesellschaft, *siehe* Ausscheiden eines Gesellschafters, *siehe* Beschlussfassung, *siehe* Geschäftsführungsbefugnis, *siehe* Gesellschafterhaftung, *siehe* Gesellschafterklage, *siehe* Gesellschaftsanteil, *siehe* Gesellschaftsvermögen, *siehe* Innengesellschaft, *siehe* Liquidation der Gesellschaft, *siehe* Vertretung, *siehe* Zwangsvollstreckung 1 3; 2 380, 447
- Abgrenzung Bruchteilsgemeinschaft 2 5
- Abgrenzung zur juristischen Person 1 24
- Anmeldung des Erlöschens 2 436
- Anteil 2 141
- Auflösung der Gesellschaft 2 342
- Aufwendungsersatz 2 219, 221

- Ausscheiden eines Gesellschafters 2 153, 274
- Außengesellschaft 1 21
- Beitrag 2 122
- Beitragspflicht 2 8, 125
- Beitragswert 2 129
- Berichtigung einer Registereintragung 1 53
- Beschlussfassung 1 42; 2 174
- Beteiligung der Gesellschafter 2 127
- Beteiligungsverhältnisse 2 128
- Dauergesellschaft 1 9, 38
- Eintritt eines Gesellschafters 2 156
- Entstehung im Verhältnis zu Dritten 2 242
- Erlöschen der Gesellschaft 2 159
- Errichtung 2 6
- Erwerbsgesellschaft 1 9, 46
- Gegenseitigkeit 2 7
- gemeinsamer Wille 2 12, 15
- gemeinsamer Zweck 1 23
- Gesamtrechtsnachfolge 2 160
- Gesamtrechtsnachfolge, Kenntlichmachung 2 165
- Geschäftsführung 1 42
- Geschäftsführungsbefugnis 2 181
- Gesellschafter 2 112
- Gesellschafterhaftung 2 257
- Gesellschafterklage 1 43; 2 205
- Gesellschafterliste 1 57
- Gesellschafterliste einer GmbH 2 45
- Gesellschafterliste, Neuaufnahme 2 46
- Gesellschaftsanteil 2 139, 141
- Gesellschaftsanteil, Übergang 2 139, 141
- Gesellschaftsanteil, Übertragung 2 139, 141
- Gesellschaftsvermögen 2 169

Stichwortverzeichnis

- Gesellschaftsvertrag 1 29; 2 6, 114, 237
- Gesellschaftszweck 2 15
- gesetzliches Leitbild 2 10
- Gestaltungsfreiheit 2 114
- Gestaltungsfreiheit, Begrenzung 2 117
- Gewinnverteilung 2 132, 238
- Grundbuch 1 12
- Grundbucheintragung 2 39
- Haftung 1 27
- Herausgabeanspruch 2 225
- Herausgabepflicht 2 219
- Informationspflichten 2 228
- Informationsrecht, individuelles 2 229
- Informationsrecht, kollektives 2 233
- Informationsrechte 2 228
- Innengesellschaft 1 21; 2 447
- Kernbereichsrechte 2 119
- KG-Gesellschafterin 2 48
- Kopfteil 2 130
- Kündigung 1 40; 2 279
- Kündigung der Gesellschaft 2 280
- Kündigung, außerordentliche 2 299
- Kündigung, ordentliche 2 297
- Legaldefinition 2 3 f.
- Mehrbelastungsverbot 2 134
- mehrgliedrige Beteiligung 1 61
- Notgeschäftsführerbefugnis 1 43
- Notgeschäftsführung 2 198
- OHG-Gesellschafterin 2 48
- Publizitätsdefizit 1 11
- Rechnungsabschluss 2 238
- rechtsfähige GbR 2 18
- Rechtsfähigkeit 1 5; 2 8
- Rechtsformvarianten 1 22; 2 12
- Rechtsnatur 2 3
- Rechtssubjekt 1 36; 2 243
- Rechtsverhältnis zu Dritten 2 241

- Rechtsverhältnis, Gesellschafter 2 112
- Rechtsverkehr 2 13
- Register 1 11, 47
- registerrechtliche Behandlung 2 86
- Registrierung, freiwillige 1 48
- Registrierungszwang, faktischer 1 51
- Schuldverhältnis 1 24
- Sonderverjährungsfrist 2 440
- Stimmkraft 2 128, 132
- Verbandskontinuität 1 39
- Verlustersatz 2 219, 223
- Verlustverteilung 2 132
- Vermögen 1 26, 37
- Vertretung 2 245
- Vertretungsbefugnis 1 44
- Verweistechnik 1 33
- Verzinsung 2 226
- Verzinsungspflicht 2 219
- Voreintragungserfordernis 1 52
- Vorschuss 2 224
- Vorschusspflicht 2 219
- Zwangsvollstreckung 2 270
- Zweck 1 28

Geschäftsanteile
- Abwachsung 2 156

Geschäftsführungsbefugnis 3 95
- Begriff 2 189
- Einzelgeschäftsführung 2 192
- Entzug 2 193
- Gesamtgeschäftsführung 2 190
- Geschäftsführung 2 182
- Grundlagengeschäfte 2 183
- Kündigung 2 196
- Kündigung, wichtiger Grund 2 196
- mehrere Gesellschafter 2 191
- Pflicht 2 184
- Teilentzug 2 195
- Umfang 2 187
- Vergütungsanspruch 2 186
- Vertretung 2 182

377

Stichwortverzeichnis

- Widerspruch **2** 192
Gesellschafter-Erben
- Austritt, Frist **2** 293
- Eigenhaftung, Wegfall **2** 294
- Frist **2** 293
- Kommanditistenstatus **2** 291
- Kündigung der Mitgliedschaft **2** 292
- Umwandlung **2** 291
- Vertrag **2** 291
- Wahlrecht **2** 289
- Wahlrecht, Frist **2** 293
Gesellschafterausschluss **2** 313
- Beschluss **2** 318
- Einstimmigkeit **2** 318
- Gesellschaftsanteile **2** 319
- wichtiger Grund **2** 314, 316
Gesellschafterbeschlüsse
- Ablaufhemmung **3** 76
- Anfechtbarkeit **3** 64
- Anfechtungsbefugnis **3** 70
- Anfechtungsklage **3** 58, 67, 77, 91
- Anfechtungsklage, Adressat **3** 79
- Anfechtungsklage, Frist **3** 73
- Anfechtungsklage, Fristbeginn **3** 74
- Anfechtungsklage, Nebenintervenienten **3** 80
- Anfechtungsklage, Streitwert **3** 85
- Anfechtungsklage, Urteilswirkungen **3** 88
- Anfechtungsklage, Zuständigkeit **3** 78
- Anfechtungsprozesse, mehrere **3** 84
- Beschlussmangel **3** 57
- Feststellungsklage **3** 58, 91
- Frist **3** 73
- Fristbeginn **3** 74
- Geltendmachung **3** 58
- Klagefrist, Hemmung **3** 75
- Mangel **3** 61
- Nichtigkeit **3** 65, 67 f.
- Nichtigkeitsklage **3** 58, 89
- Rechtsschutzbedürfnis **3** 71
- Schiedsklausel **3** 60
- Verbindung von Anfechtungs- und Feststellungsklage **3** 91
- Verstoß gegen zwingendes Recht **3** 66
Gesellschafterhaftung **2** 262
- Anspruchsverjährung, Beginn **2** 444
- Einreden **2** 266
- eintretender Gesellschafter **2** 265
- Einwendungen **2** 266
- Gesamthaftung **2** 263
- Leistungsverweigerungsrecht **2** 269
- Nachhaftung **2** 260
- Privatvermögen **2** 264
- Sonderverjährungsfrist **2** 440
- Verjährung von Ansprüchen **2** 438
Gesellschafterklage
- Anspruch gegen anderen Gesellschafter **2** 209
- Drittanspruch **2** 209, 211
- Drittanspruch, Geltendmachung **2** 209, 212
- Durchsetzungsbefugnis **2** 213
- Prozessführungsbefugnis **2** 213
- Prozessstandschaft **2** 207, 214
- Rechtskraft **2** 217
- Sozialansprüche **2** 209
- Unterrichtungspflicht **2** 216
- Urteil **2** 217
- Verbot der Beschränkung des Klagerechts **2** 215
- Verbot des Ausschlusses **2** 215
- Voraussetzungen **2** 208
- Zulässigkeit **2** 210
Gesellschafterliste **1** 57; **2** 45
- Austragung **2** 47
- GbR **2** 45
- Neuaufnahme einer GbR **2** 46

Stichwortverzeichnis

Gesellschafterversammlung
- Beschlussfähigkeit 3 51
- Beschlussfassung 1 79
- Beschlussfeststellung 1 80
- Stimmen 3 53

Gesellschaftsanteile 2 141
- Ausscheiden eines Gesellschafters 2 154
- Erbengemeinschaft 2 148
- mitgliedschaftsgebundene Rechte 2 151
- Übergang, erbrechtliche Nachfolgeklausel 2 147
- Übertragung 2 142
- Übertragung, Form 2 143
- Unübertragbarkeit 2 151
- Verbot des Eigenteilerwerbs 2 145
- Weitererstreckung 2 146
- Zustimmung 2 142

Gesellschaftsregister *siehe* Statuswechsel 1 47; 2 31
- Angaben, notwendige 2 69
- Anmeldung von Veränderungen 2 64
- Anmeldung, Form 2 66
- Anschrift der GbR 2 54
- Anwendung des HGB 2 83
- Auflösung einer Gesellschaft 2 368
- Außengesellschaft 2 33
- Bekanntmachung 2 87
- Berichtigung 1 53
- Bewilligung der Gesellschafter 1 54
- Einsichtnahme 2 87
- Erstanmeldung 2 51
- Firmenausschließlichkeit 2 85
- Firmenbeständigkeit 2 85
- Firmenwahrheit 2 85
- Freiwilligkeit 1 48
- GbR als Gesellschafterin 2 70
- Gesellschafter, Angaben 2 57
- Grundbuchamt 1 55
- Grundbucheintragung 2 39
- Inhalt der Eintragung 2 68
- Insolvenzverfahren 2 87
- Konstellationen 1 59
- Landesrechtsverordnungen 2 110
- Löschung einer Eintragung 2 79
- Mitwirkung eines Notars 2 87
- Namenszusatz 1 65; 2 72
- Namenszusatz, erweiterter 2 74
- öffentlicher Glaube 1 63
- Pflichtangaben 2 53
- Prozessgericht 2 87
- Publizität 2 32
- Recht zur Anmeldung 2 32
- Rechtsverhältnisse 1 62
- Registergerichte 1 69
- Registrierung, freiwillige 2 34
- Registrierung, mittelbarer Zwang 2 38
- Sitzverlegung 2 87
- Statuswechsel 2 62, 89, 93
- Tatsachen 1 62
- Transparenzregister 1 72
- Unternehmensregister 1 72
- Verfahren 2 50
- Verordnungsermächtigung 2 109
- Versicherung 2 62
- Vertretungsbefugnis 2 61
- Voreintragungsgebot 2 44
- Voreintragungsobliegenheit 2 48
- Wirkung der Eintragung 2 68, 75
- Zuständigkeit 1 66
- Zwangsgeld 2 87
- Zweigniederlassung 2 88

Gesellschaftsvertrag
- Ausscheidensgründe 2 282
- Verbot von Kündigungsbeschränkungen 2 307

GmbH
- Gesellschafterliste 2 45

Stichwortverzeichnis

Handelsregister 3 8
- Angaben 3 9
- Anmeldung 3 9
- OHG 3 126

Innengesellschaft
- Abgrenzung 2 449
- Auseinandersetzung nach Beendigung 2 461
- Ausscheiden eines Gesellschafters 2 465
- Beendigung 2 456
- Beendigungsgründe 2 457
- Fortbestand 2 466
- Rechtsverhältnis der Gesellschafter 2 454
- Vermögensfähigkeit, fehlende 2 450
- Vermögenslosigkeit 2 451
- Vorschriften, anwendbare 2 450

Jahresabschluss 3 119

KG
- Begriff 4 2
- Einlage 4 7
- Eintrittshaftung 4 62
- Fehlbetragshaftung 4 27
- Geschäftsbrief 4 64
- Geschäftsführungsbefugnis 4 10
- Gewinnrecht 4 29
- Haftsumme 4 3, 7
- Haftung vor Eintragung 4 59
- Handelsregister 4 6
- Handelsregister, Anmeldung 4 6
- Informationsrecht 4 14
- Informationsrechte, Gesellschaftsvertrag 4 24
- Insolvenz 4 67
- Kommanditist, Auskunftsrecht 4 20
- Kommanditist, Ausschluss von Geschäftsführung 4 10
- Kommanditist, Fehlbetragshaftung 4 27
- Kommanditist, Gesellschaftsvertrag 4 24
- Kommanditist, Gewinnrecht 4 29
- Kommanditist, Informationsansprüche 4 17
- Kommanditist, Informationsrecht 4 14
- Kommanditist, Verlustbeteiligung 4 25
- Kommanditist, Wettbewerbsverbot 4 13
- Kommanditistenhaftung 4 39
- Liquidation 4 65
- OHG-Vorschriften, Anwendbarkeit 4 2, 4
- Verlustbeteiligung 4 25
- Vertretung 4 31
- Vertretung, & Co. KG 4 35
- Vertretung, Einheitskapitalgesellschaft 4 35
- Vertretung, organschaftliche 4 33, 35
- Vertretung, Regelungsgehalt 4 32
- Wettbewerbsverbot 4 13

Kommanditistenhaftung 4 39
- Einlage 4 43
- Eintrittshaftung 4 62
- Gesellschaftsvertrag 4 41
- Haftsumme 4 47
- Haftsumme, Handelsregister 4 55
- Haftsumme, Herabsetzung 4 53
- Haftung vor Eintragung 4 59
- Haftungsbefreiung 4 42
- Haftungsprivileg, Aufhebung 4 51
- Umfang 4 45

Stichwortverzeichnis

Liquidation der Gesellschaft
- Abberufung von Liquidatoren 2 399
- Abwicklung 2 382
- Anmeldung der Liquidatoren 2 413
- Beitragsrückerstattung 2 426
- Berufung von Liquidatoren 2 399
- Dispositionsbefugnis 2 385
- Drittliquidator 2 406
- Durchführung der Liquidation 2 393
- Erben 2 396
- Fiktion des Fortbestehens 2 411
- Gerichtliche Abberufung eines Gesellschafters 2 403
- Gerichtliche Bestellung eines Gesellschafters 2 403
- Geschäftsführung 2 409
- Geschäftsführungsbefugnis der Liquidatoren 2 408
- Gesellschaftsgläubiger 2 425
- Insolvenzverfahren 2 394
- Liquidationszusatz 2 424
- Liquidatoren 2 391
- Nachschussanspruch 2 433
- Notwendigkeit 2 381
- Rangfolge 2 389
- Rechtsstellung der Liquidatoren 2 418
- Sonderverjährungsfrist 2 440
- Überschuss 2 430
- Übertragung der Liquidation 2 397
- Vereinbarung, andere Art der Abwicklung 2 384
- Vermögenslosigkeit 2 383
- Vermögensverteilung 2 428
- Vertretungsbefugnis der Liquidatoren 2 408
- Vorschriften 2 381

Mauracher Entwurf 1 2
MoPeG
- Änderungen 1 20 ff.
- Beschlussmängelstreitigkeiten 1 14
- GbR 1 4
- Historie 1 1
- Inkrafttreten 1 17
- Mauracher Entwurf 1 2
- Zielsetzung 1 3

Nachhaftung
- Anerkenntnis 2 341
- Frist 2 338
- öffentlich-rechtliche Verbindlichkeiten 2 337
- Schadensersatzverpflichtungen 2 336
- Voraussetzungen 2 335

OHG
- Ablehnung einer Eintragung 3 16
- Änderungen 3 17
- Alleingeschäftsführungsbefugnis 3 98 f.
- Auflösung der Gesellschaft 3 186 f.
- Auflösung der Gesellschaft, Anmeldung 3 196
- Auflösung der Gesellschaft, erleichterte Anmeldung 3 197
- Auflösung der Gesellschaft, Gründe 3 187
- Auflösung einer Gesellschaft 3 194
- Auflösung einer Gesellschaft, Anmeldung 3 195
- Auflösung einer Gesellschaft, Auflösungsbeschluss 3 194
- Auflösung einer Gesellschaft, gerichtliche Entscheidung 3 191
- Ausscheiden 3 151
- Ausscheiden eines Gesellschafters, Abfindung 3 174

Stichwortverzeichnis

- Ausscheiden eines Gesellschafters, Abfindungsstichtag 3 175
- Ausscheiden eines Gesellschafters, Ansprüche 3 173
- Ausscheiden eines Gesellschafters, Fehlbetrag 3 177
- Ausscheiden eines Gesellschafters, Gesellschaftsanteil 3 176
- Ausscheiden eines Gesellschafters, Haftung 3 177
- Ausscheiden eines Gesellschafters, Nachhaftung 3 178
- Ausscheiden eines Gesellschafters, Schuldbefreiung 3 174
- Ausscheiden, Erbe 3 155
- Ausscheiden, Gesellschaftsvertrag 3 153
- Ausscheiden, Gründe 3 152
- Ausscheiden, Zeitpunkt 3 154
- Ausschließungsklage 3 172
- Begriff 3 3
- Beschluss, Versammlung 3 43
- Beschlussfassung 3 40 f.
- Beschlussfeststellung 3 45
- Bestellschein 3 140
- Einreden 3 144
- Eintragungsverfahren 3 34
- Einwendungen 3 144
- Einwendungen der Gesellschaft 3 145
- Einzelgeschäftsführungsbefugnis 3 98
- Einzelvertretungsbefugnis 3 130
- Einzelvertretungsbefugnis, passive 3 136
- Enthaftung 3 179
- Enthaftung, Anerkenntnis 3 184
- Enthaftung, Fristbeginn 3 182
- Enthaftung, Hemmung 3 183
- Enthaftung, Kommanditist 3 185
- Enthaftung, Schadensersatzverpflichtungen 3 181
- Enthaftung, Unterbrechung 3 183
- Enthaftung, Voraussetzungen 3 180
- Erbe 3 155
- Erbe, Frist 3 158
- Erbe, Haftung 3 159
- Erbe, Kündigungsrecht 3 157
- Erbe, Wahlrecht 3 156
- Fehlbetrag 3 177
- Fortsetzung der Gesellschaft 3 198
- Fortsetzung einer Gesellschaft, Gesellschafterbeschluss 3 201
- Fortsetzung einer Gesellschaft, Gesellschaftsregister 3 202
- Fortsetzung einer Gesellschaft, Voraussetzungen 3 200
- Freiberufler-OHG 3 21
- Freie Berufe 3 21
- Gesamtgeschäftsführungsbefugnis 3 99
- Gesamtvertretung 3 131
- Gesamtvertretung, gemischte 3 132
- Gesamtvertretung, unechte 3 132
- Geschäftsaufnahme 3 127
- Geschäftsbrief 3 137
- Geschäftsbrief, Pflichtangaben 3 138
- Geschäftsführungsbefugnis 3 96
- Geschäftsführungsbefugnis, Entzug 3 100
- Geschäftsführungsbefugnis, Kündigung 3 103
- Geschäftsführungsbefugnis, Umfang 3 97
- Gesellschafter 3 18, 130, 141, 143 f.
- Gesellschafterbeschlüsse 3 50, 56
- Gesellschafterversammlung 3 51
- Gesellschaftsanteil, Wert 3 176
- Gesellschaftsregister 3 11
- Gesellschaftsverhältnis, befristet 3 165
- Gesellschaftsvertrag 3 38

Stichwortverzeichnis

- Gesellschaftsvertrag, Gestaltungsfreiheit 3 38
- Gestaltungsrechte 3 146
- Gewinn, Auszahlung 3 122
- Gewinn, Leistungsverweigerungsrecht 3 123
- Gewinnauszahlung 3 121
- Gewinnermittlung 3 116
- Gewinnverteilung 3 117
- Haftung 3 143, 177
- Haftung des eintretenden Gesellschafters 3 143
- Haftung, persönliche 3 141
- Handelsgewerbe 3 36
- Handelsregister 3 7
- Handelsregister, Anmeldepflicht 3 8
- Jahresabschluss 3 116, 119
- Kapitaldividende 3 118
- Kleingewerbe 3 20
- Kündigung des Gesellschafters 3 164
- Kündigung, außerordentliche 3 165 ff., 170
- Kündigung, Verbot 3 169
- Liquidation 3 204
- Liquidation, Abwicklung 3 207
- Liquidation, Anmeldung des Erlöschens 3 235
- Liquidation, anwendbare Vorschriften 3 208
- Liquidation, Auflösung der Gesellschaft 3 205
- Liquidation, Benutzen der Geschäftsunterlagen 3 243
- Liquidation, Einsicht in Geschäftsunterlagen 3 243
- Liquidation, Geschäftsunterlagen 3 241
- Liquidation, Gesellschafterhaftung 3 236
- Liquidation, Haftung für Fehlbetrag 3 234

- Liquidation, Löschung der Gesellschaft 3 206
- Liquidation, Verwahrung von Geschäftsunterlagen 3 242
- Liquidatoren 3 209
- Liquidatoren, Abberufung 3 214
- Liquidatoren, Abschlussbilanz 3 229
- Liquidatoren, Anmeldung 3 223
- Liquidatoren, Aufgaben 3 227
- Liquidatoren, Befriedigung der Gläubiger 3 230
- Liquidatoren, Berufung 3 214
- Liquidatoren, Dritte 3 213
- Liquidatoren, Eintragung von Amts wegen 3 224
- Liquidatoren, Erbenvertreter 3 212
- Liquidatoren, Eröffnungsbilanz 3 229
- Liquidatoren, Fiktion der Geschäftsführungsbefugnis 3 221
- Liquidatoren, gerichtlich 3 215
- Liquidatoren, Geschäftsführungsbefugnis 3 220
- Liquidatoren, Gesellschafter 3 210
- Liquidatoren, Gesellschaftsvermögen 3 233
- Liquidatoren, Handelsregister 3 223
- Liquidatoren, Insolvenzverwalter 3 211
- Liquidatoren, Liquidationszusatz 3 228
- Liquidatoren, Rechtsstellung 3 225
- Liquidatoren, Rückerstattung 3 231
- Liquidatoren, Verteilung 3 232
- Liquidatoren, Vertretungsbefugnis 3 220
- Liquidatoren, weisungsgebunden 3 226
- Mitgliedschaft 3 162
- Nachhaftung 3 178 f.

Stichwortverzeichnis

- Öffnungsregelungen 3 32
- Partnerschaftsregister 3 11
- Rechtsanwälte 3 31
- Rechtsfähigkeit 3 5
- Rechtsnatur 3 4
- Rechtsverkehr 3 127
- Registeranmeldung 3 18
- Registerdaten 3 14
- Registereintragung 3 126
- Registergericht 3 15
- Schulden der Gesellschaft 3 113
- Schulden des Gesellschafters 3 114
- Statuswechsel 3 7, 10 f.
- Steuerberater 3 29
- Verlustermittlung 3 116
- Verlustverteilung 3 117
- Vermögensverwaltung 3 20
- Versammlung, Begriff 3 44
- Versammlung, Beschluss 3 43
- Vertretung 3 129
- Vertretungsbefugnis, Entziehung 3 135
- Vertretungsbefugnis, Umfang 3 133
- Verzinsungspflicht 3 112
- Vordrucke 3 140
- Vorschriften über GbR 3 6
- Wettbewerbsverbot 3 104
- Wettbewerbsverbot, Anspruchsverjährung 3 110
- Wettbewerbsverbot, Auflösung 3 111
- Wettbewerbsverbot, Ausschluss 3 111
- Wettbewerbsverbot, Gesellschafterbeschluss 3 109
- Wettbewerbsverbot, Schadensersatzanspruch 3 108
- Wettbewerbsverbot, Umfang 3 105
- Wettbewerbsverbot, Verletzung 3 107
- Wirtschaftsprüfer 3 30
- Zwangsvollstreckung 3 147

- Zwangsvollstreckung gegen Gesellschaft 3 148
- Zwangsvollstreckung gegen Gesellschafter 3 149

Partnerschaftsgesellschaft 6 1
- Anmeldung 6 15 ff.
- Anmeldung, Angaben 6 19
- Auflösung der Partnerschaft 6 42
- Ausscheiden eines Partners 6 42
- Eintragung 6 15, 26
- Eintragung, anzuwendende Vorschriften 6 26
- Eintragung, Inhalt 6 26 f.
- Erben 6 43
- EU-Mitgliedstaat, Anschrift 6 28
- GbR, Statuswechsel 6 5
- GbR-Vorschriften, Anwendbarkeit 6 3
- Geschäftsbrief, Angaben 6 36
- Grundsätze des Firmenrechts 6 12
- Haftung 6 38
- Haftungsausschluss 6 39
- Liquidation 6 44
- Nachhaftung 6 44
- Namenszusatz 6 7
- Partner, Rechtverhältnis 6 30
- Partnerschaftsvertrag 6 14
- Registeranmeldung 6 18
- Selbstständigkeit 6 33
- Statuswechsel 6 16 f., 21
- Statuswechsel, GbR zu Partnerschaftsgesellschaft 6 24
- Statuswechsel, Partnerschaftsgesellschaft in GbR 6 22
- Statuswechsel, Partnerschaftsgesellschaft in Personenhandelsgesellschaft 6 23
- Statuswechsel, Personenhandelsgesellschaft zu Partnerschaftsgesellschaft 6 25
- Verhältnis zu Dritten 6 33

Stichwortverzeichnis

- Vertretung **6** 33, 35
Personengesellschaftsrecht
- Beschlussmängel **1** 78
- Beschlussmängelrecht **1** 15
- GbR als Grundform **1** 18
- Modernisierung **1** 1, 17
- Reform **1** 1

Rechtsfähige GbR
- Gesellschaftsregister **2** 18, 31
- Insolvenzfähigkeit **2** 20
- Parteifähigkeit **2** 19
- Sitz **2** 21, 23, 26
- Sitz, Verweisvorschriften **2** 27
- Sitzwahl **2** 29
- Sitzwahlrecht **2** 26
- Sitzwahlrecht, Beschränkungen **2** 26
- Trennung des Verwaltungs- vom Vertragssitz **2** 25
- Überschuldung **2** 22
- Vertragssitz **2** 24
- Verwaltungssitz **2** 24
- Zahlungsunfähigkeit **2** 22
Register **1** 11, 47

Statuswechsel
- Ablehnung **2** 102
- Ablehnung der Eintragung **2** 106
- Beteiligung einer GbR **1** 60
- Eintragung **2** 100, 104 f.
- Eintragungsvoraussetzungen **2** 103
- GbR zu KG **2** 107
- Haftung als Kommanditist **2** 108
- Prüfung der Voraussetzungen **2** 99
- Rücknahme **2** 102
- Verfahren **2** 96
- Vermerk **2** 97
- Vollzug **2** 101
- Vorläufigkeitsvermerk **2** 98
- zuständiges Register **2** 93

Stille Gesellschaft **5** 1
- BGB-Innengesellschaft **5** 1
- Gesellschafter **5** 2
- Informationsrecht **5** 3
- Kündigung **5** 4
- Kündigung, Frist **5** 7
- Kündigung, ordentliche **5** 6

Umwandlung
- Beteiligung einer GbR **1** 60

Verein **7** 1
- Geschäftsbetrieb **7** 6
- Grundbuchfähigkeit **7** 12
- Grundlagen **7** 2
- Haftung **7** 13
- Handelndenhaftung **7** 13
- Idealverein **7** 3
- Idealverein, Grundbuchfähigkeit **7** 5
- Rechtspersönlichkeit **7** 2
- Vereinsregister **7** 2
- Wirtschaftlichkeit **7** 6
- Zweck **7** 2
Versammlung
- Begriff **3** 44
- Beschluss **3** 43
- Einberufung **3** 46
- Einladung **3** 47
Vertretung
- Einzelvertretungsbefugnis, passive **2** 256
- Gesamtvertreterermächtigung **2** 248
- Gesamtvertretungsbefugnis **2** 247
- Vertretungsbefugnis, Entziehung **2** 253
- Vertretungsmacht, Umfang **2** 250

Zwangsvollstreckung
- Gesellschaftervermögen **2** 273
- Gesellschaftsvermögen **2** 272

385

NOTARKOMMENTAR

BeurkG mit NotAktVV und DONot
Kommentar
Hrsg. von
Prof. Dr. Christian Armbrüster
und Prof. Dr. Nicola Preuß
9. Auflage 2023,
1.272 Seiten, gebunden
184,00 €
ISBN 978-3-95646-251-1

Die aktuelle Kommentierung zum BeurkG, NotAktVV und DONot!

Das BeurkG, die NotAktVV und die DONot bilden für jeden Notar ein nicht voneinander zu trennendes Bündel, dessen Kenntnis und richtige Auslegung für jedes Notarbüro unerlässlich ist. Besonders die notariellen Belehrungspflichten (§ 17 ff. BeurkG) bieten so manchen Fallstrick – wer hier nicht exakt den gesetzlichen Vorgaben folgt, steht schnell an der Schwelle zu einem Dienstvergehen. Wer dies vermeiden möchte, vertraut auf die Fachkompetenz des „Armbrüster/Preuß". Die jüngste Rechtsprechung zu den Belehrungserfordernissen wurde eingearbeitet und kritisch gewürdigt; neue Zweifelsfälle zur Zwei-Wochen-Frist eingehend erörtert.

Die Neuauflage bietet Ihnen eine übergreifende und praktische Aufbereitung des gesamten Beurkundungsverfahrens und damit zusammenhängender Themen wie NotAktVV und reformiertes Berufsrecht, und das auf dem neuesten Stand.

Die Digitalisierung macht auch vor dem Notarbüro nicht halt – dieser Tatsache trägt die Neuauflage des Kommentars in besonderem Maße Rechnung. Die aktuellen Vorgaben zur Digitalisierung im Notariat haben die Autoren berücksichtigt.

Was diesen Kommentar so besonders macht, ist das Autorenteam, zu dem sowohl Wissenschaftler als auch praktizierende Notare gehören, und das für die Neuauflage deutlich erweitert wurde. Das ergibt die perfekte Mischung aus praxisorientierter Anwendbarkeit und wissenschaftlicher Korrektheit.

Bestellungen bitte an:
service@notarverlag.de
Tel.: 0800-668 27 83-0
Fax: 0800-668 27 83-5
Rochusstr. 2–4
53123 Bonn
www.notarverlag.de

Deutscher**Notar**Verlag

ARBEITSHILFEN
NOTARIAT

Überlassungsverträge schnell und sicher aufsetzen!

**Überlassungsverträge
in der notariellen Praxis**
Von RAuN Ulf Schönenberg-Wessel, Notar Dr. Stephan Szalai, Notarin Anja Uhl und RA, StB Dr. Arne Hahner
1. Auflage 2022,
208 Seiten, broschiert,
mit Muster-Download,
54,00 €
ISBN 978-3-95646-176-7

Einem **Überlassungsvertrag können diverse Motive** zugrunde liegen: Das mehrfache Ausnutzen von Erbschaft- und Schenkungsteuerfreibeträgen, die Reduzierung von Pflichtteils- bzw. Pflichtteilsergänzungsansprüchen oder die Streitvermeidung bei der vorweggenommenen Erbfolge – das sind nur einige Beispiele. Damit Notarfachangestellte den Vertrag sachgerecht aufsetzen können, ist es unerlässlich, dass zuallererst **Klarheit über das Motiv** herrscht. Bei dieser Aufgabe hilft „**Überlassungsverträge in der notariellen Praxis**". Dabei handelt es sich um das bisher einzige Buch, das sich **explizit als Unterstützung für NoFas** versteht, wenn es um das Thema Überlassungsverträge geht:
• Freigebige Schenkung • Schenkung unter Vorbehalt • (Gegenständlich beschränkter) Pflichtteilsverzicht • Risiken bei Schenkungen
• Anzeigepflicht bei Überlassungsverträgen • Anrechnung und Ausgleichung • Ehebedingte Zuwendungen • Familienpool • Unternehmensnachfolge • Kosten der Beurkundung

Die **Grundtypen der Überlassungsverträge** und deren Motive bilden dabei das Gerüst des Handbuchs. Zusätzlich erhalten NoFas **zahlreiche Muster** für die jeweilige Konstellation und alle Informationen, die sie zur Vorbereitung und Gestaltung der Überlassungsverträge benötigen. **Anschauliche Beispiele** und **leicht verständliche Praxistipps** helfen, die diversen Gestaltungsmöglichkeiten zu verdeutlichen.

Bestellungen bitte an:
info@notarverlag.de
Tel.:   0800-6682783-0
Fax: 0800-6682783-9

Rochusstr. 2-4
53123 Bonn
www.notarverlag.de

DeutscherNotarVerlag